高等学校交通运输与工程类专业规划教材

Traffic Engineering
交通工程学

李　岩　王永岗　主　编
　　　　　过秀成　主　审

人民交通出版社股份有限公司
China Communications Press Co.,Ltd.

内 容 提 要

本书从交通工程学的产生、意义及研究对象出发,沿着交通工程的发展过程,依照交通工程师研究交通系统的路径,从对交通系统的观测及建模入手,逐步对交通系统各方面的规划、设计、管理、评价展开讲解。全书共 12 章,内容包括:绪论、道路交通系统特性、道路交通运行特征的调查及描述、交通系统的建模、道路交通需求分析、交通网络分析、交通设计、交通运行管理、交通信号控制、道路交通安全、交通与环境、交通系统仿真基础。为使读者能够在工程实践中更好地运用相关知识,本书还提供了丰富的例题和工程实践案例。

本书融入了交通工程学国内外发展的前沿成果,加深和拓展了交通工程学的知识体系,既适用于交通工程、交通运输工程专业的本科生教学,也可满足研究生阶段的教学要求,同时可供交通运输行业从业者参考使用。

图书在版编目(CIP)数据

交通工程学 / 李岩,王永岗主编. — 北京:人民交通出版社股份有限公司,2019.3
ISBN 978-7-114-15161-3

Ⅰ.①交… Ⅱ.①李…②王… Ⅲ.①交通工程学—高等学校—教材 Ⅳ.①U491

中国版本图书馆 CIP 数据核字(2018)第 275155 号

高等学校交通运输与工程类专业规划教材

书　　名:	交通工程学
著 作 者:	李　岩　王永岗
责任编辑:	李　晴
责任校对:	张　贺
责任印制:	张　凯
出版发行:	人民交通出版社股份有限公司
地　　址:	(100011)北京市朝阳区安定门外外馆斜街 3 号
网　　址:	http://www.ccpress.com.cn
销售电话:	(010)59757973
总 经 销:	人民交通出版社股份有限公司发行部
经　　销:	各地新华书店
印　　刷:	北京市密东印刷有限公司
开　　本:	787×1092　1/16
印　　张:	29.75
字　　数:	728 千
版　　次:	2019 年 3 月　第 1 版
印　　次:	2019 年 3 月　第 1 次印刷
书　　号:	ISBN 978-7-114-15161-3
定　　价:	52.00 元

(有印刷、装订质量问题的图书由本公司负责调换)

序

　　我国交通工程学科的设立始于20世纪70年代。1961年,我国自主编写的《城市道路与交通》等大学教科书出版,成为交通工程学科的发端。1978年,美籍华人张秋先生先后在我国多个城市、地区进行了多次讲学,讲学资料由徐慰慈、严宝杰整理为《交通工程学》著作。1979年,北京工业大学创办了我国首个交通工程专业。1986年,一批高校依托各自的学科优势,相继设置交通工程专业,建立了各具特色的课程体系和教学大纲,国内学者根据讲义及相继引入的日本、美国等国家的交通工程学教材,结合当时我国的交通工程学研究成果,形成了国内第一批交通工程学教材。

　　改革开放以来,我国建立了自主的交通工程学科和交通工程专业教学体系,为培养理论与技术兼备的交通工程领域双优人才提供了坚实基础,有效支撑了国内人口、经济和机动化快速增长等过程中对交通系统建设的需求。目前,国内对道路交通系统的规划、设计与管控等也从粗放式的人工决策逐步演变为由交通工程理论支撑的科学决策,这其中,交通工程学理论与方法的因地制宜、活学活用功不可没。

　　目前我国已进入综合运输体系发展的新阶段,交通运输行业战略性、基础性、先导性和服务性的作用日益突显,城市建设从"摊大饼"式的无序扩张逐渐转变为"内涵"式的城市更新,城市群成为新型城镇化的主体,要求更加关注人的全面发展,构建安全、公平、绿色的智慧交通系统。高速铁路、电动车辆、自动驾驶车辆等新的交通方式和颠覆性技术的运用,对道路交通系统的分析、建模和评价,交通问题解决方案的提出有了新的更高要求,因此,适应新时代交通工程人才培养要求的交通类教材的编写十分迫切。

  本教材吸收了国内外最新交通工程研究成果,内容全面,有利于学生循序渐进地构建交通工程的专业知识体系。书中交通现象的观测与分析部分引入手机信令、浮动车GPS、车路协同通信、自动驾驶车辆等新型交通数据和技术;在道路通行能力分析、交通流理论、交通规划建模等方面详实地阐述了其发展和演化过程;在交通控制系统和交通设计方面既注重理论性,又强调实践性。

  本教材不仅可作为交通工程专业本科生或本科非交通类专业研究生的教学用书,也可供相关技术及研究人员参考使用。

过秀成
于东南大学九龙湖校区
2018 年 5 月 20 日

前言

交通工程学自20世纪70年代末引进入中国以来,至今已有近40年时间。目前我国开设交通工程专业的院校已达100余所。几代交通工程人的奉献达成了我国道路交通运输事业的多项非凡成就,各院校历年培养的人才也大都成为我国道路交通基础设施规划、设计及管理岗位上的骨干。

虽然我国在道路基础设施建设、道路交通秩序、交通参与人员素质、车辆性能等方面有了极大改善,但交通需求的爆炸式增长,使得城市交通拥堵、安全、环境等方面的问题日益严峻,然其成因和40年前相比已发生了根本性变化。在应用交通工程理论分析和解决当前的交通问题时更应进行系统考量,分析交通问题产生的根源,结合现今交通问题的特点合理选择模型和方法,而非简单套用已有的模型和方法。

随着现代科学技术不断发展,交通工程领域近年来出现了新的观测数据、交通现象及交通技术,许多在过去无法通过建模实现的现象或需经过复杂建模估计的参数已可直接获取,同时,部分过去常见的交通现象如今也不再存在,这就造成部分交通问题建模的基础和思路也应进行相应优化调整。例如,传统单点交通信号控制是以延误最小为目标优化信号周期时长等配时参数,如果应用高精度定位数据和车联网技术直接获取交叉口的延误和排队长度,且交通流不再是复杂的重度混合交通流,那便无须经过复杂的建模过程,而可直接优化配时参数。然而,这又带来了如何优化整个路网的交通控制方案,以实现整体运行效率最优等问题。由此可见,新形势下的交通问题更加系统,更加复杂,也具备更多新信息、新特征,涉及多学科的交叉,此时更需重新审视传统交通工程学中各问题的研究思路及方法,并结合新特征进行优化调整。

本书在全面总结交通工程对各交通现象和交通问题建模思路的基础上,吸收了国内外近年来交通建模、交通规划、设计与管理的最新研究成果与实践经验。考虑到交通工程学科综合性、系统性、交叉性、动态性的特点,从对交通系统的观测与描述入手,通过对若干交通现象建模,讲述了交通工程的基本概念、基本理论和基本方法。在此基础上,介绍了交通规划、交通设计、交通管理与控制、交通安全、交通环境、交通仿真评价等交通工程的主要应用,并着重介绍了国内外交通工程领域的最新技术、方法及相关应用。

本书可作为交通工程、交通运输、土木工程、城市规划等专业本科生及交通运输工程、交通运输规划与管理等学科研究生的教材,也可作为城市交通、公路交通、城市规划等领域规划、设计与管理部门技术人员的参考用书。书中适用于研究生部分的内容已使用星号*进行标注,在教学过程中可灵活安排。

全书共分为12章,前两章介绍了交通工程学及交通系统的组成及特性,第3~6章为交通工程的基础理论,包括对交通参数的观测及描述、交通现象的建模、交通需求分析和交通网络分析,第5章部分内容及第7~12章为交通工程的实践应用,主要涵盖了交通规划、交通设计和交通管理三个层次的内容,包括交通规划、交通设计、道路交通管理、交通信号控制、交通安全、交通环境及交通仿真等。

本书第1~6章及第8、9章由李岩撰写,第7章由王永岗、李岩撰写,第10、11章由王永岗撰写,第12章由汪帆撰写,全书由李岩统稿。在本书撰写过程中,周文辉、南斯睿、程慧婷、柯辉、罗叶、李贵阳、王智等研究生协助进行了资料收集和校对工作。

本书的撰写参阅了美国加利福尼亚大学戴维斯分校Michael H. Zhang教授所讲授课程的部分未公开发表材料,在此特表示衷心感谢。与此同时,本书也参阅了大量国内外资料,未能一一列出,借此也向这些著作和文献资料的原作者们表示衷心感谢!

由于时间与作者水平所限,书中难免有错漏之处,恳请各位读者批评指正。作者邮箱:lyan@chd.edu.cn,wangyg@chd.edu.cn。

李岩,王永岗

于西安

2018 年 4 月 23 日

目录

第1章　绪论 ··· 1
　1.1　交通工程学的定义与研究范围 ··· 1
　1.2　交通工程学科的发展 ··· 5
　1.3　交通工程学的发展展望 ··· 8
　复习与思考习题 ··· 9

第2章　道路交通系统特性 ··· 10
　2.1　驾驶员交通特性 ··· 10
　2.2　车辆交通特性 ··· 12
　2.3　道路交通特性 ··· 14
　2.4　道路交通工程设施 ··· 22
　复习与思考习题 ··· 25

第3章　道路交通运行特征的调查及描述 ··· 26
　3.1　交通调查概述 ··· 26
　3.2　交通流基本参数的定义 ··· 29
　3.3　观测方法 ··· 40
　3.4　交通流运行特性的统计分析 ··· 42
　3.5　道路通行能力 ··· 69
　复习与思考习题 ··· 83

第4章　交通系统的建模 ··· 85
　4.1　微观交通行为模型 ··· 85

4.2 宏观交通运行模型 ·· 101
4.3 随机服务系统理论(排队论) ·· 117
复习与思考习题 ·· 127

第5章 道路交通需求分析 ·· 129
5.1 交通规划基础 ·· 129
5.2 城市道路交通规划的调查与数据分析 ··· 134
5.3 集计的交通需求预测 ··· 145
*5.4 非集计的交通需求预测 ··· 162
复习与思考习题 ·· 176

第6章 交通网络分析 ·· 178
6.1 交通网络分析概述 ·· 178
6.2 网络数学表达 ·· 179
6.3 网络分配模型 ·· 189
*6.4 根据观测量推算 OD ·· 211
*6.5 道路网络的容量 ··· 213
*6.6 道路交通网络的可靠性 ·· 215
*6.7 交通网络结构优化 ··· 221
复习与思考习题 ·· 225

第7章 交通设计 ·· 228
7.1 道路设计 ··· 228
7.2 常规公交系统交通设计 ·· 235
7.3 停车设施设计 ·· 245
7.4 慢行交通系统设计 ·· 254
7.5 交通枢纽设计 ·· 261
复习与思考习题 ·· 270

第8章 交通运行管理 ·· 271
8.1 交通运行管理的目的、原则与方法 ·· 271
8.2 平面交叉口交通管理 ·· 274
8.3 路段交通运行管理 ·· 288
8.4 区域交通运行管理 ·· 297
8.5 优先通行管理 ·· 300

8.6 交通事件管理 304
复习与思考习题 309

第9章 交通信号控制 311
9.1 道路交通信号控制基础 311
9.2 交叉口及交通控制设备 318
9.3 交通信号控制参数分析 325
9.4 单点信号控制 336
9.5 交通信号协调控制 351
*9.6 车路协同环境下的交通信号控制 365
复习与思考习题 367

第10章 道路交通安全 369
10.1 概述 369
10.2 交通事故的调查与处理 374
10.3 交通事故分析 378
10.4 交通安全评价 390
10.5 交通事故预防 396
复习与思考习题 401

第11章 交通与环境 402
11.1 概述 402
11.2 大气污染 405
11.3 噪声污染 419
11.4 振动污染 428
11.5 道路交通污染控制与可持续发展 430
复习与思考习题 434

第12章 交通系统仿真基础 435
12.1 交通系统仿真简介 435
12.2 交通运行仿真常用模型 444
12.3 交通仿真软件简介 456
复习与思考习题 459

参考文献 460

第 1 章
绪 论

1.1 交通工程学的定义与研究范围

1.1.1 交通工程学的定义

交通指人和物在空间上的位移。交通工程学是通过对交通系统的规划、设计及管控等方面的优化,使得交通系统运行更安全、更高效、更经济的一门工程学科。交通工程学是交通工程学科研究与发展的基本理论。

交通工程学在国外一般是土木工程学科的一个分支,它源起于道路工程学科,将人、车、路及相关环境等与交通相关的方面综合在道路交通这个统一体中进行研究,以寻求道路通行能力最大、交通事故率最低、运行速度最高、运输费用最省、对环境影响最小、能源消耗最低的交通系统规划、建设与管控方案,从而达到安全、迅速、经济、便捷、舒适、节能及低公害的目的。

交通工程学在发展过程中,各国学者从不同的角度、以不同的观点、用不同的方法对其进行了定义,比较有代表性的如下:

20 世纪 40 年代,交通工程学科作为一门独立的学科刚建立时,美国交通工程师学会(Institute of Transportation Engineers,简称 ITE)给出的定义是:交通工程学是道路工程学的一个分支,它研究道路规划、几何设计、交通管理和道路网、终点站、毗邻区域用地与各种交通方式的关系,以便使客货运输安全、有效和便捷。美国交通工程师学会最新版的《交通工程手册》沿用了世界交通工程师协会《会员指南》中的定义,即交通工程学(Traffic Engineering)是交通运输工程学(Transportation Engineering)的一个分支,它主要研究道路和街道的规划、设计与运营管理,以及道路网络、相邻的土地利用、同其他交通方式(航空、水运及轨道等)的关系及各出行方式的交通枢纽。

澳大利亚学者认为交通工程学是关于交通和出行的计测科学,是研究交通流和交通发生的基本规律的科学,为了使人、物安全而有效地移动,将此学科的知识用于交通系统的规划、设计和运营。

苏联学者将交通工程学定义为研究交通运行规律和对交通、道路结构、人工构造物影响的科学。

英国学者认为道路工程中研究交通用途与控制、交通规划、线形设计的那一部分称为交通工程学。

日本学者认为交通工程学是结合客、货运输的安全、方便与经济,研究公路、城市道路及其相连接的整体用地规划、几何线形设计和运营管理等问题的学科。

尽管各国学者对交通工程学的理解及认识不完全一致,但在两方面有共识:交通工程学主要的研究对象是道路交通;交通工程学主要研究道路交通系统的规划、设计与运营管理等问题。

从交通工程学的定义可以看出交通工程学和交通运输工程学不同。交通工程学主要关注交通运输工程学中与道路交通运输相关的部分,而铁路、航空、航运及管道运输等领域则不是其研究范围。交通工程学主要关注交通设施的规划、设计与运用,而物流等领域则属于运输工程学。我国的学科划分中,交通运输工程学属于一级学科,下设道路与铁道工程、交通运输规划与管理、载运工具运用工程、交通信息工程及控制4个二级学科,道路桥梁与渡河工程、交通工程、交通运输、交通信息工程等专业为对应的本科专业。

近年来,随着科学技术的发展,交通工程学中应用了越来越多相关学科的知识,如经济学、通信工程、城市规划、计算机、运筹学、医学、环境工程等,各学科间相互交叉,出现了一些新的研究方向,如车路协同、交通大数据、驾驶人机工程学等,其共同特点为综合应用各学科知识,结合交通工程学原理,从新角度解决交通工程问题或解决交通工程学中的新问题。

1.1.2　道路交通的特点

道路交通是人、车在公路和城市道路上的移动,透过简单的交通现象,用系统科学的观点分析由人(驾驶员、乘客、行人等)、车(机动车与非机动车)、路(城市道路与公路)、环境等交通要素构成的复杂动态系统。它有以下4个特点:

(1) 系统性

所谓系统,是由相互作用和相互依赖的若干组成部分构成的、具有特定功能的有机整体。人、车、路、环境4个互不相同的要素,在构成道路交通这样一个具有特定功能的整体时,它们之间就产生了相互依赖、相互作用的特定的、不可分割的联系,因而具有系统性。道路交通系统中任何一个要素的行为或性质的变化都不再具有独立性,都会对道路交通整体产生影响。

(2) 动态性

在交通运行过程中，随着时间的推移和外界交通环境的改变，行人和驾驶员随时产生心理和生理状态的变化；交通流量、车辆的行驶速度、车辆的密度等也随时发生变化；人、车、路、环境之间的协调、配合关系亦随时处于变化和调整之中。这种道路交通状态随时间变化的特性，说明它不仅是一个系统，而且是一个动态系统。

(3) 复杂性

在交通系统中，由于驾驶员、行人、车辆、道路及交通环境相互影响，使得它们之间的关系错综复杂，不确定因素很多。一条道路上车辆间的相互制约，可能引起交通拥堵。交通现象产生于一点一线，并分布在整个交通网络上，而交通网络中行人与车流的运动和分布是随机的、时变的，要对其进行描述，确定系统中各要素及整体的运动规律相当困难。不仅如此，交通流的运行还时常受外界因素的制约；而交通的有效性、经济性、安全性等又直接或间接地影响整个社会的工作效率、经济效益、人民生活及社会秩序等。这些都说明道路交通不仅是动态系统，更是一个复杂的系统。

(4) 社会性

交通运输不仅与居民的日常生活、出行密切相关，而且与社会经济的发展密不可分。交通运输具有战略性、基础性、先导性、服务性的特征，在我国当前的经济建设与发展中起到重要作用。同时，随着我国城市交通出行需求快速增长，拥堵现象日趋常态化，交通规划、交通设计、交通管控、交通法规直接影响到区域与城市经济的发展水平和人民的生活水平。

1.1.3 交通工程学的研究范围

交通工程学的主要研究目标为：确定未来年研究范围内应建设的交通设施（即交通规划），以满足未来年的交通需求；设计应建设的交通设施（即交通设计），使其能良好地发挥功效；对已有的交通设施确定如何管理与控制，从而在保证交通安全的基础上最大限度地提升交通运行效率（即交通管理与控制）。为实现上述研究目标，交通工程学首先需对交通系统进行准确的描述及建模；其次需对交通需求预测技术及交通网络分析技术进行研究，以分析未来年的交通需求及供给；交通规划、交通设计、交通管理与控制是交通工程实践的核心内容，以明确应建设的交通系统为何、如何建设交通系统和如何使用等问题；交通评价可从多个角度出发，如交通运行特征参数、安全程度及对环境的影响等，最常用的方法为交通仿真。交通工程的研究内容可分为：道路交通流的描述及建模、交通网络交通需求的分析及评测、道路交通系统的规划与设计、交通系统的管控与评价4个部分，对各部分内容介绍如下。

(1) 道路交通流的描述及建模

道路交通流的描述及建模主要介绍对道路交通系统的观测方法，如何用各类交通参数来描述道路交通系统，并对交通系统中的若干现象进行建模。该部分内容包括道路交通系统中人、车、路的特性；道路交通系统中车辆运行基本特性的观测方法；流量、密度、车速、通行能力的建模及计算方法；车辆跟驰行为、换道行为、间隙接受行为等微观交通现象的建模，交通流体模拟、宏观交通流分布等宏观交通现象的建模及瓶颈路段的生成过程和服务排队等瓶颈段交通现象的建模。

(2) 交通网络交通需求的分析及评测

交通网络交通需求的分析及评测主要包括交通需求分析及交通网络分析两部分，是交通需求预测及评估部分的核心理论。交通需求分析介绍了从交通调查到交通需求预测的过程,其中交通需求预测分集计模型和非集计模型。交通网络分析部分主要包括网络分配模型、OD(起讫点)反推、网络容量估计、网络可靠度估计和交通网络优化。

(3) 道路交通系统的规划及设计

道路交通系统的规划及设计简要介绍了道路交通系统中的城市道路及公路、公共交通、停车场(库)、慢行交通、交通枢纽等各类交通设施的设计方法。

(4) 交通系统的管控与评价

交通系统的管控与评价是提升道路交通系统运行效率的重要途径。本部分主要介绍交通运行管理方法、交通信号控制技术、道路交通安全、交通环境、交通仿真等内容。

1.1.4 交通工程学的相关学科

交通工程学研究的内容非常广泛,几乎涉及道路交通的各个方面,同时与社会发展密切相关。交通工程学的基础理论是:交通流理论、交通统计学、交通心理学、汽车动力学、交通经济学。与交通工程密切相关的主要学科有:汽车工程、运输工程、人因工程、道路工程、环境工程、自动控制、应用数学、计算机科学、社会学等。因此,交通工程学是一门由多种学科相互渗透的新兴边缘科学,交通工程学的研究对象、内容、目的及其相关学科可概括如图1-1所示。

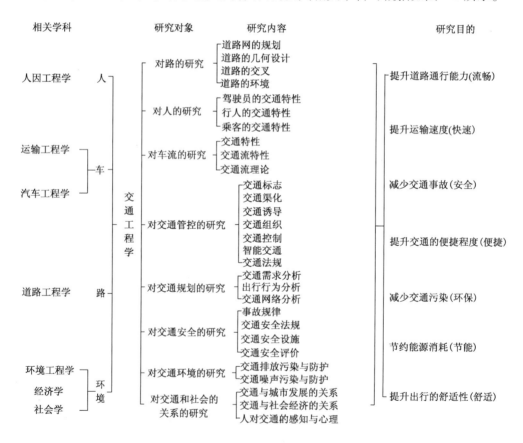

图 1-1 交通工程学研究的对象、内容、目的及其相关学科

1.2 交通工程学科的发展

1.2.1 交通工具的变革与交通工程的发展

衣食住行是人民基本生活条件的四要素,其中行就是指交通。自从出现了人类,就出现了交通,交通的发展依赖于交通工具的变革,交通工具的变革又依赖于科学技术的发展。以交通工具发生根本性变革来划分交通发展时代,一般可分为步行交通、马车交通、汽车交通、智能交通4个时代。

(1)步行交通时代

从远古时代到车轮发明前的漫长时期,人类的唯一交通方式是步行,人们从事各种活动(包括运输)都靠步行来解决,尽管后来人们开始驯化野兽(或动物)来驮运货物,但仍属于步行范畴。

(2)马车交通时代

车轮的发明使交通方式发生了根本的变化,使人类交通进入了车辆时代,对人类文明发展起了相当大的促进作用。

以马车为主的畜力车辆的发展,使交通工程作为一种"工程"开始出现。人们开始修建能适用于马车、牛车通行的地方性道路,如我国春秋战国时期在秦岭地区修建的"金牛道",秦始皇统一中国后修建的全国性"驰道""驿道",汉代开辟的经西域通往西方的"丝绸之路"等。人们也开始规划能适用于马车通行的城市道路网,如我国周代就已经有了明确的道路系统及城市道路网规划。《周礼·考工记》记有"匠人营国,方九里,旁三门,国中九经九纬……经涂九轨,环涂七轨,野涂五轨",这种"九经九纬"的道路网一直沿用至今。

需要注意的是,在马车交通时代,我国最主要的运输方式是漕运,即利用水道(河道和海道)调运粮食(主要是公粮)的一种专业运输。漕运最早起源于春秋战国,到清光绪二十七年(1901年)结束。因马车交通运力的限制,人们仍主要居住在水系旁,对内陆的开发能力有限。

(3)汽车交通时代

19世纪末,产业革命后出现了蒸汽机和电动车,为交通工具的改革和发展提供了良好条件,于是以动力机械驱动的各类机动车辆相继出现,以机器为动力的汽车逐步替代了以马、牛等畜力为动力的马车,成为交通发展的一个里程碑。

1885年,德国人戈特利布·威廉·戴姆勒(Gottlieb Wilhelm Daimler)制造了第一辆试验性的燃油四轮汽车,同年卡尔·弗里德利希·本茨(Karl Friedrich Benz)也制造了一辆燃油三轮汽车。1888年,市场上首次出售奔驰汽车,从此世界出现了近代汽车,并逐步替代了马车。1900年全世界汽车保有量只有约1000辆,20年后就发展到约300万辆,到2016年,全世界一年的汽车产量已达9000多万辆。

交通工具的革命性变化促进了交通工程学科的迅猛发展。为了适应汽车交通的快速发展,各国都相继开展了交通基础设施规划与建设工作,如美国在20世纪60~70年代,对大中城市进行了一轮城市交通基础设施的建设规划,在20世纪50~70年代,在全美范围内实施州际高速公路发展战略,这一时期美国修建了约 6 万 km 的高等级公路,使美国高速公路里程在相当长的一段时间内保持在世界第一水平。我国在 2012 年末高速公路里程达到 9.6 万 km,已经超越了美国的 9.2 万 km,到 2017 年,我国高速公路里程超过 13 万 km,已覆盖全国约 98% 的城镇人口在 20 万人以上的城市。

(4)智能交通时代

到目前为止,智能交通系统(Intelligent Transportation System,简称 ITS)的发展基本可分为两个阶段。第一个阶段以智能交通系统框架的建立为标志,此阶段主要实现的目标是各个交通系统的组成部分独立智能化。对车辆驾驶来讲,先进的汽车控制系统(Advanced Vehicle Control System,简称 AVCS)、先进的驾驶员信息系统(Advanced Driver Information System,简称 ADIS)、先进的交通管理系统(Advanced Traffic Management System,简称 ATMS)等系统,使得车辆的运行更加高效,驾驶员的负担进一步降低。此阶段的研究以美国、欧洲及日本等发达工业国家为代表,其分别建立了各自的智能交通系统体系。其中,日本和欧洲起步较早,在 20 世纪 80 年代后期即开始进行,而美国起步较晚,其以 1991 年美国通过"地面运输方式效率法案"(Intermodel Surface Transportation Efficiency Act,简称 ISTEA,俗称冰茶法)为标志,对智能交通系统的研究进展有极大的促进作用。第二阶段现在正在研究过程中,以自动驾驶车辆(Autonomous Vehicle)、智能车路协同系统(Intelligent Vehicle Infrastructure Cooperative Systems,简称 IVICS)等交通系统内各组成部分相互连通、相互协同工作的系统的出现为代表,交通系统中的各个子系统不再独立工作,而是形成一个统一的整体,这就使无人驾驶、网络层次的交通管理与控制等成为可能。电动汽车、先进的通信技术、高级计算机技术等新技术的出现是实现上述研究的基础。目前包含我国在内的多个国家均在对该方面投入大量的人力、物力及财力进行研究,可以预见,未来的交通工具和交通工程技术都将面临重大的变革。

1.2.2 交通工程学科的产生与发展

尽管交通工程在古代就已经存在,但其作为一门独立学科是在 1930 年美国交通工程师协会成立以后,才正式提出"交通工程学"这一名称的,所以一般以美国交通工程师学会的成立作为交通工程学科诞生的标志。

交通工程学是为交通工程实践提供理论指导的一门学科,交通工程学科发展的各个阶段的研究内容各有侧重,并取决于当时交通工程的实际情况,而各国交通工程的发展受本国社会经济发展的制约,因此各国交通工程学科的发展历程不尽相同,但对大多数发达国家来说,交通工程学科的发展经历了以下几个阶段。

(1)基础理论形成阶段(20 世纪 30 年代~40 年代末)

在这一阶段,由于交通工程学科刚刚诞生,学科发展的重点是建立交通工程学的基本理论体系,研究的重点是对交通现象的调查及探索交通现象的一般规律。

(2)交通规划理论形成阶段(20 世纪 50 年代初~70 年代初)

为适应汽车化带来的大量交通需求,这一时期发达国家开展了大规模的交通基础设施建设,包括城市基础设施的建设和区域高等级公路网络的建设,交通工程学科为当时这场大规模的基础设施建设热潮提供了理论支持。该阶段的学科研究重点是城市交通规划理论与实用技术、区域公路网规划理论与实用技术。这一时期形成的"四阶段"交通规划模式至今仍为各国所沿用。

(3) 交通管理技术形成阶段(20 世纪 70 年代初~90 年代初)

汽车化的后果带来了交通需求的无限膨胀,20 世纪 50~60 年代建成的交通设施并不能完全满足持续增加的交通需求,从 20 世纪 70 年代开始,发达国家将解决交通问题的措施从大规模交通基础设施建设转移到了现代化交通管理,以期提升交通系统的运输效率。这一时期交通工程学科的研究重点是交通管理与控制技术的开发。如当时提出的交通需求管理(Traffic Demand Management,简称 TDM)和交通系统管理(Traffic System Management,简称 TSM)的概念,所研发的 TRANSYT、SCOOT、SCATS 等区域控制系统至今仍在全世界范围内广泛使用。

(4) 智能化交通系统研究阶段(20 世纪 90 年代初开始)

尽管发达国家在 20 世纪 50~70 年代进行了大规模的交通基础设施建设,在 70~90 年代进行了科学的交通管理,使得当时的交通发展能与社会发展基本适应,但交通需求的持续增加迫使发达国家寻求更为科学的解决交通问题的途径,其间智能交通系统应运而生。智能交通系统是以交通工程学科为主导,在研究过程中综合运用交通工程、信息工程、通信工程、计算机技术、电子工程等多个学科知识,交叉进行研究,以建设智能化的运输环境。

目前,智能交通系统已基本形成了较为成熟的交通运输子系统,如电子不停车收费、车辆巡航、卫星导航、路径及行程规划、智能公交调度、路段可变信息标志、区域智能协调控制、地理信息系统、交通信息自动采集等多项技术已基本成熟,并批量投入了应用,极大地改善了道路交通的运行状态。目前智能交通系统的研究已经开始趋向于系统化、无人化。以无人驾驶车辆、车路协同系统等技术的研究为目标,智能交通系统目前正以高效、安全、便捷、舒适的无人驾驶网络为目标进行研究,目前已有部分无人驾驶车辆进入道路实地测试。

1.2.3　我国交通工程学科的发展情况

美籍华人交通工程专家张秋先生对我国交通工程学科的产生起了很大的作用。1978 年以来,以张秋先生为代表的美、日、英、加等国的交通工程专家先后在上海、北京、西安、南京、哈尔滨等城市讲学,系统地介绍了西方发达国家交通规划、交通管理、交通控制及交通安全等方面的建设与管理经验。我国也派出了多个代表团出国参加由英、美、日、澳、德等国举办的国际交通工程学术会议,这些活动推动了国内交通学科的产生。

1980 年上海市率先在国内成立了交通工程学会,1981 年中国交通工程学会成立,此后 20 多个省(自治区、直辖市)相继成立了省级交通工程学会或交通工程委员会,有些早先成立的国家级专业学会也设立了交通工程分会。东南大学、同济大学、长安大学、北京工业大学、西南交通大学、哈尔滨工业大学(前哈尔滨建筑大学)等院校相继设立了交通工程本科生专业,并着手招收、培养交通工程方向的硕士研究生、博士研究生。我国的新闻出版部门也相继出版了《中国交通工程》《中国交通报》《交通安全报》《交通工程》《道路交通管理》《红绿灯下》等杂志及一批交通工程方面的报刊,广泛传播交通工程方面的知识。我国也相应翻译引进了日本、美国等一系列教材、研究报告,并逐渐形成了一系列国内的讲义和教材。一般认为我国交通工程学科产生于 20 世纪 80 年代初,而美籍华人张秋先生是本学科的奠基人。

时至今日,我国开设交通工程专业的高校已超过 100 所,其中具备博士授予权的有 25 所。各个高校及科研院所多年来为我国交通工程学科培养了大批的优秀人才。伴随着几代交通工程人的努力,我国交通基础设施的建设发展迅猛,公路基础设施的建设日趋完善,城市轨道交通和高速铁路建设如火如荼,旅客吞吐量千万级的大型枢纽机场已经超过 30 个,支线机场、通用机场建设蓄势待发。与此同时,各城市也开始逐渐建设各自的交通运行管控系统和安全保障系统,从而提升公路及城市道路系统的运行水平。虽然我国交通工程起步较晚,但在若干领域已经达到世界前沿水平。

1.3 交通工程学的发展展望

道路运输方式虽然先经历了步行时代和马车时代,但交通工程作为一个独立的学科是从进入汽车时代才正式诞生的。目前道路交通已迈入智能交通时代,在过去的每一个时代,交通工程学的研究对象、研究内容、研究方法都经历了质的转变。在早期,交通工程学科关注的是如何减少交通拥堵、保障安全以及控制污染等问题,但时至今日,这些"古老的"问题仍未得到很好的解决,在有些国家反而愈演愈烈;与此同时,新的问题和挑战却又接踵而至,交通工程的研究任重而道远。

虽然智能交通的架构和核心技术,比如智能车辆、智能道路、出行诱导等在20世纪末已经基本成熟并开始应用,但是让每一位出行者切身感受到智能交通的便捷、生活质量的改善却是在宽带无线接入技术和移动终端技术发展成熟并形成移动互联之后。近年来,各种新技术不断涌现并与交通工程有机融合,服务于开车出行、公交出行和步行等各种出行方式。用户体验至上的理念也从电子叫车(网络约车)、路径搜索与规划、路线导航、目的地停车引导,到快捷电子付费、全程提供细致入微的人性化服务等各个方面得到全面的体现。与此同时,传统的服务方式及其从业者却又备受冲击;对于智能移动电话无法渗透的领域和群体,比如老年人、文化层次不高的人群,他们的出行变得更加困难。因此,在新旧业态融合发展的大背景下,该如何折中与权衡,以满足出行者个性化的需求,也是交通工程师需要考虑的问题。

交通工程的定义随着时代的前进也在发生变迁。一方面是因为道路条件的改善、新道路形式的出现、车辆性能的提升、驾驶人行为的改变、道路用户需求的变化及无人驾驶汽车的应用等新特征、新技术的出现。另一方面,社会本身的演进也在促使交通工程学科的发展,比如产业的兴衰和商业的变革将推动城市规模、城市功能和城市布局发生改变,进而对城市的交通功能提出变革性的需求。以中国为例,近50年来城市的规模、格局和形态发生了翻天覆地的变化,同时城市之间(区域)的交通往来也更加频繁和紧密,这些因素均催生着交通工程学科的变革。

交叉性是交通学科最显著的特点之一,交通工程与道路工程、汽车工程、运输(物流)工程、人因工程、电子工程、通信工程、安全工程、环境工程之间的交织越来越紧密,其界限越来越难以理清。尽管如此,交通工程的核心本质却从未改变,即使道路交通变得安全、畅通、舒适、环保、经济、便捷和可靠。

我国的交通工程学科自20世纪80年代产生以来发展迅速,但由于同时期的交通以基础设施建设为重点,在较长一段时期内不可避免地出现了"重建设、轻规划、轻管理"的观念和现象,从而导致了很多问题。进入21世纪之后,"规划先行"的理念开始深入人心,道路使用者和出行者的需求开始受到足够重视,交通工程的研究更加系统化,超前性、综合性和动态性的特点也表现得更加充分,交通工程学科由此进入了黄金发展时期,并取得了一系列振奋人心的卓越成就。互联网、大数据、人工智能、云计算、高精度定位、便携移动终端等新技术一方面为出行者提供了高质量的实时交通信息服务,另一方面也帮助研究人员更精准地获得了人类的出行行为"宏观+微观"特征和变化规律,这无疑会使交通规划与设计更加精确、合理、高效,并使有限的交通资源得以充分利用,同时新数据使得建模过程也发生了变化,在具备新数据时,无须经过复杂的模型计算就可以直接获得最后的评价参数,这也能从根本上改变交通建模的思路。从官方统计数据来看,尽管机动车保有量持续攀升,但交通事故的死伤人数总量已经开始持续下降,交通设计以及评价技术正逐渐建立,道路安全运营水平正在提升。

交通工程技术的创新和发展,使人们出行的便捷性、安全性和舒适性得到了极大的满足,而与此同时,交通工程也面临着严峻的挑战。目前我国大中城市的交通拥堵呈现蔓延的趋势,交通污染问题也愈发严重,如何采用先进的技术和科学的管理手段,有效提升交通系统的运行效率和服务水平,实现绿色出行,是广大交通科技工作者面临的紧迫任务。

伴随着我国交通工程建设事业的高速发展,交通工程学科的研究工作也在逐渐深入和完善。国家当前对交通系统的建设任务主要为完善现代综合交通运输体系等,要求建设现代高效的城际城市交通,打造一体衔接的综合交通枢纽,推动运输服务低碳智能安全发展,加强城市道路、停车场、交通安全等设施建设,加强城市步行和自行车交通设施建设。在新世纪,随着移动互联、大数据、智能感知、模式识别、人工智能、高精度定位与导航、机器视觉与图像处理等新技术与智能移动终端的继续深度融合,交通工程学科将更加生机盎然、蓬勃发展,技术的力量将有机会得以充分显现,提供给道路使用者的选择将更加多样化和人性化。可以预见,在广大交通工程科研人员和工程技术人员的不懈努力下,未来的出行必将更加便捷、安全和舒适,并拥有无限美好的想象空间。

复习与思考习题

1. 简述交通工程学的定义、性质、特点及发展趋势。
2. 道路交通是什么?有哪些特点?
3. 简述交通工程学的研究范围、重点及作用。
4. 交通工程学科的发展经历了哪几个时代?每个时代的特点分别是什么?
5. 简述交通工程学科发展的方向。

第 2 章
道路交通系统特性

道路交通系统的基本组成部分包括交通系统中的人、车、路、交通工程设施及周边环境等，每个组成部分都有其功能、特性，且各个特性之间相互关联。本章以道路交通系统为主，介绍交通系统的基本组成部分及其特性。

2.1 驾驶员交通特性

道路交通系统中的人包括驾驶员、乘客和行人。其中驾驶员控制着车辆的运行，是交通系统中最活跃的因素，了解驾驶员特性对研究交通运行和组织有重要意义。汽车的结构、仪表、信号、操作系统应当适合驾驶员操纵，交通标志的大小、颜色、设置地点应考虑驾驶员的视觉机能，道路线形的设计要符合驾驶员的视觉和交通心理特性，制定的交通法规、条例应合情合理。

1）视觉特性

眼睛是驾驶员在行车过程中最重要的生理器官，视觉给驾驶员提供 80% 的交通情况信息。因此，驾驶员的视觉机能直接影响到信息获取和行车安全。对于驾驶员的视觉机能，主要从以下几方面来考察。

(1) 视力

眼睛辨别物体大小的能力称为视力。视力可分为静视力、动视力。

静视力即人体静止时的视力。我国《机动车驾驶证申领和使用规定》要求驾驶员两眼裸视力或矫正视力为对数视力表5.0以上，无红、绿色盲。动视力是汽车运动过程中驾驶员的视力。它随速度的增大而迅速降低，随年龄增大而下降。

(2) 视野

两眼注视某一目标，注视点两侧可以看到的范围称为视野。视野受到视力、速度、颜色、体质等多种因素影响。静视野范围最大，随着车速增大，驾驶员的视野明显变窄，注视点随之远移，两侧景物变得模糊。

(3) 色感

驾驶员对不同颜色的辨认和感觉是不一样的。红色刺激性强，易见性高，使人兴奋、警觉；黄色光亮度最高，反射光强度最大，易唤起人们的注意；绿色光比较柔和，给人以平静、安全的感觉。因此，交通标志、交通信号的色彩配置是根据驾驶员对不同颜色产生不同的生理、心理反应而确定的，将红色光作为禁行信号，黄色光作为警告信号，绿色光作为通行信号。

(4) 视觉适应

视觉适应是指眼睛对于光亮程度突然变化而引起的适应过程。由明亮处进入暗处，眼睛习惯后，视力恢复，称为暗适应；由暗处到明亮处，眼睛习惯后，视力恢复称为明适应。一般由隧道外进入没有照明条件的隧道内，大约发生10s的视觉障碍；夜晚在城区和郊区的交界处，照明条件的改变也会使驾驶员产生视觉障碍，从而影响行车安全。在设置照明设施时，对此应予以考虑。

(5) 眩目

眩目是指视野内有强光照射，眼睛产生不舒适感，形成视觉障碍。夜间行车，驾驶员被迎面而来的车辆的前灯强光照射，易产生眩目，强光照射中断后，视力从眩光影响中恢复过来需要时间。视力恢复时间的长短与刺激光的亮度、持续时间、受刺激人的年龄有关。有多种方法可避免眩光，如改善道路照明、设置道路中央分隔带并种植树木、设置防眩光板遮蔽迎面来车的灯光、前灯用偏振玻璃做灯罩、使用双束光前照灯、带防眩眼镜等。

2) 反应特性

反应是由外界因素刺激而产生知觉和行为的过程。它包括驾驶员从视觉产生认识后将信息传到大脑知觉中枢，经判断，再由运动中枢给手脚发出命令，开始动作。整个过程包括4个性质截然不同的心理活动。

(1) 感知：对需要做出反应的刺激的认识和了解。

(2) 识别：对刺激的辨别和解释。

(3) 判断：对刺激做出反应的决策。

(4) 反应：由决策引起的肢体反应。

这一系列活动所用的总时间称为知觉—反应时间，它表征了信息处理过程的灵敏度。条件越复杂，反应时间越长；刺激数目越多，反应时间也越长。

知觉—反应时间是影响车辆运行的重要因素，见图2-1。知觉—反应时间在驾驶员中差异性大，同时还与辨别事物的特点、复杂性和反应所处的环境有关。但它是交通运行分析时广泛运用的标准值。美国州际公路运输协会(American Association of State Highway and Transportation Officials,简称 AASHTO)基于大量研究,认为90%的驾驶员制动的知觉—反应时间小于2.5s,因此推荐2.5s作为运行分析的知觉—反应时间值。研究也表明,驾驶员对可预见的交叉口信号反应时间较短,大约为1s;对意外的交通状况需要2.5s或更长的反应时间;在复杂立交、变道出入口等较复杂的交通环境下需要的反应时间也较常规更长。

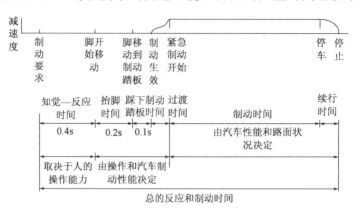

图 2-1 反应时间和制动操作

3)疲劳驾驶与酒后驾驶

驾驶疲劳是指由于驾驶作业引起的身体、心理上的变化,是测定驾驶机能低落的总称。

驾驶员长时间开车会产生疲劳,这时感觉、知觉、判断、意志、动作等都受到影响。试验发现,驾驶员以100km/h的速度行进30~40min之后,会出现抑制高级神经活动的信号,表现为欲睡、主动性降低;2h后,生理机能进入睡眠状态。疲劳会使驾驶员的反应时间显著增长,操作能力下降,判断失误增多,对行车安全不利。因此,对驾驶员一天的开车时间、连续行驶距离、睡眠都应做出具体规定,加强管理。目前对疲劳的检查方法一般有生化测定、生理机能测定、神经机能测定、自觉症状申述等。

酒精具有麻醉作用。它作用于高级神经中枢,最初使人有轻松的感觉,减弱了对运动神经的约束,四肢活动敏捷,随着大脑与其他神经组织内酒精浓度的增高,中枢神经活动便逐渐迟钝,先使人的判断力发生障碍,而后四肢活动也变得迟缓。从世界各国交通事故统计资料来看,驾驶人酒后驾车是引起交通死亡事故的重要原因。美国曾对交通事故死亡者做法医尸体检验,发现死亡的驾驶人中,50%为酒后驾驶。在我国,驾驶人酒后驾车也是造成交通事故的重要原因之一,且酒后驾车的事故多为重大、特大事故,致死率高,须引起足够重视。

2.2 车辆交通特性

1)车辆种类与几何尺寸

车辆尺寸与规划设计密切相关。如制订公共交通规划时要用到公共汽车额定载客量的参数,研究道路通行能力时要使用车辆长度等数据,车辆宽度影响着车行道宽度设计等。

汽车的主要尺寸有外廓尺寸、轴距、轮距、前悬和后悬等。外廓尺寸是车辆外廓的长、宽、高,它影响道路建设的净空和车内容量;轴距是汽车前后轮轴的距离,它对汽车的质量、总长、最小转弯半径、纵向通过半径以及汽车的轴荷分配、制动性、操纵稳定性等都有影响;轮距为汽车横向两轮间的距离,它影响车内宽度和车辆最小转弯半径;前悬、后悬分别是汽车前后轴中心到汽车最前端和最后端的距离,它们对汽车的通过性、行车的安全性、驾驶员视野等都起着决定性的作用。

2)动力特征

汽车动力性能通常用4个指标来评定:最高车速、最大爬坡能力、加速度或加速时间及制动性能。

(1)最高车速 v_{max}

最高车速是指在良好的水平路段上,汽车所能达到的最高行驶速度(km/h)。

(2)最大爬坡能力

最大爬坡能力是指汽车满载时,以1挡在良好的路面上可能行驶的最大爬坡度 i_{max}(%)。

(3)加速特性

一般低速时车辆加速度较大,加速度随着速度的增加逐渐减小,小汽车比其他车辆能够以更大的加速度加速。

(4)制动性能

制动性能是指开始制动后车辆停止(或者减速)的能力,该性能与汽车安全行驶直接相关。汽车制动性能主要体现在制动距离和制动减速度上。制动距离的计算见式(2-1)。

$$L = \frac{v^2}{254(\varphi \pm i)} \tag{2-1}$$

式中:v——汽车制动开始时的速度(km/h);

i——道路纵坡度(%),上坡为正,下坡为负;

φ——轮胎与路面之间的附着系数;

L——制动距离(m)。

上坡时使用"+",下坡时使用"-",因为重力作用,上坡制动距离更短,下坡制动距离更长。

制动距离方程在事故调查中有重要的应用,可以通过车辆滑行痕迹及损坏程度估计事故发生时车辆的初始速度。

例 2-1 事故车辆冲出道路后在草地上滑行,最后撞上桥墩。基于桥梁的损坏程度估计,认为车辆撞上桥墩的速度为32km/h,路面滑动痕迹为30.5m(车辆与路面的附着系数 $\varphi_1 = 0.35$),草地上滑行距离为32.7m(车辆与草地的附着系数 $\varphi_2 = 0.25$),没有坡度。估算在滑动痕迹开始处车辆的速度。

解: 最终速度(v_f)已知,估算初始速度(v_i),在路面和草地上的滑动需单独分析。

①草地滑行开始的初始速度(v_i')

$$L' = \frac{v_i'^2 - v_f^2}{254 \times \varphi_2} = 32.7 \text{(m)}$$

$$32.7 = \frac{v_i'^2 - 32^2}{254 \times 0.25}$$

$$v'_i = \sqrt{(254 \times 0.25 \times 32.7) + 32^2} = 55.68(\text{km/h})$$

②在路面滑动的初始速度 v_i

$$L = \frac{v_i^2 - v_i'^2}{254 \times \varphi_1}$$

$$30.5 = \frac{v_i^2 - 3100}{254 \times 0.35}$$

$$v_i = \sqrt{(30.5 \times 254 \times 0.35) + 3100} = 76.2(\text{km/h})$$

因此,路面滑行开始时车辆速度约为76.2km/h,与限速相比较,即可确定超速是否为导致事故的原因。

汽车的制动性能还体现在制动效能的力度稳定性和制动的方向稳定性上。制动过程实际上是汽车行驶的动能通过制动器转化为热能的过程,所以在制动片温度升高后,能否保持低温状态时的制动效能,对于高速时制动或长下坡连续制动都是至关重要的。方向稳定性是指制动时不产生跑偏、侧滑及失去转向能力的性能,制动跑偏与侧滑,特别是后轴侧滑是造成事故的主要原因。

(5)摩擦系数与制动系数

摩擦系数是滑动车轮产生的摩擦力与车轮作用在路面上的重量之比,在滑动过程中摩擦系数是个变量;制动系数为滑动过程中摩擦系数的平均值。

2.3 道路交通特性

道路是供各种无轨车辆和行人通行的基础设施。道路按照其所处的地区不同可以分为公路、城市道路、厂矿道路、林区道路、乡村道路等。通常将位于城市范围以内的道路,称为城市道路;而位于城市及其郊区外的道路,称为公路。我国古代还有驿道,其为设置驿站的通途大道,同时也是军事设施,主要用于运输军用粮草物资、传递军令军情。

2.3.1 城市道路

1)城市道路的组成

(1)路段

城市道路是指在城市范围内具有一定技术条件和设施的道路。在城市里,沿街两侧建筑红线之间的空间范围为城市道路用地,路段由各个不同功能部分所组成:机动车道、非机动车道、人行道、中央分隔带(简称中分带)、机非分隔带(简称侧分带)、人行道绿化分隔带、路侧绿化带等,见图2-2。

中央分隔带起分隔对向车流作用。机非分隔带分隔机动车与非机动车,可利用来设置公交港湾站台,也为设置交通标志牌等交通设施及路灯、杆线灯等市政设施提供空间,以种植低矮灌木或者草坪为主。人行道绿化带可适当满足自行车停放需求,满足行道树栽种及设置市政公用设施要求。路侧绿化带设置在人行道和建筑物之间,分隔道路与路侧建筑物,减少车辆噪声及尾气对道路两边建筑物和居民的影响。

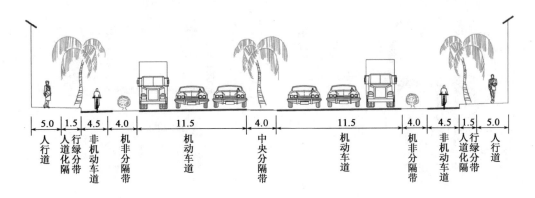

图 2-2　路段断面示意(尺寸单位:m)

(2)交叉口

道路与道路相交的部位称为道路交叉口,根据相交道路的主线高程是否相等,交叉口可分为平面交叉、立体交叉两大类。

①平面交叉

当相交道路主线高程相等时称为平面交叉。平面交叉形式取决于道路网交叉口用地、周围建筑的情况、交通量、交叉口相交道路的条数及相交角度等。常见的平面交叉形式有:三路交叉的 T 字形和 Y 字形、四路交叉的十字形和 X 字形、错位交叉和多路交叉,如图 2-3 所示。平面交叉由进口道、出口道及道路相交的冲突区域组成。各车道可按类型划分为机动车道、非机动车道、公交专用道及人行道。部分交叉口的进(出)口道设置了展宽段及渐变段。根据车道功能可分为直行车道、左转车道、右转车道、直左车道、直右车道及左直右车道,在条件允许且有必要的交叉口可设置左转专用车道及左转(直行)待行区。交叉口还可设置导向线、停车线、人行横道线、交通岛、导向岛、分隔岛、分隔带、公交停靠站等交通工程设施,如图 2-4 所示。

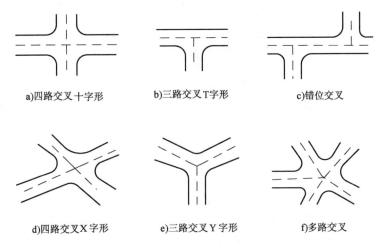

a)四路交叉十字形　　b)三路交叉T字形　　c)错位交叉

d)四路交叉X字形　　e)三路交叉Y字形　　f)多路交叉

图 2-3　平面交叉形式

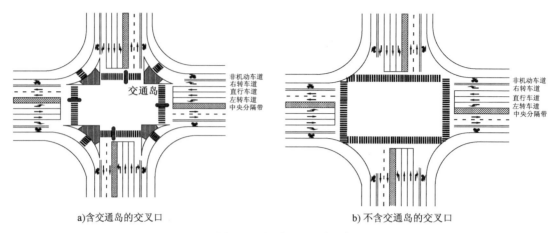

a) 含交通岛的交叉口　　　　　　b) 不含交通岛的交叉口

图 2-4　平面交叉口基本组成

② 立体交叉

当相交道路的主线高程不相同时,称为立体交叉。由于立体交叉空间上错开,交叉口没有冲突点,行车畅通无阻,可提高交叉口通行能力,不过立体交叉与平面交叉相比,占地面积大,建设成本高。

根据有无匝道连接上下道路,立体交叉可分为分离式立体交叉和互通式立体交叉两种,简称为分离式立交和互通式立交。分离式立交只能供车辆直行,不能在交叉口转弯到另一条道路上。它既可以用于道路与道路相交,也广泛用于道路与铁路相交。互通式立交除跨线桥外,还用匝道将上下道路连接,使车辆能从一条道路转弯到另一条道路上。

如图 2-5 所示,互通式立交的组成包括:跨线桥(上跨或者下跨)、右转匝道、左转环形匝道、出口减速车道和入口加速车道等。

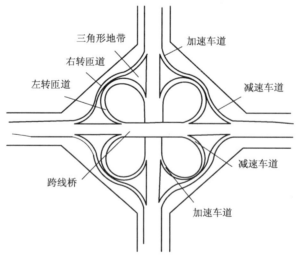

图 2-5　互通式立交组成示意图

互通式立交随着匝道的设置不同,会形成多种风格迥异、形式不同的立体交叉,其适用性也不相同。三路互通式立交有 3 种基本形式:喇叭形[图 2-6a)、b)]、半定向型[图 2-6c)]、全定向型[图 2-6d)];四路连接的有 6 种基本形式:菱形[图 2-6e)]、苜蓿叶形[图 2-6f)]、半苜蓿叶形[图 2-6g)]、环形[图 2-6h)]、全定向型[图 2-6i)]、半定向型[图 2-6j)]。

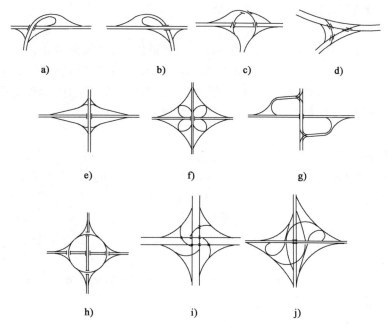

图 2-6 互通式立交的基本形式

2）城市道路功能

城市道路是城市居民活动和物资运输必不可少的重要设施。城市道路还具有多种功能。如满足出行需要、利于土地开发、提供公共空间、保证生活环境、对火灾地震等灾害有抗灾功能等,可以概括为以下6个方面。

(1) 城市骨架的功能

主干路是形成城市结构骨架的基础设施,也具有划分邻里居住区、街坊等局部地块作用。

(2) 交通设施的功能

满足城市活动产生的交通需求,是行人与车辆来往的专用地。

(3) 城市空间的功能

城市道路空间是城市基本空间环境的主要构成要素。城市道路空间的组织直接影响城市空间形态。

(4) 城市景观的功能

城市道路作为城市带状景观轴线,对形成城市的视觉走廊,丰富城市景观都有很好的效果。城市道路应与城市绿地系统、城市主要建筑物、街头绿地相配合,形成城市绿色系统的景观环境。

(5) 市政空间的功能

城市道路是安排绿化、排水及城市其他市政工程基础设施(地上、地下管线)的主要空间。

(6) 防灾设施的功能

在发生火灾时,道路可起到防火带作用,防止火势的蔓延,同时还可提供消防和救援活动的场所。在突发灾害发生时,城市出入口道路应能提供疏散人群的作用。

3）城市道路的分类

根据道路在城市道路系统中的地位、作用、交通功能以及对沿线建筑物的服务功能,我国目前将城市道路分为快速路、主干路、次干路及支路4类。

(1) 快速路

快速路指在城市内修建的具有单向多车道(双车道以上)的城市道路,有中央分隔和安全与管理设施,车辆出入全部控制并控制出入口间距,是为机动车提供连续流服务的交通设施,是城市中快速大运量的交通干道。快速路的服务对象为中长距离的机动车交通,与城市对外高速公路进出口连通,快速集散出入境及跨区的机动车出行。

(2) 主干路

主干路联系城市的主要工业区、居住区、港口、车站等客货运中心,承担城市的主要客货运交通,是城市内部的交通大动脉。主干路一般不设立体交叉,而是采用扩宽交叉口引道来提高通行能力,个别流量特别大的主干路交叉口也可设置立体交叉。主干路沿线不宜设置公共建筑物的出入口,特别是交叉口附近。主干路机动车道一般为双向六车道或者双向四车道,机动车与非机动车应分道行驶;交叉口之间分隔机动车与非机动车的分隔带宜连续。

(3) 次干路

次干路是分布在城市各区域内的地方性干路,有集散交通的作用,兼有服务功能,是公交线路的主要布设道路。

(4) 支路

支路以服务功能为主,是连接次干路和居民区、工业区、市中心区、市政公用设施用地的纽带;是集散道路,直接服务于不同地块的交通集散,为地块提供良好的交通可达性;是划分城市街坊的基本因素。

此外,还有自行车专用道、公交专用道、商业步行街、货运专用道等。

4) 城市路网的布局

道路的规划、设计应从整个路网系统着眼。路网布局对整个运输系统的效率有很大影响,良好的路网布局可大大提升运输系统的效率,增加路网的可达性,节约大量投资,节省运输时间和运输费用,取得良好的经济效益、社会效益和环境效益。

对于不同区域、不同城市,不存在统一的路网布局模式,路网布局必须根据所在区域的自然、社会、经济等情况选取。

典型的城市道路网布局有棋盘式(方格形)、带形、放射形、放射环形等。我国古代城市道路以方格形最常见,近现代城市发展了许多其他形式的道路布局,这些路网布局的特点和性能如表2-1所示。

典型城市道路网布局及其性能　　　　表2-1

图　式	特点和性能
棋盘形	布局严整、简洁,有利于建筑布置,方向性好,交叉口交通组织容易,但非直线系数大,通达性差,过境交通不易分流,对大城市进一步扩展不利。代表城市:北京、西安

续上表

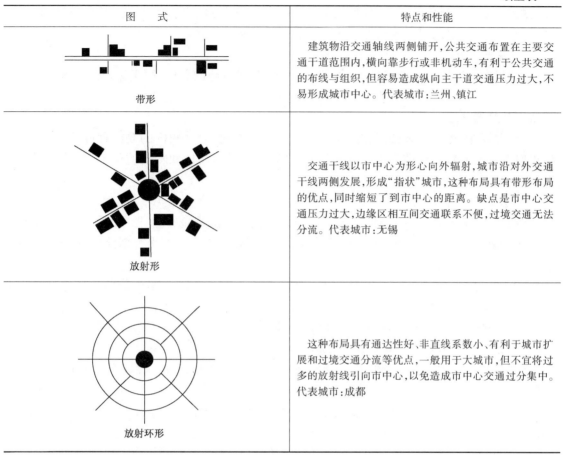

图　式	特点和性能
带形	建筑物沿交通轴线两侧铺开，公共交通布置在主要交通干道范围内，横向靠步行或非机动车，有利于公共交通的布设与组织，但容易造成纵向主干道交通压力过大，不易形成城市中心。代表城市：兰州、镇江
放射形	交通干线以市中心为形心向外辐射，城市沿对外交通干线两侧发展，形成"指状"城市，这种布局具有带形布局的优点，同时缩短了至市中心的距离。缺点是市中心交通压力过大，边缘区相互间交通联系不便，过境交通无法分流。代表城市：无锡
放射环形	这种布局具有通达性好、非直线系数小、有利于城市扩展和过境交通分流等优点，一般用于大城市，但不宜将过多的放射线引向市中心，以免造成市中心交通过分集中。代表城市：成都

2.3.2 公路

1）公路的结构组成

公路的基本结构包括路基、路面、桥涵、隧道和沿线设施等。

（1）路基

路基是指按照路线位置和一定技术要求作为路面基础的带状构造物，一般由土、石按照一定方式构成，承受路面传递下来的行车荷载。垂直于道路中线剖切面得到的图形叫作路基横断面，横断面由车行道、中间带、路肩、边沟、边坡、截水沟、碎落台、护坡道等部分组成。

（2）路面

路面是指在路基表面用各种材料分层铺筑的结构物，供车辆在其上以一定的速度安全、舒适地行驶。路面的主要作用是加固行车部分，使之有一定的强度、平整度和粗糙度。路面按其使用性能、材料组成和结构强度可以分为高级路面、次高级路面、中级路面、低级路面，按其力学性能可分为柔性路面、刚性路面和半刚性路面。

（3）桥涵

桥梁是指道路在跨越河流、河谷和其他障碍物时所使用的构筑物。当桥涵的单孔跨径大于5m、多孔跨径总长大于8m时叫作桥梁，反之叫作涵洞。

(4)隧道

隧道是公路穿过山岭、置于地层内的结构物。隧道在公路上能缩短里程,避免翻越山岭,保障行车的快速直接,是山区公路中采用的特殊构造物之一。

(5)沿线设施

沿线设施是公路沿线交通安全、管理、服务、环保等设施的总称,用于保证公路行车安全和提供必要的服务。

2)公路的分级

在公路网中,由于每条公路在国民经济中的作用不同,自然条件的复杂程度不同,车辆种类和速度不同,其技术标准和管理方法也就不同。从规划、设计和管理的要求出发,需要对公路网中的公路进行分级。

(1)公路的技术等级

在《公路工程技术标准》(JTG B01—2014)中,把公路按其交通量、任务及性质分为高速公路、一级公路、二级公路、三级公路、四级公路5个等级,在各等级中又根据地形规定了不同的行车速度及其相应的工程技术标准。

①高速公路为专供汽车分向、分车道行驶并全部控制出入的多车道公路。高速公路的年平均日设计交通量宜在15000辆小客车以上。

②一级公路为供汽车分向、分车道行驶,可根据需要控制出入的多车道公路。一级公路的年平均日设计交通量宜在15000辆小客车以上。

③二级公路为供汽车行驶的双车道公路。二级公路的年平均日设计交通量宜为5000~15000辆小客车。

④三级公路为供汽车、非汽车交通混合行驶的双车道公路。三级公路的年平均日设计交通量宜为2000~6000辆小客车。

⑤四级公路为供汽车、非汽车交通混合行驶的双车道或单车道公路。双车道四级公路的年平均日设计交通量宜在2000辆小客车以下;单车道四级公路的年平均日设计交通量宜在400辆小客车以下。

(2)公路的行政等级

《中华人民共和国公路管理条例实施细则》规定:公路分为国家干线公路(简称国道),省、自治区、直辖市干线公路(简称省道),县公路(简称县道),乡公路(简称乡道)和专用公路5个行政等级。

①国道是指具有全国性政治、经济意义的主要干线公路,包括重要的国际公路,国防公路,连接首都与各省、自治区首府和直辖市的公路,连接各大经济中心、港站、枢纽、商品生产基地和战略要地的公路。

②省道是指具有全省(自治区、直辖市)性政治、经济意义,连接省内中心城市和主要经济区的公路,以及不属于国道的省际重要公路。

③县道是指具有全县(旗、县级市)性政治、经济意义,连接县城和县内主要乡(镇)、主要商品生产和集散地的公路,以及不属于国道、省道的县际间的公路。

④乡道是指主要为乡(镇)内经济、文化、行政服务的公路,以及不属于县道的乡与乡之间及乡与外部联络的公路。

⑤专用公路是指专供或主要供厂矿、林区、油田、农场、旅游区、军事要地等与外部联络的公路。

3）公路网

将区域内的城市或集镇，以及某些运输集散点（大型工矿、农牧业基地、车站、港口等），视为交通节点，公路网就是指这些点相互之间的公路连线，各条路线按要求连接起来，形成一个有机的整体，从而构成公路网。

区域公路网由许多元素（运输点和公路线路等）按一定方式组合而成。区域范围内运输点的规模和重要性不同，公路网的组合结构与级别也有差别。国道和省道是全国和省市公路网的骨架，是公路运输的主动脉，而众多的地方道路则作为枝杈，直接深达区域内的各有关用户，三者共同组成一个有机整体。公路网并不是等于若干条公路的简单相加，它是在布局和结构上具有与地区自然条件、社会经济条件及功能等相适应的，符合一定规律性的有机整体。公路网必须适应于区域国土开发利用和经济发展规划，适应于区域综合运输系统发展。

4）公路网的布局

典型的公路网布局有三角形、并列形、放射形、树杈形等。上述公路网布局形式的特点、性能如表 2-2 所示。

典型公路网布局形式及其性能　　　　　　　　　表 2-2

图　式	特点与性能
放射形路网	放射形路网一般用于中心城市和外围郊区、周围城镇间的交通联系，对于发挥大城市的经济、政治、科技、文化、信息中心作用，促进中心城市对周围地区的辐射和影响有重要作用，不足之处是周围城镇之间联系不便
三角形路网	三角形路网一般用于规模相当的重要城镇间的直达交通联系。这种布局形式通达性好，运输效率高，但建设量大
并列形路网	平行的几条干线分别联系着一系列城镇，而处于两条线上的城镇之间缺少便捷道路连接，是一种不完善的路网布局，多出现在有河流、铁路等分隔的区域
树叉形路网	树杈形的路网一般是公路网中的最后一级，是从干线公路上分叉出去的支线公路，将乡镇、自然村寨与市、县政府所在地连接起来

2.4 道路交通工程设施

2.4.1 交通工程设施简介

交通工程设施是根据交通工程学的原理和方法为使道路通行能力最大、经济效益最高、交通事故最少、公害程度低而设置的系统、设施及人车装备,即为使车辆高速、高效、安全、舒适地行驶而设置的各类设施,是交通工程师与驾驶员交流的载体。

交通工程设施包括:交通管理设施、交通安全设施、监控系统、收费系统、通信系统、道路服务设施、道路照明和交通环境保护设施。

(1)交通管理设施

交通管理就是按照既定的法规与要求,运用各种手段、方法、工具和设备对动态交通准确地调度,使其安全畅通地运行。交通管理设施可分成三类:交通标线、交通标志、交通信号。

(2)交通安全设施

交通安全设施对减轻事故的严重度,排除各种纵、横向干扰,提高道路服务水平,提供视线诱导,改善道路景观等起着重要作用。交通安全设施主要包括护栏、道路交通标志、路面标线、隔离设施、防眩设施、视线诱导设施和施工安全设施等。

(3)监控系统

如果把交通安全设施作为车辆高速、安全、舒适行驶的静态保障系统,监控系统则是其动态保障系统。交通事故、车辆抛锚、货物散落等交通事故必然对高速公路交通产生干扰,需要监控系统尽快发现并及时组织救援、清理路障,尽量减少异常交通状况发生。

监控系统包括信息采集系统、信息提供系统和监控中心三大部分。信息采集系统收集公路上的实时交通信息,以此判断交通运行状态正常与否;信息提供系统把交通运行状态或控制指令告知驾驶人员,以便参考或者遵循;监控中心则是监控系统中实时信息的分析处理和指令决策发布的中枢部分。

(4)收费系统

收费系统包括收费车道、收费站和收费中心三大部分。收费车道是具体进行收费操作的场所,收费站对收费车道的系统设施和收费业务进行管理,而收费中心则是一个路段或者整条高速公路收费管理的核心机构。高速公路收费系统的建立往往对交通运行影响很大,如何既保证交通畅通,又保证通行费的正常收取,需要从交通工程学的观点出发,对收费制式、收费方式、站点布设、系统结构和系统运行管理进行分析研究。

(5)道路服务设施

道路服务设施是指设置在高速公路、汽车专用公路上为使用者提供服务的服务区,服务项目少的服务设施称为停车区。高速长途行车使驾驶员生理和心理受到较大的影响,易产生疲劳、精力分散、注意力不集中,安全性下降。服务区一般设有休息室、旅馆、商店、餐厅、公共厕所、园林绿化、广场、通道、医务室和急救站等,也设有停车场、修理所、加油站等,以消除驾驶员疲劳、恢复精力,同时给汽车提供加油、加水和检修等服务,以保障长途行车的安全舒适。

(6)道路照明

道路照明主要保证车辆和行人在夜间通行的安全,提高行车速度与通行能力,增加运输效益,同时对美化市容、城市夜景也有相当大的作用。

(7)交通环境保护设施

交通不仅促进了经济发展,同时也对环境产生种种不利影响,主要表现在交通噪声、尾气污染、生态环境及道路景观与环境协调4个方面。适当的交通工程设施能在一定程度上改善交通环境,如控制噪声的措施有车辆安装排气消声器、种植绿化树带、设置隔音屏障等。

交通管理设施和交通安全设施是道路交通中最为常见的设施,下节将对其进行介绍。

2.4.2 交通管理设施

1)交通标志

道路交通标志是用图形符号、颜色和文字向交通参与者传递特定信息,用于交通运行管理的设施。一般设在路旁或悬挂在道路上方,使交通参与者获得确切的道路交通信息,从而达到保障运行安全和高效的目的。

交通标志应使交通参与者在很短的时间内就能看到、认识并完全明白它的含义,从而采取正确的措施。因此交通标志必须具有较高的显示性、良好的易读性和广泛的公认性。为此,标志设计应作三方面选择,即标志的三要素。

(1)颜色

不同颜色具有不同光学特性,从心理学角度上讲会产生不同心理感受和联想。

红色为前进色,视认性好,使人产生兴奋、刺激和危险的感觉,在交通标志上常用以表示约束、禁令、停止和紧急之意。

黄色也是前进色,较红色的明度更高,能引起人们注意,有警告警戒之意,多用以表示约束、禁令、注意之意。

绿色是后退色,视认性不高,有恬静、和平、安全之感,在交通标志上常用于表示安全、静适、可通行的意思。

蓝色是后退色,注目性和视认性均不高,但有沉静、安宁之意,用于指示导向。

白色明度与反射率较高,对比性强,适宜用作交通标志的底色。

(2)形状

研究表明,交通标志的视认性、显示性与标志形状有重要关系,面积相同时不同形状标志的易识别程度大小的顺序为:三角形、菱形、正方形、正五边形、圆形。

(3)符号

符号表达标志的具体含义,应简单明了、一看就懂,并易为公众理解,力求易认直观。

交通标志分为主标志和辅助标志两大类,主标志有警告标志、禁令标志、指示标志、指路标志、旅游区标志和道路施工安全标志六大类。凡主标志无法完整表达时,为维护行车安全与交通畅通,应设置辅助标志。它不能单独设置和使用,一般安装在主标志下面,紧靠主标志下缘。

2)交通标线

道路交通标线由线条、符号、箭头、文字、标记、突起路标和路边轮廓线等组成,常敷设或画于路面及构造物上,作为交通管理设施,起引导交通运行与保障安全的作用。可同标志配合使用,亦可单独使用,是道路交通法规的组成部分,具有强制性、服务性和诱导性,在道路交通管理中占有重要地位。

交通标线按设置方式分类可分为：纵向标线、横向标线和其他标线。纵向标线是沿道路行车方向设置的标线；横向标线是与道路行车方向成角度设置的标线；其他标线是字符标记或其他形式。

按标线形态分类可分为：线条、字符标记、突起路标、路边轮廓标。线条是标画于路面、缘石或者立面的实线或虚线；字符标记是标画于路面的文字、数字及各种图形符号；突起路标是安装于路面，用于表示车道分界、边缘、分合流、弯道、危险路段、路宽变化、路面障碍物位置的反光或者不反光体；路边轮廓标是安装于道路两侧，用以指示道路的方向、车行道边界轮廓的反光柱或反光片。

交通标线按功能分分为：指示标线、禁止标线和警告标线。指示标线用于指示行车道、行车方向、路面边缘、人行道位置。禁止标线用于表示遵行、禁止、限制等特殊规定，是车辆驾驶人、骑行人需严格遵守的标线。警告标线使车辆驾驶人及行人了解道路上的特殊情况，提高警觉、准备防范应变措施。

3）交通信号

在道路上用来传送具有法定意义、指挥交通流通行或停止的光、声、手势等，都是交通信号。道路上常用的交通信号有灯光信号和手势信号。灯光信号是指在道路上向车辆和行人发出通行或停止的具有法律效力的灯色信息，分为指挥灯信号、车道灯信号和人行横道灯信号。指挥灯信号有绿灯、黄灯和红灯，车道灯信号有绿色箭头灯和红色叉形灯，人行横道信号有绿灯、绿灯闪烁和红灯。手势信号则由交通管理人员通过法定的手臂动作、姿势或指挥棒的指向来指挥交通。手势信号现在仅在交通信号灯出现故障时或在无交通信号灯的地方使用。

2.4.3 交通安全设施

1）护栏

护栏是通过它和车辆的弹塑性变形、摩擦、车体变形来吸收车辆碰撞能量，从而达到保护乘客生命安全的目的。护栏并不能减少一般事故的发生，而是通过护栏和车辆自身的破坏来防止更严重的伤害发生，这与其他安全设施有显著区别。在平缓、低填方的路段，车辆越出路堤的事故严重程度比车辆碰撞护栏严重程度小，则无须采用护栏保护该路段，而应当采取其他安全措施，如道路集合线形的改善、设置视线诱导设施、设置低速标志或提高路面抗滑能力等。

护栏按设置位置分有：路侧护栏、中央分隔带护栏、桥梁护栏、过渡段护栏、端部护栏、防撞垫。

（1）路侧护栏是指设在公路路肩，用于防止失控车辆越出路外，碰撞路边障碍物的设施。

（2）中央分隔带护栏是指设在道路中间带，防止失控车辆穿越中间带闯入对向车道的设施。

（3）桥梁护栏是指设置在桥梁上，防止失控车辆越出桥外的设施。

（4）过渡段护栏是指在不同护栏断面结构形式之间平滑连接并进行刚度过渡的结构段。

（5）端部护栏是指在护栏开始端或结束端设置的专门结构。

（6）防撞垫通过吸能系统使碰撞车辆平稳地停住或改变行驶方向，一般设置在互通立交出口三角区、未保护的桥墩、结构支撑柱或护栏端头等处。

2）防眩设施

防眩设施是防止夜间行驶车辆受对向车辆前照灯炫目影响的人工构造物,有板条式防眩板、扇面状防眩大板、防眩网、防眩棚等,一般设置在中央分隔带上。中央分隔带植树能起到防眩的作用,故也可作为防眩措施。当中央分隔带宽度大于9m,或上下行车道路面高差大于2m,或者配有连续照明的情况下可不设防眩设施。防眩设施的设置应当注意其连续性,避免在两段防眩设施中间留有短距离的间隙,否则将造成很大的行车危险。

3）隔离封闭设施

隔离封闭设施是防止人和动物随意进入或横穿汽车专用公路,防止非法占用公路用地的人工构造物。隔离封闭设施包括设置于公路路基两侧用地界线边缘上的隔离栅和设置于上跨公路主线的分离式立交桥或人行天桥两侧的防护网。它可有效地排除横向干扰,避免由此产生的交通延误或交通事故,从而保障高速公路、一级公路快速、舒适、安全地运行。

4）视线诱导设施

驾驶员视线总是在汽车前方巡视,以路旁地带、具有良好识别性的道路表面和与平行于车行道的各种线条(路缘、路面边线、路旁整齐的树木、护栏和视线诱导设施)来判定道路的行进方向。当夜间、雨天、大雾或路上有积雪时,路面标线可能不清楚,或道路连续急弯、陡坡线形差,或车道数(道路宽度)有变化等情况时,驾驶员需要视线诱导设施引导视线。目前广泛使用的视线诱导设施有轮廓标、路钮、线形诱导标(导向标)等。

复习与思考习题

1. 为什么研究交通特性?一般包括哪些特性?这些特性具体表现在哪些方面?
2. 驾驶员的特性主要包括哪些方面?
3. 收集关于疲劳驾驶、酒后驾驶的交通事故相关数据、事故特征等,并了解国家相关法律及交通管理条例对疲劳驾驶、酒后驾驶的相关规定,探讨更有力的防治措施。
4. 描述车辆动力特性的指标有哪些?这些指标如何应用于交通设计中?
5. 公路和城市道路都是怎么分类的?它们由哪些部分组成?
6. 公路网和城市道路网的布局有哪几种?请说明你家乡的路网属于哪种类型。
7. 交通工程设施包括哪些设施?其中交通标志分为哪几类?交通标线分为哪几类?

第 3 章
道路交通运行特征的调查及描述

作为一门与道路交通密切相关的学科,交通工程的研究需解决未来年交通系统应该如何规划,新建的交通设施应该如何设计,以及建成的交通设施如何管理与控制等问题。观测交通系统的运行特征,并合理地统计分析所观测的数据,是对上述问题分析及建模的基础。新型交通信息采集技术使所采集的数据在时效性和丰富程度上均有了很大提升。本章主要介绍交通调查的作用、体系与统计思路,对交通流基本参数的特征与关系通过模型进行描述。

3.1 交通调查概述

3.1.1 交通调查的作用与体系

为使交通设施的运行达到预期的水准,在城市交通设施的规划、应用以及确立交通管理方案等过程中均需要合理地确定目标交通量和规划交通量。交通调查可为交通规划、交通设计及交通管理等各个环节,直接或间接地提供必要的交通信息。例如,在路侧观测的机动车交通量和交通拥堵情况可用于识别现状道路容量不足的瓶颈路段;机动车起讫点调查的数据可用于识别机动车的出行趋势,从而对确定拥堵路段管理策略、优化道路交通网络等间接地提供支撑策略；居民出行调查和物流调查可从交通的发生吸引方面把握人与物在空间的流动，从而正确引导机动车的区域诱导策略、公共交通导向的土地利用策略等大范围交通管理策略的制定，并提供有效的分析及支持数据。

我国的交通调查根据实施的范围可分为全国公路交通情况调查、城市居民出行调查、物流调查等。全国、省域及市域的道路交通调查多关注公路的交通运输量。自20世纪70年代末开展交通调查工作以来，全国公路交通情况调查已形成一套比较规范的工作体系。通过对各类公路的交通状况进行定期或不定期调查，可掌握各级公路的交通流量、构成、分布和车辆运行速度等交通流特性，并进行统计、分析和预测。从2002年起，国家统计局已将公路交通情况调查正式纳入国家统计调查制度，并由交通运输部负责具体实施，定期向国家统计局提供相关资料。大范围的交通调查方法多为设置固定的交通观测点或观测站，其主要反映了车辆在地域之间的流动情况，但难以反映机动车的起讫点情况。在机动车迅速发展的时代，需要识别现状路网中的瓶颈。因此在20世纪80年代末、90年代初开始开展的城市综合交通规划中，开始实施居民出行调查，其将出行者一天内的行动分解为多次出行，并调查每次出行的起讫点及出行方式；与此同时，也开始实施调查物资的起讫点及运送方式的物流调查。这两种调查是综合交通体系构建及交通规划中交通需求预测的基础。我国多个城市也已经建立起了成熟的居民出行调查制度。如上海市在每年编制城市交通运行报告时，选取1~2个区的居民进行抽样调查，每5~8年进行一次全市范围的居民出行调查。近年来，随着交通规划中分析预测方法的改进，可分析交通规划方案对人及企业出行行为和周边用地环境、生活环境的影响，交通需求和周边环境的变化对出行者出行特征影响的预测及分析的研究也逐渐增多。

随着科学技术的发展，对交通特征分析的技术手段也在不断地更新。现代通信技术的发展使得跟踪路网中各个车辆/出行者的实时运动位置成为可能，进而发展出了诸如浮动车分析、手机信令分析、车路协同网络、车载自组织网络、自动驾驶车辆等技术，使交通调查人员可分析并获取交通的生成同土地利用特性的关联机理，即交通调查需获取出行同交通需求的关联特征，因此需增加对出行者个体出行目的的调查。

3.1.2 交通调查的分类

1）以机动车为目的的调查

代表性的以机动车为目的的调查是全国性的交通情况调查（道路交通情况普查）。因行业的特性，铁路、航空及航运的运量由各执行部门统计，公路交通情况由交通运输部组织，各省市填报相应报表的形式开展，定期收集国道、省道、县道、乡道及专用公路、农村公路的交通状况，并进行统计、分析和预测。主要的调查包括交通量调查（含比重调查）、车速调查、占有率调查、轴载调查等内容的常规调查。对公路交通状况的调查还包括根据专项工作需要开展的专项调查，主要包括以机动车拥有者为对象的调查一天内车辆行动的起讫点（OD）调查、通过某界线（核查线或境界线）的车辆数的核查线调查、通行能力调查、典型路段运行监测、典型车辆调查、重大社会活动（事件）及政策影响情况调查等。此外，以机动车为目的的调查还包括对停车设施、特殊地点的交通运行情况的调查。

道路交通情况普查的各类调查中，调查的内容各异，具体如下：

（1）常规交通调查

常规交通调查包括道路情况调查、交通量调查、行程车速调查。道路情况调查包括道路的宽度、道路交叉数量、道路沿线情况等。交通量调查包括工作日及节假日一小时的机动车、非机动车、行人等交通量,交通量调查方法的比较分析可通过扫描二维码获取(3.A)。行程车速调查指对车辆通过道路指定区间段平均车速的调查。

(2)机动车起讫点调查

机动车起讫点调查主要调查当日机动车的使用情况(含出发地、目的地、出行目的、同乘者人数等)。核查线调查或境界线调查指对经过某横穿道路的某天然屏障或进出某一区域的交通量调查。针对机动车的使用者情况调查可采用问卷调查等方式开展。

(3)停车调查

停车调查主要调查内容为停车场的数目、停车泊位数及停车费用等。

(4)用地调查

用地调查主要是指对医院、交通枢纽等特定设施周边的用地情况及道路沿线的土地利用情况进行调查。

上述面向机动车的交通调查的精度一般高于居民出行调查及物流调查的精度,主要原因在于两者使用的技术有所差异,而分析机动车使用机理和预测居民出行特性对数据精度的要求也有不同。

2)以交通需求为目的的调查

以交通需求为目的的交通调查主要指居民出行调查和物流调查。居民出行调查指在城市等调查范围内抽选一定比例的人数,调查家庭内6岁以上的成员在一日内的移动情况。移动的过程以单次出行为单位进行分解。调查内容除出行特性外还包括出行者的年龄、性别、家庭收入等个人属性。我国北京、上海、南京等城市一般每5年开展一次全市范围的居民出行调查,每年均开展小样本的居民出行调查。

物流调查指在调查范围内抽选一定比例的货运单位,调查一日内的收发货物的种类、质量、发货地点及目的地点、运送方式等内容,同时也调查货运单位的从业范围、规模及单位类型等属性特征。

3)以出行者的出行为目的的调查

以出行者的出行为目的的调查主要关注居民出行调查中的时间调查。时间调查指调查出行时间及其他日常生活的时间。通过归纳个人的日常生活模式,可以获取出行者每次出行发生时间的特性,从而进一步用于预测交通出行的特性。

在物流调查的过程中,可对企业的位置及货运出行行为关联调查。以2003年东京都市圈的物流调查为例,获取物资流动总量的重点在于更新物流调查的内容。从货运车辆出行优化的角度出发,将物流设施和货车行驶路径在GIS系统上综合表示并进行关联分析,调查物流企业所在地的物流发展战略,分析物流设施的位置因素影响,以获取货物运输总量及企业货运的行为为目的而开展整个物流调查。

近年来,交通调查受预算及调查环境两方面的制约愈发严重,调查难度增加,调查质量下降。特别是调查环境,随着居民流动性的增加,在入户调查时实际入住率较低,且居民的防范意识逐渐增强,一方面背景信息填写较少,拒绝入户的比例增加,另一方面也存在"隐性出行"(即实际出行了,被调查者出于某种原因拒绝填写该次出行),调查所获取的结果愈发省略或简化,调查质量也难以达到预期水平。为提升交通调查的精度并减轻调查的负担,各大城市在居民出行调查中一方面广泛应用PDA(Personal Digital Assistant)等现代电子设备,以减轻数据录入的负担,也可通过校验规则降低错误信息的录入比例;另一方面综合利用手机信令、浮动车等信息对居民出行调查结果进行校验,从而保证调查数据的精度。

3.2 交通流基本参数的定义

3.2.1 时空图与累积图

1)时空图(Time-Space Diagram)

时空图和累积图均为描述及分析交通运行的基础工具,它使交通运行分析有效、简单。时空图表示车辆在路径上位置随时间变化情况,即位移—时间函数 $x(t)$ 的坐标表示。变量 x 表示沿路径相对于参考点的距离,变量 t 表示从某个起始时刻开始所经过的时间。

轨迹线是指在 (t, x) 平面坐标上表示函数 $x(t)$ 的曲线,如图3-1(a)、(b)两条曲线所示的轨迹线,每个时刻 t 必须有且仅有一个 x,但曲线(c)的 t_0 时刻对应了三个位置点,因此曲线(c)不是轨迹线。通过轨迹线可直观、清晰地理解车辆运行情况:曲线(a)表示车辆沿着正方向前进,逐渐减速,最后反向行驶;曲线(b)表示车辆沿着正方向前进,在几乎快要停止的时候又重新开始沿着正方向前进。

根据速度(用 v 表示)和加速度(用 a 表示)同路程 x 和时间 t 之间的关系可知:

$$v(t) = \frac{dx}{dt} \tag{3-1}$$

$$a(t) = \frac{d^2 x}{dt^2} \tag{3-2}$$

如图3-2所示,车辆在任一点的瞬时速度为轨迹线在该点的正切值(dx/dt),车辆在两点间的平均速度为两点连线的斜率。从图3-2可看出,曲线陡峭上升(下降)表示车辆在快速前进(后退),曲线水平表示车辆静止不动,曲线平缓表示车辆慢速行驶,斜直线表示匀速行驶,即加速度为零,曲线曲率越大,加速度的绝对值也就越大。

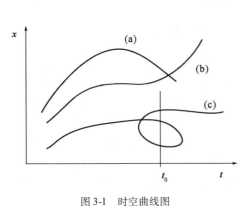

图3-1 时空曲线图
注:(a)和(b)是轨迹线;(c)不是轨迹线。

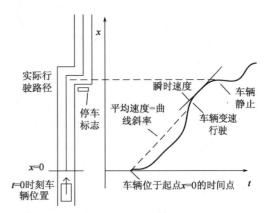

图3-2 时空图示意图

采集绘制单车轨迹线数据的方法有多种,可采用 GPS(Global Positioning System,全球定位系统)等自动车辆监控系统采集数据,该方法采集的数据不需进行转化处理便可绘制轨迹线;也可通过公共交通车辆的客票数据(如刷卡数据)获得,但因为公交调查仅记录每辆车到达和离去站点的时间,因此站点间的行车轨迹需通过插值逼近。

在实际交通调查中难以同时记录车辆在时空范围的位移情况,因此在调查时可沿某一路径设置多个观测站点,在每个站点记录车辆通过该站点的时间,标在过相应站点坐标的水平线上,如图 3-3a)所示。将某车辆的各个标记点连接可得某辆车的轨迹线,为了防止多辆车的轨迹线混淆,必须对观测车辆做不同标记以便观测员都能区分。如果观测站之间的间距小,可近似认为车辆不存在超车现象,即按顺序通过。

也可采用航空摄影法,摄像的辨认度很高,可辨认每辆车的特征,不会混淆。按固定的时间间隔摄像,得到车辆的位置,在时空图上标出各时刻车辆的位置,用光滑的曲线连接每辆车的标记点,便可得到每辆车的轨迹线,如图 3-3b)所示。

图 3-3c)描述了绘制轨迹线的另一种方法:观测车以 v_0 匀速行驶,记录其他车辆超过它的时刻和位置,用光滑的曲线连接每辆车的标记点,便可得车辆轨迹线。在图 3-3c)中,观测车以相对较低速度行驶,绘制的是超越观测车的车辆轨迹线。当然,观测车也可以相对较高速度行驶,绘制被测试车超越的车辆轨迹线。前两种方法可认为是这种情况的特例,图 3-3a)中 $v_0 = 0$,而图 3-3b)中 $v_0 \to \infty$。

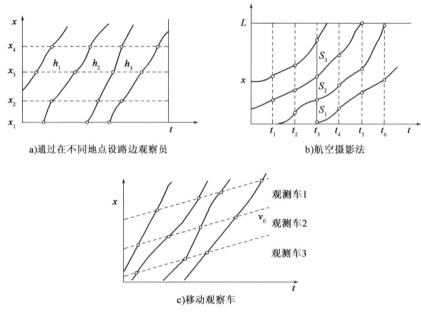

图 3-3 时空轨迹数据采集的三种方法

2)累积图(Cumulative Diagram)

定义函数 $N(t)$ 表示从某一时刻起到 t 时刻内通过观测点的车辆数,累积图就是函数 $N(t)$ 的坐标表示。

$N(t)$ 与 $(0, T)$ 时间内平均流量的关系是:

$$q = \frac{N(T) - N(0)}{T} \tag{3-3}$$

累积数一般是整数(车辆数),即 $N(t)$ 是阶梯形变化的,如图 3-4 中 $\tilde{N}(t)$ 所示;但实际应用中,可将这些阶梯的顶点用光滑曲线连接,如图 3-4 中 $N(t)$ 所示。当车辆数很大时,累积数曲线近似为光滑曲线。在实际应用中多用光滑的曲线,因为可对其进行微积分运算,后文提及的累积曲线都是光滑曲线。

对式(3-3)取 $T \to 0$ 的极限可求得 $t=0$ 时的瞬时流量;当 $t \neq 0$ 时,对 t 取极限同样存在,根据微分定义,任意时刻 t 的瞬时流量为 $q(t)$ 为:

$$q(t) = \frac{dN(t)}{dt} \tag{3-4}$$

流量有平均流量[式(3-3)]和瞬时流量[式(3-4)]两重含义,需要区分理解。

累积图的应用有很多,可用于推导排队公式、计算信号交叉口的延误及排队时间、排队长度等,具体应用方法可扫描二维码获取相关阅读内容(3.B)。

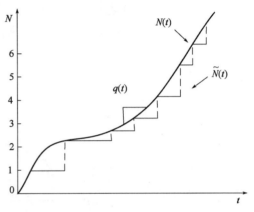

图 3-4 累积曲线与其连续近似曲线

3) 时空图与累积图关系

时空图是 N 辆车的时间、位移的对应关系,累积图是针对某路段(如瓶颈路段)的起始点和终点分别绘制其每时刻的车辆到达累积数。在时空图中,位移是变量,在累积图中,位置点是固定的。同时用时空图和累积图绘制某瓶颈路段的车辆运行情况,若在时空图的纵坐标中标出瓶颈路段的起点,观测经过该点的车辆编号,在不考虑超车的情况下,车辆编号随时间的变化关系就可绘制累积图中的到达曲线,同理可得离去曲线。可见,时空图与累积图有很强的关联性。

假设没有超车现象,给通过某一点的车辆编号,如图 3-5 所示,函数 $N(t,x)$ 表示在 t 时刻通过 x 点车辆的编号,这个函数一般是不连续的。

那么,$N(t,x_0)$ 就是在 x_0 点的累积函数,同理 $N(t,x_i)$ 是在 x_i 点的累积函数,x_0 点和 x_1 点在某时刻 t_0 的累积数之差就是 t_0 时刻滞留在 x_1 和 x_0 点间的车辆数。函数 $N(t,x_0)$ 和 $N(t,x_1)$ 相应的累积图如图 3-6 所示。根据 3.2.2 节中流率和密度的定义可知,对 $N(t,x)$ 求 t 的偏导可得此段时间的流率 $q(t,x)$,对 $N(t,x)$ 求 x 的偏导可得该路段的密度 $-k(t,x)$,如式(3-5)、式(3-6)所示。

$$\frac{\partial N(t,x)}{\partial t} = q(t,x) \tag{3-5}$$

$$\frac{\partial N(t,x)}{\partial x} = -k(t,x) \tag{3-6}$$

对式(3-5)及式(3-6)进一步求导可得式(3-7),将其移项变化可得如式(3-8)所示的流体动力学中基本公式。

$$\frac{\partial q(t,x)}{\partial x} = \frac{\partial N^2(t,x)}{\partial t \cdot \partial x} = -\frac{\partial k(t,x)}{\partial t} \tag{3-7}$$

$$\frac{\partial q(t,x)}{\partial x} + \frac{\partial k(t,x)}{\partial t} = 0 \tag{3-8}$$

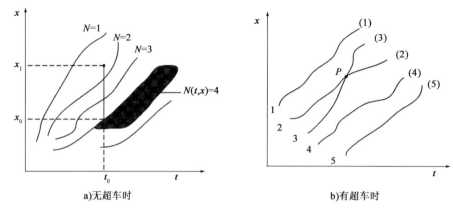

a) 无超车时　　　　　　　　　b) 有超车时

图 3-5　时空图与累积图的关系

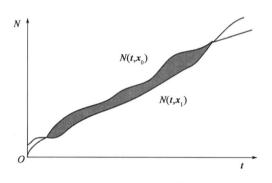

图 3-6　$N(t, x_0)$ 和 $N(t, x_i)$ 对应的累积图

使上述分析在有超车的情况下同样成立,只需要在编号上做一个简单的修改:如图3-5b)所示,将 5 条轨迹线进行编号(如其左下角的标号),若轨迹 2 和轨迹 3 在 P 点相交(即有超车),则双方交换编号,交换后的编号如图 3-5b)右上角所示。

3.2.2　时空图与交通流特性

1）交通流基本参数的定义

描述交通流特性的各交通参数可通过时空图来理解及定义。应用如图 3-7 所示的描述某路段在观测时间内的时空图进行说明。

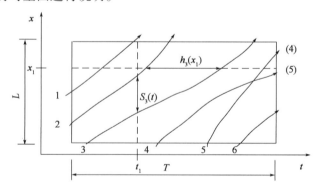

图 3-7　某观测路段的时间—空间图

由式(3-1)及式(3-2)可知,时空图的曲线描述了车辆运行的轨迹,其斜率为车辆在指定时间地点的地点车速,曲线特定点与原点连线的斜率为平均行程车速。如图 3-7 所示,当在某固定地点观测通过车辆数时,$t_i(x_1)$ 表示车辆在 x_1 处第 i 辆车与第 $i-1$ 辆车之间到达的时间差,定义 $h_i(x_1)$ 为第 i 辆车与第 $i-1$ 辆车在 x_1 处的车头时距。

$$h_i(x_1) \equiv t_i(x_1) - t_{i-1}(x_1) \tag{3-9}$$

如式(3-10)所示,定义 x_1 处的交通流率为通过 x_1 的车辆数 m 与观测时间间隔 T 的比值,则有:

$$q(T, x_1) \equiv \frac{m}{T} \tag{3-10}$$

当观测时段内通过车辆数较大时,则近似有:

$$\sum_{i=1}^{m} h_i(x_i) \approx T \tag{3-11}$$

将式(3-11)代入式(3-10),则有:

$$q(T, x_1) \approx \frac{1}{\frac{1}{m}\sum_{i=1}^{m} h_i(x_1)} = \frac{1}{\overline{h}(x_1)} \tag{3-12}$$

由此可见,交通流率近似等于平均车头时距的倒数,若观察时间是从第一辆车到达时刻开始到最后一辆车驶离时刻结束,那么式(3-12)精确成立。

类似地,当采用航空摄影法观测某时刻长度为 L 的路段上的车辆数时,可获取在 t_1 时刻第 j 辆车与第 $j-1$ 辆车之间的距离,定义 $s_j(t_1)$ 为在 t_1 时刻第 j 辆车与第 $j-1$ 辆车间的车头间距,其在时空图上可表示为过 t_1 做垂直于 t 轴的直线,车头间距即为该直线与第 j 辆车、第 $j-1$ 辆车交点间的距离。

$$s_j(t_1) \equiv x_{j-1}(t_1) - x_j(t_1) \tag{3-13}$$

如式(3-14)所示,定义 t_1 时刻的交通密度为单位路段长度上所观测到的车辆数 n,则有:

$$k(L, t_1) \equiv \frac{n}{L} \tag{3-14}$$

类似地,当 L 较大时,可近似认为所有车头间距之和为观测路段长度:

$$\sum_{j=1}^{n} s_j(t_1) \approx L \tag{3-15}$$

将式(3-15)代入式(3-14),则有:

$$k(L, t_1) \approx \frac{1}{\frac{1}{n}\sum_{j=1}^{n} s_j(t_1)} = \frac{1}{\overline{s}(t_1)} \tag{3-16}$$

此时可知,交通密度近似等于平均车头间距的倒数。类似地,如果 L 是指从第一辆车的车头到第 $n+1$ 辆车的车头的距离,则式(3-16)精确成立。

从交通流率与密度的定义可知,两个变量均为在宏观角度描述车辆数的变量,但交通流率描述的是单位时间内通过某一地点的车辆数,而密度描述的是某一时刻单位长度道路上观测到的车辆数。对应的,车头时距及车头间距为交通流率及密度的微观描述。

*2)应用磁感线圈数据估计交通流参数

目前在交通调查中应用较广的机械检测设备为磁感线圈。磁感线圈可统计的参数有通过车辆数（Counts）和占有率（Occupancy）。应用时空图也可分析占有率与密度之间的关系。如图3-8所示，平行的两条轨迹线分别表示车头和车尾的轨迹线，占有率是图3-8中区域A中阴影部分面积A_0占总面积的比值，空间占有率$\rho(A)$与密度$k(A)$可通过车辆平均长度l建立如式(3-18)所示的关系，由此可见，占有率是密度的无量纲近似值。

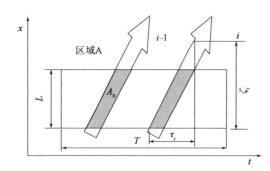

图3-8　车头与车尾轨迹图

$$l = \frac{A_0}{t(A)} \tag{3-17}$$

式中：A_0——所有车辆在区域A中占用的时空资源，即图中阴影面积之和；

$t(A)$——区域A内所有车辆在区域停留的时间；

l——区域A内车辆平均长度。

$$l = \frac{A_0}{|A|} \cdot \frac{|A|}{t(A)} = \frac{\rho(A)}{k(A)} \tag{3-18}$$

式中：$|A|$——区域A的总面积；

其他符号含义同前。

同样，对于时间占有率ρ，则有：

$$\rho = \frac{\sum_{i=1}^{m} \tau_i}{T} \tag{3-19}$$

若图3-8中的ζ_i表示线圈宽度及第i辆车的长度之和，则：

$$\sum_{i=1}^{m} \tau_i = \sum_{i=1}^{m} \frac{\zeta_i}{v_i} \tag{3-20}$$

式中：τ_i——第i辆车通过线圈需要的时间；

ζ_i——线圈宽度及第i辆车的长度之和；

v_i——第i辆车通过线圈的平均车速。

假设同一辆车的前轮、后轮通过线圈的速度相同，则：

$$\rho = \frac{\sum_{i=1}^{m} \tau_i}{T} = \frac{\frac{1}{m} \cdot \sum_{i=1}^{m} \tau_i}{\frac{1}{m} \cdot T} = q(A) \cdot \frac{1}{m} \cdot \sum_{i=1}^{m} \tau_i = q(A) \cdot \frac{1}{m} \cdot \sum_{i=1}^{m} \frac{\zeta_i}{v_i}$$

$$= q(A) \cdot \frac{1}{v(A)} \cdot \left[v(A) \cdot \frac{1}{m} \cdot \sum_{i=1}^{m} \frac{\zeta_i}{v_i} \right] = k(A) \cdot \frac{\sum_{i=1}^{m} \frac{\zeta_i}{v_i}}{\sum_{i=1}^{m} \frac{1}{v_i}} \tag{3-21}$$

若车辆长度相等，则：

$$\rho = k(A) \cdot \zeta = k(A) \cdot (L + l) \tag{3-22}$$

式中：ρ——检测器测得的时间占有率；

L——检测器长度；

l——通过检测器的车辆平均长度。

由此可见,可应用线圈检测器检测到的占有率指标,通过输入车辆长度平均值推算密度指标。

*3）交通流基本参数的广义定义

在对交通流的建模描述中,应选取对单个对象(如车辆或驾驶人)变化不敏感的属性进行测量,而不是计算所研究参数的平均值。在调查过程中选择较长还是较短的测量间隔即为此类问题。此问题可通过建立平衡上述属性的流率及密度的广义定义来部分解决,具体如下。

如图3-9所示,图中水平的小长方形B相当于一个固定的观测点,该观测点的交通流率为m/T,图中$m=4$,T为在单位长度$\mathrm{d}x$的持续观测时间,此时交通流率可表示为$\frac{m \cdot \mathrm{d}x}{T \cdot \mathrm{d}x}$,式中的分母为距离乘以时间,即为图3-9中区域B的面积,分子为所有车辆在区域B行驶的总里程数。通过积分可知,对于时空图中任何区域,其交通流率即为该区域内的车辆总里程数除以该区域的面积,对于图3-9中的区域A,则有：

$$q(A) = \frac{d(A)}{|A|} \tag{3-23}$$

式中：$d(A)$——T时间内所有车辆在路段L上行驶的总里程数；

$|A|$——时空图上时间T和路段L围合区域的面积。

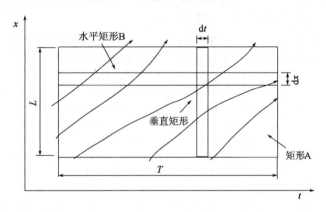

图3-9 时间—空间轨迹线图

对于某时刻与路段L围合的竖直小长方形,密度为n/L,图3-9中$n=2$,同理也可表示为$\frac{n \cdot \mathrm{d}t}{L \cdot \mathrm{d}t}$,则对于图中区域A,有：

$$k(A) = \frac{t(A)}{|A|} \tag{3-24}$$

式中：$t(A)$——T时间内所有车辆在路段L上行驶的总时间；

$|A|$——时空图上时间T和路段L围合区域的面积。

需要注意的是,上述对流率和密度的广义定义仅平均了观测区域和时间内所有观测点的流率和所有观测瞬间的密度。如式(3-25)所示,该区域的平均速度$v(A)$可由广义流率$q(A)$除以广义密度$k(A)$获取,即$d(A)/t(A)$。虽然平均速度仅是定义为流量同密度之比(非推导得出），但可测量流量、密度及平均车速的感应线圈数据证实了上述广义定义。

$$v(A) = \frac{d(A)}{t(A)} \tag{3-25}$$

式中：$v(A)$——区域 A 内的平均速度。

通过对速度 $v(A)$ 的定义可知，当区域 A 为宽度为 $\mathrm{d}x$ 的小矩形时，车辆 i 在此区域内花费的时间为 $\mathrm{d}x/v_i$（v_i 是车辆 i 的速度），此时，对于此小矩形 A，则有：$t(A) = \mathrm{d}x \cdot \sum_{i=1}^{m} \frac{1}{v_i}$。对于相同性质的区域 $d(A) = m \cdot \mathrm{d}x$，广义的平均车速如式（3-26）所示，即车速倒数平均值的倒数，也就是车速的调和平均值。$1/v_i$ 常被写为步幅 p_i，此时式（3-26）可改写为式（3-27）。

$$v(A) = \frac{d(A)}{t(A)} = \frac{m \cdot \mathrm{d}x}{\mathrm{d}x \cdot \sum_{i=1}^{m} \frac{1}{v_i}} = \left(\frac{1}{m}\sum_{i=1}^{m}\frac{1}{v_i}\right)^{-1} \tag{3-26}$$

$$v(A) = \left(\frac{1}{m}\sum_{i=1}^{m} p_i\right)^{-1} \tag{3-27}$$

式（3-27）可适用于所有 $L > \mathrm{d}x$ 的区域，将 L 划分为 i 个部分，每个 p_i（或 v_i）是 i 在 L 上的平均值。事实上，当区域内存在 n 类速度及车头间距保持恒定车流时，在固定点 A 观测速度的调和平均值即为 $v(A)$，这种交通状况可称为恒定状态。同时，$v(A)$ 也是在 A 点每一个瞬间所观测到的空间平均车速❶（同理要求交通状态恒定）。

如 3.1.3 节所述，对交通系统的观测可分为定点（图 3-9 中的横向矩形）、定时间（图 3-9 中的纵向矩形）及固定速度，通过三类观测方法所获取的基本交通流系数总结如表 3-1 所示。

各观测方法所获取的交通流参数　　　　表 3-1

项　　目	特定时间观测	定 点 观 测	移动观测（轨迹）
$\mathrm{d}A$	$L \cdot \mathrm{d}t$	$T \cdot \mathrm{d}x$	TL
总出行时间	$n \cdot \mathrm{d}t$	$\sum_i \mathrm{d}t_i$	$\sum_i \mathrm{d}t'_i$
总出行距离	$\sum_i \mathrm{d}x_i$	$n \cdot \mathrm{d}x$	$\sum_i \mathrm{d}x'_i$
流量 q	$kv(A)$	n/T	$\sum_i \frac{\mathrm{d}x'_i}{T}/L$
密度 k	n/L	$q/v(A)$	$\sum_i \frac{\mathrm{d}t'_i}{L}/T$
平均车速 $v(A)$	$\frac{1}{n}\sum_i \mathrm{d}v_i$	$\frac{n\mathrm{d}x}{\sum_i \mathrm{d}t_i} = \frac{n}{\sum_i 1/v_i}$	$\sum_i \mathrm{d}x'_i/\mathrm{d}t'_i$

3.2.3　时间平均车速与空间平均车速

1）时间平均车速和空间平均车速的定义

在观测某物体的交通运行特征时，可用速度、物理长度、占有率等指标来描述交通特征 α。当在某一固定地点 x_1 处观测到有 m 个物体在时间 T 内通过时，可定义如式（3-28）所示的平均值为该交通特征 α 的时间平均值。例如，当 α 为车头时距时，$\alpha(T, x_1)$ 为平均车头时距或交

---

❶ 空间平均和时间平均的概念在下节中介绍。

通流率的倒数。

$$\alpha(T,x_1) = \frac{1}{m}\sum_{i=1}^{m}\alpha_i(x_1) \tag{3-28}$$

类似地，如式(3-29)所示，交通特征 α 在特定时刻 t_1 的空间平均属性 $\alpha(L,t_1)$ 为在特定长度 L 的路段上某一个时刻所观测到的属性平均值。例如，当 α 为车头间距时，$\alpha(L,t_1)$ 为平均车头间距或密度的倒数。

$$\alpha(L,t_1) = \frac{1}{n}\sum_{j=1}^{n}\alpha_j(t_1) \tag{3-29}$$

对于各类交通特征 α，其空间平均值和时间平均值并没有显著的联系，其产生的差异主要由观测方法的不同造成。以车速为例，比较其空间平均值及时间平均值的差异与联系。假设在长度为 L 的路段中观测时长为 T 的车流运行情况，在该观测过程中，道路中仅存在两类车流，两类车流均以相同的速度 v_i 运行，每类车流中各车辆的车头间距也保持恒定，即该路段的交通流处于恒定状态。如式(3-30)所示，对每类车流来讲，其车头时距乘以其车速等于其车头间距。

$$h_i \cdot v_i = s_i \tag{3-30}$$

又因为车流处于恒定状态，可将式(3-30)变换为描述各类车流宏观状态的形式：

$$\frac{1}{q_i} \cdot v_i \approx \frac{1}{k_i} \tag{3-31}$$

$$q_i \approx k_i \cdot v_i \tag{3-32}$$

因密度及流率都描述的是观测车辆数，因此对于整体车流有：

$$\begin{cases} q = \sum_i q_i \\ k = \sum_i k_i \end{cases} \tag{3-33}$$

而对车速属性来讲，其空间平均车速与时间平均车速分别为：

$$\begin{cases} \bar{v}_t = \sum_i \left(v_i \cdot \frac{m_i}{m}\right) = \sum_i \left(v_i \cdot \frac{q_i}{q}\right) \\ \bar{v}_s = \sum_i \left(v_i \cdot \frac{n_i}{n}\right) = \sum_i \left(v_i \cdot \frac{k_i}{k}\right) \end{cases} \tag{3-34}$$

将式(3-33)代入式(3-32)中可得：

$$q = \sum_i q_i \approx \sum_i (k_i \cdot v_i) = k \cdot \sum_i \left(v_i \cdot \frac{k_i}{k}\right) = k \cdot \bar{v}_s \tag{3-35}$$

经由式(3-35)可得到交通工程学中很重要的流量与密度及车速的关系式，但在应用过程中必须严格注意其成立的条件，即车速必须为空间平均车速。由于时间平均车速对应的是固定点的观测数据，而空间平均车速对应的是空间观测的瞬时数据，因此在计算流量、密度、车速关系时需对所选用的车速数据进行甄别。由上述推导也可知，空间平均车速及时间平均车速大部分时间是不同的，可用式(3-36)近似判别其相互大小关系。

$$\bar{v}_s \cdot \bar{v}_t = \sum_i \left(\bar{v}_s \cdot v_i \cdot \frac{q_i}{q}\right) = \sum_i \left(\frac{q}{k} \cdot v_i \cdot \frac{q_i}{q}\right) = \sum_i \left(v_i \cdot \frac{q_i}{k}\right) = \sum_i \left(k_i \cdot v_i \cdot \frac{q_i}{k \cdot k_i}\right)$$

$$= \sum_i \left[(v_i)^2 \cdot \frac{k_i}{k}\right] \geq \left[\sum_i \left(v_i \cdot \frac{k_i}{k}\right)\right]^2 = \bar{v}_s^2 \tag{3-36}$$

由式(3-36)可知,时间平均车速一般是大于空间平均车速的,两者仅在所有车辆均以相同车速行驶时才相等,即 $k=k_i$。产生这种状况的原因是,在实际行驶过程中,速度较低的车辆一般保持较小的车头间距。如图3-10所示的观测路段上存在两类车流,白车以120km/h的速度行驶,而灰车以60km/h的速度行驶,白车需保持的车头间距为100m,而灰车为50m,设一定时间内通过固定点的两类车数量相等,并观测指定长度上的车辆数。根据时间平均车速的定义可知,时间平均车速 TMS = $(120 \times m + 60 \times m)/2m = 90$(km/h),而空间平均车速 SMS = $(120L/100 + 60L/50)/(L/100 + L/50) = 80$(km/h)。由此可见,空间平均车速在车流大时会更小,因为届时车辆间距将更小。如图3-11所示的线圈检测车速与由GPS获取的同一观测过程中车速的对比也能证实此推论。

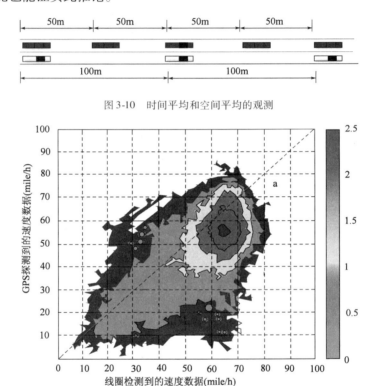

图3-10 时间平均和空间平均的观测

图3-11 线圈检测数据与GPS检测数据的对比 ❶

*2)时间平均车速及空间平均车速的关系

时间平均车速及空间平均车速可通过实际观测数据相互推导得出,具体关系及推导过程如下。

(1)由时间平均车速推算空间平均车速

$$\bar{v}_s = \bar{v}_t - \frac{\sigma_t^2}{\bar{v}_t} \qquad (3-37)$$

---

❶ 数据来源:Wang Wei, Jin Jing, Ran Bin, et al. Large-scale freeway network traffic monitoring: A map-matching algorithm based on low-logging frequency GPS probe data[J]. Journal of Intelligent Transportation Systems: Technology, Planning, and Operations, 15(2), 63-74.

式中：σ_t——观测空间平均车速的均方差。

具体推算方法如下。

设总体交通流由 n 辆车组成，每辆车的车速为 v_i，则有：

$$\bar{v}_i = \frac{\sum_{i=1}^{n} v_i}{n}$$

$$\sigma_t^2 = \frac{\sum_{i=1}^{n} (v_i - \bar{v}_i)^2}{n}$$

$$\bar{v}_s = \frac{n}{\sum_{i=1}^{n} \frac{1}{v_i}}$$

又根据算术平均数及其调和中项 H 的关系可知：

$$\frac{1}{v_i} = \alpha_0 + \alpha_1 (v_i - \bar{v}) + \alpha_2 (v_i - \bar{v})^2 + \alpha_3 (v_i - \bar{v})^3 + \cdots \tag{3-38}$$

$$H = \frac{1}{\frac{\bar{v}^2 + \sigma^2}{\bar{v}^3}} = \frac{\bar{v}}{1 + \frac{\sigma^2}{\bar{v}^2}} = \frac{\bar{v}\left(1 - \frac{\sigma^2}{\bar{v}^2}\right)}{1 - \frac{\sigma^4}{\bar{v}^4}} \approx \bar{v} - \frac{\sigma^2}{\bar{v}} \tag{3-39}$$

因此，将空间平均车速的公式代入，可得出空间平均车速为：

$$\bar{v}_s = \frac{1}{\frac{\bar{v}_t^2 + \sigma_t^2}{\bar{v}_t^3}} = \frac{\bar{v}_t}{1 + \frac{\sigma_t^2}{\bar{v}_t^2}} = \frac{\bar{v}_t\left(1 - \frac{\sigma_t^2}{\bar{v}_t^2}\right)}{1 - \frac{\sigma_t^4}{\bar{v}_t^4}} \approx \bar{v}_t - \frac{\sigma_t^2}{\bar{v}_t} \tag{3-40}$$

（2）由空间平均车速推算时间平均车速

$$\bar{v}_t = \bar{v}_s + \frac{\sigma_s^2}{\bar{v}_s} \tag{3-41}$$

式中：σ_s——观测空间平均车速的均方差。

具体的推导过程如下。

设总体交通流由 m 个车速 v_i 组成，每类车速的流量为 q_i，则有：

$$\bar{v}_t = \frac{\sum_{i=1}^{m} q_i v_i}{\sum_{i=1}^{m} q_i} = \frac{\sum_{i=1}^{m} q_i v_i}{q}$$

$$\bar{v}_s = \frac{q}{k} = \frac{\sum_{i=1}^{m} q_i v_i}{k} = \sum_{i=1}^{m} f_i v_i \tag{3-42}$$

$$\bar{v}_t = \frac{\sum_{i=1}^{m} k_i v_i^2}{q} = \frac{\sum_{i=1}^{m} k_i v_i^2}{k \cdot \bar{v}_s} = \frac{\sum_{i=1}^{m} f_i v_i^2}{\bar{v}_s} = \frac{1}{\bar{v}_s} \sum_{i=1}^{m} f_i [\bar{v}_s + (v_i - \bar{v}_s)]^2$$

$$= \frac{1}{\bar{v}_s} \left[\sum_{i=1}^{m} f_i \bar{v}_s^2 + 2\bar{v}_s \sum_{i=1}^{m} f_i (v_i - \bar{v}_s) + \sum_{i=1}^{m} f_i (v_i - \bar{v}_s)^2 \right]$$

$$= \frac{1}{\bar{v}_s} (\bar{v}_s^2 + \sigma_s^2)$$

$$= \bar{v}_s + \frac{\sigma_s^2}{\bar{v}_s} \tag{3-43}$$

由上述条件可知，时间平均车速及空间平均车速具备如式(3-44)所示的关系，其推导过程如式(3-45)所示。

$$\frac{\bar{v}_s}{\bar{v}_t} = \frac{\sigma_s^2}{\sigma_t^2} \tag{3-44}$$

将式(3-37)代入式(3-41)可得：

$$\bar{v}_t = \bar{v}_t - \frac{\sigma_t^2}{\bar{v}_t} + \frac{\sigma_s^2}{\bar{v}_s} \tag{3-45}$$

将式(3-45)变化可得式(3-44)，表示两种车速在一定条件下呈近似线性关系。

3.3 观 测 方 法

交通的观测对象是在时空中不断变化的。受观测技术的限制，早期对交通系统特征观测时，常固定时空变化特性中的一个，如在固定地点观测一定时间内的交通特征变化特性，或观测某一特定时间点的指定范围内的交通特征变化特性，随后也提出时空参数同时变化的观测方法，但为便于交通特征统计分析，此时一般要求速度恒定。随着技术的发展，出现了视频法等能保存一定时空范围内连续时空变化特征的方法，但在统计分析时仍沿用了将时间或空间固定的方法，即时间平均值或空间平均值。虽然在过去70多年的时间内，交通数据的采集技术发生了很大变化，但绝大多数基本的方法依然很相似。本节主要介绍5种交通观测的基本方法。

(1)定点观测；
(2)短路段观测(一般小于10m)；
(3)长路段观测(一般至少500m)；
(4)移动观测者法；
(5)应用ITS技术同时从大范围路网的多个车辆获取数据。

前两种观测方法可由如图3-7及图3-9所示的时空图方法处理，而其他三种方法也可很容易地借由时空图理解。应用ITS技术的大范围取样可看作在一系列时间点和地点的移动观测者采样。新兴的交通信息采集技术可改变交通观测数据的方法，但从上述观测的数据归纳出成体系的交通特征的方法仍在探索中。

1) 定点观测

定点观测是最早应用于采集交通数据的方法，可应用人工观测或机械观测(如气压管、磁感线圈、视频等)等方法。此方法可以直接提供通过车辆数,并可进一步求解流率和车头时距信息。此类调查方法最早为人工调查,在20世纪60年代后开始广泛应用气压管方法,目前最常用的是磁感线圈。我国近年来城市内新建的检测点多应用视频技术或微波技术,而在公路多应用线圈技术,其他如雷达、光电、超声波等技术的应用一般局限在某些地域。

除静止的车辆外,在特定点的车速可由雷达或微波等检测器获取。因为计算实时的 dx/dt 需要测量极短距离 dx 的车辆的移动,而雷达和微波可测量到车辆厘米级的移动距离。对于未设置上述仪器的观测点,则需要两个相邻较近观测点来计算车速。

2)短路段观测

本观测方法最早应用设置两条相近的气压管的方法获取车速。近期常应用设置相隔 5~6m 的感应线圈的方法获取。当有视频检测器时,可设置两条平行的虚拟检测器,来直接获取流量、车头时距和车速等信息。

目前应用的多数固定检测器,如磁感线圈或微波检测器,本身即占据一定的道路长度,因此其均为短路段观测方法。因上述检测器多以 50~60Hz 的频率持续检测道路情况,其还可提供气压管或人工测量无法提供的占有率信息。依据检测区域的尺寸及施工方式等不同,检测器在识别占有率信息时在不同地点可能有所差异。

3)长路段观测

对较长路段的观测既可应用航空摄影法,又可由设置在高处的摄像机实现。因单帧的观测图像不存在时间信息,所以其仅可用于识别密度。当一系列连续图像存在时,如使用视频检测设备,即可应用广义定义获取速度及流量信息。

尽管近年来交通检测技术上有了很大的改善,也出现了视频检测技术,但对于长距离检测的应用依然较少。对于长距离检测,目前应用最广的在于通过上下游车牌识别技术获取经由较长路段车辆的实际行程时间。虽然目前检测精度已达到 90% 以上,但实时数据传输及恶劣环境下的检测精度低依然是本方法存在的问题。目前也有部分应用系列线圈数据估计道路运行特征的研究,但并未得到大范围的实际应用。

通过应用复数车辆 GPS 数据、车联网中所有车辆的数据、所有交通参与者的移动设备信息等时空分布数据也可识别大范围内的交通运行状态。需要注意的是,应用上述数据识别交通状态均存在某些不足。如 GPS 仅能采集安装 GPS 设备车辆的实时位置及速度数据,并无法获取全部车辆数据,因此其本质为一种抽样调查方法。因其抽样率未知,无法获取最基本的流量及密度信息,但其可以很容易地获取车速及行程时间信息;应用 GPS 车速信息估计整体车速时需考虑所调查样本的运行特性,尤其是在自由流状态时。在应用手机信令数据或其他分布式检测设备时,其数据精度受检测设备(如信号基站、路侧检测设备等)的分布情况影响,无法获取精确车辆位置和采样数据量,仅能结合其他信息或应用特定算法进行估计。虽然车联网数据是分析交通状态的理想数据,但目前并未大范围商用,很难获取有效的信息。各新型数据的出现为分析长路段乃至整个路网的交通运行状态提供了新的途径,但交通特征分析方法仍在探索完善中。

4)移动观测者法

本观测方法在早期应用较多,但随着其他数据采集方法的出现,本方法目前已经不是首选的信息采集技术。移动观测者法主要分为两类。第一类浮动车法将速度和行程时间记为沿道路的时间和地点的函数。使用此方法时首先需保证浮动车表现为交通流中一般的车辆,此方法虽不能给出精确的平均车速数据,但其能在不需要特定检测设备的情况下获取道路的运行状况信息。应用本方法的主要缺陷在于记录的速度数据显著少于车流数据。第二类方法用于在城市道路网中同时观测流量和速度。虽然城市主要干道上无须应用此方法,但在乡镇道路上可用此法采集数据。在没有合适的采集拥堵路段数据的主要方法时,也可使用此方法。第二类方法基于测试浮动车在道路双向行驶得到的数据,如式(3-46)~式(3-48)所示,其可以估计一个行驶方向的速度、流量及行程时间。

（1）测定方向上的交通量 q_c

$$q_c = \frac{X_a + Y_c}{t_a + t_c} \tag{3-46}$$

式中：q_c——路段待测定方向上的交通量（单向）（辆/min）；

X_a——测试车在逆测定方向上行驶时,测试车对向行驶（即顺测定方向）的来车数（辆）；

Y_c——测试车在待测定方向上行驶时,超越测试车的车辆数减去被测试车超越的车辆数（辆）；

t_a——测试车与待测定车流方向反向行驶的行驶时间（min）；

t_c——测试车顺待测定车流方向行驶时的行驶时间（min）。

（2）平均行程时间 $\bar{t}_c$

$$\bar{t}_c = t_c - \frac{Y_c}{q_c} \tag{3-47}$$

式中：$\bar{t}_c$——测定路段的平均行程时间（min）。

（3）平均车速 $\bar{v}_c$

$$\bar{v}_c = \frac{l}{\bar{t}_c} \times 60 \tag{3-48}$$

式中：$\bar{v}_c$——测定路段的平均车速（单向）（km/h）；

l——观测路段长度（km）。

在利用以上各公式计算时,式中所用各数值(如 X_a、Y_c、t_a、t_c 等)一般都取用算术平均值；分次计算 q_c、$\bar{t}_c$ 和 $\bar{v}_c$ 后再计算各次的平均值亦可,但计算比较麻烦。

3.4 交通流运行特性的统计分析

3.4.1 统计特征及变量

1）连续流与间断流

交通设施影响交通流要素间的关系,鉴于不同交通设施对交通流作用的效果不同,交通流可分为连续流和间断流两类。

连续流是指内部因素不会导致交通流周期性中断的交通流。连续流主要存在于高速公路及一些限制出入口的路段,在这些道路上,没有停车或让路一类交通标志,也不会由于平面交叉而中断车流;乡村公路重要交叉口之间较长路段的交通流,也属于连续流。在连续流设施下,交通流是由车辆之间、车辆与公路几何特征、车辆与总体环境等相互作用的结果,不受其他外部因素干扰,甚至当极端拥挤时,也只是交通流内部而非外部干扰导致车流停滞。因此,即使驾驶员在该类道路上遇到了交通拥堵,仍是连续流。

间断流是指由于外部设备而导致周期性中断的交通流。这样的外部设备主要有交通信号、停车或者让路标志。在某些没有任何控制的特殊路段上,如城市商业中心区道路,交通负荷重,两侧出入口多,进出车辆易导致道路车辆停驶,该类道路上交通流也是间断流。间断流不仅受车辆与道路环境的相互作用,也受周期性信号影响,只在部分时间内允许某方向车流运动,常是一队车辆一起沿着同一方向运动,在一队与另一队间存在明显的间隔。间断流设施不能连续使用,因此时间是影响车流运行的重要参数。

交通流特性是指交通流的定性、定量特征,以及在不同时空条件下的变化规律和相互关系。为了探究交通流特性内在关系,需要定义某些参数来定量描述交通流。交通流参数是指表述和反映交通流特性的一些物理量,主要有交通量或流率、速度、密度、延误、车头时距、时间占有率、空间占有率、饱和车头时距、饱和流率和损失时间等。前文介绍的交通量或流率、速度和密度是交通流最基本的三个参数。交通量或流率及与流率相关的参数,如车头时距和车头间距,是连续流和间断流交通设施共用的参数,速度和密度主要用于连续流,而饱和流率、饱和车头时距和损失时间,只用于间断流。前文虽然对各交通参数的定义及特征进行了介绍,但实际应用中仍需建立各交通参数的不同表述。

2)交通量与交通流率

(1)交通量与流率的定义

交通量是指在单位时间段内,通过道路某一地点、某一断面或某一条车道的交通实体数。按交通方式分,交通量有机动车交通量、非机动车交通量和行人交通量。一般不加说明则指机动车交通量,且指来往两个方向的车辆数。

交通量时刻在变化,在表达方式上通常取某一时间段内的平均值作为该时间段的代表交通量。交通量通常以年、日、小时或者不足一小时的时间间隔计量。在时间段不足 1h 时,所计算的平均交通量通常称为流率。

交通量和流率有所差异,交通流率是将在不足一小时的时间间隔内测得的通过某点的车辆数扩为一小时的车辆数,例如 15min 观测到 100 辆车,流率为 100 辆/0.25h,即 400 辆/h。4 个连续 15min 观测车辆数分别是 1000、1200、1100、1000,整个小时的总交通量是这些计数之和,即 4300 辆。而每 15min 的流率则各不相同,在交通量最大的 15min 内,流率是 1200 辆/0.25h,即 4800 辆/h,而在观测的 1h 内,并没有 4800 辆车通过观测点,但是在某 15min 内,车辆确实以这样的流率通过该观测点。

如果以辆/d 为单位,平均交通量表达式如下。

平均日交通量(ADT):

$$\mathrm{ADT} = \frac{1}{n}\sum_{i=1}^{n}Q_i \tag{3-49}$$

式中:Q_i——某时间段内的日交通量(辆/d);

n——某时间段的天数(d)。

常用的平均日交通量有:

①年平均日交通量(AADT)

$$\mathrm{AADT} = \frac{1}{365}\sum_{i=1}^{n}Q_i \tag{3-50}$$

②月平均日交通量（MADT）

$$\text{MADT} = \frac{\text{一个月的日交通量}}{\text{本月天数}} \qquad (3-51)$$

③周平均日交通量（WADT）

$$\text{WADT} = \frac{1}{7}\sum_{i=1}^{7} Q_i \qquad (3-52)$$

年平均日交通量是极其重要的控制性指标，是道路交通设施规划、设计、管理的依据。

(2) 高峰小时交通量、高峰小时流量比和高峰小时系数

在交通运行分析中，小时交通量是一项重要指标，但交通流特性还与短时间的交通流波动有紧密关系。交通设施可能有足够的容量满足高峰小时需求，但高峰小时内某时段的流量可能超过道路容量，将引起阻塞，从阻塞恢复到正常是复杂交通流变化过程，这类短期波动对交通流运行状态分析十分重要，因此分析高峰小时最大流率也是十分必要的。

一天24h中，每个小时的交通量不同，表示各小时交通量变化的曲线，称为交通量的时变图，如图3-12所示，亦有采用直方图表示的，如图3-13所示。

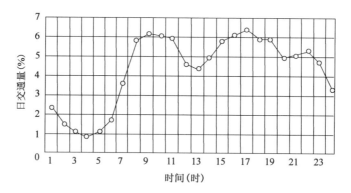

图3-12　某城市道路交通量小时变化曲线

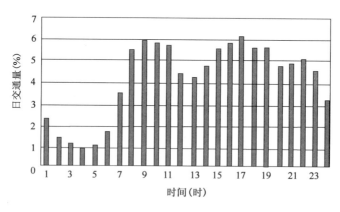

图3-13　某城市道路24h交通量变化直方图

也可以用某小时或某时段交通量占全日交通量之比表示交通量的时变规律，常用的有16h(6:00~22:00)、12h(6:00~18:00)，也有用18h(4:00~22:00)交通量占全日交通量之比或高峰小时占全日交通量之比作为特征变化系数。

在城市道路上，交通量时变图一般呈马鞍形，上下午各有一个高峰，如图3-12所示，交通

量呈现高峰的小时称为高峰小时,高峰小时内的交通量称为高峰小时交通量。

高峰小时交通量占该天全天交通量之比称为高峰小时流量比(以%表示),它反映高峰小时交通量的集中程度,也可供高峰小时交通量与日交通量之间作相互换算之用。我国公路部门曾对各交通量观测站的初步统计表明,高峰小时的流量比为 9% ~ 10%,平均为 9.6%。

在进行交通运行分析时,常将高峰小时划分为更短的时段以显示各个时段交通流的变化特征。采用多长的时间作为观测的最小时间间隔并没有统一标准,时间间隔过短,流率的变化规律不稳定,很难看出它与小时交通量的联系;时间间隔过长,又极易与小时交通量重合。一般路段交通量分析采用 5min,交叉口交通量分析采用 15min。高峰小时内的小时交通量与最大流率的比值,称为高峰小时系数(PHF)。

$$\text{PHF} = \frac{\text{高峰小时交通量}}{\text{该小时内的最大流率}} \tag{3-53}$$

$$\text{PHF}_t = \frac{\text{高峰小时交通量}}{t \text{ 时段内统计所得最高交通量} \times \frac{60}{t}} \tag{3-54}$$

类似有 PHF_5、PHF_6、PHF_{10}、PHF_{15} 等。一般 PHF 值为 0.70 ~ 0.98,较低的 PHF 值意味着流量变化较大,可应用到城市道路系统和公路系统的实际问题分析中。

当已知高峰小时系数时,按式(3-55)可计算高峰小时流率:

$$v = \frac{Q}{\text{PHF}} \tag{3-55}$$

式中:v——高峰某时间段的最大流率(辆/h);

Q——高峰小时交通量(辆/h);

PHF——高峰小时系数。

例 3-1 某测站测得的连续各 5min 时段的交通量统计数见表 3-2,高峰小时交通量为 1349 辆/h,求 5min 和 15min 的高峰小时系数。

某路段高峰小时以 **5min** 为时段的交通量统计(单位:辆/h)　　　表 3-2

统计时间	8:00~8:05	8:05~8:10	8:10~8:15	8:15~8:20	8:20~8:25	8:25~8:30	8:30~8:35	8:35~8:40	8:40~8:45	8:45~8:50	8:50~8:55	8:55~9:00
交通量	118	114	112	111	114	120	115	106	104	118	110	107

由表 3-2 可知 8:25~8:35 交通量最高,故:

$$\text{PHF}_5 = \frac{1349}{120 \times 12} = 0.94$$

15min 交通量最高的时段为 8:20~8:35,故:

$$\text{PHF}_{15} = \frac{1349}{349 \times 4} = 0.97$$

(3)设计小时交通量及其应用

交通量具有随时间变化和出现高峰小时的特点,在做道路设施规划设计时需考虑这个特点。为了保证道路在规划期内满足绝大多数小时车流能顺利通过,不造成严重阻塞,同时避免建成后车流量很低,投资效益不高,需选择适当的小时交通量作为设计小时交通量。根据美国的研究认为第 30 位最高小时交通量是最合适的。所谓第 30 位最高小时交通量(30HV),就是将一年中测得的 8760 个小时交通量,从大到小按序排列,排在第 30 位的小时交通量。

研究表明,第30位小时交通量与年平均日交通量之比十分稳定,设计小时交通量与年平均日交通量的比值称为设计小时交通量系数,用 K 表示。据国外观测,按道路类别及所在地区不同,K 值分布在 12% ~ 18% 范围内。根据对我国国家干线公路的观测统计,K 值分布在 0.11 ~ 0.15,平均为 0.133,图 3-14 是我国部分地区设计小时交通量系数图。

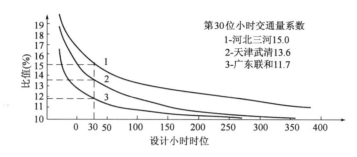

图 3-14 我国部分地区设计小时交通量系数图

对于多车道公路,运用设计小时交通量可确定车道数和路幅宽度,通过准确的计算可取得良好的经济效益。而对于双车道公路,由于车道数已定,设计小时交通量主要用于计算各不同时期的高峰小时交通量,并据以评价道路服务水平、使用品质等。

有了较准确的预测交通量、设计通行能力及设计小时交通量,就可用式(3-56)~式(3-58)计算车道数及路幅宽度。

$$DHV = AADT \cdot \frac{K}{100} \tag{3-56}$$

$$n = \frac{DHV}{C_1} \tag{3-57}$$

$$W = W_1 \cdot n \tag{3-58}$$

式中:DHV——设计小时交通量(辆/h);

K——设计小时交通量系数(%);

n——车道数;

C_1——每一车道设计通行能力(辆/h);

AADT——规划年度的年平均日交通量(辆/d);

W——路幅宽度(m);

W_1——一条车道宽度(m)。

在考虑方向不均匀系数的情况下,单向设计小时交通量为:

$$DDHV = AADT \cdot \frac{K}{100} \cdot \frac{K_D}{100} \tag{3-59}$$

式中:DDHV——单向设计小时交通量(辆/h);

K_D——方向不均匀系数(%)。

则:

$$n = \frac{DDHV}{C_1} \times 2 = \frac{AADT}{C_1} \cdot \frac{K}{100} \cdot \frac{K_D}{100} \times 2$$

3)速度

速度是描述交通流状态的基本参数,是交通运行情况的基本度量,指车辆在单位时间内通过的距离。

(1) 有关速度的几个定义

设行驶距离为 s，所需时间为 t，则车速可用 s/t 表示，按 s 和 t 的取值不同，可定义各种不同的车速。

① 地点车速 (Spot Speed)

地点车速指车辆通过某一地点时的瞬时车速。因此，观测时行驶距离 s 的取值应尽可能短，通常以 20~25m 为宜，用于道路设计、交通管制和规划。

② 行驶车速 (Running Speed)

行驶车速由车辆行驶于某一区间所需时间（不包括停车时间）及其区间距离求得，用于评价该路段的线形顺适性和通行能力分析，也可用于道路使用者的成本效益分析。

③ 运行车速 (Operating Speed)

运行车速指中等技术水平的驾驶员在良好的气候条件、实际道路状况和交通条件下所能保持的安全车速，用于评价道路通行能力和车辆运行状况。

④ 行程车速 (Overall Speed)

行程车速又称区间车速，是车辆行驶路程与通过该路程所需的总时间（包括停车时间）之比。行程车速是一项综合性指标，用以评价道路的通畅程度，估计行车延误情况。要提高运输效率归根结底是要提高行程车速。

⑤ 临界车速 (Critical Speed)

临界车速指道路理论通行能力达到最大时的车速，对选择道路等级具有重要作用。

⑥ 设计车速 (Design Speed)

设计车速指在道路交通与气候条件良好的情况下，仅受道路物理条件限制时所能保持的最大安全车速，用作道路线形几何设计的标准。

(2) 车速统计分布特性

车辆的行车速度分布是不均匀的，在算术平均值周围变化很大，分布很宽。例如在道路某一断面测得两辆车的速度为 20km/h、80km/h，其平均值是 50km/h，而 40km/h 和 60km/h 的平均值也是 50km/h，但是两者的交通流特性显然是不同的，仅用速度平均值并不能准确表达速度的分布特性，因此需要研究速度的统计分布规律。对行车统计分布特性的研究，一般借助速度频率分布曲线和累积频率分布曲线。

将地点车速值由小到大排列，按一定的组间距进行分组，根据各组车速的频率绘制成的曲线为速度频率分布曲线，速度频率分布曲线能直观地显示出各车速的分布情况；计算累积频率，根据各组中值和累积频率绘制成的曲线为车速累积频率分布曲线，如图 3-15 所示。

① 中位车速

中位车速也称 50% 位车速，或中值车速，是指该路段上，在该速度以下行驶的车辆数与在该速度以上行驶的车辆数相等。若车速分布符合正态分布，则 50% 位车速等于平均车速，但一般情况下，两者不等。

② 85% 位车速

在该路段行驶的所有车辆中，有 85% 的车辆行驶速度在此速度以下，只有 15% 的车辆行驶速度高于此值。交通管理部门常以此速度作为某些路段的限制车速。

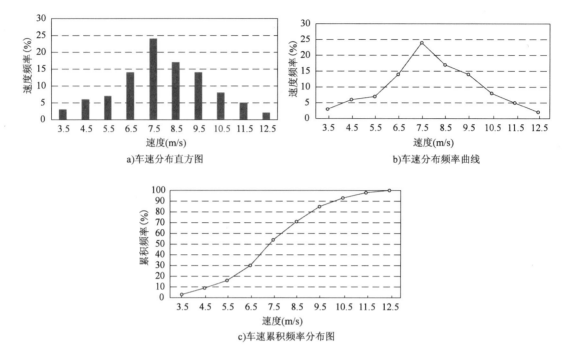

图 3-15　车速的统计分布特性

③15%位车速与速率波动幅度

在该路段行驶的所有车辆中,有85%的车辆行驶速度在此速度以上,只有15%的车辆行驶速度低于此值。在高速公路和快速道路上,为了行车安全,减少阻塞排队现象,可将15%位车速作为低速限值。

85%位车速与15%车速之差反映了该路段上的车速波动幅度,同时车速分布的标准偏差S与85%位车速和15%车速之差存在着下列近似关系:

$$S = \frac{85\%位车速 - 15\%位车速}{2.07} \qquad (3-60)$$

(3)影响车速变化的因素

车速的变化特性是反映交通流特性的重要方面,它能说明车速在人、车、路和环境等因素影响和交通流作用下所产生的变化。

①驾驶员对车速的影响

汽车行驶速度除与驾驶员的技术水平、开车时间长短有关外,还与驾驶员的个性、性别、年龄和婚姻状况有关。一般驾驶员在车上无乘客时比有乘客时开得快,青年、男性、单身驾驶员要比中年、女性、已婚的驾驶员开得快。

②车辆对车速的影响

车型和车龄对地点车速有显著影响,小汽车快于专用大客车,货车最慢,新车快于旧车。运货汽车的平均车速按轻型车、中型车、中型组合车、重型单辆车的次序依次降低。单辆车和组合车的平均车速随总重的增加而降低。

③道路对车速的影响

驾驶员采用的实际车速不是根据道路的等级,而是根据道路的实际状况,如道路类型、平纵线形、坡长、车道数和路面类型等均影响车速。道路所处的地理位置、视距条件、车道位置、侧向净空、交通标志和交叉口间距等对车速也有很大的影响。

a. 道路类型及等级

在高速道路、城市快速干道和城际道路上，车辆一般都能按道路线形和交通设施所能容许的车速安全行驶。但在一般的道路上，车速会受到公共汽车停车站、行人过街道、交叉口、交通信号、高峰交通量、管理设施和城市环境等的限制。美国某州不同类型道路的平均车速为：高速道路 64~79km/h，无信号控制干道 51~64km/h，信号控制的边缘地带街道 35~51km/h，市中心的信号控制街道小于 35km/h，且单向街道的车速总是高于双向街道的车速。

b. 平面线形

一般平曲线上车速比直线段上车速低，小半径平曲线上车速比大半径曲线上车速低。在设计车速很低的弯道上，平均车速接近设计车速；在设计车速高的弯道上，平均车速低于设计车速并接近切线段上观测的平均车速。据国外的研究，道路上平均车速与弯道的曲度 D（度）有明显的线性关系，可用式（3-61）表示：

$$v_t = 70.04 - 1.2D \tag{3-61}$$

英国还提出一个曲率和坡度与速度的公式：

$$\Delta \bar{v} = 1.96D + 2.2G \tag{3-62}$$

式中：$\Delta \bar{v}$——平均车速降低值（km/h）；

D——曲率度数（度）；

G——坡道的平均纵坡（%）。

c. 纵断面线形

道路纵断面线形对车速影响显著，对货车比对小汽车影响更大，下坡平均车速比平坡直线路段有所增加，上坡时各类汽车的车速都会不同程度降低。重型货车上坡时，车速随坡长与坡度的增大急剧降低，直至降到爬坡车速，并以此速度继续爬坡。

d. 车道数及车道位置

车道多于四车道时，车速与四车道相似，有分隔带的四车道要比双车道和三车道道路的平均车速明显的高，三车道上的车速略高于相类似的双车道道路。

在进出市区的道路上，入境车辆的平均车速一般比出境车辆的车速高 3~6km/h，多车道的道路上，各车道的车速由中间向两侧逐渐降低。

e. 视距

在无分隔带道路上，当视距小于超车视距的路段的百分比增加时，车速显著降低。

f. 侧向净空

在双车道道路上，侧向净空受到限制时，平均车速要降低 2~5km/h；城市道路上的地点车速，随单位长度内障碍物数量的增加而降低，这些障碍物包括道路道口、铁路道口、行人过街道等。

g. 路面

路面由低级到高级时，车速逐渐增加，路况不良引起车速降低比视距不足引起车速的降低更为严重。一般货车在高级路面直线上行驶，车速可达 60~80km/h，在次高级路面上行驶可达 40~60km/h，在中级路面上行驶仅为 30~40km/h。

④交通条件对车速的影响

a. 交通量

大量的调查已确切地表明,当其他条件相同且不超过临界密度时,交通量和平均速度为线性关系,平均车速随交通量的增加而降低。

b. 交通组成

当有多种车辆混合时,互相干扰使车速降低;当机动车与非机动车分开行驶或用分隔带分开时,车速提高。城市道路的三块板断面比一块板断面的汽车速度要高。在机动车流中重型车增加和拖挂车增加,则行车速度降低,小汽车多则车速提高。

c. 交通管理

严格的管理、良好的秩序能显著地提高车速。在城市实行快慢分流、各行其道之后,车速显著提高。

⑤交通环境的影响

车速同时间、气候、地理环境等有密切的关系,多雾、冰雪等不良气候条件下,车速将显著降低,山区公路的车速较平原地区低。

4)延误

延误是指由于交通阻塞与交通管制等原因引起的行驶时间损失,以 s 或 min 计。在路段和交叉口形成延误的原因不同。

(1)行驶延误

行驶延误为行驶时间与计算时间之差,计算时间是在不拥挤的情况下,以平均车速通过调查路线的时间。

(2)固定延误

由交通控制装置所引起的延误,主要发生在交叉口,由信号、停车标志、让路标志及平交道口等原因造成,与交通流状态和交通干扰无关。

①停车延误

停车延误指停住车轮及车辆停止不动的时间,等于停车时间,其中包括车辆由停车到起动时驾驶员反应时间。

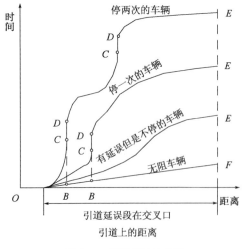

图 3-16 引道延误示意图

②排队延误

排队延误为排队时间与以畅行车速驶过排队路段的时间之差。排队时间是指车辆第一次停车到越过停车线的时间,排队路段是指第一次停车断面到停车线的距离。

③引道延误

引道延误为引道时间与车辆畅行行驶越过引道延误段的时间之差。在入口引道上,从车辆因前方信号或已有排队车辆而开始减速行驶断面至停车线的距离,称为引道延误段。车辆受阻排队通过引道延误段的时间,称为引道时间。图 3-16 是车辆在交叉路口入口引道上的时空图。由图 3-16 可知,延误车辆的引道时间为 E 点的纵坐标值,引道延误段上畅行行驶时间为 F 点的纵坐标值,引道延误为 E、F 两点纵坐标值之差。停车延误为 D、C 两点纵坐标值之差。排队时间为 E、C 两点纵坐标值之差,排队延误时间为排队时间减去 F、B 两点纵坐标值之差。由于畅行通过排队路段的时间很短,实际应用中对排队时间和排队延误不加区别。

据调查,通常停车延误约占引道延误的 76%,排队延误约占引道延误的 97%。因此实际上常常以排队延误近似地代替引道延误。

(3)影响行车延误的因素

①驾驶员

驾驶员的性别、年龄、气质、技术水平等都对行车延误有影响。一般来说,青年驾驶员、男性驾驶员较中年驾驶员、女性驾驶员反应快,行车延误低。

②车辆

不同车型和不同车龄的车,其起动和加速性能不同,对延误的影响也不同。据调查,头车起动反应时间加起动时间,小型车为 1.30s,大型车为 1.62s,拖挂车为 1.84s。因此大型车越多,延误越大。

③道路

据调查,无隔离带路段上的行车延误约为有隔离带路段的 1.3 倍。

④转向车比例

无论是左转还是右转行驶车辆,通过路口的车速都低于直行车速。因此转向车比例越大,平均延误越大。

⑤交通负荷

交通负荷常以荷载系数度量,即实际交通量与通行能力的比值,行车延误与荷载系数成正比。根据模拟研究,当荷载系数 ≤0.3 时,每辆车平均延误 ≤19s;而当荷载系数 ≤0.7 时,每辆车平均延误上升为 32～55s。

⑥交通控制

感应式信号机比单点定周期信号的行车延误低,而线控制则比前两者都低。

不适当的信号灯配时会引起较大的行车延误。一般来说,绿信比越大,延误越小。信号周期过长和过短都会增大延误,在进行信号灯配时设计时,应确定周期长度使延误最小。

⑦环境

一般来说,由于行人和路侧的干扰,城市道路比公路行车延误高,商业密集区道路比一般的城市道路延误高。

(4)延误资料的应用

①评价道路交通堵塞程度

行车延误十分直观地反映了道路交通的堵塞情况。

②探求行车延误的发展趋势

在选定的地点,定期进行行车延误调查,得到延误随时间的变化规律,从而探求发展趋势及原因。

③评价道路服务质量

对于道路使用者,最关心的是出行时间和延误,因此荷载系数和行车延误是划分服务水平的依据。

④道路改建的依据

在拟定道路或路口改建计划时,是否应拓宽道路或实行快慢车隔离,是否应设左转专用道等,都应以延误分析为依据。

⑤运输规划

交通运输部门在运营高峰时往往不是选择距离最短的路线而是选择行车时间最少的路线。有了延误资料,有利于运输部门进行路线选择。

公共交通运输部门制定行车时刻表、调整路线运行状况时,也要依据延误资料。

⑥前后对比研究

对交通设施改善前后的延误时间进行调查,可以对改善的效果作出评价。

⑦交通管制

根据延误资料,可以确定是否应限制停车,是否应采取单行或禁行等交通管制措施。

延误资料还是确定路口信号灯配时的重要依据。当路口某一方向的延误明显大于另一方向时,则应调整绿信比,使两方向延误大致相等。

3.4.2 概率统计模型

在设计交通设施或管制方案时,需要预测具体的交通特性,并且希望能使用现有的数据或假设的数据进行预测。统计分布模型是根据观测交通流的特性建立的,可以使交通技术人员用少量的资料得出确切的预测结果。

车辆的到达在某种程度上具有随机性,描述这种随机性分布规律的方法有两种:一种是以概率论中描述可数事件统计特性的离散型分布为工具,考察在一段固定长度的时间或距离内到达某场所的交通数量的波动性;另一种是以连续型分布为工具,研究车辆间隔时间、车速、可穿越空当等交通流参数的统计分布特性。本节将主要介绍泊松分布、二项分布和负二项分布三种离散型分布与负指数分布、移位负指数分布、爱尔朗分布和韦布尔分布4种连续型分布。

1)离散型分布

在一定时间间隔内到达的车辆数或在一定路段上分布的车辆数是随机数,这类随机数的统计规律可以用离散型分布进行描述。根据统计车辆数方差与均值的关系,常用的离散型分布有泊松分布、二项分布和负二项分布三种。

(1)泊松分布(Poisson Distribution)

①基本公式

$$P(x) = \frac{(\lambda t)^x e^{-\lambda t}}{x!} \quad (x = 0,1,2,\cdots) \tag{3-63}$$

式中:$P(x)$——在计数间隔 t 内到达 x 辆车的概率;

λ——单位间隔的平均到达率;

t——每个计数间隔时间(或路段长度);

e——自然对数的底,取 2.71828。

若令 $m = \lambda t$ 为在计数间隔 t 内平均到达的车辆数,则式(3-63)可写为:

$$P(x) = \frac{m^x e^{-m}}{x!} \tag{3-64}$$

当 m 为已知时,应用式(3-64)可求出在计数间隔 t 内恰好有 x 辆车到达的概率。除此之外,还可计算出如下的概率值。

到达数小于 k 辆车的概率:

$$P(x<k) = \sum_{i=0}^{k-1}\frac{m^i e^{-m}}{i!} \qquad (3\text{-}65)$$

到达数小于或等于 k 的概率:

$$P(x \leqslant k) = \sum_{i=0}^{k}\frac{m^i e^{-m}}{i!} \qquad (3\text{-}66)$$

到达数大于 k 的概率:

$$P(x>k) = 1 - P(x \leqslant k) = 1 - \sum_{i=0}^{k}\frac{m^i e^{-m}}{i!} \qquad (3\text{-}67)$$

到达数大于或等于 k 的概率:

$$P(x \geqslant k) = 1 - P(x<k) = 1 - \sum_{i=0}^{k-1}\frac{m^i e^{-m}}{i!} \qquad (3\text{-}68)$$

到达数至少是 l 但不超过 n 的概率:

$$P(l \leqslant i \leqslant n) = \sum_{i=l}^{n}\frac{m^i e^{-m}}{i!} \qquad (3\text{-}69)$$

用泊松分布拟合观测数据时,参数 m 按式(3-70)计算:

$$m = \frac{\text{观测的总车辆数}}{\text{总计间隔数}} = \frac{\sum_{j=1}^{g}k_j f_j}{\sum_{j=1}^{g}f_j} = \frac{\sum_{j=1}^{g}k_j f_j}{N} \qquad (3\text{-}70)$$

式中:g——观测数据的分组数;

f_j——计数间隔 t 内到达 k_j 辆车这一事件发生的次(频)数;

k_j——计数间隔 t 内的到达数或各组的中值;

N——观测的间隔总数。

②递推公式

由式(3-64)可知:

$$P(0) = e^{-m}$$

$$P(x+1) = \frac{m}{x+1}P(x) \qquad (3\text{-}71)$$

③适用条件

车流密度不大,车辆间相互影响微弱,其他外界干扰因素基本不存在,即车流是随机的,此时应用泊松分布能较好地拟合观测数据。

泊松分布的均值 M 和方差 D 均等于 λt,而观测数据的均值 m 和方差 S^2 均为无偏估计,因此,当观测数据表明 S^2/m 显著不等于 1.0 时,就是泊松分布不适用的表征。S^2 可按式(3-72)计算:

$$S^2 = \frac{1}{N-1}\sum_{i=1}^{N}(k_i - m)^2 = \frac{1}{N-1}\sum_{j=1}^{g}(k_j - m)^2 f_j \qquad (3\text{-}72)$$

式中符号意义同前。

(2)二项分布(Binomial Distribution)

①基本公式

$$P(x) = C_n^x \left(\frac{\lambda t}{n}\right)^x \left(1 - \frac{\lambda t}{n}\right)^{n-x} \qquad (x = 0,1,2,\cdots,n) \qquad (3\text{-}73)$$

式中：$P(x)$——在计数间隔 t 内到达 x 辆车的概率；

　　　　λ——平均到达率；

　　　　t——每个计数间隔持续的时间或距离；

　　　　n——正整数；

　　　　$C_n^x = \dfrac{n!}{x!(n-x)!}$。

通常记 $P = \lambda t/n$，则二项分布可写成：

$$P(x) = C_n^x p^x (1-p)^{n-x} \qquad (x=0,1,2\cdots,n) \tag{3-74}$$

式中，$0 < p < 1$，n、p 常称为分布参数。

用式(3-74)可计算在计数间隔 t 内恰好到达 x 辆车的概率。除此之外，还可计算出如下的概率值。

到达数小于 k 的概率：

$$P(x<k) = \sum_{i=0}^{k-1} C_n^i p^i (1-p)^{n-i} \tag{3-75}$$

到达数大于 k 的概率：

$$P(x>k) = 1 - \sum_{i=0}^{k} C_n^i p^i (1-p)^{n-i} \tag{3-76}$$

其余类推。

对于二项分布，其均值 $M = np$，方差 $D = np(1-p)$，$M > D$。因此，当用二项分布拟合观测数时，根据参数 p、n 与方差、均值的关系式用样本的均值 m、方差 S^2 代替 M、D，p、n 可按下列关系式估算（n 值计算结果取整）：

$$p = \dfrac{m - S^2}{m} \tag{3-77}$$

$$n = \dfrac{m}{p} = \dfrac{m^2}{m - S^2} \tag{3-78}$$

式中，m 和 S^2 根据观测数据按式(3-63)和式(3-65)计算。

②递推公式

由(3-73)可知：

$$P(0) = (1-p)^n$$

$$P(x+1) = \dfrac{n-x}{x+1} \cdot \dfrac{p}{1-p} \cdot P(x) \tag{3-79}$$

③适用条件

车流比较拥挤、自由行驶机会不多的车流用二项分布拟合较好。由于二项分布的均值 M 大于方差 D，当观测数据表明 S^2/m 显著大于 1.0，不宜使用二项分布描述。

(3) 负二项分布(Negative Binomial Distribution)

①基本公式

$$P(x) = C_{x+\beta-1}^{\beta-1} p^\beta (1-p)^x \qquad (x=0,1,2\cdots) \tag{3-80}$$

式中，p、β 为负二项分布参数，$0 < p < 1$，β 为正整数；其余符号意义同前。

同样地，用式(3-73)可计算在计数间隔 t 内恰好到达 x 辆车的概率。到达数大于 k 的概率可由式(3-81)计算：

$$P(x>k) = 1 - \sum_{i=0}^{k} C_{i+\beta-1}^{\beta-1} p^\beta (1-p)^i \tag{3-81}$$

其余类推。

由概率论可知,负二项分布的均值 $M = \beta(1-p)$,方差 $D = \beta(1-p)/p^2$,$M < D$。因此,当用负二项分布拟合观测数据时,利用 p、β 与均值、方差的关系式,用样本的均值 m、方差 S^2 代替 M、D,p、β 可由下列关系式估算(β 值计算结果取整):

$$p = \frac{m}{S^2}$$

$$\beta = \frac{m^2}{S^2 - m} \quad (3\text{-}82)$$

式中,观测数据的均值 m 和方差 S^2,按式(3-63)和式(3-65)计算。

② 递推公式

由式(3-80)可知:

$$P(0) = p^\beta$$

$$P(x) = \frac{x + \beta - 1}{x}(1-p)P(x-1) \quad (x \geq 1) \quad (3\text{-}83)$$

③ 适用条件

当到达的车流波动性很大,或者当以一定的计算间隔观测到达的车辆数而其间隔长度一直延续到高峰期间与非高峰期间两个时段时,所得数据就可能会具有较大的方差,此时应使用负二项分布拟合观测数据,不宜使用二项分布描述。

2) 连续型分布

描述事件之间时间间隔的分布为连续型分布,连续型分布常用来描述车头时距、可穿越空当、速度等交通流参数的统计特征。

(1) 负指数分布(Negative Exponential Distribution)

① 基本公式

若车辆到达符合泊松分布,则车头时距就是负指数分布。由式 $P(x) = \frac{m^x e^{-m}}{x!}$ 可知,在计数间隔内没有车辆到达($x = 0$)的概率为:

$$P(0) = e^{-\lambda t} \quad (3\text{-}84)$$

式(3-84)表明,在具体的时间间隔 t 内,如无车辆到达,则上次车到达和下次车到达之间,车头时距至少有 t,即 $P(0)$ 也是车头时距等于或大于 t 的概率,于是有:

$$P(h \geq t) = e^{-\lambda t} \quad (3\text{-}85)$$

而车头时距小于 t 的概率为:

$$P(h < t) = 1 - e^{-\lambda t} \quad (3\text{-}86)$$

若 Q 表示小时交通量,则 $\lambda = Q/3600\,(\text{veh/s})$,式(3-85)可以写成:

$$P(h \geq t) = e^{-Qt/3600} \quad (3\text{-}87)$$

式中,$Qt/3600$ 是到达车辆数概率分布的平均值。若令 M 为负指数的均值,则平均车头时距应有:

$$M = \frac{3600}{Q} = \frac{1}{\lambda} \quad (3\text{-}88)$$

负指数分布的方差为:

$$D = \frac{1}{\lambda^2} \quad (3\text{-}89)$$

用样本的均值 m 代替 M、样本的方差 S^2 代替 D,即可算出负指数分布的参数 λ。图 3-17 和图 3-18 分别为式(3-85)和式(3-86)的图示。

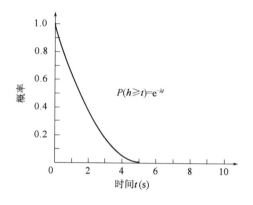

图 3-17　$h \geqslant t$ 的车头时距分布曲线($M = 1$s)　　图 3-18　$h < t$ 的车头时距分布曲线($M = 1$s)

②适用条件

负指数分布适用于车辆到达是随机的、有充分超车机会的单列车流和密度不大的多列车流的情况。通常认为,当每小时每车道的不间断车流量小于或等于500辆时,用负指数分布描述车头时距是符合实际的。

由式(3-79)对 t 求导可知,负指数分布的概率密度函数曲线是随车头时距 t 单调递减的,这说明车头时距越小,其出现的概率越大。这种情况在限制超车的单列车流中是不可能出现的,因为车头间距至少应为一个车身长,车头时距必须有一个大于零的最小值 τ,这就是负指数分布的局限性。

(2)移位负指数分布(Shifted Negative Exponential Distribution)

①基本公式

为克服负指数分布的车头时距越趋于零其出现概率越大这一缺点,可将负指数分布曲线从原点 O 沿 t 轴向右移一个最小的间隔长度 τ(根据调查数据确定,一般为 1.0~1.5s),得到移位负指数分布曲线,它能更好地拟合观测数据。

移位负指数分布的分布函数为:

$$P(h \geqslant t) = e^{-\lambda(t-\tau)} \qquad (t \geqslant \tau) \qquad (3\text{-}90)$$

$$P(h < t) = 1 - e^{-\lambda(t-\tau)} \qquad (t \geqslant \tau) \qquad (3\text{-}91)$$

其概率密度函数为:

$$p(t) = \begin{cases} \lambda e^{-\lambda(t-\tau)} & (t \geqslant \tau) \\ 0 & (t < \tau) \end{cases} \qquad (3\text{-}92)$$

均值和方差分别为:

$$M = \frac{1}{\lambda} + \tau$$

$$D = \frac{1}{\lambda^2} \qquad (3\text{-}93)$$

用样本的均值 m 代替 M、样本的方差 S^2 代替 D,可算出移位负指数分布的两个参数 λ 和 τ。图 3-19 为移位负指数分布式(3-90)的曲线图,其中 λ 的表达式由式(3-93)得到。

②适用条件

移位负指数分布适合描述限制超车的单列车流车头时距分布和低流量时多列车流的车头时距分布。

由式(3-92)可知，移位负指数分布的概率密度函数曲线是随 $t-\tau$ 的值单调递减的，即服从移位负指数分布的车间时距越接近 τ，其出现的可能性越大。但这在一般情况下不符合驾驶员的心理习惯和行车规律。从统计角度看，具有中等反应强度的驾驶员占大多数，他们行车时是在安全条件下保持较短的车间距离(前车车尾与后车车头之间的距离，不同于车头间距)，只有少部分反应特别灵敏或较冒失

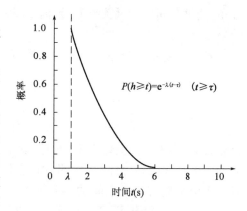

图3-19　移位负指数分布曲线($M=1s$)

的驾驶员才会不顾安全地追求更短的车间距离。因此，车头时距分布的概率密度曲线一般总是先升后降的。为了克服移位负指数分布的这种局限性，可用更通用的连续型分布，如韦布尔分布、爱尔朗分布、皮尔逊Ⅲ型分布、对数正态分布、复合指数分布等，这里仅介绍前两种分布。

*(3)韦布尔分布(Weibull Distribution)

①基本公式

$$P(h\geq t)=\exp\left[-\left(\frac{t-\gamma}{\beta-\gamma}\right)^{\alpha}\right] \quad (\gamma\leq t\leq\infty) \quad (3\text{-}94)$$

式中，β、γ、α 为分布参数，取正值，且 $\beta>\gamma$。γ 称为起点参数，α 称为形状参数，β 称为尺度参数。显然，负指数分布和移位负指数分布是韦布尔分布的特例。

韦布尔分布的概率密度函数为：

$$P(t)=\frac{d[1-P(h\geq t)]}{dt}=\frac{1}{\beta-\gamma}\left(\frac{t-\gamma}{\beta-\gamma}\right)^{\alpha-1}\exp\left[-\left(\frac{t-\gamma}{\beta-\gamma}\right)^{\alpha}\right] \quad (3\text{-}95)$$

图3-20为 $\gamma=0$、$\beta=1$ 的韦布尔分布概率密度曲线，曲线的形状随着参数 α 的改变而变化，可见韦布尔分布的适用范围是比较广泛的。当 $\alpha=1$ 时即为负指数分布，$\alpha=3$ 或2时，与正态分布十分近似。

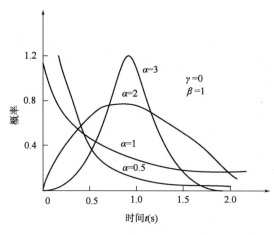

图3-20　韦布尔概率密度曲线

②适用条件

韦布尔分布适用范围较广，交通流中的车头时距分布、速度分布等一般都可用韦布尔分布来描述。韦布尔分布的拟合步骤并不复杂，其分布函数也比较简单，这是皮尔逊Ⅲ型分布等连续性分布所不具备的优点。此外，韦布尔分布随机数的产生也很简便。因此，当使用最简单的负指数分布或移位负指数分布不能拟合实测的数据时，选用韦布尔分布来拟合是最好的方法之一。

*(4)爱尔朗分布(Erlang Distribution)

爱尔朗分布也是较为通用的描述车头时距

分布、速度分布等交通流参数分布的概率分布模型,根据分布函数中参数"l"的改变而有不同的分布函数。

累积的爱尔朗分布可写成如下形式:

$$P(h \geq t) = \sum_{i=0}^{l-1} (\lambda l t)^i \frac{e^{-\lambda t}}{i!} \tag{3-96}$$

当$l=1$时,式(3-96)可简化成负指数分布;当l不断上升时,爱尔朗分布的特性越来越像正态分布,当l非常大以至$l=\infty$时,爱尔朗分布的随机变量的变化趋向于0,即式(3-96)将产生均一的车头时距,此时爱尔朗分布变化为正态分布。这说明爱尔朗分布中,参数l可以反映畅行车流和拥挤车流之间的各种车流条件。l越大,说明车流越拥挤,驾驶员自由行车越困难,车流运行的随机性越差。因此,l值是非随机性程度的粗略表示,非随机性程度随着l值的增加而增加。实际应用时l值可由观测数据的均值m和方差S^2用式(3-97)估算,且四舍五入取整数:

$$l = \frac{m^2}{S^2} \tag{3-97}$$

爱尔朗分布的概率密度函数为:

$$p(t) = \lambda e^{-\lambda t} \frac{(\lambda t)^{l-1}}{(l-1)!} \quad (l=1,2,3,\cdots) \tag{3-98}$$

图3-21 为$l=1$、2、4时的概率密度曲线。

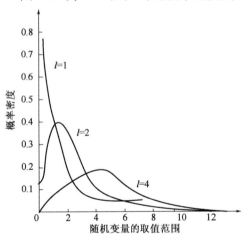

图3-21 λ固定时,不同l值的爱尔朗分布密度曲线

例 3-2 设60辆汽车随机分布在4km长的道路上,服从泊松分布,求任意400m路段上有4辆及4辆以上的汽车的概率。

解:依题意,本题中$t=400\mathrm{m}$,$\lambda = \frac{60}{4000}$辆/m,可算得:

$$m = \lambda t = 6(辆)$$

$$P_0 = \frac{6^0}{0!} e^{-6} = 0.0025$$

$$P_1 = \frac{6}{0+1} P_0 = 0.0149$$

$$P_2 = \frac{6}{1+1} P_1 = 0.0446$$

$$P_3 = \frac{6}{2+1} P_2 = 0.0892$$

不足4辆车的概率为:

$$P(<4) = \sum_{i=0}^{4-1} P_i = 0.1512$$

4辆及4辆以上的概率为:

$$P(\geq 4) = 1 - P(<4) = 0.8488$$

3.4.3 流量—密度—速度关系模型

由 3.2.2 节的推导可知,交通流量、空间平均车速及交通密度的关系具备式(3-35)所示的函数关系。尽管实际上三者之间不存在单一的从属关系,但因式(3-35)在推导过程中存在一定的近似,且上述参数均为平均值,所以可在已知三个基本参数中任意两个参数时,通过式(3-35)确定第三个参数,此类关于流量、密度、速度关系的模型被称为流量—密度—速度关系模型(Traffic Stream Model)。上述参数中,交通流量最易获取,但空间平均车速及密度均不易调查。在假设交通状况恒定时,可通过如式(3-37)所示的关系由时间平均车速估计空间平均车速,并进一步估计道路的密度。

在研究交通流三个基本参数关系时,首先根据实测数据分析了两两参数间的关系。如图 3-22 所示,根据道路实际观测值初步获取各参数间的关系,并绘制如图 3-23 所示的 V-K 图、Q-K 图、V-Q 图。其中,流量—密度—速度关系模型中的流量—密度关系模型[即 $q(k)$]也被称为交通基本图模型(Traffic Fundamental Diagram Model)。❶

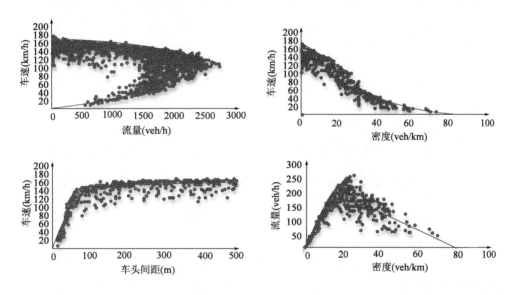

图 3-22 道路实际观测的流量—密度—速度特性

根据图 3-23 可定义反映交通流特性的一些特征变量:

①最大流量 Q_m。是 Q-V 图上的顶点,是交通量的峰值,在一定条件下,可将此值称为道路的通行能力(Road Capacity)。

②临界速度 V_m。与 Q_m 相对应的速度值,是流量达到最大值时的速度(Speed at Capacity)。

③畅行速度 V_f。当密度趋向于零时,车辆可顺畅行驶,此时的速度称为畅行速度,也叫自由流车速(Free Flow Speed)。

④最佳密度 K_m。指流量达到最大值时的密度,又称临界密度(Density at Capacity)。

---

❶ 请和 Daganzo 提出的宏观基本图模型(Macroscopic Fundamental Diagram,简称 MFD)相区分。详见:Daganzo C F, Geroliminis N. An analytical approximation for the macroscopic fundamental diagram of urban traffic[J]. Transportation Research Part B Methodological, 2008,42(9):771-781.

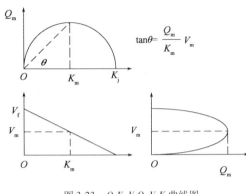

图 3-23 Q-K、V-Q、V-K 曲线图

⑤阻塞密度 K_j。是当车辆阻塞时,速度趋于零时的密度(Jam Density)。

研究两两基本交通流参数的模型可称为二项模型(Bivariate Models)。二项模型的发展经历了从线性模型到对数模型、指数模型等非线性模型,从单曲线模型到复合曲线模型等发展过程。各模型中,线性模型适用于交通密度适中的情形,对数模型适用于交通密度大的情形,指数模型适用于交通密度不大的情形,复合曲线模型适用于存在不同交通密度的情形。下面对各模型进行介绍。

(1)线性模型

1933 年,美国交通工程专家格林希尔兹(Greenshields)在应用航空摄影法研究俄亥俄州的一条双车道农村公路的车流过程中,通过获取了 7 个不同时间段的速度与密度值[密度范围为 10~95 veh/(km·lane),速度范围为 10~65 km/h],得出了速度与密度存在线性关系的结论。

$$V = a + bK \tag{3-99}$$

式中:V——车辆行驶速度(km/h);
  K——交通密度(veh/km);
  a、b——待定常数。

当 K 趋于零时,区间平均车速 V 接近于自由行驶车速 V_f,即 $V \approx V_f$,则 $a = V_f$;当 K 趋向于很大时,车流无法行驶,密度为阻塞密度 K_j,即 $K = K_j$,$V = 0$,则 $b = -\dfrac{V_f}{K_j}$,将 a、b 代入式(3-99)得:

$$V = V_f\left(1 - \dfrac{K}{K_j}\right) \tag{3-100}$$

式中符号意义同前。

将式(3-100)绘成曲线,图 3-24 为速度—密度关系曲线图,即 V-K 关系图。

由图 3-24 可见,当 $K=0$ 时,$V=V_f$,说明在交通量很小的情况下,车辆以自由速度行驶。当 $K=K_j$ 时,$V=0$,说明当交通密度很大时,车辆速度趋向于零。交通出现拥挤阻塞流量变化也可以在图上得到说明,如 C 点的速度为 V_m,密度为 K_m,$Q_m = V_m K_m$,则流量为边长 V_m 和 K_m 的矩形面积(即图中阴影部分面积)。

交通量、交通密度、行车速度的基本关系式为:

$$Q = KV \tag{3-101}$$

根据式(3-101)和速度—密度关系式[式(3-100)],可得到交通量和密度的关系式:

$$Q = KV_f\left(1 - \dfrac{K}{K_j}\right) \tag{3-102}$$

式(3-102)为二次函数式,它的函数图形是一条抛物线,图 3-25 就是流量—密度曲线。

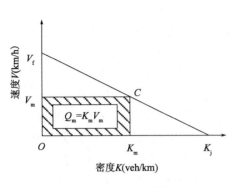
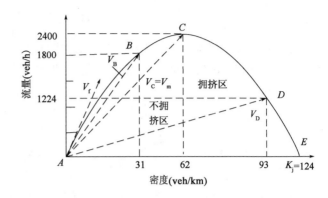

图 3-24　V-K 关系图　　　　　图 3-25　Q-K 曲线图

由图 3-25 可见,C 点代表最大流量 Q_m,从这点起,流量随密度增加而减小,直至达到阻塞密度 K_j,此时流量 $Q = 0$。以原点 A 向曲线上的 B、C 和 D 点画矢径,用这些矢径的斜率表示速度。通过 A 点的矢径与曲线相切,其斜率为畅行速度 V_f。在流量—密度曲线(Q-K 曲线)上,密度比 K_m 小的点,如 B 点,表示不拥挤的情况;而密度比 K_m 大的点,如 D 点,表示拥挤的情况。

从图 3-25 上显示的数据来看,曲线上 C 点表示的最大流量值 Q_m 为 2400veh/h,C 点的密度 K_m 为 62veh/km;最大流量时的速度 V_m,只要计算从原点 A 到 C 点的矢径的斜率即可,即 $V_m = V_C = 2400/62 = 38.7 (\text{km/h})$。

曲线上其他点的数值可以用同样的方法求得。B 点在不拥挤的区域,对应的流量 $Q = 1800\text{veh/h}$,密度 $K = 31\text{veh/km}$,速度 $V = 58\text{km/h}$。D 点在拥挤的区域,对应的流量 $Q = 1224\text{veh/h}$,密度 $K = 105.6\text{veh/km}$,速度 $V = 11.5\text{km/h}$。

根据流量—密度关系式[式(3-102)],可推导出某些特征变量(如最大流量 Q_m、临界速度 V_m、畅行速度 V_f、最佳密度 K_m、阻塞密度 K_j)之间的关系。将式(3-102)对密度 K 求导,并令其等于 0 得:

$$\frac{dQ}{dK} = V_f - \frac{2KV_f}{K_j} = 0 \quad (V_f \neq 0)$$

$$\therefore K_m = \frac{1}{2}K_j$$

将式 $K_m = \frac{1}{2}K_j$ 代入式(3-102)得:

$$Q = KV_f - \left(1 - \frac{K}{K_j}\right) = \frac{K_j}{2}K_f\left(1 - \frac{K_j}{2}\right)$$

$$\therefore Q_m = \frac{1}{4}V_f K_j$$

可见,最大交通量对应的最佳密度值 K_m 为阻塞密度值 K_j 的 1/2,最大交通量为阻塞密度值 K_j 和自由速度 V_f 乘积的 1/4。

若采用格林希尔兹(Greenshields)模型,将式(3-100)移项得:

$$K = K_j\left(1 - \frac{V}{V_f}\right) \tag{3-103}$$

代入式(3-101)得:

$$Q = K_j \left(V - \frac{V^2}{V_f} \right) \tag{3-104}$$

式(3-104)同样为二次函数式,它的函数图形也是一条抛物线,形状与流量—密度曲线有相似之处。图3-26为流量—速度关系曲线,即 Q-V 曲线。

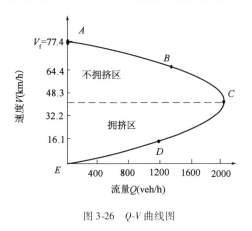

图3-26 Q-V 曲线图

在曲线的上半部分,速度随流量增加而降低,直至达到能够通行的最大流量 Q_m(对应于 C 点);在曲线的下半部分,流量降低,速度也降低,呈现出行驶不畅的状况。A、B、C、D 和 E 点对应于流量—密度曲线和速度—密度曲线上同样点。从原点 E 到曲线的矢径斜率表示该点密度的倒数 $1/K(=V/Q)$。曲线的顶点 C 处是最大流量 Q_m,C 点上面的曲线部分表示不拥挤的情况,而 C 点下面部分表示拥挤情况。

同理将公式(3-104)对速度 V 求导,也可得 $V_m = \frac{1}{2}V_f, Q_m = \frac{1}{4}V_f K_j$。

综上所述,在应用格林希尔兹模型对流量、密度及速度关系建模时,Q_m、V_m 和 K_m 是划分交通拥挤状况的特征值。当 $Q \leq Q_m, K \geq K_m, V \leq V_m$ 时,交通流处于拥挤状况;当 $Q \leq Q_m, K \leq K_m, V \geq V_m$ 时,交通流处于不拥挤状况。

例3-3 设车流速度—密度关系为 $V = 88 - 1.6K$,如果限制车流的实际流量不大于最大流量的0.8倍,求速度最低值和密度最高值(假定车流的密度小于最佳密度)。

解:由题意可知,当 $K = 0$ 时,$V = V_f = 88$km/h;当 $V = 0$ 时,$K = K_j = 55$veh/km,则 $V_m = \frac{1}{2}V_f = 44$(km/h),$K_m = \frac{1}{2}K_j = 2.75$(veh/km),$Q_m = V_m K_m = 1210$(veh/h)。

由 $Q = KV$ 和 $V = 88 - 1.6K$,可得 $Q = 88K - 1.6K^2$(其曲线见图3-27)。

当 $Q = 0.8Q_m$ 时,$Q = 968$veh/h,由 $Q = 88K - 1.6K^2$,求得:

$K_A = 15.2$veh/km,或者 $K_B = 39.8$veh/km。

又由原题意可知,车流密度小于最佳密度,故 $K_A = 15.2$veh/km,符合题意。此时对应的车流速度为:

$V_A = 88 - 1.6K_A = 88 - 1.6 \times 15.2 = 63.68$(km/h)

即 $K_A = 15.2$veh/km,$V_A = 63.68$km/h 为所求的密度最高值和速度最低值。

*(2)格林伯格(Greenburg)模型

由图3-22可知,速度—密度实际并非线性关

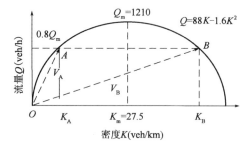

图3-27 Q-K 关系图

系,因此格林伯格于1959年综合应用了一维可压缩流的动力学方程和连续性方程建立起相应的速度—密度模型。德鲁(Drew)和艾迪(Edie)于1961年也应用边界条件的方法得出了相同的结论。该模型适合于描述较为拥堵的交通情况。因德鲁—艾迪的方法较为易懂,故首先对此方法进行介绍。

将如式(3-35)所示的流量—密度—速度基本关系式对速度求微分,可得:

$$\frac{\mathrm{d}q}{\mathrm{d}v} = v\frac{\mathrm{d}k}{\mathrm{d}v} + k \tag{3-105}$$

在道路达到通行能力时($v = v_c$),有 $\mathrm{d}q/\mathrm{d}v = 0$,此时:

$$0 = v_c\frac{\mathrm{d}k}{\mathrm{d}v} + k \tag{3-106}$$

将式(3-106)变形并积分,可得:

$$\ln k = -\frac{u}{u_c} + C \tag{3-107}$$

将边界条件 $v = 0, k = k_j$ 代入式(3-107),可得:

$$C = \ln k_j \tag{3-108}$$

将式(3-108)代入式(3-107),可得:

$$v = v_c \ln \frac{k_j}{k} \tag{3-109}$$

此时,可根据式(3-109)求解出 v 和 k,并应用如式(3-35)所示的基本关系式得出流量 q:

$$\begin{cases} q = kv_c \ln \dfrac{k_j}{k} \\ q = k_j v e^{-\frac{v}{v_c}} \end{cases} \tag{3-110}$$

格林伯格的求解方法较为复杂,其首先建立了一维可压缩流的流体动力学模型:

$$\frac{\mathrm{d}v}{\mathrm{d}t} = -\frac{c^2}{k}\frac{\partial k}{\partial x} \tag{3-111}$$

取函数 $v = f(x, t)$ 的全微分,可得:

$$\frac{\mathrm{d}v}{\mathrm{d}t} = \frac{\partial v}{\partial x}\frac{\mathrm{d}x}{\mathrm{d}t} + \frac{\partial v}{\partial t}\frac{\mathrm{d}t}{\mathrm{d}t} \tag{3-112}$$

将式(3-112)代入式(3-111),可得:

$$\frac{\partial v}{\partial x}v + \frac{\partial v}{\partial t} + \frac{c^2}{k}\frac{\partial k}{\partial x} = 0 \tag{3-113}$$

又因为速度是密度的函数,即 $v = f(k)$,所以:

$$\frac{\partial v}{\partial k} = \frac{\partial v}{\partial x}\frac{\partial x}{\partial k} = v' \tag{3-114}$$

$$\frac{\partial v}{\partial x} = v'\frac{\partial k}{\partial x} \tag{3-115}$$

类似地,可得出:

$$\frac{\partial v}{\partial t} = v'\frac{\partial k}{\partial t} \tag{3-116}$$

将式(3-116)和式(3-115)代入式(3-113),可得:

$$\frac{\partial k}{\partial t} + \left(v + \frac{c^2}{kv'}\right)\frac{\partial k}{\partial x} = 0 \tag{3-117}$$

再将 $q=kv$ 代入如式(3-118)所示的流体连续性方程,可得:

$$\frac{\partial k}{\partial t}+\frac{\partial q}{\partial x}=0 \tag{3-118}$$

$$\frac{\partial k}{\partial t}+\frac{v\partial k}{\partial x}+\frac{k\partial v}{\partial x}=0 \tag{3-119}$$

将式(3-115)代入式(3-119),可得:

$$\frac{\partial k}{\partial t}+(v+kv')\frac{\partial k}{\partial x}=0 \tag{3-120}$$

联立求解式(3-117)和式(3-120),可得:

$$v+\frac{c^2}{kv'}=v+kv' \tag{3-121}$$

为保证速度为正值,取相应的平方根如式(3-122)所示:

$$v'=\frac{\mathrm{d}v}{\mathrm{d}k}=-\frac{c}{k} \tag{3-122}$$

如式(3-122)所示的微分方程可应用 $k=k_j, v=0$ 的边界条件求解,得:

$$v=c\ln\frac{k_j}{k} \tag{3-123}$$

在利用如式(3-35)所示的基本关系式,可得:

$$q=k_c\ln\frac{k_j}{k} \tag{3-124}$$

将边界条件 $k=k_c, \partial q/\partial k=0$ 代入式(3-124),有:

$$0=c\ln\frac{k_j}{k_c}+k_c c\left[\frac{k_c}{k_j}\left(-\frac{k_j}{k_c^2}\right)\right] \tag{3-125}$$

$$k_c=\frac{k_j}{\mathrm{e}^1}=\frac{k_j}{\mathrm{e}} \tag{3-126}$$

在前述边界条件下,将式(3-126)代入式(3-123),可得:

$$v_c=c\ln\frac{k_j}{k_c}=c\ln\mathrm{e}=c \tag{3-127}$$

所以可得出格林伯格模型如式(3-128)所示:

$$v=v_c\ln\frac{k_j}{k} \tag{3-128}$$

*(3)安德伍德(Underwood)模型

考虑到格林伯格模型计算得出的自由流车速趋向无穷大的不足,安德伍德应用自由流车速和道路达到通行能力两个边界条件建立了如式(3-129)所示的单曲线模型。该模型在密度趋向无穷大时也不会导致零速度。该模型的具体推导过程和德鲁及艾迪的推导过程类似,在此不给出详细过程,读者可自行推导。该模型适用于描述交通流量较小的交通状况。

$$v=v_f\mathrm{e}^{-\frac{k}{k_c}} \tag{3-129}$$

*(4)范艾德(Van Aerde)模型

早期的单曲线流量—密度—速度模型难以对道路达到通行能力附近的交通状况建模,常出现间断点的情况。范爱德模型通过估计自由流速度、临界速度、通行能力及阻塞密度4个参数,引入 3 个常数建立了单曲线流量—密度—速度模型,可对邻近通行能力部分的交通流运行状况进行描述。已有研究显示,该模型对北京城市道路的交通运行情况描述最为准确[1]。如式(3-130)所示,在范爱德模型中,当参数 c_1 和 c_3 为 0 时即为格林希尔兹模型,当 c_2 为 0 时为 Pipes 模型(详见 4.1.1 节)。

$$h = c_1 + c_3 v + \frac{c_2}{v_f - v} \tag{3-130}$$

式中:c_1——固定的车头间距常数(km/veh);

c_2——第一个可变的车头间距常数[km²/(h·veh)];

c_3——第二个可变的车头间距常数(h/veh);

v_f——自由流速度(km/h);

v——速度(km/h)。

范爱德模型中的 3 个参数可由式(3-131)估计。

$$\begin{cases} c_1 = \dfrac{v_f(2v_c - v_f)}{k_j v_c^2} \\ c_2 = \dfrac{v_f(v_f - v_c)^2}{k_j v_c^2} \\ c_3 = \dfrac{1}{q_c} - \dfrac{v_f}{k_j v_c^2} \end{cases} \tag{3-131}$$

由式(3-130)可知,道路的密度为:

$$k = \frac{1}{c_1 + c_3 v + \dfrac{c_2}{v_f - v}} \tag{3-132}$$

应用交通流基本关系 $q = kv$,可得出流量为:

$$q = \frac{v}{c_1 + c_3 v + \dfrac{c_2}{v_f - v}} \tag{3-133}$$

应用在达到通行能力时的边界条件 $\partial q/\partial v = 0$,有:

$$\left.\frac{\partial q}{\partial v}\right|_{v_c} = \left.\frac{\partial}{\partial v} \frac{v}{c_1 + c_3 v + \dfrac{c_2}{v_f - v}}\right|_{v_c} = 0 \tag{3-134}$$

令 $m = \dfrac{2v_c - v_f}{(v_f - v_c)^2}$,则:

$$c_1 = mc_2 \tag{3-135}$$

此时,考虑式(3-132)在阻塞密度时的边界条件,可有:

---

[1] 可参见以下文章:

HAO C Q, LIU X M, ZHANG Z Y. Calibrating Car-Following Model Considering Measurement Errors[J]. Advances in Mechanical Engineering, 2013, 5, Article ID 890741.

ZHAO N, YU L, ZHAO H, et al. Analysis of Traffic Flow Characteristics on Ring Road Expressways in Beijing[J]. Transportation Research Record: Journal of the Transportation Research Board, 2009, (2124):178-185.

$$c_1 = \frac{1}{k_j} - \frac{c_2}{v_f} \tag{3-136}$$

将式(3-136)代入式(3-135)中,可得:

$$c_2 = \frac{1}{k_j \left(m + \dfrac{1}{v_f} \right)} \tag{3-137}$$

求解通行能力条件下的式(3-133),可得:

$$c_3 = \frac{-c_1 + \dfrac{v_c}{q_c} - \dfrac{c_2}{v_f - v_c}}{v_c} \tag{3-138}$$

对上述各模型应用实测数据对比的情况如图 3-28 所示。

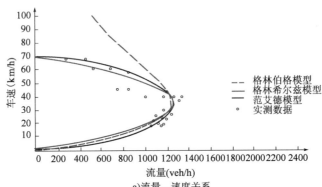

a) 流量—速度关系

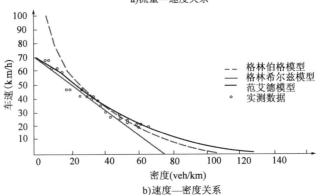

b) 速度—密度关系

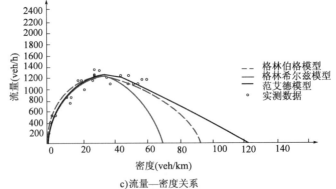

c) 流量—密度关系

图 3-28 实测数据与各模型的拟合关系

*(5)复合曲线模型

最初提出的格林伯格模型较难描述自由流的运行情况,而安德伍德模型则较难描述拥挤状况的交通流特性。因此,艾迪(Edie)在 1961 年提出了用安德伍德模型描述自由流区间而用格林伯格模型描述拥挤区间的复合曲线模型,并用芝加哥的观测数据进行了拟合,具体如图 3-29 所示。艾迪模型是第一个复合曲线的交通特性模型。

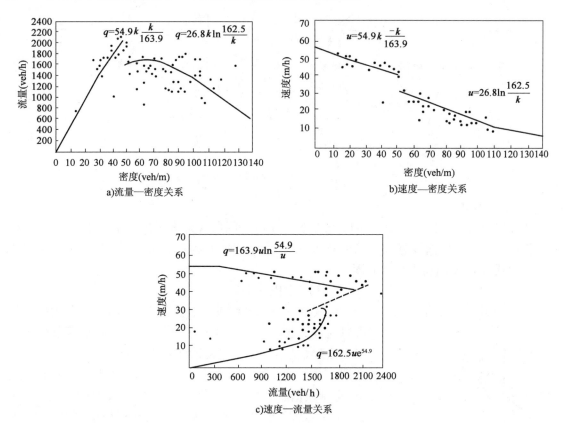

图 3-29 艾迪模型的假设及应用芝加哥观测数据的拟合

美国西北大学的研究团队又进一步提出了三个多区间模型,合称西北大学模型。第一种是两区间模型,分别针对拥堵区间和非拥堵区间标定了两个格林希尔兹模型;第二种也是两区间模型,其为恒定速度模型(Constant Speed Model)和格林伯格模型,恒定速度模型用于描述非拥堵段,而格林伯格模型用于描述拥堵路段;第三种是一个三区间模型,其包括描述非拥堵段的格林希尔兹模型、拥堵路段模型和转换模型。

*(6)三角曲线模型

该模型由 Newell 于 1993 年提出,其交通基本图及 v-k 图如图 3-30 及图 3-31 所示[关系式见式(3-139)]。该模型共含有自由流车速 v_f、流量对密度的导数(实际为停车时产生的冲击波的波速)c_j、最优密度 k_c、阻塞密度 k_j 及最大流量 q_m。实际计算中只要确认其中三个参数,该模型即可计算。该模型形式简单,计算方便,对于边界条件及最优条件下的检验状况均有很好的适应性,但其在流量最大时存在间断点,模型并不连续,不利于需要连续性的计算,但在分析拥堵状况和自由流状况的适应性较好。

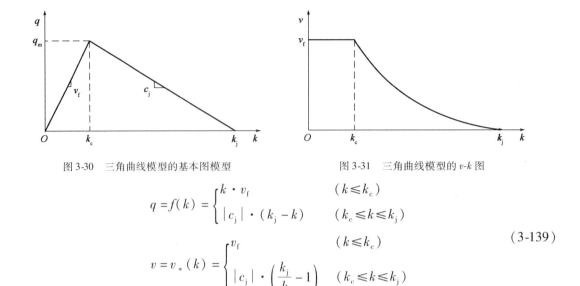

图 3-30 三角曲线模型的基本图模型　　　　图 3-31 三角曲线模型的 v-k 图

$$q = f(k) = \begin{cases} k \cdot v_f & (k \leq k_c) \\ |c_j| \cdot (k_j - k) & (k_c \leq k \leq k_j) \end{cases}$$

$$v = v_*(k) = \begin{cases} v_f & (k \leq k_c) \\ |c_j| \cdot \left(\dfrac{k_j}{k} - 1\right) & (k_c \leq k \leq k_j) \end{cases} \tag{3-139}$$

*（7）三变量模型

式(3-35)可用如图 3-32 所示的三维坐标系中的空间曲线来表示。为了便于理解和分析，通常将这个三维空间曲线分别向三个坐标平面投影，得到如图 3-23 所示的 v-k、q-k、v-q 三个二维平面曲线，即 v-k 图、q-k 图、v-q 图。

*（8）三相交通流

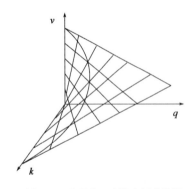

图 3-32 交通流三参数空间曲线图

传统基本图模型假设交通流处于平衡状态（稳定状态），可以通过交通流量与密度的函数关系进行描述，但实测交通流中通常杂糅了一些非稳态数据，实测数据在交通流量—密度图上并不符合基本图理论的曲线关系，尤其是在拥堵状态下，实测数据呈二维散布。针对上述现象，德国学者 Kerner 在 1996～2002 年通过观测德国高速公路瓶颈路段的数据，提出了三相交通流理论。不同于传统基本图理论，三相交通流理论的基本假设是同步流在流量—密度图上占有一个二维区域，即在同步流中一个给定的速度可以对应不同的交通密度。Kemer 认为在拥堵状态下，车辆处于跟驰状态，当后车无法超越前车时，后车会调整车速使得两车之间速度相近直至相同，如果此时后车与前车的跟车距离在可以接受的范围，则维持该状态而不再调整跟车间距，因而产生了上述现象。

图 3-33 概括了三相交通流理论中不同交通流状态在基本图上的位置。在自由流中，车辆速度高，相邻车道间速度有明显差异，并且流量与密度的函数关系是单调递增、几乎呈线性的。同步流和宽移动堵塞流为拥堵交通流的两种不同状态。同步流的速度显著低于自由流的速度，并且相邻车道上车速有同步的趋势。宽移动堵塞流的特征是非常高的密度和非常低的速度。宽移动堵塞流的下游断面能够以恒定速度往上游传播，另外，宽移动堵塞流可以在自由流或同步流中不受干扰地往上游传播［图 3-33b)、d)］。已有研究表明，如果不受阻碍，宽移动堵塞流不会出现在自由流中，宽移动堵塞流通常出现在同步流的亚稳定状态，该状态通常位于 J 线或者 J 线以上的区域。

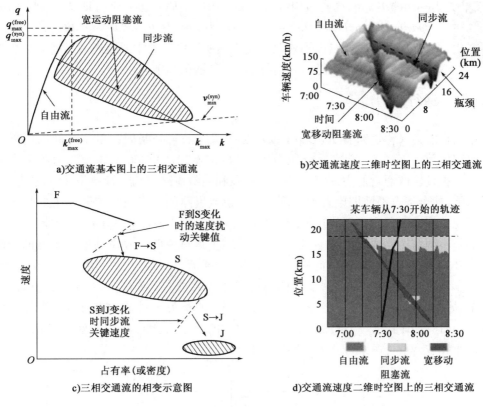

图 3-33 三相交通流示意图

在三相交通流理论中,相变过程可以用来解释交通拥堵模式的时空特征。从自由流到同步流(F-S)的相变可以认为是自由流中交通拥堵的起始。交通流失效可以由相变 F-S 解释。在交通瓶颈处 F-S 的相变可以通过过度加速效应和速度适应效应之间的竞争来解释。在相变过程中,变道行为表现出双重作用:如果车辆变道行为引起目标车道上车辆速度显著降低,会引起 F-S 或 S-J 相变。相反,如果车辆变道至速度更快的车道并且不影响该车道上交通流运行时,可以消散交通拥堵,引起 S-F 或 J-S 相变。

3.5 道路通行能力

从对交通流特征的分析可以看出,交通流达到通行能力时是一个非常特殊的状态。道路通行能力本质是用于估算设施在一定的运行条件下承载交通的能力,其是评价交通设施的工具,也是改善交通设施规划及设计的依据。道路通行能力分析的主要目的是计算在特定的时间段内和合理的安全条件下,交通设施所能通过的最大的交通实体数(人或车辆)。通行能力分析也能计算交通设施在保持其事先确定的运行水平时,能够通过的最大的交通数量。交通设施的运行水平一般应用服务水平(Level of Service,简称 LOS)这一指标表征。道路通行能力从产生到现在,其计算方法及标准发生了较大的变化,本节中的内容主要介绍了通行能力的计算原理,各类道路通行能力的具体计算方法可参考美国交通研究委员会(Transportation

Research Board,简称 TRB)编写的 2016 年版《道路通行能力手册》(*Highway Capacity Manual 6th Edition: A Guide for Multimodal Mobility Analysis*,HCM 2016),也可通过二维码获取道路交通系统中各类主要设施通行能力与服务质量的运行分析方法的简要介绍及示例(参见 3.C 节)。

3.5.1 通行能力

道路通行能力又称道路容量(Capacity),是指道路的某一断面在单位时间内所能通过的最大交通实体数。美国的《道路通行能力手册》(HCM 2016)对道路通行能力给出了如下定义:通常,一种设施的通行能力规定为在一定时段和通常道路、交通、管制条件以及规定的服务质量要求下,能合情合理地期望人和车辆通过车道或道路的一点或均匀断面上的最大小时流率。道路通行能力的概念可以描述人或者车辆,本节主要介绍道路的车辆通行能力。

为进一步理解道路通行能力的概念,以下面例子进行说明。假设某单一车道的道路处于车辆不受外界环境作用的理想运行状态。因道路交通流率近似等于平均车头时距的倒数,所以当平均车头时距取得最小值时,道路能通过的车辆数最大。如图 3-34 所示,为保证交通流运行安全,后车应保持在前车突然停车后能安全停车的车头间距,此时最小车头间距 l_0 应等于反应时间内行驶的距离 $l_{反}$、车辆制动距离 $l_{制}$、两车的最小安全间距 $l_{安}$ 及前车车长 $l_{车}$。因此,最大通行车辆数 N_{max} 可由式(3-140)计算得出。

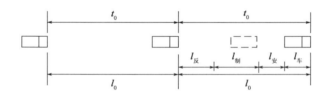

图 3-34 通行能力计算示意图

$$N_{\max} = \frac{3600}{h_{\min}} = \frac{3600}{l_0 / \dfrac{v}{3.6}} = \frac{1000v}{l_0} \quad (辆/h) \tag{3-140}$$

行驶车辆间的最小车头间距 l_0 可由式(3-141)计算,取 $l_{安}$ 为 2m,反应时间 t 为 1s,纵向附着系数 φ 与轮胎花纹、路面粗糙度、平整度、表面湿度、行车速度等因素有关(表 3-3)。车辆长度取小汽车为 6m,解放牌载货汽车为 12m。以解放牌载货汽车为例,可得出道路通行能力如式(3-142)所示。计算得出的单车道通行能力如表 3-4 所示。由单车道通行能力的计算结果验证了服务水平及车辆组成等交通条件会对道路通行能力产生影响的结论。从计算结果还可以看出,道路达到通行能力时的一般在车速在 20~30km/h 的区间,并非车速越高,通行能力越大。

$$l_0 = l_{反} + l_{制} + l_{安} + l_{车} = \frac{v}{3.6}t + \frac{v^2}{254\varphi} + l_{安} + l_{车} \tag{3-141}$$

$$N_{解} = \frac{1000v}{\dfrac{v}{3.6}t + \dfrac{v^2}{254\varphi} + 2 + 12} = \frac{1000}{\dfrac{1}{3.6} + \dfrac{v}{254\varphi} + \dfrac{14}{v}} \quad (辆/h) \tag{3-142}$$

纵向附着系数 φ 与车速 v 的关系									表3-3
v(km/h)	120	100	80	60	50	40	30	20	
φ 值	0.29	0.30	0.31	0.33	0.35	0.38	0.44	0.44	

单车道的计算通行能力数值(单位:辆/h)										表3-4
计算车速 v(km/h)		120	100	80	60	50	40	30	20	10
取车长6m	计算值	506	603	718	888	999	1121	1231	1256	857
	采用值	500	600	700	900	1000	1100	1200	1250	850
取车长8m	计算值	502	592	703	862	963	1062	1155	1065	695
	采用值	500	600	700	850	950	1050	1150	1050	700
取车长12m	计算值	494	589	681	815	893	959	1050	864	565
	采用值	500	600	700	800	900	950	1050	850	550

分析式(3-142)所示的通行能力计算过程可知,该模型建模的核心在于计算两车间的最小安全间距。模型中假设前车突然停止后,后车也能保证安全停车时应保持的间距,所以该间距为安全停车间距。但实际前车从开始减速到完全停车也会行驶一定距离,如图3-35所示,这就使后车可跟随前车减速,而非在其完全停车后才开始减速。在这个过程中,后车常保持相类似的车速,从而使实际的安全跟驰间距要远小于安全停车间距。如果按照安全跟驰间距计算道路通行能力,其会显著大于表3-4所示的值。假设道路上的交通流处于恒定状态,且车辆均以道路允许的均一自由流车速运行,此时车速越高,通行能力越大。当车辆长度为6m,安全间距为6m,车速为120km/h时,道路断面每1h可通过10000辆车,但此情况在实际中并不存在。在车辆以120km/h的车速运行时,根据美国加利福尼亚州的机动车驾驶法规或英国交通安全法规❶可知,前后车间距应至少在50m以上,此时计算出可通过的车辆数为2200~2400辆。由此可见,在考虑不同的运行状况时,如是否考虑停车影响,即连续流或间断流,道路的通行能力会产生很大的差异。又因为道路交通流的实际运行质量也会对车辆运行的最小车头间距产生影响,所以分析道路通行能力必须考虑实际道路的情况及道路的运行质量。

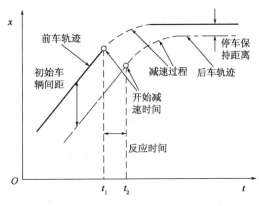

图3-35 安全停车间距和安全跟驰间距的比较

实际上,两车跟驰运动过程中所应保持的安全跟驰距离应如式(3-143)所示。假设前后车性能及驾驶员特性完全一致,可知两车在运行过程中应保持的最小安全跟驰距离为后车车速同反应时间之积加上安全的停车后应保持距离。

$$s = \frac{v_2^2}{2|a_2|} + v_2 \cdot t_r - \frac{v_1^2}{2|a_1|} + l_s = v_2 \cdot t_r + l_s \tag{3-143}$$

式中:v_2——后车车速(m/s);

---

❶ 英国及美国的法规以及在4.1.1节中介绍的Pipes模型均显示,每当车速升高10mile/h,两车为安全运行所应保持的车距应增加1个车身长度。

v_1——前车车速(m/s);

a_2——后车加速度(m/s²);

a_1——前车加速度(m/s²);

t_r——反应时间(s),通常取值 1~1.5s;

l_s——两车停车后应保持的安全间距(m)。

因此,通行能力是在通常的道路、交通和管制条件下确定的,对于所分析的交通设施的任何路段,这些条件都应该一致,任何通常条件下的改变都将导致交通设施通行能力的变化。通行能力分析是针对统一的道路、交通和管制条件下交通设施的路段或点。道路、交通和管制条件决定通行能力。因此,不同条件的路段,具有不同的通行能力。由于交通设施类型和分析类型不同,计量通行能力的单位有人次/h、辆小客车/h 和辆/h。根据各通行能力的作用性质,可将通行能力分为三种:基本通行能力、可能通行能力和设计通行能力。

(1)基本通行能力是指公路组成部分在理想的道路、交通、控制和环境条件下,该组成部分一条车道或一车行道的均匀段或一横断面上,不论服务水平如何,1h 所能通过标准车辆的最大辆数,也可以称为理论通行能力。

道路基本通行能力受道路自由流车速影响,具体如表3-5 所示。自由流车速的计算可参见3.5.2 节。基本通行能力的计算应基于15min 的交通量而非整个小时的交通量。

高速公路自由流车速同基本通行能力的关系　　　　表3-5

自由流车速(km/h)	自由流车速(mile/h)	基本通行能力[pcu/(h·lane)]
120	75	2400
113	70	2400
105	65	2350
97	60	2300
89	55	2250

(2)可能通行能力是指某已知公路的某一组成部分在实际或预测的道路、交通、控制及环境条件下,该组成部分一条车道或一车行道对上述诸条件有代表性的均匀段上或一横断面上,不论服务水平如何,1h 所能通过标准车辆的最大辆数,也可以称为实际通行能力。

(3)设计通行能力是指一设计中的公路的一组成部分在预测的道路、交通、控制及环境条件下,该组成部分的一条车道或一车行道对上述诸条件有代表性的均匀段上或一横断面上,在所选用的设计服务水平下,1h 所能通过的车辆(在混合交通公路上为标准汽车)的最大辆数,也可以称为实用通行能力。

通行能力与交通量具有相似之处,其均指单位时间内通过道路某断面的交通体数量、表示的单位和方法相同,但是两者之间有着本质区别:交通量是道路上实际运行的交通体的观测值,其数值具有动态性与随机性;而通行能力则是根据道路的几何特性、交通状况及规定运行特征所确定的最大流量,其数值具有相对的稳定性与规定性。在正常运行状况下,道路的交通量均小于通行能力,当交通量远远小于通行能力时,车流为自由流状态,车速高,驾驶自由度大;随着交通量的增加,车流的运行状态会逐渐恶化,当交通量接近或达到通行能力时,车流为强制流状态,将会出现车流拥挤、阻塞等现象。由此可见,在交通流状态分析中,交通流和通行能力两者缺一不可,通行能力反映了道路的容量(服务能力),交通量则反映了道路的负荷量(交通需求)。因此,常用交通量与通行能力的比值来表征道路的负荷程度(或利用率、饱和度)。

3.5.2 服务水平

因道路通行能力与实际交通流运行质量相关,因此引入服务水平(Level of Service,简称 LOS)的概念描述交通流运行质量。不同道路设施对服务能力划分的标准不同,但最常用的标准为密度、空间平均车速和需求流率与通行能力的比值(D/C)。具体选用的标准应根据道路设施的运行情况选择,在连续流情况下多选用密度进行判别。

在达到基本通行能力(或可能通行能力)之前,交通量越大,交通密度越大,而车速越低,运行质量也越低,即服务水平越低。达到基本通行能力(或可能通行能力)后,交通量不可能再增加,运行质量越低,交通量也越低,但交通密度仍越来越大,直到车速及交通量均下降到零为止。根据交通流的运行状况,交通流可分为非饱和流、排队消散流、过饱和流三种。如图 3-36 所示,非饱和流指交通流不受上下游瓶颈影响的情况;排队消散流指车辆刚通过某瓶颈路段,加速回到正常运行速度时的情况,当下游不存在其他瓶颈路段时,排队消散流会相对稳定,直至排队完全消散;过饱和流指由于瓶颈路段发生排队的情况,所有过饱和流均为拥堵状况。高速公路基本路段的交通量—车速关系图如图 3-37 所示,当密度大于 45pcu/(mile·lane)[约 28pcu/(km·lane)]时,道路交通流将会崩溃。

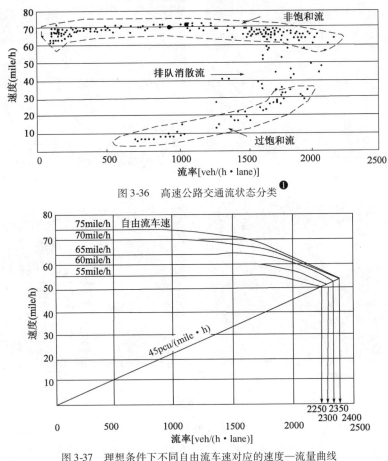

图 3-36 高速公路交通流状态分类 ❶

图 3-37 理想条件下不同自由流车速对应的速度—流量曲线

---

❶ 数据来源:美国加州交通厅,数据为洛杉矶 Calif 地区 I-405 公路 2008 年的数据。图片来源:《道路通行能力手册》。

目前在中国和美国的标准中,均将交通设施的服务水平规定为六级,用 A 到 F 六个字母表示,其中 A 级服务水平代表最佳运行条件,F 级服务水平则代表最差,为过饱和流状态。图 3-38 给出了各级服务水平的交通流运行特征。每一级服务水平代表了一定范围的运行条件和驾驶员对这些条件的感受。安全性不包括在确定服务水平指标之内。各级服务水平的一般描述摘要如下。

图 3-38　服务水平示例

服务水平 A:交通量很小,交通为自由流,使用者不受或基本不受交通流中其他车辆的影响,有非常高的自由度来选择所期望的速度进行驾驶,为驾驶员和乘客提供的舒适、便利程度极高。

服务水平 B:交通量较服务水平 A 有所增加,交通处在稳定流范围内的较好部分。在交通流中,开始易受其他车辆的影响,选择速度的自由度相对来说还不受影响,但驾驶自由度比服务水平 A 稍有下降。由于其他车辆开始对少数驾驶员的驾驶行为产生影响,因此所提供的舒适和便利程度较服务水平 A 低一些。

服务水平 C:交通量大于服务水平 B,交通处在稳定流范围的中间部分,但车辆间的相互影响变大,选择速度受到其他车辆的影响,驾驶时需相当留心部分其他车辆,舒适和便利程度有明显下降。

服务水平 D:交通量进一步增大,交通处在稳定交通流范围的较差部分。速度和驾驶自由度受到严格约束,舒适和便利程度低下。当接近这一服务水平下限时,交通量有少量增加就会在运行方面出现问题。

服务水平 E:此服务水平的交通常处于不稳定流范围,接近或达到水平最大交通量时,交通量有小幅的增加,或交通流内部有小幅的扰动就将产生大的运行问题,甚至发生交通中断。此水平内所有车速降到一个低点但相对均匀的值,驾驶自由度极低,舒适和便利程度也非常低。

服务水平 F:交通处于过饱和流状态,车辆经常排成队,跟着前面的车辆停停走走,是极不稳定的交通流崩溃(Breakdown)状况,此状况常发生在瓶颈路段的排队处。在此服务水平下,交通量与速度同时由大变小,直到零为止,而交通密度则随交通量的减少而增大。

交通流崩溃状况常因以下原因产生:①交通事故或事件暂时地降低了部分路段的通行能力,从而使到达的车辆数大于可通行的车辆数;②在如交织区等拥堵常发段,可能存在极大的交通需求,使得到达的车辆数大于可驶离的车辆数;③在应用预测交通量分析时,在某个特定地点的预测交通量可能会超过其通行能力。一般认为 F 级服务水平是由交通流崩溃或下游的瓶颈路段造成的。在实际运用过程中,交通流崩溃点的 V/C 大于 1,因此虽是 F 级服务水平,但实际运行中崩溃点或下游路段常为 E 级服务水平,此时只要有因交通流崩溃而产生的排队,就有可能会蔓延到上游一定范围的路段中。

3.5.3 服务流率及效率指标

服务流率是在通常的道路、交通和管制条件下,在给定的时间段内,保持规定的服务水平,人或车辆能通过一条车道或道路的某一点或均匀断面的合理期望最大小时流率。因为通行能力是针对各个路段进行定义的,所以服务流率也只能应用于特定的路段。服务流率通常以 15min 的时间段为基础。小时服务流率一般为高峰 15min 交通量的 4 倍。小时服务流率可由式(3-144)计算,日服务流率可由式(3-145)计算。

$$SV_i = SF_i \cdot PHF \tag{3-144}$$

式中:SV_i——第 i 级服务水平的服务流量(veh/h);
　　SF_i——第 i 级服务水平的小时服务流率(veh/h);
　　PHF——高峰小时系数。

$$DSV_i = \frac{SV_i}{K \cdot D} \tag{3-145}$$

式中:DSV_i——日服务流率(veh/h);
　　K——高峰小时流量比;

D——高峰小时方向系数。

服务流率是离散值,而服务水平代表着一定范围的运行状况。服务流率是每一级服务水平的最大值,这有效地定义了不同服务水平等级之间的流量界限。

每种交通设施有 5 个服务流率,与各级服务水平相对应(从 A 级到 E 级)。对于 F 级服务水平,由于交通流处于停停走走的状况,很难预测其流量。

大多数的设计或规划都使用 C 级或 D 级服务水平的服务流率,以保证为交通设施的使用者提供可以接受的运营服务。

每一种交通设施都有一种估算通行能力和服务水平的规定方法,同时还有可以计算其性能的指标。这些指标反映了交通设施在给定的一系列道路、交通和管制条件下的运行状况。比如,高速公路的行程速度和密度、信号交叉口的延误和行人的步行速度,都是度量交通设施上交通流运行条件的特性。

每一种交通设施都有一个或几个性能指标对确定服务水平起着决定性作用,这种决定服务水平的参数被称为服务指标,有时也称为效率指标(Measures of Effectiveness,简称 MOE)。

3.5.4 通行能力和服务水平的影响因素

道路通行能力是针对理想条件提出的。理想条件是指天气良好、路面状况良好、道路使用者熟悉交通设施以及交通流无阻抗。下面以连续流交通设施和交叉口引道的理想条件为例对理想条件进行说明。

连续流交通设施的理想条件包括:

(1)车道宽 3.75m;

(2)行车道外边缘线与右侧障碍物之间的净宽为 1.75m、距左侧障碍物净宽 0.75m;

(3)多车道公路的设计速度≥100km/h;

(4)交通流中只有小客车,没有其他类型车辆;

(5)平原地形;

(6)双车道公路中没有禁止超车区;

(7)没有行人和自行车的干扰;

(8)没有交通控制或转弯车辆干扰直行车的运行。

交叉口引道的理想条件包括:

(1)车道宽 3.75m;

(2)引道坡度为零;

(3)交叉口引道上没有路边停车;

(4)交通流中只有小客车;

(5)驾驶行为规范、冲突车流遵守优先规则;

(6)没有自行车和行人干扰。

在大多数通行能力分析中,通常条件都不同于理想条件,计算通行能力、服务流率和服务水平时,必须进行修正。一般情况下,通常条件分为道路、交通和管制条件。

道路条件包括几何线形和其他要素。有些情况下,这些因素会影响道路的通行能力;另一些情况下,它们则影响性能指标值,如速度,但不影响该交通设施的通行能力或最大交通流率。

道路要素包括:

(1) 车道数；
(2) 交通设施类型及其两侧开发状况；
(3) 车道宽度；
(4) 路肩宽度和侧向净空；
(5) 设计速度；
(6) 平、纵线形；
(7) 交叉口处是否有专用转向车道。

公路的平、纵线形取决于设计速度和公路所经过的地形。

一般情况下，险恶地形将降低通行能力和服务流率。对乡村双车道公路，这一点特别明显，险恶的地形不仅影响交通流中每一辆车的运行能力，而且减少了快车超过慢车的机会。

影响通行能力和服务水平的交通条件包括车辆类型和车道或方向分布。

在交通流中，由于重型车（也就是除小型车外的其他车辆，这里小型车类型车辆包括小客车、小货车等）的混入，影响了道路可以服务的车辆数。重型车是指4个以上轮胎接触路面的车辆。重型车对交通产生两方面的不利影响：

(1) 重型车的尺寸比小型车大，占用了更多的道路空间。
(2) 重型车的运行性能比小型车差，尤其是加速、减速和保持上坡速度的能力较差。

第二方面的影响更为重要。在很多情况下，重型车跟不上小型车，在交通流中形成大的间隙，该间隙很难被超车车辆使用，道路空间的低效利用不能完全避免。

在运行条件差别最明显的连续的、陡峻的上坡路段，以及必须使用对向行车道超车的双车道公路，重型车的影响尤为严重。

重型车辆也影响下坡运行，特别是当坡度很陡，要求重型车以低速挡运行时。在这种情况下，重型车辆必须以低于小型车的速度运行，从而在交通流中形成间隙。

本书介绍的分析方法所涉及的重型车分为货车、大型客车和房车三类。

除了车辆类型的分布外，其他两个影响通行能力、服务流率和服务水平的交通因素是方向分布和车道分布。方向分布对双车道公路的运行产生显著的影响，当两个方向的交通量基本相等时，其运行状况达到最优。多车道公路的通行能力分析关注的是单方向交通流。然而，通常将交通设施的每一个方向设计成能够容纳在较大交通量方向的高峰流率。一般情况下，早高峰出现在一个方向上，而晚高峰出现在相反的方向。车道分布也是多车道道路的一个影响因素，通常情况下，最外侧车道比其他车道承担的交通量小。

对于间断流设施，对具体交通流通行时间的控制是影响其通行能力、服务流率和服务水平的关键因素，这类设施的最主要的控制设施是交通信号。使用的控制方式、信号相位、绿灯时间分配和信号周期长度以及与邻近控制措施的相互关系均影响车辆运行。

停车标志和让行标志也影响通行能力，但不起决定作用。在某一流向交通允许通行时，交通信号分配其一定的时间。然而，在双向停车控制交叉口的停车标志只将优先通行权分配给主路，支路的驾驶员必须停车，然后在主路交通流中寻找间隙通过，因此支路的通行能力取决于主路的交通状况。全向停车让行控制则强制驾驶员停车，然后使其依次通过交叉口，交叉口的通行能力和运行特性因各引道的交通需求不同而发生很大变化。

其他类型的管制和规则也能显著地影响通行能力、服务流率和服务水平。限制路边停车能增加街道和公路中的有效行车道数；限制转向能消除交叉口车流的冲突，提高通行能力；控制车道使用可给各流向交通分配道路空间,开辟变向车道;单行道则能够消除左转车流与对向车流之间的冲突。

3.5.5 道路通行能力分析的应用

进行道路通行能力分析,一般希望能达到三个目的之一,即找出问题、选择对策、评价已采取的措施。

当路网或交通设施的性能指标不能满足设定的标准时,问题即会显现。例如,当交通设施的服务水平低于D级服务水平时,车辆排队可能干扰其上游的运行。尽管通行能力分析非常适合于预测性能指标,但是分析人员在研究当前运行状况时,仍应该到现场直接观测实际的运行特征。这些直接的观测值与预测值一样可用于确定服务水平。同时,当按照将来条件研究现有设施的状况,或者考虑在道路系统中增加新的要素时,道路通行能力分析同样非常有效。

一旦问题被实测发现,根据改善运行状况的目标,规划、设计人员就可找出可能的潜在原因和解决问题的对策。例如,分析人员也可能会识别出交叉口行人排队问题,考察其物理条件,可提出多个备选对策。分析人员也可以比选交叉口控制方式、改善线形几何设计、优化交通信号配时等。

此外,基于一般的评价框架程序,通过对适当的性能指标进行直接实地观测,道路通行能力分析对于评价改善措施实施后的效果同样有效。

通常道路通行能力应用的分析层次分为三类:运行、设计与规划分析。

运行分析是在当前条件或预计条件下道路通行能力分析的初始应用,其目的是判断是否需要尽快实施较容易的(通常指费用低的)改进措施,一般关注的焦点是接近过饱和状态或达不到期望服务水平的道路网或其中的一部分。此外,运行分析不只是发现问题,通常也涉及纠正问题的决策。一般提出几个改进方案以备决策,选择一个方案作为推荐方案。通行能力分析可预测每个备选方案性能指标的变化,以帮助选择和推荐方案。

由于运行分析关注的是当前的、短期的交通状况,所以有可能为分析模型提供详细的输入数据。许多输入数据是在实际观测交通特性、设施物理特征和控制设备的基础上得到的。

设计分析主要是对交通设施的详细物理特征进行通行能力分析,以使新建或改建的交通设施在期望的服务水平上运行。设计目标通常以中、长期建设为目标。通过分析可确定基本车道数、是否需要附加车道或转向车道等;也可确定部分交通设施要素的数值,如车道宽度、纵坡的坡度、附加车道的长度等。

设计分析所需要的数据较为详细,以设计项目的特征为基础。但在以中、长期为重点的分析工作中,使用交通预测值设计,其准确性和精度有限,需要采用部分理论值进行适当的简化。

规划分析是面向战略问题的道路通行能力分析应用,分析时间往往是长期的。通常研究的是公路系统的可能结构、一组公交线路或者计划开发项目可能产生的影响。分析人员通常必须估计当前的运行状态和系统何时将变得低于期望的服务水平。规划分析也能够评价交通管理与控制的应用决策,如重型车车道使用的控制、高速公路匝道控制的应用和需求管理技术的使用(如拥挤收费)等。

表3-6反映了道路通行能力分析应用的层次与目的之间的一般关系。

道路通行能力分析应用层次与目的　　　　　　　表3-6

分析层次	分析目的		
	识别问题	选择对策	事后评价
运行分析	主要	主要	主要
设计分析	（不可用）	主要	次要
规划分析	次要	主要	（不可用）

3.5.6 道路设施的组成及服务水平指标

1）连续流道路设施的组成及服务水平指标

如3.4.1节所述，连续流设施以高速公路和城市快速路为代表。高速公路是专供汽车分方向、分车道行驶并全部控制出入、全部立交的干线公路。高速公路是唯一一种能提供完全不间断交通流的公路设施类型，对交通流没有类似信号灯或停车管制的交叉口那样的外部干扰，车辆只有通过匝道才能完成进出设施的行为。按照交通流运行特性的差异可将高速公路分为基本路段、交织区和匝道（包括匝道连接）三个部分。高速公路的匝道段（Ramp）主要指合流区（Merge）和分流区（Diverge），在合流路段两股或多股车流合并为一股车流，在分流段一股车流分为两股或多股分离的车流；交织区（Weaving Segment）指两股或多股向同一方向的车流经过的无信号控制（可设置交通标志）的一定长度的路段，交织区指分流区紧接合流区的情况或一个进口匝道经由一条辅助车道紧连一个出口匝道；基本路段（Basic Segments）是指不受道附近的合流、分流以及交织流影响的高速公路路段。

在确定基本路段时，需移除分合流区及交织区的影响段。如图3-39所示，经美国的实证观测确定，高速公路分、合流区及交织区的影响段如下。

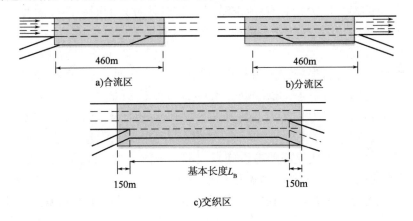

图3-39　分合流段及交织区的影响范围

交织区：交织区基本长度的上下游各150m，长度计算起点为进口道进入点及出口道的离驶点，其一般定义为分、合流车道与主路的合并点。

合流点：在合流车道与主路交会点处上游的460m范围内。

分流点：在分流车道与主路交会点处下游的460m范围内。

由上述定义可以看出，在分合流点较为频繁时，道路的基本路段可能不存在或非常短，此情况在城市快速路中尤为常见。城市快速路通行能力分析也应使用高速公路通行能力的分析方法。虽然在考虑基本路段时移除了影响区范围,但这并不意味着基本路段不会受上述区段的影响,在交通流崩溃时,基本路段也会受溢出排队的影响。通常来讲,匝道及交织段的密度对道路通行能力的影响一般通过自由流车速这一指标考量。

自由流速度是一个重要的指标,通行能力、服务流率、服务量、日服务量全部与它密切相关。自由流速度严格来说是当密度与流率两者均为零时的理论速度。如图3-36所示,高速公路基本路段的速度—流量曲线表明自由流车速一般在流率为 0~1000 pcu/(h·lane) 时出现。在上述流量范围内时,速度对流量变化不敏感,据此可简单估计自由流车速。自由流车速一般与车道宽度、侧向净空、匝道密度三个变量密切相关。如图3-40所示,总匝道密度对自由流车速产生影响,进而影响通行能力。总匝道密度定义为单位长度上的上行匝道、下行匝道、主要的汇合分离口数量。在自由流车速难以观察时,可采用式(3-146)估计自由流车速。

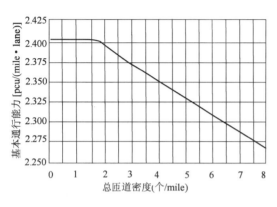

图3-40 总匝道密度与基本通行能力的关系

$$FFS = 120 - f_{LW} - f_{LC} - 2.16 TRD^{0.84} \tag{3-146}$$

式中:FFS——自由流车速(km/h);

f_{LW}——车道宽度修正系数(km/h);

f_{LC}——侧向净空修正系数(km/h);

TRD——总匝道密度(个/km)。

传统意义的道路通行能力指具有相同道路情况、管控方式的同一路段的通行能力,当道路由多类设施相互连接组成时,通行能力的概念便变得更加复杂。高速公路基本组成部分的通行能力分析方法请参见扩充阅读章节,可扫二维码获取(3.C),但各部分道路设施的通行能力数值一般差异较大。在进行通行能力分析时,需注意道路交通需求(Demand Flow Rates,v_d)、实际道路通过量(Actual Flow Rates,v_a)及通行能力(Capacity,c)之间的关系。因道路通行能力是实际道路可通行的最大交通量,所以实际道路通过量不可能大于通行能力,即 $v_a/c \leq 1$,而 v_d/c 可以大于1。因此,对于高速公路,其道路通行能力应为组成道路的各设施组成部分中的关键路段的通行能力。在分析过程中,需采用道路交通需求流率分析关键路段的通行能力。

关键路段是在道路交通环境及控制方式不发生变化时,交通流最先崩溃的路段及其空间影响的路段。由上述定义可知,关键路段同交通需求变化特性相关,在不同时段其分布不同。道路整体通行能力也可能不仅是道路通行能力最低的路段,因此需对道路各组成部分的通行能力进行分析。

因确定道路通行能力的重要参数自由流车速是针对测量路段上游及下游各3mile(约4.83km)的6mile(约9.66km)路段,所研究路段可能包括基本路段、分合流路段及交织区,因此,通行能力是针对所研究的6mile道路上所有道路交通设施的影响。当整个道路设施的特性(主要指匝道密度)相类似时,可用所研究路段的自由流车速及通行能力代指整个道路设施的通行能力。此时需假设选取不同的测试路段时的自由流车速不会发生显著变化。此时,整体道路的通行能力与特定路段(如交织区、分合流段)的通行能力并不相同,仍需采用特定路段的通行能力分析方法进行分析。

在所有服务水平中,应特别注意 F 级服务水平。在 F 级服务水平下,v_d/c 大于 1,交通流极易处于崩溃状态,无法用常用分析方法获取通行能力。此时应用分析交通流崩溃在时空范围内影响的方法获取通行能力。F 级服务水平可由以下两个方法识别:道路的 v_d/c 大于 1,或下游的道路排队已经延伸到上游路段,此时基本路段的道路密度大于 45pcu/(mile·lane)或交织区/分合流区等路段的密度大于 43pcu/(mile·lane)。

因高速公路的基本路段、交织区及分合流区的服务水平可由密度判别,因此道路整体服务水平也选用密度指标。道路整体服务水平应由各部分路段的密度确定,其一般采用如式(3-147)所示的加权平均密度的方法计算,并由表 3-7 确定整体道路设施的服务水平。因为服务水平采用平均密度,在应用时需注意每个设施的密度情况,尤其在某个或某几个设施处于 F 级服务水平时。计算道路设施的平均服务水平一般采用 15min 时间间隔内的数据。

$$D_F = \frac{\sum_{i}^{n} D_i \cdot L_i \cdot N_i}{\sum_{i}^{n} L_i \cdot N_i} \tag{3-147}$$

式中:D_F——道路设施的平均密度[pcu/(km·lane)];

D_i——路段 i 的密度[pcu/(km·lane)];

L_i——路段 i 的长度(m);

N_i——路段 i 的车道数(条);

n——所研究道路设施包含的路段数(个)。

高速公路设施的服务水平评价标准　　　　表 3-7

服务水平	密度[(pcu/(km·lane)]
A	≤7
B	>7~11
C	>11~16
D	>16~22
E	>22~28
F	>28 或任一路段 v_d/c 大于 1.00

2)间断流道路设施的组成及服务水平指标

间断流道路设施主要指城市道路等含交叉口、匝道接入口等周期性使交通流中断的道路设施。间断流的代表为城市道路。同主要服务于机动车的高速公路不同,城市道路需服务机动车、非机动车、行人、公共交通等多种交通方式,其道路设施的瓶颈也转为交叉口等交通流中断的区段。因每个交通流中断的道路区间均为不同程度的瓶颈,在道路通行能力分析的过程中,城市道路可被划分为物理上相邻且可独立服务出行者的区段。如图 3-41 所示,城市道路系统可由两类元素进行定义:节点(Point)和路段(Link)。节点是路段的边界,一般是交叉口或匝道连接处。路段为连接两个节点的道路设施。路段和其边界的交叉口可共同构成道路区间(Segment)。城市道路设施(Urban Street Facility)即由一系列连续的道路区间构成的一定长度的道路,可分为干路(Arterial)和支路(Collector)。交叉口根据控制形式可分为信号控制交叉口(Signalized Intersection)、二路停车控制交叉口(Two-way Stop-controlled Intersection)、四路停车控制交叉口(All-way Stop-controlled Intersection)、环岛(Roundabout)、匝道连接处(Ramp Terminal)等。信号控制交叉口的通行能力计算方法可通过扫描二维码在阅读材料中获取(3.C),其他交叉口的通行能力计算方法可参阅《道路通行能力手册》。

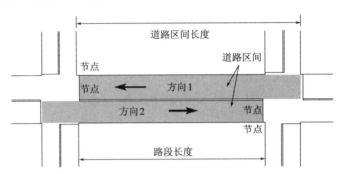

图 3-41 城市道路设施的组成部分

在城市道路设施中至少需有一个交叉口(或匝道接入口)的交通控制方式才会使直行车流停车或让行。交通设施特性的显著变化也可区分两个相邻道路区间,即作为两个道路区间的分隔点。这种特性包括道路横断面的变化(例如直行车道数、路肩宽度、是否设置路缘石等)、年日平均交通量(Annual Average Daily Traffic Volume,简称AADT)、路侧开发密度和形式、车辆速度等。具备类似特性的道路设施常位于城市和郊区的分隔处,或者以设置互通立交形式出现。如果某道路设施仅为某一种交通方式服务,在分析时需将驶向一个方向的所有道路区间的特性统合起来考虑,从而评估此道路设施的通行能力及服务水平。

城市道路服务多种交通方式,其中机动车服务水平的评价标准同其他交通方式有所差异。机动车服务水平的评价标准是基于实地测量的交通流特性和出行者的感受;除行人密度也用于评估步行方式的服务水平外,行人和非机动车的服务水平是基于出行者对出行质量感觉的评分;公交的服务水平可通过由服务质量造成的公交出行比例的变化而获取的。

机动车的服务水平采用某方向直行机动车的行程速度(Travel Speed)来评估道路的服务水平。行程速度可反映车辆在每个道路区间的行程时间及由交叉口等造成的延误,由此可反映道路设施提供的机动化程度。各级服务水平评价标准如表3-8所示。

城市道路设施机动车方式服务水平评价标准　　　　表 3-8

服务水平	基准自由流车速下的行程速度[mile/h(km/h)]							V/C
	55(88.5)	50(80.5)	45(72.4)	40(64.4)	35(56.3)	30(48.3)	25(40.2)	
A	>44(70.8)	>40(64.4)	>36(57.9)	>32(51.4)	>28(45.1)	>24(38.6)	>20(32.2)	≤1.0
B	>37(59.5)	>34(54.7)	>30(48.3)	>27(43.4)	>23(37.0)	>20(32.2)	>17(27.4)	≤1.0
C	>28(45.1)	>25(40.2)	>23(37.0)	>20(32.2)	>18(29.0)	>15(24.1)	>13(20.9)	≤1.0
D	>22(35.4)	>20(32.2)	>18(29.0)	>16(25.7)	>14(22.5)	>12(19.3)	>10(16.1)	≤1.0
E	>17(27.4)	>15(24.1)	>14(22.5)	>12(19.3)	>11(17.7)	>9(14.5)	>8(12.9)	≤1.0
F	≤17(27.4)	≤15(24.1)	≤14(22.5)	≤12(19.3)	≤11(17.7)	≤9(14.5)	≤8(12.9)	
F	任意							>1.0

步行设施的服务水平是基于服务水平评分和每个行人所能占有的面积共同确定的,其具体的评价指标如表3-9所示。其中,服务水平得分和服务水平之间的关系是由出行者的感受确定的,此得分通过对使用该设施的出行者进行调查获得,字母 A 代表最好的服务质量,而字母 F 代表最差的服务质量。这里的最好和最坏没有相应的标准,一般由出行者根据其出行的经验和当前的服务质量得出。表 3-10 给出了非机动车方式和公交方式的各级服务水平及其得分的对应关系,也可应用于评价人行道不存在时步行方式的服务水平。

城市道路设施步行方式服务水平评价标准　　　　　　　表3-9

行人服务水平得分	根据人均占有面积确定的服务水平[ft²/人(m²/人)]					
	>60(5.57)	>40(3.72)	>24(2.23)	>15(1.39)	>8(0.74)	≤8(0.74)
≤2.00	A	B	C	D	E	F
>2.00~2.75	B	B	C	D	E	F
>2.75~3.50	C	C	C	D	E	F
>3.50~4.25	D	D	D	D	E	F
>4.20~5.00	E	E	E	E	E	F
>5.00	F	F	F	F	F	F

城市道路设施非机动车和公交方式服务水平评价标准　　　　　表3-10

服务水平	服务水平得分
A	≤2.00
B	>2.00~2.75
C	>2.75~3.50
D	>3.50~4.25
E	>4.20~5.00
F	>5.00

复习与思考习题

1. 三个人用一辆双座自行车完成一次长途旅行。自行车骑行速度为20km/h(与骑车人数量无关),且三个人的步行速度均为4km/h。开始时,A、B 骑自行车,C 步行,过一会儿,A 抛下 B 骑车返回,与 C 会合,后与 C 共用自行车骑行,直到追上 B。如此循环多次,直到到达目的地,运用时空图求他们的平均行驶速度。

2. 试调查某瓶颈路段,并用累积图分析其排队长度及某辆车的排队延误、排队时间和排队队长。

3. 什么是连续流?什么是间断流?连续流和间断流的交通参数分别有哪些?

4. 什么是交通流率？什么是高峰小时系数？如何计算确定？有何用途？

5. 表3-11为某高速公路的观测交通流量，试计算：①小时交通量；②5min 高峰流率；③15min高峰流率；④15min 小时系数。

某高速公路观测交通流量　　　　　　　表3-11

统计时间	8:00~8:05	8:05~8:10	8:10~8:15	8:15~8:20	8:20~8:25	8:25~8:30	8:30~8:35	8:35~8:40	8:40~8:45	8:45~8:50	8:50~8:55	8:55~9:00
交通量	201	208	217	232	219	220	205	201	195	210	190	195

6. 地点车速、行驶车速、区间车速的定义是什么？其各有什么作用？行驶车速和区间车速有什么区别？其相互关系如何？

7. 何谓时间平均车速与空间平均车速？它们分别有何用途？它们之间有何联系？

8. 在如图3-42所示的5km长的环形道路上，有且只有两车沿同一方向行驶。其中白车的速度为50km/h，灰车的速度为100km/h，假设不计超车的影响，计算此系统的流量、密度、时间平均车速和空间平均车速。

图3-42　题8图

9. 密度的定义是什么？什么是占有率？

10. 什么是延误？其有哪些用途？影响延误的因素有哪些？

11. 什么是饱和流率？

12. 在一条24km长的路段的起点断面上，6min 内测得有100辆汽车通过，车流量是均匀连续的，车速为 $v=20\text{km/h}$。试求 Q、$\overline{h}_t$、$\overline{h}_s$、K 以及第一辆车通过路段所需要的时间。

13. 已知公路上畅行速度 $v_f=80\text{km/h}$，阻塞密度 $k_j=105$ 辆/km，速度—密度呈线性关系，试求：①在该路段期望得到的最大流量值；②此时所对应的车速。

14. 道路通行能力的定义是什么？其有何作用？它与交通量有何区别？二者有何内在联系？

15. 什么是服务水平？影响通行能力和服务水平的主要因素有哪些？

第4章
交通系统的建模

本章主要在描述道路交通系统基本特性的基础上,对道路交通系统中的微观及宏观角度的若干交通运行行为特性进行建模。所描述的交通行为主要针对道路交通系统,包括微观的跟驰及换道等驾驶行为、间隙接受行为;宏观的交通波动理论、宏观道路网络评价模型、二流理论以及描述瓶颈路段运行情况的模型及排队论。

4.1 微观交通行为模型

同宏观交通模型相比,微观交通行为模型主要描述某一特定车辆在道路上行驶的行为。微观交通模型主要将车辆动力学特性及驾驶行为规则用一系列数学模型进行描述。车辆在道路上行驶时,其行为可分解为与驾驶方向平行的驾驶行为及与驾驶方向垂直的驾驶行为。描述与驾驶方向平行的驾驶行为主要有跟驰理论,而描述垂直方向行为的模型主要为换道模型。

4.1.1 跟驰理论

通过对速度—车头间距关系的研究发现,车辆总在道路交通流中维持近似恒定的速度和间距,因此提出跟驰理论,运用动力学方法研究在限制超车的单车道上,行驶车队中前车的速度变化引起的后车反应。车辆跟驰行驶是车队行驶过程中一种很重要的现象,对其研究有助于理解交通流的特性,从而在车辆的微观现象与宏观交通流理论之间架起一座"桥梁"。跟驰理论对驾驶员和车辆特性的研究成果可以用于行驶安全性分析、交通流稳定性分析及道路通行能力的确定等方面。

跟驰模型按照其建模原理可分为刺激—反应模型、生理—心理模型、基于模糊推理的跟驰模型和安全距离跟驰模型等。跟驰模型是由 Reuschel 和 Pipes 及日本的 Kometani 和 Sasaki 等的研究开始的,通用汽车研究室的 Herman 等人为刺激—反应模型的建立做了大量工作,所以该模型又被称为通用模型[General Motors(GM) Car-following Models]。Wiedemann 等提出的心理—生理跟驰模型被应用于著名微观仿真软件 PTV VISSIM 中。本部分主要介绍跟驰模型中早期的运动学模型、最常用的刺激—反应模型及生理—心理模型。

1)车辆跟驰特性分析

在道路上,当交通流密度很大时,车辆间距较小,车队中任意一辆车的车速都受前车速度的制约,驾驶员只能按前车提供的信息采用相应的车速,称这种状态为非自由运行状态。跟驰理论就是研究这种运行状态车队的行驶特性的。

非自由状态行驶的车队有如下三个特性。

(1)制约性

在一队汽车中,驾驶员总愿紧随前车行驶,这就是"紧随要求"。同时,后车的车速不能长时间地大于前车车速,只能在前车车速附近摆动,否则会发生碰撞,这就是"车速条件"。此外,前后车之间必须保持一个安全距离,在前车制动后,两车之间有足够的距离,从而有足够的时间供后车驾驶员作出反应,采取制动措施,这就是"间距条件"。

紧随要求、车速条件和间距条件构成了一队汽车跟驰行驶的制约性,即前车车速制约着后车车速和两车间距。

(2)延迟性(也称滞后性)

从跟驰车队的制约性可知,前车改变运行状态后,后车也要改变。但前后车运行状态的改变不是同步的,后车运行的状态改变滞后于前车。这是由于驾驶员对前车运行状态的改变要有一个反应过程,这个过程包括如下 4 个阶段。

①感觉阶段:前车运行状态的改变被察觉。

②认识阶段:对这一改变加以认识。

③判断阶段:对本车将要采取的措施做出判断。

④执行阶段:从大脑到手脚的操纵动作。

这 4 个阶段所需要的时间称为反应时间。假设反应时间为 T,前车在 t 时刻动作,后车要在 $T+t$ 时刻才能做出相应的动作,这就是延迟性。

(3)传递性

由制约性可知,第 1 辆车的运行状态制约着第 2 辆车的运行状态,第 2 辆车又制约着第 3 辆……第 n 辆制约着第 $n+1$ 辆。一旦第 1 辆车改变运行状态,它的效应将会一辆接一辆地向后传递,直至车队的最后一辆,这就是传递性。这种运行状态的传递也具有延迟性。这种具有延迟性的向后传递的信息不是平滑连续的,而是像脉冲一样间断连续的。

2)早期车流运动学模型

车辆跟驰的概念最早形成于 20 世纪 50 年代初期,Reuschel 和 Pipes 首先从运动学的角度对队列行驶中的车流进行动力学分析。Pipes 假设驾驶员期望与前导车保持一个规定的安全跟驰距离。这一假设是基于英国的安全法规或美国加州车辆法典(California Vehicle Code):驾驶员安全跟驰前导车的规则是速度每增加 4.47m/s(10mile/h),安全跟驰距离就需要增加一个车身长度(约为6m,即20ft),该模型用英制单位表示如式(4-1)所示,将其用车头时距的形式表示如式(4-2)所示。Forbe 进一步用两车的跟驰时间对两车间的距离进行了描述,其认为两车之间保持的最小距离应为后车在最小车头时距中通过的距离,假设反应时间 Δt 为 1.5s,设车身长度 L_n 为 20ft(约为6m),两车间最小车头时距如式(4-3)所示,将其用车头间距的形式表示如式(4-4)所示。

$$d_{\min} = [x_n(t) - x_{n+1}(t)]_{\min} = L_n \frac{\dot{x}_{n+1}(t)}{1.47 \times 10} + L_n \tag{4-1}$$

$$h_{\min} = 1.36 + \frac{20}{\dot{x}_{n+1}(t)} \tag{4-2}$$

$$h_{\min} = \Delta t + \frac{L_n}{\dot{x}_n(t)} = 1.50 + \frac{20}{\dot{x}_n(t)} \tag{4-3}$$

$$d_{\min} = 1.50\dot{x}_n(t) + 20 \tag{4-4}$$

根据式(4-1)可知,两车的间隙 $g_n(t)$ 为两车的车头间距减去后车车长,应用英制单位,进而变化可得:

$$g_n(t) = s_n(t) - L_n = \frac{v_n(t)}{10(\text{mile/h})} \cdot L_n \tag{4-5}$$

令 $L_n/10$ 为 τ_n,式(4-5)可变化为:

$$v_n(t) = \frac{s_n(t) - L_n}{\tau_n} \tag{4-6}$$

假设在跟驰系统中,$L_1 = L_2 = \cdots = L_n = l$,则式(4-5)可变化为:

$$\dot{x}_n(t) = \frac{x_{n-1}(t) - x_n(t) - l}{\tau} \tag{4-7}$$

整理式(4-7)可得如式(4-8)所示的一阶常微分方程:

$$\tau \dot{x}_n(t) + x_n(t) + l = x_{n-1}(t) \tag{4-8}$$

当 $x_0(t)$ 给定时,可用拉普拉斯变换求解这一系列常微分方程,但过程较为复杂。实际上可通过若干简单的变化以获取特定车辆的运行特性。对式(4-8)两侧求微分可得:

$$\tau \ddot{x}_n(t) + \dot{x}_n(t) = \dot{x}_{n-1}(t) \tag{4-9}$$

将 $x_n(t)$ 的导数分别用 $a_n(t)$ 及 $v_n(t)$ 表示可得:

$$a_n(t) = \frac{v_{n-1}(t) - v_n(t)}{\tau} \tag{4-10}$$

从式(4-10)可知,当 $v_n(t)$ 大于 $v_{n-1}(t)$ 时,后车会减速;当 $v_n(t)$ 等于 $v_{n-1}(t)$ 时,后车车速保持不变;当 $v_n(t)$ 小于 $v_{n-1}(t)$ 时,后车会加速。

对于稳态交通流,有 $v_0(t) = v_1(t) = v_2(t) = \cdots = v_n(t) = u(t)$,$s_1(t) = s_2(t) = \cdots = s_n(t) = s(t)$。此时,在任何情况下均有:

$$a_n(t) = \frac{\mathrm{d}v_n}{\mathrm{d}t} = \frac{v_{n-1}(t) - v_n(t)}{\tau} = \frac{1}{\tau} \frac{\mathrm{d}}{\mathrm{d}t}[x_{n-1}(t) - x_n(t) - l] = \frac{1}{\tau} \frac{\mathrm{d}s_n(t)}{\mathrm{d}t} \tag{4-11}$$

在稳态情况下,有:

$$\frac{du}{dt} = \frac{1}{\tau}\frac{ds}{dt} \tag{4-12}$$

对式(4-12)两侧积分可得:

$$u = \frac{1}{\tau}s + u_0 \tag{4-13}$$

式中,u_0 为积分常数。此时应用边界条件 $s = l, u = 0$ 求解积分常数 u_0,可得 $u_0 = -l/\tau$,考虑到 $s = 1/k, l = 1/k_j$,将其代入式(4-13)可得:

$$u = \frac{1}{\tau}\left(\frac{1}{k} - \frac{1}{k_j}\right) \tag{4-14}$$

考虑到当 k 较小(车头间距 s 较大)时,车速不可能无限增大,因此定义车头间距大于某特定值 s_c(密度小于 s_c 对应的密度 k_c)时,车辆将保持自由流车速运行,所以在前述假设下,车速与车头间距的关系如图4-1所示。此时,速度—密度模型及流量—密度模型如式(4-15)及式(4-16)所示。令 $c_j = -l/\tau$,可得3.4.3节中所介绍的三角曲线模型,其各参数关系图见第3章对应章节。

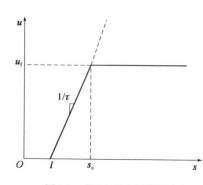

图4-1 车速与车头间距的关系

$$u = \begin{cases} u_f & (k \leqslant k_c) \\ \dfrac{1}{\tau}\left(\dfrac{1}{k} - \dfrac{1}{k_j}\right) & (k \geqslant k_c) \end{cases} \tag{4-15}$$

$$q = uk = \begin{cases} u_f k & (k \leqslant k_c) \\ \dfrac{l}{\tau}(k_j - k) = |c_j|(k_j - k) & (k \geqslant k_c) \end{cases} \tag{4-16}$$

回到该模型的假设可知,该模型是一个理想模型,因为:①没有驾驶员能在驾驶过程中实际感知到两车间的精准距离;②没有车辆能实现立即的速度变化,即没有无限大的加速度;③没有驾驶员可对速度或间距的变化立即做出反应,即便是自动驾驶车辆也需要一定的延迟时间。为反映实际驾驶环境中的此种情况,可对如式(4-10)所示的跟驰模型进行修正,在加速度中引入一定的延误,从而形成如式(4-17)所示的时滞微分方程,将其变化可得式(4-18)。因模型中引入的时滞关系,在使用该类模型过程中必须分析其稳定性。该模型即为刺激—反应模型中的线性跟驰模型。

$$a_n(t + T) = \frac{1}{\tau}[v_{n-1}(t) - v_n(t)] \tag{4-17}$$

$$\tau \dot{v}_n(t + T) + v_n(t) = v_{n-1}(t) \tag{4-18}$$

3)刺激—反应模型(通用跟驰模型)

(1)线性跟驰模型

刺激—反应模型实际上是关于刺激—反应的关系式,可以表示为:

$$反应 = \lambda \cdot 刺激$$

式中,λ 为驾驶员对刺激的反应系数,称为灵敏度或灵敏系数。驾驶员接受的刺激是指其前面引导车的加速或减速行为以及随之产生的两车之间的速度差或车间距离的变化;驾驶员对刺激的反应是指根据前车所做的加速或减速运动而对后车进行的相应操纵及其效果。

该跟驰模型的线性形式相对简单,其推导同车流运行学模型的推导相类似,图 4-2 为建立线性跟驰模型的示意图,下文根据图 4-2 给出了一种简便的建模方法。

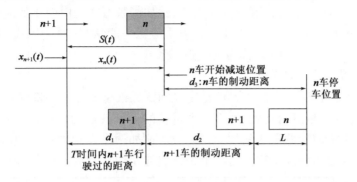

图 4-2 线性跟驰模型示意图

图中各参数意义如下:

$S(t) = x_n(t) - x_{n+1}(t)$——$t$ 时刻第 n 辆车和第 $n+1$ 辆车间的车头时距;

$d_1 = T \cdot u_{n+1}(t)$——反应时间 T 内 $n+1$ 车行驶的距离;

$x_{n+1}(t)$——t 时刻 $n+1$ 车的位置;

$x_n(t)$——t 时刻 n 车的位置;

T——反应时间或称反应迟滞时间;

d_2——$n+1$ 车的制动距离;

d_3——n 车的制动距离;

L——停车安全距离。

从图中可以得到:

$$s(t) = x_n(t) - x_{n+1}(t) = d_1 + d_2 + L - d_3 \tag{4-19}$$

$$d_1 = u_{n+1}(t)T = u_{n+1}(t+T)T = \dot{x}_{n+1}(t+T)T \tag{4-20}$$

假设两车的制动距离相等,即 $d_2 = d_3$,则有:

$$s(t) = x_n(t) - x_{n+1}(t) = d_1 + L \tag{4-21}$$

将式(4-19)和式(4-20)代入式(4-21)得:

$$x_n(t) - x_{n+1}(t) = \dot{x}_{n+1}(t+T)T + L \tag{4-22}$$

两边对 t 求导,得到:

$$\dot{x}_n(t) - \dot{x}_{n+1}(t) = \ddot{x}_{n+1}(t+T) \cdot T \tag{4-23}$$

$$\ddot{x}_{n+1}(t+T) = \lambda[\dot{x}_n(t) - \dot{x}_{n+1}(t)] \quad (n = 1,2,3,\cdots) \tag{4-24}$$

或写成:

$$\ddot{x}_{n+1}(t) = \lambda[\dot{x}_n(t-T) - \dot{x}_{n+1}(t-T)] \quad (n = 1,2,3,\cdots) \tag{4-25}$$

其中,$\lambda = T^{-1}$。与式(4-18)相比,可以看出式(4-25)是对刺激—反应方程的近似表示:刺激为两车的相对速度;反应为跟驰车辆的加速度。

由式(4-24)可得到:

$$\Delta s = \int_0^\infty [\dot{x}_1(t) - \dot{x}_f(t)]dt = \frac{u_2 - u_1}{\lambda} \tag{4-26}$$

式中:$\dot{x}_1(t)$、$\dot{x}_f(t)$——前车和跟驰车辆的速度;

Δs——车头间距变化量。

式(4-23)是在前导车制动、两车的减速距离相等以及后车在反应时间内速度不变等假定下推导出来的。实际的情况要比假定复杂得多,比如刺激可能是由前车加速引起的,而两车在变速行驶过程中驶过的距离也可能不相等。为了考虑一般情况,通常把式(4-24)或式(4-25)作为线性跟驰模型的形式,其中 λ 称为反应强度系数。

(2)线性跟驰模型稳定性分析

在考察车辆跟驰特性时,车队车辆的稳定性问题是很重要的。如果驾驶员的特性有改变,或车辆的行驶状态或信号灯有变化,那么一个重要的工作就是确定系统是否稳定。所谓稳定有两个意思,一个是指前后两车之间的变化反应。例如两车车距的摆动,如摆动大则不稳定,摆动愈小愈稳定,这称为局部稳定。另一个是指引导车向后面各车传播速度的变化。如扩大其速度振幅,则叫作不稳定,如振幅逐渐衰弱,则叫作稳定,这称为渐进稳定。

式(4-24)为一个复杂的二阶微分方程,求解需用拉普拉斯变换。Herman 曾推导出如下关系式:

$$C = \lambda T \tag{4-27}$$

式中:C——表示两车间距摆动特性的数值,C 越大,间距值的摆动越大;C 越小,间距值的摆动则趋近于零;

λ——反应灵敏度系数(1/s),其值大,则表示反应过分强烈;

T——时间延迟,即反应时间(s)。

①局部稳定

表 4-1 列出了各种 C 值时两车车间距的摆动情况。由表 4-1 可以看出,随着 C 值的增加,两车之间的车头间距逐渐变得不稳定。这是由于如果对出现的事件延迟反应的时间 T 过长,反应太强烈(λ 大,表现为加速过快,或制动踏板踩得过重),则在做出反应时情况可能已偏离实际上的需要。

各种 C 值时车间距的摆动情况　　　　　　　　　　　　　　表 4-1

C 值	间距摆动情况
$0 \leqslant C < 1/e$	不摆动,基本稳定
$1/e \leqslant C < \pi/2$	衰减摆动
$C = \pi/2$	非衰减摆动
$C > \pi/2$	摆动幅度增大

由图 4-3 可见,当 $C = 0.50$ 时,间距值的摆动衰减得很快;当 $C = 0.80$ 时,其摆动逐渐减小;当 $C = 1.57$ 时,摆动停止衰减,其间距基本稳定;当 $C = 1.60$ 时,摆动幅度逐渐增大。

②渐近稳定

Herman 等研究了渐近稳定性,指出:一列行驶车辆仅当 $C < 1/2$ 时,才是渐近地稳定。这可与局部稳定问题进行比较。这里 $C = 1/2$ 表明车头间距是摆动的,但衰减得很快。领头车运行中的波动是以 $1/\lambda$(s/辆)的速率沿着车队向后传播的。

当 $C > 1/2$ 时,将以增大变动幅度传播,增大了车辆间的干扰。当干扰的幅度增加到使车头间距小于一个车长时,发生尾撞事故。

图 4-4 所示为一列有 8 辆车的车队,在不同 C 值时的车头间距。车辆间原来的间距为

21m,当引导车减速后又加速至原来的速度,图上的曲线表示变动沿着各车向后传播的情况。

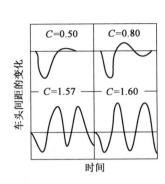

图4-3 两辆车的车头间距变化

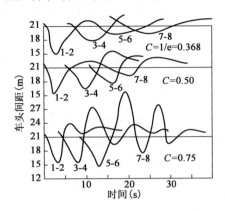

图4-4 不同C值时车队内的车头间距变化

(3)非线性跟驰模型

线性跟驰模型假定驾驶员的反应强度与车间距离无关,即对给定的相对速度,不管车间距离大小,反应强度都是相同的。实际上,对于给定的相对速度,驾驶员的反应强度应该随车间距离的减小而增大,这是因为驾驶员在车辆间距较小的情况相对于车辆间距较大的情况更紧张,因而反应的强度也会较大。为考虑这一因素,结合观测数据,可认为反应强度系数 λ 并非单一常量,而是在车辆间距较小(5~10m)时可近似采用一个常量,在间距较大(几百米)时采用另一个常量。进一步的研究发现,反应强度系数与车头间距近似成反比,因此可定义新的反应强度系数,并得出如式(4-28)所示的非线性跟驰模型。

①车头间距倒数模型

车头间距倒数模型认为反应强度系数 λ 与车头间距成反比,即:

$$\lambda = \lambda_1/s(t) = \frac{\lambda_1}{x_n(t) - x_{n+1}(t)} \tag{4-28}$$

这里 λ_1 是一个新参数,假定为常量。把式(4-28)代入式(4-24)中,可得到如下的跟驰方程:

$$\ddot{x}_{n+1}(t+T) = \frac{\lambda_1}{x_n(t) - x_{n+1}(t)}[\dot{x}_n(t) - \dot{x}_{n+1}(t)] \quad (n=1,2,3,\cdots) \tag{4-29}$$

②正比于速度的间距倒数模型

在分析驾驶员反应过程时还发现,驾驶员的反应强度除与车头间距有关外,还与当前后车辆速度有关,高速时的反应强度应该比低速时大,这同样是由于速度高时驾驶员的紧张程度也高,反应强度自然也大。因此,可认为反应强度系数 λ 不仅反比于车头间距,而且还正比于车辆速度,由此通过对反应强度系数做如下修改,可得到以下的正比于速度的间距倒数跟驰模型。

$$\lambda = \frac{\lambda_2 \dot{x}_{n+1}(t+T)}{[x_n(t) - x_{n+1}(t)]^2} \tag{4-30}$$

其中,λ_2 为新参数,假定为常量。于是跟驰模型变为如下形式:

$$\ddot{x}_{n+1}(t+T) = \frac{\lambda_2 \dot{x}_{n+1}(t+T)}{[x_n(t) - x_{n+1}(t)]^2}[\dot{x}_n(t) - \dot{x}_{n+1}(t)] \quad (n=1,2,3,\cdots) \tag{4-31}$$

③刺激—反应模型的一般形式

总结上述的各种跟驰理论方程(包括线性模型),可以得到如下的通式:

$$\ddot{x}_{n+1}(t+T) = \lambda[\dot{x}_n(t) - \dot{x}_{n+1}(t)] \tag{4-32}$$

其中的反应强度系数 λ 取以下几种形式:

a. 常数,$\lambda = \lambda_0$。
b. 反比于车头间距,$\lambda = \lambda_1/s$。
c. 正比于车速、反比于车头间距的平方,$\lambda = \lambda_2 u/s^2$。
d. 反比于车头间距的平方,$\lambda = u_f L/s^2$。

反应强度系数可以看作下述一般形式的具体化:

$$\lambda = \frac{a_{1,m} \dot{x}_{n+1}^m(t+T)}{[x_n(t) - x_{n+1}(t)]^l} \tag{4-33}$$

这里的 $a_{1,m}$ 是常数,由试验确定,l,m 为指数且 $l \geq 0$、$m \geq 0$。就稳态流而言,式(4-32)和式(4-33)给出了跟驰模型的基本形式。

(4)刺激—反应模型与交通基本图模型

假设在车辆跟驰过程中,道路整体交通流为稳态流(Steady-state Flow),刺激—反应系列跟驰模型可通过积分过程与交通基本图模型建立起联系,同理对交通基本图模型求微分也可获得刺激—反应模型。

以车头间距倒数模型为例,说明其如何推导交通基本图模型。在由刺激—反应跟驰模型推导交通基本图模型时,要用到两个条件:边界条件和最优条件。边界条件是指交通流处于两种极端情形,即自由流状态和阻塞流状态;最优条件是指交通流达到通行能力时的状态。

通过对式(4-29)进行积分,可得:

$$\dot{x}_{n+1}(t+T) = \lambda_1 \ln[x_n(t) - x_{n+1}(t)] + C \tag{4-34}$$

在稳定流状况下,各车车速均等于交通流的空间平均车速 u,两车的车头间距恒定,为车流密度 k 的倒数,再设 $\lambda_1 = \alpha$,则式(4-34)可变化为式(4-35)所示的形式。

$$u = \alpha \ln \frac{1}{k} + C \tag{4-35}$$

该方程有两个未知数,需用两个条件求解。代入阻塞密度时的边界条件可得:

$$C = -\alpha \ln \frac{1}{k_j} \tag{4-36}$$

将式(4-36)代入式(4-37)可得:

$$u = \alpha \ln \frac{k_j}{k} \tag{4-37}$$

再利用最优条件求解参数 α。因为 $q = uk = k \cdot \alpha \ln \frac{k_j}{k}$,则最优条件为:

$$\left. \frac{dq}{dk} \right|_{q=q_{\max}, k=k_m, u=u_m} = 0 \tag{4-38}$$

求解式(4-38)可得:

$$\ln \frac{k_j}{k_m} = 1 \tag{4-39}$$

$$u_m = \alpha \ln e = \alpha \tag{4-40}$$

将式(4-40)代入式(4-37)中可得:

$$u = u_m \cdot \ln\frac{k_j}{k} \tag{4-41}$$

以及流量—密度的关系:

$$q = ku = k \cdot u_m \cdot \ln\frac{k_j}{k} \tag{4-42}$$

式(4-41)所示模型即为3.4.3节中所示的格林伯格模型。由此可知$u=0$时,车头间距等于车辆的有效长度,即$L=k^{-1}$。

根据交通流参数的稳态关系式(4-41)和式(4-42)及相应数据可以得到图4-5和图4-6。用最小二乘法对数据进行拟合,得到λ_1和k_j的值分别为27.7km/h和142veh/km。经推导,密度为$e^{-1}k_j$时的流量最大,为$\lambda_1 e^{-1}k_j$,该最大流量即为通行能力,代入λ_1,可得此条件下的通行能力近似为1400veh/h。

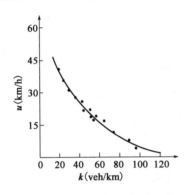

图4-5 速度—密度关系图　　图4-6 标准流量与标准密度关系图

分析式(4-42),在$k=0$时正切值dq/dk趋于无穷大(从图4-6也能看出),这是不合理的。实际上,低密度情况下的车头间距很大,车辆间的跟驰现象已变得很微弱。

同理,对正比于速度的间距倒数模型进行积分,如果最大流量时的速度(最佳速度)取为$e^{-1}u_f$,则系数λ_2为k_m^{-1},相应可得到如下的稳态方程:

$$u = u_f e^{-k/k_m} \tag{4-43}$$

$$q = u_f k e^{-k/k_m} \tag{4-44}$$

式中,u_f是自由流速度,即密度趋于零时的速度;k_m是最大流量时的密度(最佳密度)。

此模型即为3.4.3节中的安德伍德模型,读者可自行对积分过程进行推导。为了更完整地说明交通流速度在低密度下与车辆密度大小无关,速度—密度关系可以写成如下形式:

当$0 \leq k \leq k_f$时,

$$u = u_f \tag{4-45}$$

当$k \geq k_f$时,

$$u = u_f \exp\left[-\left(\frac{k-k_f}{k_m}\right)\right] \tag{4-46}$$

其中,k_f是车辆间刚要产生影响时的密度,超过此值交通流速度将随着密度的增加而减小。如果假定影响刚发生时的间距为120m,那么k_f的值近似为8veh/km。描述速度—密度关系的经验模型——格林希尔兹线性模型,可近似地表示此关系。

$$u = u_f\left(1 - \frac{k}{k_j}\right) \tag{4-47}$$

式中：u_f——自由流速度；
k_j——阻塞密度。

式(4-47)可以写成如下形式：

$$u = u_f\left(1 - \frac{L}{s}\right) \tag{4-48}$$

对两边求导可得：

$$\dot{u} = (u_f L/s^2)\dot{s} \tag{4-49}$$

对第 $n+1$ 辆车引入反应时间之后：

$$\ddot{x}_{n+1}(t+T) = \frac{u_f L}{[x_n(t) - x_{n+1}(t)]^2}[\dot{x}_n(t) - \dot{x}_{n+1}(t)] \qquad (n=1,2,3,\cdots) \tag{4-50}$$

反应强度系数为：

$$\lambda = \frac{u_f L}{[x_n(t) - x_{n+1}(t)]^2} \tag{4-51}$$

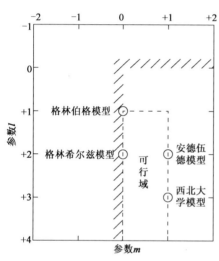

图 4-7 刺激—反应模型与交通基本图模型的关系

通过上述模型间的推导可知，由微观跟驰理论导出宏观的交通流模型不仅说明微观模型和宏观模型之间具有紧密联系，而且作为不同来源的理论之间联系的纽带，在某种程度上印证了这些理论的合理性。当刺激—反应跟驰模型一般形态的 m 和 l 取其他值时，还可以导出另外的交通基本图模型，具体关系如图 4-7 所示。在推导过程中可发现，m 的可行域为 $[-2,0]$，l 的可行域为 $[0,4]$。

4）心理—生理模型

驾驶人是人—车—路交通系统的核心，虽然跟驰行为是描述前后两车之间的运动关系，但其本质是描述跟驰车驾驶人在特定状态下的行为。驾驶人的驾驶行为是一个生理—心理相互作用、相互制约、相互影响的过程，驾驶人的驾驶行为不能被视为纯粹的机械性精确过程。随着认知心理学的发展，许多学者试图在跟驰行为建模中引入更多人的因素，心理—生理类模型（Psychophysical or Action Point Models）即是以驾驶人的感知与反应特性为基础建立的模型。

心理—生理类模型的理论基础是驾驶人的生理—心理行为，通过刻画驾驶过程中驾驶人的心理及生理特征来建立模型。心理学家将人类的反应抽象成 PIEV（Perception-Intellection-Evaluation-Volition）的一般模式，即察觉—推理—评价—行动。驾驶行为，即反应—操作过程，也属于该模式。

心理—生理类模型最早起源于 20 世纪 60 年代 Michael 对驾驶人感知阈值的研究。该研究认为车辆在驾驶过程中受驾驶人的感知阈值控制，其建立在距离、相对速度、前车观察视角等物理变量上，驾驶人在跟驰过程中不能感知相对速度的变化，除非其变化达到一个特定的感知阈值。因驾驶人无法感知相对速度，其选用前车的视角变化来感知相对速度，当视角变化率 $d\theta/dt(\approx \Delta v/\Delta x^2)$ 大于 6×10^{-4} 时，驾驶人能感知到后车与前车相互接近，即两车相对速度发生变化,从而采取相应的措施。此后驾驶人的加速度保持不变,直到他不再能感知到前后车辆之间的相对速度为止,即前车视角的变化率已经低于感知阈值,此时驾驶人保持当前速度前进。除驾驶人感知阈值外,还有距离感知阈值。如果前后车存在相对速度,但视角变化率低于感知阈值时,两车之间的距离不断发生变化。如果前后车的跟驰距离 Δx 低于距离感知阈值时,驾驶人也会改变车速以消除 Δx 的变化。20 世纪 70 年代以来,驾驶人心理模型得到了较快的发展,尤其在感知阈值方面。很多试验对 Michaels 提出的感知阈值进行了量化。由此可得出驾驶人做出正确判断的概率是观察时间的函数:随着 Δx 的增大,驾驶人感知阈值会受到一定的负面影响,这说明驾驶人感知敏锐性降低,感知阈值提高,导致驾驶人对实际情况的判断能力下降,甚至造成误判。最早提出的感知阈值如下:

(1) 两车接近过程中相对速度感知阈值: $\Delta v = -3.1 \times 10^{-4} \Delta x$。

(2) 在相对速度较小的情况下,两车分离相对速度(OPDV)和接近相对速度(CLDV)的感知阈值:OPDV $= -5.2 \times 10^{-4} \Delta x$,CLDV $= 6.9 \times 10^{-4} \Delta x$。

(3) 车辆间距增大(OPJND)和车辆间距减小(CLJND)时的感知阈值:OPJND $= 2.5 + 2.5\sqrt{v}$,CIJND $= 2.538\sqrt{v}$。

感知阈值与所测试驾驶人的特性相关,并无确定的值,有些测试结果甚至会相互矛盾。因此,虽然基于上述感知阈值的跟驰模型从系统角度来看能够很好地模拟跟驰行为,但是个别组成模块和感知阈值的校准却相当不成功。多段式心理—生理跟驰模型将跟驰过程分为多种状态,可较好地克服上述不足。如图 4-8 所示,图形的上部,当相邻两车相对距离大于最大跟驰距离 Δx_{max} 时,两车不存在跟随关系,后车对前车的刺激无反应;在较近的跟驰距离下,由两条对称的反应阈值曲线划分成两个反应区和两个不反应区;在图形的下部,由舒适状态阈值和紧急状态阈值两条曲线将图形分隔成两块。每一相对速度和相对距离的组合都由一种特定的反应模式反映,而每一种反应模式都具有其相对应的速度、加速度和计算方法。

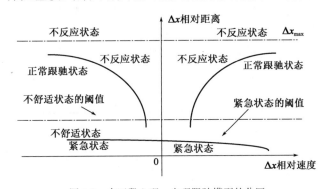

图 4-8 多区段心理—生理跟驰模型的分区

Wiedemann 进一步提出 MISSION 模型,该模型基于行为阈值划分跟驰状态。如图 4-9 所示,MISSION 模型通过定义出 6 种阈值和期望距离将驾驶行为划分为自由行驶、接近过程、跟随过程和紧急制动 4 种状态,并提供相应加速度的计算方法,将各阈值按一定的分布随机地分配给模型中的每个驾驶人,以期望得到更符合实际的随机样本,从而更好地描述实际驾驶行为。该模型正是微观仿真软件 VISSIM 中对跟驰行为进行建模的核心理论。

以 AP(Action Point)模型为原型的行为阈值模型充分考虑了驾驶人的生理、心理因素对驾驶行为的影响和制约,以及由此产生的不同驾驶行为,从建模方法上更接近实际情况,也最能描述大多数我们日常所见的驾驶行为。

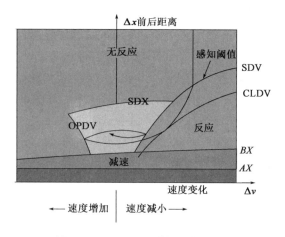

图 4-9 Wiedemann 对感知阈值的划分

*4.1.2 换道模型

车辆跟驰(Car Following,简称 CF)行为与车辆换道(Lane Changing,简称 LC)行为是微观交通流模拟的两个重要方面。其中,车辆换道行为是指车辆由一条车道变更到另一条车道的行为。车辆换道行为是横向驾驶行为的涉及车道变换的情况。换道建模是这一行为的抽象化,用以模拟分析换道行为的逻辑层次及其影响。同跟驰行为相比,换道行为由于其过程更为复杂,更受制于数据采集技术的制约。换道模型在微观交通流仿真、通行能力分析、驾驶辅助操作,以及交通安全评价等领域都有着广泛的应用价值。

1) 换道过程及行为特性

与跟驰行为类似,换道行为同样受驾驶人自身特性、车辆性能、道路条件和交通管制条件的影响。换道行为不仅受到前后车运动状态的影响,还受到旁边车道车辆运动状态的影响。换道行为过程可划分为换道动机的产生、换道条件的判断和实施换道,具体如图 4-10 所示。

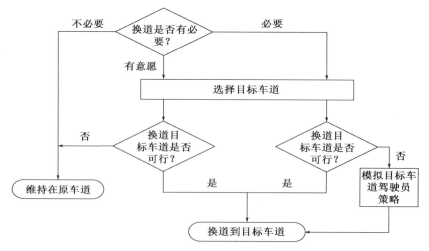

图 4-10 换道的流程

根据换道行为的动机和影响结果,换道行为可分为强制换道(Mandatory Lane Changing,简称 MLC)和自由换道(Discretionary Lane Changing,简称 DLC)。两种换道行为的动机和换道行为过程均有显著不同。强制换道指具有确定的目标车道,在一定道路范围内必须实施换道的行为,如遇到匝道区、交织区或者故障车辆等。自由换道指当车辆在遇到前方较慢的车辆时,为了追求更快的车速、更自由的驾驶空间而发生的变换车道行为。

换道行为是一种典型的分层决策过程,驾驶人按照顺序进行三个决策过程:①确定换道动机;②确定相邻车道情况;③判断换道是否可行。上述换道行为特性是基于驾驶人心理学特性与决策特征提出的,与基于心理的跟驰模型类似。在建立换道模型时,一般也采用相应的决策过程建模,在实际建模中也认为各影响因素可用特定的感知阈值描述,特别是距离和相对速度等对换道具有显著影响的因素。因此,只有驾驶人获得的反应超过反应阈值时才会执行换道行为。

2) 换道模型

(1) Gipps 模型及其扩展

Gipps 最早对换道行为进行了系统研究,并建立了受交通信号、障碍物和重型车等影响的城市道路的换道决策模型框架。该模型假定驾驶人行为理性,分析潜在冲突影响下换道决策过程,是一种基于规则的模型。模型的主要影响因素有:①换道是否安全、可行,能否避免碰撞发生;②障碍物的位置;③专用车道;④驾驶人预定的转向运动;⑤重型车;⑥当前车道和目标车道的相对速度优势。

在 Gipps 模型中,换道是否安全可行由换道所需的减速度 $[v_n(t+T) - v_n(t)]/T$ 是否大于可接受的减速度(一般假定为 -4m/s^2)决定。$v_n(t)$ 为车辆 n 在 t 时刻的速度,$v_n(t+T)$ 由式(4-52)决定:

$$v_n(t+T) = b_n T + \{b_n^2 \cdot T^2 - b_n \cdot [2x_{n-1}(t) - 2x_n(t) - 2s_{n-1} - v_n(t)T - v_{n-1}^2(t)/\hat{b}]\}^{1/2}$$
(4-52)

式中:$v_n(t+T)$——车辆 n 在 $t+T$ 时刻的速度;

b_n——车辆 n 能接受的减速度(<0);

T——速度和位移的计算步长;

$x_n(t)$——车辆 n 在 t 时刻的位置;

s_{n-1}——车辆 $n-1$ 的有效长度;

$\hat{b}$——b_{n-1} 的一个估计值。

Gipps 模型还考虑了紧急换道的情况,当车辆接近换道目标位置时,换道的紧急性将增大,此时驾驶人愿意接受的减速度为一般情况的双倍值,可接受的减速度如式(4-53)所示。

$$b_n = \{2 - [D_n - x_n(t)]/10 v_n^{\text{des}}\} \cdot b_n^*$$
(4-53)

式中:b_n——紧急状态下车辆 n 在 t 时刻可接受的减速度;

D_n——预定的转向或障碍物的位置;

$x_n(t)$——车辆 n 在 t 时刻的位置;

v_n^{des}——车辆 n 的期望速度;

b_n^*——一般情况下驾驶员愿意接受的减速度。

Gipps 模型在换道需求的判断之前就需要先进行可行性检测,具有与现实逻辑不符、计算量庞大、计算无效率等缺陷。即便如此,Gipps模型作为早期工作,首次建立了换道决策的结构框架,具有开创性意义,为以后任意换道模型奠定了基础。

Hidas等改进Gipps模型,提出了SITRAS模型。该模型的换道可行性判断基于两个条件:①当前车跟随目标车道前车的减(加)速度是否大于当前车可接受的减(加)速度;②目标车道后车跟随当前车时的减速度是否大于目标车道后车可接受的减速度。SITRAS模型把人车单元当作一个多智能体,考虑了后间距不足时,车辆间的竞争合作关系及其减速让行行为,能很好地反映受事故影响的交通状况下的换道行为。由于该模型具有专用性,使得它不能推广到一般的状况。

MITSIM换道模型通过改进Gipps模型建立,其换道过程分为三步:①判断是否有必要换道并确定换道的类型;②检测间隙并选择换道方向;③实施换道。MITSIM换道模型的换道需求由当前车道和目标车道的交通状况共同决定。如果车辆由于前方慢车导致速度低于期望速度或车道的最大速度时,将检测邻近车道是否有机会提高速度。忍耐因子和速度差因子等参数用来确定当前速度是否足够低、旁边车道速度是否足够大,据此判断是否有换道的需求,需求产生后选择可换入的车道。车道是否可换入需要考虑诸如换道原则、车道使用权、车道间的连接、信号状态、事故、主要交通状况、驾驶人的期望速度和车道的最大速度等因素。MITSIM模型给出了较为详细的自由换道规则,并在最小间距中加入了随机误差项。随机误差项由实测的前后间距数据得出,只是一种统计意义的分析,不能很好地反映驾驶人的心理—生理等内部机理(如风险偏好、忍耐性)对换道的影响。

另外一个有代表的基于规则的换道模型为美国联邦公路局(Federal Highway Administration,简称FHWA)开发的CORSIM软件中所应用的换道模型。CORSIM分为用于高速公路的FRESIM和用于城市道路的NETSIM。FRESIM换道模型由动机、利益和紧急三个因素组成。动机因素由一个被定义为不可忍受的速度极限值的外生变量决定,当车辆的速度低于这一极限值时,驾驶人便会产生换道的动机;利益因素代表换道获得的利益,即行驶状况的改善;紧急因素则指换道愿望的强烈程度,驾驶人可接受的减速度与换道的紧急因素有关。NETSIM换道模型包括强制换道和自由换道两个部分。车辆驶入或驶出交织区、匝道或接近车道终止处时的换道为强制换道,只有后车能减速且不至于与前车相撞时车辆才会实施换道。NETSIM的自由换道模型主要由换道动机和间隙检测两部分组成。换道动机由当前车的实际速度以及它与当前车道前车的车头间距共同决定,该模型假定当车头间距小至不可忍受或实际运行速度小于给定的不可忍受值的一半时,驾驶人将考虑换道。NETSIM中也考虑了不同驾驶人对不可忍受的车头间距阈值的差异性。NETSIM模型的间隙检测主要通过比较当前车所需的减速度和目标车道后车所需的减速度与各自可接受的减速度的大小,来决定换道是否可行。当前车和目标车道后车所需的减速度由它们各自在当前时刻的速度和位置决定,可由跟驰模型计算得出。

(2)基于随机效用的模型

在换道实施过程中,除了执行换道这一操作能被观察到之外,其余整个换道过程都具有潜藏性,无法实际观察到换道决策等行为过程。基于换道行为的这种特性,早期出现的换道需求概率模型和换道安全间距等模型,将换道过程分为两部分:换道需求产生和换道间隙检测。近期的研究多将换道过程分为强制换道和自由换道,并针对每种换道的具体部分采用不同的模型来描述。

美国麻省理工学院的研究人员提出的基于随机效用的换道模型,较好地描述了换道过程中的潜藏行为。模型对决策的各个环节进行定义,并判断各环节的间隙接受概率,从而获取换道的模型。其中强制换道时根据获得可接受换道间隙概率的大小可分为两种情况:①强制性。当换道间隙不可行,并且得到可行的换道间隙的概率很低时,目标车只能通过目标车道上后车的让行或者是强迫后车减速来获得换道间隙,从而完成换道。典型模型为强制并道模型。②一般性。在强制性换道情况下,目标车可以轻松获得可行的换道间隙来进行换道。判断驾驶人是否考虑任意性换道时,通常为两阶段决策:①驾驶人对当前车道行驶条件是否满意;②如果对行驶条件不满意,驾驶人将对比当前车道与邻近车道上的行驶条件,决策是否换道。影响判断行驶条件是否满意的因素包括:当前车速与期望车速之间差多少、在目标车前后是否有重型车、驾驶人是否在赶时间、目标车道上的行驶状况等。如果对当前车道行驶条件不满意,驾驶人会考虑换道到邻近车道上。换道间隙接受过程将决定换道是否可行。换道间隙不足时可分为强制换道及自由换道两种情况。强制换道时,当前车驾驶人会通过与目标车道上的后车协商或者是强制其减速来获得足够的换道间隙。自由换道时,当前车驾驶人会继续寻找下一个间隙直到间隙满足为止。在换道过程中,驾驶人所选取的驾驶决策可用离散选择模型(Discrete Choice Model)来描述,例如二元离散选择模型(Binary Logit Model)。

(3)其他换道模型

除上述介绍模型外,换道模型还有人工智能模型、马尔可夫模型、生理—心理模型、生存模型、运动波混合模型、元胞自动机模型等换道实施模型。本节仅对上述部分模型进行简要介绍,读者可自行查阅相关文献以获取模型细节。

人工智能(Artificial Intelligence,简称AI)因其对周围交通的不精确感知可以较好地模拟驾驶人不确定性特性。例如模糊逻辑模型,可以定义模型中的不确定性而反映真实变量的主观感知。与模糊逻辑类似,人工神经网络(Artificial Neural Network,简称ANN)也被用于描述换道行为,其也属于人工智能模型的一种。由于人工神经网络模型是数据驱动型模型,因此过分依赖已有的交通数据是其主要缺点。

马尔可夫模型(Markov Model)是基于马尔可夫链的一种统计模型,它的核心思想是:随时间序列变化的一系列状态,每个当前的状态只与之前的几个有限的状态有关。此外,马尔可夫模型还可以描述驾驶人在换道过程中所具有的大量不可观测的心理状态。由于马尔可夫模型仅能模拟换道频率,而无法阐述其换道决策过程,此时可在离散选择模型的基础上结合隐马尔可夫模型(Hidden Markov Model,简称HMM)建立换道决策模型。

(4)换道模型的发展

在过去30年的发展过程中,换道模型的研究从最初为了更逼真地仿真交通流逐渐发展到需要多学科共同建模。进入21世纪后,随着数据采集及通信技术的进步,换道研究有了更坚实的数据支撑,从而对换道行为的研究不断深化。从模型结构来看,尽管换道模型的表达形式各异,但车头间距与相对速度是绝大多数模型的重要变量参数。基于规则模型与基于离散选择模型是目前换道模型的主流模型。随着机器学习的应用的普及,人工智能开始成为换道建模的研究热点之一。但人工智能在当前只处于初级阶段,在尚未有重大突破之前,传统换道模型的结构仍然是车辆换道研究的突破难点。2018年,Google公司公布的无人驾驶车,根据360°视频信息、基于动态雷达的速度信息和基于激光检测器的距离、形状信息等,应用强化学习的方法实现车辆的换道等行为。和传统的换道模型不同,其换道模型根据海量先验数据和实时数据确定换道接受间隙的阈值,是大量实车和仿真验证的结果。从参数标定结果来看,由于不同的数据来源、标定方法与评价指标,不同换道模型参数标定的结果往往存在较大差异,并且难以进行对比分析与评价,严重限制了模型的适用性和普及性。尤其是在驾驶人行为方面,受不同驾驶文化与社会习俗的影响,驾驶行为的差异性严重影响了换道模型的可移置性。

4.1.3 间隙接受模型

在次路设置停车让行标志或车辆换道时,车辆需等待目标道路/车道的车流产生足够大的间隙(Gap)时,才能完成预定的操作。如图 4-11 所示,间隙指本车与目标车辆之间的距离,空隙指沿同一方向行驶的前车车尾到后车车头之间的距离,车头间距指前车车头到后车车头的距离。间隙接受模型(Gap Acceptance Model)可借由交通概率分布模型进行建模及求解。以信号控制交叉口左转车辆能通过对向直行车流为例,说明间隙接受模型如何计算能通过的总车辆数。

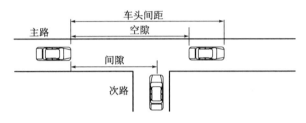

图 4-11　车头间距、空隙及间隙的比较

假设一信号交叉口某进口道的直行车辆(即主要车流)与对向左转车辆(即次要车流)的冲突点为 C。左转专用车道最多可容纳 n 辆车排队。记驶过 C 点的直行车流的车头时距为 h,α 为一辆左转车辆穿越对向直行车流时直行车流的最小车头时距,α_0 为左转车辆连续通过 C 点的最小车头间距。当 $\alpha \leq h < \alpha + \alpha_0$ 时,允许一辆左转车穿过 C 点;当 $\alpha + (k-1)\alpha_0 \leq h < \alpha + k\alpha_0$ 且 $k \leq n$ 时,允许 k 辆从排队驶出的左转车穿过 C 点;当 $h \geq \alpha + n\alpha_0$ 时,只允许 n 辆左转车穿过 C 点。记直行车在某段时间 g_μ 内穿过 C 点的流率为 λ,车头时距服从负指数分布。要求计算 g_μ 内能允许多少辆左转车穿过 C 点。

记直行车流出现 $\alpha + (k-1)\alpha_0 \leq h < \alpha + k\alpha_0$ 的概率为 P_k,则:

$$\begin{aligned}
P_k &= P[h \geq \alpha + (k-1)\alpha_0] - P(h \geq \alpha + k\alpha_0) \\
&= e^{-\lambda[\alpha+(k-1)\alpha_0]} - e^{-\lambda(\alpha+k\alpha_0)} \\
&= e^{-\lambda\alpha}[e^{-\lambda(k-1)\alpha_0} - e^{-\lambda k\alpha_0}]
\end{aligned} \tag{4-54}$$

直行车流车头时距总数为 λg_μ,其中出现 $\alpha + (k-1)\alpha_0 \leq h < \alpha + k\alpha_0$ 的次数为 $\lambda g_\mu \cdot P_k$,出现 $h \geq \alpha + n\alpha_0$ 的次数为 $\lambda g_\mu \cdot e^{-\lambda(\alpha+n\alpha_0)}$,所以 g_μ 内允许左转车穿过 C 点的总数应为:

$$\begin{aligned}
N_{\text{左}} &= \sum_{k=1}^{n} \lambda g_w P_k \cdot k + \lambda g_w e^{-\lambda(\alpha+n\alpha_0)} \cdot n \\
&= \lambda g_w P_1 + \lambda g_w \times 2P_2 + \cdots + \lambda g_w n P_n + n\lambda g_w e^{-\lambda\alpha} \cdot e^{-\lambda n\alpha_0} \\
&= \lambda g_w e^{-\lambda\alpha}\{1 - e^{-\lambda\alpha_0} + 2 \times (e^{-\lambda\alpha_0} - e^{-2\lambda\alpha_0}) + \cdots + \\
&\quad n[e^{-\lambda(n-1)\alpha_0} - e^{-\lambda n\alpha_0}]\} + n\lambda g_w e^{-\lambda\alpha} \cdot e^{-\lambda n\alpha_0} \\
&= g_w \frac{\lambda e^{-\lambda\alpha}(1 - e^{-\lambda n\alpha_0})}{1 - e^{-\lambda\alpha_0}}
\end{aligned} \tag{4-55}$$

左转车流可称为非优先车流或次要车流,式(4-55)中的 $N_{\text{左}}/g_w$ 可称为次要车流的饱和流量(理论通行能力),记为 $S_{\text{次}}$。

令 $n \to \infty$,得:

$$S_{\text{次}} = \frac{\lambda \mathrm{e}^{-\lambda \alpha}}{1 - \mathrm{e}^{-\lambda \alpha_0}} \tag{4-56}$$

这是次要车道可容纳无穷多辆车排队时的饱和流量。

同理,令 $n = 1$,得:

$$S_{\text{次}} = \lambda \mathrm{e}^{-\lambda \alpha} \tag{4-57}$$

这是次要车道只能容纳一辆车排队时的饱和流量。

公式(4-55)中 n 的取值,除了考虑次要车道能容纳的车辆数外,还应考虑 λg_w 的大小,应有 $n < \lambda g_w$。

4.2 宏观交通运行模型

4.2.1 流体力学模拟模型

1955 年,英国学者莱特希尔(M. J. Lighthill)、惠特汉(G. B. Whitham)将交通流比拟为流体,以纽约的林肯隧道(Lincoln Tunnel)里密度很大的交通流为对象进行研究,提出了流体力学模拟理论,理查德(P. I. Richards)随后完善了该模型。该理论包括一系列宏观层面的动态模型,其将交通流看作流体,研究密度 $k(x,t)$、流量 $q(x,t)$ 及速度 $u(x,t)$ 等变量在时空范围内如何变化的特性。其中,密度 $k(x,t)$、流量 $q(x,t)$ 及速度 $u(x,t)$ 均为同之前章节定义相同的连续变量。该类模型中主要的模型包括:

(1) LWR 模型(Lighthill、Whitham 和 Richards 三位研究人员名字的首字母);

(2) Kinematic Wave 模型(运动波模型、KW 模型);

(3) 冲击波模型(Shockwave Model)。

该理论运用流体力学的基本原理,模拟流体的连续性方程,建立车流的连续性方程。把车流密度的疏密变化比拟成水波的起伏而抽象为车流波。当车流因道路或交通状况的改变而引起密度的变化时,在车流中产生车流波的传播。通过分析车流波的传播速度,以寻求车流流量和密度、速度之间的关系。因此,该理论又可称为交通波理论。

交通波理论是宏观交通流模型。它假定在车流中各车辆的行驶状态与它前面的车辆完全一样,这与实际不相符。尽管如此,该理论在"流"的状态较为明显的场合,如在分析瓶颈路段的车辆拥挤问题时,有其独特的用途。

1) 车流连续方程

流体力学模拟模型是根据流量守恒定律定义的。交通流的流量守恒意味着在一定空间和特定时间范围内,存在一定的累积到达函数 $A(x,t)$。由于 q、k、u 为连续变量,根据 3.2 节中的相关推导,可得出以下关系。

$$q(x,t) = \frac{\mathrm{d}A}{\mathrm{d}t}, k(x,t) = -\frac{\mathrm{d}A}{\mathrm{d}x} \tag{4-58}$$

对式(4-58)求偏导数可得：

$$\frac{\partial q}{\partial x} = \frac{\partial^2 A}{\partial x \partial t}, \frac{\partial k}{\partial t} = -\frac{\partial^2 A}{\partial t \partial x} \tag{4-59}$$

如果 $A(x,t)$ 连续可微，则有 $\frac{\partial^2 A}{\partial x \partial t} = \frac{\partial^2 A}{\partial t \partial x}$，此时可得出如式(4-60)所示的偏微分方程形式的流量守恒方程。

$$\frac{\partial q}{\partial x} + \frac{\partial k}{\partial t} = 0 \tag{4-60}$$

该偏微分方程中存在 $k(x,t)$ 及 $q(x,t)$ 两个未知变量，但仅有一个等式。欲求解该方程，还需引入类似于 $q=f(k)$ 的关系方程，即交通基本图模型(Traffic Stream Model)，在3.4.3节中所介绍的模型均可代入此模型。

代入交通基本图模型后，式(4-60)所示的流量守恒模型可进行以下变化。

$$\frac{\partial k}{\partial t} + \frac{\partial f(k)}{\partial x} = \frac{\partial k}{\partial t} + \frac{\mathrm{d}f(k)}{\mathrm{d}k} \cdot \frac{\partial k}{\partial x} = 0 \tag{4-61}$$

定义 $\frac{\mathrm{d}f(k)}{\mathrm{d}k}$ 为波速 $w(k)$，即可得到如式(4-62)所示的 LWR 模型或 KW 模型的基本模式。

$$\frac{\partial k}{\partial t} + w(k) \cdot \frac{\partial k}{\partial x} = 0 \tag{4-62}$$

为求解式(4-62)所示的模型，需明确图4-12所示研究区域内的初始条件及边界条件，即在空间范围 $[x_1,x_2]$ 及时间范围 $[t_1,t_2]$ 内初始点密度 $k(x_1,t_1)$、$k(x_2,t_1)$ 和边界点的密度 $k(x_1,t_2)$、$k(x_2,t_2)$。初始状态和边界状态的密度可用如式(4-63)所示的跟驰模型迭代求解（详见4.1.1节）。在跟驰模型中，$A(x,t)$ 为估计的到达车辆数 n。

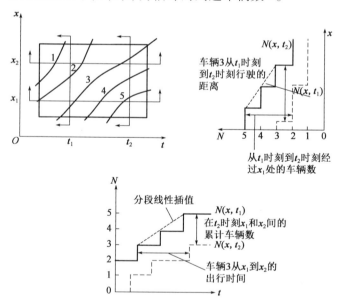

图4-12 车流运行轨迹及时间和空间角度的累计图

$$\frac{\mathrm{d}v_n}{\mathrm{d}t} = \frac{v_{n-1}(t) - v_n(t)}{\tau} \Rightarrow \begin{cases} \dfrac{\mathrm{d}x_n}{\mathrm{d}t} = v_n(t) \\ \tau \dfrac{\mathrm{d}v_n}{\mathrm{d}t} + v_n(t) = v_{n-1}(t) \end{cases} \tag{4-63}$$

需要注意的是,LWR 模型及 KW 模型的研究范围有一定局限性。求解 LWR 模型或 KW 模型,需具备系统初始情况(系统内的初始车辆数)及边界变化情况(边界处的进出车辆数)。如图 4-13 所示,LWR 模型仅能研究路段部分的交通流运行状况,欲研究整个路段的情况,需对交叉点部分进行建模以使用 LWR 模型进行描述❶。

2)冲击波模型

定量求解 LWR 模型很难,该模型为黎曼问题(Riemann Problem),需考虑各种熵(Entropy)的情况❷。如果将所研究情况进行如图 4-14 所示的简化,则可分析冲击波(Shockwave)在空间的传播情况。假设一直线路段被垂直线 S 分割为 A、B 两段。A 段的车流速度为 v_1,密度为 k_1; B 段的车速为 v_2,密度为 k_2;路段 A 和路段 B 的交通状况为瞬时变化,即处于路段 A 的车辆将以无穷大的减速度瞬间减速至路段 B 的车速 v_2。假设分界面 S 以速度 u_w 沿 x 正向运行时速度为正,反之为负。

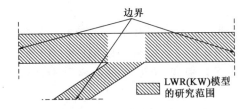

图 4-13 LWR 模型的研究范围

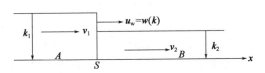

图 4-14 两种密度的车流运行情况

在时间 t 内横穿 S 交界线的车数 N 守恒,为:

$$N = (v_1 - u_w)k_1 t = (v_2 - u_w)k_2 t \tag{4-64}$$

即:

$$(v_1 - u_w)k_1 = (v_2 - u_w)k_2$$

$$u_w = \frac{v_1 k_1 - v_2 k_2}{k_1 - k_2} \tag{4-65}$$

令 A、B 两部分的车流量分别为 q_1、q_2,则根据定义可得:

$$q_1 = k_1 v_1, q_2 = k_2 v_2$$

于是,式(4-65)变为:

$$u_w = \frac{q_2 - q_1}{k_2 - k_1} \tag{4-66}$$

因此,可得传播紊流断面的冲击波速度:

$$u_w = \frac{\Delta q}{\Delta k} = \frac{\mathrm{d}q}{\mathrm{d}k} \tag{4-67}$$

虽然冲击波模型对实际交通流运行状态做了一定的简化,但其更容易对交通流运行的状况进行解释,且建立了与交通基本图模型的联系,是一种有效的分析工具。

3)交通波的传播

交通波描述了两种交通状态的转化过程,u_w 代表了转化的方向和进程。$u_w > 0$,表明波面的运动方向与交通流的运动方向相同;$u_w = 0$,表明波面维持在原地不动;$u_w < 0$,说明波的传播

---

❶ 学有余力的同学可查阅 *Traffic Flow Theory Monograph* 2001 版 5.2.4 节。
❷ 学有余力的同学可查阅 *Traffic Flow Theory Monograph* 2001 版 5.2.2 节。

方向与交通流的运动方向相反。图4-15以格林希尔兹模型为例,介绍了交通波的传播方向及对应的交通情景。在图4-15a)中,A、B两点代表两种交通流状态,当这两种交通流状态相遇时,便产生交通波,其波速为AB连线的斜率。图4-15b)是在时空坐标系中描述的交通波,可看出交通波的含义。

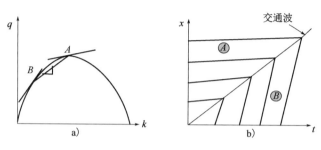

图4-15 交通波的含义示意图

如图4-16所示,在应用冲击波分析交通运行状态时,可分为由低密度到高密度转化的冲击波(Shockwave)和由高密度转化为低密度的膨胀波(Expansion Wave)或加速波(Acceleration Wave)两种。冲击波可直接观测,其为上游密度小于下游密度、上游车速高于下游车速的状态。膨胀波为拥堵交通流转化为非拥挤交通流的状态,此时道路交通流的运行实际上会形成膨胀扇(Expansion Fan)。下面对这两种波的交通运行情况进行分析。

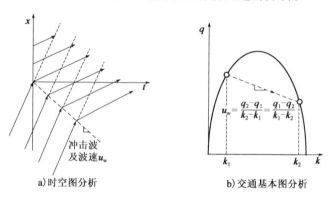

图4-16 冲击波的交通运行状态分析

图4-16给出了冲击波用时空图和交通基本图分析的过程。冲击波指由较高车速、较低密度转化为较低车速、较高密度的情况。在实际交通环境中,如信号灯前停车的过程即会产生冲击波。

膨胀波指由较高密度、较低车速的状态转化为较低密度、较高车速的状态。如图4-17a)所示,假设状态2时,车辆均处于静止状态,其排队车辆需依次起动并进入状态3,此时并不会产生冲击波,但会形成一个向后传播的分界点。而状态3的车辆虽然速度较高,但仍然无法追上以状态1高速运行的车辆,因此状态1和状态3之间还会有一个向前的虚拟冲击波。这样两个冲击波形成发散的膨胀扇。膨胀扇内部的车流均以自由流车速及最优密度匀速运动。起动波的情况如图4-18所示。

如图4-19、图4-20所示,以信号控制交叉口为例,应用冲击波理论分析车辆到达时的交通状况。假设某信号交叉口的进口道仅有一个车道,且在开始观测时路上没有车辆。所观测的第一辆车在红灯时到达交叉口,后续车辆持续到达,并依次排队。此时形成向后传播的停车冲击波,后续到达的车流在停车波传到的地方停车。在绿灯启亮时,排队车辆开始消散,此时形成扇形虚拟冲击波。当向后传播的虚拟冲击波与停车波交汇后,此后到达的车辆无须停车即可通过交叉口。需要注意的是,绿灯启亮后,如果两个波没有交汇时,后续到达的车辆仍需排队才可通过交叉口,如图4-19中的车辆5,而车辆6、7则可不停车通过交叉口。

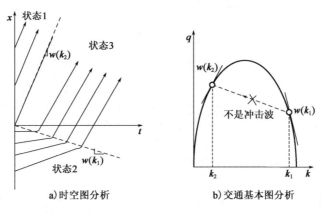

图4-17 膨胀波的交通运行状态分析

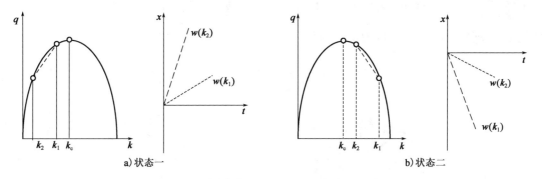

图4-18 其他高密度转到低密度时产生的膨胀扇

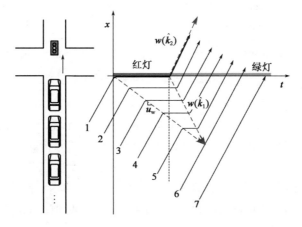

图4-19 交通信号灯处交通波的时空图分析

*4)三角曲线交通基本图模型的交通波分析

在应用3.4.3节中介绍的如图4-21所示的三角曲线模型求解LWR模型或KW模型时会较为简单,因为在三角曲线模型中有且仅有两个波速,即恒定的自由流车速 v_f 和恒定的加速

波波速 c_j。根据前后状态的密度大小关系和两个状态密度与临界密度 k_c 之间的关系,可将交通波的情况分为 6 种情况。当 $k_1 < k_2$ 时,交通波为冲击波;当 $k_1 > k_2$ 时,交通波为膨胀波。下文将应用三角曲线基本图模型分析这 6 种情况。

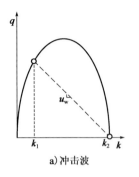
a) 冲击波

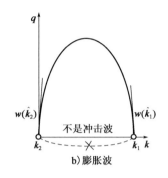
b) 膨胀波

图 4-20 交通信号灯处冲击波的交通基本图分析

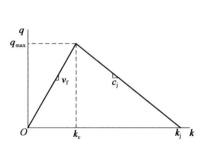

图 4-21 三角曲线模型示意图

(1) 情景一 ($k_1 < k_c < k_2$)

此种情况与采用格林希尔兹模型分析时相类似,将产生向后传播的冲击波,冲击波的波速 $u_w = \dfrac{\Delta q}{\Delta k} = \dfrac{\mathrm{d}q}{\mathrm{d}k}$。应用三角曲线的交通基本图分析及时空图分析如图 4-22 所示。根据前后状态的密度关系,冲击波的波速可为正、负或零。

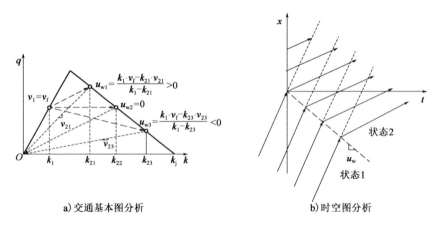

a) 交通基本图分析

b) 时空图分析

图 4-22 情景一的交通状况分析

(2) 情景二 ($k_c < k_1 < k_2$)

该情景下会产生一个以波速 c_j 向后传播的冲击波。两状态下车流运行的车速可根据交通基本图上对应点的斜率来计算得出。该情景的交通基本图分析及时空图分析见图 4-23。

(3) 情景三 ($k_1 < k_2 < k_c$)

该情景会产生以波速 v_f 向前传播的冲击波。如图 4-24 所示,在该情景下,冲击波两侧的交通流和冲击波均以 v_f 的速度向前行驶。不同的是冲击波两侧车辆的密度分别为 k_1 和 k_2。

(4) 情景四 ($k_1 > k_c > k_2$)

该情景为由交通密度高的状态转为交通密度低的状态,因此不会产生冲击波,而会有膨胀扇出现。因交通基本图为三角曲线模型,所以膨胀扇的上沿传播速度为 v_f,下沿的传播速度为 c_j。状态 1 车流的运行速度根据密度求得,而状态 2 车流的速度保持为 v_f。需要注意的是,膨胀扇内部的车流运行状态较为特殊，其内部所有的车辆均将保持自由流车速 v_f，以临界密度 k_c 和最大流量 q_{max} 的状态行驶，具体对应交通基本图的最大流量点。该情景的交通基本图分析及时空图分析见图 4-25。

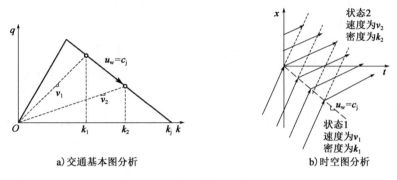

图 4-23 情景二的交通状况分析

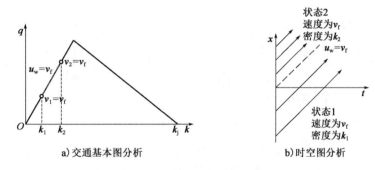

图 4-24 情景三的交通状况分析

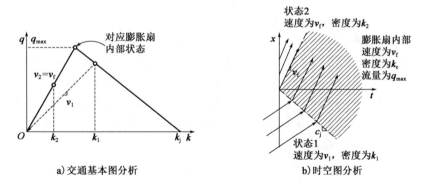

图 4-25 情景四的交通状况分析

（5）情景五（$k_1 > k_2 > k_c$）

该情景也为交通密度高的状态转为交通密度低的状态，因此也产生膨胀扇，而不会有冲击波。虽然图 4-26b)中的时空图图形类似于冲击波，但其实际为膨胀扇的上沿和下沿合并在一起，形成了一个膨胀波。

（6）情景六（$k_c > k_1 > k_2$）

与情景五类似，该情景下的膨胀扇的两沿合并成了两类不同密度、相同车速（均为 v_f）的交通流的分界线。该情景的交通基本图分析及时空图分析见图 4-27。

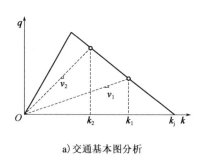
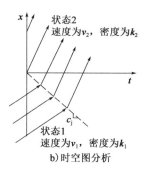

图 4-26 情景五的交通状况分析

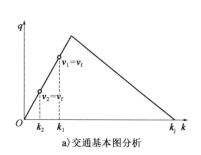
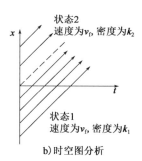

图 4-27 情景六的交通状况分析

通过对上述 6 种情景的建模,可用三角曲线模型对黎曼问题中所有的情况进行求解,而应用格林希尔兹等模型对黎曼问题近似求解的过程也类似,这就是应用交通波在简化情况下求解单个密度变化段所产生的黎曼问题的过程。下面以一个实例给出应用三角曲线模型估计多个密度变化的连续路段交通状况的时空分析过程。

如图 4-28 所示,某路段沿 x 轴正向共分为 5 个不同密度的路段,其中 $k_2 > k_4 > k_3 > k_5 > k_1$,对应在三角曲线的位置如图 4-29 所示。5 个路段的 4 个分界点分别为 x_1、x_2、x_3、x_4。因每个密度的分界点均为密度突变段,求解是黎曼问题,可用交通波理论进行分析。在分析过程中,应依次分析各个分界点处的交通波传播情况。首先分析 x_4 处的交通波情况,因 $k_4 > k_5$,且 k_4 为拥堵段,k_5 为非拥堵段,因此为情景四的情况,x_4 处将产生一个以 v_f 速度向前传播及一个以 c_j 速度向后传播的膨胀扇,膨胀扇中间的交通流将以 v_f,k_c 的交通状态运行。再关注 x_3 处的交通波情况,因 $k_3 < k_4$,且 k_3 和 k_4 均为拥堵段,所以 x_3 处为情景二的情况,将产生一个以 c_j 速度向后传播的冲击波。x_2 处,$k_2 > k_3$,且 k_2 和 k_3 均为拥堵段,因此 x_2 处为情景五的情况,将产生一个合并的以 c_j 速度向后传播的膨胀扇。x_1 处,$k_1 < k_2$,k_1 处为非拥堵段,k_2 处为拥堵段,因此 x_3 处为情景一的情况,将产生波速为 u_{w1-2} 的向前传播的冲击波。该冲击波与 x_2 处产生的合并膨胀扇交汇后会相互抵消,这样形成 k_1 和 k_3 两类交通流交汇的情况,因此还会形成以波速为 u_{w1-3} 的向前传播的冲击波。同理,在抵消掉 x_3 处产生的冲击波后,k_1 和 k_4 两类交通流交汇会形成波速为 u_{w1-4} 的向前传播的冲击波。在最新形成的冲击波在 s_3 点与膨胀波下沿交汇后,车流将改为以 v_f 的车速向前行驶。如图 4-29 所示,两个交通波中间的交通流将保持之前的密度。

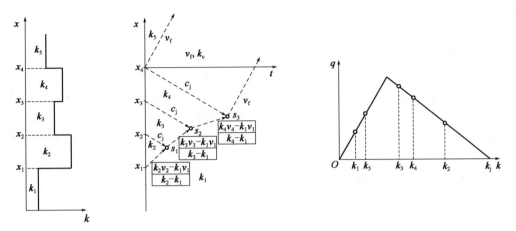

图 4-28　道路沿线密度分布及交通状况的时空分布　　　图 4-29　各路段交通状态的三角曲线交通基本图

*4.2.2　瓶颈路段交通流运行特性

当路段运行车速降低时,可推断路段发生了道路通行能力降低的情况。然而,由于影响速度的因素较多,其机理并未被完全解析。例如,假定某道路区间因某种原因造成车速降低时,也需考虑车队中各车辆运行的差异性的影响。虽然运行车速较低的前车不会对其跟驰车辆的驾驶速度及车头间距造成影响,但当制动灯亮起时,后车驾驶员会下意识地采取减速行为。因交通量同车速及车头间距成反比关系,当交通量较大时会对路段运行的车辆造成连锁扰动,从而使上游路段形成局部瓶颈。当道路产生瓶颈后,会发生交通拥堵现象,使通过交通量降低。图 4-30 所示的美国 I-80 州际高速公路(Interstate Highway 80)某路段检测器每 5min 数据说明了此特性。当交通拥堵发生后,路段的交通量及最大交通量都会产生不同程度的降低,根据所观测的道路特性不同,交通量下降的程度也有差异。如果路网上某路段的通行能力小于其他路段,那么该路段极易诱发交通拥堵,可将其称为瓶颈路段。

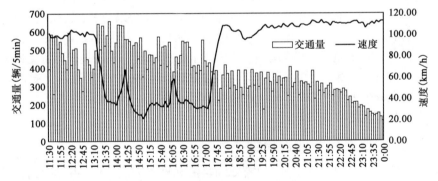

图 4-30　交通量与速度统计关系❶

瓶颈路段常出现在存在凹曲线线形的路段。当道路存在凹曲线线形时,车辆经过本路段时一般需减速行驶,速度的降低造成了通行能力降低,从而易发生交通拥堵。尤其在平曲线也同时存在视距不良的路段,或存在平纵曲线交汇时,为保证安全,道路一般会设置限速标志,从

---

❶ 数据来源:Freeway Performance Measurement System(PeMS) from Caltrans。测量地点:美国 I-80 高速公路伯克利段,测量时间:2017 年 10 月 17 日。

而也降低了道路通行能力,易形成瓶颈。

隧道也是易产生瓶颈的路段之一。因隧道中亮度较低、隧道边缘对驾驶员压迫感较强等,驾驶员在初进隧道时车速会产生不同程度的降低,此时也会降低道路通行能力,从而形成瓶颈。解决方法主要为增强隧道的照明,避免进入隧道时产生的"黑洞"现象和驶出隧道时的"白洞"现象。

路段处的瓶颈路段交通行为主要使用如4.2.1节所示的交通波动模型等简单连续模型(Simple Continuum Model,简称SCM)来进行建模,其主要描述道路密度变化点以冲击波(Shockwave)的形式在道路上的传播情况,具体可由如图4-31所示的道路及交通情况的变化说明。瓶颈路段 B 位于上游路段 A 及下游路段 C 中间,分析瓶颈路段 B 的流量 Q 及密度 K 的变化情况。如图4-31所示的交通需求中,高峰时段的交通需求 Q_2 超过了路段 B 的通行能力 Q_C^B。图4-32中表述了应用SCM分析瓶颈处交通行为的过程。

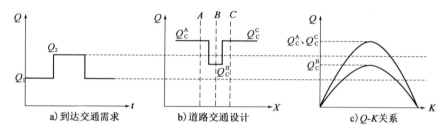

图 4-31 瓶颈路段的通行能力及交通需求

如图4-32a)所示,当交通需求 Q_2 到达瓶颈上游的路段 A 处时,路段 A 的交通密度 K^A 增加。如图4-32b)所示,当交通需求 Q_2 到达瓶颈路段 B 时,路段 B 的交通密度 K^B 增加至临界密度,之后将持续 $Q_2 > Q_C^B$ 的情况。如图4-32c)所示,瓶颈路段上游开始出现滞留车辆,密度间的不连续点形成的冲击波上传到路段 A。图4-32d)显示了交通拥堵蔓延过 A 点,并继续向上游扩散。A 点的密度和拥堵段的密度相同。当交通需求 Q_2 减少至 Q_1 后,降低后的交通需求从 A 点到达 C 点时,道路交通状态如图4-32e)~g)所示。两点的交通密度逐渐减少至初期的情况。当减少的交通需求到达瓶颈路段 B 时,其交通密度将恢复至初始状态。

如图4-33所示,将交通量—密度的变化在同一图上表示,以分析交通状态的变化。在瓶颈路段 B 处,当密度增加至临界密度后,将保持临界密度,以使通过交通量最大,直到最后回落至初期的状态。而对于瓶颈上游路段 A,当其位于非拥堵状态时,其密度随交通需求的增加而增加。而当冲击波通过 A 点后,路段 A 迁移至拥堵状态,此时密度随着交通需求的增加而减少。当交通需求减少后,交通状态重新迁移至非拥堵状态。交通流拥堵状态和非拥堵状态的迁移是以冲击波传播的方式表现的。

*4.2.3 宏观道路网络评价模型

本节从宏观的角度介绍流量、速度和密度的量测和推算方法,从而提供网络交通效果评价的基本理论和方法。这些方法可用于:①同一城市不同时期的交通效果对比分析;②不同城市同一时期的交通效果对比分析;③路网交通设施设计评价。

1)城市交通流特性

交通强度是指单位面积上单位时间内通过的所有车辆(折合成标准车辆)的行驶距离总和。一般认为CBD(Central Business District,商业中心区)是一个城市交通最为敏感的地区,交通强度与距CBD的距离有关。于是,研究者建立了多种以距CBD的距离为自变量的评价交通特性的模型。其中指数模型如下。

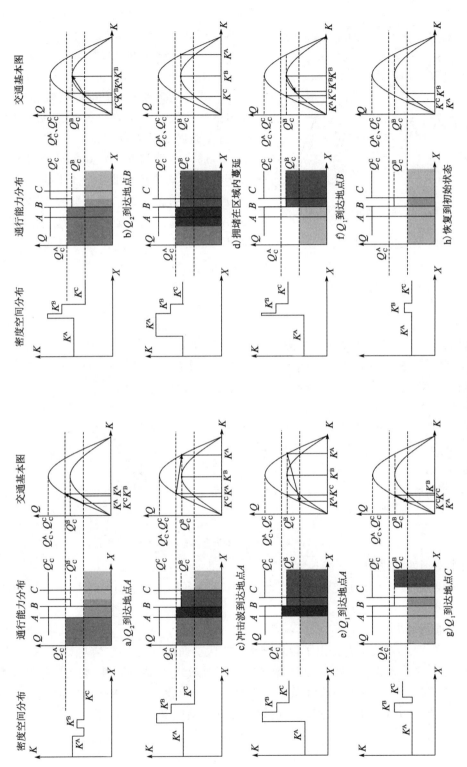

图4-32 瓶颈处的交通运行特征解析

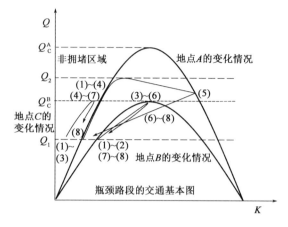

图 4-33 瓶颈路段的交通量—密度变化特性

$$I = A\exp(-\sqrt{r/a}) \quad (4\text{-}68)$$

式中：A、a——待定参数；

I——交通强度 [pcu/(h·km)]；

r——距 CBD 的距离 (km)。

式中的参数 A、a 在高峰时段和非高峰时段的标定值是不同的。此式表明，离 CBD 越远，交通强度就越小。

通过对英国 6 个城市的研究发现，车辆运行的平均速度与距离 CBD 的距离有关。以市中心的放射线道路为研究对象，将道路按照一定的距离分割成若干段，然后进行观测，并根据观测数据建立模型，共建立了如下三种不同的模型：

$$u = ar^b \quad (4\text{-}69)$$

$$u = a - be^{-cr} \quad (4\text{-}70)$$

$$u = \frac{1 + b^2 r^2}{a + cb^2 r^2} \quad (4\text{-}71)$$

上述各式中 a、b、c 为待定参数；u 是速度；r 的意义同上。

图 4-34 显示的是对诺丁汉 (Nottingham) 的数据分别用式 (4-69) ~ 式 (4-71) 的拟合情况。图中，横坐标表示距中心区的距离 (km)，纵坐标表示行程速度 (km/h)。

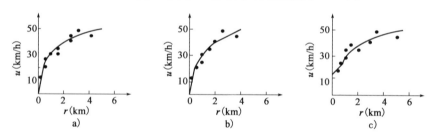

图 4-34 三种模型的拟合情况

2）城市交通网络模型

城市交通网络模型主要研究在城市交通网络范围内通行能力、速度、流量和密度等交通流参数之间的关系。

（1）网络通行能力

20 世纪 60 年代，相关学者提出了计算城市中心区交通通行能力的方法，定义 N 为单位时间内进入中心区的车辆数。一般来说，N 取决于路网形态，包括道路宽度、交叉口控制类型、交通分布和车辆类型等。设城市中心区面积为 A，道路占地比例为 f，道路平均宽度为 w，交通能力为 C（单位时间单位道路宽度通过的车辆数），建立模型如下：

$$N = \alpha f C \sqrt{A} \quad (4\text{-}72)$$

$$C = q/w \quad (4\text{-}73)$$

$$N = \alpha f q \sqrt{A}/w \quad (4\text{-}74)$$

式中,α 为常数。

一般把 f 与 $N/C\sqrt{A}$ 的关系按 4 种路网类型划分,如图 4-35 所示。

图 4-35 中,曲线 1 包含环路,曲线 2 为放射线道路,曲线 3 为放射弧线道路,曲线 4 为不包含环线的道路。

1964 年相关学者运用沃德洛尔(Wardrop)模型在伦敦对城市道路交通能力进行了验证,发现其模拟精度不高。

沃德洛尔模型如下:

$$q = 2440 - 0.220u^3 \tag{4-75}$$

式中:u——速度(km/h);

q——平均流量(pcu/h)。

(2)速度和流量的关系

①不同速度下的速度流量关系

20 世纪 60 年代中期,相关学者应用伦敦中心区的数据建立了流量—速度的线性模型。数据每两年采集一次,共持续了 14 年。数据的采集考虑了网络范围的平均速度和平均流量。平均速度是车辆反复通过中心区预定路线的速度平均值,平均流量为标准车辆(经过换算)通过不同长度道路的流量的加权平均值。数据的采集侧重于高峰期和平峰期的对比。

从图 4-36 中可以看出,所有两点连线的斜率都为负值,说明流量的增加导致了速度下降。同时也可以看到,各年的曲线有向右移动的趋势,说明网络交通能力逐年提高,其原因在于交通管理水平的提高和车辆性能的改进。

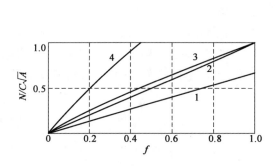

图 4-35 不同类型路网的参数 α 取值

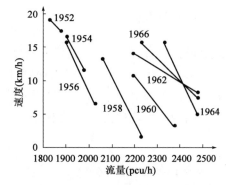

图 4-36 伦敦中心区高峰期和平峰期速度与流量的关系(1952~1966 年)

在考虑了数据采集期间路网通行能力的变化后,按可比性对数据进行调整,通过这组数据并采用线性回归技术获得的模型如式(4-76)所示:

$$u = 30.2 - 0.0086q \tag{4-76}$$

式中:u——平均速度(mile/h);

q——平均流量(pcu/h)。

按照式(4-76)计算,自由流速度(回归曲线在速度坐标的截距)应为 30.2 mile/h,但是回归所使用的数据都不小于 2200 pcu/h,因此对自由流速度还需进一步研究。

研究人员采集了星期日的低流量数据(同一年的),所绘制的曲线与式(4-76)绘制的曲线对比情况如图 4-37 所示,从图上不难看出自由流速度为 34 mile/h。

②不同区位的速度流量关系

速度与流量的关系与所处的地理区位关系很大,在市中心交叉口多的地方和在郊区交叉口较少的地方获得的研究成果差别很大。

图4-38绘制了伦敦市内区和外区的速度—流量关系图。内区信号控制交叉口的密度为每英里7.5个,外区信号控制交叉口的密度为每英里2.6个。从图中可以看出,这两个区所获得的曲线差别明显,它们的回归曲线差别也很大。

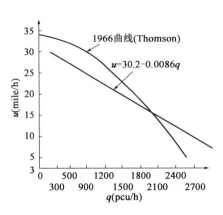
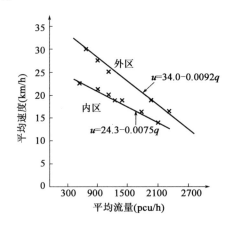

图4-37 低流量时的速度—流量关系　　图4-38 内区和外区速度—流量曲线对比

内区的回归方程为:
$$u = 24.3 - 0.0075q \tag{4-77}$$

外区的回归方程为:
$$u = 34.0 - 0.0092q \tag{4-78}$$

③交通强度、信号控制交叉口的密度、绿信比和道路宽度对速度流量关系的影响

1968年,沃德洛尔在研究平均速度和平均流量时,直接把平均道路宽度和平均交通信号控制间距考虑了进去。平均速度是指平均行程速度,包括车辆停车时间,而行驶速度定义为车辆行驶时间内的平均速度。由此有:

$$\frac{1}{u} = \frac{1}{u_r} + fd \tag{4-79}$$

式中:u——平均速度(km/h);

u_r——行驶速度(km/h);

d——每个交叉口的平均延误(h);

f——每英里信号交叉口数。

假定:
$$u_r = a\left(1 - \frac{q}{Q}\right) \tag{4-80}$$

$$d = \frac{b}{1 - \frac{q}{\lambda s}} \tag{4-81}$$

式中:a、b——参数;

Q——通行能力(pcu/h);

λ——绿信比,$\lambda = g/c$;

g——有效绿灯时间;
c——信号周期时长;
s——饱和流率。

于是式(4-79)可以写成:

$$\frac{1}{u} = \frac{1}{a\left(1 - \dfrac{q}{Q}\right)} + \frac{fb}{1 - \dfrac{q}{\lambda s}} \tag{4-82}$$

式(4-82)是考虑了多种因素后的速度与流量关系。如果把道路宽度也考虑进来,则有:

$$u_r = 31 - \frac{0.70q + 430}{3w} \tag{4-83}$$

式中,w 为道路宽度(ft❶)。伦敦市中心的道路平均宽度为 42ft,$u_r = 28 - 0.0058q$。取 $Q = 2610 \text{pcu/h}$,$fb = 0.00507$(估计值),则有:

$$\frac{1}{u} = \frac{1}{28 - 0.0058q} + \frac{1}{197 - 0.0775q} \tag{4-84}$$

式(4-84)进一步修正为:

$$u_r = 31 - \frac{140}{w} - \frac{0.0244q}{w} \tag{4-85}$$

交叉口通行能力与停车线宽度(道路宽度)存在比例关系,因此式(4-81)可以改写成:

$$fd = \frac{fb}{1 - \dfrac{q}{k\lambda w}} \tag{4-86}$$

其中 $k = \dfrac{Q}{\lambda w}$。

$$fd = \frac{fb}{1 - \dfrac{q}{147\lambda w}} \tag{4-87}$$

当 $f = 5$ 时,式(4-87)即为:

$$fd = \frac{fb}{1000 - \dfrac{6.8q}{\lambda w}} \tag{4-88}$$

将式(4-85)、式(4-88)代入式(4-79),则有:

$$\frac{1}{u} = \frac{1}{31 - \dfrac{140}{w} - \dfrac{0.0244q}{w}} + \frac{1}{1000 - \dfrac{6.8q}{\lambda w}} \tag{4-89}$$

式(4-89)为以伦敦市为例研究的速度与流量关系模型。上述过程仅提供了研究方法和思路,对于具体城市来说,可按照此思路进行类似研究。

由式(4-89)及其推导过程可以得出结论:平均速度受交通强度、信号控制交叉口的密度、绿信比和道路宽度的影响,图 4-39 ~ 图 4-41 直观地印证了这一结论。

3)二流理论

二流理论将交通流中的车辆分成两类,一类是运动车辆,一类是停止车辆。停止车辆是指

---

❶ 1ft = 0.3048m,下同。

在交通流中停顿下来的车辆,停车的原因包括信号、标志、临时装货卸货、临时上下客、拥挤等,但不包括车流以外的停车,如停车场的停车、路旁停车位的长时间停车等。将交通流划分成二流的目的就是要定量描述路网服务水平。二流模型主要基于以下两个假设:

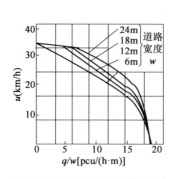

图4-39 道路宽度与平均行程速度关系($f=5,\lambda=0.45$)

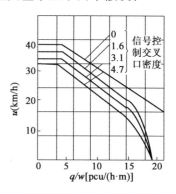

图4-40 信号控制交叉口密度与平均行程速度关系($w=13\mathrm{m},\lambda=0.45$)

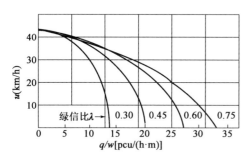

图4-41 绿信比与行程速度关系($w=12\mathrm{m},f=5$)

(1)车辆在路网中的平均行驶速度与运行车辆所占的比重成比例,即

$$u_r = u_m f_r^n \tag{4-90}$$

式中,u_r表示行驶车辆的平均行驶速度;f_r表示行驶车辆比重;u_m为最大平均行驶速度;n表示道路交通服务质量的参数。下面就u_m、n两个参数进行讨论。

定义平均行程速度$u_t = u_r f_r$,则有:

$$u_t = u_m f_r^{n+1} \tag{4-91}$$

因为$f_r + f_s = 1$,f_s为停止车辆比例,式(4-91)可写成:

$$u_t = u_m (1 - f_s)^{n+1} \tag{4-92}$$

边界条件为:$f_s=0$时,$u_t=u_m$;$f_s=1$时,$u_t=0$。

(2)路网中循环试验车辆的停车时间比例与路网中同期运行车辆的停车时间比例相等,即把试验车在路网中的停车时间与全部车辆的停车时间联系在一起,因此可以得出:

$$f_s = \frac{T_s}{T_t} \tag{4-93}$$

式中,f_s表示停止车辆比例;T_s表示单位距离平均停止时间;T_t表示总的行程时间。
由式(4-92)可得:

$$T_t = T_m (1 - f_s)^{-(n+1)} \tag{4-94}$$

式中,T_m表示单位距离上平均最短行驶时间;其余符号意义同上。
与式(4-93)结合,有:

$$T_t = T_m \left(1 - \frac{T_s}{T_t}\right)^{-(n+1)} \tag{4-95}$$

由$T_t = T_r + T_s$,解得:

$$T_r = T_m^{\frac{1}{n+1}} T_t^{\frac{n}{n+1}} \tag{4-96}$$

$$T_s = T_t - T_m^{\frac{1}{n+1}} T_t^{\frac{n}{n+1}} \tag{4-97}$$

如图 4-42 所示的试验观测结果证实了二流模型的精度,表明参数 n 和 T_m 能够很好地反映城市路网的交通状况。

单位距离上平均最短行驶时间 T_m,是指车辆在路网上没有任何停顿且行驶通畅时所耗时间,理想的条件是路上只有一辆车。这样理想的参数很难直接测得,因为即便是只有一辆车行驶,在城市道路上也难免遇到信号灯的制约。因此,一般情况下,T_m 是指在低流量下测得的最小平均行驶时间。T_m 值若大,则说明路网条件差;反之,则说明路网条件好。

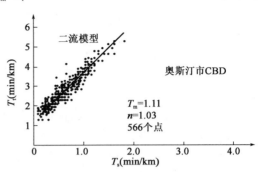

图 4-42 二流模型时间关系曲线

单位距离平均停止时间 T_s 随着 n 值的增加而增加,同时,总的平均行程时间也增加。因为 $T_t = T_r + T_s$,所以总的行程时间 T_t 至少与停止时间 T_s 以同样的速度增长。从式(4-96)可知,若 $n = 0$,T_r 为常数,则总行程时间与停止时间等速增长。若 $n > 0$,则总行程时间增长速度大于停止时间的增长速度。从直观上看,n 值一定大于 0,因为停止时间的增加是拥挤所致,而拥挤交通必然导致车速减缓,这导致总的行驶时间增加更多。实际研究表明,n 值在 0.8 ~ 3.0 之间变化。从上面分析可以得出结论:n 值的大小,代表了路网环境变化的快慢。如果 n 值较大,随着交通需求的增加,路网环境变差的速度也就较快。正因为二流模型参数反映了城市道路网对交通需求的敏感性,所以常被用来评价各种交通需求状态下的城市道路网状况。

4.3 随机服务系统理论(排队论)

随机服务系统理论也称排队论(Queueing Theory),是研究"服务"系统因"需求"拥挤而产生等待行列(即排队)的现象以及合理协调"需求"与"服务"关系的一种数学理论,其为分析瓶颈路段的交通运行提供了另一种方法。排队论在交通系统中尤其适用于收费站等路段的交通运行分析。

4.3.1 排队系统特性分析

"排队"单指等待服务的顾客(车辆或行人),不包括正在被服务的顾客,而"排队系统"既包括了等待服务的顾客,又包括了正在被服务的顾客。例如,一队汽车在加油站排队等候加油,它们与加油站构成一个排队系统。其中尚未轮到加油、依次排队等候的汽车行列称为排队,所谓"排队车辆"或"排队(等待)时间"都是仅指排队本身而言;如果提到"排队系统中的车辆"或"排队系统(消耗)时间",则把正在受服务的车辆也包括在内,后者当然大于前者。

如图 4-43 所示,一个排队系统由输入过程、排队规则、服务方式三个组成部分构成。

排队系统的输入过程指各种类型的顾客按怎样的规律到来。排队系统可以有各种各样的输入过程,例如:

(1) 定长输入——顾客等时距到达。

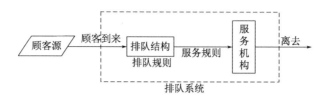

图 4-43 排队系统的构成

(2)泊松输入——顾客到达符合泊松分布或顾客到达时距符合负指数分布。这种输入过程最容易处理,因而应用最广泛。

(3)爱尔朗输入——顾客到达时距符合爱尔朗分布。

排队规则指到达的顾客接受服务的次序。例如:

(1)损失制——顾客到达时,若所有服务台均被占,该顾客就自动消失,永不再来。

(2)等待制——顾客到达时,若所有服务台均被占,他们就排成队伍,等待服务。服务次序有先到先服务(这是最通常的情形)和优先服务(如急救车、消防车等)等多种规则。

(3)混合制——顾客到达时,若队长小于 L,就排入队伍;若队长等于 L,顾客就离去,不再来。

服务方式指同一时刻可接纳顾客的服务台数,以及为每一顾客服务的时间。每次服务可以接待单个顾客,也可以成批接待,例如公共汽车一次就运载大批乘客。服务时间的分布主要有以下几种:

(1)定长分布服务——每一顾客的服务时间都相等。

(2)负指数分布服务——各顾客的服务时间相互独立,服从相同的负指数分布。

(3)爱尔朗分布服务——各顾客的服务时间相互独立,服从相同的爱尔朗分布。

为以后叙述上的方便,引入 Kendall-Lee 记号:令 M 代表泊松输入或负指数分布服务,D 代表定长输入或定长服务,E_k 代表爱尔朗输入或服务。于是泊松输入、负指数分布服务、N 个服务台的排队系统可以定成 M/M/N,泊松输入、定长服务、单个服务台的系统可以写成 M/D/1。同样,可以理解 M/E_k/N、D/M/N 等记号的含义。

在 1971 年一次关于排队论符号标准化的会议上决定,将 Kendall 符号扩充成为 X/Y/Z/A/B/C 的形式,其中前三项意义不变,而后三项意义分别是:

A 为系统容量限制 N;

B 为顾客源数目 m;

C 为服务规则,如先到先服务(FCFS),后到后服务(LCFS)等。

并约定当排队系统为 X/Y/Z/∞/∞/FCFS 时,可略去后三项。本书因只讨论先到先服务 FCFS 的情形,所以略去第六项。

排队系统的主要数量指标有三个:

(1)等待时间

从顾客到达时起至开始接受服务时为止的这段时间。

(2)忙期

服务台连续繁忙的时期,这关系到服务台的工作强度。

(3)队长

有排队顾客数与排队系统中顾客数之分,这是对排队系统提供的服务水平的一种衡量。

4.3.2 排队系统到达及服务过程的建模

对排队系统建模,应首先对排队系统的到达及服务过程进行建模。假设在某一个瞬间最多有一个顾客到达。定义 $T_i = t_{i+1} - t_i$ 为第 i 个顾客的到达时间,假设 T_i 为连续且相互独立的随机变量,其可由随机变量 A 描述。假设 A 的密度函数为 $a(t)$,则对于一个非常短的时间段 Δt, $P(t \leq A \leq t + \Delta t)$ 近似为 $\Delta t a(t)$,因为时间不可能为负,所以可得出:

$$P(A \leq c) = \int_0^c a(t) dt \quad \text{和} \quad P(A > c) = \int_c^\infty a(t) dt \tag{4-98}$$

定义 $1/\lambda$ 为平均到达间隔时间,为消除随机性,假设测量时间以小时为单位,则 $1/\lambda$ 的单位为 h/顾客,因此 $1/\lambda$ 可由式(4-99)计算得出。

$$\frac{1}{\lambda} = \int_0^\infty t a(t) dt \tag{4-99}$$

式中:λ——到达率(顾客/h)。

在大多数排队问题中,如何选择一个能反映真实状况又比较方便计算的 A 是建模过程中首先面临的问题。一般在建模中首选负指数分布(Exponential Distribution)。负指数分布的概率密度函数为 $a(t) = \lambda e^{-\lambda t}$,函数的参数为 λ。在负指数分布下,在 t 较小时,$a(t)$ 随 t 的增加迅速减小,这说明不大可能出现较长的到达间隔时间。应用式(4-99)并逐步积分可知,平均到达间隔时间 $E(A)$ 可由式(4-100)计算。

$$E(A) = \frac{1}{\lambda} \tag{4-100}$$

又因为 $\text{var}(A) = E(A^2) - E(A)^2$,可计算 A 的方差为:

$$\text{var}(A) = \frac{1}{\lambda^2} \tag{4-101}$$

最常使用负指数分布的原因在于其具备非记忆特性,即对于所有非负的 t 和 h,有:

$$P(A > t + h | A \geq t) = P(A > h) \tag{4-102}$$

其证明如下。
根据式(4-98)可以得出:

$$P(A > h) = \int_h^\infty \lambda e^{-\lambda t} dt = \left[-e^{-\lambda t} \right]_h^\infty = e^{-\lambda t} \tag{4-103}$$

此时有:

$$P(A > t + h | A \geq t) = \frac{P(A > t + h \cap A \geq t)}{P(A \geq t)} = \frac{e^{-\lambda(t+h)}}{e^{-\lambda t}} = e^{-\lambda h} = P(A > h) \tag{4-104}$$

由上述证明可知,负指数分布具备无记忆特性,只要顾客的到达服从负指数分布,则不管该顾客之前的到达情况如何,当前到达的顾客仅与负指数分布中的到达率相关,即下一个到达的顾客与之前到达的顾客没有任何联系。

在 3.4.2 节中也给出了泊松分布与负指数分布的联系,由此可知,泊松分布的到达间隔时间也服从负指数分布。因其到达具备马尔可夫特性,因此在 Kendall 记号中将其简写为 M。

当顾客的到达间隔时间不呈现负指数分布状态时,一般采用爱尔朗分布(Erlang Distribution)来进行描述。爱尔朗分布是一种连续型概率分布,如式(4-105)所示,爱尔朗分布的概率密度函数可由两个参数表示,即流率参数 R 和形状参数 k(k 必须为正整数)。

$$f(t) = \frac{R(Rt)^{k-1}e^{-Rt}}{(k-1)!} \tag{4-105}$$

爱尔朗分布的均值及方差如式(4-106)所示。

$$E(T) = \frac{k}{R}, \text{var}(T) = \frac{k}{R^2} \tag{4-106}$$

对于给定的 λ 值,可根据流率参数 $R = k\lambda$ 及形状参数 k 获得一系列的爱尔朗分布,每个爱尔朗分布均有相同的均值 $1/\lambda$。如图 4-44 所示,当 k 发生变化时,会存在一系列的不同形状的概率密度函数。当 $k=1$ 时,爱尔朗分布即为负指数分布;当 k 逐渐增大时,爱尔朗分布逐渐趋向于正态分布;当 k 为非常大的正数时,爱尔朗分布逐渐逼近一个以 0 为方差的随机变量。因此通过调整 k 的值,可模拟偏斜曲线或对称曲线。

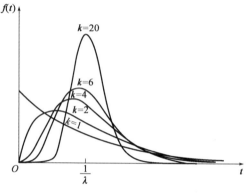

图 4-44 爱尔朗分布的概率密度函数

事实上,形状参数为 k、流率参数为 $R = k\lambda$ 的爱尔朗分布和随机变量 $(A_1 + A_2 + \cdots + A_k)$ 具有相同的分布,其中 A_i 是具备参数的负指数分布,各个 A_i 是相互独立的随机变量。因此,当对参数为 k 的爱尔朗分布进行建模时,可认为是一个顾客在到达前经过了 k 个阶段(Phase),每个阶段均具备无记忆特性。此时形状参数 k 也可被称为爱尔朗分布的阶段数(Number of Phases)。

同到达特性类似,假设不同顾客的服务时间是相互独立的随机变量。各顾客的服务时间可由概率密度函数为 $s(t)$ 的随机变量 S 描述,令 $1/\mu$ 为一个顾客的平均服务时间,有:

$$\frac{1}{\mu} = \int_0^\infty ts(t)\mathrm{d}t \tag{4-107}$$

令变量 $1/\mu$ 的单位为 h/顾客,则 μ 的单位为顾客/h,因此 μ 为服务率。基于负指数分布的无记忆特性,如果服务间隔时间能符合负指数分布,在建模过程中则无须考虑之前服务的影响,如果服务时间的概率密度函数为 $s(t) = \mu e^{-\mu t}$,则每个顾客的平均服务时间为 $1/\mu$。如果服务时间没有明显的无记忆特性,则可用爱尔朗分布描述。在服务时间方差为 0 时,可用确定型(Deterministic)服务描述。

4.3.3 单服务台负指数分布排队系统的分析

对排队系统的建模一般基于生灭过程(Birth-Death Process)。生灭过程是一个系统状态在任何时间均为非负正数的连续时间随机的过程。对生灭过程的理解涉及马尔可夫过程及部分高等数学知识,本节中以单服务台负指数分布排队系统为例对分析过程进行简化说明,对需掌握生灭过程分析流程的读者,可参考运筹学或排队论的相关书籍。

标准的 M/M/1/∞/∞/FCFS 模型(下文简称 M/M/1 模型)是指适合下列条件的排队系统:

(1)输入过程——顾客源是无限的,顾客单个到来,相互独立,一定时间的到达数服从泊松分布,到达过程已是平稳的。

(2)排队规则——单队列,且对队长没有限制,先到先服务。

(3)服务机构——单服务台,各顾客的服务时间是相互独立的,服从相同的负指数分布。

此外,还假定到达间隔时间和服务时间是相互独立的。

在分析标准的 M/M/1 模型时,首先要求出系统在任意时刻 t 的状态为 n(系统中有 n 个顾客)的概率 $P_n(t)$,它决定了系统运行的特征。

因已知到达规律服从参数为 λ 的泊松过程,服务时间服从参数为 μ 的负指数分布,所以在 $[t, t+\Delta t]$ 时间区间内分为:

(1)有一个顾客到达的概率为 $\lambda \Delta t + o(\Delta t)$,没有顾客到达的概率就是 $1-[\lambda \Delta t + o(\Delta t)]$。

(2)当有顾客在接受服务时,一个顾客被服务完了(离去)的概率是 $\mu \Delta t + o(\Delta t)$,没有离去的概率就是 $1-[\mu \Delta t + o(\Delta t)]$。

(3)多于一个顾客的到达或离去的概率是 $o(\Delta t)$,可以忽略。

如表4-2所示,在时刻 $t+\Delta t$,系统中有 n 个顾客($n>0$)存在下列4种情况(到达或离去是2个以上顾客的情况不考虑)。

$t+\Delta t$ 时刻排队系统的排队情况分析   表 4-2

情况	在时刻 t 的顾客数	在区间 $[t+\Delta t]$ 到达	在区间 $[t+\Delta t]$ 离去	在时刻 $t+\Delta t$ 的顾客数
(A)	n	×	×	n
(B)	$n+1$	×	○	n
(C)	$n-1$	○	×	n
(D)	n	○	○	n

注:○表示发生(到达/离开一个顾客);×表示没有发生。

它们的概率如下[略去 $o(\Delta t)$]。

情况(A): $P_n(t)(1-\lambda \Delta t)(1-\mu \Delta t)$;

情况(B): $P_{n+1}(t)(1-\lambda \Delta t)\mu \Delta t$;

情况(C): $P_{n-1}(t)\lambda \Delta t(1-\mu \Delta t)$;

情况(D): $P_n(t)\lambda \Delta t \mu \Delta t$。

由于这4种情况是互不相容的,所以 $P_n(t+\Delta t)$ 应是这4项之和,即(将关于 Δt 的高阶无穷小合成一项):

$$P_n(t+\Delta t) = P_n(t)(1-\lambda \Delta t - \mu \Delta t) + P_{n+1}(t)\mu \Delta t + P_{n-1}(t)\lambda \Delta t + o(\Delta t) \quad (4\text{-}108)$$

将式(4-108)进行变化可得:

$$\frac{P_n(t+\Delta t) - P_n(t)}{\Delta t} = \lambda P_{n-1}(t) + \mu P_{n+1}(t) - (\lambda + \mu) P_n(t) + \frac{o(\Delta t)}{\Delta t} \quad (4\text{-}109)$$

令 $\Delta t \to 0$,可得到关于 $P_n(t)$ 的差分微分方程:

$$\frac{\mathrm{d}P_n(t)}{\mathrm{d}t} = \lambda P_{n-1}(t) + \mu P_{n+1}(t) - (\lambda + \mu) P_n(t) \quad (4\text{-}110)$$

当 $n=0$ 时,只有表4-2中(A)、(B)两种情况,即:

$$P_0(t+\Delta t) = P_0(t)(1-\lambda \Delta t) + P_1(t)(1-\lambda \Delta t)\mu \Delta t \quad (4\text{-}111)$$

同理可得：

$$\frac{dP_0(t)}{dt} = -\lambda P_0(t) + \mu P_1(t) \tag{4-112}$$

这样系统状态(n)随时间变化的过程是生灭过程的一个特殊情形。

式(4-110)及式(4-112)很难直接求解，其求得的瞬态解中因为含有修正的贝塞耳函数，不便于应用，因此本节仅介绍稳态的情况，此时$P_n(t)$与t无关，可写成P_n，它的导数为0。由式(4-110)及式(4-112)可得：

$$-\lambda P_0 + \mu P_1 = 0 \tag{4-113}$$
$$\lambda P_{n-1} + \mu P_{n+1} - (\lambda + \mu)P_n = 0 \quad (n \geq 1) \tag{4-114}$$

这是关于P_n的差分方程。它表明了各状态间的转移关系，可用图4-45表示。

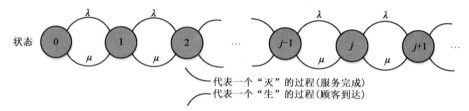

图4-45 M/M/1系统的状态转移过程分析

由图4-45可见，状态0转移到状态1的转移率为λP_0，状态1转移到状态0的转移率为μP_1。对状态0，必须满足平衡方程$\lambda P_0 = \mu P_1$。同样，对任何$n \geq 1$的状态，可得到如式(4-114)所示的平衡方程。求解式(4-113)得$P_1 = (\lambda/\mu)P_0$，将其代入式(4-114)，令$n=1$，可得$\mu P_2 = (\lambda + \mu)(\lambda/\mu)P_0 - \lambda P_0$，所以$P_2 = (\lambda/\mu)^2 P_0$。同理，依次推导可得出：

$$P_n = (\lambda/\mu)^n P_0 \tag{4-115}$$

设$\rho = \lambda/\mu < 1$(否则队列将排至无限远)，又由概率的性质可知：

$$\sum_{n=0}^{\infty} P_n = 1 \tag{4-116}$$

将式(4-115)的关系代入式(4-116)可得：

$$P_0 \sum_{n=0}^{\infty} \rho^n = P_0 \frac{1}{1-\rho} = 1 \tag{4-117}$$

由此可得系统状态为n的概率：

$$\begin{cases} P_0 = 1 - \rho & (\rho < 1) \\ P_n = (1-\rho)\rho^n & (n \geq 1) \end{cases} \tag{4-118}$$

式(4-118)的ρ有其实际意义。根据表达式的不同，可以有不同的解释。当用$\rho = \lambda/\mu$表达时，它是平均到达率与平均服务率之比，即在相同时段内顾客到达的平均数与被服务的平均数之比。若表示为$\rho = (1/u)/(1/\lambda)$时，它是一个顾客的服务时间与到达间隔时间之比，称ρ为服务强度(Traffic Intensity)。由式(4-117)可知，$\rho = 1 - P_0$，它刻画了服务机构的繁忙程度，所以又称为服务机构的利用率。以式(4-117)为基础，可以计算出系统的运行指标。

(1) 在系统中的平均顾客数(队长期望值)

$$L_s = \sum_{n=0}^{\infty} n P_n = \sum_{n=0}^{\infty} n(1-\rho)\rho^n = (\rho + 2\rho^2 + 3\rho^3 + \cdots) - (\rho^2 + 2\rho^3 + 3\rho^4 + \cdots)$$

$$=\rho+\rho^2+\rho^3+\cdots=\frac{\rho}{1-\rho}=\frac{\lambda}{\mu-\lambda} \qquad (4\text{-}119)$$

(2) 在队列中等待的平均顾客数(队列长期望值)

$$L_q=\sum_{n=0}^{\infty}(n-1)P_n=\sum_{n=0}^{\infty}nP_n-\sum_{n=0}^{\infty}P_n=L_s-\rho=\frac{\rho^2}{1-\rho}=\frac{\rho\lambda}{\mu-\lambda} \qquad (4\text{-}120)$$

关于顾客在系统中逗留的时间 W(随机变量),在 M/M/1 情形下服从参数为 $\mu-\lambda$ 的负指数分布❶。

事实上,设一位顾客到达时,系统已有 n 个顾客,按照先到先服务的规则,该顾客在系统中的逗留时间为:

$$W_n=T'_1+T_2+\cdots+T_n+T_{n+1}$$

式中,T'_1 为正被服务的第一个顾客还需要的服务时间,T_i 为第 $i(i=2,\cdots,n)$ 位顾客的被服务时间,T_{n+1} 为该顾客的被服务时间。

由于独立且同服从参数为 μ 的负指数分布,而 T'_1 由于无记忆性也服从参数为 μ 的负指数分布,从而 W_n 服从 $n+1$ 阶爱尔朗分布,即:

$$fw_n(t)=\frac{\mu(\mu t)^n}{n!}\mathrm{e}^{-\mu t}$$

于是 W 的分布函数为:

$$F(t)=P(W\leqslant t)=\sum_{n=0}^{\infty}P_nP(W\leqslant t\mid n)=\sum_{n=0}^{\infty}\rho^n(1-\rho)\int_0^t\frac{\mu(\mu t)^n}{n!}\mathrm{e}^{-\mu t}\mathrm{d}t=1-\mathrm{e}^{-(\mu-\lambda)t}$$

$$(4\text{-}121)$$

即 W 服从参数为 $(\mu-\lambda)$ 的负指数分布,其概率密度函数为:

$$f(w)=(\mu-\lambda)\mathrm{e}^{-(\mu-\lambda)w} \qquad (4\text{-}122)$$

于是可得出:

(3) 在系统中顾客逗留时间的期望值

$$W_s=E(W)=\frac{1}{\mu-\lambda} \qquad (4\text{-}123)$$

(4) 在队列中顾客等待时间的期望值

---

❶ 设一顾客到达时,系统内已有 n 个顾客,按先到先服务的规则,这个顾客的逗留时间 W_n 就是原有各顾客的服务时间 T_i 和这个顾客服务时间 T_{n+1} 之和,即:

$$W_n=T'_1+T_2+\cdots+T_n+T_{n+1}$$

其中第一个顾客正被服务,T'_1 是到服务完了的部分服务时间。

令 $f(w\mid n+1)$ 表示 W_n 的概率密度,这是在系统已有 n 个顾客条件下的条件概率密度,所以 W 的概率密度为:

$$f(w)=\sum_{n=0}^{\infty}P_nf(w\mid n+1)$$

现若 $T_i(i=2,\cdots,n+1)$ 都服从参数为 μ 的负指数分布,则根据负指数分布的无记忆性,T'_1 也服从同分布的负指数分布。由式(4-105)得,W_n 服从爱尔朗分布:

$$f(w\mid n+1)=\frac{\mu(\mu w)^n\mathrm{e}^{-\mu w}}{n!}$$

所以:

$$f(w)=\sum_{n=0}^{\infty}(1-\rho)\rho^n\cdot\frac{\mu(\mu w)^n}{n!}\mathrm{e}^{-\mu w}=(1-\rho)\mu\mathrm{e}^{-\mu w}\sum_{n=0}^{\infty}\frac{\mu(\mu w)^n}{n!}=(\mu-\lambda)\mathrm{e}^{-(\mu-\lambda)w}$$

$$W_q = W_s - \frac{1}{\mu} = \frac{\rho}{\mu - \lambda} \tag{4-124}$$

式(4-119)、式(4-120)、式(4-123)及式(4-124)的相互关系如下：

$$\begin{aligned}&(1) L_s = \lambda W_s \\ &(2) L_q = \lambda W_q \\ &(3) W_s = W_q + \frac{1}{\mu} \\ &(4) L_s = L_q + \frac{\lambda}{\mu}\end{aligned} \tag{4-125}$$

式(4-125)统称为 Little 公式。

限于篇幅，系统的容量有限制的情况及顾客源为有限的情形请参阅相关书籍❶。

例 4-1 某条道路上设一调查统计点，车辆到达该点是随机的，服从泊松分布，单向车流量为 800 辆/h。车辆到达该点要求停车领取 OD 调查卡，假设工作人员平均能在 4s 内处理一辆汽车，符合负指数分布。试估计在该点上排队系统中的平均车辆数、平均排队长度、非零平均排队长度、排队系统中的平均消耗时间以及排队中的平均等待时间。

解：这是一个 M/M/1 排队系统：

$$\lambda = 800(辆/h)$$

$$\mu = \frac{1}{4}(辆/s) = 900(辆/h)$$

$$\rho = \frac{\lambda}{\mu} = \frac{800}{900} = 0.89 < 1，系统是稳定的。$$

系统中的平均车辆数：

$$\bar{n} = \frac{\rho}{1-\rho} = \frac{\lambda}{\mu - \lambda} = \frac{800}{900-800} = 8(辆)$$

平均排队长度：

$$\bar{q} = \bar{n} - \rho = 8 - 0.89 = 7.11(辆)$$

非零平均排队长度：

$$\bar{q}_w = \frac{1}{1-\rho} = \frac{1}{1-0.89} = 9.09(辆)$$

系统中的平均消耗时间：

$$\bar{d} = \frac{\bar{n}}{\lambda} = \frac{8}{800}(h/辆) = 36(s/辆)$$

排队车辆的平均等待时间：

$$\bar{w} = \bar{d} - \frac{1}{\mu} = 36 - 4 = 32(s/辆)$$

*4.3.4 多服务台负指数分布排队系统的分析

在 M/M/c 排队系统中，服务通道有 c 条，所以也叫"多通道服务"系统。标准的 M/M/c 模

---

❶ 例如：Wayne Winston. Operations Research: Applications and Algorithms[M]. New York: Duxbury Press, 2003.
排队论的高级建模可参阅：
Gross D, Shortie J F, Thompson J M, et al. Fundamentals of Queueing Theory, Fifth Edition[M]. NewYork: Wiley, 2013.
Kleinrock L. Theory, Volume 1, Queueing Systems[M]. Wiley-Interscience, 1975.

型各种特征的规定与标准的 M/M/1 模型的规定相同。另外规定各服务台的工作是相互独立的(不搞协作)且平均服务率相同,$\mu_1 = \mu_2 = \cdots = \mu_c = \mu$。于是,整个服务机构的平均服务率在 $n \geq c$ 时为 $c\mu$,在 $n < c$ 时为 $n\mu$。令 $\rho = \lambda/c\mu$,只有当 $\rho = \lambda/c\mu < 1$ 时,才不会排成无限的队列,称其为本排队系统的服务强度或服务机构的平均利用率(图 4-46)。

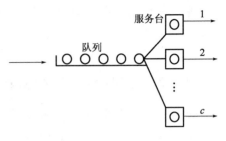

图 4-46 单路排队多通道服务

在分析此排队系统时,仍从如图 4-47 所示的状态间的转移关系开始。如状态 1 转移到状态 0,即系统中有一名顾客被服务完了(离去)的转移率为 μP_1。状态 2 转移到状态 1 时,即在两个服务台上被服务的顾客中有一个被服务完成而离去。因为不限哪一个,那么这时状态的转移率便是 $2\mu P_2$。同理,再考虑状态 n 转移到状态 $n-1$ 的情况。当 $n \leq c$ 时,状态转移率为 $n\mu P_n$;当 $n > c$ 时,因为只有 c 个服务台,所以最多有 c 个顾客在被服务,$n-c$ 个顾客在等候,因此这时状态转移率应为 $c\mu P_n$。

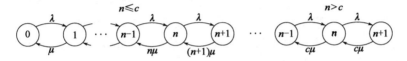

图 4-47 M/M/c 排队系统的状态转移分析

由图 4-47 可得:

$$\begin{cases} \mu P_1 = \lambda P_0 \\ (n+1)\mu P_{n+1} + \lambda P_{n-1} = (\lambda + n\mu)P_n & (1 \leq n \leq c) \\ c\mu P_{n+1} + \lambda P_{n-1} = (\lambda + c\mu)P_n & (n > c) \end{cases} \quad (4\text{-}126)$$

又因为 $\sum_{n=0}^{\infty} P_n = 1$ 且 $\rho \leq 1$,所以采用递推法求解上述差分方程,可得状态概率,如式(4-127)所示。

$$\begin{cases} P_0 = \left[\sum_{k=0}^{c-1} \frac{1}{k!} \left(\frac{\lambda}{\mu} \right)^k + \frac{1}{c!} \cdot \frac{1}{1-\rho} \cdot \left(\frac{\lambda}{\mu} \right)^c \right]^{-1} \\ P_n = \begin{cases} \frac{1}{n!} \left(\frac{\lambda}{\mu} \right)^n P_0 & (n \leq c) \\ \frac{1}{c! c^{n-c}} \left(\frac{\lambda}{\mu} \right)^n P_0 & (n > c) \end{cases} \end{cases} \quad (4\text{-}127)$$

求得系统运行指标如下。
平均队长:

$$\begin{cases} L_s = L_q + \dfrac{\lambda}{\mu} \\ L_q = \sum_{n=c+1}^{\infty} (n-c) P_n = \dfrac{(c\rho)^c \rho}{c!(1-\rho)^2} P_0 \end{cases} \quad (4\text{-}128)$$

式(4-128)中 L_q 的推导如下:

$$\sum_{n=c+1}^{\infty} (n-c) P_n = \sum_{n'=1}^{\infty} n' P_{n'+c} = \sum_{n'=1}^{\infty} \frac{n'}{c! c^{n'}} (c\rho)^{n'+c} P_0 = \frac{(c\rho)^c \rho}{c!(1-\rho)^2} P_0 \quad (4\text{-}129)$$

平均等待时间和逗留时间仍由 Little 公式求得：

$$W_q = \frac{L_q}{\lambda}, W_s = \frac{L_s}{\lambda} \tag{4-130}$$

*4.3.5 M/M/c 系统和 c 个 M/M/1 型系统的比较

同样设置 c 个服务台,根据顾客排队方式不同,又可分为如图 4-46 所示的单路排队多通道服务系统及如图 4-48 所示的多路排队多通道服务系统。单路排队多通道服务系统指排成一队等待数条通道服务的情况,排队中前一个顾客可视哪个通道有空就到哪里去接受服务。多路排队多通道服务指每个通道各排一队,每个通道只为其相对应的一队顾客服务,顾客不能随意换队。这种情况相当于由 c 个 M/M/1 系统组成的系统,其计算公式亦由 M/M/1 系统的计算公式确定。以下述例子说明两个系统的运行效率。

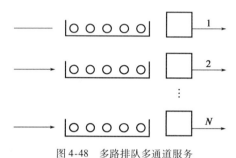

图 4-48 多路排队多通道服务

一加油站,今有 2400 辆/h 的车流量通过 4 个通道引向 4 个加油泵,平均每辆车的加油时间为 5s,服从负指数分布,试分别按多路多通道系统(4 个 M/M/1 系统)和单路多通道系统(M/M/4 系统)计算各相应指标并比较之。

(1)按 4 个平行的 M/M/1 系统计算

根据题意,每个油泵有它各自的排队车道,排队车辆不能从一条车道换到另一条车道上去。把总车流量四等分,于是对每个油泵有：

$$\lambda = \frac{2400/4}{3600} = \frac{1}{6}(辆/s), \mu = \frac{1}{5}(辆/s)$$

$$\rho = \frac{\lambda}{\mu} = \frac{5}{6} < 1, 系统稳定$$

$$\bar{n} = \frac{\rho}{1-\rho} = \frac{5/6}{1-5/6} = 5(辆), \bar{q} = \bar{n} - \rho = 5 - 5/6 = 4.17(辆)$$

$$\bar{d} = \frac{\bar{n}}{\lambda} = \frac{5}{1/6} = 30(s/辆), \bar{w} = \bar{d} - \frac{1}{\mu} = 30 - 5 = 25(s/辆)$$

而对于 4 个油泵构成的系统：

$$\bar{n} = 5 \times 4 = 20(辆), \bar{q} = 4.17 \times 4 = 16.68(辆)$$

$$\bar{d} = 30(s/辆), \bar{w} = 25(s/辆)$$

(2)按 M/M/4 系统计算

$$\lambda = \frac{2400}{3600} = \frac{2}{3}(辆/s), \mu = \frac{1}{5}(辆/s)$$

$$\rho = \frac{\lambda}{\mu} = \frac{10}{3}, \frac{\rho}{c} = \frac{10}{3 \times 4} = \frac{5}{6} < 1, 系统稳定$$

$$P(0) = \frac{1}{\sum_{k=0}^{3} \frac{(10/3)^k}{k!} + \frac{(10/3)^4}{4!(1-5/6)}} = \frac{1}{16.0617 + 30.8642} = 0.0213$$

$$\bar{q} = \frac{(10/3)^5}{4! \times 4} \times \frac{0.0213}{(1-5/6)^2} = 3.3(辆)$$

$$\bar{n} = \bar{q} + \rho = 3.3 + 10/3 = 6.6(辆)$$

$$\bar{w} = \frac{\bar{q}}{\lambda} = \frac{3.3}{2/3} = 5(\text{s}/辆)$$

两种系统的相应指标对比见表4-3。

两种系统相应指标对比　　　　表4-3

系统类别	服务指标		$\frac{(1)-(2)}{(1)} \times 100\%$
	4个平行的M/M/1	M/M/4	
	(1)	(2)	
$\bar{n}$	20	6.6	67%
$\bar{q}$	16.68	3.3	80%
$\bar{d}$	30	10	67%
$\bar{w}$	25	5	80%

由表4-3可见,在相同通道数目的条件下,M/M/4系统明显优于4个平行的M/M/1系统。原因在于:4个平行的M/M/1系统表面上到达车流量被分散,但实际受排队车道与服务车道一一对应的束缚,如果某一通道由于某种原因拖长了某车的服务时间,显然要增加在此通道后面排队车辆的等待时间上,甚至会出现邻近车道排队车辆后来居上的情形。而M/M/4系统就要灵活得多,排在第一位的车辆可视哪个服务台有空就到哪个服务台,避免了各油泵忙闲不均的情形,充分发挥了它们的服务能力,因而显得优越。

复习与思考习题

1. 在交通信号前等候的两辆车的车头间距为7.5m,驾驶员反应时间T取为1.0s,且灵敏度λ为1.0(1/s)。若绿灯启亮时第一辆车即以9m/s的速度开走(这是为了使计算简单而作的一个实际上不可能的假设),试采用跟驰理论描述车辆的跟驰过程。

2. 车流在一条6车道的公路上畅通行驶,其速度为$v=80$km/h。路上有座4车道的桥,每车道的通行能力为1940辆/h,高峰时车流量为4200辆/h(单向)。在过渡段的车速降至22km/h,这样持续了1.69h,然后车流量减到1956辆/h(单向)。试估计桥前的车辆排队长度和阻塞时间。

3. 某城市的中心区面积为100km^2,其道路占地比例为10%,车辆平均行驶速度为20km/h,道路平均宽度为24m,试计算单位时间内进入中心区的车辆数($\alpha=0.6$)。

4. 某地区距商业中心区的距离为2km,试计算该地区的网络通行能力及高峰期交通强度(假设高峰期时$A=3000$,$a=8$,流量和速度关系符合沃德洛尔模型)。

5. 假设在某公交站公交车的到达间隔时间服从负指数分布,其均值为60min。如果乘客随机到达公交站,那么乘客的平均候车时间是多少?请在分析过程中分析负指数分布无记忆特性产生的原因。

6. 今有一停车场,到达车辆是60辆/h,服从泊松分布。停车场的服务能力为100辆/h,服从负指数分布。其单一的出入道可存车 6 辆,问该数量是否合适?

7. 某主要道路与次要道路相交的无控制交叉口,主要道路有优先通行权,即主路上的汽车通行不受次路上的汽车的影响,次路上的汽车必须等候主路上的汽车流中较大的车头时距横穿通过。两条道路上的车流到达过程符合泊松分布。我们把车辆通过交叉口看成是车辆接受了服务,那么次要道路上排队车流中的第一辆汽车为正在接受服务的顾客,第一辆汽车从到达停车线到通过交叉口的时间就是服务时间,它与主路车流的车头时距分布有关,当主路车流符合泊松分布时,次路车辆的服务时间总是服从负指数分布的。在次路车流中,从第二辆汽车起即为排队等候服务的顾客。因此,该交叉口系统就是一个标准的 M/M/1 系统。设次路车流的交通量为 350 辆/h,次路车辆从到达停车线到通过交叉口的平均服务时间为 10s,试求该系统的运行指标(图 4-49)。

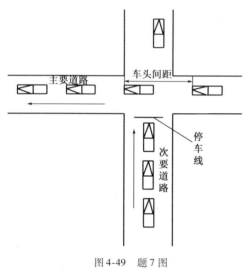

图 4-49 题 7 图

8. 某闹市区拟新建一小型停车场,根据预测,前来停放的车辆到达为泊松流,到达率为 10 辆/h,停放时间服从负指数分布,平均为 2h,停车场的收费标准为 0.5 元/(辆·h),停车场的建造养护费为每个空位 0.1 元/h。试规划合理的停车场容量。

9. 今有 1500 辆/h 的车流量通过三个服务通道引向三个收费站,每个收费站可服务 600 辆/h,试分别按单路排队和多路排队两种服务方式计算各相应指标。

10. 某道路收费站仅设单通过通行,来车情况假定是 800 辆/h,符合泊松分布,站上收费的服务员平均能在 4s 内处理一辆汽车,符合指数分布,试估计在收费站上的排队车辆数。

11. 某公路旁 20m 处有一个加油站,加油站有两个加油设施,每辆车平均加油时间为 5min,到达加油站的交通量为 20 辆/h,且服从泊松分布,试用排队论分析该加油站排队延误情况。

12. 已知某道路入口处车速限制为 13km/h,对应通行能力 3880 辆/h,在高峰期间 1.69h 内,从上游驶来的车流 $v_1 = 50$km/h,$Q_1 = 4200$ 辆/h,高峰过后上游流量降至 $Q_3 = 1950$ 辆/h,$v_3 = 59$km/h,试估计此段道路入口前车辆拥挤长度和拥挤持续时间。

13. 已知某城市的中心区面积为 64km^2,其道路占地面积比例为 12%,道路宽度为 21m,车辆平均行驶速度为 20km/h,试计算单位时间内进入中心区的车辆数($\alpha = 0.6$)。

第 5 章
道路交通需求分析

交通规划的整体目标为未来年的交通供给能够满足特定发展条件下的交通需求。为实现此目标,可将交通规划过程中的模型分为获取未来年总体交通需求的交通需求分析模型及评价所规划的交通设施能提供的交通供给能否满足交通需求的交通网络分析模型。本章主要介绍交通规划的相关理论基础、交通需求预测模型及相关数据获取方法等内容。

5.1 交通规划基础

5.1.1 交通规划的定义、分类与层次划分

1)交通规划的定义及分类

交通规划指根据特定交通系统的现状与特征,用科学的方法预测交通系统交通需求的发展趋势及交通需求发展对交通系统交通供给的要求,确定特定时期交通供给的建设任务、建设规模及交通系统的管理模式、控制方法,以达到交通系统交通需求与交通供给之间的平衡,实现交通系统的安全、畅通、公平、舒适、节能、环保的目的。现代交通规划的过程是政府部门、公私营企业、居民民众等多个利益相关体相互沟通协作的过程。

根据交通规划涉及的交通系统性质及行业特征,往往可将交通规划分为两大类型:区域交通系统规划与城市交通系统规划。

区域交通系统规划主要是指五大运输方式的发展规划,包括:公路运输系统规划、铁路运输系统规划、航空运输系统规划、水路运输系统规划、管道运输系统规划。除了五大运输方式的发展规划外,往往还需要进行五大运输方式发展规划下的各种专项规划。

城市交通系统规划一般指城市综合交通系统规划(重点是道路交通系统规划),特大城市、大城市除了需要进行城市综合交通系统规划外,往往还要进行各种专项交通规划,如:城市道路交通系统规划、城市公共交通系统规划、城市轨道交通系统规划、城市道路交通系统管理规划、城市智能交通系统发展规划等。

2)交通规划的层次划分

交通规划的层次可从城市交通系统规划与区域交通系统规划两个方面分析。

城市综合交通体系规划是城市总体规划的重要组成部分,是指导城市综合交通发展的战略性规划。城市总体规划是以法律形式执行的强制性规划,城市总体规划必须经过所在城市的人民代表大会通过,特大城市、大中城市的总体规划必须报请国务院批准才能实施。城市交通系统规划是城市总体规划在城市交通领域的深化(即专业规划),需要与城市总体规划相一致。城市交通系统规划一般按以下方法划分层次:

★ 城市交通系统规划(或城市综合交通系统规划、城市总体交通规划)
- 城市道路交通系统规划
  - 城市道路网络系统规划
    - 城市快速道路系统规划
    - 城市主干道路网络规划
    - 自行车道路网络规划
  - 城市停车场系统规划
- 城市公共客运交通系统规划
  - 城市常规公交系统规划
  - 城市轨道交通系统规划
  - 城市出租车交通规划
  - 城市快速公交(BRT)或现代有轨电车网络系统规划
- 城市交通管理规划
  - 城市交通需求管理规划
  - 城市交通系统管理规划
  - 城市交通运行组织规划
- 城市物流系统规划
- 城市智能交通系统规划

其中,★表示专业规划,■表示专项规划,□、◇表示专题或主题规划。

城市综合交通系统规划是城市总体规划中的专业规划。一般来说,小城市只需要进行城市综合交通系统规划(或城市总体交通规划),其他专项规划全部包含在该规划中;中等城市也只需要进行城市综合交通系统规划(或城市总体交通规划),特别重要的中等城市在条件许可时可进行专项规划;大城市一般需要进行城市综合交通系统规划及各专项规划,特别重要的大城市在条件许可时可进行深化专项规划的各专题或主题规划;特大城市应进行各项专业规划、专项规划及专题或主题规划。

城市交通系统规划的层次划分是相对的,取决于城市的规模、性质及城市的重要度。有些特色城市,可以根据自身特点进行相应的特色交通规划。

区域交通系统规划(或称区域综合运输发展规划)的前提是国家土地规划(即国土规划)。国土规划是以法律形式执行的强制性规划,国土规划必须经过所在地(省、市、县等)的人民代表大会通过,县级以上国土规划必须报请国务院批准才能实施。区域交通系统规划是国土规划在交通运输领域的深化(即专业规划),必须以国土规划为前提。

区域交通系统规划一般按以下方法划分层次:

- ★ 区域交通系统规划(区域综合运输发展规划)
    - ■ 公路交通系统规划
        - □ 公路网络系统规划
            - ◇ 高速公路网络系统规划(省域以上)
            - ◇ 公路主骨架网络规划(地市域以上)
            - ◇ 县乡公路网络规划
            - ◇ 农村公路网络规划
            - ◇ 专用公路网络规划(战备公路、旅游公路、林业公路等)
        - □ 公路枢纽规划
        - □ 运输物流规划
    - ■ 铁路交通系统规划
        - □ 区域高速铁路系统规划(经济发达的沿海地区)
        - □ 快速铁路网络系统规划
        - □ 干线铁路网络系统规划
        - □ 专用铁路网络系统规划
        - □ 铁路场站规划
        - □ 铁路场站运输组织规划
    - ■ 水运交通系统规划
        - □ 内河航道网络系统规划
        - □ 远洋航线网络规划
        - □ 港口码头发展规划
    - ■ 航空交通系统规划
        - □ 航空线路网络规划
        - □ 机场布局发展规划
    - ■ 管道运输系统规划

其中,★表示专业规划,■表示专项规划,□、◇表示专题或主题规划。

目前,国内的区域交通系统规划中的各专项规划(含公路、铁路、水运及航空交通系统的规划)统一由交通运输部负责。但由于历史上行业分隔的原因,铁路系统的规划及运营管理由国家铁路集团有限公司实施,航空交通系统的规划及运营管理由国家民用航空局实施。我国的管道运输主要是石油、天然气、煤炭等能源,管道系统规划也由相应的管理部门负责。目前我国正处在由分行业管理向统一的行业管理变革的过程中,虽然公路、铁路、航空、水路等各大运输方式名义上归属交通运输部管理,但国家民用航空局、国家铁路集团公司仍为比较独立的管理单位。

与城市交通系统规划的层次划分一样,区域交通系统规划的层次划分也是相对的,取决于规划区域的规模与行业特征。如公路交通系统规划,一般来说,县乡域只需要进行公路交通系统规划或进一步进行深化该规划的县乡公路网络规划、农村公路网络规划。地市域需要进行公路交通系统规划及深化该规划的公路主骨架网络规划,特别重要的地市在条件许可时可进一步进行高速公路网络系统规划、公路枢纽规划及物流规划,省域以上区域应进行公路交通系统规划及各专题或主题规划。

5.1.2 交通规划的目的与任务

交通规划是交通运输系统建设与管理科学化的重要环节,是国土规划、城市总体规划的重要组成部分。交通规划是制订交通运输系统建设计划、选择建设项目的主要依据,是确保交通运输系统建设合理布局,有序协调发展,防止建设决策、建设布局随意性、盲目性的重要手段。为使交通运输能适应国民经济发展和人民生活需要,必须对交通发展制订出全面的规划。道路交通规划是区域或城市综合运输规划的一个组成部分,其目的在于协调各种运输方式之间的关系,在可能的资金、资源条件下,对道路交通系统的布局、建设、运营等方面从整体上做出最佳安排,以适应社会、政治、经济发展的需要。

交通规划必须坚决贯彻党和国家确定的战略方针和目标,充分体现国民经济"持续、稳定、协调发展"的方针,使交通系统发展布局服从于社会经济发展的总战略、总目标,服从于生产力分布的大格局,正确处理地区间、各种运输方式(交通方式)间交通网络的衔接,使交通系统规划寓于社会经济发展之中,寓于综合交通运输体系之中。同时必须坚持实事求是,讲究科学,讲究经济效益,从国情、从本地区(本城市)特点出发,既要有长远战略思想,又要从实际出发做好安排。要严格执行国家颁布的有关法规、制度,严格执行交通系统工程建设的技术规范、技术标准。

交通规划的主要任务是:通过深入的调查、必要的勘测、科学的定量分析,在剖析、评价现有交通系统状况,揭示其内在矛盾的基础上,根据客货流分布特点、发展态势及交通量、运输量的生成变化特征,提出规划期交通系统发展的总目标和总体布局,确定不同类型交通基础设施的性质、功能及建设规模,拟定主要路线(如城市道路、公共交通线路、公路、铁路、航线、航道、管道)的走向、主要控制点及交通枢纽,优化交通网络结构与等级配置,制定分期实施的建设序列,提出实现规划目标的政策与措施,科学地预测发展需求,细致地确定合理布局,确保规划期交通系统的交通需求与交通供给之间的平衡,满足社会经济发展对交通系统的要求。

交通规划分很多种类与层次,不同的交通规划有不同的规划内容与深度要求,但无论哪一类交通规划,其主体内容一般应包括以下几个方面:

(1)交通系统现况调查;
(2)交通系统存在问题诊断;
(3)交通系统交通需求发展预测;
(4)交通系统规划方案设计与优化;
(5)交通系统规划方案综合评价;

(6) 交通系统规划方案的分期实施计划编制;
(7) 交通系统规划的滚动。

交通规划的执行过程如图 5-1 所示。

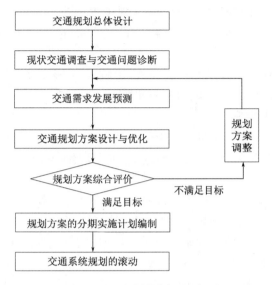

图 5-1 交通规划的执行过程框图

5.1.3 交通规划的总体设计

1) 交通规划的任务主体及组织机构

无论是区域交通系统规划还是城市交通系统规划,其规划的编制工作是一个相当复杂的系统工程问题,一般在规划编制工作开始前,要对整个规划过程进行总体设计。总体设计包括落实任务,建立组织机构,确定规划的指导思想、规划目标及规划原则,确定规划期限、规划范围及主要的规划指标,提出规划成果的预期要求(包括规划的深度)等。

区域交通系统规划一般分多个层次,按国家、省(自治区、直辖市)、地(市)、县行政区划,由各级交通运输的行业主管部门负责组织规划的编制。

例如,公路交通系统规划的编制,国家级公路交通系统的规划由交通运输部负责组织编制,省级公路交通系统的规划由各省(自治区、直辖市)交通运输厅(局)负责组织编制,县级公路交通系统规划由地(市)交通运输局负责组织编制。部门专用公路网络的规划(如农场、牧场、林场、矿山、油田的局部公路网,国防、边防公路,旅游公路等)由专用部门负责组织编制,并纳入各地区的规划中。

编制不同层次的区域交通网络规划时,下一层次的交通网应服从上一层次的交通网布局,跨行政区划的交通网络,需在上一级交通主管部门指导协调下进行,避免交通网络规划出现不协调现象(如断头路)。

城市交通系统的各项规划根据城市的发展需要而定,《中华人民共和国城乡规划法》中规定,建制市必须制定城市总体规划,城市总体规划中必须包含城市综合交通体系规划。一般城市是把交通系统规划作为城市总体规划中的一个专业规划来进行的,但大多数特大城市及大城市是根据城市交通的发展需要而进行交通规划的,并包含多项城市交通专项、专题规划。城市交通系统规划工作一般由城市规划管理部门或者城市交通管理部门负责组织编制。

在进行交通规划时,各级交通运输管理部门(或规划部门)应设置交通规划专门机构,以确保规划质量和规划工作不间断地深入开展,规划技术力量不足的交通运输管理部门(或规划部门)也可将规划编制工作委托给持有相应设计资质的交通规划设计单位或大专院校进行。

由于交通规划涉及范围广、技术要求高、社会影响大,在规划编制过程中一般都要成立三个机构:规划领导小组、规划办公室、规划编制课题组。

2) 交通规划的范围及期限

交通规划一般分近期、中期、远期三个阶段,近期以距基准年 1~5 年为宜,最长不超过 10 年;中期以距基准年 5~15 年为宜,最长不超过 20 年;远期距基准年 15~30 年为宜,最长不超过 50 年。

由于交通基础设施的建设过程与使用过程都相对较长,一般来说,交通基础设施的建设规划(如公路交通规划、城市道路网络规划等)的规划期限应相对长一些,而交通基础设施的管理规划(如城市交通管理规划、城市智能交通系统规划)的规划期限可相对短一些。

交通规划影响范围的确定及交通小区的划分是开展交通规划实质性工作的第一步。

交通规划影响区分直接规划区及间接影响区,直接规划区为规划网络的所在行政区划,间接影响区为与规划区相邻区域及与规划区有交通往来的区域。在交通规划的交通调查、交通发展预测及综合评价中,分析模型的建立均以"交通小区"为基本分析单元,因此交通小区的划分非常重要。

5.2 城市道路交通规划的调查与数据分析

5.2.1 概述

服务于城市道路交通规划的调查内容可划分为基础资料、交通需求、交通设施、交通现状四大项,城市道路交通规划的具体调查内容见图 5-2。交通调查的工作过程一般包括数据调查与收集、数据整理与分析两个阶段。

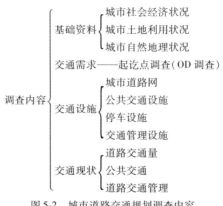

图 5-2 城市道路交通规划调查内容

在所有调查内容中,与交通需求分析密切相关的调查为起讫点调查。起讫点调查即OD调查(Origin-Destination Survey),主要获取人、车、货物在路网上的起点、终点等相关信息,包括起讫点、出发及到达时间、出行目的、所采用交通方式、出行者基本信息等。起讫点调查是交通规划研究最基础的调查,可全面地再现城市交通出行整体分布的特征,进而揭示城市交通症结的原因,反映交通需求与土地利用、经济活动的规律。本节内容主要以居民出行调查为主,同时简要介绍其他相关调查的基本内容及方法。

5.2.2 城市基础资料调查

1) 城市社会经济及土地利用资料

城市社会经济及土地利用基础资料调查服务于城市道路交通规划。城市社会经济及土地利用基础资料主要包括城市社会经济基础资料调查、城市土地利用基础资料调查、城市自然情况调查等内容。城市社会经济基础资料的数据来源主要为统计、计划、交通等政府机构。

城市社会经济基础资料调查需收集以下资料:

(1) 城市人口资料

包括城市人口总量及各交通区(见5.2.3节)人口分布量,城市人口年龄结构、性别结构、职业结构、出生率、死亡率、机械增长率等。

(2) 国民经济指标

包括城市GDP(国内生产总值)、各行业产值、产业结构、人均收入等。

(3) 运输量

包括客货运输量、周转量、综合运输方式比例等。

(4) 交通工具

即各车种的交通工具拥有量。

为了分析、预测未来的城市社会经济发展变化情况,调查中应包括历史及现状的资料。

2) 城市土地利用基础资料调查

城市土地利用与交通有密切的关系,不同性质的土地(如居住、商业、工业等)有不同的交通特征。交通与土地利用的关系是进行交通需求预测的基础。城市土地利用基础资料调查包括城市和各分区现状用地状况、规划的土地开发计划。具体包括:①土地利用性质与面积;②就业岗位数;③就学岗位数。城市土地利用基础资料一般可从规划、建设、土地管理等政府机构获得。

3) 城市自然情况调查

城市自然情况调查内容包括气候、地形、地质、自然资源、旅游资源等。城市自然情况可以从相应的政府部门获取。

4) 城市道路交通基础设施调查

城市道路交通基础设施调查包括以下内容:

(1) 城市道路基础设施调查

包括道路路段的等级,机动车道、非机动车道和人行道路面宽度,机非分隔方式,路面质量、长度、坡度等,各交叉口类型、位置、控制(管制)方式等,停车场位置、形式、停车容量等。

(2) 城市公共交通设施调查

包括公交线网总体布局情况、各线路站点设置情况、线路车辆配备情况、公交场站设置情况等。

(3) 城市停车设施调查

包括停车场的名称、位置、类型、规模、收费标准、开放时间、周边路网情况、停车场进出口设置等信息。

(4) 城市交通管理设施

包括城市道路交通管理设施投资水平、交通标线、交通标志、行人过街设施、平面交叉口渠化、信号控制等。

(5) 城市对外交通枢纽调查

包括车站、码头等对外交通枢纽布局,各车站、码头的容量、交通集散广场情况等。

5) 道路交通管理调查

道路交通管理调查包括交通管理措施、交通安全状况、交通管理队伍建设、交通管理水平、交通秩序、道路交通运行状况等内容。

5.2.3 起讫点调查

1) 相关定义及术语

(1) 交通区

进行道路交通规划时需要全面了解交通源及交通源之间的交通流,但交通源一般是大量的,不可能对每个交通源进行单独研究。因此在道路交通规划研究过程中,需要将交通源合并成若干小区,这些小区称为交通区。交通区划分是否适当直接影响到交通调查、分析、预测的工作量及精度。

划分交通区的主要目的是:将交通需求的产生、吸引与一定区域的社会经济指标联系起来;将交通需求在空间上的流动用小区之间的交通分布图表现出来;便于用交通分配理论模拟道路网上的交通流。

交通区划分首先应确定划分交通区的区域。划分交通区的区域除应包括规划区域外,还应包括与规划区域有较大交通联系的区域,以及有较大过境交通经过规划区域的其他区域。城市道路交通规划中,由于大城市有较强的辐射功能,因此交通区划分的区域除了自身外,还应考虑其辐射范围;对于中小城市,交通区划分的区域应包括有较多过境交通经过城市的区域。

划分交通区的主要目的是全面了解交通源与交通源之间的交通流,从该意义上讲,交通区的划分越小越好,但交通区划分越小,会使分析工作量越大。交通区划分的基本原则是在准确、全面反映区域交通源流特性的前提下,使工作量尽可能地减少。

通常,由于基础资料(如经济、人口等)一般都是按照行政区划采集、统计、规划的,因此为了便于采集基础资料,交通区的划分一般不应打破行政区划。

在研究交通区之间的交通流时,交通区是被作为一个交通源的。因此,当交通区划分区域内有河流、铁路等天然或人工分隔时,一般应将其作为交通区的边界。

交通区内的用地性质、交通特点等应尽量一致。

(2) 出行

出行指人、车、货物从出发点到目的地移动的全过程。出行"起点"指一次出行的出发地点,"讫点"指一次出行的目的地。

出行必须具备三个基本属性:①每次出行需有起讫两个端点;②每次出行有一定的目的;

③每次出行采用一种或几种交通方式。

在进行居民出行调查时还有三点补充要求：①每次出行必须利用有路名的街道或公路；②步行单程时间必须在5min以上，自行车单程距离在400m以上；③凡是以步行（或自行车）方式完成以购物为目的的连续出行，以其出发点为始点，最远点为终点记为一次出行。

(3) 出行端点

出行端点是出行起点、讫点的总称。每一次出行必须有且只有两个端点，出行端点的总数为出行次数的两倍。

(4) 小区形心

小区形心指交通区出行端点（发生或吸引）密度分布的重心位置，即交通区交通出行的中心点，不是该交通区的几何中心。

(5) 期望线

期望线又称愿望线，为连接各交通区重心间的直线，是交通区之间的最短出行距离，因为反映人们的最短距离而得名，其宽度表示交通区之间出行的次数。由期望线组成的期望线图，又称OD图，如图5-3所示。

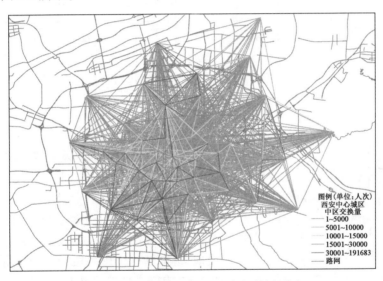

图5-3　2015年西安市中心城区全方式出行分布

(6) OD表

OD表为表示各交通区之间出行量的表格。如图5-4所示，当交通区之间的出行只需要考察量时，用表示双向之和的三角形OD表；当交通区之间的出行不仅需要考察量而且需要方向时，用表示双向的矩形OD表。

(7) 调查区域境界线

调查区域境界线是包围全部调查区域的一条假想线，境界线上出入口应尽量少，以减少调查工作量。

(8) 核查线

核查线是为校核OD调查成果精度而在调查区内部按天然或人工障碍设定的调查线，可设一条或多条，分隔核查线将调查区划分为几个部分，用以实测穿越核查线的各条道路断面上的交通量，如图5-5所示。

小区号	1	2	3	Σ
1	20	64	38	122
2		80	104	184
3			52	52
Σ				358

起点＼讫点	1	2	3	Σ
1	10	30	20	60
2	34	40	50	124
3	18	54	26	98
Σ	62	124	96	282

1	2	3	…	n	$T_i=\sum_j t_{ij}$
t_{11}	t_{12}	t_{13}	…	t_{1n}	T_1
	t_{22}	t_{23}	…	t_{2n}	T_2
		t_{33}	…	t_{3n}	T_3
			⋮	⋮	⋮
				t_{nn}	T_n
					$T=\sum_i T_i$

i＼j	1	2	3	…	n	$P_i=\sum_j t_{ij}$
1	t_{11}	t_{12}	t_{13}	…	t_{1n}	P_1
2	t_{21}	t_{22}	t_{23}	…	t_{2n}	P_2
3	t_{31}	t_{32}	t_{33}	…	t_{3n}	P_3
⋮	⋮	⋮	⋮	⋱	⋮	⋮
n	t_{n1}	t_{n2}	t_{n3}	…	t_{nn}	P_n
$A_i=\sum_j t_{ij}$	A_1	A_2	A_3	…	A_n	$T=\sum P_i=\sum A_i$

图 5-4　OD 表示例

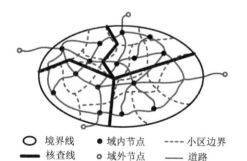

图 5-5　境界线及核查线

2）OD 调查的抽样率及抽样方法

调查抽样率是在母集团中按一定的比率抽出所需要的调查样本，当抽出样本数达到足够数目时，抽样误差遵从正态分布。因此，抽出样本越多，样本平均数接近整体平均数的概率也越大。随着科学技术的发展，近期开始应用手机信令数据等新数据分析居民出行的特征。虽然手机信令数据分析城市居民出行特征还存在着若干技术难点，但其主要特性之一为抽样率很高，单一运营商的数据可覆盖到 40% ~60% 的城市人口。因此，应用手机信令等数据的结果基本可直接获取接近居民整体平均出行的情况。

如果 OD 调查的范围不大，对象不多，或者具备手机信令等数据源，那么可以采用全样调查。但在范围大、样本众多的情况下，OD 调查可按一定的比例抽样，即应用数理统计的原理，在误差允许的前提下通过抽样调查推断母体。抽样率的大小与母体数量、调查对象的复杂程度，以及调查统计分析的目标有关。母体越大，抽样率可越小；调查对象越复杂，抽样率应越大；调查统计分析的目标越多，抽样率越大。

OD 调查抽样率的确定一般可采用两种方法：一是利用试调查或其他城市或区域已经拥有的 OD 调查资料，考虑调查对象的母体数量，调查统计分析的目标，以及抽样的方法，用数理统计的原理,通过分析抽样的误差确定;二是参照国内外的经验确定。目前国内外在进行传统方式的 OD 调查时,抽样率的确定多采用第二种方法,而且抽样率相差较大。

由数理统计的原理,可得出如下的抽样率计算公式:

$$\gamma = \frac{\lambda^2 \delta^2}{\Delta^2 N + \lambda^2 \delta^2} \tag{5-1}$$

式中:γ——抽样率;
λ——对于标准正态分布,一定置信度对应的双侧分位数;当置信度为 68.3% 时,$\lambda = 1$;当置信度为 75% 时,$\lambda = 1.15$;当置信度为 90% 时,$\lambda = 1.65$;当置信度为 95% 时,$\lambda = 1.96$;
δ^2——母体的方差,当样本数足够大时,可用样本的方差代替;
N——母体容量;
Δ——控制误差的控制指标的容许绝对误差,其与相对误差的关系为 $\Delta = EX$,其中 E 为相对误差,X 为控制指标的样本均值。

方差 δ^2 一般可根据试调查或其他城市或区域已经拥有的 OD 调查资料统计确定。

传统 OD 调查的抽样方法包括简单随机抽样、分层抽样、等距抽样、整群抽样等。

简单随机抽样是最基本的抽样方法,样本的提取随机确定。其抽样方法简单,误差分析也较容易,但需样本容量较多,适宜各个体之间差异较小时采用。

分层抽样即将母体分为若干类型(层次),然后在各层次作随机抽样,而不是直接从母体中随机抽样。例如,以交通区的用地性质作为分层特征,将交通区分为若干层次,对用地性质相同的交通区作随机抽样。此法的优点在于通过分类,使各类个体之间的差异缩小,有利于抽出有代表性的样本,但抽样的过程较为复杂,误差分析也较为复杂。此法适用于母体复杂、个体之间差异较大、数量较多的情况。

分层抽样的方差计算公式为:

$$\delta^2 = \frac{\delta_1^2 N_1 + \delta_2^2 N_2 + \cdots + \delta_k^2 N_k}{N} \tag{5-2}$$

式中:δ_i^2——各分层的内部方差($i = 1, 2, \cdots, k$);
N_i——各分层的个体总量;
δ^2、N——意义同式(5-1)。

等距抽样即等间隔或等距离抽取样本。其优点是利于提高代表性,使母体各部分能均匀地包括到样本中。等距抽样的方差通常用简单随机抽样的方差计算方法近似计算。

整群抽样从母体中成群成组地抽取样本。成群成组的样本可按以上三种方法中的任何一种来抽取,在群内所有个体都要调查。该法的优点是组织简单,缺点是样本代表性较差。

在进行 OD 抽样调查时,采用何种抽样方法应视调查的对象及调查的具体条件,根据各种方法的特点而定,各种方法也可组合使用。

3)起讫点调查的步骤

(1)组织调查机构

OD 调查是一项涉及面广、工作量很大的工作,需要许多单位、许多部门相互协作、共同完成,因此需要设立一个专门的机构,统一负责指挥、协调工作。

(2)调查准备

设计、印刷调查表格,表格设计的原则是既要满足调查的要求,又要简明扼要,使被调查者容易填写或回答。应结构合理,尽量为以后的统计分析工作减少工作量。

(3)确定抽样率及抽样方法

对各项OD调查进行分析研究,确定其抽样率和抽样方法。

(4)调查人员培训

调查质量很大程度上取决于调查人员,尤其是采用访问调查方法时,调查人员的责任心将直接影响调查的成败。因此,从人员挑选开始,就要严格要求。一般的条件是具有高度的责任感,具有一定的文化程度,身体健康,人地熟悉等。培训过程中要反复讲明调查的目的、要求与内容,要模拟实地调查时可能出现的各种情况,要强调培养耐心、热情与韧性。

(5)制订调查计划

调查的实施计划应从实际出发,安排既要紧凑,又要留有一定的余地。

(6)典型试验

在调查工作全面开展之前,应先作小范围的典型试验,取得经验教训,进一步完善计划和方法,确保达到预期效果。典型试验还可结合培训调查人员一起进行。

(7)实地调查

实地调查的过程中,必须严格把关,及时抽查,以随时发现问题,保证调查的精度。

4)城市居民出行OD调查

居民出行是构成城市交通的主要部分,因此对居民出行OD状况进行全面调查在城市交通规划中占有十分重要的地位。居民出行OD调查的主要目的在于获取现状城市中居民的职业、年龄、性别、收入等基础情况,以及各次出行的起点、讫点、时间、距离、出行目的、所采用的交通工具等出行情况。传统获取居民出行信息的主要方式在于针对不同类型的居民(常暂住人口、流动人口等)发放不同类型的居民出行调查表格。通过对所抽样居民表格的信息扩样,从而获取全市的居民出行特征。典型城市居民出行调查表见表5-1。

传统城市居民出行调查时所采用的方法主要有家访调查、电话询问调查、明信片调查、工作出行调查、职工询问调查等。上述方法中以家访调查为主,目前其他方式的应用已经不多。我国多个大城市在近期实施的居民出行调查中引入多种数字技术更新了原有的调查技术,同时也应用了诸如遥感用地、手机信令、车牌识别和车载GPS数据等其他信息同步分析居民出行的趋势,其和传统的交通调查方法可相互扶正,互为补充。本部分将对家访调查法和手机信令数据应用两种方法的优缺点进行简单介绍。

(1)家访调查法

对居住在调查区的住户,进行抽样家访,由调查人员当面了解该住户中包括学龄儿童在内的全体成员的全天出行情况。调查前应重视调查员的培训,并进行模拟表格填写训练。

调查前应进行广泛的舆论媒体宣传,力求做到家喻户晓,老少皆知,并依靠各级组织。

家访调查按调查表格逐项进行,一般来说难度不大,但调查人员仍需有充分的思想准备,以应付一些预料不到的局面,如被访人的不合作态度、漫不经心、随口编造、隐瞒部分出行(隐性出行)等。调查人员对此务必冷静、耐心对待,同时如实汇报,及时采取补救措施。同时也应设法获取调查无法进入的小区的居民出行特性,如在小区门口设置临时调查表格发放点等。

城市居民出行调查表　　　　　　　　　　　　　　　表 5-1

居住地址：			居委会：						小区编码 □□□□	
性别	男 1	职业	小学生	中学生	大中专学生	工人	服务人员	职员	个体劳动者	家务	其他
	女 0		1	2	3	4	5	6	7	8	9
年龄	6~14岁	15~19岁	20~24岁	25~29岁	30~39岁	40~49岁		50~59岁		60岁以上	
	1	2	3	4	5	6		7		8	
常用交通方式	步行	自行车	助力车	公交车	出租车	轻骑摩托	私家车	单位小车	单位大车	其他	家庭年收入（万元）
	1	2	3	4	5	6	7	8	9	10	

居民一日出行情况

出行次序	出发时间(h/min)	出发地点	出行目的									出行方式									到达地点	到达时间(h/min)
			上班	上学	公务	购物	文娱体育	探亲访友	看病	回程	其他	步行	自行车	助力车	公交车	出租车	轻骑摩托	私家车	单位小车	单位大车	其他	
			1	2	3	4	5	6	7	8	9	1	2	3	4	5	6	7	8	9	10	
1																						
2																						
3																						
4																						
5																						
6																						
7																						
8																						

　　家访调查法一般能较全面、准确地获得城市居民出行 OD 信息，是常用的居民出行 OD 调查方法。

　　如图 5-6 所示，目前最新的城市居民出行调查中，可采用个人手持终端（PDA）代替传统的调查问卷。通过应用个人手持终端的相关应用，可实现自动识别调查地点和目的地等，并能将地点信息直接同小区信息相互关联。对于居民的出行信息不闭合的时候，会自动提示。将所有调查员的信息直接汇总合并后，可直接跳过传统调查数据的编码、录入、校验等步骤。

　　（2）手机信令数据的应用

　　手机目前已经成为当前城市居民必须随身携带的设备。手机正常使用过程中会在切换基站所在区域、发生通信或经过固定时间等时机同所在区域的唯一基站发生通信。通过跟踪手机一日内在各个基站注册、通话等脱敏的信令数据,即可获取手机机主在一日内的真实移动轨迹及趋势。与信令数据对应的为手机话单数据。话单数据仅在手机发生通信过程中才会产生记录。目前我国绝大多数地区的手机数据均为信令数据。

a) 调查设备　　　　　　　　　　　　　　b) 数据输入界面

图 5-6　应用个人手持终端完成居民出行调查(上海市案例)

手机信令数据采样率高,采样精确,不存在隐性出行等在传统居民出行调查中可能存在的问题。但手机信令数据在应用过程中高度依赖手机基站所设置的位置,其交通小区必须在基站覆盖范围合并获得。手机信令数据可很好地研究居民分布情况(图 5-7),但较难获取居民出行的若干特性,如无法获取居民出行所采取的交通方式,也无法区分是常暂住居民还是流动人口等。另外,将手机信令数据应用于传统的交通需求分析过程中,会较难判别单次出行的信息。现有方法多采用所移动的基站距离超过若干距离、单个基站停留时间超过特定时间等标准判断当前的信息是否属于一次出行。手机信令数据也无法判断单人携带多个手机或多张 SIM 卡的情况。虽然目前存在若干数据清洗方法试图解决应用手机信令数据分析居民出行时存在的问题,但该类技术的应用仍在探索过程中。

手机信令数据最大的优势在于其采样率高,且可获取连续的单体移动特征,但其在应用于传统的交通需求分析时常忽略掉其数据中的各单体移动特性,因此建议对已有分析方法进行改进,以充分利用该特性,更准确地获取城市居民的出行特性。

5) 流动人口出行 OD 调查

流动人口是城市总人口中特殊的组成部分,流动人口的出行规律如出行次数、出行方式等与城市居民出行规律一般有较大的差异,要详细了解流动人口的出行状况,需要对流动人口出行 OD 进行调查。

流动人口的组成十分复杂,按其在城市中停留的时间可分常住、暂住、当日进出等,按其来城市的目的又可分为出差、旅游、探亲、看病、经商、转车等。因此,流动人口出行 OD 调查难度较大,对不同类别的流动人口应采取相应的调查方法。常住、暂住流动人口一般可采用与居民出行 OD 调查类似的家访调查、电话询问等方法,对当日进出的流动人口则可采用在城市的对外交通枢纽,如车站、码头等直接询问的方法等。

流动人口出行 OD 调查的内容包括流动人口的职业、年龄、性别、来城市的目的、停留时间等基础情况,以及各次出行的起点、讫点、时间、距离、出行目的、所采用的交通工具等出行情况。城市流动人口出行 OD 调查表的可在城市居民出行 OD 调查表的基础上根据流动人口的特性做出相应调整。应用非本地手机的信令数据或非长期在本地停留人口的手机信令数据也可追踪流动人口的出行特性,但该技术也存在前述的缺点。

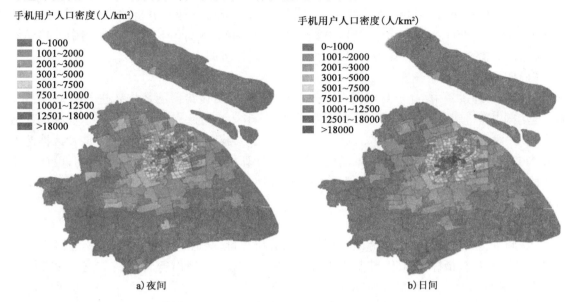

图 5-7　上海市应用手机信令数据获取的人口密度分布❶

6）机动车出行 OD 调查

城市机动车出行 OD 调查包括公交车出行 OD 调查、非公交车出行 OD 调查两类。

城市公交车出行 OD 调查的内容包括行车路线、行车次数、行车时间等,可直接由公交公司的行车记录查得。目前加装 GPS 的车辆可直接将车辆位置、速度、行程时间等信息直接上传至运营调度中心。公交刷卡数据也可应用于分析乘客的 OD 分布。因部分城市的公交仅在上车时刷卡,所以欲使用公交刷卡信息获取 OD 信息,需结合同卡的返程信息进行分析,即返程时的上车点为前段行程的终点。部分城市的公交刷卡数据不能实时上传,需在收车后导入,此时无法进行数据的实时分析。

城市境内除公交车外的其他机动车辆境内出行 OD 调查、区域机动车出行 OD 调查,以及城市境界线机动车出行 OD 调查的内容,包括车辆的种类、起讫地点、行车时间、距离、载客载货情况等。除城市公交车外的其他机动车出行 OD 调查的方法,一般有发(收)表格法、路边询问法、人工登记车辆牌照法、车辆栓签法、明信片调查法等。

现代机动车 OD 调查多采用车牌识别和车载 GPS 数据等方法以提升检测效率及准确度。车牌识别技术通过在市区道路上布设高精度视频摄像头,识别路网中各车辆的车牌信息并比对路网中其他监测点的信息。通过对同一车牌在不同监测点的时间戳排序,即可获取车辆行驶的轨迹信息。车载 GPS 在每隔一定时间(如 30s)上传车辆实时位置、车辆速度等信息,可直接获取车辆的轨迹及出行时间等信息。出租车等营运车辆还可上传是否载客的信息。虽然车载 GPS 的信息很多,但考虑到个人隐私,可用车载 GPS 信息多为出租车、公交车等营运车辆。近期,高德、百度等地图软件也在采取用户终端的位置信息用于自身软件的相关服务。上述信

---

❶ 图 5-6、图 5-7 来源:李娜,董志国,薛美根,等. 上海市第五次综合交通调查新技术方法实践[J]. 城市交通,2016,14(2):35-42.

息均可用于分析机动车及居民出行的OD。

7）OD调查资料的整理与分析

OD调查资料一般是大量的,在应用纸质调查表时,资料整理与分析的工作量十分巨大。许多工作需要借助计算机进行,其过程主要包括编码、输码、统计分析等。在应用个人移动终端调查后,上述工作可以得到极大的简化,在调查阶段即可同步完成。

（1）OD调查资料的整理

在资料整理过程中,首先要对调查表进行检查,对有明显错误的数据要进行核对、校正。其次是编码,即将调查表中的文字转变为数字,如交通区、出行起点、出行讫点等。应抽调熟悉城市地理、对调查项目充分理解的人员进行编码,对于大城市应分别从城市的不同片区抽调人员并集中编码。在输码之前,应首先确定采用何种计算机语言,并设计好数据结构,设计的原则是既省内存,又方便统计。在对调查结果进行统计之前,应把抽样调查的数据乘以放大系数（即除以抽样的比率）,以扩大到全样。

（2）OD调查资料统计分析的基本内容

OD调查资料统计分析的目标是为现状交通分析评价、交通预测模型标定、交通网络规划等提供基本参数和指标。因此,其基本内容包括三个方面:一是出行特征统计分析;二是出行与其相关因素之间关系的统计分析;三是其他有关指标的统计分析。主要包括出行产生、出行分布、出行方式、出行时间、距离、平均载客（货）量、平均额载、平均实载率等参数。

（3）OD调查精度检验

可以用以下几种方法进行误差检验。

①分隔核查线检验

在OD调查的同时,选择城市区域内天然屏障（如河流、铁路等）,实测跨越核查线上一些断面（桥梁、道口和交叉口）的流量与OD调查统计扩算的不同方式（自行车、客车、货车、公交车等）通过核查线的出行量进行比较,一般相对误差在5%以内符合要求;误差在5%～15%可进行必要调查;如果误差大于15%,则应返工调查。

②区域境界线检验

调查区域境界线可用核查线原理一样进行,特别是对机动车出入境界线站、点,可将OD分布量（车辆的内→外和外→内的出行）与调查的实际统计量进行比较。

③在调查区域内,拟定众所周知的交通枢纽、公共活动集散中心作为校核点,将起讫点调查获得的交通量按抽样率扩算后与该点实际观测的交通量相比,作为控制市内OD调查精度的重要依据。

④把由OD调查表推算出来的各类人口、社会交通特征与现有的统计资料进行比较,检查其误差程度。

（4）城市交通OD调查资料的统计分析

居民出行OD调查统计分析包括以下主要内容：

①出行产生。包括统计职业、年龄、不同性质的用地等各种相关因素的不同状况下,各种出行目的的城市居民在市内的出行产生量,根据统计的结果,分析这些相关因素对城市居民在市内的出行产生的影响等。

②出行分布。包括统计境界线内各交通区之间总出行及分目的、分方式的居民出行OD

量等。

③出行方式。包括统计城市居民在市内出行的出行方式结构等。

④出行时间及出行距离。包括统计城市居民在市内总出行和分方式出行的平均出行时间,以及统计居民在境界线内各交通区之间各种出行方式的平均出行时间及出行距离等。

5.3 集计的交通需求预测

5.3.1 概述

交通需求预测是交通规划中的核心内容之一。如5.1节中介绍的,交通规划的本质为根据预测的未来年的交通需求,确定在未来一段时间内的交通发展策略及应建设的交通基础设施,即未来年的交通供给应满足交通需求。因此,交通发展政策的制定、交通网络设计以及方案评价都与交通需求预测有密切的联系。

未来年的交通需求即未来特征年分布在研究区域内的各居民在全日内要完成的出行的总和。直观地讲,要对未来年的交通需求进行预测,只要知道在未来年所有居民会如何完成出行,再将所有居民的出行按时间段汇总即可。但这种方法因要求对所有居民的出行特性展开研究,因此较难实现,而且也无法估计每个人的出行特性。此时可将居民按其出行的特性分为若干种类,再进行预测即可。

进行未来年的交通需求预测还有另一种思路,如果将研究区域划分为若干区域,并通过调查获取现状各小区居民的出行分布特征。在假设未来年的居民出行仍符合当前分布特性时,即可预测出未来年的交通需求。

通过比较两种交通需求预测的方法可以发现,第一种预测思路针对的是单个居民的出行或某一类居民的出行,而第二种思路则是将一定范围(小区)内的居民出行作为研究对象,因此可称第一种预测思路为非集计的交通需求预测模型(Disaggregated Traffic Demand Prediction Model),而称第二种预测思路为集计的交通需求预测模型(Aggregated Traffic Demand Prediction Model)。

比较两类交通需求预测模型可以发现,第一类交通需求预测模型的研究对象为所有的居民,其计算复杂度较大;而第二类交通需求预测模型以小区为单位,其计算复杂度较低,结合电子计算机的出现及应用,该类模型有了较快的发展,形成了由4个阶段组成的交通需求预测框架。但需要注意的是,集计的交通需求预测假定未来年居民出行分布的特征同现状相同或类似,因此集计模型较适用于交通需求及供给未发生较大变化的城市,对于新建城市或我国快速发展的城市,应用现状OD分布特性标定未来年交通分布特征时,需额外进行标定及测算,以保证交通需求预测的准确性。

以1962年大芝加哥区域的交通规划为开端,四阶段法广泛应用于各国的工程实践中。虽然各阶段的交通模型均有了不同程度的发展,但目前广泛应用的仍沿用了"四阶段"的交通需求预测模式。20世纪60年代末70年代初,世界上一些较早实现工业化的发达国家,高速公路等大规模交通基础设施建设逐渐减少。政府决策者逐渐把目光转向由高速公路等交通基础设施建设所带来的环境污染、交通拥挤和郊区化等问题,并努力通过制定包括公交优先、多方式联运、提倡使用非机动化交通方式和清洁动力的机动车、实施交通需求管理和土地利用管理等相关政策来解决这些问题。新交通政策的制定和实施,促使人们更多地关注能较好地解释出行者个人或家庭的交通决策行为的非集计分析模型的研究。同时,研究者也开始探求理解个人或家庭活动和出行的根源,基于活动的出行需求预测方法也逐渐成为交通领域不断研究和探索的新方向。本节中主要介绍了集计方式的"四阶段"交通需求预测方法,而在下一节中介绍基于活动的非集计交通需求预测方法。

传统交通需求预测的"四阶段"模式是指在居民出行OD调查的基础上,开展现状居民出行模拟和未来居民出行预测。其内容包括交通的发生与吸引(第一阶段)、交通分布(第二阶段)、交通方式划分(第三阶段)和交通流分配(第四阶段)。从交通的生成到交通流分配的过程,因为有四个阶段,所以通常被称为"四阶段预测法",过程示意图如图5-8所示。因第四阶段的交通流分配,牵涉交通网络流的内容较多,因此在第6章交通网络分析中讲述。

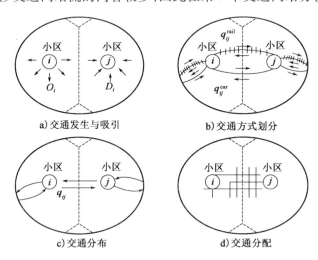

图5-8 "四阶段预测法"示意图

20世纪70年代以来,"四阶段"理论体系逐渐趋于成熟。随着计算机技术的进步,国内外一大批优秀的计算机软件得以应用。具有代表性的有美国的TransCAD、德国的VISUM、英国的CUBE、加拿大的EMME和我国自行研究开发的TranStar等。这些系统软件中交通需求预测的完成均基于"四阶段"模式。

5.3.2 "四阶段"法基本步骤

交通规划中的交通需求预测主要是在未来年社会经济活动的背景下,考虑土地利用和交通需求的关系,对未来年的交通需求进行预测。例如,在建设了新的道路等交通设施后,通过测算道路供给能力、居民出行费用、道路运行情况等基础资料,并考虑道路收费、交通管控等交通管理措施,对未来年居民的出行情况进行预测。

"四阶段"法主要依据如图5-9所示的交通生成(Trip Generation)→交通分布(Trip Distribution)→方式划分(Mode Split)→交通分配(Traffic Assignment)的顺序进行预测。在部分场合,第二阶段和第三阶段的次序可前后调整,但一般按照上述顺序开展预测。各阶段主要内容如下。

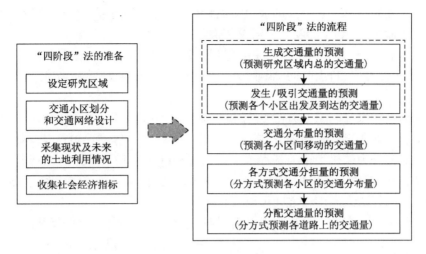

图 5-9 "四阶段"法的流程

阶段 0：生成交通量的预测

所研究区域内在未来将产生的总交通量（生成交通量）的预测。

阶段 1：发生/吸引交通量的预测

各小区出发的交通量（交通发生量，Trip Production）及到达各小区的交通量（交通吸引量，Trip Attraction）。

阶段 2：交通分布量的预测

应用相应模型将各小区之间的发生和吸引量进行合理分布，即获得各小区间的交通需求矩阵（单位为人次，为区别 OD 矩阵可称为 PA 矩阵）。

阶段 3：生成交通量的预测

预测未来年各小区间居民的出行方式，并将以出行人次为单位 PA 矩阵转化为各方式的交通量矩阵，进一步转化为标准车后合并得 OD 矩阵。

阶段 4：分配交通量的预测

将 OD 矩阵按照一定原则分配到规划的路网上，从而对未来年规划的交通设施运营情况进行评价。此阶段也可分配所有交通方式或某几种方式的 OD 矩阵，如机动车 OD 矩阵在路网的分配。

5.3.3 交通生成预测

1）概述

交通生成预测是交通需求四阶段预测中的第一阶段，是交通需求分析工作中最基本的部分之一，目标是求得各个对象地区的交通需求总量，即交通生成量（Trip Generation），进而在总量的约束下，求出各交通小区的发生（Trip Production）与吸引交通量（Trip Attraction）。出行的发生、吸引与土地利用性质和设施规模有着密切的关系。发生与吸引交通量预测精度将直接影响后续预测阶段乃至整个预测过程的精度。

图 5-10 表示了交通小区 i 的发生和交通小区 j 的吸引交通量。O_i 表示由小区 i 的发生交通量（由小区 i 出发到各

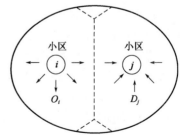

图 5-10 交通小区出行的发生与吸引示意图

小区的交通量之和);D_j表示小区j的吸引交通量(从各小区来小区j的交通量之和)。相反,小区i的吸引交通量和小区j的发生交通量依次类推。

影响交通生成预测的因素有很多,主要包括土地利用性质、家庭规模和家庭成员的构成、年龄和性别、汽车保有率、自由时间、职业、外出率、企业规模、性质、家庭收入、天气、工作日、休息日和季节等。

出行可分为基于家(Home Based)出行和非基于家(Non Home Based)出行。前者又可分为上班与非上班。如按出行目的细分,则又有上班、上学、公务等刚性出行及购物、游憩等弹性出行。出行生成又分为以机动车为基本单位的出行和以人为基本单位的出行。在大城市中,交通工具复杂,一般都用人的出行次数为单位,小城市交通工具较为简单,英、美等国家以小汽车为单位。车辆出行与人的出行之间可以互相换算。

出行生成包括出行产生与出行吸引。由于两者的影响因素不同,前者以社会经济特性为主,后者以土地利用的形态为主,故有些方法需将出行产生和出行吸引分别进行预测,以求其精确,也利于下一阶段出行分布预测的工作。当社会经济特性和土地利用形态发生改变时,也可用来预测交通需求的变化。而交通生成量通常作为总控制量,用来预测和校核各个交通小区的发生和吸引交通量,故交通生成量的预测通常又称作交通生成总量预测。图5-11列出了OD表中发生交通量、吸引交通量和交通生成量三者之间的关系。

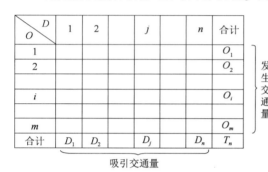

图5-11　发生与吸引交通量、交通生成总量示意图

2）交通生成总量的预测

交通生成总量的预测方法主要有原单位法、增长率法、交叉分类法和函数法。除此之外,还有利用研究对象地区过去的交通量或经济指标等的趋势法和回归分析等方法。本部分仅介绍常用的原单位法。

原单位是指单位指标,它的求得通常有两种,一是用居住人口或就业人口每人平均的交通生成量来进行推算的个人原单位法,另一种是以不同用途的土地面积或单位办公面积平均发生的交通量来预测的面积原单位法。不同方法对应的选取的原单位指标也不同,主要有:

(1)根据人口属性以不同出行目的单位出行次数为原单位进行预测。

(2)以土地利用或经济指标为基准的原单位,即以单位用地面积或单位经济指标为基准对原单位进行预测。

在居民出行预测中经常采用单位出行次数为原单位,预测未来的居民出行量,所以也称为单位出行次数预测法。单位出行次数为人均或家庭平均每天的出行次数,它由居民出行调查结果统计得出。因为人口单位出行次数比较稳定,所以人口单位出行次数预测法是进行生成交通量预测时最常用的方法之一。日本、美国多使用该方法。不同出行目的有着不同的单位出行次数,图5-12所示的就是根据1986年北京市调查得到的不同出行目的的人均出行次数。

预测不同出行目的的交通生成量可以采用如下方法:

$$T = \sum T^k, T^k = \sum_l a_l^k N_E \tag{5-3}$$

式中:a_l^k——某出行目的和人口属性的平均出行生成量;

N_E——某属性的人口；
T^k——出行目的为 k 时的交通生成量；
T——研究对象地区总的交通生成量；
l——人口属性(常住人口、就业人口、工作人口、流动人口)；
k——出行目的。

原单位法预测的出行生成量除由人口属性按出行目的的不同预测外，还可以以土地利用或经济指标为基准预测。从调查中得出单位用地面积或单位经济指标的发生与吸引交通量，根据规划期限内各交通小区的用地面积(人口量或经济指标等)进行交通生成预测。

对于预测生成交通总量而言，如何决定生成原单位的将来值是一个重要的课题。根据以往的研究成果，通常有以下几种做法：

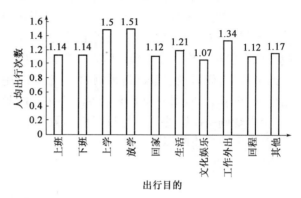

图 5-12 不同出行目的的人均出行原单位

(1)直接使用现状调查中得到的原单位数据。
(2)将现状调查得到的原单位乘以其他指标的增长率来推算，即增长率法。
(3)最常用的也是最主要的方法为函数法。通常按照不同的出行目的预测不同出行目的的原单位。其中，函数的影响因素(或称自变量)多采用性别、年龄等指标。

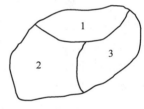

图 5-13 某对象区域小区划分示意图

例 5-1 图 5-13 是分有三个交通小区的某对象区域，表 5-2 是各小区现状的出行发生量和吸引量，在常住人口原单位不变的情况下，采用原单位法预测其将来的出行生成量。

各区现在的出行发生量和吸引量(单位：万次/d) 表 5-2

O \ D	1	2	3	合计	人口(万人)(现在/将来)
1				28.0	11.0/15.0
2				51.0	20.0/36.0
3				26.0	10.0/14.0
合计	28.0	50.0	27.0	105.0	41.0/65.0

解：根据表 5-2 中的数据，可得：
现状出行生成量 $T = 28.0 + 51.0 + 26.0 = 28.0 + 27.0 + 50.0 = 105.0$(万次/d)
现状常住人口 $N = 11.0 + 20.0 + 10.0 = 41.0$(万人)
将来常住人口 $M = 15.0 + 36.0 + 14.0 = 65.0$(万人)
常住人口原单位 $T/N = 105.0/41.0 = 2.561$ [次/(d·人)]
因此，将来的生成交通量 $X = M \times (T/N) = 65.0 \times 2.561 = 166.5$(万次/d)
由于人们在对象区域内的出行不受区域内小区划分的影响，所以交通生成量的原单位与发生/吸引的原单位比较,具有时序列稳定的特点。

如上所述,将原单位视为不随时间变动的量,而直接使用居民出行调查结果。然而,原单位因交通参与者的个人属性(年龄、性别、职业、汽车拥有与否等)不同而变动。

3)发生与吸引交通量的预测

与交通生成总量的预测方法相同,发生与吸引交通量的预测方法也分原单位法、增长率法、交叉分类法、函数法、弹性系数法、时间序列分析法等,限于篇幅,本节不再介绍。与总量预测法不同,在进行发生与吸引交通量预测时,需分发生量和吸引量计算。对发生量预测时,一般采用人口类别作为原单位(人口原单位),根据各类人的平均日出行次数(出行率)计算小区总的出行量;而对吸引量进行预测时,一般选取用地类别作为原单位(面积原单位),根据各类用地性质不同的吸引率及其面积预测小区总的吸引量。需要注意的是,应用原单位进行预测后,会出现同一小区的发生与吸引交通量不相等的情况,此时需对交通发生吸引量进一步调整,调整方法是将吸引总量乘以如式(5-4)所示的调整系数 f,这样可以确保出行吸引总量等于出行发生总量。

$$f = \frac{\sum_{i=1}^{n} O_i}{\sum_{j=1}^{n} D_j} \tag{5-4}$$

除原单位法,另介绍回归分析法如何预测交通生成/吸引量。城市居民出行的目的主要有上班、上学、公务、购物、文体、访友、看病、回程及其他等几种类型。由于上班、上学、回程及弹性出行基本占总出行量的80%以上,因此可结合上述几类出行的特性,应用回归分析方法拟合出几类出行的基本预测方程。实践表明,出行发生量及吸引量的预测模型可采用下列形式中的一种或几种。通常状况下线性模型的预测精度已经足够。

$$Y_{ij} = a + bX_{ij} \tag{5-5}$$

$$Y_{ij} = aX_{ij}^b \tag{5-6}$$

$$Y_{ij} = ae^{bX_{ij}} \tag{5-7}$$

式中:Y_{ij}——i 交通区 j 类出行目的的出行发生/吸引量;

X_{ij}——i 交通区相应于 j 类出行目的的出行发生/吸引量的影响因素,工作出行取为劳动力资源数,上学出行取为居住学生数,弹性出行取为居住人口数,回程出行取为非回程出行吸引量;

a、b——回归系数,根据现状居民出行调查资料及经济调查资料标定。

5.3.4 交通分布预测

交通分布预测是交通规划四阶段预测模型的第二步,是把交通的发生与吸引量预测获得的各小区的出行量转换成小区之间的空间OD量,即OD矩阵。图5-14为交通小区 i 和交通小区 j 之间交通分布的示意图。q_{ij} 表示由交通小区 i 到交通小区 j 的交通量,即分布交通量。同样,q_{ji} 表示由交通小区 j 到交通小区 i 的交通量。

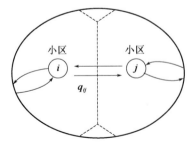

图5-14 交通分布示意图

交通分布中最基本的概念之一是 OD 表，O 表示出发地（Origin），D 表示目的地（Destination）。交通分布通常用一个二维矩阵表示。一个小区数为 n 的区域的 OD 表，一般表示成如表 5-3 所示的形式。

OD 表 示 例　　　　表 5-3

O＼D	1	2	…	j	…	n	发生量
1	q_{11}	q_{12}	…	q_{1j}	…	q_{1n}	O_1
2	q_{21}	q_{22}	…	q_{2j}	…	q_{2n}	O_2
⋮	⋮	⋮	⋱	⋮	⋮	⋮	⋮
i	q_{i1}	q_{i2}	…	q_{ij}	…	q_{in}	O_i
⋮	⋮	⋮	⋮	⋮	⋱	⋮	⋮
n	q_{n1}	q_{n2}	…	q_{nj}	…	q_{nn}	Q_n
吸引量	D_1	D_2	…	D_j	…	D_n	T

表 5-2 中，q_{ij} 为以小区 i 为起点、小区 j 为终点的交通量；O_i 为小区 i 的发生交通量；D_j 为小区 j 的吸引交通量；T 为研究对象区域的生成交通量。

对此 OD 表，下面各式所示守恒法则成立：

$$\sum_j q_{ij} = O_i, \sum_i q_{ij} = D_j, \sum_i \sum_j q_{ij} = \sum_i O_i = \sum_j D_j = T \tag{5-8}$$

交通分布预测要解决的问题是在目标年各交通小区的发生与吸引交通量一定的条件下，求出各交通小区之间将来的 OD 交通分布量。求得的 OD 交通量也是一个二维 OD 表，也同样要满足式(5-8)的约束条件。交通分布预测是交通规划的主要步骤之一，是交通设施规划和交通政策立案不可缺少的资料。

交通分布预测的方法一般可以分为两类：一类是增长系数法，另一类是综合法。前者假定将来 OD 交通量的分布形式和现有的 OD 表的分布形式相同，在此假定的基础上预测对象区域目标年的 OD 交通量，常用的方法包括常增长系数法、平均增长系数法、底特律法、福莱特法、佛尼斯法等；后者从交通分布量的实际分析中，剖析 OD 交通量的分布规律，并将此规律用数学模型表现，然后用实测数据标定模型参数，最后用标定的模型预测交通分布量，其方法包括重力模型法、介入机会模型法、最大熵模型法等。由上述可知，增长系数法的应用前提是要求被预测区域有完整的现状 OD 表。对于综合法来说，如果模型已经标定完毕，则不需要现状 OD 表。当然，一般来说，模型参数的标定需要对象区域的实际数据，也就是说，OD 表还是需要的。然而，此种情况即使没有完整的 OD 表也可以进行模型参数的标定。因此，同增长系数法相比，综合法的应用范围更广些，但对于模型的标定有一定的难度，特别是介入机会模型和最大熵模型，在实际规划中不常使用。本书主要介绍增长系数法和重力模型法。

1）增长系数法

在交通分布预测中，增长系数法的原理是，假设在现状交通分布量给定的情况下，预测将来的交通分布量。

增长系数法的算法步骤如下。

步骤 1：令计算次数 $m = 0$。

步骤 2:给定现状 OD 表中 q_{ij}^m、O_i^m、D_j^m、T^m 及将来 OD 表中的 U_i、V_j、X。

步骤 3:求出各小区的发生与吸引交通量的增长率 F_{Oi}^m、F_{Dj}^m。

$$F_{Oi}^m = \frac{U_i}{O_i^m} \tag{5-9}$$

$$F_{Dj}^m = \frac{V_j}{D_j^m} \tag{5-10}$$

步骤 4:求第 $m+1$ 次交通分布量的近似值 q_{ij}^{m+1}。

$$q_{ij}^{m+1} = q_{ij}^m \cdot f(F_{Oi}^m, F_{Dj}^m) \tag{5-11}$$

步骤 5:收敛判别。

$$O_i^{m+1} = \sum_j q_{ij}^{m+1} \tag{5-12}$$

$$D_j^{m+1} = \sum_i q_{ij}^{m+1} \tag{5-13}$$

$$1 - \varepsilon < F_{Oi}^{m+1} = \frac{U_i}{O_i^{m+1}} < 1 + \varepsilon \tag{5-14}$$

$$1 - \varepsilon < F_{Dj}^{m+1} = \frac{V_j}{D_j^{m+1}} < 1 + \varepsilon \tag{5-15}$$

式中:U_i——将来 OD 表中的发生交通量;

V_j——将来 OD 表中的吸引交通量;

F_{Oi}^m——i 小区的第 m 次计算发生增长系数;

F_{Dj}^m——j 小区的第 m 次计算吸引增长系数;

ε——任意给定的误差常数。

若式(5-14)和式(5-15)满足要求,则停止迭代;否则,令 $m=m+1$,返回步骤 2 继续迭代。

根据函数 $f(F_{Oi}^m, F_{Dj}^m)$ 的种类不同,增长系数法可以分为常增长系数法(Unique Growth Factor Method)、平均增长系数法(Average Growth Factor Method)、底特律法(Detroit Method)、福莱特法(Fratar Method)和佛尼斯法(Furness Method)。

(1)平均增长系数法

平均增长系数法假设 i、j 小区之间的交通分布量 q_{ij} 的增长系数是 i 小区出行发生量增长系数和 j 小区出行吸引量增长系数的平均值,即:

$$f_{平}(F_{Oi}^m, F_{Dj}^m) = \frac{1}{2}(F_{Oi}^m + F_{Dj}^m) \tag{5-16}$$

该方法的优点是公式简明,易于计算;缺点是收敛慢,迭代次数多,计算精度低。

(2)福莱特法

福莱特法假设 i、j 小区间分布交通量 q_{ij} 的增长系数不仅与 i 小区的发生增长系数和 j 小区的吸引增长系数有关,还与整个规划区域的其他交通小区的增长系数有关。

模型公式为:

$$f_F(F_{Oi}^m, F_{Dj}^m) = F_{Oi}^m \cdot F_{Dj}^m \cdot \frac{L_i + L_j}{2} \tag{5-17}$$

$$L_i = \frac{O_i^m}{\sum_j q_{ij}^m \cdot F_{Dj}^m}, L_j = \frac{D_j^m}{\sum_i q_{ij}^m \cdot F_{Oi}^m} \tag{5-18}$$

式中：L_i——i 小区的位置系数；

L_j——j 小区的位置系数。

福莱特法比平均增长系数法收敛速度快，在满足相同的精度条件下迭代次数也少，因此在实际工作中应用广泛。但其计算过程较复杂，因此一般通过计算机编程实现，或通过专门的交通规划软件计算。

（3）佛尼斯法

佛尼斯法假设 i、j 小区间交通分布量 q_{ij} 的增长系数与 i 小区的发生增长系数和 j 小区的吸引增长系数都有关系。

模型公式为：

$$f_{FN}^1(F_{Oi}^m, F_{Dj}^m) = F_{Oi}^m \tag{5-19}$$

$$f_{FN}^2(F_{Oi}^m, F_{Dj}^m) = F_{Dj}^m \tag{5-20}$$

此模型首先令吸引增长系数为1，求满足条件的发生增长系数，接着用调整后的矩阵重新求满足条件的吸引增长系数，完成一个循环迭代过程；然后重新计算发生增长系数，再用调整后的矩阵求吸引增长系数，经过多次循环，直到发生和吸引交通量增长系数满足设定的收敛标准为止。

佛尼斯法计算相对简单，收敛速度相对较快，也适合编程获得预测结果。

例 5-2 如表 5-4 所示，试利用三个小区目标年发生交通量预测值和基础年的出行分布矩阵，分别应用平均增长系数法、福莱特法及佛尼斯法求解目标年的出行分布矩阵。

现状 OD 表和将来各小区的预测值（单位：万次）　　　　表5-4

O \ D	1	2	3	合　计	预 测 值
1	17.0	7.0	4.0	28.0	38.6
2	7.0	38.0	6.0	51.0	91.9
3	4.0	5.0	17.0	26.0	36.0
合计	28.0	50.0	27.0	105.0	
预测值	39.3	90.3	36.9		166.5

解：（1）应用平均增长系数法计算

①求发生交通量增长系数 F_{Oi}^0 和吸引交通量增长系数 F_{Dj}^0

$F_{O1}^0 = U_1/O_1 = 38.6/28.0 = 1.3786$

$F_{O2}^0 = U_2/O_2 = 91.9/51.0 = 1.8020$

$F_{O3}^0 = U_3/O_3 = 36.0/26.0 = 1.3846$

$F_{D1}^0 = V_1/D_1 = 39.3/28.0 = 1.4036$

$F_{D2}^0 = V_2/D_2 = 90.3/50.0 = 1.8060$

$F_{D3}^0 = V_3/D_3 = 36.9/27.0 = 1.3667$

②第 1 次近似：$q_{ij}^1 = q_{ij}^0 \times (F_{Oi}^0 + F_{Dj}^0)/2$

$q_{11}^1 = q_{11}^0 \times (F_{O1}^0 + F_{D1}^0)/2 = 17.0 \times (1.3786 + 1.4036)/2 = 23.648$

$q_{12}^1 = q_{12}^0 \times (F_{O1}^0 + F_{D2}^0)/2 = 7.0 \times (1.3786 + 1.8060)/2 = 11.146$

$q_{13}^1 = q_{13}^0 \times (F_{O1}^0 + F_{D3}^0)/2 = 4.0 \times (1.3786 + 1.3667)/2 = 5.490$

$q_{21}^1 = q_{21}^0 \times (F_{O2}^0 + F_{D1}^0)/2 = 7.0 \times (1.8020 + 1.4036)/2 = 11.219$

$q_{22}^1 = q_{22}^0 \times (F_{O2}^0 + F_{D2}^0)/2 = 38.0 \times (1.8020 + 1.8060)/2 = 68.551$

$q_{23}^1 = q_{23}^0 \times (F_{O2}^0 + F_{D3}^0)/2 = 6.0 \times (1.8020 + 1.3667)/2 = 9.506$

$q_{31}^1 = q_{31}^0 \times (F_{O3}^0 + F_{D1}^0)/2 = 4.0 \times (1.3846 + 1.4036)/2 = 5.576$

$q_{32}^1 = q_{32}^0 \times (F_{O3}^0 + F_{D2}^0)/2 = 5.0 \times (1.3846 + 1.8060)/2 = 7.977$

$q_{33}^1 = q_{33}^0 \times (F_{O3}^0 + F_{D3}^0)/2 = 17.0 \times (1.3846 + 1.3667)/2 = 23.386$

计算后得表5-5。

第一次迭代计算OD表　　　　　　　表5-5

O \ D	1	2	3	合 计
1	23.648	11.146	5.490	40.285
2	11.219	68.551	9.506	89.277
3	5.576	7.977	23.386	36.939
合计	40.444	87.674	38.382	166.5

③重新计算 F_{Oi}^1 和 F_{Dj}^1

$F_{O1}^1 = U_1/O_1 = 38.6/40.285 = 0.9582$

$F_{O2}^1 = U_2/O_2 = 91.9/89.277 = 1.0294$

$F_{O3}^1 = U_3/O_3 = 36.0/36.939 = 0.9746$

$F_{D1}^1 = V_1/D_1 = 39.3/40.444 = 0.9717$

$F_{D2}^1 = V_2/D_2 = 90.3/87.674 = 1.0300$

$F_{D3}^1 = V_3/D_3 = 36.9/38.382 = 0.9614$

④收敛判定

由于 F_{Oi}^1 和 F_{Dj}^1 部分系数大于3%的误差,因此需要重新进行迭代。

⑤第2次近似：$q_{ij}^2 = q_{ij}^1 \times (F_{Oi}^1 + F_{Dj}^1)/2$

$q_{11}^2 = q_{11}^1 \times (F_{O1}^1 + F_{D1}^1)/2 = 23.648 \times (0.9582 + 0.9717)/2 = 22.819$

$q_{12}^2 = q_{12}^1 \times (F_{O1}^1 + F_{D2}^1)/2 = 11.146 \times (0.9582 + 1.0300)/2 = 11.080$

$q_{13}^2 = q_{13}^1 \times (F_{O1}^1 + F_{D3}^1)/2 = 5.490 \times (0.9582 + 0.9614)/2 = 5.270$

$q_{21}^2 = q_{21}^1 \times (F_{O2}^1 + F_{D1}^1)/2 = 11.219 \times (1.0294 + 0.9717)/2 = 11.226$

$q_{22}^2 = q_{22}^1 \times (F_{O2}^1 + F_{D2}^1)/2 = 68.551 \times (1.0294 + 1.0300)/2 = 70.585$

$q_{23}^2 = q_{23}^1 \times (F_{O2}^1 + F_{D3}^1)/2 = 9.506 \times (1.0294 + 0.9614)/2 = 9.462$

$q_{31}^2 = q_{31}^1 \times (F_{O3}^1 + F_{D1}^1)/2 = 5.576 \times (0.9746 + 0.9717)/2 = 5.427$

$q_{32}^2 = q_{32}^1 \times (F_{O3}^1 + F_{D2}^1)/2 = 7.977 \times (0.9746 + 1.0300)/2 = 7.995$

$q_{33}^2 = q_{33}^1 \times (F_{O3}^1 + F_{D3}^1)/2 = 23.386 \times (0.9746 + 0.9614)/2 = 22.637$

计算后得表5-6。

第二次迭代计算 OD 表　　　　　　　　　　　表 5-6

O＼D	1	2	3	合　计
1	22.819	11.080	5.270	39.169
2	11.226	70.585	9.462	91.273
3	5.427	7.995	22.637	36.058
合计	39.471	89.66	37.369	166.5

⑥重新计算 F_{Oi}^2 和 F_{Dj}^2

$F_{O1}^2 = U_1/O_1 = 38.6/39.169 = 0.9855$

$F_{O2}^2 = U_2/O_2 = 91.9/91.273 = 1.0069$

$F_{O3}^2 = U_3/O_3 = 36.0/36.058 = 0.9984$

$F_{D1}^2 = V_1/D_1 = 39.3/39.471 = 0.9957$

$F_{D2}^2 = V_2/D_2 = 90.3/89.660 = 1.0071$

$F_{D3}^2 = V_3/D_3 = 36.9/37.369 = 0.9875$

⑦收敛判定

由于 F_{Oi}^2 和 F_{Dj}^2 的各项系数误差均小于 3%，因此不需要继续迭代。表 5-6 即为平均增长系数法所求将来分布交通量。

(2) 应用福莱特法计算(设定收敛标准为 $\varepsilon = 3\%$)

①求 F_{Oi}^0 和 F_{Dj}^0

$F_{O1}^0 = U_1/O_1 = 38.6/28.0 = 1.3786$

$F_{O2}^0 = U_2/O_2 = 91.9/51.0 = 1.8020$

$F_{O3}^0 = U_3/O_3 = 36.0/26.0 = 1.3846$

$F_{D1}^0 = V_1/D_1 = 39.3/28.0 = 1.4036$

$F_{D2}^0 = V_2/D_2 = 90.3/50.0 = 1.8060$

$F_{D3}^0 = V_3/D_3 = 36.9/27.0 = 1.3667$

②求 L_i 和 L_j

$$L_{i1}^0 = \frac{O_1^0}{\sum_j q_{1j}^0 \cdot F_{Dj}^0} = \frac{28.0}{17.0 \times 1.4036 + 7.0 \times 1.8060 + 4.0 \times 1.3667} = 0.667$$

$$L_{i2}^0 = \frac{O_2^0}{\sum_j q_{2j}^0 \cdot F_{Dj}^0} = \frac{51.0}{7.0 \times 1.4036 + 38.0 \times 1.8060 + 6.0 \times 1.3667} = 0.589$$

$$L_{i3}^0 = \frac{O_3^0}{\sum_j q_{3j}^0 \cdot F_{Dj}^0} = \frac{26.0}{4.0 \times 1.4036 + 5.0 \times 1.8060 + 17.0 \times 1.3667} = 0.686$$

$$L_{j1}^0 = \frac{D_1^0}{\sum_i q_{i1}^0 \cdot F_{Oi}^0} = \frac{28.0}{17.0 \times 1.3786 + 7.0 \times 1.8020 + 4.0 \times 1.3846} = 0.673$$

$$L_{j2}^0 = \frac{D_2^0}{\sum_i q_{i2}^0 \cdot F_{Oi}^0} = \frac{50.0}{7.0 \times 1.3786 + 38.0 \times 1.8020 + 5.0 \times 1.3846} = 0.588$$

$$L_{j3}^0 = \frac{D_3^0}{\sum_i q_{i3}^0 \cdot F_{Oi}^0} = \frac{27.0}{4.0 \times 1.3786 + 6.0 \times 1.8020 + 17.0 \times 1.3846} = 0.677$$

③求 q_{ij}^1

$q_{11}^1 = q_{11}^0 \times F_{O1}^0 \times F_{D1}^0 \times (L_{i1}^0 + L_{j1}^0)/2 = 17.0 \times 1.3786 \times 1.4036 \times (0.667 + 0.673)/2$
$= 22.039$

$q_{12}^1 = q_{12}^0 \times F_{O1}^0 \times F_{D2}^0 \times (L_{i1}^0 + L_{j2}^0)/2 = 7.0 \times 1.3786 \times 1.8060 \times (0.667 + 0.588)/2 = 10.936$

$q_{13}^1 = q_{13}^0 \times F_{O1}^0 \times F_{D3}^0 \times (L_{i1}^0 + L_{j3}^0)/2 = 4.0 \times 1.3786 \times 1.3667 \times (0.667 + 0.677)/2 = 5.064$

$q_{21}^1 = q_{21}^0 \times F_{O2}^0 \times F_{D1}^0 \times (L_{i2}^0 + L_{j1}^0)/2 = 7.0 \times 1.8020 \times 1.4036 \times (0.589 + 0.673)/2 = 11.171$

$q_{22}^1 = q_{22}^0 \times F_{O2}^0 \times F_{D2}^0 \times (L_{i2}^0 + L_{j2}^0)/2 = 38.0 \times 1.8020 \times 1.8060 \times (0.589 + 0.588)/2$
$= 72.777$

$q_{23}^1 = q_{23}^0 \times F_{O2}^0 \times F_{D3}^0 \times (L_{i2}^0 + L_{j3}^0)/2 = 6.0 \times 1.8020 \times 1.3667 \times (0.589 + 0.677)/2 = 9.353$

$q_{31}^1 = q_{31}^0 \times F_{O3}^0 \times F_{D1}^0 \times (L_{i3}^0 + L_{j1}^0)/2 = 4.0 \times 1.3846 \times 1.4036 \times (0.686 + 0.673)/2 = 5.282$

$q_{32}^1 = q_{32}^0 \times F_{O3}^0 \times F_{D2}^0 \times (L_{i3}^0 + L_{j2}^0)/2 = 5.0 \times 1.3846 \times 1.8060 \times (0.686 + 0.588)/2 = 7.964$

$q_{33}^1 = q_{33}^0 \times F_{O3}^0 \times F_{D3}^0 \times (L_{i3}^0 + L_{j3}^0)/2 = 17.0 \times 1.3846 \times 1.3667 \times (0.686 + 0.677)/2$
$= 21.923$

计算后得表 5-7。

第一次迭代计算 OD 表　　　　　表 5-7

O \ D	1	2	3	合　计
1	22.039	10.936	5.064	38.039
2	11.171	72.777	9.353	93.301
3	5.282	7.964	21.923	35.169
合计	38.492	91.677	33.340	166.509

④重新计算 F_{Oi}^1 和 F_{Dj}^1

$F_{O1}^1 = U_1/O_1 = 38.6/38.039 = 1.0147$

$F_{O2}^1 = U_2/O_2 = 91.9/93.301 = 0.9850$

$F_{O3}^1 = U_3/O_3 = 36.0/35.169 = 1.0236$

$F_{D1}^1 = V_1/D_1 = 39.3/38.492 = 1.0210$

$F_{D2}^1 = V_2/D_2 = 90.3/91.677 = 0.9850$

$F_{D3}^1 = V_3/D_3 = 36.9/36.340 = 1.0154$

⑤收敛判别

由于 F_{Oi}^1 和 F_{Dj}^1 的误差均在 3% 之内,因此不需要继续迭代计算。表 5-7 即为所求的最终分布交通量表。

(3)应用佛尼斯法计算(设定收敛标准为 $\varepsilon = 3\%$)

①进行第一次迭代,令所有 $F_{Dj} = 1$,求满足约束条件的发生增长系数

$F_{O1} = U_1/O_1 = 38.6/28.0 = 1.3786$

$F_{O2} = U_2/O_2 = 91.9/51.0 = 1.8020$

$F_{O3} = U_3/O_3 = 36.0/26.0 = 1.3846$

由于不满足收敛判定标准，用原矩阵乘以发生增长系数，得到新的分布矩阵如表 5-8 所示。

第一次迭代计算 OD 表　　　　　　　　　　　　　表 5-8

O\D	1	2	3	合　计
1	23.436	9.650	5.514	38.6
2	12.614	68.475	10.812	91.9
3	5.538	6.923	23.538	36.0
合计	41.588	85.048	39.865	166.5

②以表 5-8 为基础，进行第二次迭代，先求吸引增长系数

$F_{D1} = V_1/D_1 = 39.3/41.588 = 0.9450$

$F_{D2} = V_2/D_2 = 90.3/85.048 = 1.0618$

$F_{D3} = V_3/D_3 = 36.9/39.865 = 0.9256$

用表 5-8 所示交通分布量乘以吸引增长系数，得到新的交通分布量如表 5-9 所示。

第二次迭代计算中间 OD 表　　　　　　　　　　表 5-9

O\D	1	2	3	合　计
1	22.146	10.246	5.104	37.497
2	11.920	72.703	10.008	94.631
3	5.234	7.351	21.788	34.372
合计	39.3	90.3	36.9	166.5

由于不满足收敛判定标准，以表 5-9 为基础，求发生增长系数：

$F_{O1} = U_1/O_1 = 38.6/37.497 = 1.0294$

$F_{O2} = U_2/O_2 = 91.9/94.631 = 0.9711$

$F_{O3} = U_3/O_3 = 36.0/34.372 = 1.0474$

用表 5-9 矩阵乘以发生增长系数，得到新的分布矩阵如表 5-10 所示。

第二次迭代计算 OD 表　　　　　　　　　　　　表 5-10

O\D	1	2	3	合　计
1	22.798	10.547	5.254	38.6
2	11.576	70.605	9.719	91.9
3	5.482	7.699	22.820	36.0
合计	39.856	88.851	37.793	166.5

③以表 5-10 为基础，进行第三次迭代，先求吸引增长系数

$F_{D1} = V_1/D_1 = 39.3/39.856 = 0.9861$

$F_{D2} = V_2/D_2 = 90.3/88.851 = 1.0163$

$F_{D3}^0 = V_3/D_3 = 36.9/37.793 = 0.9764$

用表 5-10 所示交通分布量乘以吸引增长系数,得到新的交通分布量如表 5-11 所示。

第三次迭代计算中间 OD 表 表 5-11

O\D	1	2	3	合计
1	22.480	10.719	5.130	38.330
2	11.414	71.756	9.489	92.660
3	5.405	7.824	22.280	35.510
合计	39.3	90.3	36.9	166.5

以表 5-11 为基础,求发生增长系数:

$F_{O1} = U_1/O_1 = 38.6/38.330 = 1.0070$

$F_{O2} = U_2/O_2 = 91.9/92.660 = 0.9918$

$F_{O3} = U_3/O_3 = 36.0/35.510 = 1.0138$

根据判定标准,第三次迭代过程中的发生增长系数与吸引增长系数均满足设定的收敛标准 3%,停止迭代,最后一表即为所求将来交通分布量。

2)重力模型法

重力模型法(Gravity Model)是一种最常用的计算交通分布量的方法,它根据牛顿的万有引力定律,即两物体间的引力与两物体的质量之积成正比,而与它们之间距离的平方成反比类推而成。重力模型法预测出行分布考虑了两个交通小区的吸引强度和它们之间的阻力,认为两个交通小区的出行吸引与两个交通小区的出行发生量与吸引量成正比,而与交通小区之间的交通阻抗成反比。重力模型根据约束条件可分为无约束重力模型、单约束重力模型和双约束重力模型。同增长系数模型相比,重力模型预测考虑的因素比较全面,尤其强调了局部与整体之间的相互作用,比较切合实际,即使没有完整的 OD 表,只要能标定模型参数 α,也能预测 OD 矩阵。重力模型的一个致命缺点是短程 OD 分布偏大,尤其是区内出行,在预测时必须给予注意。

(1)无约束重力模型

Casey 在 1955 年提出了如下重力模型,该模型也是最早出现的重力模型:

$$q_{ij} = \alpha \frac{P_i P_j}{d_{ij}^2} \tag{5-21}$$

式中:P_i、P_j——表示 i 小区和 j 小区的人口;

d_{ij}——i、j 小区之间的距离;

α——系数。

此模型为无约束重力模型,模型本身不满足交通守恒约束条件中的任何一个:

$$\sum_j q_{ij} = \alpha P_i \sum_j P_j d_{ij}^{-2} = O_i \tag{5-22}$$

$$\sum_i q_{ij} = \alpha P_j \sum_i P_i d_{ij}^{-2} = D_j \tag{5-23}$$

由于该模型简单地模仿了牛顿的万有引力定律,后来对它进行了许多改进,包括用出行总数代替总人口数,将 d_{ij} 的幂扩展为参数 γ(其值一般为 0.6~3.5),更一般地,可以用出行费用

函数 $f(c_{ij})$ 来表示。因此,重力模型可表示为:

$$q_{ij} = kO_i^\alpha D_j^\beta f(c_{ij}) \tag{5-24}$$

常见的交通阻抗函数有以下几种形式:

幂函数 $\qquad\qquad\qquad f(c_{ij}) = c_{ij}^{-\gamma} \tag{5-25}$

指数函数 $\qquad\qquad\qquad f(c_{ij}) = e^{-c_{ij}} \tag{5-26}$

组合函数 $\qquad\qquad\qquad f(c_{ij}) = k \cdot c_{ij}^\gamma \cdot e^{-c_{ij}} \tag{5-27}$

式中,k、γ 为参数。

待定系数 k 和 γ,根据现状 OD 调查资料,利用最小二乘法确定。此时可将模型取对数,使之线性化来求得。

(2) 单约束重力模型

此模型只满足公式 $q_{ij} = \alpha \dfrac{(O_i D_j)^\beta}{c_{ij}^\gamma}$,即出行发生约束重力模型,其表达式为:

$$q_{ij} = \frac{O_i D_j f(c_{ij})}{\sum_j D_j f(c_{ij})} \tag{5-28}$$

式中,$f(c_{ij})$ 为交通阻抗函数,常用形式为 $f(c_{ij}) = c_{ij}^{-\gamma}$;$\gamma$ 为待定系数。

以 $f(c_{ij}) = c_{ij}^{-\gamma}$ 为例进行参数标定,待定系数 γ 根据现状 OD 调查资料拟合确定,一般可采用试算法等数值方式,以某一指标作为控制目标,通过用模型计算和实际调查所得指标的误差比较确定。其计算过程是:先假定一个 γ 值,利用现状 OD 统计资料所得的 O_i、D_j 以及 c_{ij} 代入 $q_{ij} = \alpha \dfrac{(O_i D_j)^\beta}{c_{ij}^\gamma}$ 中进行计算,所得出的计算交通分布称为 GM 分布。GM 分布的平均行程时间采用式(5-29)计算:

$$\bar{c}' = \frac{\sum_i \sum_j (q_{ij} c_{ij})}{\sum_i \sum_j q_{ij}} \tag{5-29}$$

GM 分布与现状分布每次运行的平均行程时间之间的相对误差为 $\dfrac{|\bar{c}' - \bar{c}|}{\bar{c}}$。当交通按 GM 分布与按实际分布每次运行的平均相对误差不大于某一限定值(常用3%)时,计算即可结束;当误差超过限定值时需改动待定系数 γ 时,进行下一轮计算。调整方法为:如果 GM 分布的 $\bar{c}'$ 大于现状分布 $\bar{c}'$,可增大 γ 值;反之,则减小 γ 值。

应用单约束重力模型进行交通分布预测时,首先将预测的交通产生量和吸引量以及将来的交通阻抗参数带入模型进行计算。通常计算出的交通吸引量与给定的交通吸引量并不相同,因此需要进行进一步迭代计算。

(3) 双约束重力模型

同时满足守恒条件的 α 是不存在的,因此,将重力模型修改为如下形式:

$$q_{ij} = a_i o_i b_j D_j f(c_{ij}) \tag{5-30}$$

$$a_i = \left[\sum_j b_j D_j f(c_{ij})\right]^{-1} \tag{5-31}$$

$$b_j = \left[\sum_i a_i O_i f(c_{ij})\right]^{-1} \tag{5-32}$$

此模型为双约束重力模型。

以幂指数交通阻抗函数 $f(c_{ij}) = c_{ij}^{-\gamma}$ 为例介绍其计算方法。

步骤 1：令 $m = 0$，m 为计算次数。

步骤 2：给出 γ（可以用最小二乘法求出）。

步骤 3：令 $a_i^m = 1$，求出 b_j^m（$b_j^m = 1/\sum_i a_i^m O_i c_{ij}^{-\gamma}$）。

步骤 4：求出 a_i^{m+1}（$a_i^{m+1} = 1/\sum_j b_j^m D_j c_{ij}^{-\gamma}$）和 b_j^{m+1}（$b_j^{m+1} = 1/\sum_i a_i^{m+1} O_i c_{ij}^{-\gamma}$）。

步骤 5：收敛判定，若公式 (5-33) 满足，则结束计算；反之，令 $m+1 = m$，返回步骤 2 重新计算。

$$1 - \varepsilon < a_i^{m+1}/a_i^m < 1 + \varepsilon, \quad 1 - \varepsilon < b_j^{m+1}/b_j^m < 1 + \varepsilon \tag{5-33}$$

*3）最大熵模型法

在交通分布预测中，设规划区域出行生成量为 X，将 X 任意分布到各 OD 对间的分布为随机变量 E。每一种分布方式，即系统的微观状态，相互独立，设其发生的概率为 F。当 F 最大时，熵最大，对应的分布方式即为所求的 OD 分布。从概率的角度看，F 可表示为某种分布方式的组合数与所有分布方式组合数的比值。当 X 在交通区之间平均分布，即各 OD 对间的交通量相等，这种分布可称为均匀分布，对应的组合数最多，此时 F 最大。但均匀分布在实际情况中是不会发生的，故需增加约束条件，求 F 最大时的交通分布。

具有代表性的最大熵模型有两类：威尔逊（Wilson）模型和佐佐木纲模型。威尔逊模型没有引入先验概率，对每一出行进行考察时假设各目的地的选择概率相同，并将交通总体费用作为约束表征。该模型存在两个问题：一是由于行驶时间等信息在某种程度上已确定，所以目的地的选择概率不一定相同；二是实际应用中很难预测未来的出行费用。因此，威尔逊模型没有实践基础，仅是从理论上解释现状 OD 模式的一个工具。佐佐木纲模型引入重力式的先验概率，可用观测的出行数据来检验，较威尔逊模型实用。

威尔逊模型的形式如式 (5-34) 所示。其模型可应用拉格朗日乘子法进行求解。其拉格朗日函数如式 (5-35) 所示。因为 $\ln E$ 中含生成交通量 X 和 OD 交通量 x_{ij} 的阶乘，可利用斯特灵（Stirling's Approximation）公式（$\ln X! \approx X \ln X - X$）近似估计，由此可得 ψ 与 OD 交通量 x_{ij} 的拉格朗日乘子的偏微分方程，通过令其为 0 可进行求解，最终得到与重力模型相类似的 OD 交通量估计函数。

$$\max E = \frac{X!}{\prod_i \prod_j x_{ij}!} \tag{5-34}$$

$$\text{s.t.} \quad \sum_j x_{ij} = X_i$$

$$\sum_i x_{ij} = X_j$$

$$\sum_i \sum_j c_{ij} x_{ij} = C$$

$$\varphi = \ln E + \sum_i \lambda_i (X_i - \sum_j x_{ij}) + \sum_j \mu_j (X_j - \sum_i x_{ij}) + \gamma (C - \sum_i \sum_j c_{ij} x_{ij}) \tag{5-35}$$

佐佐木纲模型通过事先假定 OD 对的先验概率，并选择 OD 对生成概率最大的估计结果。先验概率 q_{ij} 与重力模型的假设相类似，认为远距离的出行发生的概率较小。佐佐木纲模型如式 (5-36) 所示。

$$\max F = \frac{X!}{\prod_i \prod_j x_{ij}!} \prod_i \prod_j (q_{ij})^{x_{ij}} \tag{5-36}$$

$$\text{s.t.} \quad q_{ij} \equiv \alpha f_i g_j t_{ij}^{-1}$$

式中：f_i——交通小区 i 交通生成的概率；

g_j——交通小区吸引的概率;
t_{ij}——交通小区 i、j 之间的出行时间;
α、γ——待定参数。

在求解过程中也是对式(5-36)两边求对数,并求式(5-37)中 G 的最大值,应用斯特灵公式进行近似估计,考虑出行终点的限制条件。

$$\max G = -\sum_i \sum_j f_i h_{ij} \ln h_{ij} - \gamma \sum_i \sum_j f_i h_{ij} \ln t_{ij} \tag{5-37}$$

$$\text{s.t.} \quad \sum_j h_{ij} = 1$$

$$\sum_i f_i h_{ij} = g_j$$

求解过程需获取最初的 OD 生成量 h_{ij}。如式(5-38)所示,h_{ij} 可应用拉格朗日乘子法中的 μ_j 和 λ_i 求解。此时和威尔逊模型相类似,佐佐木纲模型也能得出类似重力模型的预测结果。

$$hi_j = \frac{a_i b_j t_{ij}^{-\gamma}}{e}$$

$$a_i = \exp(\mu_j/f_i) \quad b_j = \exp(\lambda_j) \tag{5-38}$$

5.3.5 交通方式划分

交通方式划分是四阶段法中的第三阶段。在人们的日常生活中,经过各种交通方式的组合完成一天的工作和生活,因此各种交通方式之间有着很强的相互关系,离开了对这种关系的讨论,交通规划就难于成立。所谓交通方式划分(Mode Split),就是出行者出行时选择交通工具的比例,它以居民出行调查的数据为基础,研究人们出行时的交通方式选择行为,建立模型,从而预测基础设施或交通服务水平等条件变化时交通方式间交通需求的变化。

图 5-15 表示了具有铁路和道路两种交通方式时,铁路和汽车的交通方式划分示意图。图中,q_{ij}^{rail} 为交通小区 i 和交通小区 j 之间铁路的划分交通量,q_{ij}^{car} 为交通小区 i 和交通小区 j 之间汽车的划分交通量,它们之间满足 $q_{ij} = q_{ij}^{rail} + q_{ij}^{car}$。

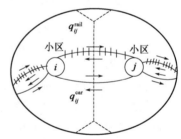

图 5-15 交通方式划分示意图

交通方式划分模型的建模思路有两种:其一是在假设历史的变化情况继续延续下去的前提下,研究交通需求的变化;其二是从城市规划的角度,为了实现所期望的交通方式划分,如何改扩建各种交通设施引导人们的出行,以及如何制定各种交通管理规则等。新交通方式(新型道路运输工具、轨道交通等)的交通需求预测问题属于后者,其难点在于如何量化出行行为选择因素及其具体应用。

交通方式预测方法主要包括转移曲线法、重力模型的转换模型、回归模型法、概率模型法等。

1) 转移曲线法

转移曲线是根据大量的调查统计资料绘出的各种交通方式的分担率与其影响因素之间的关系曲线。较为简单、直观的交通方式预测是用转移曲线诺模图。美国、英国、加拿大都有成套的公共交通与私人交通的转移曲线。

例如,图 5-16 是美国运输研究公司建立的华盛顿公共交通与私人交通分担率的转移曲线之一,考虑了出行者的经济条件(按收入分为 5 个等级)、出行目的(分为工作、非工作、上学)两种方式所需行程时间的比例(称为行时比)、两种方式所需费用的比值(称为费用比)、两种方式非乘车所耗时间的比值(称为服务比)5 个影响因素。该曲线的服务比为 1.25,费用比为

0.25,出行目的为高峰小时出行。

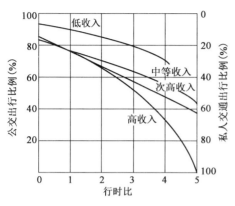

图 5-16 交通方式转移图

转移曲线法是目前国外广泛使用的交通方式分担预测方法,在国外交通方式较为单一、影响因素相对较少的情况下,该方法使用简单、方便,应用效果较好。在我国交通方式众多、影响因素复杂的情况下,绘制出全面反映各交通方式之间转移关系的转移曲线,其工作量十分巨大,且资料收集较为困难。同时,由于它是根据现状调查资料绘出的,只能反映相关因素变化相对较小的情况,即超过现状调查所反映的范围不能较大。这使得该方法的应用受到一定限制。

2)概率模型法

概率模型是非集计分析模型中的一种比较实用的模型。交通方式选择本质是一个离散的选择行为,即从各种交通方式中选择"效用(Utility)"最大的一种。离散选择模型的函数形式有很多种,其中有效且被广泛应用的一种是多项 Logit 模型(Multinomial Logit,简称 MNL)。

多项 Logit 模型(MNL)可以表示为:

$$P_{in} = \frac{e^{V_{in}}}{\sum_{j=1}^{J_n} e^{V_{jn}}} \text{ 或 } P_{in} = \frac{e^{V_{in}}}{\sum_{j \in A_n} e^{V_{jn}}} \tag{5-39}$$

式中:P_{in}——第 i 种交通方式的选择概率;

V_{in}——第 i 种交通方式的效用函数,其形式可以是线性的,也可以是非线性的;

A_n——交通方式选择者 n 的选择方案集合;

J_n——交通方式选择者 n 的选择方案集合 A_n 中包含的方案的个数。

与交通分布模型标定类同,交通方式预测模型如概率模型、重力模型转换型等,对标定模型的精度,必要时可作统计检验,如进行 χ^2 分布检验等,以更好地说明模型拟合现状调查资料的好坏。

从目前我国城市交通预测的实践来看,居民出行方式划分预测普遍采用的方法是定性分析和定量分析相结合,在宏观上依据未来国家经济政策、交通政策及相关城市的比较对未来城市交通结构作出估计,然后在此基础上进行微观预测。因为影响居民出行方式结构的因素很多,社会、经济、政策、城市布局、交通基础设施水平、地理环境及居民出行行为心理、生活水平等均从不同侧面影响居民出行方式结构,其演变规律很难用单一的数学模型或表达式来描述。所以在居民出行方式划分的预测中,一般采用这样的思路:宏观与微观相结合,宏观预测指导微观预测。在宏观上考虑该城市现状居民出行方式结构及其内在原因,定性分析城市未来布局、规模变化趋势,交通系统建设发展趋势,居民出行方式选择决策趋势,并与可比的有关城市进行比较,初步估计规划年城市交通结构可能的取值。

*5.4 非集计的交通需求预测

5.4.1 交通行为分析的目的和意义

建立交通发展战略、设计与优化重大交通设施等长期的交通规划任务和交通管理策略、交通管理措施的评估等短期交通优化任务均需以交通需求预测为中心。准确的理解及优化交通需求预测的结果是进行交通行为分析的目的及意义。

如5.3节所述,早期的交通需求预测以"四阶段"法为主。"四阶段"法中交通需求的生成与吸引是由若干参数机械确定的,而交通分布则主要类比了根据万有引力特性的重力模型,但上述模型未能考虑到出行过程中出行者的要素。20世纪70年代以来,交通工程师认识到交通需求是人在出行过程中进行决策的结果,并开始对出行中的决策过程建模,进而预测出行的需求。

研究物体的特征一般应从所能观测的现象入手,并考虑产生的现象与物体的特征间可能存在的关联性。建立上述关系需要进行预测。"四阶段"法就属于这个类别,通过深入理解所观测到的交通现象,建立交通诱因与交通现象间的因果关系,并据此因果关系定量对交通需求进行分析。交通系统中整体交通需求是所有出行个体出行行为的集合,而交通行为是个人出行中决策的结果,因此交通行为后隐藏的个人出行选择机理是交通行为分析的研究重点。

交通行为分析的首要目的在于深入理解交通行为,并在交通需求预测中给予反映。"四阶段"法作为一种现象记述型模型,并不能有效地表述交通现象的因果变化关系。如在我国近年快速城市化和机动车迅速普及的过程中,交通现象和致因间的因果关系无法保证一直成立(如模型中采用的人口的出行率或特定类型用地吸引率在快速城市化过程中是否会一直不变?)。此时可在模型中引入能反映各类政策成效的政策参数(Police Parameter),并应用改进的模型对交通需求进行预测。

交通行为分析的次要目的为分析模型的政策敏感度(Police Sensitivity)和有效性。如5.3节中介绍的,"四阶段"法中不含时间要素。在分析交通拥堵收费或高峰时拥堵集中/扩散情况时,无法应用"四阶段"法对交通管控策略进行评价。而在应用交通行为分析时,可对所有出行者出行时间的选择进行累加,从而可获取道路交通运行情况。类似地,交通行为分析还可用于预测鼓励合乘车(Carpool)的奖励政策效果、清洁车辆的应用效果等方面的研究。

交通行为分析的第三个目的在于分析出行者的交通出行模式。已有的交通需求模型多以单次出行为单位,而交通行为分析的焦点在于多次出行间的关联性,即出行链(Trip Chain,详见5.4.3节)。在出行链的分析中,不再将单独的一次出行进行分析,而是考虑所有与出行相关的范畴(即从家出发,到回家为止,一日内所有出行的集合),将此范畴内的所有出行统合考虑,分析各次出行之间的关联性。

同样研究目的的还有5.4.4节中所示的基于活动的交通出行分析。本项研究假定城市空间内的活动是产生交通需求的基础,分析人的活动特征(考虑时间的利用特征)和其隐含的因果关系,从而明确交通需求的特征。人的活动受到诸多因素的影响,包括家内—家外活动的互补性,活动、交通、通勤之间的关系,活动的执行与家庭成员间交通出行的相互依存性等,这些均需要广泛的研究来进行积累。

由此可见,交通行为分析在交通需求中处于核心位置,但目前还未完全建立相关的标准预测方法。在目前的应用中仍借用了"四阶段"法的框架,并对某一阶段的模型进行了修正。例如5.4.2节中介绍的非集计模型在方式划分过程中就有应用。此外,由于近年IT技术的不断发展,应用计算机可对城市居民一日内的交通行为进行仿真,对人和车流随时间发展的演化过程也逐渐进入了使用阶段。

随着在交通规划过程中广泛应用道路拥挤收费、远程办公、弹性工作时间等难以用"四阶段"法评估的交通需求管理策略,加上近年来出生率下降、郊区城市化等现象的普遍化,出行者的交通行为也逐渐发生变化,从而使城市道路交通流运行出现新特性。加之手机信令、GPS等能反映出行者出行轨迹特征数据的广泛应用,亟须建立以交通行为分析为基础的标准交通规划手段。

5.4.2 交通行为分析的工具——非集计模型

5.2 节中介绍的交通出行调查是以家庭为单位,收集个人的出行数据,并以小区为单位将数据集计。因为当时数据处理能力的瓶颈,"四阶段"法在计算发生/吸引量的过程中,主要应用了集计数据,而数据的集计消去了原始调查数据 80%~90% 的信息,所以美国在当初建立"四阶段"模型时,采用多重线性回归模型作为小区中以家庭为单位的出行生成模型,而在第三阶段的方式划分中,采用离散选择模型。

集计模型和非集计模型的区分主要基于模型的构建形式,而模型的构建是由输入数据的特性决定的。非集计模型主要以个人、家庭或企业的层次为数据的基本单位,而集计模型则是应用在小区等层级的根据区内数据整理出的集计数据为基本单位。需要注意的是,集计数据和非集计数据是相对的,需根据模型的研究对象确定。例如,在以个人交通出行行为为研究对象的场合,以家庭为单位整理的个人属性(如家庭成员的平均年龄)就是集计数据。

非集计模型中的数据包含了集计模型数据中损失的信息,灵活应用这些信息可提升数据统计的效率。因此非集计模型应用相对较少的数据样本即可获得指定的预测精度,从而在一定程度上削减调查费用。对于代表非集计模型的离散选择模型,还有:

(1)由于模型建立在出行决策主体层面,其很容易纳入政策参数,有较高的政策敏感度。
(2)时间、地域的迁移性(Transferability)较好。

1)离散选择模型

离散选择指从多个对象的集合中选择一个的情况。典型的例子如出行方式的选择,出行者可选择单人驾车、合乘车、出租车、公交车、铁路、自行车、电动车及步行等方式中的一种。上述备选的交通手段被称为选择方案(Alternative)。其中选择方案中有明显区别的被称为离散选择方案(Discrete Alternative),选择方案的集合被称为选择方案集合(Choice Set)。一般对于不同的出行者来说,每个选择方案的属性会有差异。

因此,可进行以下假设:
(1)选择方案是客观定义的,不存在不确定因素。
(2)决策过程中必须在选择方案集合中确定一个方案。
(3)每个选择方案均会产生一定的效用,决策者应选择效用最大的那个方案。
(4)选择方案的效用是一个随机变量,称为随机效用(Random Utility)。

此处的效用(Utility)可理解为一个表示选择方案可取性的指标。以上述方式表征的选择被称为离散选择(Discrete Alternative)。

除方式选择外,交通行为分析中还有多个方面可用离散选择模型进行分析。例如:出行交换型(Trip Interchange Model)"四阶段"模型中交通生成模型的出行数选择、交通分布模型中给定出发小区后对目的小区的选择、方式划分模型中给定起讫点小区后对交通方式的选择、网络分配模型中给定起讫点小区和交通方式后对路径的选择等。离散选择模型实际可以替换"四阶段"法中的每一个步骤,因此仅应用非集计模型完成整个交通需求预测过程在原理上是可行的。

除上述应用外,离散选择模型在交通规划领域中还有很多其他的应用。例如:对家庭居住地的估计、对家庭拥有私家车数量和种类的估计、对活动类型(出行目的)的估计、对出发时间的估计、对停车场选择的估计、对是否选取收费道路的估计等。目前也有在对出行中连锁的模式分析、出行链的属性(活动数)选择模型、过程中单次出行的解析等研究中应用了离散选择模型。

令 i 表示第 i 个出行者,j 表示其第 j 个选择方案,可用离散选择模型建立第 i 个出行者选择第 j 个选择方案的效用:

$$U_{ij} = V_{ij} + \varepsilon_{ij} \tag{5-40}$$

式中,V_{ij} 是解释变量的函数,为效用 U_{ij} 中对应确定效用(Deterministic Utility)的部分,也被称为代表效用(Representative Utility);随机效用 U_{ij} 也被称为知觉效用(Perceived Utility);ε_{ij} 是误差项,也是随机变量,代表了未能观测到因素的影响和各人间选择偏好影响的总和。

最简单的情况是仅考虑两个选择方案的情况。设决策者 i 选取选择方案 1 的概率为 $p_i(1)$,并假定选取选择方案 1 能取得最大的知觉效用,即有:

$$\begin{aligned} p_i(1) &= \Pr(U_{i1} > U_{i2}) = \Pr[(V_{i1} + \varepsilon_{i1}) > (V_{i2} + \varepsilon_{i2})] \\ &= \Pr[(\varepsilon_{i1} - \varepsilon_{i2}) > (V_{i1} - V_{i2})] = F(V_{i1} - V_{i2}) \end{aligned} \tag{5-41}$$

此时可将对象 A 的概率 $\Pr[A]$ 转化为关于 $\varepsilon_{i2} - \varepsilon_{i1}$ 的累积分布函数 F。

当误差项之差 $\varepsilon_{i2} - \varepsilon_{i1}$ 符合标准正态分布时,选取选择方案 1 的概率为:

$$p_i(1) = \int_{-\infty}^{V_{i1}-V_{i2}} \frac{1}{\sqrt{2\pi}} e^{-x^2/2} dx \tag{5-42}$$

上述模型可被称为二项 Probit 模型。而当误差项之差 $\varepsilon_{i2} - \varepsilon_{i1}$ 符合耿贝尔分布(Gumbel Distribution)时,其累积分布函数为:

$$\Pr[\varepsilon \leq x] = \exp\{-\exp(-x)\} \quad (j = 1, 2, -\infty < x < \infty) \tag{5-43}$$

当两者相互独立时,有式(5-44)成立。

$$\Pr[(\varepsilon_{i1} - \varepsilon_{i2}) \leq x] = F(x) = \frac{1}{1 + e^x} \quad (-\infty < x < \infty) \tag{5-44}$$

由此可得式(5-45)亦成立。

$$P_i(1) = F(V_{i1} - V_{i2}) = \frac{1}{1 + \exp[-(V_{i1} - V_{i2})]} = \frac{\exp(V_{i1})}{\exp(V_{i1}) + \exp(V_{i2})} \tag{5-45}$$

式(5-45)即为二项 Logit 模型。

将二项 Logit 模型的情况扩展到具有多个选择方案的情况,即可得到多项 Logit 模型(Multinomial Logit Model),此时其误差项分别服从独立的耿贝尔分布。U_{ij} 的累积分布函数如式(5-46)所示。

$$\Pr[U_{ij} \leq x] = \Pr[\varepsilon_{ij} \leq (x - V_{ij})] = \exp\{-\exp[-(x - V_{ij})]\} \quad (-\infty < x < \infty) \tag{5-46}$$

将 J 个选择方案中知觉效用最大的选择方案的效用值用 $\hat{U}_i^J$ 表示,则有:

$$\hat{U}_i^J = \max(U_{i1}, U_{i2}, \cdots, U_{ij}) \tag{5-47}$$

依然假设误差项相互独立,可得:

$$\Pr(\hat{U}_i^J \leq x) = \Pr[\max(U_{i1}, U_{i2}, \cdots, U_{ij}) \leq x] = \Pr[U_{i1} \leq x, U_{i2} \leq x, \cdots, U_{ij} \leq x]$$

$$= \Pr[U_{i1} \le x]\Pr[U_{i2} \le x]\cdots\Pr[U_{ij} \le x] = \prod_{j=1}^{J}\exp\{-\exp[-(x-V_{ij})]\}$$

$$= \exp\{-\sum_{j=1}^{J}\exp[-(x-V_{ij})]\} = \exp[-e^{x}\sum_{j=1}^{J}\exp(V_{ij})] \tag{5-48}$$

对比式(5-46)和式(5-48),可得 $\hat{U}_{i}^{J}$ 由式(5-49)表示:

$$\hat{U}_{i}^{J} = \hat{V}_{i}^{J} + \varepsilon_{i}^{J} = \ln\sum_{j=1}^{J}(V_{ij}) + \varepsilon_{i}^{J} \tag{5-49}$$

综上可得:

$$p_{i}(j) = \Pr[U_{ij} > \max(U_{i1}, U_{i2}, \cdots, U_{i,j-1}, U_{i,j+1}, \cdots, U_{i,J})]$$

$$= \Pr[V_{ij} + \varepsilon_{ij} > \ln\sum_{k=1,k\ne j}^{J}(V_{ik}) + \varepsilon_{i}^{J}] = \frac{\exp(V_{ij})}{\exp(V_{ij}) + \exp[\ln\sum_{k=1,k\ne j}^{J}(V_{ik}) + \varepsilon_{i}^{J}]}$$

$$= \frac{\exp(V_{ij})}{\sum_{k=1}^{J}\exp(V_{ik})} \tag{5-50}$$

式(5-50)所示的即为多项 Logit 模型,同式(5-45)所示的二项 Logit 模型相比,多项 Logit 模型是二项 Logit 模型的扩展。

虽然误差项的分布通常为正态分布,但在用式(5-40)定义的基于效用的离散选择模型中,误差项服从独立的耿贝尔分布时所得出的如式(5-50)所示的多项 Logit 模型的函数形式更为简单。在体现效用最大化的行动为合理行动的假说中,如果确定效用为含有未知参数的线性函数,应用多项 Logit 模型在公式化过程中推导及选择概率的计算均较为简便,因此多项 Logit 模型被广泛应用在包括交通规划在内的多个领域。

2) IIA 特性

多项 Logit 模型的一个重要的特性是 IIA 特性(IIA Property)。IIA 是 Independence from Irrelevant Alternatives 的单词首字母的缩写。IIA 特性指任意两个选择方案的选择概率比(Choice Odds)是不受其他选择方案属性影响的性质。如式(5-51)所示,$p_{i}(j)/p_{i}(k)$ 的值仅与选择方案 j 及 k 的效用相关,与其他选择方案无关。

$$\frac{p_{i}(j)}{p_{i}(k)} = \frac{\exp(V_{ij})/\sum_{l}\exp(V_{il})}{\exp(V_{ik})/\sum_{l}\exp(V_{il})} = \frac{\exp(V_{ij})}{\exp(V_{ik})} \tag{5-51}$$

在 IIA 特性成立时,如果某个选择方案的选择概率及对应效用值发生了变化,其他选择方案的选择概率可根据上述特点直接求出。例如,选择方案的集合为{小汽车(a),轨道家庭(r),公交(b)},各选择方案对应的选择概率分别为 $p_{i}(a)$、$p_{i}(r)$ 和 $p_{i}(b)$。若因公交票价下调,造成了选择公交出行方式的概率从 $p_{i}(b)$ 增加到了 $p'_{i}(b) = p_{i}(b) + \Delta p$。根据 IIA 特性可知,小汽车和轨道交通间的选择概率比不会发生变化。在公交票价下调后,这两种交通方式的选择概率 $p'_{i}(a)$ 和 $p'_{i}(r)$ 仍满足 $p'_{i}(a)/p'_{i}(r) = p_{i}(a)/p_{i}(r)$ 的关系,根据 $p'_{i}(b)$ 的值,可直接求出 $p'_{i}(a)$ 和 $p'_{i}(r)$ 的值,具体如式(5-52)及式(5-53)所示。

$$p'_{i}(a) = \{1 - p'_{i}(b)\}\frac{p_{i}(a)}{p_{i}(a) + p_{i}(r)} \tag{5-52}$$

$$p'_{i}(r) = \{1 - p'_{i}(b)\}\frac{p_{i}(r)}{p_{i}(a) + p_{i}(r)} \tag{5-53}$$

IIA 特性在现实生活中的典型例子是"红色、绿色公共汽车问题"。假设出行者可以利用的交通方式有私家汽车(小轿车)和红色公共汽车两种,而且对于某特定的出行者来说,选择这两种交通方式的效用的固定项的值相同。这时,可以轻易地得到选择小轿车和选择红色公共汽车具有相同的选择概率,即:

$$p_{\text{car}} = \frac{e^{V_{\text{car}}}}{e^{V_{\text{car}}} + e^{V_{\text{resbus}}}} = \frac{e^V}{e^V + e^V} = \frac{1}{2} = p_{\text{redbus}} \quad (5\text{-}54)$$

此时开通了除颜色以外与红色公共汽车的特性完全相同的绿色公共汽车线路。选择方案由此变成了三个。一般认为,色彩不会对出行者的效用产生影响,从而不会对其选择概率产生影响。另外,因新设的绿色公共汽车的提供与红色公共汽车完全相同的服务,因此选择红、绿两种公共汽车的效用的固定项的数值相等。根据三项 Logit 模型以及 IIA 特性,小轿车、红色公共汽车、绿色公共汽车的选择概率相同,即:

$$p_{\text{car}} = p_{\text{redbus}} = p_{\text{greenbus}} = \frac{e^V}{e^V + e^V + e^V} = \frac{1}{3} \quad (5\text{-}55)$$

因此,公共汽车全体的选择概率从式(5-54)的 1/2 增加到了式(5-55)的 2/3。这个结果显然与色彩不影响选择概率的前提相矛盾。

此案例表明:Logit 模型会过高地评价类似性较高的选择方案的被选择概率,而过低地评价类似性较低的选择方案的被选择概率。出现此现象的原因在于 Logit 模型假设概率项相互独立,其他基于同样假设的模型均具有与 Logit 模型相同的问题。

在上述红色、绿色公共汽车的问题中,它们的效用函数的概率项中共同包含了效用函数的固定项中未包含的影响因素,并且其概率项相关度极高,此时如果直接使用 Logit 模型将会产生较大的误差。因此,当选择方案的特性具有较多的相似之处时,为避免由于 IIA 特性造成的偏颇,可以考虑运用 Nested Logit 模型、Probit 模型或将样本的其他社会经济属性带入模型等方法。

3) 离散选择模型的建立和推导

本节主要介绍如何基于如式(5-40)所示的随机效用函数来估计和建立离散选择模型。根据效用函数中确定的内容,可将本问题分为固定效用项 V_{ij} 确定的情况和误差项 ε_{ij} 确定的情况。固定效用项为各选择方案的解释变量,具有固定形式的效用函数。误差项表示误差项的分布形式和协方差矩阵的特征。

效用函数的解释变量根据选择方案的属性确定。以交通方式的选择为例,其包括选择该交通方式所需的总时间、总费用、步行距离、换乘次数等。此外,还需说明出行者自身的属性及对选取每个选择方案的优先程度,如出行者的年龄、家庭机动车保有量等。

确定效用函数的一般形式可用如式(5-56)所示的含有未知参数的线性函数表示。

$$V_{ij} = \beta' X_{ij} = \sum_{l=1}^{k} \beta_l X_{ijl} \quad (j = 1, 2, 3 \cdots, J_i) \quad (5\text{-}56)$$

式中,β' 为未知参数的矢量;X_{ij} 为解释变量的矢量;J_i 为第 i 个决策者的选择方案集合中所含选择方案的个数;X_{ijl} 为解释变量的非线性函数,其可能为多个函数同时定义。例如,在估计选择交通方式需要估计交通方式 j 所需的时间时,X_{ijl} 可同时由两个函数定义:

$$X_{ijl} = \sqrt{t_{ij}}, X_{ijl} = \max(0, t_{ij} - 30)$$

在误差项的分布形式及协方差矩阵确定时,可确定离散选择模型的种类。在误差项符合耿贝尔分布时,离散选择模型为多项 Logit 模型,而当误差项符合正态分布时,离散选择模型为多项 Probit 模型。需要注意,在误差项服从正态分布的情况下必须确定协方差矩阵。

基于上述分析,建立模型必须首先对数据进行整合。对于选择方案集合中的所有选择方案均需调查其对应属性,即不仅需调查模型中包含的选择方案属性,其他相关选择方案的属性也需进行调查。在应用问卷调查方式获取数据时,需注意被调查者可能无法准确判断其他选择方案的属性,甚至完全答错。因此,需通过补充调查和分析的形式来补充未被选择方案的属性(以交通方式的选择为例,某交通方式所需的出行时间及换乘次数可通过网络模型来推断)。

在模型确定后应估计模型中的未知参数。除效用函数中的系数 β 外,还有 Probit 模型中的协方差矩阵、误差项的分布等相关参数可被用于估计未知参数。如式(5-50)所示,当确定效用函数为线性模型后,离散选择模型中的相关未知参数是高度非线性的。在样本量较大时,一般可采用下述方法确定模型。

$$\ell = \ln\left\{\prod_{i=1}^{N} p_i(j_i)\right\} = \prod_{i=1}^{N} \ln p_i(j_i) \tag{5-57}$$

式中:N——样本数;

j_i——决策人 i 选择的方案。

式(5-57)中未知参数的值可通过极大似然法估计,其值应为使式(5-57)取得最大概率值时的值。由于式(5-57)和其对数形式在取得最大值时的参数值相同,因此估计 ℓ 取最大值时的参数等价于估计其对数值最大时的参数。在线性效用函数为多项 Logit 模型时,其对数似然函数如式(5-58)所示。

$$\ell = \ln\left\{\prod_{i=1}^{N} p_i(j_i)\right\} = \sum_{i=1}^{N} \ln p_i(j_i) = \sum_{i=1}^{N} \ln\left\{\exp(\beta' X_{iji}) \bigg/ \sum_{l=1}^{N} \exp(\beta' X_{il})\right\}$$

$$= \sum_{i=1}^{N} \beta' X_{iji} - \sum_{i=1}^{N} \ln \sum_{l=1}^{ji} \exp(\beta' X_{il}) \tag{5-58}$$

可以证明,该函数是关于 β 的凹函数,其最大值可用牛顿—拉弗森法(Newton-Raphson Method,也称牛顿法)求解。

4)离散选择模型的应用

离散选择模型所得出的各个选择方案的选择概率是针对单个决策者的,该值无法直接应用于交通规划过程,而需要将个人的选择概率推广到整个研究区域层次的交通需求,这个过程称为集计化(Aggregation)。需要注意的是,在应用非线性离散选择模型时,如果将应用线性回归模型获取的解释变量平均值代入模型,是无法完成集计化的。

以离散选择模型在出行方式分担率的预测为例进行说明。假设研究区域通勤出行的总量为 T,随机抽选 N 个通勤者样本用于标定离散选择模型及预测交通需求。通勤者 i 选择交通方式 j 的概率为 $\hat{p}_i(j)$,假设每个通勤者一天会产生一次通勤出行,且该样本代表无偏的总体,则研究区域的第 j 种交通方式的分担率为:

$$p(j) = E[p_i(j)] \cong \frac{1}{N}\sum_{l=1}^{N} \hat{p}_l(j) \tag{5-59}$$

式中,i 为随机抽取的通勤者;$\hat{p}_i(j)$ 为模型预测的通勤者 l 选择交通方式 j 的概率,在使用线性效用函数的多项 Logit 模型时,模型的系数向量 $\hat{\beta}$ 可用式(5-60)计算。

$$\hat{p}_l(j) = \frac{\exp(\hat{\beta} X_{lj})}{\sum_{k=1}^{jl} \exp(\hat{\beta} X_{lk})} \tag{5-60}$$

在线性模型时,可将预测值设为 $Y_i = \hat{\beta}' X_i$,有:

$$E[Y_i] = \frac{1}{N}\sum_{l=1}^{N}\hat{\beta}' X_l = \hat{\beta}'\left(\frac{1}{N}\sum_{l=1}^{N} X_l\right) = \hat{\beta}' \bar{X}, \bar{X} = \frac{1}{N}\sum_{l=1}^{N} X_l \tag{5-61}$$

将解释变量的均值代入模型,即可求得预测值的均值。然而在离散选择模型中,该关系不成立。因此,在求模型选择概率预测值的集计值时,需应用式(5-59)将所有样本(或其无偏子集)的选择概率逐一计算,并求解其算数平均值。这种方法称为样本枚举法(Sample Enumeration Method)。将解释变量均值代入模型以获取集计化参数的方法被称为朴素法(Naive Approach)。应注意,在应用多项 Logit 模型时,朴素法是无效的。同时还需注意 IIA 特性在集计的层次也是不成立的。

跟选择概率的平均值一样,朴素法也无法应用于弹性(Elasticity)的计算。弹性是研究对象的特征值(Y)对影响因素(X)变化的敏感性,如式(5-62)所示,弹性 E_{XY} 一般定义为 Y 和 X 相对变化值之比。

$$E_{XY} = \frac{\Delta Y/Y}{\Delta X/X} = \frac{\Delta Y/\Delta X}{Y/X} = \frac{\partial Y/\partial X}{Y/X} \tag{5-62}$$

在使用线性效用函数的多项 Logit 模型时,有:

$$\frac{\partial p_i(j)}{\partial X_{ijm}} = \beta_m p_i(j)\{1 - p_i(j)\}, \frac{\partial p_i(j)}{\partial X_{ihm}} = \beta_m p_i(j) p_i(h) \tag{5-63}$$

式中:β_m——系数向量 β 的第 m 个要素。

此时,选择方案 j 的选择概率 $p_i(j)$ 与自身属性 X_{ijm} 的弹性可由式(5-64)计算。

$$\frac{\partial p_i(j)/\partial X_{ijm}}{p_i(j)/X_{ijm}} = \beta_m X_{ijm}\{1 - p_i(j)\} \tag{5-64}$$

同时,$p_i(j)$ 的选择方案 h 的属性 X_{ihm} 的交叉弹性(Cross Elasticity)可由式(5-65)计算。

$$\frac{\partial p_i(j)/\partial X_{ihm}}{p_i(j)/X_{ihm}} = \beta_m X_{ihm} p_i(h) \tag{5-65}$$

由式(5-64)和式(5-65)可知,弹性值中包含选择概率与说明变量的积,这就是用朴素法不能用于计算集计值的原因。

离散选择模型建立过程中的另一个重要的内容是选择方案集合的确定。如在之前讨论 IIA 特性时可知,如何定义选择方案是影响模型建立的是否恰当的重要因素。另外,还应确定决策者的选择方案集合中应包含哪些选择方案和不应包含哪些选择方案,这对模型估计选择概率非常重要。

如何定义选择方案集合的要素会对模型的适用性产生很大影响,包括如何选择集合中的各个元素、各元素之间是否存在嵌套结构等,如前文中提到的红绿公共汽车的问题、到达同一终点的交通方式是否相同或者各交通方式间是否存在共用的路径等。

其次,决策者并不一定认可所预先指定的选项,这使确定选择方案集合更加困难。例如,驾驶员可能不知道新开通的道路存在,也就不会选择该道路,且是否选择某个选项实际上通常取决于不易被观察到的约束条件。例如,对于多个驾驶人共同驾驶一辆车的家庭,很难确定该车辆是否可用于具有特定家庭成员的某一特定旅程。在这种情况下,选取小汽车出行方案一般包括一组替代方案,这就无法区分最终选择的出行方式是由对特定交通方式的喜好决定的,还是由家庭里车辆数量的约束决定的。

与非集计模型的建立和预测相对应的数据收集也是研究的重要课题。如前文介绍的,选择方案的属性常需要根据数据分析和补充调查来优化。但问题是,交通方式的服务水平数据一般是从网络模型得出的,而网络模型又是根据小区的集计研究体系构建的,这就意味着真正意义的非集计服务水平数据是无法获取的。因此,出行开始和结束对应的步行时间(例如从家到最近的公交站)、支路的行驶时间、公交服务的频率及换乘等待时间是需要单独测量的。尽管 GIS(地理信息系统)的广泛应用使得非集计 LOS(服务水平)数据更易获取,但其调查所需的工作量仍不可忽视。

需要注意的是,观测到的选择是基于决策者所认知的选择方案的属性,认知的属性值和观测者的测定值不一定相同。理想的状况是已知选择方案认知的属性值和客观观测值间的关系,便可基于这种关系建立模型并进行预测,然而上述关联性一般难以获知。

除上述任务外,在复杂选择的情况下应该假定何种模型结构,以及如何在选项数量庞大时以较高效率计算选择概率,如何通过解释变量表达决策者间的偏好差异,多项 logit 模型的似然函数较为复杂,如何减少在选择概率不能计算时模型的估计及预测的计算量等,应用离散选择模型还有相当多的问题需要解决。然而离散选择模型毫无疑问地是交通行为分析中非常有力的统计方法,随着数据处理能力的显著提升,可适用于多种条件的模型变得越来越实用,可期待离散选择模型在交通行为分析中的进一步应用。

5.4.3 出行链的解析

1)出行链的定义

人一天中的活动是由多次出行连接起来的。将各次出行中从某一基点(Base)出发并回到同一基点的若干出行连接起来,可将其称为出行链(Trip Chain)。出行链的基点一般采用家(Home Base,简称 HB)或者单位(Office Base,简称 OB)。出行链中会有若干中途停靠的场所,可将其称为停留点(Stop),对于一个出行链,停留点数加一等于出行数。当一天的出行包含多个出行链时,出行链数和全体停留点之和等于全部的出行数。出行链的示例如图 5-17 所示。

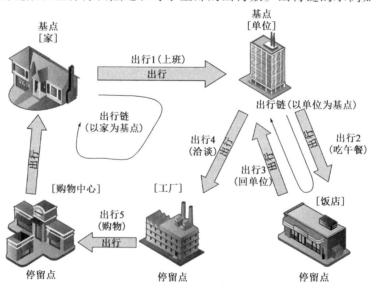

图 5-17　出行、出行链、基点和停留点的示例

传统的居民出行调查是将调查对象在一天内按各次出行发生的顺序记录下来。在校验出行调查数据时,常以出行为单位,无法识别记录过程中未记录或欠缺的出行,在后期的分析及预测过程中需对分方式的样本量扩样时,其扩样系数的确定会存在问题。

2）出行链研究的发展

关于出行链的研究是以居民出行调查为原型发展起来的,其最早在引入家访式调查时便有提出。日本对出行链的研究较早,其首先以神户市的调查数据对出行链进行分类,之后各国对出行链的研究已有半个多世纪,但其相关研究主要可分为以下4个阶段。

第一阶段（20世纪60年代）　　　　出行链研究的发源期
第二阶段（20世纪70年代）　　　　改进的马尔可夫模型/开始联系基于活动的研究
第三阶段（20世纪80年代）　　　　重点研究基于活动的研究/各种方法论的融合
第四阶段（20世纪90年代以来）　　动态方法/重点研究微观仿真模型

出行链的研究首先是尝试用马尔可夫链的方法研究出行链的模式,最初应用在交通需求预测的吸引马尔可夫链模型,其在预测机动车的交通分布时,对连续的出行特性进行研究。进入第二阶段的研究后,马尔可夫再生理论的发展使其可应用于交通方式划分的预测。后续的研究在马尔可夫过程中导入时间轴的影响,对模型进一步改进,到20世纪80年代,该类型模型已经较为完备。

20世纪70年代以来开始对"活动"进行研究,而在第三阶段达到研究的高峰。在活动的研究中,出行链被作为活动间的连接来处理。出现这种变化的背景是20世纪70年代的经济危机引起的资金短缺,从而更关注短期局部的交通运营管理策略,这就要求建立对交通政策评价更加敏感的方法论。

第三阶段对出行链的描述和预测进行了深入的研究。在规定出行决策的"时间""空间"和"活动"间关系的基础上,建立了一个分析框架。这个分析框架是基于Hägerstrand的时空棱镜理论建立的出行链生成模型,其以所调查的时间和空间上的移动/活动的可能范围需满足时空路径（Time-Space Path）和出行链为特征。

进入第四阶段以来,研究多面向已有各类方法论的整合,明确了关于出行链的研究是交通行为分析研究的一个子课题。20世纪80年代后期逐渐出现了应用微观仿真方法和面板数据分析方法对出行链的研究。面板分析关注出行链随时间变化的交通行为特征,是动态的研究方法。

5.4.4　基于活动的交通需求分析

1）基于活动的交通分析基础

（1）背景

活动指持有特定出行目的的前往其他场所的出行,活动的场所为出行的目的地。例如,在"今天要去参加一个饭局（可能喝酒）,所以会选择地铁上下班"的情况下,活动限制了出行可选择的交通方式。由此可见,出行的属性（如选择的交通方式和目的地）通常由活动的性质决定。在基于出行的方法（Trip Based Approach）中,可引入出行后即将开展的活动类型作为影响出行目的的因素。但因活动与人在空间的移动间存在着许多因果关系,仅将出行目的作为外生变量引入到模型中是不够的,还必须充分考虑人的移动和活动的关系,才能掌握人的出行行为,并对其进行预测。交通是活动的派生需求,出行是人在时空范围内生活行为的一部分。

充分考虑上述认识的交通行为分析方法可被称为"基于活动的交通行为分析"（Activity Based Approach）。另外，以活动为对象的分析，称为活动分析（Activity Analysis）。基于活动的交通行为分析在下文中简称为活动分析。

目前交通规划方法论研究的中心已从交通基础设施的规划转化为以个人出行为对象的交通需求管理（Transport Demand Management）和移动性管理（Mobility Management）。交通规划研究的关注点已从出行时间最小和移动效率最高等功能的方面，逐渐转化为对舒适性等质的方面，活动分析的必要性逐渐增强。

交通规划的活动分析主要以人文地理学、经济学及心理学三个理论为基础，以下将对这三个理论进行简单介绍。

（2）应用时空棱镜的分析

交通规划领域的活动分析主要应用人文地理学进行研究。人文地理学是从地理角度研究人在空间活动特性的一门科学。在活动分析研究的初期，人文地理学发挥了重要的作用。应用"Hägerstrand 的时空棱镜（Time-Space Prism）"（简称时空棱镜）方法，可在交通规划过程中进行基于出行的交通分析。

人的日常活动可分为在固定地点开展的"固定活动"，如工作、休闲娱乐等可自由选择地点开展的"自由活动"。自由活动是在固定活动的间隔中开展的。时空棱镜着重研究在时间和空间限制下出行者出行行为的可能性，其可通过可视化和数量确定在一定时间限制下哪些空间位置的活动场所是可达的形式实现。因此，时空棱镜可将自由活动开展的时段和地点图形化。图 5-18 给出了在自家休憩并去单位工作的职员的时空棱镜。时空棱镜的纵坐标表示时间，横坐标表示空间，活动所处的位置用垂直虚线对应到横坐标轴。在移动过程中，空间坐标随时间变化，所以表示为斜线。此斜线的斜率随着移动速度的增加而减小。图 5-18 中的粗实线表示固定活动（如早上和深夜在家中的休憩、上午和下午在单位的工作）。粗线间的三个平行四边形就是时空棱镜。

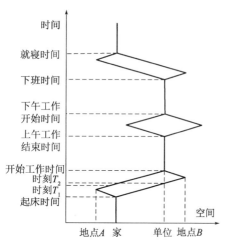

图 5-18 时空棱镜的示例

起床时间和开始工作时间的平行四边形代表的时空棱镜表述了如果出行者在起床后立即向工作单位相反方向出行，由于在开始上班时必须到达单位，那么图中的地点 A 就是其能到达的最远范围的点。相反的，如果出行者起床后立即向工作单位方向出行，那么出行者到达地点 B 后必须立刻折返前往工作单位。由于平行四边形的四个边是出行者能到达的最远的地方，所以平行四边形内部是出行者可以实施各类自由活动的时段和场所。例如，出行者可以在起床后在家停留到 T_1 时刻再出发前往工作单位，也不会迟到，而起床后立即前往工作单位的话会提前在 T_2 时刻到达工作单位。

由此可见，自由活动可在时空棱镜内完成。棱镜越大，就意味着个人可前往到更远的地方，同时也意味着可在同一个地方花费更长时间来完成相应的活动。换句话说，棱镜的大小意味着移动的自由度。因为棱镜边的斜率随着移动速度的增加而降低，所以棱镜的面积随着速度的增加而增加,即随移动速度的增加,活动的自由度也会增加。

通过估计个人或代表个人的时空棱镜,可掌握出行者在某个特定时段进行自由活动的地域面积。上述信息可作为改善交通服务质量的基础,例如,在什么时间段应改善哪个地区的公共交通服务等。此外,由于投资建设交通基础设施可改善人的移动速度,而棱镜的大小也会随之发生变化。可基于上述棱镜的变化评估交通投资的效果。

(3) 活动相关的计量经济学分析

面向交通规划的活动分析的理论基础之一是经济学。早期的研究以 Becker 模型[1]为代表。Becker 在对衣服和食品的消费过程中的研究发现,经济活动同居民的收入和时间相关,将上述消费行为模型化为:

$$\max U_n(Z) \tag{5-66}$$
$$\text{s.t.} \quad TI > I(Z)$$
$$TT < T(Z)$$

式中: Z ——表示各种材料消耗量的矢量;
$U_n(Z)$、$I(Z)$、$T(Z)$ ——消费量为 Z 时的效果、所花费的费用及时间;
TI ——总收入;
TT ——可用于消费的总时间。

该模型和后续对该模型的扩展最重要的是指出了对商品的消费是一种活动。该模型不仅在经济学上具有重要的影响,而且同样适用于面向交通规划的活动分析模型研究和各种基于活动的交通需求预测模型(简称为生活行为模型)。

(4) 认知心理学在活动分析中的应用

面向交通规划的活动分析的第三个理论基础是心理学,尤其是认知心理学。面向心理学的活动分析起源于 1957 年对人分配时间的研究及交通方式和活动内容决策的研究。认知心理学的最大特点在于主要关注心理决策的过程。认知心理学的研究为活动的建模方法提供了新的理论框架。

2) 活动日志调查

(1) 活动日志调查的有效性

活动分析所需的基本数据通常有活动日志调查(Activity Diary Survey)获得。活动日志调查基本同 5.2.3 节中所示的居民出行调查相类似,根据一定的采样率,采用人工调查的方法,获取被调查者必要的个人属性和家庭属性信息。活动日志调查和居民出行调查不同的是,居民出行调查以"出行"为中心,调查出行的目的地及出行目的等信息;而活动日志调查以"活动"为中心进行调查,调查内容主要为活动的场所及内容等信息。

掌握居民的活动特性等同于获取其时间利用(Time Use)情况。对居民时间利用情况可分地域、分时段地对各类不同人群进行定性分析。在交通规划中,同时开展时间利用情况调查或活动日志调查,可比传统的居民出行调查获取更丰富的信息。居民出行调查的问题设计指向很明确,且有若干校核的方法,一般调查的有效性较高。而活动日志调查能采集除个人出行信息以外的活动信息,但被调查者需回答的信息量大,回答难度较高,难以获取足够的复合要求的样本。因此在进行调查前,需对调查的问题进行审核,保证问题容易回答。

---

[1] 可参见文献 Becker G S. A Theory of the Allocation of Time[J]. Economic Journal, 1965, 75(299):493-517.

(2)活动日志调查的内容

活动日志调查是以活动为中心来设计调查问卷的。活动日志调查的时间段一般是每天3时到次日3时的时间段内,调查内容需包含调查时段内按顺序发生的所有活动。对每个活动需获取的信息包括:

①地点(地理位置及所应用的设施);
②活动内容;
③开始的时间和结束的时间。

此外,在考虑同行人的活动分析和交通行为分析中,还需调查同行者的类别和人数。活动日志调查的一个重要特征是可通过设定特定的问题来采集特定情景下的数据。例如,对活动的固定性进行分析,需区分所调查的活动是固定活动还是自由活动(如询问"该活动是必须要开展的吗?");对在该场所活动的决策过程进行分析(如询问"你决定参加该活动了吗?");对活动的出行计划的决策过程进行分析,这是因为人对活动的出行计划的决策会受信息设备的影响,所以需调查决策路径等出行计划的过程中有没有使用辅助设备(例如询问"在前往目的地的过程中,有没有使用并遵循导航设备的指引?")等。

居民出行存在到同一个地点完成多个活动的情况,与仅能获得"出行目的"信息的居民出行调查不同,活动日志调查中可获得此项信息。虽然活动日志调查可获取大量与活动相关的信息,但考虑到被调查者的负担,在调查问卷设计过程中建议仅采取最小限度的必要问题。

3)生活行为模型

在提出基于出行的交通行为分析模型以来,通过应用 Logit 模型和 Probit 模型等基本计算方法,引入人文地理学、经济学、认知心理学等相关学科的考虑问题方法,可建立生活行为模型。

生活行为模型与仅以出行为对象的交通行为模型不同,其模型化的对象同时包含了不同层面的多个决策过程。本书中仅对目前提出的几类有代表性的生活行为模型进行简单介绍。

(1)使用构造方程模型的生活行为模型

出行者一日的生活出行可用出行数/活动数及相应的活动时间来表示。基于结构方程建立的生活行为模型是一个以上述指标为内在变量的多元回归模型。生活行为模型一般可用如式(5-67)所示的基本模型表示。

$$Y = BY + \Lambda X + \Sigma \tag{5-67}$$

式中:Y——生活行动的指标向量;

B、Λ——参数矩阵;

X——说明变量向量;

Σ——误差项向量。

$$\begin{pmatrix} N_{\text{trips}} \\ N_{\text{chains}} \\ D_{\text{out}} \\ D_{\text{ntrips}} \\ D_{\text{home}} \end{pmatrix} = \begin{pmatrix} 0 & 0 & 0 & 0 & 0 \\ 1 & 0 & 0 & 0 & 0 \\ 0 & 0 & 0 & 0 & 0 \\ 0 & 0 & 0 & 0 & 0 \\ 0 & 0 & 1 & 1 & 0 \end{pmatrix} \begin{pmatrix} N_{\text{trips}} \\ N_{\text{chains}} \\ D_{\text{out}} \\ D_{\text{ntrips}} \\ D_{\text{home}} \end{pmatrix} + \Lambda X + \Sigma \tag{5-68}$$

式(5-68)所示的模型给出了职员在下班后到就寝的生活行为描述。其内在变量为下班后到首次回家的出行次数(N_{trips})、回家后以家为基点的出行链数(N_{chains})、在家以外的自由活动时间(D_{out})、通勤以外的出行时间(D_{ntrips})、在家停留时间(D_{home})。说明变量还包括年龄、性别等个人属性、通勤时间、上班和下班时间。

模型内在变量间的关系如式(5-68)所示。一般来说,可根据出行行为假设因果关系的基本形式,并在此基础上进行统计标定,再参照适合度调整。本例中是按先发生的活动指标接后发生的活动指标的因果关系建立的,即($N_{trips} \rightarrow N_{chains}$;$D_{ntrips}$,$D_{out} \rightarrow D_{home}$)。

(2)基于风险持续模型(Hazard-based Duration Model)的生活行为模型

将生活行为模型化的重要指标是活动时间。活动时间与出行的出发时间直接相关,是表现每日交通出行时间变化的重要因素。因为活动时间是一个非负变量,所以可在假定误差项的概率分布服从正态分布的基础上建立回归模型。对此类变量进行建模可采用基于风险持续模型(Hazard-based Duration Model)。

基于风险持续模型的最基本形式是活动时间分布服从以下形式的模型。

$$D = D_0 \exp(\boldsymbol{B}\boldsymbol{X}) \tag{5-69}$$

式中:D——研究对象的活动时间;

D_0——服从威布尔分布(Weibull Distribution)和对数 Logistics 分布的误差项;

$\boldsymbol{B}$——参数的向量;

$\boldsymbol{X}$——说明变量的向量。

(3)基于效用理论的生活行为模型

5.4.4 节中基于效用理论的时间分配模型可应用于生活行为模型中。活动可以分为在家中和家外的活动,分配至家外活动的时间会生成外出的出行,个人的时间分配模型可基于 5.4.4 节中所示的模型求解,具体如式(5-70)所示。

$$\max U_n(D_{home}, D_{out}) \tag{5-70}$$
$$\text{s.t.} \quad D = D_{home} + D_{out}$$

式中:D_{home} 和 D_{out}——家中和家外的活动时间;

$U_n(D_{home}, D_{out})$——出行者 n 以 D_{home} 时间的在家活动和 D_{out} 时间的家外活动所取得的效用;

D——在家中及家外可利用的总时间。

效用函数 U_n 由个人属性和表现交通环境、生活环境的外生变量的向量及参数决定。

(4)考虑决策过程的生活行为模型

综合考虑人的决策过程和排序过程,可对人生活行为中的各个活动过程进行模拟。首先模拟每次活动的决策过程。假设每次决策将在一次活动完成后直接对接下来的活动进行决策。此假设最早是根据心理学实验确定的,随后在 20 世纪的 70~80 年代多应用马尔可夫模型进行研究,进入 20 世纪 90 年代以来,开始对活动时间、采用的交通方式、活动的内容及地点等具备多元决策对象的活动进行仿真。随着计算机性能的提升,这种方法的实用性大大提升。例如,PCATS(Prism Constrained Activity-Travel Simulator)可对人一天中的活动内容、交通方式、活动地点等内容按照活动发生的时间和依次决策的假定进行仿真。用个人计算机仿真几十万人一天出行活动决策仅需要几秒到几分钟的时间,因此可应用于对城市交通需求的预测。

将出行者决策的过程参照启发式求解的思想,应用认知心理学的知识对生活行为进行仿真的活动仿真模型有 ALBATROSS。PCATS 和 ALBATROSS 的输入数据和输出数据相同,可对两者的预测效果进行评估。将两个模型和离散选择模型对生活行为的预测同时比较,可知 PCATS 和 ALBATROSS 至少能相同程度地对生活行为进行仿真。

虽然 PCATS 和 ALBATROSS 只是模拟,但其可输出在特定的交通条件下每个人的生活行为。当输入数据包括人的生活行为、交通条件及交通政策时,可建立能输出每人生活行为变化特征的仿真模型 AMOS。AMOS 可评估人行为特征的变化过程,特别是具有评价交通需求管理效果的模型。

上述模型均是以政策评价和需求预测为目的开发的活动仿真模型,而关注决策过程的仿真模型包括 SCHEDULER 和 SMASH 等。这些仿真模型对生活行为排序的形成过程进行了说明,直接在工程中实用难度较大,但可对交通政策对人生活模式的影响机理提供重要信息。

复习与思考习题

1. 简述城市交通规划的分类及主要内容。
2. 在城市交通规划中,需进行哪些交通调查?进行交通调查的目的是什么?
3. 当前出现的新技术手段对传统交通调查方法有哪些改进?对交通需求预测方法有哪些影响?
4. 什么是核查线?设置核查线的目的是什么?应用手机信息等信息估计交通需求时是否还需要核查线验证?
5. 何为"四阶段"预测模型?各阶段各进行什么预测?
6. 简述增长率法、重力模型法的区别和各自的优缺点。
7. 何为非集计模型?其和集计模型的区别在哪里?其在交通需求预测中的主要应用领域有哪些?
8. 简要说明 IIA 特性对交通需求预测的影响。
9. 什么是出行链?应用出行链如何分析交通需求?
10. 基于活动的交通需求预测和基于出行的交通需求预测有哪些不同?有哪些方法可应用于基于活动的交通需求预测?
11. 某城市开发区有三个交通小区,各交通小区的出行发生、吸引量如表 5-12 所示,试用平均增长率法及 Fratar 模型预测 OD 矩阵。

各交通小区出行发生、吸引量　　　　表 5-12

交通小区	吸引量	发生量
A	4000	4600
B	3080	3000
C	2000	1800

12. 在 11 题中,假设各交通区间的行驶时间均为 10min,试用重力模型(行程时间模型)预测 OD 矩阵。

13. 某开发区三个小区未来年的出行产生和吸引量、出行距离 L 如表 5-13 所示，采用模型 $Q_{ij}=P_i \cdot A_j \cdot L_{ij}^{-2} / \sum_{k=1}^{3}(A_k \cdot L_{ik}^{-2})$ 计算未来年 OD 表（保留一位小数）。

各小区的出行产生量、吸引量和出行距离　　　　表 5-13

距离 L ＼ 小区 i ／ 小区 j	1	2	3	P(产生量)
1	4	10	6	80
2	10	5	8	100
3	6	8	5	120
A(吸引量)	80	100	120	300

解：

未来年 OD 表如下：

i ＼ j	1	2	3	P_i
1	42.9	8.6	28.6	80
2	12.0	59.9	28.1	100
3	31.1	21.8	67.1	120
A_j	80	100	120	300

第6章
交通网络分析

对道路交通系统的评价需获取指定交通需求下各道路上的流量,以将其作为输入来应用服务水平等指标进行评价。交通需求预测"四阶段"法框架中的前三个阶段可获取各小区间的 OD 矩阵,本章将讨论如何将预测的 OD 交通量分配到道路上,以及对道路系统进行优化的技术。在具备交通流理论、道路通行能力分析和交通需求分析相关知识的基础上,以交通系统供需平衡为目标,主要介绍交通网络系统优化技术,包括交通网络表示方法、网络分配模型、OD 反推模型、网络容量模型、网络可靠度分析及网络结构优化模型等。

6.1 交通网络分析概述

道路交通系统是一个复杂的综合体。以城市道路交通系统为例,影响交通系统运行状态的主要因素有交通需求、交通设施以及交通管理措施等,它们之间是相互影响、相互作用的。无论是进行交通规划,还是制订和实施交通管理控制措施,都必须从整体的角度考虑其可行性和最优性。在这一过程中,交通规划和交通管理技术人员需要面对的主要问题之一,就是预测各种交通网络改进方案(如增加道路、提高现有道路技术标准、改变交通管理措施等)对流量分布的影响。

传统的分析方法是将交通系统内的各单元单独进行研究。如在设计交叉口信号灯的变化周期时,只针对一个交叉口的交通状况进行。如果整个系统内各组成单元之间的相互影响很小,这种分析方法是可行的。然而在实际的交通系统中,各组成要素之间总是相互作用的。从宏观角度看,观测到的道路交通流量是交通需求在既有道路系统和交通管理系统条件下的具体表现;从微观角度看,道路交通流量是大量出行者对出行路径选择的结果。不管是道路基础设施的变化还是交通组织管理措施的变化,都会影响交通需求在路网上的分布结果,影响道路交通流的重新分布。

大量工程实践表明,不仅像道路建设这样的基础设施建设会引起整个城市道路交通流的重新分布,新的交通组织与交通控制措施所产生的影响往往也涉及整个城市的道路交通系统。这就要求在研究交通系统的规划、建设与管理方案时,不能只注意方案在空间上所涉及的范围,更应重视由于方案实施所带来的道路交通流的重新分布结果,即从整个城市交通网络的角度分析交通规划、建设与管理方案的效果。

此类交通网络分析的核心内容,是分析在特定的外部环境(道路基础设施、交通管理措施、交通控制方案等)下,道路交通流的分布情况,这是进行道路交通基础设施的规划、建设与管理方案制订的前提和基础。道路交通流分布是出行者对出行路径选择的结果,出行者对出行路径选择的分析主要是通过网络交通流交通分配来实现的。

网络交通流交通分配是交通规划的一个重要环节。所谓交通分配,就是把各种出行方式的空间 OD 量分配到具体的交通网络上,模拟出行者对出行路径的选择。通过交通分配所得的路段、交叉口交通量资料是制订交通规划、建设与管理方案以及检验道路规划网络、管理方案是否合理的主要依据之一。

对于交通分配,国内外均进行过较多的研究,数学规划方法、图论方法及计算机技术的发展,为合理的交通分配模型的研制及应用提供了坚实的基础。国际上通常把交通分配方法分为平衡模型与非平衡模型两大类,并以是否满足 Wardrop 第一、第二原理为划分依据。

Wardrop 第一原理指出:"网络上的交通以这样一种方式分布,就是所有使用的路线都比没有使用的路线费用小。"Wardrop 第二原理认为,车辆在网络上的分布,使得网络上所有车辆的总出行时间最小。

如果交通分配模型满足 Wardrop 第一、第二原理,则该模型为平衡模型,并且满足第一原理的称为用户优化平衡模型(User-Optimized Equilibrium Model,简称 UE Model),满足第二原理的称为系统优化平衡模型(System-Optimized Equilibrium Model,简称 SO Model)。如果分配模型不使用 Wardrop 原理,而是采用了模拟方法,则被称为非平衡模型。

平衡模型一般都可以归结为一个维数很大的凸规划问题或非线性规划问题。从理论上说,这类模型结构严谨,思路明确,比较适合于宏观研究。但是由于维数太大、约束条件太多,这类模型的求解比较困难,尽管人们提出了一些近似方法,但计算仍很复杂。

6.2 网络数学表达

6.2.1 图与网络的概念

1)图的定义

对交通网络的表述一般应用图论的方法。图论(Graph Theory)是数学的一个分支,是以图为研究对象,研究顶点和边组成的图形的数学理论和方法。图论中所研究的图定义为一个偶对(V,E),记作$G=(V,E)$,其中V是图中所有点的集合,这样的点称之为顶点;E是无序积$V\&V$的一个子集合,其元素称之为边(图中顶点间的连线),所以E就是所有边的集合。

图论中的图与人们通常熟悉的图(如数学中的各种几何图形、函数图形)是完全不同的。它可以不按比例尺画,线段不代表边的真正的长度,点和边的位置也是随意的。在图论中,顶点表示所研究的对象,边则表示对象之间的某种特定关系。

例如,图6-1a)表示某方格网状的城市小区道路网。图中的点,如A、E、I等表示道路交叉口,线段AB、BE、HI等表示路段,可用以研究各路段和交叉口上的交通流量、流向、运行时间等交通特征。图6-1b)则表示某地区的公路交通网。此时的点A、B、C、D则表示4个城镇。若两点之间有连线,表示两城镇间有公路相通。据此主要讨论路网的结构和其上的运输特征。

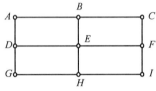
a) 某方格网状的城市小区道路网

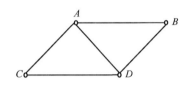
b) 某地区的公路交通网

图6-1 路网示意图

2) 有关的名词、概念和基本性质

结合图6-2介绍图的一些名词和基本概念。如图中的顶点用v_i表示,边用e_i表示,则:

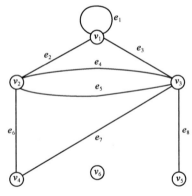

图6-2 图的元素示例

$$G=(V,E)$$
$$V=\{v_1,v_2,v_3,v_4,v_5\}$$
$$E=\{e_1,e_2,e_3,\cdots,e_8\}$$

(1) 端点、关联边、相邻

如果边e连接v_i、v_j二点,可以记作$e=[v_i,v_j]$或e_{ij},称v_i、v_j是边e的端点,反过来称边e为点v_i、v_j的关联边,称点v_i和v_j相邻。若边e_i、e_j具有公共端点,则称边e_i和e_j相邻。图6-2中,$e_2=[v_1,v_2]$,v_1、v_2是e_2的端点,此二点相邻。边e_2是v_1、v_2的关联边。而e_2、e_3具有公共端点v_1,此二边相邻。

(2) 环、多重边、简单图

如果边e的两个端点重合,称该边为环。图6-2中的边e_1即为环。如果两个点之间多于一条边,称之为具有多重边,如图6-2中的e_4和e_5为v_2和v_3的多重边。把无环、无多重边的图称作简单图。

(3) 次、奇点、偶点、孤立点

与某一个点v_i相关联的边的数目称为点v_i的次(也叫作度),记作$d(v_i)$。图6-2中,$d(v_1)=4$[环e_1在计算$d(v_1)$时算作两次],$d(v_5)=1$。次为奇数的点称作奇点,如点v_5;次为偶数的点称作偶点,如点v_1;次为0的点称作孤立点,如点v_6。

(4) 链、圈、连通图

图中某些点和边的交替序列$u=\{v_0,e_1,v_1,\cdots,e_k,v_k\}$,若其中各边$e_1,e_2,\cdots,e_k$互不相同,且对任意$v_{i_{t-1}}$和$v_{i_t}(2\leq t\leq k)$均相邻,则称$u$为链。如果链中所有的顶点$v_0,v_1,\cdots,v_k$也不相

同,称这样的链为路(初等链)。图 6-2 中,$u_1 = \{v_5, e_8, v_3, e_3, v_1, e_2, v_3, e_4, v_3, e_7, v_4\}$ 是一条链,$u_2 = \{v_5, e_8, v_3, e_7, v_4\}$ 也是一条链,但 u_2 可称作路,u_1 不能称作路。对起点与终点重合的链称作圈,起点与终点重合的路称作回路。若在一个图中,任意两点间至少存在一条链,称这样的图为连通图,否则称该图是不连通的。

(5) 完全图

一个简单图中若任意两点之间均有边相连,称这样的图为完全图。

(6) 子图、部分图

对于图 $G_1 = \{V_1, E_1\}$ 和图 $G_2 = \{V_2, E_2\}$,如果有 $V_1 \subseteq V_2$ 和 $E_1 \subseteq E_2$,则称 G_1 是 G_2 的一个子图。若有 $V_1 = V_2, E_1 \subseteq E_2$,则称 G_1 是 G_2 的一个部分图(支撑子图)。部分图也是子图,但子图不一定是部分图。

(7) 赋权图

设图 $G = (V, E)$,对 G 中的每一条边 $\{v_i, v_j\}$,相应的有一个数 w_{ij},称这个数为边 $[v_i, v_j]$ 上的权。G 连同边上的赋权称为赋权图。

(8) 树

一个连通图不含有任何圈时称之为树。树具有以下性质:

在树中,任意两点之间必有一条且仅有一条链。

在树中去掉任一条边,则树成为不连通图。

在树中任何两个顶点间加上一条边,恰好得到一个圈。

图的部分树、最小部分树,如果 G_1 是 G_2 的部分图,且 G_1 是一个树图,则称 G_1 是 G_2 的部分树。树图的各条边称为树枝,树枝上的权数称为树枝长。因为对图 G_2,一般含有多个部分树,其中树枝总长为最小(称为最小权)的部分树,称为 G_2 的最小部分树(简称最小树)。

求最小树的方法有两种。

方法一是破圈法。其做法是:对于连通图 $G = (V, E)$,任取一个圈,从圈中去掉一条权最大的边(如果有两条或两条以上的边都是权最大的一边,则任意去掉其中一条)。在余下的图中,重复这个步骤,一直得到一个不含圈的图为止,这时的图便是最小树。

方法二是避圈法。其步骤如下[已知连通图 $G = (V, E)$]。

第一步:令 $i = 1, E_0 = \varnothing$($\varnothing$ 表示空集)。

第二步:选一条边 $e_i \in E \backslash E_i$,使 e_i 是使 $(V, E_{i-1} \cup \{e\})$ 不含圈的所有边 $e(e \in E \backslash E_i)$ 中权最小的边。如果这样的边不存在,则 $T = (V, E_{i-1})$ 是最小树。否则,转入第三步。

第三步:把 i 换成 $i + 1$,再转入第二步。

(9) 无向图与有向图

前面所讨论的图都没有规定从一点到另一点的方向,即从 V_i 到 V_j 与从 V_j 到 V_i 都是一样的,这种图称为无向图。如果图中每条边均标明方向,规定只能从 $V_i \rightarrow V_j$,不能从 $V_j \rightarrow V_i$,这样的图称为有向图。在实际问题中,有些问题可用无向图来描述,如市政管道系统、双向行驶的交通网络。但有些问题用无向图就无法描述,如交通网络中的单行线、一项工程中各项工序之间的先后关系等,显然,这些关系仅用边是反映不出来的,还必须标明各边的方向。

在有向图中,点与点之间有方向的连线称为弧(arc),记之为 $A = (V_i, V_j)$,注意 (V_i, V_j) 与 (V_j, V_i) 是不同的。有向图是由点集 V 和弧集 A 所组成的,记之为 $D = (V, A)$。

例如图 6-3 就是一个有向图,图中:

$$V = \{V_1, V_2, V_3, V_4, V_5, V_6\}$$
$$A = \{(V_1, V_2), (V_1, V_6), (V_2, V_6), (V_6, V_2), (V_2, V_3),$$
$$(V_2, V_5), (V_6, V_5), (V_5, V_3), (V_3, V_4), (V_5, V_4)\}$$

如果从一个有向图 D 中去掉箭头,得到一个无向图,这个无向图称为 D 的基础图,记为 $G(D)$。图 6-4 是图 6-3 的基础图。

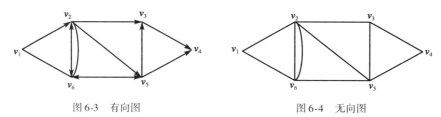

图 6-3 有向图　　　　图 6-4 无向图

6.2.2 交通网络表示方法

在处理交通网络时,最常用的对象是道路网络。处理道路网络时,首先必须把交通网络抽象化,即把交通网络抽象为点(交叉口)与边(路段)的集合体。图 6-5 为某道路网被抽象后的网络。

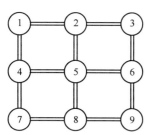

图 6-5 抽象的网络图

该网络由 9 个交通节点(交叉口)及 24 条边(单向路段)所组成。在交通网络中,两交叉口之间的路段用双向线表示,并符合交通法规中的右行规则,如图 6-5 中节点①与②之间,上面的边表示从②至①的单向路段(右行),下面的边表示从①至②的单向路段(也为右行)。在节点①与④之间,左面的边表示从①至④的单向路段,右面的边表示从④至①的单向路段。在不会引起混淆的前提下,双向路段可以用从节点中至中的单线表示,单向线路用靠右侧单线表示或用从节点中至中的带箭头的单线表示。

1)邻接矩阵

交通网络输入计算机的常用方式是它的邻接矩阵(或连通矩阵)L;邻接矩阵表示点与点之间的一般邻接关系,它的元素 $l(i,j)$ 由式(6-1)所示的规则确定。

$$l(i,j) = \begin{cases} 0, & \text{两点之间无边连接或 } i = j \\ 1, & \text{两点之间有边连接} \end{cases} \tag{6-1}$$

图 6-5 所示网络的邻接矩阵如表 6-1 所示。

如果交通网络中每条边都是双向的,那么它所对应的邻接矩阵是对称矩阵(表 6-1 为对称矩阵)。

邻 接 矩 阵　　　　表 6-1

j\i	1	2	3	4	5	6	7	8	9
1	0	1	0	1	0	0	0	0	0
2	1	0	1	0	1	0	0	0	0
3	0	1	0	0	0	1	0	0	0
4	1	0	0	0	1	0	1	0	0

续上表

j \ i	1	2	3	4	5	6	7	8	9
5	0	1	0	1	0	1	0	1	0
6	0	0	1	0	1	0	0	0	1
7	0	0	0	1	0	0	0	1	0
8	0	0	0	0	1	0	1	0	1
9	0	0	0	0	0	1	0	1	0

一个具有 n 个交通节点的交通网络,其邻接矩阵的元素为 $n \times n$,在计算机中存储邻接矩阵所需的内存为 $n \times n \times w$,w 为一个数据所占用的字节长度。

2) 边编目表

在计算机中表示网络结构的另一种方法是边编目表。该法将网络中的 E 条边任意编排,每条边都对应一个顺序号,计算机根据顺序号及每条边的起讫节号存储网络。表 6-2 网络的边编目表。

边 编 目 表 表 6-2

边顺序号	1	2	3	4	5	6
边起讫点号	(1,2)	(2,1)	(2,3)	(3,2)	(4,5)	(5,4)
边顺序号	7	8	9	10	11	12
边起讫点号	(5,6)	(6,5)	(7,8)	(8,7)	(8,9)	(9,8)
边顺序号	13	14	15	16	17	18
边起讫点号	(1,4)	(4,1)	(4,7)	(7,4)	(2,5)	(5,2)
边顺序号	19	20	21	22	23	24
边起讫点号	(5,8)	(8,5)	(3,6)	(6,3)	(6,9)	(9,6)

在计算机中存储边编目表所需的内存空间比存储邻接矩阵要少一些,但根据边编目表对网络进行搜索,运算很不方便,在交通规划中不常采用。

3) 权矩阵

根据邻接矩阵(或边编目表),计算机便能判别点与点之间的邻接关系,即能确定网络的连接方式,但邻接矩阵只给定节点与节点之间的一般连接关系,没有给定数量关系(如两节点之间的连接长度、行驶时间或行驶费用等)。点与点之间的数量关系通过权矩阵(D)来反映。权矩阵的元素 $d(i,j)$ 由式(6-2)确定。

$$d(i,j) = \begin{cases} 0, i = j \\ \infty, \text{两节点之间无边连接} \\ \text{给定权,两节点之间有边连接} \end{cases} \quad (6-2)$$

权矩阵中的"权",可以是两节点之间的连接长度、行驶时间、行驶费用、交通量等数量指标,根据实际需要而定。图 6-6 所示网络中,边上的数据为节点间的距离(km),则该网络的距离(权)矩阵如表 6-3 所示。

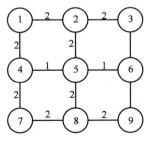

图 6-6 带权的网络图

距离(权)矩阵 表6-3

j i	1	2	3	4	5	6	7	8	9
1	0	2	∞	2	∞	∞	∞	∞	∞
2	2	0	2	∞	2	∞	∞	∞	∞
3	∞	2	0	∞	∞	2	∞	∞	∞
4	2	∞	∞	0	1	∞	2	∞	∞
5	∞	2	∞	1	0	1	∞	2	∞
6	∞	∞	2	∞	1	0	∞	∞	2
7	∞	∞	∞	2	∞	∞	0	2	∞
8	∞	∞	∞	∞	2	∞	2	0	2
9	∞	∞	∞	∞	∞	2	∞	2	0

对于一个交通网络来说，各种指标的权矩阵很多，根据这些权矩阵，计算机便能判别节点之间连接的数量关系。

4）邻接目录法

邻接矩阵都是 $n \times n$ 阶的，n 为网络节点个数。在上例中 $n=9$，对于较复杂的网络，这两个矩阵都很大。网络越复杂，无效元素所占比例越高。这些元素一方面占了大部分的计算机内存单元，影响计算效率，另一方面给计算机输入工作带来了很大困难。为了解决这一问题，一般不直接把 L、D 两矩阵的全部元素输入计算机，有效的方法是采用邻接目录法建立网络结构邻接关系。

邻接目录法采用两组数组表示网络的邻接关系，一组为一维数组 $R(i)$，表示与 i 节点相连接的边的条数，另一组为二维数组 $V(i,j)$，表示与 i 节点相连接的第 j 个节点的节点号。图6-6所示网络的 $R(i)$、$V(i,j)$ 两数组如表6-4所示。

邻 接 目 录 表 表6-4

节点 i	$R(i)$	$V(i,j)$
1	2	2,4
2	3	1,3,5
3	2	2,6
4	3	1,5,7
5	4	2,4,6,8
6	3	3,5,9
7	2	4,8
8	3	5,7,9
9	2	6,8

应用邻接目录表法存储网络时，计算机欲判别节点与节点之间的邻接关系，仅需读取当前节点对应的数据所对应的两个数组，而应用邻接矩阵等方法则需读取整个网络的信息。同样，权矩阵的元素也可以用相同的方式输入，按照这种方式，只要输入有效数据就行了。在上例

中,因为网络很简单,这种方法的优越性没有显示出来。网络越复杂,这种方法的优越性越大。

6.2.3 交通阻抗分析

道路交通阻抗函数(简称路阻函数)是指路段行驶时间(交叉口延误)与路段(交叉口)交通负荷之间的函数关系,它是交通网络分析的基础。阻抗的分析根据道路性质的不同可分为路段的阻抗及交叉口的阻抗,并据此计算路权。

1) 路段路阻函数

(1) 路段路阻函数理论模型

车流在道路上的运行速度与交通负荷之间的关系有如图6-7所示的模式,即速度—交通负荷关系模式分三种情况:自由车流、正常车流及饱和车流。

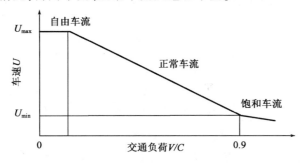

图 6-7 车流速度—交通负荷关系模型

当交通负荷很小时,车流以道路允许的最大速度行驶,此时车速与交通负荷无关;交通负荷在超过某个值后,车速基本上与交通负荷(V/C)呈线性相关关系,车速随着交通负荷的增加而线性下降;当交通负荷基本上接近饱和时,车速已经降至很低,车速与交通负荷(V/C)呈以横轴为渐进线的非线性关系。

在有基础调查资料的情况下,可以根据实测的路段交通量及车速数据标定上述三种情况下的车速—交通负荷关系模型。当无调查资料时,建议用以下模型作为路阻函数:

$$U = \begin{cases} U_0(1 - 0.94V/C) & (V/C \leqslant 0.9) \\ U_0/(7.4V/C) & (V/C > 0.9) \end{cases} \quad (6-3)$$

式中:U_0——交通量为零时的行驶车速(km/h)。

交通量为零时的路段车速 U_0,可根据路段设计车速 v_0 进行非机动车影响、车道宽度影响、交叉口影响修正后得到,即:

$$U_0 = v_0 \cdot r_1 \cdot r_2 \cdot r_3 \quad (6-4)$$

式中:v_0——路段设计车速(km/h);

r_1——非机动车影响修正系数;

r_2——车道宽度影响修正系数;

r_3——交叉口影响修正系数。

当计算的零流车速 U_0 大于城市道路限制车速时,取城市道路限制车速作为零流车速。

路段设计车速与道路等级有关。根据《城市综合交通体系规划标准》(GB/T 51328—2018)的建议值,路段设计车速与道路等级、车道数的关系如表6-5所示。

城市道路功能等级划分与规划要求值 表6-5

大类	中类	小类	功能说明	设计车速（km/h）	高峰小时交通量（pcu）
干线道路	快速路	Ⅰ级快速路	为城市长距离机动车出行提供快速、高效的交通服务	80~100	3000~12000
		Ⅱ级快速路	为城市中长距离机动车出行提供快速交通服务	60~80	2400~9600
	主干路	Ⅰ级主干路	承担城市主要功能区之间的联系交通，负责主要对外出入口衔接服务	60	2400~7200
		Ⅱ级主干路	服务于城市功能区间联系以及功能区内部主要交通联系	50~60	1200~4800
		Ⅲ级主干路	辅助服务城市功能区间联系以及功能区内部主要交通联系，为沿线用地服务较多	40~50	1000~2400
集散道路	次干路	次干路	提供干线道路与地方道路的转换（可以是辅道形式），特殊功能区内的地方性活动组织道路（中心区、工业区等）	30~40	300~3000
地方道路	支路	公有支路	地方性活动组织道路	20~30	
		非公有支路	参与地方性活动组织的非市政权属的道路		

非机动车对机动车的影响，应视有无分隔带（墩）及非机动车道交通负荷的大小分三种情况考虑。

当机动车道与非机动车道之间设有分隔带（墩）时，路段上的非机动车对机动车几乎没有影响，可以不考虑折减，取 $r_1 = 1$。

当机动车道与非机动车道之间没有分隔时，认为非机动车对机动车的行驶有影响。如果非机动车道负荷没有饱和，认为非机动车基本上在非机动车道上行驶，对机动车的影响不大，建议取 $r_1 = 0.8$；如果非机动车道负荷饱和，认为非机动车将侵占机动车道而影响机动车的正常行驶，其影响系数可根据被非机动车侵占的机动车道宽度与单向机动车道宽度之比确定，当缺乏调查资料时，可以采用以下模型：

$$r_1 = 0.8 - (Q_{bic}/[Q_{bic}] + 0.5 - W_2)/W_1 \tag{6-5}$$

式中：Q_{bic}——非机动车交通量（辆/h）；

$[Q_{bic}]$——每米宽非机动车道的实用通行能力（辆/h）；

W_1——单向机动车道宽度（m）；

W_2——单向非机动车道宽度（m）。

对于非机动车道通行能力，在连续车流条件下（有分隔带），$[Q_{bic}] = 2200$ 辆/h。

无分隔带时，非机动车道通行能力小于有分隔带的非机动车道通行能力，建议有无分隔带的非机动车道通行能力比为 0.82，即无分隔带时，每米宽非机动车道的通行能力为 $[Q_{bic}]' = 2200 \times 0.82 = 1800$（辆/h）。

由于平面交叉口的影响，路段上一般只有50%时间能有效通行，故每米宽非机动车道的实用通行能力为 $[Q_{bic}] = 1800 \times 0.5 = 900$（辆/h）。

机动车道宽度对行车速度有很大的影响，城市道路设计中，取标准车道宽度为3.5m。当车道宽度大于该值时，有利于车辆行驶，车速略有提高；当车道宽度小于该值时，车辆行驶的自由度受到影响,车速降低。观测后发现,车道宽度不足对车速的影响远远大于宽度富余对车速的影响,当车道宽度降低1m(此时车道宽度2.5m)时,车速几乎下降至正常车速的一半;当宽度大于标准宽度2.5m(此时车道宽度6m,接近两条车道宽度)时,车速提高约30%,并且即使继续增加车道宽度,由于受到车辆本身性能的限制,车速不可能继续再提高。因此认为车道宽度与车速之间呈上缓下陡的曲线关系,根据我国的研究成果,其车道宽度影响系数 r_2 可由式(6-6)确定:

$$r_2 = \begin{cases} 50(W_0 - 1.5) \times 10^{-2} & (W_0 \leq 3.5\text{m}) \\ (-54 + 188W_0/3 - 16W_0^2/3) \times 10^{-2} & (W_0 > 3.5\text{m}) \end{cases} \quad (6-6)$$

式中:W_0——一条机动车道的宽度(m)。

当车道宽度为标准宽度3.5m时,$r_2 = 100\%$,车道宽度与影响系数之间的变化关系如表6-6所示。

r_2-W_0关系表　　　　表6-6

W_0(m)	2.5	3.0	3.5	4.0	4.5	5.0	5.5	6.0
r_2(%)	50	75	100	111	120	126	129	130

交叉口影响修正系数主要取决于交叉口控制方式及交叉口间距。根据已有的研究成果,交叉口间距从200m增大到800m时,车速及通行能力可以提高80%左右,并基本上呈线性关系。交叉口对路段车速及通行能力的影响修正系数可采用式(6-7)计算:

$$r_3 = \begin{cases} S_0 & (l \leq 200\text{m}) \\ S_0(0.0013l + 0.73) & (l > 200\text{m}) \end{cases} \quad (6-7)$$

式中:l——交叉口间距(m);

S_0——交叉口有效通行时间比,视路段起点交叉口控制方式而定,在信号交叉口即为绿信比。

如果式(6-7)计算的 $r_3 > 1$,则取 $r_3 = 1$。

(2)常用路段阻抗函数

常用的路段路阻函数有美国联邦公路局路阻函数模型及回归路阻函数模型。

美国联邦公路局路阻函数模型如式(6-8)所示。

$$t = t_0[1 + \alpha(V/C)^\beta] \quad (6-8)$$

式中:t——两交叉口之间的路段行驶时间(min);

t_0——交通量为0时,两交叉口之间的路段行驶时间(min);

V——路段机动车交通量(辆/h);

C——路段实用通行能力(辆/h);

α、β——参数,在公路使用时,建议取 $\alpha = 0.15$,$\beta = 4$;在城市道路使用时,宜根据实测数据标定。

该模型只考虑了机动车交通负荷的影响,使用比较方便,在我国广泛使用于公路交通网络分析,但由于我国城市道路上,除了机动车的交通负荷外还有非机动车的交通负荷,因此不适用于城市交通网络分析。当用该模型分析城市路网的机动车出行时间时,也应结合我国城市的实际交通情况进行标定。已有研究发现,根据不同城市交通情况标定的参数值与美国推荐参数值有较大差异。

相对于BPR函数,Davidson函数基于排队论建立了路阻函数,其形式如式(6-9)所示。

Davidson 函数假设当流量接近通行能力时,其阻抗会无穷大。当交通量超过通行能力时,其无法被分配到网络上。从交通分配算法方面来看,BPR 函数作为路段阻抗更容易处理,当使用 Davidson 函数时,需对分配算法进行一定的改进。当 OD 需求比网络容量大时,应用 Davidson 函数计算可能不存在可行解。

$$t = \frac{Jt_0}{C-V} \tag{6-9}$$

式中:J——模型参数。

也有研究针对我国城市交通的实际情况,试图用以下形式的线性或非线性回归关系作为城市道路的路阻函数:

$$t = t_0[1 + k_1(V_1/C_1)^{k_3} + k_2(V_2/C_2)^{k_4}] \tag{6-10}$$

或:

$$t = t_0[1 + k_1(V_1/C_1) + k_2(V_2/C_2)] \tag{6-11}$$

式中:V_1、V_2——机动车、非机动车路段交通量(辆/h);

C_1、C_2——机动车、非机动车路段实用通行能力(辆/h);

k_1、k_2、k_3、k_4——回归参数。

参数 k_1、k_2、k_3、k_4 根据道路交通量、车速调查数据用最小二乘法确定,该路阻函数考虑了机动车交通负荷、非机动车交通负荷的影响,比较符合我国城市的实际情况。

2)交叉口延误

信号交叉口延误,受信号周期的影响很大,对于已有的信号交叉口,可根据实际使用情况确定信号周期长度;对于规划的交叉口,采用最佳周期长度。最佳周期长度的计算请参见本书第 9 章。进口道通行能力的计算请参见本书第 3 章相应内容。此时信号交叉口延误可采用式(6-12)(饱和度较小的情况)和式(6-13)(饱和度较大的情况)进行计算(详细推导请参见相应章节)。

当进口道饱和度较小时,各进口道上每辆车的平均延误可根据修正的韦伯斯特(Webster)公式计算:

$$d(i,j) = 0.9\left[\frac{T(1-\lambda)^2}{2(1-\lambda x)} + \frac{x^2}{2Q(1-x)}\right] \tag{6-12}$$

式中:$d(i,j)$——在 i 交叉口与 j 交叉口相邻进口道上的车辆平均延误;

T——信号周期长度;

λ——进口道有效绿灯时间/周期长度;

Q——进口道交通量;

x——饱和度,$x = Q/(\lambda S)$,若已考虑绿信比,则取 $x = Q/S$。

当进口道饱和度较小时,Webster 公式计算结果比较合理,但当进口道饱和度较大时,Webster 公式计算结果偏大。美国《道路通行能力手册》建议采用式(6-13)计算进口道延误:

$$\begin{cases} d = d_1 + d_2 \\ d_1 = 0.38T\dfrac{(1-\lambda)^2}{1-\lambda x} \\ d_2 = 173x^2\left[(x-1) + \sqrt{(x-1)^2 + 16x/S}\right] \end{cases} \tag{6-13}$$

式中:d_1——均匀延误;

d_2——过饱和延误,即随机到达的增量延误以及由于周期失效引起的延误;

其他符号含义同前。

一般认为,Webster 公式的适用范围为饱和度 $x = 0 \sim 0.67$,美国《道路通行能力手册》建议公式的适用范围为饱和度 $x = 0 \sim 1.2$。

对于无控交叉口、环形交叉口的延误,一般都采用间隙理论分析(参见 4.1.3 节),即认为主路车流(无控交叉口)或出环车流(环形交叉口)不受任何延误[$d(i,j) = 0$],支路车流(无控交叉口)或进环车流(环形交叉口)有较大延误,其延误按主路车流或出环车流出现可插车间隙的概率计算,但用这种方式计算的延误与实际情况相差很大。实际上,在无控交叉口,往往很难区分主要车流与次要车流,即使有主次,假设主路车流无任何延误也是不合理的,主路车流也有延误。环交延误的分析亦是如此,并且一个交通网络往往含有几百个交叉口,在用作为交通分配路权的交叉口延误分析中,若不同类型交叉口的延误分析采用不同的分析方法及不同的分析模型,则不同类型交叉口的延误可比性很差。如在交通负荷、几何要素相同的条件下,对不同类型交叉口的延误采用不同的方法计算,很可能会出现信号交叉口延误小于立体交叉口延误这种不合理的现象,造成路径选择不合理,影响分配精度。鉴于此,用作为交通分配路权值的无控、环交、立交三类交叉口的延误,应根据交通量的大小与信号交叉口延误对比分析,以增加各类交叉口延误的可比性。因此,在交叉口进口道几何条件及交通负荷相同的情况下,可取各类交叉口的平均延误为信号交叉口平均延误的某一倍数,即:

$$\begin{cases} d(i,j)(无控) = K_1 d(i,j)(信号) \\ d(i,j)(环交) = K_2 d(i,j)(信号) \\ d(i,j)(立交) = K_3 d(i,j)(信号) \end{cases} \quad (6\text{-}14)$$

式中,参数 K_1、K_2、K_3 可根据高峰小时各类交叉口的实测延误确定。

按上述方法确定的交叉口延误,其绝对值可能会有一定的误差。但在交通分配中,延误或路权的绝对值并不重要,重要的是各出行路线的延误(或路权)的相对值,出行者按路权的相对大小选择出行路线。上述方法增加了各类交叉口延误的可比性,其相对值是比较可靠的。

3) 路权的计算

交通分配中的路权(即两交叉口之间的出行时间)等于路段行驶时间与交叉口延误之和。

$$T(i,j) = t(i,j) + d(i,j) \quad (6\text{-}15)$$

式中:$T(i,j)$——路段$[i,j]$的路权;

$t(i,j)$——路段$[i,j]$的行驶时间;

$d(i,j)$——在 i 交叉口与 j 交叉口相邻进口道上的车辆平均延误。

6.3 网络分配模型

6.3.1 路径的选择

网络用户的路径选择(Route Choice)问题指出行者在 OD 点间所有路径中选择交通服务水平高(即交通成本低)的路径作为合理路径的过程。根据通用的选择行为模型框架,路径选择模型和以网络为对象的路径选择主要在应用路径的过程方面存在差异。路径选择问题中的路径方案是路径集合的生成(Path Choice Set Generation),而在交通分配模型中则是以路径交通量作为直接变量,并将其按照一定准则计算分配到已有的路径集合上交通量的方法,在此过程中,路径的选择行为和路径选择方案的生成及选择是无法分离的过程。即使在计算机水平高度发达的今天,过于庞大的路径选择集也不容易处理,因此必须在交通行为模型的精细化和网络模型的计算复杂度中取得相应的平衡。路径选择模型中最重要的是假定出行者会拥有完整的信息和合理的选择行为,因此在此模型下出行者会选择确定的路径。也就是说,如果有关于网络构成和出行费用的全部信息,用户则会在可用路径中选择成本最小的路径。求解两点间费用最小的路径的方法有很多,比如经典的求解单点对单点最短路的标号法(Dijkstra 法)、求解单点到多点最短路的 Bellman-Ford 算法(标号修正法)、求解多点到多点最短路的 Floyd 算法等,读者可参阅相关文献❶获取算法的实现过程。

在出行者不清楚出行花费的情况下,可采用基于随机效用理论(Random Utility Theory)的概率路径选择模型来估计所选择的路径,此时出行者会选择其认为的花费最小的路径。在 OD 点间存在多条可行路径时,需对选择各条路径的概率进行估计,选择各条路径的概率同出行者对出行所需花费的认知相关。最常用的概率路径选择模型是 Logit 模型。对于 OD 对 rs 间第 k 条路径的效用 U_k^{rs} 应大于路径费用 c_k^{rs} 的负值,因此,此路径的效用应为如式(6-16)所示的随机变量。

$$U_k^{rs} = -c_k^{rs} + \varepsilon_k^{rs} \tag{6-16}$$

该随机变量中可变效用部分 ε_k^{rs} 服从相互独立的 Gumbel 分布时,路径的选择概率可由如式(6-17)所示的 Logit 模型获取。

$$P_k^{rs} = \frac{\exp(-\theta c_k^{rs})}{\sum_k \exp(-\theta c_k^{rs})} \tag{6-17}$$

式中的 θ 为待定参数,表现了路径选择的不确定性。当 $\theta \to 0$ 时,选择的不确定性增大,不管各条路径的花费如何,选择不同路径的概率差异不大。当 $\theta \to \infty$ 时,路径成本略有差异就会影响路径的选择概率,当费用最小的路径选择概率为 1 时,其他路径的选择概率为 0。此时概率选择模型的结果与确定性选择模型的结果相同。

在没有明确给出路径集时,计算与 Logit 模型相同的网络流量并不容易,代表性的方法有 Dial 算法和马尔科夫链(Markov Chain)法。在将 Logit 模型应用于网络时,需假定各选择方案间的独立性,否则可能会导致相互重叠的路径过度分配。而且无论 OD 间成本的绝对量如何,选择性仅由路径间成本的差异来确定,因此在某些情况下可能计算出不现实的选择概率。关于网络用户的路径选择,在行为模型和数学解析等方面均有研究空间。

6.3.2 非平衡交通分配模型

非平衡模型具有结构简单、概念明确、计算简便等优点,特别是用于城市交通规划,其精度已能保证,因而在实际工程中得到了广泛的应用,效果良好。

非平衡模型根据其分配手段可分为无迭代和有迭代两类,就其分配形态可分为单路径型和多路径型两类,具体分类如表 6-7 所示。

---

❶ 例如 MIT 的"算法简介"公开课(Introduction to Algorithms)第 15~18 节,对应教材为 T H Cormen, C E Leiserson, R L Rivest, et al. Introduction to Algorithms, third edition[M]. MIT Press, 2009。从动态规划的角度可更好地了解最短路算法,可参阅 Dreyfus S E, Law A M. Art and Theory of Dynamic Programming[M]. Academic Press, 1977。

非平衡模型分类　　　　　　　　　　　　　　　表6-7

分配手段　形态	无迭代分配方法	有迭代分配方法
单路径型	最短路（全有全无）分配	容量限制—增量加载分配
多路径型	多路径分配	容量限制—多路径分配

1）最短路交通分配方法

最短路交通分配是一种静态的交通分配方法，在该分配方法中，取路权为常数，即假设车辆的平均行驶车速不受交通负荷的影响。每一OD点对的OD量被全部分配在连接该OD点对的最短线路上，其他道路上不分配交通量。这种分配方法的优点是计算相当简便，其致命缺点是出行量分布不均匀，出行量全部集中在最短路上。这种分配方法是其他各种交通分配方法的基础。

由于在最短路分配过程中，每一OD点对的OD量被全部分配在连接该OD点对的最短线路上，因此通常采用最短路分配方法确定道路交通的主流向。

图6-8为最短路分配方法流程图。

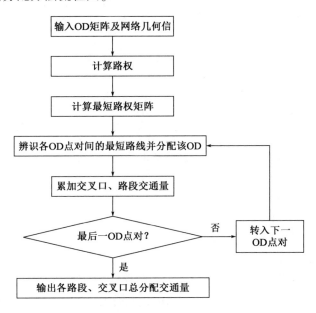

图6-8　最短路分配方法流程图

2）容量限制分配方法

容量限制是一种动态交通分配方法，它考虑了路权与交通负荷之间的关系，即考虑了道路通行能力的限制，比较符合实际情况。

采用容量限制分配模型分配出行量时，需先将OD表中的每一OD量分解成K部分，即将原OD表（$n×n$阶，n为出行发生、吸引点个数）分解成K个OD分表（$n×n$阶），然后分K次用最短路分配模型分配OD量，每次分配一个OD分表，并且每分配一次，路权修正一次，路权采用路阻函数修正，直到把K个OD分表全部分配在网络上，分配过程如图6-9所示。

在具体应用时，视道路网络的大小，可根据表6-8选取分配次数K及每次分配的OD量比例。

分配次数 K 与每次的 OD 量分配率（单位：%） 表6-8

分配次数 K	1	2	3	4	5	6	7	8	9	10
1	100									
2	60	40								
3	50	30	20							
4	40	30	20	10						
5	30	25	20	15	10					
10	20	20	15	10	10	5	5	5	5	5

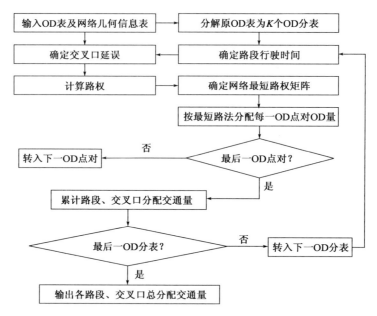

图 6-9 容量限制交通分配方法流程图

3）多路径交通分配方法

（1）多路径交通分配模型的构造

与单路径（最短路）分配方法相比，多路径分配方法的优点是克服了单路径分配中流量全部集中于最短路上这一不合理现象，使各条可能的出行路线均分配到交通量，各出行路线长度的不同，决定了它所分配到的流量的大小。Dial 于 1971 年提出了初始的概率分配模型，模型中反映了出行路线被选用的概率随着该线路长度的增加而减少的规律。Florian 及 Fox 于 1976 年对 Dial 模型进行了修正，认为出行者从连接两交通区路线的可行子系统中选用路线 k 的概率为：

$$P(k) = \frac{\exp(-\sigma T_k)}{\sum_i \exp(-\sigma T_i)} \tag{6-18}$$

式中：$P(k)$——选用路线 k 的概率；

T_k——路线 k 上的行程时间；

σ——交通转换参数。

（2）改进的多路径分配模型

由出行者的路径选择特性可知，出行者总是希望选择最合适（最短、最快、最方便等）的路线出行，称为最短路因素，但由于交通网络的复杂性及交通状况的随机性，出行者在选择出行路线时往往带有不确定性,称为随机因素。这两种因素存在于出行者的整个出行过程中,两因素所处的主次地位取决于可供选择的出行路线的路权差(行驶时间差或费用差等)。因此,各出行路线被选用的概率可采用 Logit 模型的路径选择模型计算。

$$T(r,s) = \frac{\exp\left[\dfrac{-\sigma t(k)}{\bar{t}}\right]}{\sum_{i=1}^{m}\exp\left[\dfrac{-\sigma t(i)}{\bar{t}}\right]} \qquad (6\text{-}19)$$

式中:$t(k)$——第 k 条出行路线的路权(行驶时间);

$\bar{t}$——各出行路线的平均路权(行驶时间);

σ——分配参数;

m——有效出行路线条数。

改进的分配模型能较好地反映路径选择过程中的最短路因素及随机因素。实际上,若出行路线路权相同,则本模型成为随机分配模型,各路线被选用的概率相同。若某一路线的路权远远小于其他路线,则本模型成为最短路分配模型,它是一种改进型的多路径分配模型。改进的多路径分配模型虽然与 Dial 模型在形式上很类似,但在参数 σ 的确定、路径的选取及算法上与 Dial 模型有本质区别。

(3)网络的处理:有效路段与有效路线

对于可供选择的出行路线较明确的网络,Dial 模型可获得较精确的分配结果。图 6-10 中,从交通区 1 至交通区 2 比较可行的出行路线有三条:一条为①—②—③,行驶时间为 30min;另一条为①—④—③,行驶时间为 25min;第三条为①—⑤—③,行驶时间为 30min。如果取参数 $\sigma=0.2$,从 1 区至 2 区的出行量为 1000 辆,则三条路线被选用的概率分别为 0.212、0.576、0.212。三条线路分配到的交通量分别为 212 辆、576 辆、212 辆。

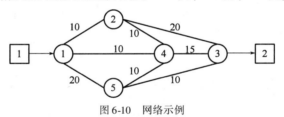

图 6-10 网络示例

但如果网络中,节点②至④及节点⑤至④的行驶时间不是 10min 而是 5min,那么路线①—②—④—③的行驶时间为 30min,路线①—④—⑤—③的行驶时间仅为 25min。这些路线的行驶时间不大于前述三条可行路线,它们是否也算可行出行路线而参与分配呢?如果不算,路段④—⑤、②—④没有分配到交通量,与实际情况不符。如果算,那么如何确定可行出行路线的总体?对于该简单网络,可以枚举其可能线路,但对于大型网络,又如何解决?如,对于含有 1000 个交通节点的大型网络,两相隔较远的交通区之间的不同出行线路可达几万甚至几十万条。对于这些问题,Dial 模型无法解决。

改进的多路径分配模型成功地解决了这一复杂问题。该方法中引进了有效路段及有效出行路线两个概念,有效路段$[i,j]$被定义为路段终点 j 比路段起点 i 更靠近出行目的地 s 的路段,即沿该路段前进能更接近出行终点。因此,有效路段的判别条件为:

对于路段$[i,j]$,如果 $L_{\min}(j,s)<L_{\min}(i,s)$,则它为有效路段,$L_{\min}(a,b)$ 为节点 a 至节点 b 的最短路权。

有效路段是相对于OD点对(r,s)而言的，某一路段在某一OD点对下为有效路段，而在另一OD点对下可能为非有效路段。有效出行路线必须由一系列的有效路段所组成，每一OD点对的出行量只在它相应的有效出行路段上进行分配。

有效出行路线$L_{min}(i-j,s)$的长度被定义为有效路段$[i,j]$的路权$d(i,j)$加上有效路段终点j至出行终点s的最短路权$L_{min}(j,s)$，即$L_{min}(i-j,s)=d(i,j)+L_{min}(j,s)$。

有效路线长度确定后，便可计算各有效出行路线的分配率及有效路段的分配交通量。多路径分配是按节点顺序进行的，有效出行路线只是中间过渡量，只对相应节点有效。当该节点分配结束后，转入另一节点的分配时，需重新确定有效路段及有效出行路线。

对于通常的城市交通网络，交叉口相交道路数多数为4条，各节点的有效路段及有效出行路线一般为2条，少数情况为1条或3条。在区域公路网中，一般交通节点与城市交通节点相同，但对于交通枢纽（城市），连接道路可多达8～10条，有效路段可达5条左右。可以证明，一个网络中的任一节点，至少具有一个有效路段及一条有效出行路线。

(4) 分配参数σ的确定

改进的多路径分配模型与Dial模型的一大区别就在于参数σ。

Dial模型中，σ为带量纲的参数，与路权的量纲及大小有关，没有固定的变化范围。该参数的确定很复杂，对于每一交通网络的参数σ，通常需用现状的OD量及路段交通量实测资料用极大似然法来标定。在改进的模型中，σ为无量纲参数，与路权无关，仅与可供选择的出行路线数有关。通过计算机模拟发现，参数σ的变化范围相当稳定，在3.00～4.00之间，对于通常的城市交通网络，σ在3.00～3.50之间。由于σ相对稳定，且对分配交通量影响不大，故σ的确定可标准化。图6-11为多路径分配方法流程图。

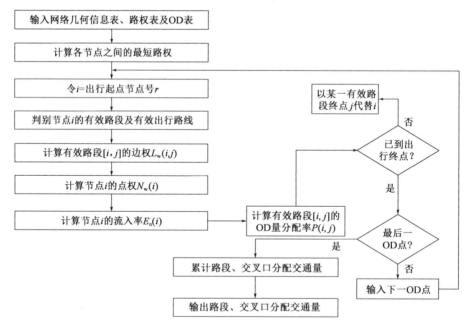

图6-11 多路径分配方法流程图

4）容量限制—多路径交通分配方法

在多路径分配模型中，认为路段行驶时间为一常数，这与实际的交通情况有一定的出入。

实际上,路段行驶时间与路段交通负荷有关,在容量限制—多路径分配模型中,考虑了路权与交通负荷之间的关系及交叉口、路段通行能力的限制,使分配结果更加合理。

与容量限制交通分配方法类似,采用容量限制—多路径方法分配出行量时,需先将原 OD 量表($n\times n$ 阶)分解成 K 个 OD 分表($n\times n$ 阶),然后分 K 次用多路径分配模型分配 OD 量,每次分配一个 OD 分表,并且每分配一次,路权修正一次,直到把 K 个 OD 分表全部分配到网络上。分配过程如图 6-12 所示。

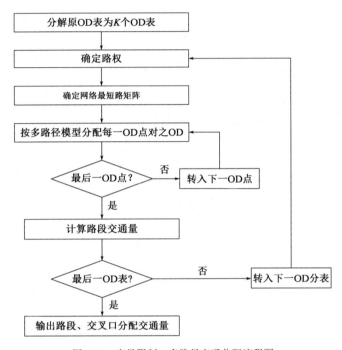

图 6-12　容量限制—多路径交通分配流程图

在用此方法分配时,路段交通量在不断变化,因而路权被不断修正,其分配过程是一个不断的迭代反馈过程。

容量限制—多路径交通分配方法的分配程序、路权修正方法以及参数确定方法与容量限制分配方法相同。所不同的是,容量限制分配方法中每次分配采用最短路分配模型,而在容量限制—多路径分配方法中,每次分配采用多路径分配模型。

6.3.3　平衡交通分配模型

1)用户平衡分配模型

满足 Wardrop 第一原理的交通分配模型称为用户平衡模型。Wardrop 在 1952 年提出了平衡分配的思想,但并未给出任何数学建模公式。1956 年由 Beckmann、McGuire 和 Winsten 提出了一种满足 Wardrop 第一原理的数学规划模型,正是这个模型奠定了研究平衡分配方法的基础。后来的许多分配模型都是在 Beckmann 模型的基础上扩展得到的。下面简要介绍 Beckmann 用户平衡分配模型。

Beckmann 用户平衡分配模型的基本思想是:在交通网络达到平衡时,所有被利用的路径具有相等而且最小的阻抗,未被利用的路径与其具有相等或更大的阻抗。其模型的核心是交通网络中的用户都试图选择最短路径,而最终使被选择的路径的阻抗最小且相等。

Beckmann 等提出的数学规划模型是:

$$\min Z[x(f)] = \sum_a \int_0^{x_a} t_a(x) dx \quad (6\text{-}20\text{a})$$

$$\text{s.t.} \sum_k f_k^{rs} = q_{rs}, \forall r, s$$

$$f_k^{rs} \geq 0, \forall r, s$$

其中:

$$x_a = \sum_r \sum_s \sum_k f_k^{rs} \delta_{a,k}^{rs}, \forall a \quad (6\text{-}20\text{b})$$

式中:x_a——路段 a 上的交通量;

t_a——路段 a 的交通阻抗;

$t_a(x)$——路段 a 的以交通量为自变量的交通阻抗函数;

f_k^{rs}——点对(r,s)间第 k 条路径的交通流量;

$\delta_{a,k}^{rs}$——路段—路径相关变量,$\delta_{a,k}^{rs} = \begin{cases} 1, & \text{如果路段 } a \text{ 在}(r,s)\text{间的第 } k \text{ 条路径上} \\ 0, & \text{其他情况} \end{cases}$;

q_{rs}——点对(r,s)之间的 OD 量。

模型中约束条件式(6-20b)是"出行量守恒",即任意点对间的出行分布量等于它们之间各路径上流量之和。

该数学规划模型的目标函数由路段的交通量进行表示。路段的交通量是所选择路径交通量的函数,因此该数学规划问题的变量为各路径的交通量。

为求解满足线性等式约束和非负约束条件(Kuhn-Tucker 条件)的非线性优化问题的最优解,需要利用如式(6-21)所示的拉格朗日函数。

$$L(f,\lambda) = Z[x(f)] + \sum_r \sum_s \lambda_{rs}(q_{rs} - \sum_h f_h^{rs}) \quad (6\text{-}21)$$

式中,λ_{rs}为拉格朗日乘子。一阶最优条件的最优解(f^*,λ^*)需满足以下条件:

$$f_k^{rs*} > 0 \rightarrow \partial L(f^*,\lambda^*)/\partial f_k^{rs} = 0$$

$$f_k^{rs*} = 0 \rightarrow \partial L(f^*,\lambda^*)/\partial f_k^{rs} \geq 0$$

$$\partial L(f^*,\lambda^*)/\partial f_k^{rs} = 0$$

$$f_k^{rs*} \geq 0$$

令$\partial Z[x(f)]/\partial f_k^{rs} = \sum_a (\partial Z/\partial x_a)(\partial x_a/\partial f_k^{rs}) = \sum_a t_a(x_a)\delta_{a,k}^{rs} = c_k^{rs}$,即可将上述条件转化为均衡条件。可证明该均衡条件与前述的最优化问题等价,详细证明过程可参见二维码内容(6.A.1)。

根据非线性最优化理论,目标函数 $Z[x(f)]$ 是狭义的凸函数,其解是有意义的。目标函数是关于路段交通量 x 的狭义凸函数,因此与路段交通量相关的均衡解一定存在。严格来讲,关于路径交通量 f 的目标函数是凸函数,但并非总是凸函数。因此尽管可以获得满足平衡条件的路径交通量,但并不一定是唯一解,即意味着存在唯一一组解 $x = (x_1, x_2)$,使函数 $Z(x_1, x_2) = x_1^2 + x_2^2$ 取得最小值,但可以存在无数组 $f = (f_1, f_2, f_3)$ 使函数 $Z(x_1(f_1,f_2), x_2(f_3)) = (f_1+f_2)^2 + f_3^2$ 取得最小值。交通分配并非一定要求出唯一的最优解,而是取得若干组可行解能够指导工程实践即可,因此可应用相应算法求得满足均衡条件的一组或几组路径交通量的方案,这还是相对容易的。

Beckmann 用户平衡分配模型反映了用户对路径的选择的行为准则。任何系统中有行为选择能力的个体总是以自己利益最大化来决定自己的行为。因此该原理正是反映了交通网络中用户实际选择出行路径的情况。该模型自 1956 年提出后,一直到 1975 年 LeBlanc 用一种解非线性数学规划的算法——Frank-Wolfe 法,才对该模型成功进行了求解。

Frank-Wolfe 算法是一种求解约束的凸优化问题的迭代一阶优化算法,也被称为条件梯度法(Conditional Gradient Method)、梯度下降法(Reduced Gradient Algorithm)、凸组合算法(Convex Combination Algorithm)。梯度法是一种在非线性规划问题中难以求得满足条件的解析解时应用的一种数值计算方法,其基本思想为向函数上当前点(当前解或试算解)对应梯度(或近似梯度)的反方向以规定步长距离点进行迭代搜索,从而获得一个函数的局部极小值。Frank-Wolfe 算法由 Marguerite Frank 和 Philip Wolfe 在 1956 年提出❶,在优化过程中每次迭代会分为两步,首先选择优化前进的方向(确定一个目标函数的线性逼近),再确定优化前进距离(使前面的目标函数最小化)。

在 Frank-Wolfe 算法中,当线性约束区域确定的最优化问题的探索方向向量为 $\boldsymbol{d}^{(n)}$ 时,原问题的目标函数可由当前试算解 $\boldsymbol{x}^{(n)}$ 及其线性近似问题(约束条件为线性的线性规划问题)解的辅助向量 $\boldsymbol{y}^{(n)}$ 求得,即 $\boldsymbol{d}^{(n)} = \boldsymbol{y}^{(n)} - \boldsymbol{x}^{(n)}$。因 $\boldsymbol{y}^{(n)}$ 为约束区域的顶点,搜索向量 $\boldsymbol{x} = \boldsymbol{x}^{(n)} + \alpha \boldsymbol{d}^{(n)}$ 在 $0 \leqslant \alpha \leqslant 1$ 的范围内必能成立。此时用户均衡问题的目标函数 $\partial Z[x(f)]/\partial f_k^{rs} = c_k^{rs}$ 的线性近似目标函数可写成如式(6-22)所示的形式。

$$Z = \sum_r \sum_s \sum_k \{\partial Z[x(f)]/\partial f_k^{rs}\} = \sum_r \sum_s \sum_k c_k^{rs} g_k^{rs} \qquad (6-22)$$

式中,g_k^{rs} 为路径交通量相关的辅助变量向量(与上文的 y 相当),OD 量储存的条件为 $q_{rs} = \sum_k g_k^{rs}$,需满足非负条件 $g_k^{rs} \geqslant 0$。因当前的试算解决定了路径的花费,所以路径阻抗 c_k^{rs} 严格上讲应写成 $c_k^{rs}(x^{(n)})$ 的形式。被写成线性规划问题形式的辅助问题是一个整体的全有全无问题(All-or-nothing Problem,详见 6.3.3 节),即 OD 间的交通量全部分配到阻抗函数最小的一条路径上(此时其他路径分配的交通量为 0),求各路径的交通量 g_k^{rs}。对应路段交通量的辅助变量向量 y 可由各路径的交通量相加而得,即 $y_a = \sum_r \sum_s \sum_k g_k^{rs} \delta_{a,k}^{rs}$,详细推导过程可参见二维码内容(6.A.2)。

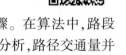

综上所述,Frank-Wolfe 算法求解用户均衡问题的算法可写成如下步骤。在算法中,路段流量是表示网络的变量,同表示路径交通量变量的过程相同。但是如前文分析,路径交通量并非是唯一的,如果初始可行解发生了变化,可能获得一组不同的路径分配交通量的解。

步骤 0:初始化

计算所有 OD 对在自由流阻抗情况下[即 $t_a(0)$]的最短路,并将 OD 对 (r,s) 的交通需求 q_{rs} 全部分配到最短路径上[即全有全无分配(All-or-nothing Assignment)],从而得到初始路段流量 $\{x_a^{(1)}\}$,令 $n = 0$。

步骤 1:更新路段出行时间(阻抗)

应用公式 $t_a^{(n)} = t_a(x_a^{(n)})$ 更新路段的出行时间。

步骤 2:确定流量优化的搜索方向

---

❶ Frank M, Wolfe P. An algorithm for quadratic programming[J]. Naval Research Logistics Quarterly, 1956, 3(1-2):95-110.

在道路阻抗为 $t_a^{(n)}$ 的情况下,应用全有全无分配将交通需求分配到最短路上,得到路段交通量作为辅助向量 $\{y_a^{(n)}\}$,令 $d_a^{(n)} = y_a^{(n)} - x_a^{(n)}$,将 $\{d_a^{(n)}\}$ 作为流量优化的搜索方向。

步骤3:确定一元搜索问题的最优步幅

求解使问题 $\min\limits_{0 \leq \alpha_n \leq 1} \sum\limits_{a} \int_0^{x_a^{(n)} + \alpha_n \cdot d_a^{(n)}} t_a(x) \mathrm{d}x$ 达到最优值的 α_n^*。

步骤4:更新路段流量

应用公式 $x_a^{(n+1)} = x_a^{(n)} + \alpha_n^* (y_a^{(n)} - x_a^{(n)})$ 更新路段的流量。

步骤5:收敛测试(优化测试)

以路段流量为参数时,可用公式 $\dfrac{\sqrt{\sum\limits_{a}(x_a^{(n+1)} - x_a^{(n)})^2}}{\sum\limits_{a} x_a^{(n)}} < \varepsilon$ 判断是否收敛;以优化函数为指标时,可用公式 $\left|\dfrac{Z(x^{(n+1)}) - Z(x^{(n)})}{Z(x^{(n)})}\right| < \eta$ 判断是否收敛。当结果收敛时,停止计算,否则 $n+1$,返回步骤1。

步骤3中求解一元搜索问题的最优步幅本质上等同于求解关于 α 的一元函数 $Z(\alpha) = \sum\limits_{a} \int_0^{x_a^{(n)} + \alpha_n \cdot d_a^{(n)}} t_a(x) \mathrm{d}x$ 的最小值。如果 $Z(\alpha)$ 连续可微,且 $\dfrac{\mathrm{d}Z(\alpha)}{\mathrm{d}\alpha}$ 存在,则相等于求解 $\dfrac{\mathrm{d}Z(\alpha)}{\mathrm{d}\alpha}\bigg|_{\alpha = x_a^{(n)} + \alpha_n \cdot (y_a^{(n)} - x_a^{(n)})} = \sum\limits_{a} t_a[x_a^{(n)} + \alpha_n \cdot (y_a^{(n)} - x_a^{(n)})] \cdot (y_a^{(n)} - x_a^{(n)}) = 0$ 时 α 的值。当 $t_a(\alpha)$ 较为简单,且容易计算时,可直接求解 α^* 的解析解,但当 $t_a(\alpha)$ 的计算非常复杂时,可采用二分法(Bi-selection Method)求解该一元搜索问题的数值解;但当 $Z(\alpha)$ 不连续可微时(不是UE问题),也可采用黄金分割法(Golden Section Method)求解该一元搜索问题的数值解。

一元搜索问题数值解的求解问题可写成如下形式:求解一系列的区间 $[a^{(n)}, b^{(n)}]$,使得 $[a^{(n)}, b^{(n)}] < \beta [a^{(n-1)}, b^{(n-1)}]$,$0 < \beta < 1$ 且 $\alpha^* \in [a^{(n)}, b^{(n)}]$。若 $\alpha^* \in [a, b]$,则可令 $a^{(0)} = a$,$b^{(0)} = b$,当 $|a^{(n)} - b^{(n)}|$ 小于指定的阈值 ε 时,可令 $\alpha^* = \dfrac{a^{(n)} + b^{(n)}}{2}$,否则继续迭代。

(1)二分法

应用二分法求解上述一元搜索问题的数值解求解问题的第 n 步迭代时,可令 $\alpha^m = \dfrac{a^{(n-1)} + b^{(n-1)}}{2}$。如果 $\dfrac{\mathrm{d}Z(\alpha)}{\mathrm{d}\alpha}\bigg|_{\alpha = \alpha^m} > 0$,则 $a^{(n)} = a^{(n-1)}$,$b^{(n)} = \alpha^m$;若 $\dfrac{\mathrm{d}Z(\alpha)}{\mathrm{d}\alpha}\bigg|_{\alpha = \alpha^m} < 0$,则 $a^{(n)} = \alpha^m$,$b^{(n)} = b^{(n-1)}$;当 $\dfrac{\mathrm{d}Z(\alpha)}{\mathrm{d}\alpha}\bigg|_{\alpha = \alpha^m} = 0$ 时,$\alpha^* = \alpha^m$。

(2)黄金分割法

应用黄金分割法求解上述一元搜索问题的数值解求解问题的第 n 步迭代时,可令 $\alpha_C^{(n)} = a^{(n)} + (1-r)(b^{(n)} - a^{(n)})$,$\alpha_R^{(n)} = a^{(n)} + r(b^{(n)} - a^{(n)})$,其中 $r = \dfrac{\sqrt{5}-1}{2} \approx 0.618$,为黄金分割点。如果 $Z(\alpha_C^{(n)}) < Z(\alpha_R^{(n)})$,则 $a^{(n+1)} = a^{(n)}$,$b^{(n+1)} = \alpha_R^{(n)}$;若 $Z(\alpha_C^{(n)}) > Z(\alpha_R^{(n)})$,则 $a^{(n+1)} = \alpha_C^{(n)}$,$b^{(n+1)} = b^{(n)}$。

Frank-Wolfe算法并非一定是快速收敛的,存在所得解在最优解旁振荡的情况,所以应提出一种防止上述情况出现的方法。

下面用两路径问题简单地说明 Frank-Wolfe 算法的求解过程。设从起点 O 到终点 D 间有两条路径,路径 1 的流量为 x_1,路径 2 的流量为 x_2。路径 1 的阻抗函数为 $t_1 = 2 + 2x_1^2$,而路径 2 的阻抗函数为 $t_2 = 16 + x_2$。OD 点间的总交通需求 $q_{rs} = 10$,且仅能也必须全部分布在上述两条路径上,即两条路径的流量之和为 OD 间的交通需求。试用 Frank-Wolfe 算法求解 UE 状态下各路径分配的流量。

步骤 0:初始化

根据道路的阻抗函数可知,在自由流状态下,路段(径)1 和 2 的流量均为 0,路段(径)1 的出行时间为 2,路段(径)2 的出行时间为 16。应用全有全无分配法可知,所有的流量 $q_{rs} = 10$ 均分配至路径 1 上,得 $\{x_a^{(1)}\} = \{10, 0\}$。此案例中仅存在一个 OD 对,且路段和路径是相同的,在实际含有多个 OD 对的计算过程中,宜将所有的 OD 对均进行全有全无分配后再进行下一步计算。

步骤 1:更新路段出行时间(阻抗)

根据全有全无分配的结果,更新各路段的阻抗(出行时间)为 $t_1 = 202, t_2 = 16$。

步骤 2:确定流量优化的搜索方向

根据更新后的路段阻抗,再次计算所有 OD 对间的最短路为路径 2,此时将所有的流量 $q_{rs} = 10$ 均分配至路径 2 上,得到辅助向量 $\{y_a^{(1)}\} = \{0, 10\}$,则搜索方向 $d_a^{(n)} = y_a^{(n)} - x_a^{(n)} = \{-10, 10\}$。

步骤 3:确定一元搜索问题的最优步幅

$\min\limits_{0 \leqslant \alpha_n \leqslant 1} \int_0^{x_1^{(1)} + \alpha_1 \cdot d_1^{(1)}} (2 + 2x^2) \mathrm{d}x + \int_0^{x_2^{(1)} + \alpha_1 \cdot d_2^{(1)}} (16 + x) \mathrm{d}x$ 是关于 α 的单变量优化问题。本例中 $\dfrac{\mathrm{d}Z}{\mathrm{d}\alpha}$ 存在,且其为 0 时,上述问题取得最小值。对 $Z(\alpha) = \int_0^{x_1^{(1)} + \alpha \cdot d_1^{(1)}} (2 + 2x^2) \mathrm{d}x + \int_0^{x_2^{(1)} + \alpha \cdot d_2^{(1)}} (16 + x) \mathrm{d}x$ 求导可得:

$(y_1^{(1)} - x_1^{(1)}) \cdot (2 + 2x^2)\big|_{x = x_1^{(1)} + \alpha(y_1^{(1)} - x_1^{(1)})} + (y_2^{(1)} - x_2^{(1)}) \cdot (16 + x)\big|_{x = x_2^{(1)} + \alpha(y_2^{(1)} - x_2^{(1)})} = 100\alpha^2 - 205\alpha + 93 = 0$

因 $0 \leqslant \alpha \leqslant 1$,所以得 $\alpha \approx 0.68$。

步骤 4:更新路段流量

$$\begin{cases} x_1^{(2)} = x_1^{(1)} + \alpha_1^* (y_1^{(1)} - x_1^{(1)}) = 3.2 \\ x_2^{(2)} = x_2^{(1)} + \alpha_1^* (y_2^{(1)} - x_2^{(1)}) = 6.8 \end{cases}$$

步骤 5:收敛测试

为简便起见,可用 UE 条件进行验算。在 UE 状态下,$t_1 = t_2$,根据步骤 4 中得出的流量可计算得 $t_1 = 22.7, t_2 = 22.8$。由此可知出行时间的精度已在 ±0.1 的范围内,可停止计算。如需要更高精度的解,则需使 n 增加 1,并回到步骤 1 重新计算。

在不采用一元搜索方法时,也可采用逐步减少搜索步幅的近似计算方法来求解,这种方法被称为逐次平均化法(Method of Successive Average,简称 MSA)。MSA 无须直接计算目标函数,所以适用于目标函数难以计算的问题,其在后文介绍的概率均衡分配问题中被广泛使用。此外,为提升收敛速度,路径交通量的变量可用单纯分解算法(Simplicial Decomposition)计算。

传统实践上使用的流量分配算法实质上是增量分配法(Incremental Assignment)。增量分配法是将 OD 表分割成任意多个部分,并依次将负荷加载的网络上,这是一种很容易理解的计算过程。但在增量分配中的计算结果是否合理是没有理论背景支撑的。OD 拆分过程中需要根据网络的形状和 OD 矩阵的特征开展。当然,当分割量很大时,依次分配的结果也可近似等于均衡解,但增量分配并不一定在所有的一般网络中均能得到近似均衡解的结果。此外,还需注意 OD 表拆分方法的约束,不同的拆分方法可能会计算出不同的分配结果。在确保流量分析的解释性和透明性方面,分割分配方法并不是推荐的方法。

均衡分配的优点主要如下:在均衡分配中,算法所搜索的是满足均衡条件的交通流分布模式,并且有较好的理论解释。均衡分配计算过程比增量分配法的随意性要小,在前提条件相同时计算结果相同,方法论的透明度高。算法中所应用的交通量及出行成本(所需出行时间)是统一的,所以既可用于关注交通量的交通规划,也可用于关注出行时间的评价服务水平。基础模型可以在多方面进行扩展,如多样的出行者特性、行为的概率、出行方式的变更、不同时段的交通特性等。

*2)用户均衡分配模型的扩展

(1)概率用户均衡分配

概率用户均衡(Stochastic User Equilibrium,简称 SUE)是指在假设驾驶员选择的路径不确定(不一定选择费用最小的路径)的前提下网络交通流可实现的均衡状态,其在均衡分配过程中的路径选择行为可用概率函数描述。为同前文的用户均衡分配模型相区分,将前文介绍的算法称为确定用户均衡(Deterministic User Equilibrium,简称 DUE)。

在概率用户均衡状态,出行者在"相信"变更路径不会减少出行的费用时,不会产生变更出行路径的动机。概率用户均衡函数如式(6-23)所示。

$$f_k^{rs} = q_{rs} P_k^{rs}(c), q_{rs} = \sum_k f_k^{rs}, f_k^{rs} \geq 0 \tag{6-23}$$

式中,$P_k^{rs}(c)$ 为路径选择概率,其为路径的阻抗 c 的函数。路径选择概率的范围为 $[0,1]$,不一定满足 $\sum_k P_k^{rs}(c) = 0$ 的关系。

应用图的方法比较概率均衡和确定均衡,假设在一个 OD 对之间有两条平行路径组成的网络,路径 1、2 的交通量分别为 f_1 和 f_2,OD 量 $q = f_1 + f_2$,交通阻抗函数分别为 $c_1 = a_1 f_1 + b_1$、$c_2 = a_2 f_2 + b_2$。因此,两条路径的阻抗差可写成路径 1 交通量 f_1 的函数。阻抗函数和需求函数如图 6-13 所示。路径选择概率用 Logit 模型求解,即路径 1 的交通量 $f_1 = \dfrac{q}{1 + \exp[-\theta(c_2 - c_1)]}$。

$$c_2 - c_1 = -(a_1 + a_2)f_1 + (b_2 - b_1 + a_2 q) \tag{6-24}$$

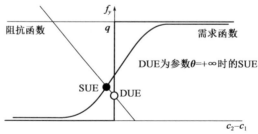

图 6-13 DUE 和 SUE 的关系

概率均衡为既满足需求函数也满足阻抗函数的一组交通量与花费的组合,即图 6-13 中的　点。而确定均衡的需求函数则是参数 θ 无穷大时所呈现的折线形曲线,因此对应点为图 6-13 中的　点。根据阻抗函数的截距和斜率,在确定均衡状态下,如果两条路径均有交通流(即 $f_1>0, f_2>0$),则仅可能在两条路径阻抗相等时出现(即 $c_1=c_2$);而在概率均衡条件下,如果两条路径均有交通流,其路径的阻抗差不一定为 0。

当路径选择概率用 Logit 模型表示时,OD 需求固定型的概率均衡条件可等价于如式(6-25)所示的数学优化问题。

$$\min Z[x(f)] = \sum_a \int_0^{x_a} t_a(x)\mathrm{d}x + \frac{1}{\theta}\sum_r\sum_s\sum_k f_k^{rs}\ln\frac{f_k^{rs}}{q_{rs}} \tag{6-25}$$

$$\text{s.t.} \quad q_{rs} = \sum_k f_k^{rs}, f_k^{rs} \geq 0$$

模型等价性的证明同确定均衡型状况,读者可自行尝试。其中目标函数的第二项中与路径交通量相关的熵,即 $H_{rs} = -\sum_h \frac{f_k^{rs}}{q_{rs}}\ln\frac{f_k^{rs}}{q_{rs}}$,可将其变形为 $-\frac{1}{\theta}\sum_r\sum_s q_{rs}H_{rs}$。此时,Logit 型 SUE 的目标函数可转化成一个确定均衡的目标函数和表示不确定性的熵项。

概率均衡分配的计算中,其目标函数与路段交通量无关,因此不能使用以路段交通量为输入变量的 Frank-Wolfe 算法。理论上最优的解法是对目标函数中第二项的熵进行分解,并分别替换为各个起点路径交通量的函数。实际应用中,近似一元搜索的 MSA 算法可用来求解该问题,在处理路径交通量时,单纯分解算法是有效的。

近年来,提出了多种不同计算路径选择概率的概率均衡模型,以应用 PCL(Paired Combinatorial Logit)、MXL(Mixed Logit)、CNL(Cross Nested Logit)、C-Logit 等一系列 Logit 模型的均衡模型为代表,也有应用基于 Probit 模型的路径选择模型的概率均衡模型,但其算法的数值积分含 MSA,在实用过程中存在问题。

概率均衡分配的优点在于考虑了现实生活中路径选择的不确定性,其应用参数 θ 来优化对真实情况的再现。实际应用中最重要的是存在满足均衡条件的路径交通量。由此可方便地查询路段交通量的 OD 分解情况和对交叉口分方向的流量进行解析。概率均衡分配的结果还可反映不同类型驾驶员在网络上行驶的能力和处理不同信息的差异性,即可用于多类用户均衡(Multi-class 均衡)。

(2)组合型用户均衡

①需求变化型用户均衡

需求变化型的交通分配指将逐步的交通需求预测过程(生成/吸引→OD 分布→方式划分→交通分配)与均衡分配的框架适当结合起来的方法,一般也被称为组合模型(Combined Model)。需求变化性模型指除满足网络交通流均衡条件外,还需假设 OD 间交通需求是由特定需求函数决定的。需求函数的值在 OD 间交通阻抗增加时会下降,与市场经济中的消费者需求函数有同样的性质。需求变化性的用户均衡可由式(6-26)所示的最优化问题表达。

$$\min Z[x(f),q] = \sum_a \int_0^{x_a} t_a(x)\mathrm{d}x - \sum_r\sum_s\int_0^{x_a} D_{rs}^{-1}(y)\mathrm{d}y \tag{6-26}$$

$$\text{s.t.} \quad q_{rs} = \sum_k f_k^{rs}, q_k^{rs} \geq 0, f_k^{rs} \geq 0$$

式中,$D_{rs}^{-1}(y)$ 为需求函数的逆函数。当需求与阻抗一一对应时,需求函数也就存在逆函数。

②分布—分配组合模型

将四阶段框架中的交通分布与交通分配的过程相组合的模型称为分布—分配组合模型(Combined Distribution and Assignment Model)。当存在交通生成量约束或交通吸引量约束时可称为单方面约束模型,当两个约束都存在时称为双方面约束模型。当需求函数为指数函数,存在发生交通量约束时的分布—分配组合模型可由式(6-27)所示。

$$\min Z[x(f),q] = \sum_a \int_0^{x_a} t_a(x)\mathrm{d}x + \frac{1}{\gamma}\sum_r \sum_s q_{rs}(\ln q_{rs} - 1) \quad (6\text{-}27)$$

$$\text{s.t.} \quad q_{rs} = \sum_k f_k^{rs}, \; O_r = \sum_s q_{rs} q_k^{rs} \geqslant 0, \; f_k^{rs} \geqslant 0$$

式中,γ 为与需求函数相关的参数;O_r 为交通生成量。当需求与阻抗一一对应时,需求函数也就存在逆函数。如果不存在交通拥堵,目标函数的第1项可写成 $\sum_a t_a x_a = \sum_r \sum_s c_{rs} q_{rs}$ 的形式。此时,需求函数为指数函数的需求变化型的分布—分配组合模型就等价于用于估计OD分布量的熵模型。

③组合型用户均衡分配的优点

用户均衡的框架和分阶段的需求预测模型的各个阶段相组合形成的模型会有多种变化。用巢式Logit模型可将确定的均衡模型及概率型的需求变化的组合型模型在各阶段的表现统一起来。就静态分配而言,其求解方法已经在前文给出。

组合型用户均衡分配首先可将各阶段的交通服务水平指标(例如出行时间)相统一。比如在交通需求预测中计算交通分布时的路段出行时间一般与最后交通分配时的路段出行时间不一致,而需求变化性的均衡分配可将两者统一。

该模型的第二个优点在于其可评估潜在的需求和需求的转化。例如,测算出行诱增量及不同交通方式的转化量等。

该模型的第三个优点在于该模型符合成本效益分析理论。尽管效益评估经常使用消费者剩余的概念,但消费者剩余是以需求函数的存在为前提的,并且假设需求随服务水平的变化而变化。需求变化型分配是以计算消费者剩余理论为基础计算的分配交通量和服务水平。

组合型用户均衡模型给出了解决以"四阶段"法为代表的分阶段交通需求预测方法中所存在问题的一个方向。改善单个阶段的交通需求预测模型很难解决"四阶段"法中存在的问题,因此应将多个阶段结合起来建立模型(如方式划分—交通分配的组合模型或分布—分配组合模型等),建立四个阶段统一的交通需求预测模型仍是未来探索的方向。

3)系统最优分配

用户均衡分配是网络上出行者自由选择合理出行路径的行为和交通拥堵造成的花费增加相互作用的结果,并求解使网络满足稳定运行条件的路段交通流。对应的,当网络的管理者能实现以需求固定时网络总交通费用最小为优化目标的完全管制时,此时网络交通流的分配称为系统最优(System Optimum,简称SO)。系统最优原理比较容易用数学模型表示,其目标函数是网络中所有用户总的阻抗最小,约束条件与用户平衡分配模型相同。

$$\min \tilde{Z}(x(f)) = \sum_a x_a t_a(x_a) \quad (6\text{-}28\text{a})$$

$$\text{s.t.} \quad \sum_k f_k^{rs} = q_{rs}, \; \forall r,s$$

$$f_k^{rs} \geqslant 0, \; \forall r,s,k$$

其中，
$$x_a = \sum_{r,s}\sum_k f_k^{rs} \delta_{a,k}^{rs}, \forall a \tag{6-28b}$$

式中变量含义同式(6-20)。

SO 模型式(6-28)的求解问题，可分为以下 3 种情况。

(1) 当阻抗函数 $t_a(x_a)$ 为常数(用 t_a 表示)时，目标函数式(6-28)变为：

$$\min \tilde{Z}(x(f)) = \sum_a x_a t_a \tag{6-29}$$

这就是各路段阻抗为常数时的交通分配问题，此时采用最短路交通分配方法即可使目标函数达到最大。

(2) 当阻抗函数 $t_a(x_a)$ 为线性函数时，目标函数式(6-28)转化为一个线性的数学规划模型，此时既可以用线性规划的解法去求解，也可以将其归入以下的非线性问题去求解。

(3) 当阻抗函数 $t_a(x_a)$ 为非线性函数时，令：

$$\bar{t}_a(x_a) = t_a(x_a) + x_a \frac{\mathrm{d}t_a(x_a)}{\mathrm{d}x_a} \tag{6-30}$$

则：

$$\int_0^{x_a} \bar{t}_a(w)\mathrm{d}w = \int_0^{x_a}\left[t_a(w) + w\frac{\mathrm{d}t_a(w)}{\mathrm{d}w}\right]\mathrm{d}w \tag{6-31}$$

$$= \int_0^{x_a}[t_a(w)\mathrm{d}w + w\mathrm{d}t_a(w)]$$

$$= \int_0^{x_a}\mathrm{d}[t_a(w)w] = x_a t_a(x_a)$$

如果以式(6-30)定义的 $\bar{t}_a(x_a)$ 为阻抗进行用户平衡分配，得到的解就是 SO 模型的解。

SO 分配和 UE 分配的目标函数不同，当然分配结果也有差异。在未发生交通拥堵时，如果采用全有全无的分配方法，UE 和 SO 的分配结果相同。如果存在交通拥堵时，OD 间需求越大，UE 和 SO 的分配结果差异就越大。

在真实的网络中，管理人员不可能直接控制用户的行为，从现象学来看 SO 是不可能实现的。然而在网络中所有车辆均为互联的自动驾驶车辆时，会出现系统最优情况；同时为掌握网络具有最大潜在性能程度，也有必要理解 SO 分配。如果 UE 和 SO 在实际网络中如果结果是不同的，在应用一些交通管理措施对流量进行诱导时，可预期分配结果向接近 SO 的方向上转移。相反，如果 UE 和 SO 的分配结果相近，则很难仅通过管控的方式来优化网络系统。下文将通过一个简单的例子说明 UE 和 SO 之间的关系。

4) 用户均衡、系统最优与拥挤收费

用户均衡状态(UE)和系统最优状态(SO)为最基础的两种均衡分配状态，正如 Wardrop 原理中所描述的，UE 和 SO 描述了两种不同的出行者路径选择行为。用户均衡状态中，各个出行者均选择对自己来讲最优的路径(路程最短或花费最小)，因此也可称其为利己的路径选择。而系统最优状态则是要求所有网络中的出行者相互配合，以使路网中全部出行者的总体花费最小，此路径选择行为是利他的行为。在实际路网环境中，可以说用户均衡状态是更贴近现实的，但这要求每个出行者均能获取其全部可行的路径集，并且可精确获取选择特定路径会造成的花费。然而实际中出行者备选的路径集是有限的，对各路径的行程时间的估计也仅是基于先前经验的粗略估计,此外并不是所有的出行者均寻求最短路径/最少花费,其可能在一定范围内的出行时间均可接受,所以实际的出行选择行为也并非是用户均衡状态。由用户均衡的概念可知,当所有出行者均应用百度地图等导航软件来选择出行路径时,其网络状态会趋向于用户均衡。对应的,系统最优状态下网络整体的运行效率最高,但其也对出行者所掌握的信息有同样的要求,此外其还需要一种"隐形的手"来诱导各个车辆选择能使网络整体花费最小的路径。为说明用户均衡状态和系统最优状态之间的关系,本节中采用一个简单的两路径问题来进行分析。虽然实际路网中的运行状态会远远比此问题复杂,但其原理是相同的。

如图 6-14 所示,从起点 O 到终点 D 间有两条路径,路径 1 的流量为 x_1,路径 2 的流量为 x_2。路径 1 的阻抗函数为 $t_1 = 2 + 2x_1$,而路径 2 的阻抗函数为 $t_2 = 16 + x_2$。O、D 间的总交通需求 q_{rs},其仅能也必须全部分布在上述两条路径上,即两条路径的流量之和为 O、D 间的交通需求。求解不同交通需求时,按照 UE 和 SO 原则各路径分配的流量。

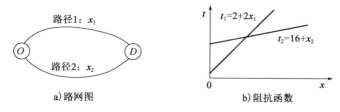

图 6-14 两路径问题的路网及路径阻抗

在用户最优的状态下,当 $q_{rs} = 5$ 时,明显所有的出行者均选择路径 1,此时 $x_1 = q_{rs} = 5$,$t_1 = 12$,$x_2 = 0$,$t_2 = 16$,$t_1 < t_2$;当 $q_{rs} = 7$ 时,所有的出行者仍均选择路径 1,此时 $x_1 = q_{rs} = 7$,$t_1 = 16$,$x_2 = 0$,$t_2 = 16$,如果此时有一个出行者选择了路径 2,则会有 $t_1 = 14$,$t_2 = 17$,这就违反了用户最优的路径选择标准;当 $q_{rs} = 10$ 时,如果所有的出行者仍均选择路径 1,则有 $x_1 = q_{rs} = 10$,$t_1 = 22$,$x_2 = 0$,$t_2 = 16$,此时 $t_1 > t_2$,因此会有部分出行者从路径 1 切换到路径 2。显而易见,当两条路径的出行时间相等时,两条路径会达到均衡状态,此时则为用户均衡状态(UE),其可由式(6-32)求解,此时 $x_1 = 8$,$t_1 = 18$,$x_2 = 2$,$t_2 = 18$。

$$\begin{cases} x_1 + x_2 = 10 \\ 2 + 2x_1 = 16 + x_2 \end{cases} \tag{6-32}$$

如果将 $q_{rs} = 10$ 的情况应用式(6-20)所示的 UE 状态公式求解,则有:

$$\min \int_0^{x_1} t_1(x_1) \mathrm{d}x_1 + \int_0^{x_2} t_2(x_2) \mathrm{d}x_2 \tag{6-33}$$

$$\text{s.t. } x_1 + x_2 = 10$$
$$x_1 \geq 0, x_2 \geq 0$$

将 $x_2 = 10 - x_1$ 代入式(6-33),并令 $Z(x_1) = \int_0^{x_1} (2 + 2x_1) \mathrm{d}x_1 - \int_0^{10-x_1} (26 - x_1) \mathrm{d}x_1$。当 $Z(x)$ 取得最小值时,$\frac{\mathrm{d}Z}{\mathrm{d}x_1} = 3x_1 - 24 = 0$,此时 $x_1 = 8$,$x_2 = 2$,结果与前种方法一致。

相类似地,对于系统最优状态(SO),可直接应用式(6-28)所示的公式求解,将上述条件代入式(6-28),则有:

$$\min x_1 \cdot t_1(x_1) + x_2 \cdot t_2(x_2) \tag{6-34}$$

$$\text{s.t.} \quad x_1 + x_2 = 10$$
$$x_1 \geq 0, x_2 \geq 0$$

将 $x_2 = 10 - x_1$ 代入式(6-34)，令目标函数写为 $Z(x_1) = 3x_1^2 - 34x_1 + 260$，其最小值在 $\dfrac{\mathrm{d}Z}{\mathrm{d}x_1} = 6x_1 - 34 = 0$ 取得，两路径流量分别为 $x_1 = \dfrac{34}{6} = 5.7, x_2 = 4.3$。此时，路径的行程时间 $t_1 = 13.4\min < 18\min = t_{\mathrm{UE}}, t_2 = 20.3\min > 18\min = t_{\mathrm{UE}}$。

应用总出行时间 $\delta = \sum_i (t_i \cdot x_i)$ 来评价两种均衡状态下路网的运行效率可得 $\delta_{\mathrm{UE}} = 180$ veh·min，而 $\delta_{\mathrm{SO}} = 164$ veh·min，可见系统最优状态下的总行程时间约比用户均衡状态下少 10%。虽然在系统最优状态下的路网总出行时间较小，但对于某些出行者来讲，其出行时间反而比以前增加了，那如何驱使上述用户来选择花费较高(出行时间较长)的路径呢？一般来讲，有两种途径：①在全可控路网中，如自动驾驶网络，可对不同类型的用户分配不同的路径，即强制使某些出行者选择花费较高的路径；②在自由驾驶环境中，可对选择较长路径(花费较多的路径)的用户给予一定"奖励"，或对选择较短路径的出行者收取一定费用。对于第②类方法收取费用的情况，即为拥挤收费(Congestion Pricing)策略。拥挤收费的金额应该为当一个出行者选择某条路径出行时，给网络用户带来的损失。如本算例中的第 5 个出行者选择路径 1 时，所有 5 个出行者的平均出行时间[Average Travel Cost(Time)]为 12min，而对第 6 个出行者来说，其最优的路径应也为路径 1，此时他的出行时间增加了 2min，但第 6 个出行者选择路径 1 的行为使前面 5 个出行者的总出行时间增加了 10min，即延误增加 10min，在此可将第 6 个出行者选择路径 1 造成的出行费用增加的部分称为边际成本(Marginal Cost)。拥挤收费的原理即让第 6 个出行者来支付其选择行为造成出行延误的等效费用，该费用为边际延误与单位时间价值(Value of Time，简称 VOT)的比值，可由式(6-35)计算。对于所有的 UE 出行者来讲，其实际的出行费用应为路段阻抗加拥挤收费，可由式(6-36)计算。

$$t_{\mathrm{toll}} = x_a \cdot \dfrac{\mathrm{d}t_a}{\mathrm{d}x_i} \tag{6-35}$$

$$\tau_a(x_a) = t_a(x_a) + x_a \cdot \dfrac{\mathrm{d}t_a}{\mathrm{d}x_i} \tag{6-36}$$

当出行者需要支付如式(6-35)所示的拥挤收费时，会使用户均衡状态在原有的路段阻抗函数情况下变为系统最优状态，也就是 $\sum_a x_a \cdot t_a(x_a)$ 取得最小值，但此时 $\sum_a x_a \cdot \tau_a(x_a)$ 并不一定最小。由上文所示的两路径问题可知，增加拥堵收费后，两路径的路阻函数如式(6-37)所示。此时应用式(6-37)所示的阻抗函数建立用户均衡状态下的优化函数如式(6-38)所示。

$$\begin{cases} \tau_1(x_1) = t_1(x_1) + x_1 \cdot \dfrac{\mathrm{d}t_1(x_1)}{\mathrm{d}x_1} = 2 + 4x_1 \\ \tau_2(x_2) = t_2(x_2) + x_2 \cdot \dfrac{\mathrm{d}t_2(x_2)}{\mathrm{d}x_2} = 16 + 2x_2 \end{cases} \tag{6-37}$$

$$\min \int_0^{x_1} \tau_1(x_1) \mathrm{d}x_1 + \int_0^{x_2} \tau_2(x_2) \mathrm{d}x_2 \tag{6-38}$$

$$\text{s.t.} \quad x_1 + x_2 = 10$$
$$x_1 \leq 0, x_2 \leq 0$$

求解式(6-38)所示的优化问题可得 $x_1 = 5.7, x_2 = 4.3, \sum_i (t_i \cdot x_i) = 164 (\text{veh} \cdot \text{min})$，正是前文求解获得的系统最优状态。但此时用户实际支出费用如式(6-39)所示(两者数值的差异是由于计算过程中数值的舍入造成的)，所付出的边际成本如式(6-40)所示。假设单位时间价值(VOT)为 0.5min/元，所以对应路径1车辆的拥挤收费为22.8元，路径2的收费为8.6元。

$$\begin{cases} \bar{t}_1 = 2 + 4x_1 = 24.8 (\text{min}) \\ \bar{t}_2 = 16 + 2x_2 = 24.6 (\text{min}) \end{cases} \quad (6-39)$$

$$\begin{cases} \tau_1 = \bar{t}_1 - t_1 = 11.4 (\text{min}) \\ \tau_2 = \bar{t}_2 - t_2 = 4.3 (\text{min}) \end{cases} \quad (6-40)$$

由上述例子可以看出，如需通过拥堵收费的状态实现系统最优状态，需在每条道路上均设置收费站或其他能实现上述功能的设施，然而这样会增加大量的基础设施建设费用，且收费本身也会增加出行者的延误，所以在现实中应用上述措施实现系统最优基本不可能。需要注意的是，除了上述最优的拥挤收费策略(Frist Best Pricing)外，还可通过仅在部分路段或地点进行收费，从而达到一种次优(Second Best Pricing)的运行状态，但此时不能保证路网的交通流处于系统最优状态。令 $\hat{t}_i = t_i + \hat{\tau}_i$($\hat{t}$ 和 $\bar{t}$ 不一定相等)为设置收费站后的路网新的阻抗函数，则此时路网状态的描述模型如式(6-41)所示。此模型是一个双层优化问题。在下层优化中的用户均衡模型也被称为有平衡约束的数学规划问题(Mathematical Programing with Equilibrium Constraint，简称 MPEC)。同时，在此问题中所有出行者的单位时间价值是一致的。如果各出行者的单位时间价值不同，可将出行者按不同的单位时间价值分组，再采用多类用户交通分配(Multi-class Traffic Assignment)模型求解。

$$\begin{aligned} &\text{Upper Level} \quad \min \hat{t}_1(x_1) \cdot x_1 + \hat{t}_2(x_2) \cdot x_2 \\ &\text{Lower Level} \quad \min \int_0^{x_1} \hat{t}_1(x) \mathrm{d}x + \int_0^{x_2} \hat{t}_2(x) \mathrm{d}x \\ &\text{s.t.} \quad x_1 + x_2 = 10 \\ &\quad\quad x_1 \geq 0, x_2 \geq 0 \end{aligned} \quad (6-41)$$

随着科学技术的不断发展，GPS 和电子不停车收费等技术使得实现最优拥堵收费策略成为可能，但应用此类技术仍然有隐私等方面的顾虑，使其较难实现。在未来，如果所有的车辆均为自动驾驶车辆，且能由全网统一调度，则可实现系统最优状态。

*6.3.4 动态交通分配

1) 动态交通流分配的解析

(1) 动态交通流分配的目的

交通流分配(Traffic Assignment)是交通规划中的一个重要步骤。在交通流分配中 OD 矩阵是已知且确定的，不考虑其随时间变化，因此称之为静态交通流分配。20 世纪 50~80 年代，静态交通流分配理论引起了交通工程界和应用数学界的极大兴趣，发表了大量研究论文，提出了上百种解决静态交通流分配的模型与算法。在交通规划方法相对成熟之后，交通工程领域的人们逐渐把注意力更多地转向交通控制与诱导，例如智能交通系统(ITS)的快速发展。

交通规划的时间概念是以年度计的,显然可以将 OD 矩阵看成是不变的,而交通控制与诱导的时间概念应以分甚至秒计,这时 OD 矩阵的数据必须考虑成变量,如果想把交通流分配扩展到交通控制与诱导之中,静态交通流分配的思想和方法显然是不适用的。

所谓动态交通流分配,就是将时变的交通出行合理分配到不同的路径上,以降低个人的出行费用或系统总费用。它是在交通供给状况以及交通需求状况均为已知的条件下,分析其最优的交通流量分布模式,从而为交通流控制与管理、动态路径诱导等提供依据。通过交通流管理和动态路径诱导在空间和时间尺度上对人们已经产生的交通需求的合理配置,使交通路网优质高效地运行。交通供给状况包括路网拓扑结构、路段特性等,交通需求状况则是指每时每刻产生的出行需求及其分布。

动态交通流分配在交通诱导与控制中的地位和作用如图 6-15 所示。

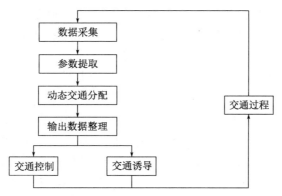

图 6-15 动态交通流分配在交通诱导与控制中的地位与作用

如果对静态交通流分配和动态交通流分配做一个概括的话,可以说:静态交通流分配是以 OD 交通量为对象、以交通规划为目的而开发出来的交通需求预测模型;而动态交通流分配则是以路网交通流为对象、以交通控制与诱导为目的开发出来的交通需求预测模型。

智能交通系统(ITS)的发展需要动态交通流分配技术的支持,ITS 中的先进的出行者信息系统(ATIS)、车辆线路诱导系统(VRGS)等核心部分都需要动态交通流分配作为理论基础。可以说,ITS 的研究和实施,对动态交通流分配理论提出了更迫切的需求,极大地推进了动态交通流分配理论前进的步伐。

(2) 动态交通流分配的特点

深入剖析平衡分配方法和非平衡分配方法的分配思想和算法设计,可发现都有一个共同的现象,那就是当按照某种分配原则(确定性或随机性路径选择)将一定量 OD 分配到某一条路径上之后就认为这些 OD 量同时存在该路径的所有路段上。举一个简单的例子来说,假如在第 k 步分配中,有 q 辆车被分配到 a-d 这条路径上,a-d 路径的具体路线是 a-b-c-d,即由 a-b、b-c、c-d 三个路段构成,那么在第 $k+1$ 步分配中进行路段流量统计和阻抗计算时,就认为这三个路段上的流量都是 q 辆车,这些车同时存在于该路径的所有路段上。这显然是不符合实际的,车辆加载到路段上之后是随着时间逐渐向前推移的。也就是说,在这种分配思想中没有考虑时间因素和交通需求的时变特性,采取的是静态的思想,所以本章前面所研究和分析的各种分配理论和方法都是静态交通流分配方法。要解决上述问题,必须分析动态交通流分配的思想。

静态交通流分配(如容量限制、多路径随机分配等)中,之所以说是静态的,最根本的一点,就是表现为当流量被加载到网络的某条路径上之后,一瞬间就同时存在于该路径的所有路段上了,而不是由第一个路段一步步随时间推进到终点的,如果用 $x_a^n(t)$ 表示 t 时刻路段 a 上流向终点的流量,那么路段状态的变化就是 $\dfrac{\mathrm{d}x_a^n(t)}{\mathrm{d}t}=0$。静态的第二点就是静在流量加载到路径上之后被处理成在原有路段上"原地踏步"。当下一个流量加载上后,与前一个流量在所有路段上简单相加。而实际上,当第二流量加载之后,第一流量随着时间的推移可能已经运动到第 k 个路段上,假设还是按静态思想分配的话,这时第一个到 $k-1$ 个路段以及 $k+1$ 到最后一个路段上的流量只是第二个流量的值,只有第 k 个路段上是这两个加载的流量之和。那么动态交通流分配的"动",到底"动"在何处,真正的含义是什么?在目前的文献中还未曾见到全面的概括和描述,有的只是从数学角度的抽象说明,如动态和静态的显著差别就是把路阻、流量的二维问题变成了路阻、流量、时间的三维问题。为了深入掌握动态交通流分配的思想和设计合理分配的算法,应该对"动"有一个全面的阐述:

①"动"在交通流是随着时间的推移,在所选的路径上沿着各个路段逐渐向终点运动的,既不是瞬间布满各路段,也不是在各路段上"原地踏步"不动。

②"动"在路段阻抗是真动而不是"伪动"。无论是静态还是动态分配,路阻随流量变化是最起码的要求。但在静态分配的"容量限制分配""动态多路径分配"等方法中所说的动态,不妨称之为"伪动",因为它们某时刻用来计算路段路阻的流量可能不是真正存在于该路段上的流量,这时某路段上的流量只是那些经过该路段的"原地踏步"的流量的算术相加,结果可能夸大了路段的路阻,也可能缩小了路段的路阻。而真正的动态,因为考虑了时间因素,就如同有一个时钟一样,当计算 k 时刻一个路段的路阻时,这时在路段上的流量可能有 $k-1$ 时刻、$k-2$ 时刻甚至 $k-3$ 时刻的由上游路段正好运动到此的流量。这时得到的各个路段的路阻才是接近实际的。

③"动"在交通需求是时变的。这一点实际是第一点的引申,因为流量随时间推移而不是原地踏步,即 $\dfrac{\mathrm{d}x_a^n(t)}{\mathrm{d}t}\neq 0$,路段上的流量随时间形成高峰、平峰等动态特征的分布形态,动态交通需求的时变性最终反映为路段上的交通量是时变的,路段上的阻抗又是随交通量变化的,即也反映为路段阻抗是时变的。

2)动态交通流分配的基本概念

(1)动态用户最优(DUO)和动态系统最优(DSO)

对动态交通流分配问题的研究,根据分配中路径选择准则的不同,整体上分为两类:一类是动态用户最优模型 DUO(Dynamic User Optimum),另一类是动态系统最优模型 DSO(Dynamic System Optimum)。前者是从路网中每个用户的角度考虑的,追求的是每个用户的出行时间最少或费用最低;后者是从路网系统角度考虑的,寻求整个系统总的出行时间最少或费用最低。

不像静态交通流分配理论那样对用户平衡(UE)和系统平衡(SO)都有基于 Wardrop 原理的一致的定义,由于动态交通流分配理论的研究还处于不断发展和完善的进程中,所以对动态用户最优和系统最优,还没有一致统一的定义。一般的解释为:动态用户最优(DUO)就是指路网中任意时刻、任何 OD 对之间被使用的路径上的当前瞬态行驶费用相等,且等于最小费用的状态。显然,根据该定义来分配,并不一定要求同一时刻从同一节点进入网络的车辆到达终点时花费相等的时间(这是静态分配的思想),它只是要求在同一节点—终点对之间正在被使用的所有路径上瞬时的行驶费用相等。

动态系统最优(DSO)就是指在所研究的时段内,出行者各瞬时通过所选择的出行路径,相互配合,使得系统的总费用最小。

可见动态系统最优是从规划者的意愿出发的,是一种设计原则,动态用户最优则是更接近现实,能够评价交通管理和控制的效果,在实际中的应用更广些。

(2) 路段流出函数模型

路段流出函数是动态交通流分配理论中的关键和特殊之处。在静态交通流分配中没有出现路段流出函数的概念,因为静态分配中认为沿一条路径上分配的交通量同时存在于该路径的所有路段上,也就没有流出的提法。而在动态交通流分配中流出函数是反映交通拥挤,抓住网络动态本质特性的关键。在动态分配中,出行者路径选择原则确定后,其路段流入率自然确定,而对于流出函数,根据目前各种文献中的研究,人们提出了多种模型。无论哪种模型,基本的原则是路段流出函数的建立应该确保车辆按照所给出的路段走行时间走完该路段。试想如果一辆车在 t 时刻进入某路段,那么在 t 加上该路段走行时间的时刻应该离开该路段,如果路段流出模型没有达到这一要求,那么它就是不完善的,将陷入自相矛盾的境地。

另外,在建立路段流出函数模型时,还要考虑到 Carey 提出的 FIFO(First-In-First-Out)先进先出原则,即从平均意义上讲,先进入路段的车辆先离开该路段。现实生活中,在大约相同时刻进入同一路段的不同类型车辆一般会以大致相同的速度行驶。虽然个别车辆可能有超车现象,但建立模型时我们可以假设不论其出行终点如何,同时进入路段的车辆均以相同的速度行驶,花费相同的时间,这实质就是 FIFO 规则的具体表现形式。在分配算法的设计中可以使用车辆在每一时间步长中移动的距离作为约束以保证 FIFO 原则得到满足。

(3) 路段阻抗特性模型

在静态交通流分配中,路段阻抗特性函数通过交通量和走行时间或费用的关系来反映,它是描述交通流平衡的基础内容之一,静态平衡分配要求阻抗函数为单调递增函数。由于静态交通流分配以交通规划设计为主要研究目标,其重点不是描述交通拥挤,所以对阻抗的估计精度要求相对来说并不过高。但是在动态分配情形下,提高阻抗函数的预测精度则是一个基本的要求。

在建立阻抗特性模型时,要注意到动态交通流分配中采用的状态变量不是静态交通流分配中的交通量,而是某时刻路段上的交通负荷,即这一时刻路段上存在的车辆数。因为在动态情形下,用交通量无法描述路段的动态交通特征,交通量是单位时间内通过某道路断面的车辆数,是一个时间观测量,其值是在某一点观测到的,适用于静态描述;而交通负荷是指某一时刻一个路段上存在的车辆数,它是一个空间观测量,适用于动态描述。

3) 动态系统最优和用户最优分配模型

(1) 动态系统最优分配模型

动态系统最优(DSO)是车辆路径诱导系统的基础,也是动态用户最优模型的基础。一般而言,交通管理和控制的目标有:①使系统总走行时间最小;②使系统总费用最小;③使系统总延误时间最小;④使系统平均拥挤度最小。

根据不同的目标可以建立不同的动态用户最优模型,在这里只给出根据目标①建立的模型作为参考。模型如下：

$$\min J = \sum_a \int_0^T x_a(t)\mathrm{d}t \tag{6-42}$$

$$\text{s. t.} \frac{\mathrm{d}x_a^n(t)}{\mathrm{d}t} = u_a^n(t) - v_a^n(t)$$

$$\sum_{a \in A(k)} u_a^n(t) = q_{k,n}(t) + \sum_{a \in B(k)} v_a^n(t) \quad (k \neq n)$$

$$\sum_{a \in A(n)} u_a^n(t) = 0$$

$$v_a^n(t) = \frac{x_a^n(t)}{c_a(t)}$$

$$x_a^n(0) = 0, x_a^n(t) \geq 0, u_a^n(t) \geq 0$$

$$\forall a \in A, \forall n \in N, \forall k \in N, \forall t \in [0, T]$$

式中：$G(N,A)$——交通网络，其中 N 为网络节点集，A 为路段集，路网中任意路段用 a 表示；

$A(k)$——所有以节点 k 为起端的弧段集合；

$B(k)$——所有以节点 k 为终端的弧段集合；

$[0, T]$——规划时间段；

$x_a(t)$——t 时刻路段 a 上的交通量；

$x_a^n(t)$——t 时刻路段 a 上以 n 为终点的交通量；

$u_a^n(t)$——t 时刻路段 a 上以 n 为终点的车辆流入率；

$v_a^n(t)$——t 时刻路段 a 上以 n 为终点的车辆流出率；

$q_{k,n}(t)$——t 时刻产生的由起点 k 到终点 n 的交通需求，一般假定已知。

上述模型是应用最优控制理论建立的，能够用于多个 OD 对的交通网络，模型中 $x_a^n(t)$ 是状态变量，而 $u_a^n(t)$ 是控制变量。模型的最优解利用 Pontryyagin 最小值原理获得。

对于上述模型的求解，虽然有许多求解连续性最优控制问题的算法，但是应用它们来直接求解动态系统最优模型十分困难。一般将模型在时间上离散化，来求解模型的离散形式，此时模型可看作是离散时间系统的最优控制模型，也可以看作是一个数学规划模型。求解算法如果从不同的侧重点出发，将会形成不同的模型算法。

（2）动态用户最优分配模型

模型中与动态系统最优不同的是，将路段流入率 $u_a^n(t)$、路段流出率 $v_a^n(t)$ 作为控制变量，$x_a^n(t)$ 作为状态变量，具体的模型如下：

$$\min J = \sum_a \int_0^T \int_0^{v_a(t)} c_a(x_a(t), w)\mathrm{d}w\mathrm{d}t \tag{6-43}$$

$$\text{s. t.} \frac{\mathrm{d}x_a^n(t)}{\mathrm{d}t} = u_a^n(t) - v_a^n(t)$$

$$\sum_{a \in A(k)} u_a^n(t) = q_{k,n}(t) + \sum_{a \in B(k)} v_a^n(t) \quad (k \neq n)$$

$$\sum_{a \in A(n)} u_a^n(t) = 0$$

$$x_a^n(t) = \int_t^{t+\bar{\tau}_a(t)} v_a^n(w)\mathrm{d}w$$

$$x_a^n(0) = 0, x_a^n(t) \geq 0, u_a^n(t) \geq 0, v_a^n(t) \geq 0$$

$$\forall a \in A, \forall n \in N, \forall k \in N, \forall t \in [0, T]$$

式中：$c_a(x_a)$——路段 a 的以交通量为自变量的交通阻抗函数；

$\bar{\tau}_a(t)$——路段实际走行时间的估计值。

对于上述问题的求解同样需要首先将模型离散化，得到离散时间系统的最优控制模型。该离散时间形式可以看作是一个非线性规划问题，可以应用 Frank-Wolfe 方法来求解。在具体算法设计中，可以将估计路段实际走行时间的"类似对角化技术"过程作为外层循环，将 Frank-Wolfe 迭代过程作为内层循环。同样，有关动态用户最优模型的合理可行的、能够应用于实际大规模路网的算法的研究，目前还是理论界积极探讨、摸索的问题。

*6.4 根据观测量推算 OD

路段交通量是 OD 交通量径路选择的综合结果，它提供了使用同一路段的所有 OD 交通量的直接信息。设 x_a 为路段 a 的流量，q_{rs} 为 r、s 间的 OD 量，π_{rs}^a 为 r、s 间通过路段 a 的出行比例，则路段交通量与 OD 交通量之间的基本关系式为：

$$x_a = \sum_r \sum_s q_{rs} \pi_{rs}^a \quad (0 \leq \pi_{rs}^a \leq 1, \forall r, s) \quad \forall a \tag{6-44}$$

假如已知路段出行比例 π_{rs}^a，只要拥有足够数量的路段交通量 x_a，就可以通过解线性方程组式(6-44)来获得 q_{rs}。但对于一个实际的路网，一方面路段出行比例 π_{rs}^a 常与路段交通量 x_a 有关，不能视为已知；另一方面，即使 π_{rs}^a 与 x_a 无关，但由于独立的路段交通量的数目常常会远小于待求的 q_{rs} 数量，此时本线性方程组就没有确定解。因此，由路段交通量推演 OD 交通量的方法的原理就是依据式(6-44)，当信息不足时适当补充信息，然后在方程组式(6-44)的解集合中找到最能符合所有已知信息的解作为推演结果。

6.4.1 静态 OD 估计模型

1）基于现状 OD 调查的 OD 量逆推方法

对以往进行过 OD 交通量调查(居民出行调查、机动车 OD 交通量调查等)的情况，可以利用其结果，从路段实测交通量推演现状 OD 交通量。利用现存 OD 交通量和实测路段交通量推演现状 OD 交通量的最大熵模型和误差平方和最小模型前提条件为：

(1) 起讫点间的路径选择概率事先给定。

(2) 决定 OD 交通量的先验概率(在最大熵模型中为出行单位 OD 表；在误差平方和最小模型中为目的地选择概率)所需的现存调查 OD 交通量和路段的实测交通量已知。

2）最大熵模型

该方法处理每一辆机动车辆，使得在路段的计算交通量与其实测交通量一致的条件下，求出出现概率最大的 OD 交通量。该方法使用的优化模型如下：

$$Z(q) = \frac{q!}{\prod_r \prod_s q_{rs}!} \prod_r \prod_s (g_{rs})^{q_{rs}} \tag{6-45}$$

$$\text{s.t. } q = \sum_r \sum_s q_{rs}$$

$$\hat{x}_a = \sum_r \sum_s q_{rs} \pi_{rs}^a$$

$$\sum_r \sum_s g_{rs} = 1$$

式中：q_{rs}——小区 r、s 间的交通量；

π_{rs}^a——小区 r、s 间的交通量经过路段 a 的概率；

g_{rs}——OD 交通的先验概率（单位 OD 交通量）。

这样，问题归结为寻求在生成交通量和路段交通量的约束下，使 OD 交通量的概率达到最大的 OD 交通量组合的优化问题。该方法的特点是：①有必要事先决定起讫点间的径路选择概率；②不受对象地域范围的限制，可以用于城际和城市内；③因为以现存的 OD 分布为基本形式，所以在 OD 分布形式发生大幅度变化时，逆向推演精度将欠佳。

3) 误差平方和最小模型

结合路段交通量误差平方和最小和发生交通量误差平方和最小，建立目标函数如下：

$$Z(O,q) = \sum_a \left(\sum_r \sum_s O_r \varphi_{rs} \pi_{rs}^a - \hat{x}_a \right)^2 + \sum_r (q\varphi_r - O_r)^2 \tag{6-46}$$

$$\text{s.t.} \quad q = \sum_r O_r$$

式中：O_r——发生交通量；

φ_{rs}——r 区的发生交通量选择 s 区的概率；

φ_r——r 区交通量的发生概率。

其中，r 区的发生交通量选择 s 区的概率为 φ_{rs}（$\sum_s \varphi_{rs} = 1.0$），$r$ 区交通量的发生概率为 φ_r（$\sum_r \varphi_r = 1.0$）。该模型求解通过使用拉格朗日系数法，构造拉格朗日函数，通过解方程组，求出发生交通量，然后求出 OD 交通量。对该模型而言，实测路段数目越多，推测出的 OD 交通量越精确，但没有特别要求。即使用较少的实测数据也可获取 OD 交通量，操作性好，经济实用。该方法的特点是：①不受对象地域范围的限制，可以用于城际和城市内；②需要事先确定 OD 交通量发生概率，在 OD 形式发生大幅度变化时，推演精度将欠佳。

6.4.2 动态 OD 估计模型

OD 量是在动态变化的，如 6.3.4 节中所示，动态交通分配需要明确依时间变化的 OD 量。在动态估计 OD 量时，需要注意在路段上观测到的交通流相比起进入到路段的时刻有一定的延误，因动态估计 OD 与时间相关，所以在算法中应考虑这一点。

1) 随时间变化的路段交通量和动态 OD 量的关系

为获取交通量的时间变化特性，需要给交通量增加时间变量。例如，x_a^u 是路段 a 在时间段 u 观测到的流量，q_{rs}^u 是在时间段 u 内从出发地 r 到目的地 s 的 OD 量。此外，在前面章节中实用的各 OD 间的路段利用率也应扩展为动态的。在考虑路段利用率时，需考虑 OD 量进入路网的时间段 u 和在各路段观测到交通流的时段 v 的不同。例如，可定义各 OD 间的路段利用率为 $\pi_{rs}^{a,uv}$，其意味着在时间段 u 从出发地 r 向目的地 s 出发的 OD 量中在时间段 v 行驶于路段 a 的比例，此时路段交通量和 OD 量满足如式(6-47)所示的关系。式(6-47)是将式(6-45)所示的路段交通量和 OD 量的关系扩展到了动态的情况。各 OD 间路段利用率的计算方法和前文中介绍的静态方法相同，可根据路径选择概率及路径和路段间的关系求解。但需要注意的是，因为增加了时间轴，其表示方法有所差异。

$$x_a^v = \sum_r \sum_s \sum_u q_{rs}^u \pi_{rs}^{a,uv} \tag{6-47}$$

2）动态路径选择概率

路径的选择概率可由式(6-17)计算，但路径的选择概率也可以随着各路径上阻抗的变化而发生变化。在导入时间概念后，式(6-17)可改写成式(6-48)所示的形式。

$$P_k^{rs,u} = \frac{\exp(-\theta c_k^{rs,u})}{\sum_k \exp(-\theta c_k^{rs,u})} \tag{6-48}$$

式(6-48)中路段选择概率和路段阻抗中增加了表示出发时刻的参数 u。动态的路径阻抗 $c_k^{rs,u}$ 一般根据各时段内路段观测的行驶速度计算。在未能观测实时路段行驶速度时，可考虑应用交通仿真的方法获取。而在交通仿真过程中又需要 OD 信息，所以需在 OD 反推和交通仿真两者间反复迭代计算。

3）延误的表示方法

在进行动态建模时，还需对各路径的延误进行动态表述。路径和路段从交通量生成的时间段 u 到路段观测到的时间段 v 的变化可用克罗内克函数(Kronecker Delta) $\delta_{a,k}^{rs}$ 表示。其计算方法为，当观测到路段行程时间时，可在一般的路网图上增加时间轴，从而形成三维网络，设交通的生成是均匀的，则可计算经过观测点的概率。在无法观测到路段出行时间时，可应用交通仿真的方法，但也需要反复迭代计算。

4）动态 OD 量估计模型

在式(6-47)中，前面一项可通过熵法或最小二乘法来描述求解动态 OD 量的最优化问题。例如，将最小二乘法扩展至估计动态 OD 的模型如式(6-49)所示。

$$Z(O,q) = \sum_v \sum_a \left(\sum_r \sum_s \sum_u O_r^u \varphi_{rs}^u \pi_{rs}^{a,uv} - \hat{x}_a^v \right)^2 + \sum_r \sum_u (q^u \psi_r^u - O_r^u)^2 \tag{6-49}$$

$$\text{s.t.} \quad \hat{x}_a^v = \sum_r \sum_s \sum_u q_{rs}^u \pi_{rs}^{a,uv}$$

$$q^u = \sum_r O_r^u$$

式中，φ_{rs}^u、ψ_r^u 为生成交通量比例和目的地选择概率在考虑行程时间时的扩展，观测量和其他未知变量也是如此。这样就完成了由静态模型向动态模型的扩展，所提出的模型应用二次规划方法可以容易求解，本书限于篇幅不进行详细的展开介绍，案例可参见相关论文[1]。

*6.5 道路网络的容量

为保障市民正常生活和社会经济活动的正常开展，道路网络的容量必须能满足交通需求。掌握现状路网能服务的总出行次数，对未来道路网的规划和优化仿真非常重要。一般在新建大型项目后，建筑本身会产生大量的诱增交通量，如果不能对关联交通量妥善处理，不但会使既有的交通设施压力过大，项目本身的功能也难以实现，进而会对城市的健康发展造成影响。上述问题和路网的容量相关。本节将在已知路网和各区间道路通行能力的情况下，建立现

---

[1] Kim J, Kurauchi F, Iida Y. Dynamic estimation of road network flow using observed traffic data[C]//10th World Conference on Transport Research. 2004.

有路网可通行的出行数及路网最大容量的计算方法。

6.5.1 网络的最大容量

网络中的交通流有单一性质交通流和混合交通流两种类型,假设驾驶员在路网中行驶时总是会选择出行时间最小的路径的属性。因此,路网的交通流应为求解考虑路径选择特性的最大流。目前已有很多关于路网最大容量定义和求解方法的研究。本节介绍用交通分配的方法求解路网最大容量的方法。

单位 OD 交通量(即每个 OD 量 q_{rs} 与总出行数 $q = \sum_r \sum_s q_{rs}$ 之比,是一种标准化的 OD 量,也称为单位 OD 表)θ_{rs} 与总出行数 q 相乘,可得到各 OD 间的交通量 $q\theta_{rs}$。将 $q\theta_{rs}$ 分配到路网上,如果 q 很大,则可能存在某些道路区间(路段)分配的交通量超过其通行能力。当路段区间的交通量超过道路通行能力时,出行时间会快速的提升,此时新产生的交通需求则会选择绕行该道路区间,此时即使选择绕行,其出行时间也将比选择原路径要少。超过路段通行能力的路段集合可称为割集(Cut Set),在节点间 OD 交通量超过割集中路段的通行能力时,超过通行能力区间的车辆会因为出行时间过长而无法通过上述路段。当存在此类 OD 量时,可认为交通量 q 超过了路网容量。因此为求解路网的最大容量,可将总交通量 q 逐渐增大并进行分配,将超过道路区间通行能力的流量集合定义为割集,并以 q_c 表示。为判断道路是否连接,可认为路网为不考虑路段方向的无向图,在路段归入割集后,两端的节点依次退缩,最终将非连接的节点集合分离出网络。上述方法计算略微烦琐,但当按照上述方法依次增大交通量时,可采用分割分配法进行交通分配,此时只要找出任一 OD 对间出行时间非常大的情况即可。搜索路径的简便方法如下。

步骤 1:单位 OD 表 $\{\theta_{rs}\}$ 同固定的总出行数增量 Δq 相乘,获得增加的 OD 表 $\{\Delta q\theta_{rs}\}$,并将其作为一次分配的总出行数 Δq,令 $m = 1$。

步骤 2:在第 m 次分配后,更新各路段的旅行时间。在分配交通量达到路段通行能力时,该路段的旅行时间更新为无限大。

步骤 3:搜索各 OD 间的最短路径。

步骤 4:当整个 OD 间还存在出行时间有限的路径时,前往步骤 5。当不存在路径出行时间为有限值的 OD 时,计算结束。

步骤 5:OD 交通量增加,再次计算交通分配。令 $m = m + 1$,回到步骤 2。

按照此方法,当不再出现旅行时间为无限大的路径时的最大出行数 $m\Delta q$ 为路网容量。

6.5.2 从路网容量角度看交通规划

路网的容量表示了路网能正常处理的最大交通需求量。从这个角度可对交通规划的相关内容进行审视,主要适用于以下方面:

(1)路网规划、管理及改善;
(2)土地利用规划;
(3)公交发展规划(向公交出行转移);
(4)机动车发展规划(抑制机动车的发展);
(5)灾害交通管理规划。

路网的规划、管理及改善包括新道路的建设、车道的增加、单行道的设置及交通管制等综合路网管理及运用规划。在求解路网容量的同时也可以获取路网中的平静道路,路网优化主要针对瓶颈路段,以提升整个路网的容量。此外,可通过每个小区发生及吸引交通量获取整个小区可新增的余裕(开发)量,通过比对现状路网容量,可获得各建设项目诱增量的界限。在交通需求超过路网容量时,需讨论优先发展公共交通、抑制小汽车出行的策略,此时作为规划对象的 OD 交通量可从路网容量求解过程中获取。

*6.6 道路交通网络的可靠性

随着以实时生产和无库存贩卖系统为代表的经济活动不断发展,对道路网服务水平的要求愈发提高。在发生事故或自然灾害等场合,路网中的部分路段会失去功效,此时为保证 OD 间的交通量能顺畅通行,需要构建具备高可靠性的道路网络。在传统的交通规划中,交通服务水平是应用平均出行时间及拥堵程度的平均值等固定值来表示的,很难对交通需求的变化和服务水平的变化进行表示。因此,在未来的道路网规划、交通管理、运行优化等过程中,可应用考虑变化性的可靠度概念作为评价道路网运用水平的基本指标。

6.6.1 可靠度的概念

交通网络可靠度的分析可分为每天交通需求变化的影响和少数突发事件的影响:对每天都可能发生事件影响的评估,以及灾害发生时不能应用日常信息进行的评估。这两个方面是从不同角度来分析的,不应在一起考虑。

1)异常情况下的指标

异常的情况指路网中出现了非计划事件的情况。此时路网的基本构成要素运行性能下降,需评价路网还能实现其功能的比例。网络可靠度的研究最早出现在系统工程中,在土木工程和交通工程中也可应用同样的研究方法,即关注在灾害发生时可保持的可靠度。异常情况常用的评价指标为连接可靠度(Connectivity Reliability)。连接可靠度指网络构成要素在一定概率会被破坏时,节点间能保持连通的概率。连接可靠度仅计算节点间的连接情况,不需要进行交通流分配,也未考虑路段的通行能力。在各路段被破坏后,存在交通需求超过部分道路区间的通行能力时,该道路区间也会中断,仅使用连接可靠度无法准确计算路网的可靠度,此时必须考虑路段的通行能力限制。然而在考虑通行能力的计算过程中,需求解节点对间所有的可行路径,这在计算大规模路网可靠度时求解较为困难。

在考虑道路通行能力求解路网可靠度时,可在连接可靠度的基础上建立容量可靠度(Capacity Reliability)。容量可靠度指网络构成要素运行效率低下时,能保持可行网络容量的概率。在计算网络容量可靠度时,假定出行者在道路运行效率低下时的路径选择行为为服从用户均衡状态。和连接可靠度不同,容量可靠度指标是网络层面的指标。

连接可靠度和容量可靠度均是针对交通生成量为固定值的节点对。与此对应的为流量减少的可靠度(Flow Decrement Reliability)。求解此问题应采用需求变化型的用户均衡模型。流量减少的可靠度指因供需关系引起的交通需求减少量不超过一定阈值的概率。在评估发生灾害的路网可靠度时,可能出现居民取消出行就是此类情况。

2)日常变动对可靠性影响的指标

即使交通网络没有因异常情况而运行性能下降,其也会因交通需求每日的变化、天气等原因造成服务水平的变动。评估上述日常的网络功能随时间变化的特性也是交通网络可靠性分析研究的重要内容。

和连接可靠度仅考虑网络的连接性相对应,行程时间可靠度(Travel Time Reliability)评价了分配计算的路段行程时间和特定行程时间的关系。例如,行程时间可靠度可被定义为"两节点间的出行能在一定行程时间内完成的概率",此时其可作为评估可调度性的指标。行程时间可靠度是基于路径定义的,当其扩展到整个网络后,需考虑 OD 信息评估起讫点间的路径选择概率,计算时间会大大提升。此外,还可通过评估需求特征变化计算保证网络容量在一定阈值以上概率的形式,应用容量可靠度指标评估交通流日常变化对可靠度的影响。

当道路网规模较大时,大规模系统可靠性计算量非常庞大,计算较为困难。在计算道路网络可靠度时,还必须考虑出行者路径选择的特性。与输电网络或通信网络不同,受绕路花费等的限制,即使某条路径中断,出行者也不会选择花费特别巨大的其他路径。下文将介绍基于可靠度图解法的近似解法。

6.6.2 可靠度图解法及其在路网的应用

可靠度(Reliability)是表征系统、机器、产品等在一定时间内功能稳定性的一个参数。对可靠度定量的定义是系统、机器、产品等在规定的条件下和规定的时间内,完成规定任务的概率。在可靠度的分析中,将各种要素构成的总体称为系统,构成的要素称为单位。单位和系统均有正常运行和故障两种状态。

可靠度的图解法是综合考虑系统可靠度和单位可靠度的关系,应用被称为可靠度图的有向图或无向图来表示两点间输入和输出的连接性的方法。路网可用图论的方法来表示,可靠度图论分析和道路网的可靠度分析有很多相同点。道路网可靠度分析的单位为路段(Link),系统为两地间的连接服务情况(节点间可靠度)。

6.6.3 构造函数

1)构造函数的定义

道路网任意两点间的可靠度可定义为能保证车辆在两地点间顺畅行驶的概率。同样,对于路网中的路段,也有车辆能顺畅通过该路段的概率为路段可靠度。假设路段的可靠度已知,则可用如式(6-50)所示的 0-1 指示变量 x_a 来表示路段 a 的可靠度。

$$x_a = \begin{cases} 1, & \text{在路段 } a \text{ 行驶,超过一定服务水平时} \\ 0, & \text{其他情况时} \end{cases} \quad (6\text{-}50)$$

令矢量 $x = (x_1, x_2, \cdots, x_l)$ 为系统的状态矢量(l 为总路段数),此时节点间系统的状态可类似于路段,用矢量 x 进行定义。将如式(6-51)所示的函数 $\varphi(x)$ 称为构造函数。构造函数的形态由网络的结构确定。通过表示各路段是否正常运行的状态向量,可获取网络的运行状态。

$$\varphi(x) = \begin{cases} 1, & \text{两点间具有一定服务水平以上的连接时} \\ 0, & \text{其他情况时} \end{cases} \quad (6\text{-}51)$$

2）构造函数的建立

（1）串联系统与并联系统相组合的方法

当系统为如图 6-16 所示的串联系统或由图 6-17 所示的并联系统时，其系统的构造函数如式（6-52）和式（6-53）所示。

图 6-16　串联系统模型　　　图 6-17　并联系统模型

当系统为串联系统时：

$$\varphi(x) = \prod_{a=1}^{l} x_a \tag{6-52}$$

当系统为并联系统时：

$$\varphi(x) = \coprod_{a=1}^{l} x_a = 1 - \prod_{a=1}^{l}(1 - x_a) \tag{6-53}$$

式中，符号 $\prod$ 和 $\coprod$ 表示逻辑与和逻辑或。

当系统由串联系统和并联系统组合起来的时，构造函数由式（6-52）和式（6-53）组合而成。但是系统以串联和并联组合而成的情况仅是特殊情况，一般的复杂系统常应用最小通过或最小割集的方法将构造函数分解。分解法指在构造函数的构建过程中，对网络进行等价变换，从而使网络的形式发生变化。道路网以很多点间的 OD 为研究对象，如果每当 OD 发生变化时，网络的表达也发生变化，便无法方便求解。因此，下部分介绍网络不发生变化的最小通过和最小割集的网络变换方法。

（2）最少连通路径，最小割的方法

在用图表示的网络中，连接任意节点所需的最小的边的集合称为最少连通路径集（可简称为最少路径、路径集或路径）。去除该集合的边后，使节点间不能构成连接的最小的集合称为最小割集（可简称为最小割线、割集或割线）。如图 6-18 所示的网络中，节点 i、j 之间的最少路径集为 $\{1,2\}$，$\{3,4\}$，$\{1,5,4\}$，$\{3,5,2\}$，而最小割集为 $\{1,3\}$，$\{2,4\}$，$\{1,5,4\}$，$\{2,5,3\}$。当最少路径集中的某一条路径运行正常时，系统整体运行正常，因此整个系统可表示为各最少路径组成的并联系统。而当最小割集中的任一元素中断时，整个系统无法正常运行，因此系统也可转化为最小割集的串联形式，其图的表示如图 6-19 所示。

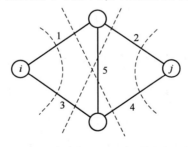

图 6-18　网络的最少路径及最小割（数字为边的标号）

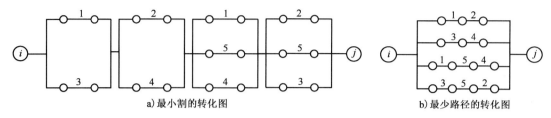

图 6-19 最小割和最少路径的转化图

假设某网络中共存在 p 个最少路径和 k 个最小割,最少路径分别为 $P_1, P_2, \cdots, P_p$,最小割分别为 $K_1, K_2, \cdots, K_k$。此时最少路径 P_s 的构造函数 $\alpha_s(x)$ 为串联形式,如式(6-54)所示。

$$\alpha_s(x) = \prod_{\alpha \in P_s} x_a \tag{6-54}$$

对于系统整体来讲,所有最小路径 $P_1, P_2, \cdots, P_p$ 形成并列系统,应用如式(6-55)所示并联系统的构造函数有:

$$\varphi(x) = \coprod_{s=1}^{p} \alpha_s(x) = \coprod_{s=1}^{p} \prod_{\alpha \in P_s} x_a = 1 - \prod_{s=1}^{p}\left(1 - \prod_{\alpha \in P_s} x_a\right) \tag{6-55}$$

在图 6-18 所示的例子中,其系统的构造函数如式(6-56)所示。

$$\varphi(x) = 1 - (1 - x_1 x_2)(1 - x_3 x_4)(1 - x_1 x_5 x_4)(1 - x_3 x_5 x_2) \tag{6-56}$$

类似地,每个最小割 K_s 的构造函数 $\beta_s(x)$ 是一个并联系统,其构造函数如式(6-57)所示。

$$\beta_s(x) = \coprod_{a \in K_s} x_a \equiv \left\{1 - \prod_{\alpha \in K_s}(1 - x_a)\right\} \tag{6-57}$$

而系统中各个最小割 $K_1, K_2, \cdots, K_k$ 组成一个串联系统,整个系统的构造函数如式(6-58)所示。

$$\varphi(x) = \prod_{s=1}^{k} \beta_s(x) = \prod_{s=1}^{k} \coprod_{a \in K_s} x_a = \prod_{s=1}^{k}\left\{1 - \prod_{\alpha \in K_s}(1 - x_a)\right\} \tag{6-58}$$

在图 6-18 所示的例子中,其系统的构造函数如式(6-59)所示。

$$\varphi(x) = \{1 - (1-x_1)(1-x_3)\}\{1 - (1-x_2)(1-x_4)\}$$
$$\{1 - (1-x_1)(1-x_5)(1-x_4)\}\{1 - (1-x_2)(1-x_5)(1-x_3)\} \tag{6-59}$$

无论应用式(6-56)还是式(6-59),对于同一个状态向量 $(x_1, x_2, x_3, x_4, x_5)$,其计算的网络状态是相同的。例如,对于状态向量 $(1,1,0,0,0)$,两公式计算的状态均为 $\varphi = 1$(即网络是连接的),而对于状态向量 $(1,0,1,0,1)$,两公式计算的状态均为 $\varphi = 0$(即网络是非连接的)。

3) 构造函数和可靠度

如式(6-60)、式(6-61)所示,路段的可靠度 r_a 是随机变量 x_a 的期望值,而节点间的可靠度 R 是其构造函数的期望值。

$$r_a = E[x_a] \tag{6-60}$$

$$R = E[\varphi(x)] \tag{6-61}$$

分别联立式(6-61)和式(6-55),以及式(6-61)和式(6-58)可得:

$$R = E[\varphi(x)] = E\left\{1 - \prod_{s=1}^{p}\left(1 - \prod_{\alpha \in P_s} x_a\right)\right\} \tag{6-62}$$

$$R = E[\varphi(x)] = E\left[\prod_{s=1}^{k}\left\{1 - \prod_{\alpha \in K_s}(1 - x_a)\right\}\right] \tag{6-63}$$

式中的 R 为可靠度的精确值。图 6-18 所示的例子中,在基于最少路径计算时,应采用式(6-62)所示的形式,其结果如式(6-54)所示,对应的在基于最小割集计算时,结果如式(6-65)所示。

$$R = E[1 - (1 - x_1 x_2)(1 - x_3 x_4)(1 - x_1 x_5 x_4)(1 - x_3 x_5 x_2)] \tag{6-64}$$

$$R = E[\{1 - (1 - x_1)(1 - x_3)\}\{1 - (1 - x_2)(1 - x_4)\} \\ \{1 - (1 - x_1)(1 - x_5)(1 - x_4)\}\{1 - (1 - x_2)(1 - x_5)(1 - x_3)\}] \tag{6-65}$$

在上述公式计算期望值的"[ ]"中,类似于 x_1 的随机变量会重复出现。为避免概率的重复计算,需引入与逻辑与相关的布尔运算($x_a \cdot x_a = x_a$)。但是布尔运算所需的计算时间和存储量随着边的数量增加而呈指数型增长,当系统较为庞大时会需要大量的计算。因此,在应用此方法计算时应尽量使用最少路径法计算,而避免使用最小割集法。在应用最少路径计算时,会产生大量的绕行路径。虽然这些路径电路网络或通信网络中是必要的,但对于交通路径则是不现实的,故在交通网络可靠度分析中,这些路径是没有意义的。因此,在路网可靠度分析中,应尽可能地以符合实际的路径为对象。对于与最小割相关的讨论,建议仅在与境界线或核查线相关的交通断面可靠度分析中应用。

6.6.4 节点间可靠度的近似解法

前文介绍了将系统分解为各个单元,通过计算各系统构成单元的可靠度进而求解系统整体可靠度的方法。然而此方法存在随着系统规模的增大,计算量呈指数型增长的问题。这是因为随着最少路径和最小割集的增加,搜索工作量增大,可靠度的计算量也就随之增大。因此,在道路网络为大规模系统时,需开发一种有效的近似算法。交点法是一种可求解大规模网络可靠度的近似算法,其需应用下述的两个函数。

$$R_p = 1 - \prod_{s=1}^{p'}(1 - \prod_{\alpha \in P_s} r_a) \tag{6-66}$$

$$R_k = \prod_{s=1}^{k'}\{1 - \prod_{\alpha \in K_s}(1 - r_a)\} \tag{6-67}$$

式中,p' 和 k' 为选择的路径和割线数($p' \leq p, k' \leq k$)。

容易证明,式(6-66)是路径数的单调增函数,式(6-67)是割集数的单调减函数。因此选择的路径数 p' 较小时,R_p 的值也就越小。当 p' 达到最少路径数 p 时,R_p 与 Esary-Proschan 上限值一致,即:

$$U = 1 - \prod_{s=1}^{p}(1 - \prod_{\alpha \in P_s} r_a) \tag{6-68}$$

同理,当割集达到最小割集数时,R_p 与 Esary-Proschan 下限值一致,为:

$$L = \prod_{s=1}^{k}\{1 - \prod_{\alpha \in K_s}(1 - r_a)\} \tag{6-69}$$

节点间的可靠度必然介于 Esary-Proschan 上、下限值之间。交点法是根据上述性质,依次增加两节点间的最少路径数和最小割集数,并应用式(6-68)和式(6-69)计算可靠度,求解两函数的交点作为可靠度近似值的方法。交点法得到的可靠度肯定介于 Esary-Proschan 的上限值和下限值之间。在计算过程中应用的路径和割集应与网络对应的真实交通路径和境界线相对应,这样可靠性分析的结果可与实际的交通措施联系起来。交点法的计算过程中并不需要全部的路径和割集,也不需要进行布尔运算,因此其计算时间和存储量大大小于传统方法,从而使对大规模网络的计算成为可能。该方法所获取的近似解与精确解相比误差在 ±0.05 范围以内时可认为计算结果可行。

为提升近似解的精度,从最少路径和最小割集中选择发生概率最高的即可。路径 P_s 和割集 K_s 的发生概率可用 $\prod_{\alpha \in P_s} r_a$ 和 $\prod_{\alpha \in K_s}(1-r_a)$ 计算,$\prod_{\alpha \in P_s} r_a$ 的对数如式(6-70)所示。

$$\lg\left(\prod_{\alpha \in P_s} r_a\right) = \lg r_{a1} + \lg r_{a2} + \cdots + \lg r_{am} \tag{6-70}$$

式中:m——构成该路径的边数。

因为 $0 \leq r_a \leq 1$,所以各边长为 $-\lg r_a$($r_a = 1$ 时为无穷大)。假定各边的可靠度可用边长来表示。此时选择发生概率最大的路径的问题等价于在网络上搜索 n 条最短路的问题。

如图 6-20 所示,割集的确定可通过建立原始网络的对偶网络确定。将原始网络中对象节点对破坏,从而形成对偶网络(将原始网络的边变成点),原始网络的最小割集与对偶网络中 AF 间的最少路径集一一对应,此时求解原始网络的最小割集就转化成了求解对偶网络的最少路径集,使 L 尽可能的小就等价于在对偶网络里搜索最短路径,其中路段长为 $-\lg(1-r_a)$。此时可转为用前文方法求解。

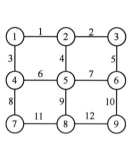 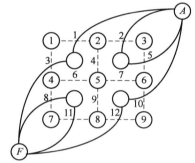

a) 原始网络(节点编号和边编号)   b) 节点对(1,9)对应的对偶网络
(节点编号和原始网络的边编号)

图 6-20 田字形网络和对偶网络

在如图 6-21 所示的网络中,边可靠度在 0.9 和 0.5 时用相交法计算的结果如图 6-22 所示。图 6-21 所示网络的规模可计算出精确解,但网络规模更大时计算精确解的难度急剧上升,应用近似求解法实用性更强。

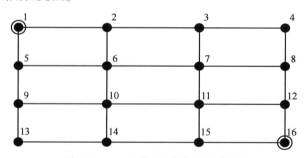

图 6-21 4×4 网络(16 个节点 24 条边)

前文介绍的网络均为无向图,其表示的道路网的路段可靠度是不分方向的。而在实际路网中,不同方向的路段可靠度存在差异,此时可采用有向图来表示网络。上述方法在扩展至有向图时也可使用。

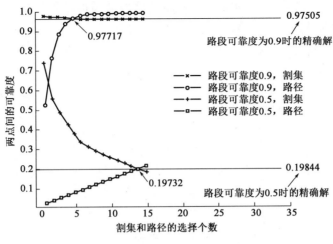

图 6-22 交点法中交点生成的示意图

6.6.5 从可靠度角度看交通规划

在发生自然灾害或事故时,路网中可能会出现部分路段不能正常通行的状况,此时应用路网可靠度评价的方法,可评估当前路网保证 OD 间交通量顺畅通行的能力和关键路段,以明确规划设计及抢险救灾的重点。从此角度看的交通规划主要有以下研究内容。

①路网形态评价及优化。通过对现状路网的交通运行情况进行评价,确定未来道路区间建设及优化的方向。例如,到底是放射状的路网形态还是环形的路网形态更有利于提升路网的可靠度?②交通管理及控制策略的优化。道路的运营管理可与大规模道路调整一起提升路网运行的可靠度。例如,整个区域内设置单行道系统、设置区域面控系统、对高快路进行交通控制等方法。③出行时间可靠度的相关问题。除连接可靠度外,因出行者对时间价值越来越重视,出行时间的保障也变得重要,所以有必要开展关于时间可靠性的研究。④所提供交通信息的问题。综合考虑上述各问题,构建能计算到达出行目的地时间的道路网络也是一个重要的研究课题。⑤基于可靠度的路网整体设计。研究可靠度的目标就是构建一个具有高度连接可靠度和行程时间可靠度的道路网络,将交通网络的可靠度思想用于交通规划过程中也是一个重要的研究课题。

*6.7 交通网络结构优化

6.7.1 网络结构优化模型

1)引例:Braess 诡异现象

交通流分布和交通网络结构是互相影响的。一方面,城市交通的出行分布(OD)及其在网络上的分布格局会影响到城市交通网络结构的设置。另一方面,交通网络结构设置直接影响到路段上车辆的行驶速度,从而影响出行者路径的选择,由此影响到交通流量在网络上的分布格局。著名的 Braess 诡异现象,就是增加网络的路段数反而使网络的总出行成本增加。考虑如图 6-23 所示的网络。

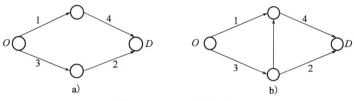

图 6-23 Braess 诡异现象

图 6-23a)有一个 OD 对,OD 出行量为 6,每条弧上的出行成本函数为:
$$t_1(v_1) = 50 + v_1, t_2(v_2) = 50 + v_2$$
$$t_3(v_3) = 10v_3, t_4(v_4) = 10v_4$$

从 O 到 D 的路径有两条:1-4 和 3-2,其流量表示为 h_1、h_2。

由网络的对称性知,这一问题的 UE 解显然是:
$$h_1 = h_2 = 3$$
$$v_1 = v_2 = v_3 = v_4 = 3$$

两条路径的出行成本为:
$$c_1(h_1) = c_2(h_2) = 83$$

整个网络出行成本为 498。

现在地方政府为了减少交通拥挤状况,达到降低网络总出行成本的目的,决定新增一条路段,如图 6-23b)所示,设该新增路段的出行成本函数为:
$$t_5(v_5) = 10 + v_5$$

此时从 O 到 D 的路径也增加了一条 3-5-4,其流量为 h_3,这个新网络上的 UE 解为:
$$h_1 = h_2 = h_3 = 2$$
$$v_1 = v_2 = 2, v_3 = v_4 = 3, v_5 = 2$$

三条路径的出行成本为:
$$c_1(h_1) = c_2(h_2) = c_3(h_3) = 92$$

此时,路段上的出行总成本为 552。

可见增加网络的固定设施通行能力并未减少拥挤程度,反而使路径出行成本从 83 增加到 92。出现这种诡异现象,主要是由于出行者只是从单方面着想,选择自己认为出行成本最小的路径,而不会考虑将对网络上的出行效果产生的影响,致使当系统达到平衡状态时,网络的总出行成本反而增加了。因此,交通管理部门在制定交通法规或决定增扩建道路时,一定要谨慎行事,事先对可能出现的后果进行估计,以便调整方案,使城市交通网络达到最佳的出行效果。

通过 Braess 诡异现象可知交通网络结构优化的重要性,下面简单介绍交通网络结构优化模型,它是由上层问题和下层问题两级数学规划模型组成的。

2)交通网络结构优化模型

一般交通网络结构设计问题可表示为一个数学规划模型,以网络上总出行成本为目标函数,以道路建造成本或者是容量上下限为约束条件,但模型忽略了出行者对容量设计方案的反应,即没有考虑到网络上流量分布格局会随着网络容量设置不同而变化。因此,交通网络结构设置问题可以用两段 Strackelberg 数学规划模型来描述。其一般形式是:上层是以整个网络上的总出行时间为最小容量设计问题,是目标层;下层是反映出行者在网络上的分布格局的交通均衡配流模型,是限制层。上层的决策变量会影响到下层问题中出行者的路径选择,从而影响网络上流量分布。因此,上下层之间存在一个相互依赖的迭代关系,最终达到均衡。

(1) 上层容量设置问题

对交通网络设置问题,有两种可能情况。有时是为了在道路网络上增加或扩建一条道路,需要确定所要增扩的道路容量,有时是对现有道路,如何划分车道使得整个交通网络上的车流量合理分布,而不引起拥挤。因此,对于前者问题,变量可以是连续的,而对于后者,变量可能是离散的整数变量。分别对这两种情形下的容量设置问题给出相应的数学模型,令:

A 为交通网络上所有弧的集合;

$\bar{A}$ 为所有待确定容量的弧的集合;

u_a 为弧 a 上的交通通行容量变量;

u 为弧容量变量组成的向量;

$u_a^{\max}$ 为弧 a 上最大可能的交通通行容量;

$\varphi_a(u_a)$ 为弧 a 的建造或扩建费用,它是容量的递增函数;

B 为用于整个网络上道路建设的总费用预算;

t_a 为弧 a 上的出行时间,它是流量和弧容量的函数;

d_a 为弧 a 上由于容量限制而导致的排队延迟时间;

c_a 为弧 a 上的总出行成本,它包括了弧上的出行时间、延迟时间以及出行费用,是流量和弧容量的函数;

v_a 为弧 a 上流量,它也是弧容量的函数;

v 为弧流量向量。

则对于连续变量的容量设置问题,有如下数学规划模型:

$$\min \ F(u,v(u)) = \sum_{a \in A} t_a(u) v_a(u) \tag{6-71}$$

$$\text{s.t.} \ \sum_{a \in A} \varphi_a(u_a) \leq B$$

$$0 \leq u_a \leq u_a^{\max}, a \in \bar{A}$$

上述模型中关于财政预算的约束条件,也可以将其转化为等价的出行成本,加入目标函数中。

下面讨论离散的车道划分问题。为描述方便,这里用下标 a 和 $-a$ 表示在同一条道路上两条不同方向的弧的标记。此时,令:

u_a 为弧 a 拥有的车道数;

u_{-a} 为与弧 a 相向的弧 $-a$ 上拥有的车道数;

U_{aa} 为弧 a 和弧 $-a$ 所在道路上总的车道数;

u 为弧上车道数组成的向量。

这里,同样以网络上总的出行成本最小为目标,有如下的数学模型:

$$\min \ F(u,v(u)) = \sum_{a \in A} t_a(u) v_a(u) \tag{6-72}$$

$$\text{s.t.} \ 0 \leq u_a \leq U_{aa}$$

$$0 \leq u_{-a} \leq U_{aa}$$

$$u_a + u_{-a} = U_{aa}$$

在离散的车道数确定问题中,变量 u 应当取整数值。如果前两个约束条件的边界值被达到,比如:$u_a = U_{aa}$,则一定有$u_{-a} = 0$,说明该道路是单行道,只有弧 a 方向可以通行。

上述数学模型目标函数中的弧流量不是固定的,而是与弧容量变量有关的,它们的确定可以根据相应的流量均衡配流模型得到。

为描述方便,令 U 表示满足式(6-71)中的约束条件或式(6-72)中约束条件的可行弧容量的集合,则以上两种情形的容量设置问题可以简写成:

$$\min_{u \in U} F(u, v(u)) = \sum_{a \in A} c_a(u) v_a(u) \tag{6-73}$$

(2)下层交通均衡配流模型

由前面的分析可知,交通网络结构优化问题,要考虑到弧上流量的影响。事实上,在给定网络交通出行分布(OD 矩阵)的情况下,流量在网络每一条弧上的分布可以根据相应的交通均衡配流模型得到。由于弧上出行成本函数是与弧容量相关的,因此交通网络弧容量的设置又会影响到弧上流量的分布。

另一方面,若考虑交通网络上弹性交通出行需求,由于道路容量的增加或扩建,使得交通网络上总出行成本下降,必然会带来更多的交通需求,如刺激私人购买小汽车。因此,有必要考虑交通网络容量的设置会带来怎样的交通需求。

下面将分别讨论确定性的用户最优均衡配流模型,即固定交通需求的情形和弹性交通出行需求的情形,分析网络容量对模型的影响。

网络上的可行流应满足如下流量守恒条件:

$$\begin{cases} g_w = \sum_{r \in R_w} h_r^w, w \in W \\ v_a = \sum_{w \in W} \sum_{r \in R_w} p_{ar} h_r^w, a \in A \\ h_r^w \geq 0, r \in R_w, w \in W \end{cases} \tag{6-74}$$

若考虑弧上的容量限制,网络上的可行流还应满足如下容量限制条件:

$$v_a \leq u_a \tag{6-75}$$

若 u_a 表示车道数,则上述容量限制条件需求应改写为:

$$v_a \leq k u_a \tag{6-76}$$

其中,k 表示每一车道上的标准容量。为描述方便,令 V 表示所有满足可行条件式(6-74)和式(6-75)或式(6-76)的可行弧流量组成的集合。

对于具有固定交通出行量的情形,有如下等价的数学规划模型:

$$\min_{v \in V} Z_1(v(u)) = \sum_{a \in A} \int_0^{v_a(u)} t_a(x, u) dx \tag{6-77}$$

式中,t_a 表示弧 a 上的出行时间函数。由此可见,弧容量会通过式(6-75)或式(6-76)影响到配流问题式(6-77)的约束条件,以及由于弧出行成本函数与弧容量的依赖关系而影响目标函数。

同样,对于具有弹性需求的用户最优均衡配流问题,有如下等价的数学规划问题:

$$\min_{v \in V} Z_2(v(u)) = \sum_{a \in A} \int_0^{v_a(u)} t_a(x, u) dx - \sum_{w \in W} \int_0^{g_w} G_w^{-1}(y) dy \tag{6-78}$$

其中,G_w^{-1} 是 OD 需求函数的逆函数。

6.7.2 双层规划模型求解算法

交通网络结构优化受网络上流量分布影响,而网络上流量的分布又受到弧容量的影响。因此,交通网络弧容量的设置问题构成了如下的双层数学规划问题:

$$\min_{u \in U} F(u, v(u)) = \sum_{a \in A} c_a(u) v_a(u) \tag{6-79}$$

其中 $v(u)$ 由下层的交通均衡配流模型而得:

$$\min_{v \in V} Z_1(v(u)) = \sum_{a \in A} \int_0^{v_a(u)} t_a(x, u) \mathrm{d}x \tag{6-80}$$

或者是:

$$\min_{v \in V} Z_2(v(u)) = \sum_{a \in A} \int_0^{v_a(u)} t_a(x, u) \mathrm{d}x - \sum_{w \in W} \int_0^{g_w} G_w^{-1}(y) \mathrm{d}y \tag{6-81}$$

若考虑下层问题的弧容量限制条件,则上层问题目标函数中的弧出行成本应当包含弧上延迟时间,它也是通过下层问题的求解而得到。

对以上两级数学规划问题式(6-79)、式(6-80)或式(6-79)、式(6-81)的求解,只能采用启发式求解方法。当上层问题式(6-79)的决策变量是连续变量时,可以采用基于灵敏度的算法进行求解。若以下层问题是具有弹性需求的用户最优均衡配流模型,则其算法步骤为:

(1) 给定一个初始的弧容量 $u^{(0)}$,令 $k=0$。

(2) 对给定 $u^{(k)}$ 的求解下层均衡配流问题式(6-81)的解 $v^{(k)}$、$g^{(k)}$。

(3) 运用灵敏度分析的有关公式,计算导数值: $\frac{\partial v^{(k)}}{\partial p^{(k)}}$、$\frac{\partial g^{(k)}}{\partial p^{(k)}}$(如果上层问题需要)。

(4) 将上层问题中目标函数和约束函数在解 $(v^{(k)}, u^{(k)})$ 处展开成线性函数,并求解得解 u'。

(5) 计算 $u^{(k+1)} = u^{(k)} + \alpha^{(k)}(u' + u^{(k)})$,其中 $\alpha^{(k)}$ 是预先设置好的随迭代次数单调递减的数列,一般可形如下列的数列:

$$\alpha^{(k)} = \frac{\beta}{(1+k)^\gamma}$$

其中,$\gamma \geq 1, \beta > 0$。为了保证算法的收敛性,还要求数列 $\alpha^{(k)}$ 满足如下条件:

$$\sum_{k=1}^\infty \alpha^{(k)} = \infty, \sum_{k=1}^\infty (\alpha^{(k)})^2 < \infty$$

(6) 若 $|u_a^{(k+1)} - u_a^{(k)}| \leq \varepsilon$,$\varepsilon$ 为预先设置的精度要求,则算法终止,否则 $k = k+1$,转(2)。

当上层问题式(6-79)的决策变量是离散变量时,求解变得更为复杂。基于遗传算法的启发式算法可用于求解含整数变量的两级数学规划问题。

复习与思考习题

1. 列出图 6-24 所示网络的邻接矩阵、边编目表、权矩阵及邻接目录表。

2. 如图 6-25 所示,每条边旁的数据为行驶时间,节点①②④⑤为 OD 量作用点,OD 矩阵如表 6-9 所示,试用最短路法分配该 OD 矩阵。

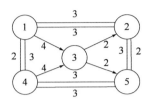
图 6-24 网络图

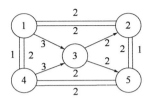
图 6-25 交通网络图

OD 矩阵(单位:辆/h) 表 6-9

O \ D	①	②	④	⑤
①	0	100	200	300
②	100	0	200	300
④	200	200	0	300
⑤	300	300	300	0

3. 交通网络与上题相同,试用多路径分配法分配节点①至节点⑤的 OD 量($T_{OD}[1,5]$ = 300 辆/h)。

4. 在图 6-26 所示的交通网络中,交通节点 1、3、7、9 分别为 A、B、C、D 4 个交通区的作用点,4 个交通区的出行 OD 矩阵如表 6-10 所示。试用最短路法分配该 OD 矩阵。

OD 矩阵(单位:辆/h) 表 6-10

起点 \ 终点	A	B	C	D
A	0	200	200	500
B	200	0	500	100
C	200	500	0	250

5. 试采用多路径交通分配方法,分配图 6-27、图 6-28 中从节点①至节点⑨的出行量 $T(1,9)$ = 1000pcu/d。

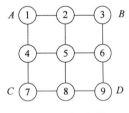
图 6-26 交通网络

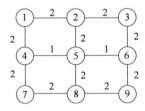
图 6-27 网络与行驶时间

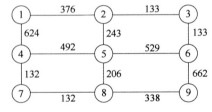
图 6-28 分配交通量

6. 如图 6-29 所示,共有 3 个小区,小区形心分别为 1、2、3,路网包含①~⑤共 5 个节点。道路上方或旁边括号中的数字表示自由流出行时间 t_0(两个方向出行时间相同),假设各路段的阻抗函数 $t = t_0 + 0.1q$(q 为路段流量),小区 1 到小区 3 的需求为 28.6 单位流量,试采用容量限制分配方法求路网中小区 1 和小区 3 之间各路段的流量(流量保留一位小数,$k=2$,分配比例为 70%、30%)。

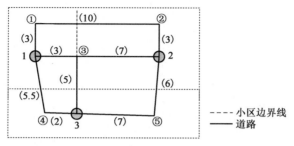

图 6-29 题 6 图

7. 简述 Frank-Wolfe 算法的基本步骤。

8. 如图 6-30 所示的路网中,从 O 点到 D 点的交通需求为 10 个单位交通量,O 到 D 共有三条路径,各路径阻抗函数分别为 $t_1 = 10\left[1+0.15\left(\dfrac{x_1}{2}\right)^4\right]$,$t_2 = 20\left[1+0.15\left(\dfrac{x_2}{4}\right)^4\right]$,$t_3 = 25\left[1+0.15\left(\dfrac{x_3}{3}\right)^4\right]$,所有的交通需求必须全部且仅能分配到这三条路径上,试分别用增量迭代法和 Frank-Wolfe 算法求解 UE 状态下各路段上的交通量,并比较分析两种方法的优劣。

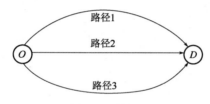

图 6-30 题 8 图

9. 系统最优和用户均衡有什么不同?
10. 如何根据观测交通量推断网络交通分布?
11. 举例说明估计交通网络容量的用途。
12. 什么是交通网络的可靠度?应该怎样计算可靠度?
13. 简述网络优化的方法。

第7章 交通设计

交通工程学的基本原理贯穿于交通流解析、交通规划与交通设施基本建设及其最佳利用（交通管理与控制）中，为改善交通阻塞、事故、环境污染等问题，提高服务水平，发挥了而且持续发挥着巨大的作用。交通基础设施的设计及建设是交通规划内容的具体实现过程，也是交通管理与控制的实施载体。本章主要介绍交通系统中的道路、常规公共交通、停车设施、交通枢纽、慢行交通等交通设施的设计方法及部分规定。

7.1 道路设计

7.1.1 道路设计概述

道路的设计（Road Design）可分为道路的几何设计（Geometric Design）和结构物设计。道路的几何设计指路线设计或选线设计，其主要任务是确定道路的空间位置和几何形状（尺寸）、主要技术标准，确定其他结构物的位置，处理道路与周围环境的关系（包括自然环境和社会环境）等，也可称为道路勘测设计（Road Survey and Design）。结构物设计主要确定结构物的位置、形状（尺寸）、材料、施工技术与方法、可靠性等，包括路基、路面、桥涵、隧道设计等。根据其设计的对象,道路设计可分为城市道路设计及公路设计。

道路设计需从若干方面进行控制,主要包括外部控制(如地形、公路的特定位置、气候)、公路的功能、交通特征、速度等。上述控制因素是由设计者选择或决定的。它们决定了道路的等级,同时又为线形设计(如纵坡、曲率、宽度、视距等)提供依据。道路设计控制指标主要包括:设计车辆、设计速度、交通量和通行能力。设计车辆指道路设计所采用的车辆类型,以其外廓尺寸、质量、运转特性等特征作为道路设计的依据,是确定路幅组成、车道宽度、加宽、纵坡、视距等的依据。设计速度是指当气候条件良好、交通密度小、汽车运行只受道路本身条件的影响时,中等驾驶水平的驾驶员能保持安全顺适行驶的最大行驶速度,是确定半径、超高、视距的直接依据,且间接影响车道宽、中间带宽度和路肩宽度。交通量为单位时间内通过道路某一断面的通行单元(车辆或行人)数,通常专指车辆数,是确定公路等级、建设规模以及公路经济效益评价的主要依据。通行能力是指定条件下单位时间内通过道路某一断面的通行单元(车辆或行人)数。

道路建设的流程可分为建设前期、建设期和运营期三个阶段。建设前期的主要工作为道路网的规划、项目建议书和可行性研究。项目建设期主要指道路的设计及施工。运营期指道路投入实际运营后对道路运营效果的后评价和绩效评价。

道路建设前期同道路设计相关的内容为可行性研究(Feasibility Study)。可行性研究指在建设项目投资决策前对有关建设方案、技术方案或生产经营方案进行的技术经济论证。道路的设计需对道路建设的必要性、技术的可行性、经济的合理性及实施的可能性等进行论证。对于大型或特大型工程还需进行预可行性研究。道路建设的可行性报告主要包括现有公路技术状况评价、经济与交通量发展预测、建设规模与标准、建设条件与方案比选、投资估算与资金筹措、工程建设实施计划及经济评价等内容。

道路的设计一般可分一阶段设计、两阶段设计、三阶段设计。一阶段设计仅包括施工图设计。两阶段设计包括初步设计和施工图设计。三阶段设计包括初步设计、技术设计和施工图设计。公路建设项目一般采用两阶段设计。技术简单的小型工程可采用一阶段设计。技术复杂的大型工程采用三阶段设计。三个设计阶段中,初步设计需确定修建原则、确定建设方案(确定走向、控制点,现场核对,确定比较方案)、计算主要工程量、提出施工方案、编制概算。其设计依据为可行性研究和任务书。技术设计主要指专题研究、科学试验及钻探等,其需进一步落实方案,计算工程量,修正施工方案,修正概算。施工图设计阶段的主要任务为:细化设计原则、具体设计、计算确定各项工程数量、编制施工计划、编制预算。

目前公路设计还需进行安全性评价。公路安全评价是针对公路行车安全进行的一个系统的评价程序,目的是公路行车安全和降低交通事故。它将公路行车安全和降低交通事故的概念引入公路工程可行性研究及设计工作中。公路安全性评价是公路建设管理的基本程序,具体可参见《公路项目安全性评价规范》(JTG B05—2015)。

7.1.2 道路的几何特征及设计方法

道路是一种带状的空间结构物,它的中线是一条空间曲线。为了把道路这个三维空间的实体表达出来,常采用三个不同方向的投影图来分别研究道路的位置和形状。道路在水平面上的投影图称为道路的平面图;通过道路中线的竖向剖面图称为道路纵断面图;道路上任一点垂直于路中线的竖向剖面图称为道路的横断面图。道路的平面、纵断面和各个横断面都是道路的几何组成。

1）道路平面设计

道路平面线形由直线和平曲线组成。直线的几何形态灵活性差,有僵硬不协调的缺点,并很难适应地形的变化。直线段太长,驾驶员会感到厌倦,注意力不易集中,成为交通肇事的起因。平曲线间的直线长度亦不宜过短,过短直线段使驾驶员操纵转向盘有困难,对行车不安全。

平曲线由圆曲线和缓和曲线组成,为使汽车能安全、顺适地由直线段进入曲线,要合理选用圆曲线半径,并根据半径大小设置超高和加宽。同时车辆从直线段驶入平曲线或平曲线驶入直线段,为了缓和行车方向和离心力的突变,确保行车的舒适和安全,在直线和圆曲线间或半径相差悬殊的圆曲线之间需设置符合车辆转向行驶轨迹和离心力渐变的缓和曲线。

因此,在平面线形设计中,不仅要合理选用各种线形指标,更重要的是还要处理好各种线形间的衔接,以保证车辆安全、舒适地行驶。设计人员应根据地形、地物、环境、安全、景观,合理运用直线、圆曲线、缓和曲线。对线形要求高的道路,应采用透视图法或三维手段检查设计路段线形,特别是避免断背曲线。

(1)圆曲线设计

在平面设计时研究圆曲线主要是确定圆曲线半径的大小和圆曲线的长度。汽车在圆曲线上行驶时,除受重力外,还要受到离心力的影响。离心力使汽车产生两种不稳定的危险,一是汽车向外滑移,二是向外倾覆。离心力的大小是与圆曲线半径成反比的,半径越小,离心力就越大,对行车安全就越不利。但实际中由于自然条件等的限制,曲线半径往往不能太大,这就需要对半径的最小值加以限制,以保证行车的安全与舒适。

圆曲线最小半径有三类:不设超高最小半径、设超高最小半径一般值、极限值。在设计中应首先考虑安全因素,其次要考虑节约用地及投资,结合工程情况合理选用指标。采用小于不设超高最小半径时,曲线段应设置超高,超高过渡段内应满足路面排水要求。

圆曲线最小半径是以汽车在曲线部分能安全而又顺适地行驶所需要的条件而确定的,即车辆行驶在道路曲线部分所产生的离心力等横向力不超过轮胎与路面的摩阻力所允许的界限。圆曲线半径的通用计算公式如式(7-1)所示。

$$R = \frac{v^2}{127(\mu + i)} \tag{7-1}$$

式中:R——曲线半径(m);

v——设计速度(km/h);

μ——横向力系数,取轮胎与路面之间的横向摩阻系数;

i——路面横坡度或超高横坡度,以小数表示,反超高时用负值。

规定平曲线与圆曲线最小长度的目的是避免驾驶员在平曲线上行驶时,操纵转向盘变动频繁,高速行驶危险,加上离心加速度变化率过大,使乘客感到不舒适。因此,必须确定不同设计速度条件下的平曲线及圆曲线最小长度。

当平曲线最小长度为车辆6s的行驶距离时,能达到缓和曲线最小长度的2倍。这实际上是一种极限状态,此时曲线为凸形曲线,驾驶员会感到操作突变且视觉不舒顺。因此,最小平曲线长度理论上应大于2倍缓和曲线长度,即保证平曲线设置缓和曲线最小长度后,还能保留一段长度的圆曲线。因此,平曲线及圆曲线最小长度计算公式如式(7-2)所示。

$$L_{\min} = \frac{1}{36}v_a t \tag{7-2}$$

式中:$L_{\min}$——行驶距离(m);
v_a——设计速度(km/h);
t——行驶时间(s)。

(2)缓和曲线设计

车辆从直线段驶入平曲线或平曲线驶入直线段,由大半径的圆曲线驶入小半径的圆曲线或由小半径的圆曲线驶入大半径的圆曲线,为缓和行车方向和离心力的突变,确保行车的舒适和安全,在直线和圆曲线间或半径相差悬殊的圆曲线之间需设置符合车辆转向行驶轨迹和离心力渐变的缓和曲线。行车道的超高或加宽应在缓和曲线内完成,在超高缓和段内逐渐过渡到全超高或在加宽缓和段内逐渐过渡到全加宽。缓和曲线采用回旋线,是由于汽车行驶轨迹非常近似回旋线,它既能满足转向角和离心力逐渐变化的要求,同时又能在回旋线内完成超高和加宽的逐渐过渡,回旋线的基本公式如式(7-3)所示。

$$RL_s = A^2 \tag{7-3}$$

式中:R——与回旋线相连接的圆曲线半径(m);
L_s——回旋线长度(m);
A——回旋线参数(m)。

缓和曲线最小长度可按离心加速度变化率计算或按驾驶员操作反应时间计算。按离心加速度变化率计算,即离心加速度从直线上的零增加到进入圆曲线时的最大值,离心加速度变化率限制在一定的范围内。离心加速度变化率为 $a_p = 0.0214v^3/(RL_s)$(m/s³),从乘客舒适的角度,离心加速度变化率 a_p 经测试知在 0.5~0.75m/s³ 范围内为好,我国道路设计中采用 $a_p = 0.6$m/s³,此时缓和曲线的最小长度可由式(7-4)计算。

$$L_s = 0.035\frac{v^3}{R} \quad (\text{m}) \tag{7-4}$$

式中:v——设计速度(km/h);
R——设超高的最小半径(m)。

当汽车在缓和曲线上行驶时,行车时间不应过短,应使驾驶员有足够的时间适应线形的变化,也使乘客感到舒适。缓和曲线上行驶时间采用3s,按式(7-5)计算缓和曲线的最小长度。

$$L_s = \frac{1}{3.6}v_t = 0.833v \quad (\text{m}) \tag{7-5}$$

回旋线参数及长度应根据线形设计以及对安全、视距、超高、加宽、景观等的要求,选用较大的数值。缓和曲线最小长度系曲率变化需要的最小长度,按公式(7-4)及公式(7-5)两者计算的大者,按5m的整倍数作为缓和曲线最小长度采用值。

在直线和圆曲线之间插入缓和曲线后,将产生一个位移量 ΔR,当此位移量 ΔR 与已包括在车道中的富余宽度相比为很小时,可将缓和曲线省略,直线与圆曲线可径相连接。设置缓和曲线的 ΔR,以 0.2m 的位移量为界限。当 $\Delta R < 0.2$m 时可不设缓和曲线,当 $\Delta R \geq 0.2$m 时设缓和曲线。从回旋线数学表达式可知 $\Delta R = \frac{1}{24} \times \frac{L_s^2}{R}$,而 $L_s = \frac{v}{3.6} \times t$。当采用 $\Delta R = 0.2$m 及 $t = $

3s 行驶时,即可得出不设缓和曲线的临界半径计算公式,如式(7-6)所示。为不影响驾驶员在视觉和行驶上的顺适,不设缓和曲线的最小半径值为式(7-6)计算值的 2 倍。设计速度小于 40km/h 时,缓和曲线可用直线代替,用以完成超高或加宽过渡。直线缓和段一端应与圆曲线相切,另一端与直线相接,相接处予以圆顺。

$$R = 0.144v^2 \quad (\text{m}) \tag{7-6}$$

当采用的圆曲线半径小于不设超高的最小半径时,汽车在圆曲线上行驶时受到的横向力会使汽车产生滑移或倾覆。为了抵消车辆在曲线路段上行驶时所产生的离心力,将圆曲线部分的路面做成向内侧倾斜的超高横坡度,形成一个向圆曲线内侧的横向分力,使汽车能安全、稳定、满足设计速度和经济、舒适地通过圆曲线。超高横坡度由车速确定,但过大的超高往往会引起车辆的横向滑移,尤其在潮湿多雨以及冰冻地区,当弯道车速慢或车停止在圆曲线上时,车辆有可能产生向内侧滑移的现象,所以应对超高横坡度加以限制。

(3)超高设计

由直线上的正常路拱断面过渡到圆曲线上的超高断面时,必须在其间设置超高缓和段。超高缓和段长度按式(7-7)计算。

$$L_e = b \cdot \Delta i / \varepsilon \tag{7-7}$$

式中:L_e——超高缓和段长度(m);

b——超高旋转轴至路面边缘的宽度(m);

Δi——超高横坡度与路拱坡度的代数差(%);

ε——超高渐变率,超高旋转轴与路面边缘之间相对升降的比率,见表 7-1。

超 高 渐 变 率　　　　表 7-1

设计速度(km/h)	100	80	60	50	40	30	20
超高渐变率	1/175	1/150	1/125	1/115	1/100	1/75	1/50

超高缓和段应在回旋线全长范围内进行,当回旋线较长时,超高缓和段可设在回旋线的某一区段范围内,其超高过渡段的纵向渐变率不得小于 1/330,全超高断面宜设在缓圆点或圆缓点处,超高缓和段起、终点处路面边缘出现的竖向转折,应予以圆顺。超高的过渡方式应根据地形状况、车道数、超高横坡度值、横断面形式、便于排水、路容美观等因素决定。单幅路路面宽度及三幅路机动车道路面宜绕中线旋转;双幅路路面及四幅路机动车道路面宜绕中间分隔带边缘旋转,使两侧车行道各自成为独立的超高横断面。

(4)曲线加宽

汽车在曲线上行驶时,各车轮行驶的轨迹不相同。靠曲线内侧后轮的行驶半径最小,靠曲线外侧前轮的行驶曲线半径则最大。所以汽车在曲线上行驶时所占的车道宽度,比直线段的大。为适应汽车在平曲线上行驶时后轮轨迹偏向曲线内侧的需要,通常小于 250m 半径的曲线加宽均设在弯道内侧。在因用地困难等原因而设置小半径弯道时,考虑到对称于设计中心线设置加宽较为有利,而采用弯道内外两侧同时加宽,其每侧的加宽值为全加宽值的 1/2。采用外侧加宽势必造成线形不顺,因此宜将外缘半径与渐变段边缘线相切,有利于行车。若弯道加宽值较大,应通过计算确定加宽方式和加宽值。

根据汽车在圆曲线上的相对位置关系所需的加宽值 b_{w1} 和不同车速汽车摆动偏移所需的加宽值 b_{w2},针对小型及大型车的道路每车道加宽值计算公式如式(7-8)所示,针对铰接车的加宽值计算公式如式(7-9)所示。圆曲线上路面加宽示意如图7-1所示。

$$b_w = b_{w1} + b_{w2} = \frac{a_{gc}^2}{2R} + \frac{0.05v}{\sqrt{R}} \tag{7-8}$$

$$b_w' = b_{w1}' + b_{w2}' = \frac{a_{gc}^2 + a_{cr}^2}{2R} + \frac{0.05v}{\sqrt{R}} \tag{7-9}$$

式中：a_{gc}——小型车及大型车轴距加前悬的距离，或铰接车前轴距加前悬的距离(m)；

a_{cr}——铰接车后轴距的距离(m)；

v——设计速度(km/h)；

R——设超高最小半径(m)。

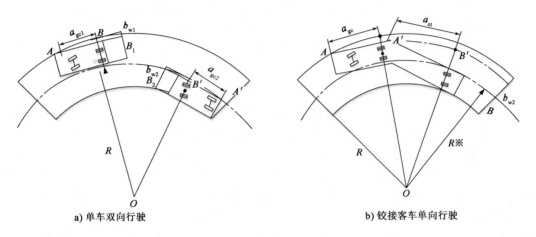

图7-1 圆曲线上路面加宽示意图

a) 单车双向行驶　　b) 铰接客车单向行驶

（5）视距

为保证行车安全，应使驾驶员能看到前方一定距离的道路路面，以便及时发现路面上有障碍物或对向来车，使汽车在一定的车速下能及时制动或避让，从而避免事故。驾驶员从发现障碍物开始到决定采取某种措施的这段时间内汽车沿路面所行驶的最短行车距离，称为视距。视距是道路设计的主要技术指标之一，在道路的平面上和纵断面上都应保证必要的视距。如平面上挖方路段的弯道和内侧有障碍物的弯道，以及在纵断面上的凸形竖曲线顶部、立交桥下凹形竖曲线底部处，均存在视距不足的问题，设计时应加以验算。验算时物高规定为0.1m，眼高对凸形竖曲线规定为1.2m，对凹形竖曲线规定为1.9m。货车存在空载时制动性能差、轴间荷载难以保证均匀分布、一条轴侧滑会引起汽车车轴失稳、半挂车铰接制动不灵等现象，尤其是下坡路段。货车停车视距的眼高规定为2.0m，物高规定为0.1m。

视距有停车视距、会车视距、错车视距和超车视距等。在道路设计中，主要考虑停车视距。若车行道上对向行驶的车辆有会车可能时，应采用会车视距，会车视距为停车视距的2倍。停车视距由反应距离、制动距离及安全距离组成，按式(7-10)、式(7-11)计算。

$$S_s = S_t + S_b + S_a \tag{7-10}$$

式中：S_t——反应距离(m)；

S_b——制动距离(m)；

S_a——安全距离，取5m。

$$S_s = \frac{vt}{3.6} + \frac{\beta_s v^2}{254\mu_s} + S_a \tag{7-11}$$

式中：v——设计速度(km/h)；

t——反应时间；

β_s——安全系数；

μ_s——路面摩擦系数。

2）纵断面设计

由于公路受所经地带的地形、地物、地质等自然条件的影响和行车安全、迅速、经济、舒适的要求，铺筑在地面上的公路也随地面起伏。这样公路在纵断面上就由不同的上坡段、下坡段（统称坡段）和平顺连接相邻两坡段的竖向曲线段组成，即公路路线在纵断面上是一条有起伏的空间线，其基本线形由坡线和竖曲线组成。路线纵断面设计的任务，就是根据汽车的动力性能、公路的技术等级和当地的地形等自然条件，来研究并确定路线的纵断面坡线、竖曲线及其布设的最佳方案，以满足行车安全迅速、工程造价和运营费用经济合理、旅客舒适等要求。

(1) 纵坡设计

为保证车辆能以适当的车速在道路上安全行驶，即上坡时顺利，下坡时不致发生危险的纵坡最大限制值为最大纵坡。道路最大纵坡的大小直接影响行车速度和安全、道路的行车使用质量、运输成本以及道路建设投资等问题，它与车辆的行驶性能有密切关系。小汽车爬坡能力强，纵坡大小对小汽车影响较小，而载重汽车及铰接车的爬坡能力弱，纵坡大小对其影响较大。如果以小汽车爬坡能力为准确定最大纵坡，则载重汽车及铰接车均需降速行驶，汽车性能不能充分发挥，是不经济的；而且还会降低道路通行能力，下坡时更危险。因此，设计最大纵坡应考虑各种机动车辆的动力性能、道路等级、设计速度、地形条件等，选用规范中最大纵坡一般值。当受条件限制纵坡大于一般值时应限制坡长，但最大纵坡不得超过最大纵坡极限值。

公路的挖方路段以及其他横向排水不良地段或城市道路两侧的排水口路段所规定的纵坡最小值称为最小纵坡。规定最小纵坡的目的，是为了迅速排除地表水，以免渗入路基而影响其强度和稳定性或防止管道淤塞。最小坡度值一般为 0.3%。

最小坡长的限制是从汽车行驶平顺度、乘客的舒适性、纵断视距和相邻两竖曲线的布设等方面考虑的。如果纵坡太短，转坡太多，纵向线形呈锯齿状，不仅路容不美观，而且车辆行驶时驾驶员变换排挡会过于频繁而影响行车安全，同时导致乘客感觉不舒适。所以，纵坡坡长应保持一定的最小长度。坡长一般规定 10s 左右的汽车行驶距离，另外，在一段坡长上设置的两个竖曲线不得搭接，故可采用最小竖曲线半径值与最大纵坡验算最小坡长。

按照车辆动力因素的要求，对较陡纵坡的路段，其坡长应该较小，因此道路设计应设置最大坡长。最大坡长为纵坡大于最大纵坡一般值时，对纵坡坡长的限制长度。根据不同设计速度、不同坡度做出坡长限制值。

(2) 竖曲线设计

当汽车行驶在变坡点时，为了缓和因运动变化而产生的冲击和保证视距，必须插入竖曲线。竖曲线形式可为圆曲线或抛物线。经计算比较，圆曲线与抛物线计算值基本相同，为使用方便，可采用圆曲线进行计算，其竖曲线的凸形竖曲线极限最小半径计算公式如式(7-12)所示，凹形竖曲线极限最小半径如式(7-13)所示。竖曲线一般最小半径为极限最小半径的 1.5 倍，国内外均使用此数值。"极限值"是汽车在纵坡变更处行驶时，为缓和冲击和缓和视距所需的最小半径的计算值,设计时受地形等特殊情况限制方可采用。

$$R_v = \frac{S_s^2}{2(\sqrt{h_e} + \sqrt{h_o})^2} \quad (7\text{-}12)$$

式中:S_s——停车视距(m);
h_e——眼高;
h_o——物高。

$$R_c = \frac{v^2}{13 a_0} \quad (7\text{-}13)$$

式中:v——设计速度(km/h);
a_0——离心加速度,采用 0.28m/s²。

为了使驾驶员在竖曲线上顺适地行驶,竖曲线不宜过短,应在竖曲线范围内有一定的行驶时间。如式(7-14)所示,竖曲线的最小长度的极限值可采用汽车 3s 的行驶距离。设计中,为行车安全和舒适,应采用竖曲线最小长度的"一般值"。"一般值"规定为"极限值"的 2.5 倍。

$$l_v = \frac{v}{3.6} \times 3 = 0.83v \quad (7\text{-}14)$$

式中:l_v——竖曲线最小长度(m);
v——设计速度(km/h)。

(3)合成坡度

纵坡与超高或横坡度组成的坡度称为合成坡度。将合成坡度限制在某一范围内的目的是尽可能地避免陡坡与急弯的组合对行车产生的不利影响。道路设计常以合成坡度控制,合成坡度按式(7-15)计算。

$$j_r = \sqrt{i_s^2 + j^2} \quad (7\text{-}15)$$

式中:j_r——合成坡度(%);
i_s——超高横坡度(%);
j——纵坡度(%)。

城市道路和公路的设计方法及相应指标可通过扫描二维码了解(7.A.1、7.A.2)。

7.2 常规公交系统交通设计

公共交通又称"公共运输",指由通道、交通工具、站点设施等物理要素构成交通服务的运输方式。广义上包括民航、铁路、公路、水运等交通方式;狭义上指城市(乡)范围内定线运营的公共汽车及轨道交通、渡轮、索道等交通方式。现行《城市公共交通分类标准》(CJJ/T 114)将我国已有及将来可能会有的公交工具根据交通工具的走行方式分为四大基本类型:城市道路公共客运交通,包括公共汽车系统、无轨电车系统、出租汽车等;城市轨道公共客运交通,包括地铁、轻轨、市域快速轨道等钢轮钢轨系统,单轨、导轨等胶轮导轨系统,磁浮列车系统等;城市水上公共客运交通,包括客轮渡系统等;城市其他公共交通类型,包括架空索道和缆车系统等。

城市公共交通系统中的主要交通方式有常规公共交通系统、轨道交通系统及出租车交通等。常规公共交通系统是指在城市道路上运行的公共汽电车组成的交通系统,它是城市交通乃至整个城市系统中不可或缺的重要组成部分,是提高城市综合功能的重要基础设施之一,是保证城市各部门正常运转的动脉,而且对城市经济、文化事业的发展起着积极的推动作用。各种公共交通工具之间相互配合,以不同的速度、运载能力、舒适程度和价格为乘客服务。从系统规划、建设和管理的角度看,城市公共交通系统可分为公共交通工具(车辆)、线路网、场站及公共交通运营管理系统等主要组成部分,本节将对常规公共交通系统的设计,包括线路、场站、车辆等,进行介绍。对于轨道交通、出租车交通等的设计可参阅相关文献。

7.2.1 常规公交线网设计

1) 公共交通系统的特征

常规公共交通系统是城市客运系统中的重要组成部分,其同其他交通方式一起完成城市客运任务。不同交通方式有不同的服务范围,每种交通方式有其适宜的运输距离(与速度有关)和容量,各种城市客运交通方式的服务范围如图7-2所示(图中A、B、C表示可能出现的新交通系统)。可见,作为多交通方式的城市交通系统的组成部分之一,公共交通系统的作用在于:①满足相应的交通需求;②满足不同交通方式与最佳服务范围的匹配;③形成不同交通方式的有效衔接。城市公共交通系统在城市交通系统中的特殊地位在于它具有以下特点:①满足城市土地及交通设施资源的有限性;②具有经济性(包括交通供应者和需求者的经济性);③改善城市交通和环境。

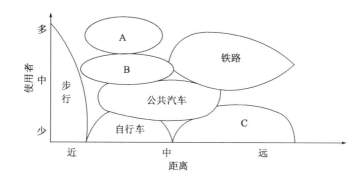

图 7-2 城市客运交通方式的适用服务范围

总之,城市公共交通系统是与城市交通、城市社会经济环境系统相联系的复杂、开放的大系统。各种公共交通系统按其在城市交通系统中的地位,可分为快速大运量、常规、辅助和特殊系统四类,有着不同的客运量、车速、运营成本与收入、优缺点和适用范围特性。

2) 公共交通系统的调查及需求预测

因我国城市中大都已建有常规公交系统,所以对公共交通系统设计的任务往往是对已有系统进行优化,而非全新的设计。为准确有效地对公交系统进行优化设计,需精确地掌握现状公交系统运行的特性,并对将来的公交需求进行预测。因此,城市公交系统交通调查的内容除传统的居民出行调查内容外,还包括城市公共交通现状调查。城市公共交通现状调查有两大部分:针对公交公司的调查和针对城市居民的调查。前者包括公交公司运营发展状况调查、车辆发展情况调查、营运线路发展情况调查、站点覆盖情况调查、场站情况调查等几个重要的方面;而后者主要通过问卷调查等方式,调查城市居民对公共交通现状存在的主要问题的看法、城市居民对公共交通的意见和建议等信息。

传统的公交客流调查一般采用人工调查的方法,包括公交线路跟车调查、站点调查、断面调查等。跟车调查为获取公交客流的主要方法,可采用如表7-2所示的跟车调查记录表进行调查。表7-2所示的调查表最大的问题在于无法获取乘客的OD信息,此时可采用"小票法"进行调查。小票法需在上车处和下车处各配备一名调查员,上车处的调查员向每名上车的乘客发放从1开始编号的小票,并记录每站发放的小票编号。下车处的调查员在乘客下车前收取乘客的小票,并分下车站放在不同的信封内,这样在获取公交客流的同时还可获取乘客的OD。站点调查和断面调查类似,均是记录该站点或断面经过的公交车辆数、车内乘客数、站台人数等信息。

公交线路跟车调查记录表 表7-2

_____路 车辆类型_____	调查日期_____	星期_____	天气_____
行驶方向	从_____站 至_____站	车站发车时间	终点到达时间
停靠站名称			
上客数			
下客数			
站台余留人数			
车内人数			
到站时间			
受阻情况			

随着科学技术的发展,新的技术可应用于获取公交客流,如上车和下车分别布置基于视频或红外技术的设备,便可直接获取每站上下客人数。应用公交IC卡(信息卡)数据及相应GPS(全球定位系统)数据也可获取刷卡乘客的上车信息。需要注意的是,我国大多数公交线路只需在上车时刷卡,如需获取下车点信息,可根据该乘客在返程的上车刷卡点进行估计。部分公交车未装备GPS设备时,必须根据两次刷卡的时间差和公交车的预计出行时间来估计每站的上车人数。此外,应用手机信令等技术,附以公交车辆的位置、运行速度等信息,也可大致估计公交的客流量,但精度无法保证。

传统的交通需求预测是以城市土地利用为基础的"四阶段法",该方法经过了多年的改良和发展,是国内外普遍采用的需求预测方法。以上述预测原则为前提,公共交通需求预测的思路可考虑从全方式居民出行生成预测着手,至居民出行分布预测,再至居民的交通方式划分,从而得出规划年的公共交通出行分布OD矩阵。这样,既有利于保证城市综合交通系统合理的发展方向,又达到了综合协调城市各交通方式的发展规模和水平的目的,在保障了准确可靠的公共交通需求预测结果的基础上,可对预测模型方法进行简化和改进。公交客流的分配同机动车流有所差异,其客流需分配至预先定好的线路上,且仅在公交站处上下车。

3)常规公交线网设计
(1)线网设计的目标及流程
城市常规公共交通线网布局规划旨在:①为城市居民提供安全、高效、经济、方便和舒适的服务；②提高公交运营效率，促进公共交通的发展；③建设良好的城市交通环境，推动土地开发和城市发展。城市公共客运交通系统线网的方案是在多个备选系统方案的设计、模拟、优化和评价的基础上比较得到的。备选系统方案来源于专家咨询和交通方式结构设计，每个备选方案可能只是一组交通结构和交通发展政策的约束。在系统方案确定后，进行进一步的方案设计，其核心内容就是城市公交网络的优化。

如图 7-3 所示，城市公交线网优化的思路通常有解优法（或正推法）和证优法（或验算法）两种模式。解优法是根据对城市交通需求的预测，通过求特定目标函数的最优解，获得优化线网。证优法为对一个或几个线网备选方案进行评价，证实或选择较优方案。在实践应用中，两种方法常结合使用，如将解析优化线网与经验线网共同构成备选线网集、对解析优化得到的线网根据实践经验进行调整、对经验线网进行解析优化调整等。

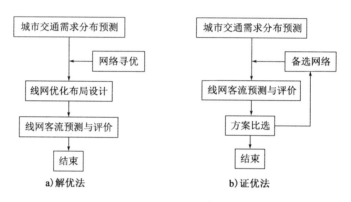

图 7-3 公交线网优化设计的方法

(2) 线网设计的内容及方法

城市公交线网优化设计的主要内容包括交通需求分布预测、线网优化布设、线网客流预测与评价等。获得交通需求分布量（OD 矩阵）一般有"四阶段"法和基于线路客流量调查的客流估算方法两种方法。线网优化布设一般在单条路线优化的基础上，考虑线网的整体优化，常采用"逐条布线，优化成网"法、经验法、拟合客流法等方法。"逐条布线，优化成网"法是按路线直达客流量最大布线。经验法是采用事先设定的公交线网方案，如方格线网、辐射形线网等。拟合客流法是在系统最优客流分配的基础上，用"取大法"或"舍小法"截取网络得到初始网络。城市公交线网客流预测是指将前面预测的城市公共交通需求分布量（OD 矩阵）分配到拟采用的公共交通网络上，确定公共交通网络中每一条公共交通线路的断面客流量及站点上下客流量。城市公交线网评价是指根据城市的形态及预测的线网客流量，对设计的公共交通网络布局方案进行网络形态及交通质量等多方面的评价。城市公共交通线网优化目前尚无统一模型，方法较多，灵活性较大，一般采用寻优法、拟优法或证优法求得较优可行解。

(3) 线网设计的影响因素及约束条件

影响城市公共交通线网设计的因素是多方面的，一般情况下，在进行城市公交线网设计时应主要考虑以下几个方面的因素。

①城市发展阶段及城市形态

对已经发展成熟的城市或区域，常规公交线网应满足现状强大的交通需求，优化与其他交通运输方式的换乘衔接,设计时主要考虑现状的交通需求期望;对于城市规模不断扩大,土地利用形态不断变化,城市结构不断调整的城市,常规公交系统的建设应支撑城市发展,调整城市结构和土地利用形态,设计线网时应以未来的交通需求期望为主。

集中型城市形态中城市各项主要用地集中成片、比较紧凑。公交线网布置应主要考虑和城市中心的联系,可布设成放射状、环状等形式。分散型城市形态中,城市用地由于受河流、山川等自然地形或交通干道的分隔,呈若干片、若干组团的布局形式。其中最典型的就是组团式,其特点是组团内交通距离不大,但组团间的交通压力很大。此时公交线网就应采取分层规划方法,关键是使区间、区内交通组织协调,首先布设主干线,布设交通走廊,然后布设驳运线。

②城市客运交通需求

城市客运交通需求,包括数量、分布和出行路径的选择,是影响公交线网设计的首要因素。在一定的服务水平要求下,客运需求量大的区域,要求布置的公交线网客运能力较大。理想的公交线网布局应满足大多数交通需求的要求,具有服务范围广、非直线系数小、出行时间短、直达率高(换乘率低)、可达性高(步行距离短)等特点。

③道路条件

对于常规公交线网来说,道路网是公共交通网络的基础,但并非所有的道路都适合公交车辆行驶,要考虑道路几何线形、路面条件和容量限制因素。

④轨道交通的影响

建设或规划有轨道交通的城市,常规公交的发展将随着轨道交通的建设规模逐步演变。轨道交通发展初期,轨道尚未成网,仅关键走廊有1~2条轨道线路,此时城市公共交通网络模式一般应采用轨道交通与常规公交互补的形式,轨道交通辐射不到的区域,采用常规公交主干形式,形成以轨道交通为骨架的公交网络。轨道交通建设中期,轨道初步形成简单网络,一般不超过4条,轨道交通分布于城市主要的客流走廊,此时城市公交应形成轨道交通为骨架,常规地面公交为主体的布局模式。轨道交通发展成熟,轨道已形成完整的网络,此时城市公交应以轨道交通为干线,常规公交填补轨道空白,弥补轨道交通站间距较大的影响。

⑤场站条件

起(终)点站址可作为公交线网设计的约束条件,也可在路线优化后,根据路线配置的车辆确定起(终)点站及其规模;一般的公交车站可以在路线确定后,根据最优站距和车站长度的限制等情况确定。

⑥车辆条件

影响线网规划的车辆条件包括车辆物理特性(车的长、宽、高、重等)、操作性能(车速、加速能力、转弯半径等)、载客指标(坐、站位数,额定载客量等)和车辆数。由车辆总数、车辆的载客能力和路线的配车数可决定路线总数。车辆总数可作为线网规划的限制条件,也可先规划线网,根据路线配置车辆,得所需的总车辆数,再考虑数量的限制。

⑦效率因素

效率因素指公共交通线网单位投入(如每公里、每班次等)获得的服务效益,反映路线效益的指标有:每月行驶次数、每车次载客人数、每车公里载客人数、每车公里收入、每车次收入、运营成本效益比等。它不仅反映路线的运营状况,还反映路线经过地区的客运需求量和路线的服务吸引能力,因而在规划中,应特别考虑路线/线网效益因素。

⑧政策因素

城市公共交通系统与交通管理政策(如车辆管制与优先、服务水平管理、票价管理等)、社会公平保障政策(如照顾边远地带居民出行)、土地发展政策(如通过开辟公共交通路线诱导出行,促进沿途地带的发展)有关。

城市公共交通网络对城市居民的生活有着很大影响,公共交通网络的规划与设计,必须以公交乘客分布量(OD矩阵)为依据,以方便居民出行为目的,并兼顾公交企业效益。因此,在规划或设计公共交通网络时,必须考虑以下目标对公共交通网络进行优化:

a. 为更多的乘客提供服务。

b. 使全体乘客的总出行时间更小,要求尽可能地缩短出行距离、减少换乘次数等。

c. 路线/线网的效率最大。

d. 保证适当的公交线网密度,即良好的可达性。

e. 保证线网的服务面积率,减少公交盲区。

可见,城市公交线网优化是一个多目标规划的问题,但这些目标不是全部独立的,处理这个多目标问题的方法有将多个目标合并成为一个目标函数、先对一个核心目标求最优解、采用多目标综合决策方法等。常用的定量优化目标有:所有乘客的乘车和等车时间费用与车辆运营费用之和最小、路线最短、最短路径直达客流量最大、最小路线最短路布设、路网效率最大等。

公交线网规划与设计的影响因素及约束条件较多,一般来说,约束条件可分单条路线的约束条件和线网整体的约束条件两类。单条路线的约束条件主要有路线长度、路线非直线系数、起终点条件、路线客运能力、站点中转量约束、道路通行能力、线路的断面流量均衡性约束、复线条数等。线网整体约束条件包括线网密度、乘客换乘系数、线网车站服务面积率、居民出行时耗、公交车辆保有量等。

其中,线路长度与城市的规模、城市居民的平均乘距大小等有关。线路过长,会增加系统的运营费用,线路过短不利于运营调度,也增加了乘客的换乘次数。一般认为线路长度不宜短于5km,且通常不宜大于15km,城市规模越大,线路通常长度越长。

公共交通线路长度与起、终点站间空间直线距离之比,称为路线的非直线系数,环形线路的非直线系数是对线路上的主要枢纽点(或最远的两节点)间来衡量的。路线的非直线系数不宜大于1.4。

线路的断面客流不均衡系数为线路中最大断面客流量与平均断面客流量之比,其值一般不宜超过1.5。

在优化中采用复线条数约束是对公交路线的分布均匀性、站点停靠能力的综合考虑。一条道路上适宜设置的路线数为3~5条。

公交线网的密度是指城市有公交线路服务的每平方公里用地面积上有公交线路经过的道路中心线的长度,它反映了居民接近线路的程度。公交车保有量一定时,公交线网密度过高或过低,都会造成非车内出行时间(候车时间与步行时间)的增加,公交线网密度在2.5km/km^{2}左右时,非车内时间最短。线网密度的下限是中心区为3~4km/km^2,城市边缘区为2~2.5km/km^2。

一般情况下,城市居民单程出行的换乘次数不超过3次,整个网络平均换乘系数在大城市应小于1.5,中小城市应小于1.3。

公交车站的服务范围一般是指车站合理步行区范围,与居民出行点的分布和通向车站的道路的路径有关,一种简化的考虑方法是:以车站为圆心,以合理步行距离(服务半径 R_s)画圆,圆面积即为车站的服务面积。城市中站点 300m 半径覆盖率不宜小于 50%,500m 半径覆盖率应达到 90%。

(4)单条线路优化设计方法

组成线网的公交路线常有现状路线、经验布设路线、各种最短路线、实际或最优分配客流拟合路线、搜索优化路线以及它们的合并、组合和延长路线等。其中,搜索路线是对所有可能路线进行优选获得,从理论上说是最好的,且便于计算机实现;最短路线大大简化了路线,且符合路线布设的要求。

路线搜索法的基本原理是:从起点(交通区)出发,向其所有邻接交通区扩展,再以各邻接交通区为新起点,继续向所有邻接交通区作连续的扩展,直至到达路线长度限制。对到达的每一节点,考虑约束条件和目标函数,从而求得满足约束条件的所有可能路线中效率最大的一条或几条路线。这实际上是一个以起点为根点,在交通区邻接网络中进行树状搜索的过程,如图 7-4 所示。

该方法是典型的人工智能搜索方法,搜索法属于 NP 算法(Nonpolynomially-bounded Algorithms)。在具体操作时,可以建立启发函数,加快搜索,对起终点均

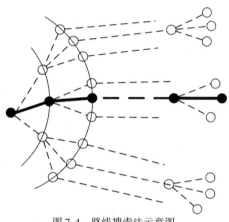

图 7-4 路线搜索法示意图

已确定的情况,还可以进行双向搜索。一种减少计算复杂度的简化算法是:每搜索一步即以当前最优路线为最后结果,而不进行搜索的递归,称为"简化搜索法",属于 P 算法(Polymomially-bounded Algorithm)。

(5)线网整体优化

线网整体优化是从整体最优出发对线网进行优化。对于整个公交线网所有可能布线形式的搜索,计算量太大,难以实现。一般是通过逐条布线法、路线优选/淘汰法以及路线组合优选法组成线网,通过路线的合并、组合和延长等方法进一步优化,并考虑实际条件进行调整。逐条布线法、路线优选/淘汰法(图 7-5、图 7-6)都不能同时考虑全部路线。

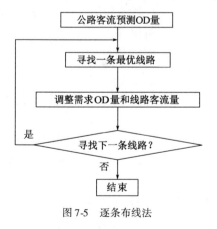

图 7-5 逐条布线法

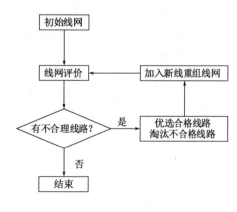

图 7-6 路线优选/淘汰法

公交线网优化调整的意义在于:对于近期规划,一般只能部分地改变现状线网,即需对线网的优化方案根据现状网络进行调整;线网生成中,顺序地每次考虑一条或几条路线的优化,因此得到的结果并不是线网整体最优;优化过程中难以考虑全部约束条件;在交通需求分布基础上进行的网络优化引入了大量的假设条件,得到的是所采用模型的最优解,而非实际最优解,且交通需求受供应(线网布设)的影响。考虑上述因素,需对线网进一步调整。根据优化调整的目标,可按如图7-7所示的最差线路调整法和最大改进调整法进行调整,每次可以调整一条线路,也可以调整多条线路。

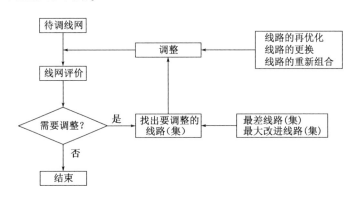

图 7-7　线路调整法的流程

7.2.2　公共交通场站设计方法

城市公共交通场站主要包括公共汽车起(终)点站、中途站点、换乘枢纽站和修理厂四种,其设计应结合城市规划的合理布局、计划用地进行,做到保障城市公共交通畅通安全、使用方便、经济合理的要求。其中:公共汽车的起、终点站选址是公交线网规划的重要约束条件,可在公交路线优化后,根据路线及车辆配置情况确定位置及其规模;公交中途站点的设计可在公交起、终点位置和路线走向确定以后,根据最优站距和车站长度限制等情况确定;换乘枢纽站点一般是在公交路线作为对外交通或大运量交通系统的集散系统时设置;车辆保养场一般在所辖线网的重心处。

1)公共汽车起、终点和中途站点的规划与设计

公交车辆起、终站点的主要功能是为线路上的公交车辆在开始和结束运营、等候调度以及下班后提供合理的停放场地。它既是公交站点的一部分,也可以兼具车辆停放和小规模维修的用途。对起、终站点的规划主要包括起、终点的位置选择,规模的确定以及出入口道路的设置等几方面内容,规划时应遵循以下原则:

(1)公交起、终点站的设置应与城市道路网的建设及发展相协调,宜选择在紧靠客流集散点和道路客流主要方向的同侧。

(2)公交起、终点站的选址宜靠近入口比较集中、客流集散量较大而且周围留有一定空地的位置,使大部分乘客处在以该站点为中心的服务半径范围内(通常为350m),最大距离不超过700~800m。

(3)起、终点站的规模应按所服务的公交线路所配营运车辆的总数来确定。一般配车总数(折算为标准车)大于50辆的为大型站点,26~50辆的为中型站点,小于26辆的为小型站点。

(4) 与公交起、终站点相连的出入口道应设置在道路使用面积较为富余、服务水平良好的道路上,尽量避免接近平面交叉口,必要时出入口可设置信号控制,以减少对周边道路交通的干扰。

公交车辆的中途站点设计应在公交车辆的起、终点及线路走向确定后进行,设计原则为:

(1) 中途站点应设置在公共交通线路沿途所经过的各主要客流集散点上。

(2) 中途站点应沿街布置,站址宜选择在能按要求完成车辆的停和行两项任务的地方。

(3) 交叉口附近设置中途站点时,一般设在过交叉口 50m 以外处,在大城市车辆较多的主干道上,宜设在 100m 以外处。

(4) 中途站点的站距受到乘客出行需求、公交车辆的运营管理、道路系统、交叉口间距和安全等多种因素的影响,应合理选择,平均站距在 500～600m 之间,市中心区站距宜选择下限值,城市边缘地区和郊区的站距宜选择上限值;百万人口以上的特大城市,站距可大于上限值。公交中途站的可行间距如表 7-3 所示。

公交中途站的可行站距　　　　　　表 7-3

公交车类型	市区线(m)	郊区线(m)
公共汽车与电车	500～800	800～1000
公共汽车大站快车	1500～2000	1500～2500

修理厂的设计应做到:

(1) 修理厂的停车规模应与公交发展规模相适应,避免利用率过低或者规模过小。

(2) 修理厂的服务半径应合理分布,集中与分散相结合。

(3) 修理厂应与首末站、枢纽站相统一。

2) 公共交通枢纽的选址

公共客运交通枢纽是指公交线路之间、公共交通与其他交通方式之间客流转换相对集中的场所,对公交枢纽的合理布设、规划是改善整个交通系统,从而提高运营效益和解决出行换乘问题的重要步骤。公共交通枢纽通常包括对外交通枢纽和市内交通枢纽两种。对外交通枢纽是市内公共交通与市际交通的联系点,一般在铁路客运站、长途汽车站、轮渡港口、航空港口和城市出入口道路处。这类交通枢纽在城市中的位置相对比较确定。市内交通枢纽一般是城市区域内的集散点,如公共交通之间或公共交通与其他交通方式之间的转换场所,如常规公交与大容量快捷交通、自行车的换乘枢纽,多条公交线路汇聚的交点等。合理的公共客运交通枢纽规划总设计对改善城市交通系统、提高运输效益和解决出行换乘问题具有重要的意义,其主要内容包括枢纽选址和规模的确定。

从系统工程的观点,城市公共客运枢纽的选址属于物流中心的选址问题,方法大致分为经验(专家咨询)选址法、连续型选址模型(如重心模型)、离散型选址模型(如混合整数规划法等)三类。其中经验选址法是依据专家凭经验和专业知识对相关指标量化后综合分析得到的选址方案,决策结果受专家知识结构、经验及所处时代和社会环境等多方面因素的影响,由于选址分析取决于主观分析,在实际应用时更适用于对有限备选站点的优化选址;连续型选址模型不限于对特定备选集合的选择,自由度较大,但实际应用时难以考虑实际的土地约束条件,结果往往并不实用;离散型选址模型所需基础数据较多,计算量很大。在实践中三种方法经常结合起来应用。

影响公共客运枢纽规划与设计的主要因素包括客流需求强度和用地及周边环境条件。与公交路线优化相同,客流需求强度是影响公共客运枢纽选址和规模的主要因素;公共客运枢纽的布局要求占用一定的城市空间,并且与之相连的道路其交通条件和服务水平较好。

公交枢纽选址实际的方法有逐个选址法和枢纽推荐法两种,算法流程参见图 7-8 和图 7-9。备选枢纽可根据经验和用地的限制进行选取,也可将所有路网节点列入备选址集,在选址过程中考虑用地的可实现性。总之,枢纽选址模型以经过枢纽的线网客流量或 OD 量,或最(次)短路径条数最大为优化目标,反映了枢纽选址的关键因素——枢纽客流集散强度。

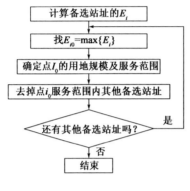 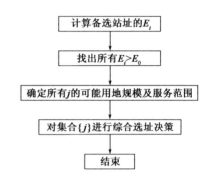

图 7-8 逐个选址法流程图　　　　　图 7-9 枢纽推荐法流程图

7.2.3 公共交通车辆

公交车辆的设计主要包括车辆规模、公交车辆配置、公交车型配置以及单条线路车辆配置。

在确定车辆发展规模时应做到三点:根据公交客运量确定;参考相关规范及标准,类比其他城市确定;采用公交车核定运能指标计算法推算。

进行公交车辆配置时应综合考虑公交线路长度、线路首末站中转换乘时间、公交车运行速度、发车频次的关系,确定线路车辆配置。

公交车型的配置应做到"四适应":与人民生活水平发展要求相适应;与城市社会经济发展水平相适应;与城市特色相呼应;与线路的服务功能相对应。

在进行单条线路车辆配置时,应按照式(7-16)结合实际情况进行确定。需要注意的是,式(7-16)计算出来的为单条线路需要的最小车辆数,在实际配置车辆时,还应考虑车辆检修、轮班、突发事件的备车等因素。

$$W = \left(\frac{2L}{v_y} + t\right)n \tag{7-16}$$

式中:L——公交线路长度(km);
　　　t——该线路首末站中转休息时间(h);
　　　v_y——公交车辆运营速度(km/h);
　　　n——发车频率(车次/h)。

7.3 停车设施设计

7.3.1 停车设施的概念及特征

停车场是汽车停放的露天场地,其功能组成包括通道、泊位、出入口、景观与绿化、排水设施、管理设施等。通道是供给停车设施内部汽车行驶和行人通行的道路。泊位是为停放汽车而划分的停车空间。出入口是停车设施与城市道路衔接点,通常是指由停车场出入口至与城市道路衔接路口的范围。景观与绿化包括绿化带等绿化设施和一些造型景观等设施。管理设施包括引导设施、收费设施、标志标线等。

根据不同的分类标准,停车场(库)有不同的分类方法,主要的分类方法如下:

按停放车辆的类型,分为机动车停车场和非机动车停车场。机动车停车场主要为各类汽车和摩托车停放服务;而非机动车停车场在城市中主要停放各种类型自行车及电动自行车。

按停车场服务对象,分为配建停车场、专用停车场和公共停车场。配建停车场是指为某建筑或设施配建,主要为与之相关的出行者提供停车服务的停车场。专用停车场是指主要供本单位车辆停放的场所和私人停车场所,如公交公司、运输公司、机关部门的停车场和检修厂等。公共停车场是指主要为社会车辆提供服务的停车场所,如城市出入口、外围环路、市中心区等处的为社会公用的停车场以及商场、影剧院、体育场(馆)、医院、机场、车站、码头等部门的停车场。

按停车场地的使用,分为临时停车场和固定停车场。临时停车场指根据一些临时需要,临近划定一些停车场地,其场地的使用性质随时可能发生变化。固定停车场指根据确定需要而固定设置的停车场地,场地的使用性质一般不易发生变化。

按停车用地性质,分为路内停车场和路外停车场。路内停车场是在道路用地控制线(红线)以内划定的供车辆停放的场地,这种停车场一般设在街道较宽的路段,或利用高架道路、高架桥下的空间停车。路外停车场是在道路用地控制线以外专辟的停放车辆的场地,包括地面停车场、停车楼、地下停车库等。其中地面停车场由出入口通道、停车坪及其他附属设施组成。这些附属设施一般包括服务部、休息室、给排水与防火设备、修理站、电话、报警装置、绿化、厕所、收费设施等。

为节省城市用地,充分利用空间,可修建停车楼,或利用大型建筑物设立屋顶停车场。停车楼的形式有坡道式(图7-10)和机械式(图7-11)两类。前者是驾驶员驾驶车辆由坡道上进出停车楼,车辆出入便利且迅速,建筑费用与维修费用较少;后者是用升降机和传送带等机械运送车辆到停放位置,占地较少,有效停车面积大。地下停车库将停车场建在地下,可有效节省城市用地。结合城市规划和人防工程建设,在不同的地区修建各种地下停车库,例如在公园、绿地、道路、广场及建筑物下等。修建地下停车库的费用大,但容量也大。

要做好停车场的规划设计,必须充分了解车辆停放的具体情况和特征,为了描述车辆停放的主要特征,需要对停车调查分析的主要参数进行定义。

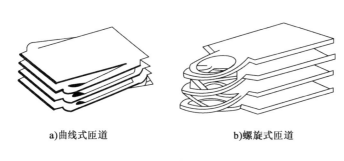

图 7-10 坡道式停车楼示意图

a)曲线式匝道 b)螺旋式匝道

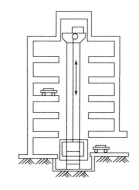

图 7-11 机械式停车楼示意图

(1)停车目的指车主(驾驶人员、骑车人员)在出行中停放车辆后的活动目的,例如上班、上学、购物、业务、娱乐等。

(2)停放时间指车辆在停车场实际停放时间,它是衡量停车场交通负荷与周转效率的基本指标之一,其分布与停放目的、停放点土地使用等因素有关。

(3)累计停车数指典型停放点和区域内在一定时间(时段)内实际停放车数量。

(4)延停车数指一定时间间隔,调查点或区域内累计停放车辆次数(辆次)。

(5)停车场容量指给定停车区域或停车场有效面积上可用于停放车辆的最大泊位数。

(6)停车需求指给定停车区域内特定时间间隔的停放吸引量。

(7)停车供应指一定的停车区域内按规范提供的有效车位数。

(8)停车密度是停车负荷的基本度量单位。它可以作两种定义:一是指停放吸引量(存放量)大小随时间变化的程度,一般高峰时段停车密度最高;另一定义是指空间分布,表示在不同吸引点停车吸引量的大小程度。

(9)停放周转率指单位停车位在某一间隔时段(一日、一小时或几小时)内的停放车辆次数,为实际停放车累计次数与车位容量之比。

(10)停放车指数(停放饱和度、占有率)指某时段内实际停车数量或停放吸引量与停车场容量之比,它反映停车场的拥挤程度。

(11)步行距离是指从停放车处到出行目的地的实际步行距离,可反映停车场布局的合理程度,也是规划的重要控制因素之一。

停车场的特征可通过停车调查获取。停车调查内容包括停车设施供应调查与车辆停放实况调查两个方面。

停车设施供应调查包括路内、路外停车场地位置、容量及其他相应特征资料的调查。其具体内容包括:停车容量、停车场地点和位置、停车设施的耐久程度、设备情况、停车时间限制或营业时间、经营管理情况及收费标准等。

停车实况调查就是停车场利用情况调查,包括各停车场累计停车数量、延停车辆数、平均停放时间及停放量时间分布、空间分布、停放饱和度、停放周转率、停放方式、停放地点与目的地的关系、步行时间,以及停车地点附近的交通情况、环境条件等。

停车实况调查方法主要有连续式调查、间歇式调查和询问式调查三种。连续式调查指从开始存车起到结束存车止连续记录的停车情况。为了解按时间存放车辆数、最多存放车辆数、车辆停放最长时间等情况,可用此方法。间歇式调查指每隔一定的时间间隔(5min、10min、

15min 等)记录调查范围内的停车情况,根据调查的目的,可分为记车号与不记车号两种,重点是了解停车场一天中停放需求(吸引)量与时段的变化。询问式调查指直接找驾驶员或发给驾驶员调查卡片等,向驾驶员了解车辆停放目的、停放点到目的地的距离、步行时间等。近年来停车场已经广泛应用智能卡技术甚至无线支付技术收取停车费用,上述信息可直接从管理系统中获取,从而降低了调查的难度。车辆市内定位系统或基于光信标的车位占用统计系统还可获取停车场内的车位使用情况。

7.3.2 停车需求的预测

停车需求分为两大类,一类称为车辆拥有停车需求,也即所谓夜间停车需求,主要是为居民或单位车辆夜间停放服务,较易从各区域车辆注册数的多少估计出来;另一类是车辆使用过程产生的停车需求,也即所谓日间停车需求,主要是由于社会、经济活动所产生的各种出行所形成的,由于出行活动目的、地点和时间等均不易掌握,其需求分析就显得十分复杂而困难。

停车需求与城市人口规模、土地利用、车辆增长、出行方式、道路设施乃至政策等都有关系,其预测方法主要有基于类型分析法的产生率模型、基于相关分析法的多元回归模型及基于停车与车辆出行关系的出行吸引模型三类。

基于类型分析法的产生率模型的基本原理是建立土地利用与停车产生率的关系模式,即在某特定性质的用地下,单位面积需要配置的停车泊位数,其数学表达式如式(7-17)所示。其中停车需求产生率的取值可参见 2015 年住房和城乡建设部发布的《城市停车设施规划导则》,在具体使用时也可参考当地规定。

$$P_{di} = \sum_{j=1}^{n} R_{dij} \cdot L_{dij} \tag{7-17}$$

式中:P_{di}——第 d 年 i 区高峰时间停车需求量(车位数);

R_{dij}——第 d 年 i 区 j 类土地使用单位停车需求产生率;

L_{dij}——第 d 年 i 区 j 类土地使用量(面积或雇员数)。

基于相关分析法的多元回归模型是从城市停车需求的本质及其因果关系中可以发现停车需求与城市经济活动、土地使用等多因素相关。根据美国道路研究委员会(Highway Research Board,简称 HRB)的研究报告,提出数学模型如式(7-18)所示。该模型是根据若干年所有变量的资料,用回归分析方法计算出其回归系数值,并要经过统计检验。值得注意的是,在对未来进行预测时,须将模型中的参数 K 作适时的修正,才能符合未来情况的变化。

$$P_{di} = K_0 + K_1(\text{EP}_{di}) + K_2(\text{PO}_{di}) + K_3(\text{FA}_{di}) + K_4(\text{DV}_{di}) + K_5(\text{RS}_{di}) + K_6(\text{AD}_{di}) + \cdots \tag{7-18}$$

式中:　　　P_{di}——第 d 年 i 区高峰时间停车需求量(车位数);

EP_{di}——第 d 年 i 区就业岗位数;

PO_{di}——第 d 年 i 区人口数;

FA_{di}——第 d 年 i 区房屋地板面积;

DV_{di}——第 d 年 i 区统计单位(企业)数;

RS_{di}——第 d 年 i 区零售服务业数;

AD_{di}——第 d 年 i 区小汽车拥有数;

$K_i(i=0,1,2,3,\cdots)$——回归系数。

基于停车与车辆出行关系的出行吸引模型认为,停车需求产生与地区的社会经济活动强度有关,而社会经济活动强度又与该地区吸引的出行车次密切相关。建立出行吸引模型的基础是开展城市综合交通调查。根据各交通小区的车辆出行分布和各小区的停车吸引量建立模型,推算小区停车车次,在此基础上,根据城市人口规模和每一停车车次所需停车泊位数(高峰时刻)的关系计算各交通分区高峰时间的停车泊位需求量。

7.3.3 机动车停车场的设计

1) 停车场的布局及选址

停车场布局与选址根据城市总体规划和区域详细规划进行,并基于停车需求预测和分析进一步确定停车场址及其泊位。也就是说,它要回答在城市的一定区域内,应布置多少不同类型的停车场、应在何处修建停车场、规模如何等问题。停车场布局与选址主要包括:①合理布局与确定停车设施类型,即在规划区域内确定哪些停车需求由专用及配建停车场承担,哪些由公共停车场承担。②合理布局与确定停车设施类型,即更为具体、细致地进行停车场选址。③合理确定停车设施容量,即确定停车场具体能容纳的泊位数。城市路外机动车公共停车场布局与选址流程如图 7-12 所示。

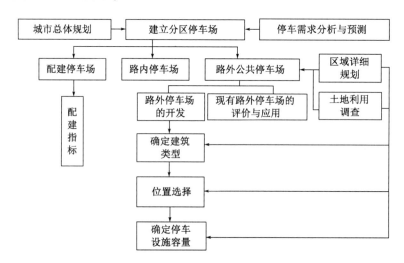

图 7-12　路外机动车公共停车场布局与选址流程

停车场布局与选址是指从宏观上对停车场类型和分布进行规划,并在有限备选位置中选择最优的方案,实现使区域泊车者步行至目的地的距离总和最短、提供泊位数最多、投资成本最少等目标。在进行停车场选址时,应当综合考虑城市不同区域的功能和城市道路网特征与条件等因素,并遵循以下原则:

(1)为减少进出境车辆对城市交通的压力,应在城市边缘地带及进出城区的主要道路附近设置与公共交通衔接换乘的停车场。

(2)市内公共停车场应尽可能靠近主要服务的公共交通设施,布置在机场、火车站、客运港口等城市对外交通枢纽以及城市公共交通换乘枢纽附近,以方便泊车者换乘。

(3)在大型公共建筑附近应设置停车场,如商店、办公场所等,其服务半径不宜超过

200m,即步行 5~7min 的距离,最大不得超过 500m。

(4)有利于车辆进出、疏散以及交通安全,并满足周边道路系统交通负荷的要求。

(5)基于地价的考虑,都市中心地带应采用立体停车方式,外围区域可采用平面式停车场。

(6)城市内停车场(库)尽可能采用分散式布置,这样有利于缓解动静交通矛盾,减少因停车空间过度集中而导致的用地供应困难,有利于缩小停车场(库)的服务半径。对于市区外围区域,可结合外环干线道路或交通枢纽设置大型停车场。

(7)停车场(库)设置前应对其进行交通影响评估。

2)停车场(库)容量估算

(1)拒绝概率法

停车设施需求量与城市规模、性质、服务区域的土地开发利用、人口、经济活动、交通特征等因素有关。除路内法定允许停放的车位,其余部分则由建筑附属设施或公共停车场分担,据此可获得大致的停车需求规模。然后可按照供需平衡关系应用排队理论估算停车场的最佳容量。在高峰存放车时刻,将车辆到达不能存放的概率(拒绝概率)控制在一个容许的限度以内。如果将停车场(容量为 M)抽象为一个多通道排队服务系统,当单位时间的停放率(需求)和车位服务周转率(供应)分别为 λ 和 μ 时,定义服务强度(停车负荷)A 如式(7-19)所示。

$$A = \frac{\lambda}{\mu} \tag{7-19}$$

服务强度是一个重要的理论概念,当 A 一定时,停车场就逐步积累、排队至饱和,而驾驶人就要徘徊寻找别的停车场停放。如果通过计算"拒绝概率"来确定合理的容量 M,则拒绝概率 P_0 可由式(7-20)计算。由此可见,M 个停车位相当于 M 个通道的随机服务系统。拒绝概率随着停车负荷增大而增大,停车场的合理容量能够使其在停车负荷较大时,仍然可以满足较小的拒绝概率。

$$P_0 = \frac{A^M/M!}{1 + A + A^2/2! + A^3/3! + \cdots + A^M/M!} \tag{7-20}$$

(2)停车周转率法

停车泊位是一种典型的时空资源,其使用与服务能力大小可以用"泊位·h"来度量。车辆在停放时要占用一定的泊位面积,且每次停放一定的时间,每个泊位(面积)在规定时间内又可连续提供其他车辆周转使用。显然一定区域、一定时间(段)内的泊位容量与停放周转特征(平均停放时间)有密切联系。因此,可采取停车周转率法计算停车设施的容量。

停车设施理论容量的计算公式如下:

$$C_T = TP_r/TP_\mu \tag{7-21}$$

$$TP_r = S \times T \tag{7-22}$$

$$TP_\mu = A \times t = A/c \tag{7-23}$$

式中:C_T——停车设施的理论容量(pcu/h 或 pcu/d);

TP_r——停车设施的时空资源(泊位·h 或 m²·h);

S——各类停车设施的总泊位数(标准车)或总面积(m²);

T——单位服务时间(h 或 d);

TP_μ——停放标准车的时空消耗($m^2 \cdot h/pcu$);

A——标准车停放面积(m^2);

t——平均停放时间(h);

c——周转率,单位时间(h 或 d)每个车位的平均周转次数。

在停车设施使用高峰期间,由于受到设施区位分布、使用周转率、收费及政策性管理等因素影响,其实际容量会有所降低,需对理论容量按式(7-24)修正为停车设施高峰实际容量。

$$C_p = C_T \cdot \eta_1 \cdot \eta_2 \cdot \eta_3 \qquad (7-24)$$

式中:C_p——停车设施高峰实际容量(pcu/h 或 pcu/d);

η_1——有效泊位(面积)系数,按实际调查取值,一般取 0.7~0.9;

η_2——周转利用系数,与停车区位、停车目的密切相关,其值变化较大,取平均值有一定误差,需要进行修正,一般取 0.8~0.9;

η_3——收费与管理措施影响系数,不仅影响停车需求,而且随动态交通而变化,直接影响停车设施的使用功能,适宜取 0.9 左右。

3)确定设计车型

不同的车型,其尺寸大小不同,对停车的技术要求也不同,从而决定了停车带尺寸和通道宽度的差异。我国一般将众多的车型归并为五种,即微型汽车(包括三轮摩托车)、小型汽车、中型汽车、大型汽车、铰接车,这五种车型的外廓尺寸和车型之间的换算关系见表 7-4。设计停车场时,选哪种车型为设计车型应通过调查分析确定。城市(特别是大中城市)中的停车场,一般可选用小型汽车作为设计车型;对于为公路服务的停车场,因路上主要是中型客车和货车,故可选用中型汽车作为设计车型。

车辆换算系数表　　　　表 7-4

车　型		各类车辆外廓尺寸(m)			车辆换算系数
		总长	总宽	总高	
机动车	微型汽车	3.20	1.60	1.80	0.70
	小型汽车	5.00	2.00	2.20	1.00
	中型汽车	8.70	2.50	4.00	2.00
	大型汽车	12.00	2.50	4.00	2.50
	铰接车	18.00	2.50	4.00	3.50
自行车		1.93	0.60	1.15	

4)车辆进出车位方式和停放方式

由于车辆进出车位的方式不同,其所需回转面积和通道的宽度也不相同。通常可分为两大类四种方式。其中,前进式停车又可分为前进式进车位、后退式离车位[图 7-13a)]、前进式进车位、前进式离车位[图 7-13b)];后退式停车主要有后退式进车位、前进式离车位[图 7-13d)]。后退式停车由于发车迅速、占地不多,故我国多采用此方式的停车位,[图 7-13c)]所示的前进式停车,虽更方便,但占地大,我国很少采用,而美国等用地限制较少的国家则采用前进式停车方式的较多。

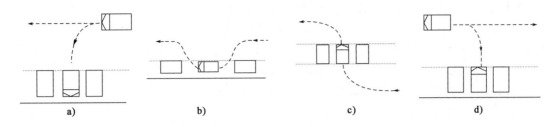

图 7-13 车辆进出车位方式示意图

车辆停放方式相对于通道来说有平行式、垂直式、斜列式三种(图 7-14)。平行式布置时车辆平行于通道方向停放,这种方式占用的停车带较窄,车辆进出方便、迅速,但单位长度内停放的车辆最少。在停车种类很多、未以标准车位设计或沿周边布置停车位时,可采用这种方式。垂直式布置时车辆垂直于通道方向停放。这种方式的特点是单位长度内停放的车辆数最多,用地比较紧凑,但所需通道较宽。布置时可两边停车,合用中间一条通道。这种方式一般在用地整齐规则的情况下采用。斜列式布置时车辆与通道成一夹角 θ 停放,θ 一般为 30°、45°、60° 三种,其特点是停车带宽度随车身长和停车角度 θ 而异;车辆停放比较灵活,对其他车辆影响较少。车辆驶进驶出方便、迅速,但单位停车面积比垂直式多,尤其是 30° 停放,用地最不经济,适宜于停车场地的用地宽度和地形条件受限制时使用。

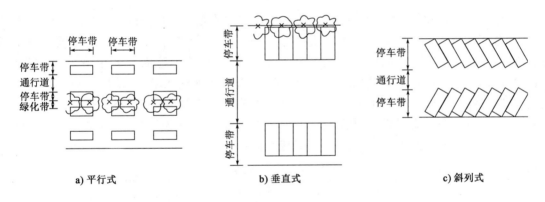

图 7-14 车辆停放方式示意图

5) 停车带和通道的宽度及单位停车面积

停车带和通道的宽度是停车场设计的主要内容,其大小与车辆尺寸、停放方式、驾驶员的技术水平有关。

停车带宽度除应保证后面车辆能安全出入停车位置外,还应保证车门能安全开启。

当停车带垂直于通道方向时,其停车带宽度根据各不同停放方式的计算方法如下。

平行式停放方式的停车带宽度 W_{V1} 可由式(7-25)计算。

$$W_{V1} = L + a_1 \tag{7-25}$$

式中:L——车辆的宽度(m),见表 7-4;

a_1——为保证车辆安全出入,左右车厢所需的停入净距(m),左右车厢至停车场缘石之间的安全距离取 $0.5a_1$,a_1 一般取 1.0m,小型汽车可取 0.8m。

垂直式停放方式的停车带宽度 W_{V2} 可由式(7-26)计算。
$$W_{V2} = L + 2a_2 \tag{7-26}$$
式中：a_2——车头或车尾至停车场缘石之间的安全距离(m)，车头或车尾至其他车辆的车厢之间的安全距离取 $2a_2$，a_2 一般取 0.5m。

斜列式停放方式的停车带宽度 W_{V3} 可由式(7-27)计算。
$$W_{V3} = (L + 2a_2) \cdot \sin\theta + \frac{1}{2}(L + a_1) \cdot \cos\theta \tag{7-27}$$
式中：θ——停车角度。

当停车带平行于通道方向时，其停车带宽度根据各不同停放方式的计算方法如下。

平行式停放方式的停车带宽度 W_{H1} 可由式(7-28)计算。
$$W_{H1} = L + a_3 \tag{7-28}$$
式中：a_3——为保证车辆安全出入，前后车之间所需的停放净距(m)，一般情况下，微型车和小型汽车取 2.0m，大中型汽车和铰接车取 4.0m。

垂直式停放方式的停车带宽度 W_{H2} 可由式(7-29)计算。
$$W_{H2} = L + a_1 \tag{7-29}$$
斜列式停放方式的停车带宽度 W_{H3} 可由式(7-30)计算。
$$W_{H3} = \frac{L + a_1}{\sin\theta} \tag{7-30}$$

通道是停车场平面设计的重要内容，其形式和有关参数(宽度、最长纵坡、最小转弯半径等)宜结合实际情况正确选用。通道有直坡道式、螺旋式、错位式、曲线匝道等形式。停车场的通道宽度设计规定可参见表7-5。停放一辆汽车所需要的用地面积大小与车型(车辆尺寸)、停放方式、通道条数等有关，设计停车场时，按使用和管理要求，预估停车数量、车型、停放方式，确定停车面积。机动车单位停车面积及相关设计参数可见表7-5。对于城市中心的路内停车，其单位停车面积要小于标准的停车面积，主要原因是路内停车的进出可借用道路通行。另外，中心地区用地紧张，致使单位停车面积减小。

机动车停车场设计参数　　　　表7-5

停车方式		垂直通道方向的停车带宽(m)					平行通道方向的停车带长(m)					通道宽(m)					单位停车面积(m²)				
		Ⅰ	Ⅱ	Ⅲ	Ⅳ	Ⅴ	Ⅰ	Ⅱ	Ⅲ	Ⅳ	Ⅴ	Ⅰ	Ⅱ	Ⅲ	Ⅳ	Ⅴ	Ⅰ	Ⅱ	Ⅲ	Ⅳ	Ⅴ
平行式	前进停车	2.6	2.8	3.5	3.5	3.5	5.2	7	12.7	16.2	22	3	4	4.5	4.5	5	21.3	33.6	73	92	132
斜列式	30° 前进停车	3.2	4.2	6.4	8	11	5.2	5.6	7	7	7	3	4	5	5.8	6	24.4	34.7	62.9	76.1	78
	45° 前进停车	3.9	5.2	8.1	10.4	14.7	3.7	4.0	4.9	4.9	4.9	3	4	6	6.8	7	20	28.8	54.4	67.5	89.2
	60° 前进停车	4.3	5.9	9.3	12.1	17.3	3	3.2	4	4	4	4	5	8	9.5	10	18.9	26.9	53.2	67.4	89.2
	60° 后退停车	4.3	5.9	9.3	12.1	17.3	3	3.2	4	4	4	3.5	4.5	6.5	7.3	8	18.2	26.1	50.2	62.9	85.2
垂直式	前进停车	4.2	6	9.7	13	19	2.6	2.6	3.5	3.5	3.5	6	9.5	10	13	19	18.7	30.1	51.5	68.3	99.8
	后退停车	4.2	6	9.7	13	19	2.6	2.6	3.5	3.5	3.5	4.2	6	9.7	13	19	16.4	25.2	50.8	68.3	99.8

注：Ⅰ类指微型汽车；Ⅱ类指小型汽车；Ⅲ类指中型汽车；Ⅳ类指大型汽车；Ⅴ类指铰接车。

6）出入口设计

在出入口设计时，为尽量减少进出停车场(库)的交通与道路上动态交通的相互影响，一

般需要遵循以下几条原则:

(1) 出入口的设置要有利于分散道路上的交通量,尽可能减少因停车场出入而导致的道路服务水平的降低。

(2) 停车场的出入口应设在次要道路或巷道上,且尽量远离道路交叉口,以减少对主干道路及交叉口交通的影响。

(3) 为确保出入口的行车安全,车辆双向行驶的出入口宽度不得小于 7m,单向行驶出入口不得小于 5m,并且具有良好的通视条件。

(4) 为确保出入口处的行车秩序,应在离开出入口的一定位置处设置相关的标志和信号。

停车场出入口交通组织设计受停车场规模、车辆驶入(出)率、道路交通流条件等客观因素影响,良好的出入口交通组织不仅可以为出入停车场的车辆提供高效服务、增加停车场的可达性,同时也可以最大限度地减少由于进出口的设置而产生的对相关道路交通的干扰,提高其通行能力。

右进右出组织模式:一般情况下,停车场出入口均应采用右进右出的交通组织模式。考虑到停车场出入口处的车辆进出会对路段交通的通行产生影响,因此在出入口处应设置缓冲空间(候车道),于入口处设置减速段和两个待行车位,出口处设置两个待行车位和加速段。此外,为使车辆互不干扰,平顺地驶入、驶出,在出入口处还应设置分流岛(或渠化标线)。

允许左进左出的组织模式:特殊情况下,允许车辆左转进出停车场。考虑到出入口处左转进出的车辆对相关道路的安全和通行效率都会产生较大影响,在左转进出车辆较多时,应根据相关道路条件有选择地设置左转待行区,并在道路中央施划导流岛。

7)停车场内的设施布置及交通组织

停车场内是车流和人流集中的场所,停车场的设置对附近交通又有直接影响,因此,必须对停车场的交通组织进行详尽的设计。停车场内各设施原则上应使人和车分隔设置,不仅在平面上需分隔,如有可能,最好在立面上也布置于不同的高度上,避免人与车的流动交叉,保证行人安全,并有可能让人们在安静的环境中休息。

综合考虑停车场出入口、停车方式、停车泊位及行驶通道,可以得到多种空间布局形式。图 7-15 所示为几种常见的停车场内部布局形式。

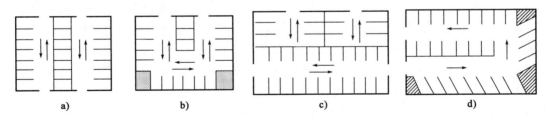

图 7-15　停车场内部空间布局形式

停车场内车辆基本流线为:入口→通道→停车车位→通道→出口。入口和出口是内部交通和外部交通的接合点,对调节停车场内的交通流具有阀门的作用。通道是将入库的汽车顺畅、有效地引导到停车位的联系通道,具有进出停车位、供管理者和步行者使用等多种功能。如果通道设计得当,能使人员进出方便和停车交通顺畅、安全;反之,不仅车辆进出困难、影响到后续车辆的进出,也容易发生事故或导致通行效率和停车位周转率降低,最终造成停车场(库)建设成本上升。

流线设计与出入口和内部空间布局设计密切相关,三者相互影响和制约,设计时必须综合考虑,不断进行反馈与调整,直到实现三者的和谐。停车场流线设计示例可见图7-15。场内交通流线一般应按单向行驶组织交通,车辆右转驶入并右转驶出,避免或尽量减少产生车辆的交叉冲突。入口处应设置明显的行驶方向标志和停车位置指示牌。场内路面应有显著的停车标志和行车方向标志,便于驾驶员自动入位,这些标志可用彩色混凝土块铺装,或在路面上用白漆或其他材料画线等。

停车场内的步行者可分为停车后前往停车场外目的地者和由目的地返回停车场者两类。因此,在组织步行交通时,应当进行连接城市道路和停车场步行出入口通道的组织,以及连接停车场内部各设施步行通道的组织。对于地下停车库,面向街道处应设置直通阶梯,也可以作为停车场紧急出口使用。

7.4 慢行交通系统设计

7.4.1 步行系统设计

1)步行系统设计概述

步行是人的一种活动方式,也是最古老、最基本的交通方式。在现代城市交通系统中,步行交通无论是作为一种独立的交通方式,还是作为其他各种交通方式的衔接,都是任何交通方式无法取代的。在我国居民出行中,步行出行占有很大的比例。已有的观测资料表明,我国城市步行交通在大城市的总出行量中占40%,中等城市占50%以上,而小城市则可达到60%以上。然而行人交通在我国过去很长一段时间内未得到足够重视,使得许多城市不少街道没有足够的人行道,造成人车混行、交通无序,甚至诱发交通事故。因此,从"以人为本"的交通规划基本出发点考虑,应该对步行交通给予充分的重视,其基本目标是保障行人安全。从交通工程的观点看,还应考虑如何同其他交通要求相协调。

步行系统指以步行为主的交通系统,需要提供从一个地点到另一个地点之间出行的配套交通设施和服务体系。步行者在步行系统中享有交通优先权,一般包括步行通道的网络体系、步行通道设施和附属设施。合理的步行系统既是解决城市交通问题的重要措施,也是丰富城市生活的重要场所。步行通道的网络体系包括步行通道系统内部各子系统之间的多层面、多方位组合和步行通道系统与其他交通系统的相互联系与衔接。步行通道设施包括人行道、行人过街设施(人行横道、人行天桥与地道)、步行街(区)、广场及空中步廊(通道或观景)、散步小道等。步行系统的附属设施包括城市地图、步行通道指示图、休息桌椅、电话亭、公共厕所、绿化设施、城市雕塑、灯饰和宣传广告栏等。

步行系统设计应遵循以下原则。

(1)人车分离,可操作性原则

路侧人行道是在平面上或断面上实施人车分离最基本的办法。我国城市常采用栅栏将人行道和车行道隔开来保护行人。全天禁止车辆驶入的步行街是平面(人车)分离的高级形式。立体的人车分离,绝对保证人身安全,一般设置在车流人流高度集中的市中心区。和上述空间分离相应的有时间分离,采用限时开放禁止机动车流的方式实现人车分离,如非全天开放的步行街(区)、设有行人过街红绿灯的人行过街(横)道等。

(2)步行便捷,整体协调原则

步行设施的规划应保证步行交通的连续性,防止无故出现步行系统中断情况的出现。步行设施如不能为步行者创造内外通达、进出方便的条件,就会失去吸引力。如在高楼林立的CBD(中央商务区)地带,应注意楼层内部步行设施如大厅、走廊、过道等与外部步行设施如天桥、地道、广场等完善衔接。争取实现步行流的"不停顿流动",即不会造成强制性的被迫停留。还应考虑如何配置公交车站(包括地铁车站)和停车场地。步行系统是一个有机的整体,各部分应该相互协调,并与其他交通方式、人们的活动和景观环境相协调。

(3)力求舒适,以人为本原则

以人为本,以环境为本,强调人与环境的和谐共存。重视步行交通,在满足步行交通功能性要求的同时,创造舒适、和谐的步行交通环境。

2)人行道的设计

人行道主要功能是满足步行交通的需要,使行人能沿道路自由、安全地行走,并且不影响路面车流的流动;同时,人行道被用来设置道路附属设施、埋设地下管线,并成为城市绿化的重要组成部分;人行道还被用作未来城市发展规划中车行道拓宽的后备地带。因此,人行道的规划首先应满足人们步行的需要,并提供合适的服务水平,使人流能通畅自由地通行,为行人提供舒适的行走空间;其次,人行道规划要考虑到城市管线的布设及绿地的规模,并为其提供充足的空间;此外,人行道还要兼顾路幅其他部分宽度的协调,为以后城市道路的升级改造提供预留条件。

(1)人行道宽度

人行道宽度取决于道路功能、沿街建筑性质、人流交通量及在人行道上设置地上杆柱和绿化带、在人行道下埋设地下管线等要求。

我国《城市道路工程设计规范》(CJJ 37—2012)中规定人行道宽度必须满足行人通行安全和顺畅的要求,人行道宽度按式(7-31)计算,并不得小于表7-6中的数值。

$$W_p = \frac{N_w}{N_{w_1}} \tag{7-31}$$

式中:W_p——人行道宽度(m);

N_w——人行道高峰小时行人流量(人/h);

N_{w_1}——每米宽人行道的设计行人通行能力[人/(h·m)]。

人行道最小宽度　　　　　　表7-6

项　目	人行道最小宽度(m)		项　目	人行道最小宽度(m)	
	一般值	最小值		一般值	最小值
各级道路	3	2	火车站、码头附近	5	4
商业或文化中心区	5	4	长途汽车站	4	3

人行设施的基本通行能力一般以1h在1m宽道路上通过的行人数[人/(h·m)]表示。人行道、人行横道、人行天桥、人行地下通道(简称人行地道)等单位宽度的基本通行能力可根据行走速度、纵向间距和占用宽度计算。《城市道路工程设计规范》(CJJ 37—2012)中对人行设施基本通行能力和设计通行能力的推荐如表7-7所示。行人较多的重要区域设计通行能力宜

采用低值,非重要区域宜采用高值。人行道采用人均占有面积作为服务水平的分级标准。根据实际调查内容的不同,可参考行人纵向间距、横向间距和步行速度等指标进行分类。人行道服务水平分级应符合表 7-8 的规定,设计时宜采用三级服务水平。

人行设施的基本通行能力和设计通行能力　　　　　　　　　　　　表 7-7

人行设施类型	基本通行能力[人/(h·m)]	设计通行能力[人/(h·m)]
人行道	2400	1800～2100
人行横道	2700	2000～2400
人行天桥	2400	1800～2000
人行地道	2400	1440～1640
车站、码头的人行天桥、人行地道	1850	1400

人行道服务水平分级　　　　　　　　　　　　表 7-8

指标	服务水平			
	一级	二级	三级	四级
人均占用面积(m²)	>2.0	1.2～2.0	0.5～1.2	<0.5
人均纵向间距(m)	>2.5	1.8～2.5	1.4～1.8	<1.4
人均横向间距(m)	>1.0	0.8～1.0	0.7～0.8	<0.7
步行速度(m/s)	>1.1	1.0～1.1	0.8～1.0	<0.8
最大服务交通量[人/(h·m)]	1580	2500	2940	3600

人行道上绿化带宽度规定如表 7-9 所示。红线宽度较窄及条件困难时,设施带可与绿化带合并,但应避免各种设施与树木间的干扰。

绿化带宽度　　　　　　　　　　　　表 7-9

绿化种类	绿化带宽度(m)	绿化种类	绿化带宽度(m)
灌木丛	0.8～1.5	双行乔木错列	2.5～4.0
单行乔木	1.5～2.0	草皮与花丛	0.8～1.5
双行乔木平列	5.0		

(2) 人行道布置

人行道一定要与车行道隔开,并且要保证车身及车装载物的突出部分不会碰撞靠边行走的行人,还要设法禁止行人不在规定的地点穿越街道。人行道通常布置在道路两侧,一般对称且等宽,但对于火车站等特殊地区附近道路,两侧设置可以不一致。如图 7-16 所示,人行道通常有以下 4 种布置形式。

①仅在人行道道侧树池中种植单行树木,这种形式适用于人行道宽度不足、不能设置绿化带的情况。此外,也适用于两旁有商店、公共文化机构等建筑的干道,如图 7-16a)所示。

②行人与车行道之间用绿化带(草地或矮灌木与乔木组合)隔开,在过街人行横道线处将绿化带断开设置出入口,适用于过街行人密度大、行车密度高的地段。一般认为此种形式较好,不仅有利于行人的安全与道路交通组织,而且可以避免车行道上的灰尘和泥水侵袭行人。此外,绿化带布置也较规则,如图 7-16b)所示。

③绿化带布置在建筑物的前面,但沿房屋墙角须修砌护坡,以避免积水影响房基,如

图 7-16c)所示。

④人行道上设置两条步行带的形式,靠近建筑线的一条供沿建筑物附近活动的行人进出建筑物使用,而靠近车行道的一条则供直向行人和过街行人使用。这样可以分散往来行人,避免两者之间的干扰和影响。这种形式比较适合于城市中心区具有大型商店和公共设施的人行道,如图 7-16d)、e)所示。

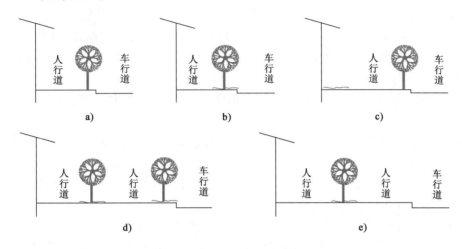

图 7-16 人行道的布置形式

人行道铺装面层应平整、抗滑、耐磨、美观。大型商店、公共文化机构、名胜古迹、公园、广场等附近和游览区道路的人行道面层应与周围环境协调并注意美观、舒适。

人行道边缘石有立式、斜式、平式三种,应根据道路性质与使用需要进行选择。立式缘石一般高出路面 10~20cm,斜式与平式缘石适用于路边出入口。人行道在人行横道宽度范围内的缘石宜做成斜坡式,便于推行儿童车及残疾人车辆。

3) 人行横道设计

人行横道作为一种过街设施,用来保障行人过街的安全,同时也减少行人过街对车流的干扰和减轻驾驶员的心理负担。重视人行横道的设置对于保障交通安全及改善交通秩序都具有重要作用。

人行横道的标线方式有两种:条纹式(或称斑马线)人行横道和平行式人行横道。条纹式人行横道由实线组成,漆画在未设人行信号灯的路口或路段。平行式人行横道由两条平行实线组成,漆画在设有人行信号灯的路口。

4) 人行立交设施设计

人行过街立交包括人行天桥和人行地道,其优点是可彻底实现人车分离,保障交通畅通及行人过街的安全,维护正常的交通秩序。城市人行立交建设的初期,无论在形式选择还是在造型设计上,都没有从整体的城市环境等方面入手作深入的探讨和研究。随着人行天桥和地道的逐渐增多,人们对其在造型和视觉美观上的要求越来越高。

我国《城市道路工程设计规范》(CJJ 37—2012)中并未对人行天桥和地道的设置提出定量依据,只提出了人行天桥或地道的设置条件:

(1)过街人流密集而影响车辆交通,造成交通严重阻塞处。

(2)车流量很大,车头间距不能满足过街行人安全穿行需要,或车辆严重危及过街行人安全的路段。

(3) 人流集中,火车车次频繁,行人穿过铁路易发生事故处。

(4) 在交叉口处,过街行人与车辆交通的交叉严重影响交叉口通过能力时。

住房和城乡建设部发布的《城市人行天桥与人行地道技术规范》(CJJ 69—95)中指出,满足下列情况之一时,可设置人行立交设施。

(1) 进入交叉口总人流量达到 18000 人/h 或交叉口的一个进口横过马路的人流量超过 5000 人/h,且同时在交叉口一个进口或路段上双向当量小汽车交通量超过 1200pcu/h。

(2) 进入环形交叉口总人流量达 18000 人/h 时,且同时进入环形交叉口的当量小汽车交通量达 2000pcu/h 时。

(3) 行人横过市区封闭式道路或快速干道或机动车道宽度大于 25m 时,可每隔 300~400m 设一座。

(4) 铁路与城市道路相交道口,因列车通过一次阻塞人流超过 1000 人次或道口关闭时间超过 15min 时。

(5) 路段上双向当量小汽车交通量达 1200pcu/h,或过街行人超过 5000 人/h。

(6) 有特殊需要可设专用过街设施。

(7) 复杂交叉路口,机动车行车方向复杂,对行人有明显危险处。

行人对人行立交形式的认识一般为地道优于天桥。天桥具有阻挡视线、产生压迫感等不良影响。在使用率上,地道要高于天桥。但我国已建成的人行立交设施中天桥的数量却高于地道,其主要原因在于人行地道的造价要高于天桥,故在选择设施形式时,很多地区受到了经济条件的约束。还有地理气候的因素。在我国南方,地下水位较高,地道的修建、维护较难,而天桥则不受上述因素限制,因而修建人行天桥的较多。此外,由于城市管线设施均埋于城市道路下,当管线情况复杂而短期内又难以处理时,往往选择天桥作为人行立交形式。近年来,为满足城市景观提升的需要,伴随着城市轨道交通的建设,很多大城市在逐渐拆除已建成的人行天桥。

5) 步行街(区)设计

步行街是在城市中心商业集中地区及历史、纪念性街道或广场划出的不准车辆通行的人行专用道。人们可在步行街上自由自在地观赏景色、采购商品、游览与休息,摆脱车辆危险之忧;同时,也避免了该地区发生交通阻塞,能取得良好的社会效果。随着机动车交通的发展,在城市商业中心为解决交通拥挤、保证行人安全,由步行街发展出占地面积很大的多功能步行区,甚至出现了新城市及老城市新建区或改建的一条规划原则:在城市中有条件的地区应规划具有步行街、步行区的连续步行系统。

步行区是由若干条步行商业街或文化街共同组成的区域,一般设在城市中心的行政、文化、商业、金融、贸易或名胜古迹区。步行区周围应有便捷的交通条件,如公交车站、枢纽站和地铁(轨道交通)车站。步行区内各个建筑物之间由步行通道连接,四通八达,形成一个步行者可各取所需而无后顾之忧的庞大空间。

步行街按车辆进出的时间限制分为完全步行街和非完全步行街。完全步行街在人流活动的时间内(通常不包括夜生活活动结束后的凌晨)禁止除特种车辆(如救护车、邮政车、消防车、警车等)以外的任何车辆驶入。非完全步行街在确保人车分离的前提下,容许车辆在指定时间内进出或者是行人与非机动车(自行车)全天"和平共处"。

6）人行过街附属设施设计

利用人行过街设施过街可减少交通事故发生的可能性,如果另外附加管理设施,如人行信号灯,则其过街安全性将进一步提高。当行人在人行过街设施两侧过街时,其人身财产安全受到极大威胁,并且危险性随着过街设施的不完善而增加。因而在人行过街设施的上下游,特别在人、车流量均较大处,应设置导行护栏、绿篱等人车隔离设施,以阻止行人在不适当处过街。

7.4.2 自行车交通系统设计

1）自行车交通系统设计概述

从城市可持续发展的角度来看,自行车交通是一种"绿色交通",具有价格低廉、机动灵活、节约能源、维修简单、多功能且无污染、有益健康等特点,是我国城市居民短途出行的首选交通工具。建立合理的自行车交通网络系统,减少自行车与机动车之间的相互干扰,对解决我国城市机动车交通高速发展带来的道路交通拥挤和城市环境污染问题,具有重要的现实意义。

近年来电动自行车在我国多个城市广泛使用,但由于其车速较高,也产生了很多问题。个别城市甚至出台了禁止使用电动自行车的政策。电动自行车在我国一般被视为非机动车,但其已经具备部分机动车特性。对电动自行车道路断面设计的讨论详见二维码内容(7.A.1)。

除自行车道路设施的设计外,自行车交通系统的设计应包括自行车管理系统规划、自行车路网结构布局规划等内容。

自行车管理系统规划是指制定自行车发展的政策和法规,及时做出合理决策,引导自行车交通的有序发展。不同城市、同一城市不同发展时期对自行车交通的发展应制定不同的发展战略。政府应根据自行车交通的发展在城市中的地位和作用进行动态科学地预测,并及时做出权威性决策。应制定自行车交通发展的政策和法规,界定自行车使用者的权利和义务,并将自行车道路设置标准纳入新道路设计标准内,完善自行车交通的软硬件设施,通过实施有效的措施(如建设自行车专用道、严格执行交通法规、加大宣传和违规处罚的力度)对自行车交通进行管理,坚持"以人为本"的理念,合理引导自行车交通的有序发展。

自行车路网结构布局规划应以城市结构、功能分区性质、区片联系紧密程度、地形特征等要素作为自行车道路网规划的主要依据;优先将自行车道路布设在能服务多种出行目的的路段,要靠近人口集中、出行强度高的地段(如工作地点、商业中心、学校、公园、公共交通站点),提高自行车利用率。我国自行车道路等级划分如下:

(1)市级自行车干道快速系统

全市性或联系居住区和工业区及其与市中心联系的主要通道,承担着大量的自行车交通。要求快速、干扰小、通行能力大,是全市自行车路网的骨架。道路类型包括全市性的自行车专用道和有分隔的自行车道。

(2)区级自行车次干道平速系统

联系各交通区的自行车道,应该保证居住区、商业服务区和工业区与全市性干道的联系。主要是满足自行车中、近距离的出行。可结合城市次干路、支路一并布置自行车交通次干道。

(3)区内自行车支路慢速系统

联系住宅、居住区街道与干线网的通道,是自行车路网系统中最基本的组成部分。要求路网密度较大,基本上选用画线分隔的自行车道和混行的自行车道形式。

随着城市土地开发向外延伸,居住区郊区化日益成为现实,人们的出行距离不断增加,人们对自行车与公交换乘的需求迅速增长。对自行车与公交换乘进行合理规划的目的在于,将长距离的单一的自行车出行改为自行车换乘公共交通;将需要长距离出行而有可能采用的摩托车和私人小汽车方式转换为公共交通出行,提高城市整体的出行效率。

2)自行车交通系统设计的目标及原则

自行车交通系统设计目标是营造适宜自行车骑行的城市环境。建立适宜自行车骑行的城市环境包含两个层面的内容。

(1)外化的功能:自行车交通系统设计内容包括自行车发展策略研究、自行车道线网设计和自行车停车设施设计等。

(2)内化的协调:即建立在外化功能基础上的用地布局、设施配套及相关规划的协调。完善的社会服务设施是小区级公共建筑特定的物质基础,它们的配置与设置必须符合居民生活要求和行为轨迹。自行车交通系统不可能独立存在,除了满足外化的功能性需求外,还需要科学、合理地进行相关规划的配合,在用地布局、设施配套、城市文化营建等方面为市民提供更为优质的服务,满足市民更高层次的精神需求。适宜自行车骑行的自行车交通系统应满足表7-10所列条件。

适宜自行车骑行的自行车交通系统应具有的条件　　　　　表7-10

	安全的通行环境	健康的通行环境	适宜的通行空间
外化功能	城市道路断面设计	与开敞空间结合	全天候的通行条件
	自行车道线形设计	与绿地系统结合	健全的标示系统
	独立的通行空间	串联各景观节点	完善的配套设施
内化协调	促进人与人的交往	合理利用城市资源	配合旅游业发展
	提供慢速通行空间	合理利用开敞空间	利用传统街巷空间
	自行车主题活动	合理利用共享绿地系统	疏解交通压力
	弘扬城市精神	共享安全交流空间	满足游览需求

自行车交通发展的指导思想是要使其成为高机动化交通的有益补充,主要包括三方面的内容:

(1)应充分发挥自行车交通近距离的优势,限制长距离出行,缩小自行车交通的出行范围,降低自行车出行总量。

(2)大力发展城市公共交通,让自行车作为一种有益的补充。

(3)完善行车道路系统及基础设施系统,实现机非交通环境的空间分离。

3)自行车与其他交通系统协调

自行车交通发展应以城市社会经济整体环境为背景,在城市客运交通大系统中研究自行车交通,充分考虑自行车的交通特性及它与公共交通、小汽车交通等交通方式的相互联系,分析它们在未来城市客运结构中的地位和作用,充分发挥各自的出行优势,建立一个既与公共交通紧密联系,又与机动车交通有所区别的有特色的城市自行车交通系统。具体原则如下:

(1)对自行车交通进行分块交通组织。强化城市自行车交通在区块内出行的功能,弱化其区块间出行的功能,限制跨区块的长距离自行车交通出行,使自行车交通成为城市近距离出行的主导方式。

(2)与其他交通方式相协调。重点结合城市公共交通线路和枢纽设置,尽可能建立公共交通、私人机动化交通与自行车交通的换乘系统,充分发挥各种交通方式的优势。

(3)近远期相结合,充分利用现有道路。考虑今后城市规模、性质、结构形态、布局等的变化,以及自行车交通量的变化和自行车交通在城市客运结构中地位的变化,在道路网形态、道路等级、类型、技术指标等方面为远期城市发展留有余地。同时,自行车的路网结构、形态应与地形、地势、城市景观的平面布局和空间构图充分协调。

(4)充分利用自行车交通的特有优势,满足人们对自行车交通的需求,特别是学生上、下学的出行需求。自行车路网要做到功能明确、系统清晰,对各种等级、类型的自行车车道应进行合理分工、相互协作,使出行者方便、迅速、安全地到达目的地。

(5)采用多种形式的机非分离,提高自行车交通的安全性。自行车的出行特征要求自行车交通规划应尽可能地实现机非分离(包括时间和空间上的),形成相对独立的自行车道路网络。当受条件限制时,应协调两者的关系,进行必要的分离,以减少相互的干扰。

7.5 交通枢纽设计

7.5.1 交通枢纽概述

交通枢纽是同一种运输方式各条运输线路或各种运输方式运输线路的交汇点,是发展综合运输的关键。交通枢纽是指建立在两条或两条以上运输线路的交汇与衔接处的,为办理旅客与货物的中转、发送、到达所需的多种设施的综合体。

交通枢纽的类型很多,根据不同的性质和标准对枢纽进行分类,可以得出不同的分类结果,以下只介绍几种常用的分类。

(1)根据交通枢纽衔接交通方式的数量划分

根据交通枢纽衔接交通方式的数量划分,交通枢纽可以分为单运输方式交通枢纽和复式交通枢纽两类。

单运输方式交通枢纽是指由同种运输方式的两条或两条以上线路交汇或衔接形成的交通枢纽。复式交通枢纽是指由两种或两种以上运输方式的线路交汇或衔接形成的交通枢纽。

(2)根据交通枢纽衔接的主要交通方式划分

根据交通枢纽衔接的主要交通方式划分,交通枢纽可以划分为公路运输枢纽、铁路运输枢纽、航空运输枢纽、城市公共交通运输枢纽、水运运输枢纽、管道运输枢纽等。

(3)根据交通枢纽服务的主要对象划分

根据交通枢纽服务的主要对象划分,交通枢纽可以分为客运交通枢纽以及货运交通枢纽两种。

(4)根据交通枢纽所处的地理位置划分

根据交通枢纽所处的地理位置划分,交通枢纽可分为陆路交通枢纽、滨海交通枢纽和通航江河岸边交通枢纽。

(5)根据交通枢纽中运输干线与场站空间分布形态划分

根据交通枢纽中运输干线与场站空间分布形态划分,交通枢纽可分为终端式枢纽、伸长式枢纽、辐射式枢纽、辐射环形枢纽、辐射半环形枢纽。

(6)根据交通枢纽承担客货运输业务划分

根据交通枢纽承担客货运输业务划分,交通枢纽可以分为中转枢纽、地方性枢纽和混合性枢纽。

枢纽内乘客的换乘是通过各种功能的换乘设施完成的。根据各子系统的不同作用,交通枢纽由7个基本部分组成,如表7-11所示。

交通枢纽的基本构成 表7-11

分 类	定 义	主要设施交通设计的内容
运送子系统	统内、外各组成部分之间联系的运送方式及设施	布局设计、流线组织设计、交通衔接设计、枢纽内部交通设施设计
设备子系统	包括枢纽外部运送方式设备、中转换乘服务设备和其他设备	
信息子系统	为乘客的出行和换乘提供各种信息服务,提高换乘效率	交通信息服务设计
人员子系统	包括被服务者(乘客)和服务提供者(内部员工)	行人流组织设计
技术管理子系统	包括各种作业技术、方法和管理制度,属系统软件部分	提供需求分析
延伸服务子系统	主要包括商业设施和社会服务设施	交通语言系统与交通流线组织设计等

枢纽交通设计是以枢纽内交通"资源"(包括时间、空间、运输方式、运能和投资水平等)为约束,对枢纽的各组成部分进行交通优化设计,以实现枢纽内的安全、效率、通畅和高品质服务。枢纽交通设计依据从宏观、中观到微观的设计程序进行,任一层次的设计如遇有难以调和的矛盾时,均可回馈到上位规划和设计中求得协调。枢纽交通设计以出行者为主体,设计要考虑出行者如何在各类交通工具之间交互,各类运输工具如何提供服务。

7.5.2 枢纽交通设计方法

1)枢纽交通空间布局模式设计

交通枢纽布局设计是整体、概念化地确定枢纽空间布置方式,是对落客、等待、上客、发车及乘客换乘、进出等各个功能空间的大致布置,是枢纽后续细部交通设计的基础。在此阶段应当明确4个问题:枢纽出入口的位置及形式、换乘区域的位置及接驳方式、功能区域布局和各功能区的基本形式。对于立体式枢纽,其空间布局设计可分为竖向布局和平面布局两阶段,而平面式枢纽只涉及第二阶段的设计内容。

(1)竖向布局模式

根据立体式枢纽中各交通方式所处的位置、周边用地性质和枢纽定位,竖向布局模式可分为单体式、主辅式及组合式三种。轨道交通枢纽和对外交通枢纽多为立体式枢纽,本部分以轨道交通枢纽为例说明其典型的竖向布局模式。

①单体式

单体式枢纽综合体的建筑和公交设施均在一个完整的地块内建设,结构紧凑,有利于乘客换乘,适用于中、小规模的枢纽站。考虑轨道、公共汽车、换乘与商业空间的不同组合,其详细设计模式如图7-17所示。

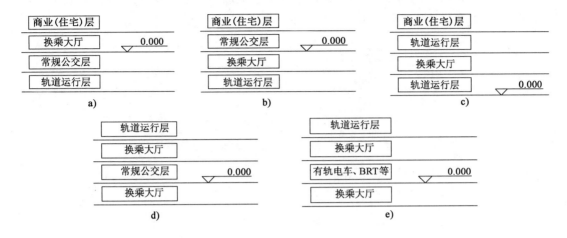

图 7-17　单体式枢纽综合体布局设计示意图

② 主辅式

该模式依靠简短的通道连接枢纽综合体各类交通方式。当枢纽内存在轻轨或 BRT 交通方式时,其布局模式将更为复杂。

有轨电车或 BRT 车站在枢纽同一侧的布局模式:此模式多出现在城乡接合部,服务于大量的接驳交通。BRT 车站可通过天桥或地下通道与枢纽的主部相连,通过闸机验票或通过换乘大厅进行人流交换,如图 7-18 所示。

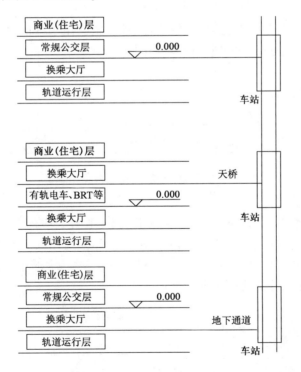

图 7-18　轨道或 BRT 在枢纽一侧的布局

常规公交在枢纽一侧的布局模式:常规公交用于疏散主线上的客流,按功能需要可与换乘大厅、商业层、停车设施等相连,如图 7-19 所示。

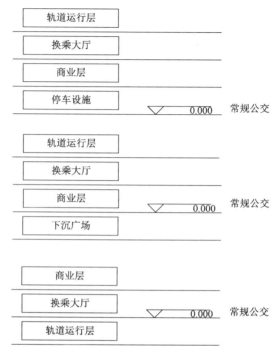

图 7-19　常规公交车站于枢纽一侧的布局

常规公交和有轨电车、地铁分侧换乘模式:此种方式适用于占地面积较大、换乘乘客较多的情况,通常这类枢纽的连带开发规模较大,如图 7-20 所示。

图 7-20　公交分侧换乘模式

③组合式枢纽综合体

该模式的枢纽综合体通常依靠较长的通道相联系,由两个具有独立功能的交通枢纽构成,适用于几条轨道线路相交的情况,如图 7-21 所示。此类枢纽站点一般位于高密度开发区,由于线路过多而不宜同步建设,因而建成组合式枢纽。在一些特大城市,还出现多站联通或枢纽群的情况,如上海已建成的虹桥枢纽等。

图 7-21　组合式枢纽综合体

(2) 平面布局模式

在确定枢纽竖向布局后,需要对枢纽空间的每一层进行平面布局设计,以明确设施的详细布局以及交通流线,为后续的细部交通设计提供基础。此阶段的设计中应当明确几个问题:枢纽的规模、出入口的位置及形式、换乘区域的位置及接驳方式、功能区域的基本形式与布局等。出入口的位置及形式将在后面进行讨论,这里不再叙述。

①枢纽规模

枢纽规模与用地的大小、形状、性质以及承担的运输需求有关。如枢纽中有场站用地、集散用地、通道用地和排队用地等。另外,不同的调度管理水平,所需要的用地面积也不同;车辆进入枢纽的开口方向不同,需要的面积也有所不同。相同的运输需求,因地块形状的不同,其用地面积也可能不一样。

②换乘区域及模式

换乘区域是决定枢纽内部布局的关键。换乘区域的确定应以出行者的走行距离最短为原则,要确保主流方向及主流方式的换乘方便,并尽量使不同的运输方式在同一换乘区域内进行客流交换。换乘模式有同台换乘、立体换乘和跨线换乘三种。图 7-22～图 7-24 以轨道交通与常规公交的换乘为例列举了这三种换乘模式。

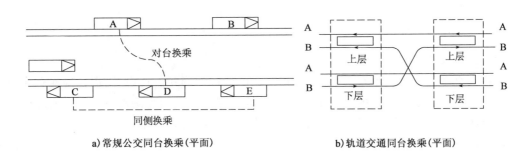

图 7-22 同台换乘

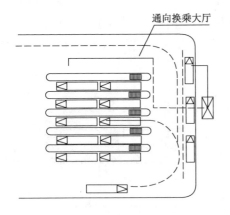

图 7-23 立体换乘

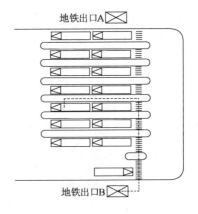

图 7-24 跨线换乘

③功能区域布局

功能区域布局应优先考虑大运量公共交通工具活动空间的布设,使其活动区域位置显著、换乘方便,并尽可能减少其绕行。小型公交车和出租车作为补充的运输方式,优先级较低。功能区域布局的合理性原则为:各类交通空间明晰,车辆迂回较少;易于乘客辨识线路,换乘方便;能避免或减少车车冲突及人车冲突的发生;公交车辆运转不超过枢纽的周转能力。

功能区域分为到达区、落客区、泊车区、上客区和发车区等。从逻辑上讲,设计时应按时间序列依次布设上述区域。公交车辆在实际运行中,某几项功能可在同一时间完成,如图7-25所示。因此,每个公共交通枢纽都需根据实际情况,按照上述原则进行合理的布局。

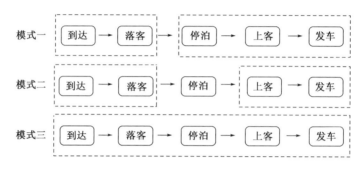

图7-25 公交车辆在枢纽内运行模式

④功能区域形式

确立各类交通的不同活动空间后,要对每个功能区域的形式进行设计,以适应布局中所确定的功能。以枢纽中最为重要的公共汽车交通方式功能区域模式为例进行介绍。常用的公交停靠方式有4种:站台式停靠、岛外式停靠、岛内式停靠和尽端式停靠。

站台式停靠是一种常用的公交路外停靠方式,可利用平行站台将各线路公交车辆加以分隔,同时站台还可用作乘客候车和排队区域,站台式泊车又有斜列式和横向平行式两种,分别如图7-26、图7-27所示。站台式停靠方式常用于多条公交线路汇集的功能区域,设计中需要注意车辆进出停靠区域的转弯半径和人行横道的位置。当公交乘客在多站台间穿越换乘时,须合理地布置人行横道的位置,以图7-28b)所示的方式为宜,即在到达车辆与待发车辆之间设置人行横道,对公交车辆运行的影响最小,而对于图7-28a)、c)两种方式,当行人流量较大时,易造成交通秩序混乱。

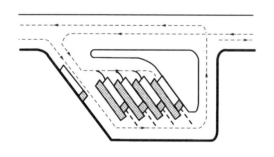

图7-26 斜列式泊车站台

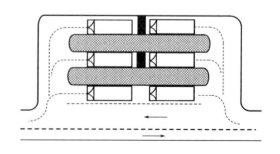

图7-27 横向平行式泊车站台

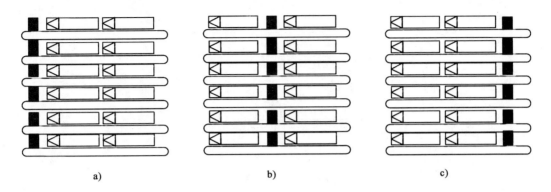

图 7-28 人行横道的位置

岛外式停靠指在枢纽中央设置公交临时停靠岛,其落客和上客均在枢纽外围边缘进行。公交车在枢纽内的运行次序为:到达落客区下客、进入中央停泊区、到达上客区上客、驶离枢纽。在枢纽中,所有车辆都依照相同的方向(右行为逆时针)行驶,如图7-29所示。该模式适用于客流量大、始发和终到交通比例大、换乘线路较少的情况;进出站的乘客不需要穿越车行道,站内换乘的乘客也不需跨越车行道,不必设置天桥,但可能会有较长的换乘距离;岛外式停靠方式需要道路以外的专用场地,其形式由地理条件和交通要求决定,需要1~2个出(入)口与道路网相接,该方式也可适用于同一站台有多条线路的道路沿线公交停靠站的改善方案。备用车辆和待发车辆专用停车道可围绕中心岛布置。

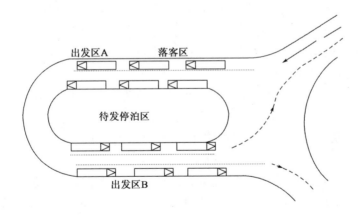

图 7-29 岛外式停靠方式

岛内式停靠方式在枢纽中设置中央停靠岛供公交车辆落客、上客及乘客候车,需要道路以外较大的专用场地,有1~2个连接道路的出(入)口,如图7-30所示。该方式适用于枢纽内公共汽车线路之间换乘客流比重较大的情形,可以有效地缩短乘客换乘距离。岛的形状取决于可用地面积、站点及公交线路的数量。

尽端式停靠指所有公交车辆的一端靠近站台停泊,呈纵向列队。车辆采取像船舶停靠码头的方式依次靠站,完成下客及上客任务,如图7-31所示。该方式适用于对外交通枢纽,此时公交车辆等待时间较长,进出站台所用时间可以忽略。

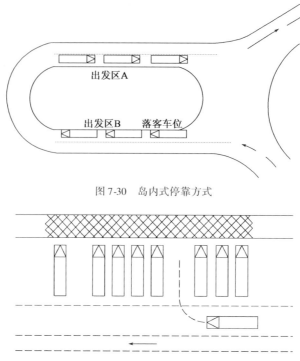

图 7-30　岛内式停靠方式

图 7-31　尽端式停靠方式

2）枢纽交通流线优化设计

枢纽交通流线优化设计是基于枢纽内部交通流的宏观布局与组织，来约束各种交通主体在枢纽中移动的空间范围和移动方向，同时对空间规划作进一步的反馈。在流线优化设计中，应确定各类交通主体的运动空间和流向，并检验各类冲突、交织的可能性和严重程度。若不满足通行需求，则须进行布局的调整。

各类客运交通枢纽流线优化设计所关注的交通行为主体主要有两类：机动车辆和行人。机动车辆将被固定在一定的车道空间内行驶，而行人则要依靠交通语言、交通标识的引导通行，虽然有些区域是禁止行人进入或穿越的，但仍具有很大的非约束性。

（1）机动车流线设计

由于枢纽的交通功能布局已将不同交通方式车辆的活动空间加以划分，因此，相应的流线应依照实际到达和出发车辆的种类进行设计，其顺序为从进入枢纽前的时刻起，至离开枢纽进入城市道路系统止。若车辆进入城市道路系统后，进行了迂回绕行，则这部分行程也应在流线设计中加以体现。机动车流线设计应遵循的原则为：据承担运输任务的轻重，由主至次分别设计；各类机动车辆的行驶路线宜分离设计；在枢纽内部应避免各类车辆的冲突；减少公交车辆的绕行。

在进行各类交通主体流线设计时，若不能避免其冲突，则可考虑进行功能布局规划的调整，或者采用管理手段使得冲突双方能够有序通行。另一方面，在各类车辆合流的区域，应根据估计的车辆发车频率和到达规律进行通行能力验算。

（2）行人流线设计

鉴于行人流是客运枢纽交通的主体，且具有压缩、膨胀和灵便等特性，因此，应单独地进行其流线设计。行人的移动以团队簇拥前行为主,所以行人流线设计包括确定枢纽综合体、轨道交通、公共汽电车交通、小汽车交通、慢行交通以及枢纽外的交通吸引或产生源之间的联系方式,特别应注重换乘关系显著的交通方式之间的行人流线组织与设计问题。

行人流线的组织方式一般可分为两类:"管道式"和"水库式"。所谓"管道式",是将行人流按不同目的、不同方向导入不同的通道内,每一个通道内的行人流具有同样的换乘目的和方向(图7-32)。"水库式"则将不同换乘目的和方向的人流导入同一个宽敞的换乘大厅,再通过指示系统按不同换乘目的和换乘方式导引至不同的换乘通道,每个通道内的换乘人流可兼容双向的换乘目的和方向(图7-33)。

行人流线的优化应测算步行距离和时间、通行能力与舒适度,其步行速度可采用1.2m/s,当步行距离过长时,应辅以机动化的代步设施。另外,行人流线设计还应更多地与交通语言系统、交通信息系统相结合,以有效地疏导行人流;在枢纽综合体优化设计时,还应考虑与商业等公共设施的有机联系。

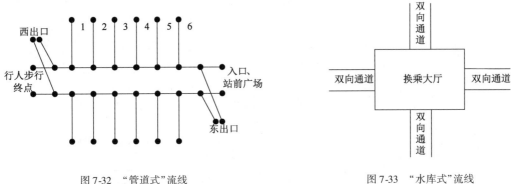

图7-32 "管道式"流线　　　　　　　图7-33 "水库式"流线

(3)交通流线冲突与交织的处理

在设定了机动车辆与行人流线后,应校核车—车冲突、人—车冲突以及人—人冲突是否在可接受的(安全与效率)范围之内。如果冲突频率较高,则可将次重要流线进行重置,或变冲突为合流形式。在合流点附近应明确享有优先通行权的交通先行,并对其他交通予以警示;论证分析交通冲突和交织处是否需要设置或怎样设置交通标志、标线、信号灯。

如果车辆与行人流出现相互矛盾,则应首先确保行人的通行权益;对于同一层次的车辆,其优先权应以先出后进为原则。同时,铁路、火车站等大型枢纽要严格实行人车分流。

3)枢纽交通细化设计

细化设计是决定枢纽设计成败的关键。在枢纽宏观布局规划和综合交通组织的基础上,应对各个功能区域进行微观层面的交通设计。枢纽细化设计的内容取决于所衔接各种交通方式的特征及客流需求。交通枢纽的细化设计内容包括但不限于:出入口交通设计、落客区域车位数、停车位形式、停车道宽度、候车空间、人行通道、枢纽信息服务等。限于篇幅,本书不再详细介绍,有需要的读者可参阅其他相关材料。

4)枢纽交通设计评价

枢纽交通设计方案优劣以及运行效果如何,需要进行综合评价。对枢纽交通设计方案的评价可以从枢纽的布局合理性、运行效率、服务水平等方面进行,评价指标体系如图7-34所示。枢纽交通评价方法包括层次分析法、模糊综合评判法以及数据包络法等。

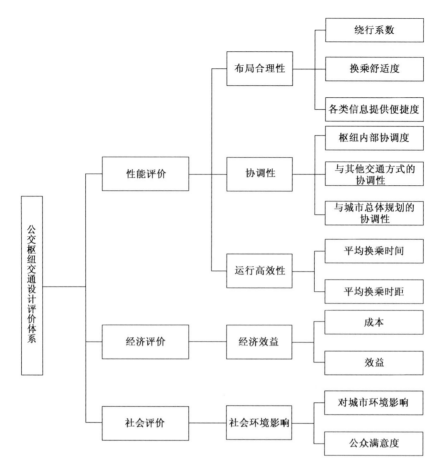

图 7-34 枢纽交通设计评价指标体系

复习与思考习题

1. 道路设计的主要任务及内容是什么？
2. 城市道路设计同公路设计有什么异同？
3. 公共交通系统是由哪些子系统组成的？它们的特点分别是什么？
4. 常规公交线网的设计方法有哪些？
5. 常规公交的场站分别有哪些？在设计过程中应注意什么？
6. 停车设施按服务对象可分为哪几类？其主要服务对象是什么？
7. 停车设施的设计有哪些内容？设计的要点是什么？
8. 慢行交通可分为哪两类？
9. 非机动车道的设计方法是什么？其单个车道宽度如何确定？
10. 行人过街设施有哪几类？分别适用于什么样的交通情况？
11. 简述交通枢纽常用的布局形式。
12. 交通枢纽中的交通流线一般如何组织？

第8章 交通运行管理

交通运行管理分别以交叉口、路段、区域为管理对象采取一系列管理措施以改善交通运行相关条件,优化利用时空资源,提高交叉口通行能力和路段、区域运行效率。本章重点介绍交叉口、路段、区域交通运行管理的基本原理与方法,以及优先通行、交通事件管理等内容。

8.1 交通运行管理的目的、原则与方法

8.1.1 交通运行管理的目的

随着社会及汽车工业的发展,交通运行管理的目的也在不断变化。初期的交通运行管理的目的是保障交通安全。随着车辆数量的增加,道路上出现了交通拥挤、阻塞现象,在保障交通安全的基础上,还要求在考虑资源、生态环境、社会公平等因素的基础上,通过交通管理与控制疏导交通,保障交通畅通。然而在交通需求增长到一定程度后,各种疏导措施都难以有效提升交通运行效率,交通拥挤、阻塞现象日趋严重,此时必须增加道路交通的供给才能满足上述需求。因此,现代交通运行管理的目标主要分为两个方面:一是降低交通总量,减少道路上的

交通量的要求;二是在保证安全的前提下,采取各种措施来疏导交通,提升交通设施的运行效率,以减少交通拥挤。由于道路交通工程设施的建设速度总是滞后于车辆的增长速度,现代交通运行管理是通过科学的手段,降低高峰时段路网总体需求,提高道路交通网络的运行效率。其可在一定范围内缓解道路交通紧张局面,投入少、见效快,更具有现实意义。当交通运行管理手段无法缓解交通拥堵时,只能通过道路交通基础设施建设的方法,提升交通网络的容量,从而达到降低交通负荷的目的。

8.1.2 交通运行管理的原则与方法

1) 分离原则与方法

分离原则是指为避免车辆与行人以及不同方向的行车发生冲突,分离行人、车分道和分方向行车,维护交通秩序、保障交通安全的一条基本原则。这条原则不仅用在交通运行管理,且广泛应用于交通规划、道路设计与交通设施设计。分离可分为道路平面上的分离,即机动车与非机动车分离和快慢车辆分离、交叉口上行驶方向的分离和通行时间的分离、立体交叉的空间分离。

从行驶方向和通行时间的分离又派生出通行权与先行权的概念。通行权的基本含义是指在平面分离上,车辆、行人按规定在其各自的道路上有通行的权利;在时间分离上,车辆、行人按交通信号、标志或指挥指定在其通行的时间内有通行的权利。

先行权是指各种车辆或行人在指定平面和时间内有共同通行权的前提下,对车辆、行人在通行先后次序上确定优先通行的权利。它包括两方面的含义:按平面分离原则,在指定道路上有通行权的车辆和行人有先行权;临时因故变换车道,借道通行或进入,穿过者不得妨碍其先行权。按时间分离原则,在指定平面、时间内,对共同拥有通行权的双方,必须规定一方有先行权。如在交叉口上东西方向绿灯时间内,西向东直行车和东向南左转车都有通行权,这时就要规定直行车有先行权,左转车不得妨碍直行车的先行权,以避免冲突。

实现分离原则的方法有:规定一切车辆靠右侧行驶、方向隔离、车道隔离、用信号灯控制交叉口、无信号灯的交叉口上用停车标志或让行标志控制、划定人行横道等。

2) 限速原则与方法

高速行驶的汽车出现之后,非机动车与行人的安全受到汽车的严重威胁。起初,英国就有所谓"红旗法"来限制汽车的行驶速度。在汽车发展初期,"红旗法"虽因遭反对而取消,但以后在交通事故多发的危险路段仍想到用限速来预防交通事故。高速道路出现以后,也有用最高限速与最低限速的规定来保障交通安全的做法。在石油危机年代,也以限速来节约燃油消耗。特别是近年来的研究发现,驾驶员的视觉反应,随车速提高而变得迟钝。统计表明:德国在石油危机时,车速限制从100km/h降至80km/h,交通死亡事故下降了22%;石油危机后,车速限制恢复到100km/h,交通死亡事故上升了12%。英国车速从104.6km/h(65mile/h)限制至80.5km/h(50mile/h)时,交通受伤事故减少了10%;车速限制从80.5km/h(50mile/h)提高到104.6km/h(65mile/h)时,死亡和重伤事故增加了7%。芬兰、瑞典等国也有类似统计。

相应于这条原则,有按道路条件及恶劣气候条件下限制最高车速的规定,在事故多发地段多采取限制车速的措施以避免事故的发生;为提高线控制或网络信号控制的效果,也可规定行驶车速。

3）疏导原则与方法

疏导指从局部扩展到整个道路系统，在整个道路系统上疏导交通，以充分发挥原有道路的通车效率。按疏导原则主要有单向交通、变向车道、专用车道、过境交通路线、增加交叉口进口道、改善交叉口渠化设计、关键交叉口上禁止左转、禁止任意停车、自行车道系统及步行系统等管理方法。

4）节源原则与方法

从交通"供求"关系上分析，交通的"供应"总是无法满足交通增长的"需求"。节源原则便是从单纯着眼于提高交通"供应"转到着眼于降低交通"需求"。

根据这条原则，交通节源的方法主要有：转变居民出行方式，即公共交通优先，包括公共交通专用车道、公共交通专用道路、公共交通优先信号控制等，以及各换乘系统；发展合乘系统，采用合乘车优先车道，合乘车免收过路费、过桥费、停车费等；限制私人车辆或其他车种进入交通紧张地区以及进行停存车管理等。

8.1.3 TM、TSM 与 TDM

1）TM、TSM 与 TDM 的含义

TM 是交通管理（Transportation Management）的缩写，其含义为按照既定的交通法规，根据道路的交通情况，运用各种手段、方法和工具采取某种限制措施，科学地组织、指挥交通，包括技术管理、行政管理、法规管理、交通安全教育与交通控制。

TSM 是交通系统管理（Transportation System Management）的缩写，即将汽车、公共交通、出租汽车、行人和自行车等视为一个整体城市交通运输系统的各个组成部分，城市交通系统管理的目标是通过运营、管理和服务政策来协调这些个别的组成部分，使系统在整体上取得最大交通效益。

TDM 是交通需求管理（Travel Demand Management）的缩写，其含义为根据交通需求的内在动力，出行过程中所表现出的时空消耗特性，通过各种政策、法令、现代化措施等合理开发土地使用等对交通需求进行管理、控制、限制或诱导，减少出行的发生，降低出行过程中时空消耗，建立平衡可达的交通系统，缓解交通拥挤、改善环境质量。

2）TM、TSM 与 TDM 间关系

交通管理（TM）、交通系统管理（TSM）、交通需求管理（TDM）是不同时期出现的既有本质区别，又有联系的三个概念，TM 出现最早，TDM 出现最后。

TM 是对已经发生的出行进行的科学组织、指挥。TSM 是在既定发生的需求下增加现有设施的使用效率和容量。两者的外延含糊不清，都是挖掘现有道路及用地潜力，不浪费已存在的容量。而 TDM 是针对交通需求，包括减少出行发生和出行过程中的时空消耗，建立平衡可达的交通系统，其后者和 TM、TSM 的外延是一致的。

TSM 包括三个方面：增加整体交通运输系统的容量、减少局部系统的容量、降低交通需求。而 TDM 仅仅局限于研究交通运输的需求，不考虑交通运输的供给，但 TDM 受运输供给变化的影响。

在 TDM 行动中，许多曾经被看作是运输系统管理或 TM 策略，它们在"延伸"当前运输系统的容量，避免昂贵的、新的道路建设目标上是一致的。区别在于，TDM 详细筹划出行需求，而不是改善运输系统的本身。这些行动引用的方式和对这些行动的职责也是不同的。TDM

计划由公、私两部分负责,其重要性在于发展者和雇主的参与和支持,是在出行者作出一系列出行决定之前就开始影响和改变出行决定的主要因素。

3) TSM 的特点

交通系统管理(TSM)同一般的交通管理相比,有以下两个显著的特点:

(1)是着眼于局部地段交通问题的交通管理方法。对当地的交通问题可以起到缓解的作用,但往往把该地的交通问题转移到附近地区,而且也未必是交通效益最优的方法。交通系统管理,从整个交通运输系统着眼,探求能使现有系统发挥最优效益的综合方案,既可避免各个局部措施把交通问题转移地点的弊端,又可得到系统效益最优的方案。

(2)是单纯着眼于提高现有道路交通设施效益的管理方法。对当时的交通问题可以起到缓解的作用,但往往只是把当时的交通问题推迟一段时期,随着交通量的继续增长,原来得到缓解的问题又会重现。

交通系统管理从交通供求两方面着手,一方面采取提高现有设施通车效益的措施;另一方面采取降低交通需求的办法来减少交通量,疏导与节源并举,使现有道路交通设施较长时期地处于最佳的使用状态。所以实施交通系统管理技术,不但投资低,而且可以降低交通运输运行费用,节省能源,提高现有道路交通设施的服务水平,降低交通对环境的污染。

交通系统管理的基本措施主要有:

(1)公共交通辅助系统,公共交通运行管理,存车管理,行人、自行车管理;

(2)优先通行管理;

(3)交通工程技术措施(改善交叉口、单向交通、可变方向车道、交通监控、交通信号控制系);

(4)交通限制措施;

(5)货运交通管理;

(6)改变上班方式;

(7)收费管理。

8.2 平面交叉口交通管理

平面交叉口是道路系统中的重要组成部分,对不同控制方式下的交叉口进行通行管理,综合运用交通工程设计、交通限制和管理等措施对交叉口交通进行组织优化,对于提高交叉口的通行能力,减少延误和交通事故,保障交叉口行车通畅,具有重要的意义。

8.2.1 平面交叉口交通管理

对平面交叉口进行交通管理,提高交叉口交通安全的根本措施是减少冲突点。以下简单介绍平面交叉口交通冲突点概念。

当两股不同流向的交通流同时通过空间某点时,就会产生交通冲突,而该点就称为冲突点。交通冲突的方式有三种:交叉冲突、合流冲突、分流冲突,相应的冲突点可分为交叉冲突点、合流冲突点和分流冲突点,后两种统称为交织冲突点。如图 8-1 所示。

交叉冲突点数可由式(8-1)计算。

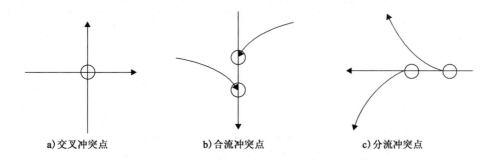

a) 交叉冲突点　　　　　b) 合流冲突点　　　　　c) 分流冲突点

图 8-1　交通冲突的三种方式

$$M = \frac{n^2(n-1)(n-2)}{6} \quad (8\text{-}1)$$

式中：n——交叉口岔数。

无信号控制平面交叉口若不计行人流、非机动车流的各类冲突点（按最少计），如图 8-2 和表 8-1 所示。从式(8-1)和表 8-1 都可以看出，随着交叉口岔数的增加，交叉冲突点呈几何增长，将大大增加交叉口行车的危险性。若计行人流、非机动车流冲突点，以一个无信号控制十字交叉口为例，各类冲突点统计见表 8-2。

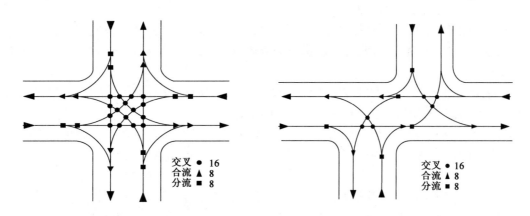

图 8-2　无信号灯控交叉口机动车冲突点分布图

交通流的交叉点、合流点和分流点的数目　　　　　表 8-1

交叉的形式	交叉点	合流点	分流点	共计
3 枝交叉	3	3	3	9
4 枝交叉	16	8	8	32
5 枝交叉	50	15	15	80
6 枝交叉	120	24	24	168

以上仅是单车道的情况，如果是多车道的道路，情况会比单车道复杂得多。采用信号控制，可以有效地减少各类冲突点个数。如两相位信号控制的标准十字交叉口的各类冲突点统计，见表 8-3。

无信号控制十字交叉口机、非、行各类冲突点统计表　　　　表 8-2

冲突类型	交叉点	合流点	分流点	合计	总计
机—机	16			16	128 个，其中交叉点 104 个，合流点 12 个，分流点 12 个
机—非	56	8	8	72	
机—行	8			8	
非—非	16	4	4	24	
非—行	8			8	

两相位信号控制十字交叉口机、非、行各类冲突点统计表　　　　表 8-3

冲突类型	交叉点	合流点	分流点	合计	总计
机—机	2	4	2	8	38 个，其中交叉点 26 个，合流点 8 个，分流点 4 个
机—非	14			14	
机—行	4			4	
非—非	2	4	2	8	
非—行	4			4	

平面交叉口交通管理原则主要有以下几点。

(1)减少冲突点,可采用单行线、在交通拥挤的交叉口排除左右转弯、用多相位交通信号灯控制交叉口各向交通流等方法。

(2)控制相对速度,可严格控制车辆进入交叉口的速度;对于右转弯或左转弯应严格控制其合流角,以小于 30°为佳;必要时可设置一些隔离设施(如隔离墩或导向岛等)用以减小合流角等方法。

(3)主要交通流通过交叉口应给予优先权,对公共交通也应给予优先通行。主要交通流是指较大交通流量的交通流(干道或主干道上的交通流)。

(4)交叉口交通流较复杂,应分离冲突点和减小冲突区以提高安全性。如规范车辆在交叉口的行驶路线;左转弯规定机动车小迂回,非机动车大迂回;交叉口设置左、右转弯导向线等。

(5)选取最佳周期,提高绿灯利用率;在用固定周期自动交通信号控制交通的交叉口处,应对各方向的交通流作调查,根据流量大小计算最佳周期和绿信比,以提高绿灯利用率,减少车辆在交叉口的延误。

应根据具体的交叉口情况,综合考虑以上原则,灵活应用。

8.2.2 平面交叉口交通控制

平面交叉口按交通控制方式的不同,一般可分为全无控制交叉口、主路优先控制交叉口、信号(灯)控制交叉口、环形交叉口等几种类型。本节主要介绍除交通信号控制外的各类交叉口交通管理内容。

1)无控交叉口

全无控制交叉口是指具有相同或基本相同重要地位,从而具有同等通行权的两条相交道路,因其流量较小,交叉口不采取任何管理手段的交叉口。

一般全无控制交叉口和信号(灯)控制交叉口居多,主路优先控制交叉口这一过渡形式很少见。通常当全无控制交叉口流量增大至一定程度时,将其改为信号灯控制交叉口。

(1)视距三角形

全无控制交叉口通常没有明确的停止线,在车辆到达交叉口时,驾驶人将在距冲突点一定距离处作出决策,或减速让路,或直接通过。驾驶人所作的决策,很大程度上取决于在接近交叉口前,对横向道路两侧的通视范围。全无控制交叉口的交通安全是靠交叉口上良好的通视范围来保证的。

在居民区或工业区内部的支道之间的交叉口,由于车辆不多、车速不高、驾驶人又较熟悉本地情况,一般不采取管制措施。在有障碍物的交叉口,是否需要采取控制措施,须对交叉口上的可通视范围进行分析后作出决定。

在交叉口前,驾驶人对横向道路两侧的可通视范围,可用绘制交叉口的视距三角形的方法确定,见图8-3。

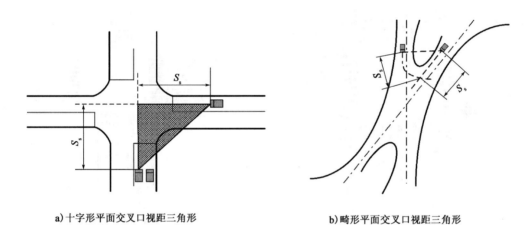

a)十字形平面交叉口视距三角形　　　　b)畸形平面交叉口视距三角形

图8-3　交叉口的视距三角形

图8-3中S_s是相交道路上同时到达交叉口的车辆在冲突点前能避让冲突及时制动所需的停车视距。这一停车视距可按式(8-2)计算。

$$S_s = \frac{v}{3.6}t + \frac{v^2}{2g(\Phi \pm i) \times 3.6^2} + l_o \tag{8-2}$$

式中:S_s——汽车停车视距(m);

v——汽车行驶速度(km/h);

t——反应时间(通常为留有余地,取反应时间为判断时间1.5s + 反应时间 1.0s = 2.5s);

g——重力加速度(9.8m/s²);

Φ——汽车轮胎和路面的纵向摩阻系数;

i——道路纵坡(上坡$i>0$,下坡$i<0$);

l_o——前后两车的安全距离(m),通常取5m。

在水平路段上,不同车速的视距值列于表8-4中。

视距与车速对应值 表8-4

设计车速 v(km/h)	40	50	60	70	80	90	100
视距 S_s(m)	40	60	75	90	110	125	160

多车道的道路,"视距线"应画在最易发生冲突的车道上。在双向交通的道路交叉口,从左侧进入交叉口车辆的视距线,应画在最靠近人行道的车道上;从右侧进入交叉口的车辆,应取最靠近路中线的车道,如图8-4a)所示。在单向交通的道路交叉口,从左侧进入交叉口车辆的视距线,应画在最靠近其右边的车道上;右侧进入交叉口的车辆,应取最靠近其左边的车道,如图8-4b)所示。

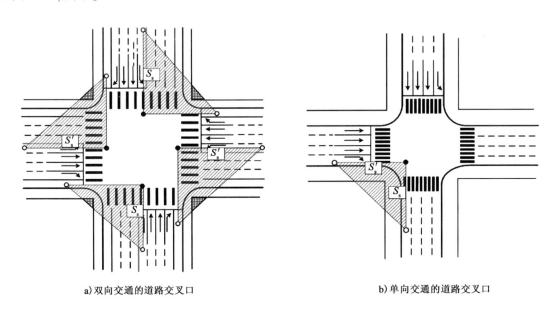

a) 双向交通的道路交叉口   b) 单向交通的道路交叉口

图 8-4 交叉口的视距三角形

在视距三角形内不得有任何高于1.2m妨碍视线的物体。

(2) 全无控制交叉口的冲突与通行规则

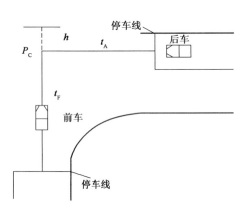

图 8-5 车辆之间的冲突

当一辆车到达停止线时,如果在交叉口内有别的车辆正在行驶,致使该到达停止线的车辆减速等待,不能正常通过交叉口,即冲突。当两冲突车流的车辆到达停止线的时间差很小时,即有可能发生撞击。反之,当可能发生冲突时,虽有两车都减速和互相观望的情况,但总有一车先通过交叉口,此时等待通过的车辆就产生一个冲突,引起延误。

如图8-5所示,P_C为冲突点,在正常情况下,保证后车安全通过交叉口的必要条件是:

$$t_{EA} \geq t_{EF} + h + t_F - t_A \tag{8-3}$$

式中:t_{EA}——后车进入交叉口的时刻;

t_{EF}——前车进入交叉口的时刻;

t_F——前车从停止线到冲突点 P_C 的行驶时间(s);
t_A——后车从停止线到冲突点 P_C 的行驶时间(s);
h——保证安全条件下后车与前车相继通过冲突点的最小车头视距(s)。

令安全冲突时间 H 为:

$$H = h + t_F - t_A \tag{8-4}$$

式中:H——安全冲突时间(s)。

式(8-3)可简化成为式(8-5):

$$t_{EA} \geq t_{EF} + H \tag{8-5}$$

式(8-4)中 $t_F - t_A$ 为相冲突车流车辆自停止线到冲突点的行驶时间差。$t_F - t_A$ 值可正可负,视 t_F 与 t_A 的大小而定。

式(8-5)的意义是若前车在 t_{EF} 时刻进入交叉口,则后车必须在安全冲突时间 H 之后才能进入交叉口。H 值的大小与冲突点的位置、类型、前后车的流向以及冲突车流车辆通过的先后次序等因素有关。为使问题简单,假设 $t_F = t_A$(直~右向除外),于是式(8-3)可简化为 $H = h$。

由于交叉口存在许多冲突点,使得有些相冲突车流的车辆不能同时通过交叉口,因此,需要有一个通行规则,确定各入口车辆以怎样的次序进入交叉口。若相交道路有主次之分,则支路车让干路车先行。若相交道路不分主次及不考虑优先,根据我国现行的交通法规,车辆通过没有交通信号或交通标志、标线控制的交叉口时,在进入交叉口前停车瞭望,让右方道路的来车先行;转弯的机动车让直行的车辆先行;相对方向行驶的右转弯的机动车让左转弯的车辆先行。

2)主路优先控制交叉口

相交的两条道路中,常将交通量大的道路称为主路或干路,小的称为次路或支路(包括胡同和里弄)。主路优先控制,是在次路上设停车让行或减速让行标志,指令次路车辆必须停车或减速,主路车辆优先通行的一种交叉口管制方式。主路优先控制可分为停车让行标志控制和减速让行标志控制。

(1)停车让行标志控制

停车让行标志控制也称停车控制,指进入交叉口的次路车辆必须在停止线以外停车观察,确认安全后,默许通行。停车让行标志控制按相交道路条件的不同分为单向停车控制和多向停车控制。

单向停车控制简称单向停车或两路停车。这种控制在次路进口处画有明显的停车交通标志,次路进口右侧设有停车交通标志,次路进口处路面上写有非常醒目的"停"字。停车标志在下列情况之一下设置:

①与交通量较大的主路平面相交的次路交叉口;
②次路交叉口视距不太充分,视野不太好;
③主路交通流复杂,或车道多,或转弯车辆多;
④无人看守的铁路道口。

确定交叉口是否需要安装停车标志时,应用"次要道路 50% 车辆推迟行驶曲线"(图 8-6),对最繁忙的 12 个小时(7:00~19:00)的车流量作检验,以每天至少有 8 个小时的交通流量的坐标点落在曲线右侧时,作为适于采用单向停车控制的条件。如果大多数交通量的坐标点落在曲线左侧,可不必安装停车标志。

适合采用单向停车的视距条件,以车辆进入交叉口的安全速度为基础。交叉口转角视野内有障碍物,为确保行车安全,在视线过短时,应减速行驶。若视线很差,进入交叉口进口道的车速需降到16km/h,不如采用停车标志来控制。

多向停车控制可简称多路停车,各路车辆进入交叉口均需先停车后再通过,其中四路停车较多,其标志设在交叉口所有进口道右侧。多路停车设置依据如下。

①交叉口在12个月中,有5起或更多次直角碰撞或左转碰撞车祸事故的记录,则可采用多路停车控制。

②当超过以下规定的最小流量时,可采用多路停车控制:

a. 进入交叉口的车辆总数,在一天24h内取任意连续的8h时间段内,必须至少为500辆/h。

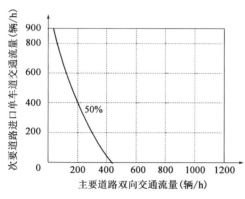

图8-6 次要道路50%车辆推迟行驶曲线

b. 在由次要道路上来的车辆和行人交通量,在这相应的8个小时内,必须至少为200个单位(车与人同样各按"单位"计算),并且在高峰小时期间,旁侧次要道路上车流的平均延误时间每辆为30s。

c. 当主要道路上85%的车流量在通过平面交叉口时,其速度超过64km/h,则上述a、b两项的标准要求可降低30%。

一般连续8h车流量的平均值,均小于第8个小时高峰流量,也小于最高8h车流量的平均值。因此,连续8h车流量的平均值如已达到规定的最小车流量,则第8个小时高峰流量和最高8h车流量的平均值,也均已达到了规定的最小车流量。当达到上述a、b和c项的任意一项要求时,可实施多路停车。

(2)减速让行标志控制

减速让行控制又称让路控制,指进入交叉口的次路车辆不一定需要停车等候,但必须放慢车速瞭望观察,让主路车辆优先通行,寻找可穿越或汇入主路车流的安全"空当"机会通过交叉口。当接近交叉口安全速度为16~24km/h时,应考虑让路控制。让路控制与停车控制的差别在于后者对停车有强制性。

让路控制一般用在交通量不太大的主路交叉的次路交叉口,其标志和标示的设置位置与单向停车控制相同。

3)信号灯控制交叉口

交通信号灯的作用是从时间上将相互冲突的交通流予以分离,使其在不同时间通过以保证行车安全;同时交通信号对于组织、指挥和控制交通流的流向、流量、流速以及维护交通秩序等均有重要的作用。

交通信号控制的基本内容包括两部分:确定相位与确定信号控制参数(如周期长、绿信比和相位差等)。信号控制的具体内容详见第9章。

4)环形交叉口

环形交叉口是在交叉口中央设置一个中心岛,用环道组织渠化交通的一种重要形式。其交通特点是进入交叉口的不同交通流,只允许按照逆时针方向,绕中心岛作单向行驶。交通运行上以较低的速度合流并连续地进行交织行驶,直至所要去的交叉口分流驶出。环形交叉口的优点是消灭了交叉口的冲突点,车辆可以连续行驶,提高了行车安全性,减少了车辆在交叉口的延误时间。

根据交叉口占地面积、中心岛的形状和大小、交通组织原则等因素的不同,可将环形交叉口分成三种基本形式:①普通(常规)环形交叉口,即具有单向环形车道,其中包括交织路段,中心岛直径大于25m;②小型环形交叉口,具有单向环形车道,中心岛直径为4～25m;③微型环形交叉口,具有单向环形车道,中心岛直径小于4m。

环形交叉口有一定的适用条件:当各交汇道路进入交叉口的左转弯交通量所占比例较大时,适宜用环形交叉口。环形交叉口最适用于4条与4条以上道路相交的交叉口,并且最适宜在各条路进入环形交叉口的交通量大体相等的地点设置。在相邻交叉口比较接近而交通量又较大时,若采用信号灯控制交叉口,常形成等候绿灯的车辆排成长队,一次绿灯又不能通过,使交通阻塞,这时适宜采用环形交叉口。环形交叉口可适用于规划需要修建立交的近期过渡形式。

环形交叉口的缺点是占地面积大,车辆绕行距离长,增加了行人步行距离,且增加了修建和运营费用。常规环形交叉口还有一个缺点,车辆在环道内自由交织行驶状态下,在环道的一个交织段上,只有一个交织点,所有出入环的车辆都要通过这一个交织点。因此,交织点的通行能力受到环道内交织段的限制,而同时常规环形交叉口同信号控制交叉口不一样,不能通过增加进口道的条数或环道的宽度来提高通行能力。

为改善常规环形交叉口的这一缺点,应按照先行原则,采取入环车让环内车先行的交通规则,或在环形交叉口进口道上设置停车标志的方法,把环道内的自由交织改为有组织的交织运行,从而使环道上有条件以多股车流交织。当停车(或让路)标志管理不能满足交通需求时,环形交叉口可改用交通信号控制,给环内车辆以及入环车辆轮流分配通行权,组织环道上环内车辆与入环车辆的交织运行,进一步提高交通效率。

8.2.3 平面交叉口交通组织优化

平面交叉口交通组织优化即在有限的交叉口空间,综合运用交通工程设计、交通限制和管理等措施,科学合理地利用交叉口时空资源,使交叉口有序高效运行。交叉口交通组织主要包括交叉口放行方式及对应基础设施的要求等。

1) 交叉口放行方式

交叉口放行方式即为选择交叉口机动车放行方法与非机动车放行方法的组合。交叉口的形式有平面交叉口、立交桥、环形交叉口。不同交叉方式的交叉口放行方法也不同,但都是以冲突分离或改变冲突性质为重点。

平面交叉口非机动车放行方法有三种:时间分离法、空间分离法和时空分离法。选取哪种放行方式,关键要看通过交叉口的交通流量中自行车流量的大小。

(1)时间分离放行法

时间分离法实质上是在信号周期内设专有相位放行行人和自行车。在此相位中,机动车信号灯为全红灯,自行车和行人信号灯为全绿灯,行人和自行车可以从不同方向上迅速通过交叉口。在其他相位中,只准机动车进入交叉口,行人和自行车则严禁进入交叉口。该方法也被称为行人保护时相(Pedestrian Scramble)、行人专用时相、全向十字路口(Scramble Crossing)。其交叉口渠化图和信号相位图如图8-7所示。

该法适用于行人流量大、机动车流量及自行车流量均较小的交叉口。

(2)空间分离放行法

空间分离法实质是让非机动车按机动车相位走,不设单独的非机动车信号灯,只设机动车信号灯和行人信号灯。其交叉口渠化图如图8-8所示。

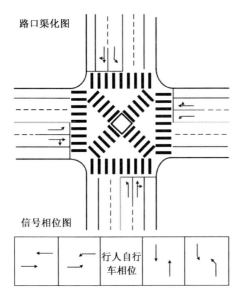

图8-7 时间分离法交叉口渠化、相位图　　图8-8 空间分离法交叉口渠化、相位图

该法适用于交叉口面积大、非机动车与机动车流量大的交叉口。

(3)时空分离放行法

时空分离法实质是为了减少左转弯非机动车对直行机动车流通过交叉口的影响,在交叉口中间划定一块面积为非机动车禁驶区,左转非机动车在区外二次停车待驶,让直行机动车先行通过。换言之,是通过加长左转非机动车的行驶距离来迟滞左转非机动车到达冲突点的时间,以利于直行机动车优先通过交叉口。时空分离法有以下几种形式,如图8-9~图8-11所示。

(4)综合放行方法

可以把几种放行方法综合运用,形成一种放行规则,如图8-12所示。例如,对于行人流量特大的交叉口,可以按时间分离法加空间分离法方式放行。即机动车与非机动车按空间分离法放行;在空间分离法信号相位中,专门设置一两个行人专用相位,用于行人通过交叉口。

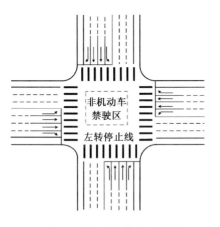

图8-9 非机动车禁驶区示意图

(5)交叉口机动车左转弯放行方法

有必要进行交叉口内左转弯待转区渠化,来明确左转弯机动车在通过交叉口停止线后的交叉口内占用权和直行机动车先行权,使左转弯机动车在交叉口内完成二次停车,减少左转车对直行车通过交叉口时的影响。参见图8-13。

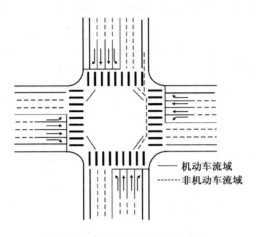

图 8-10　交叉口时空分离法示意图

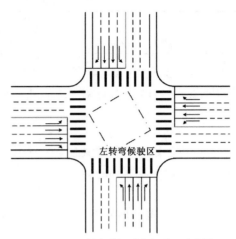

图 8-11　左转弯非机动车候驶区示意图

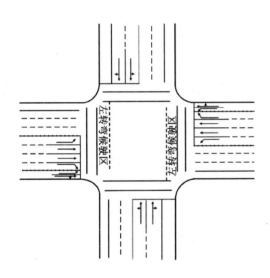

图 8-12　综合放行法示意渠化、相位图

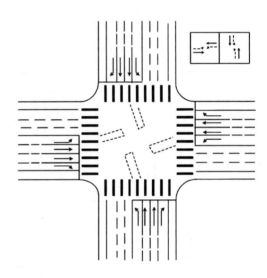

图 8-13　两相位信号放行时的机动车左转弯待转区渠化、相位图

左转弯待转区的作用是用交叉口空间面积来换取机动车通过交叉口的绿灯时间,对提高交叉口通行能力很有帮助。特别是对高架立交桥下,可施划多条左转弯待转区,这种作用就更明显。

2）交叉口进、出口道的要求

(1)进口道的宽度及车道数

交叉口进口道车道数的确定,应以保证进口道与路段通行能力相匹配为目标,同时考虑进口道宽度约束。

进口道每条车道的宽度可较路段上略窄,进口道在大车比例很小时最小可取 2.75m 宽;出口道由于车速较进口道高,其宽度应较进口道宽,具体尺寸根据实际道路条件确定。城市道路进、出口道的参考设计宽度见表 8-5。

城市道路进、出口道设计宽度参考值　　　　　　　　　　表8-5

项目	进口道	出口道
设计宽度(m)	2.75~3.25	3~3.5

进口道长度 L_a 由展宽渐变段长度 l_d 与展宽段长度 l_s 两部分确定,其中图8-14a)为左侧车道的展宽,图8-14b)为右侧车道的展宽。l_d 和 l_s 分别按下列公式计算:

$$l_d = \frac{v \times \Delta w}{3} \tag{8-6}$$

式中:v——进口道计算行车速度(km/h);

Δw——横向偏移量(m)。

$$l_s = 10N \tag{8-7}$$

式中:N——高峰每一信号周期的左转或右转车的平均排队辆数。

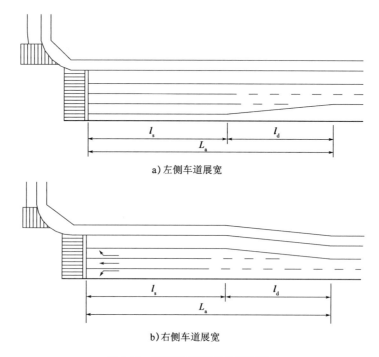

图8-14　进口道展宽段设计示意图

治理性交叉口的进口道宽度应根据各交通流向的实测流量及可实施的治理条件来决定。当用地有限,无法满足要求时,应采用表8-6的数据确定进口道的最小长度。

治理性交叉口进口道(L_a)的最小长度　　　　　　　　　　表8-6

路段计算行车速度(km/h)	60	50	40
最小长度(m)	60	50	40

(2)出口道

出口道车道数应与上游各进口道同一信号相位流入的最大进口车道数相匹配。出口道的总长度由出口道展宽段和展宽渐变段组成。出口道展宽段长度由缘石转弯曲线的端点向下游方向计算,不设公交停靠站时,长度为60~80m;设置停靠站时,再加上公交停靠站所需长度,并须满足视距三角形的要求。出口道展宽渐变段长度 l'_d 应按式(8-8)计算：

$$l'_d = (20 \sim 30)\Delta w \tag{8-8}$$

条件受限制时,不应小于30m。

当中央分隔带宽度不低于4m时,可以在交叉口人行横道之前设置掉头通道。当中央分隔带小于4m,且设有左转车专用信号时,掉头车辆可利用该信号掉头。

3）人行横道的要求

行人过街横道应尽可能靠近交叉口,以缩短行人过街的步行距离。当行人过街横道过长（大于15m）时,为确保过街行人安全,体现"以人为本"的宗旨,应在过街横道中间设置行人等待区,其宽度应大于1.5m。人行横道的宽度与过街行人数及信号显示时间相关,顺延干路的人行横道宽度不宜小于5m,顺延支路的人行横道不宜小于3m,以1m为单位增减。

4）交叉口内部区域渠化的要求

平面交叉口内部应采用导流线、交通岛及交通流向标志等进行渠化设计,以保证车流组织措施的实现。渠化的行驶线路应简单明了,根据各流向车流的安全行驶轨迹设计。交叉口内应把各流向的交通流行驶轨迹所需空间之外的多余面积用标线或实体做成导向交通岛。

（1）交通标志

根据交叉口渠化方案,配置相应的交通标志,如图 8-15 所示。

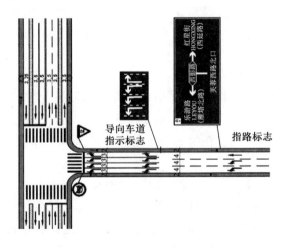

图 8-15　交叉口渠化与指路标志、导向车道指示标志的关系（尺寸单位:m）

（2）交通岛

布置在交叉口的高出路面的各种交通岛是非常有效的渠化措施,根据其功用及布置的地位,可分为分车岛（分隔带）、中心岛、方向岛和安全岛,一般可一岛多用,设在面积较大、车流复杂的信号交叉口。

（3）导流线

当交叉口空间较大时,各流向的车辆行驶轨迹范围比较大,因此发生冲突的区域相应增大,不利于交通流的运行与控制。可通过导流线限定各向交通流的行驶轨迹,一方面利于交通流平顺行驶,同时限制车辆转弯时的任意性。

(4) 交通渠化与信号控制协调设置

对于正规十字交叉口和T字交叉口的渠化和信号相位设置,应统一协调考虑,将导向车道中的流向组在一个相位中。若导向道分专向流向,如专左、专直、专右车道,则信号相位上可以设置专左相位、专直相位和右转专用相位。导向车道与出口车道错位时,应在交叉口内设置导流线予以车流引导。

8.2.4 特殊平面交叉口交通管理

斜交交叉口、多枝交叉口、错位交叉口一般统称为特殊平面交叉口。对于特殊交叉口,为减少交叉口内的冲突点,在进行交通组织中,利用单行、禁止左转弯(或直行)将交叉口流向进行合并,进行渠化和信号相位一体化组织,组织的重点是交叉口内渠化。由于异形交叉口几何形状复杂,冲突点的位置不易确定,因此,有必要通过渠化明确各流向通过交叉口空间路权,固定冲突点位置,进行信号相位设计明确各流向的时间路权,以便进行冲突控制,改善交叉口秩序。

在特殊平面交叉口,交叉口内的渠化,不能按照标准交叉口设置非机动车禁驶区和左转弯待转区,而应按交叉口形状和各流向进出交叉口轨迹来确定渠化内容。要注意以下几点:①进口导向车道一般不会对着出口车道,需要导流线规范行驶轨迹。②特殊交叉口内可能会出现大量的空余面积,因此,需要导流线和交通岛配合流向箭头综合运用。③为明确不同流向非机动车的空间路权,畸形交叉口一般采用空间分离法放行方式,非机动车随机动车相位走。在进行交叉口渠化时,用自行车图案标注出非机动车的准行轨迹,做到同流向的机非分离。

1) 斜交交叉口的交通管理

当相交道路交叉角度成锐角时,交叉车道的相交距离变长,交叉口内的视野变差,冲突点分散,容易发生交通堵塞和交通事故。同时由于交叉口面积加大,使交通信号控制中的损失时间增加,导致通行能力降低。由此,在规划设计交叉口时,原则上应尽可能使道路交叉口角度控制在90°。

对于已经建成的斜交交叉口,如果条件允许,可对交叉口进行改造,在进入交叉口前改变其中一条道路的线形,使之成为直角或近似直角的交叉;实际情况不允许改造为直角交叉时,也可改线使之成为两个T形交叉口,但应保证两个交叉口之间有足够的距离,不构成错位交叉口。一般改造投资成本比较大,如果对斜交交叉口进行合理的交通管理同样可以保障道路的交通畅通,而且成本较小。斜交叉口的交通管理有以下措施:

(1) 渠化交通组织

布置4个导流岛,使斜交对冲的车流变为直角交叉或近似直角交织,不仅可增加交叉口的绿化面积,有利于道路环境的改善,也可以使交叉口内机动车道与非机动车道分离,还可以缩短过街人行横道长度,使导流岛起到交通安全的功能。

(2) 设置专用车道

斜交交叉口的通行能力小,行车安全性差,其主要原因是存在相互交叉的行车线,容易产生冲突点和交织点,而冲突点的影响和危险性最大,主要来源于左转和直行车辆的交通冲突。因此,斜交交叉口交通管理应着重解决左转车辆和直行车辆的交通组织。可在斜交交叉口的每个进口设置一条左转弯车道和一条右转弯车道,右转弯车道设在导流岛外侧。斜交交叉口车速较低,对于斜交交叉口机动车进口道,建议在斜交交叉口范围内增加一条直行车道,一旦发生堵车,可便于斜交交叉口车辆快速驶离。

2）多枝交叉口的交通管理

平面交叉口不同交通流向产生的冲突点、分流点、合流点均随道路条数的增加而急剧增加,当这些点的数量增加时,发生交通事故的可能性随之增加。5 条以上道路相交的平面交叉口,不仅其通行能力会因各交通流向相互之间的严重干扰而大大降低,而且在交通管理和控制上也带来很大的困难。因此,交叉口的相交道路条数原则上应规划成 4 条或 4 条以下。

当平面交叉口相交道路条数大于 4 条时,很难进行交通流组织,在条件允许时应对其进行渠化改造。其设计思路有以下几个:

(1) 利用其中的 1~2 条支路设置单行线。

(2) 分离其中的 1~2 条支路,将次要道路在进入交叉口前引离主交叉,从而避免 5 条以上道路交叉,如图 8-16 所示,然后对两个交叉口做协调设计。

(3) 当确实难以避免 5 条以上的道路相交叉时,应在交通量条件允许时,采用环交形式。

3）错位交叉口的交通管理

错位交叉口一般位于主干道上,由两个距离较小的 T 形交叉口和主干道组成,两 T 形交叉口间距在 100~500m 之间,干道交通量大,且双向交通量基本均衡。由于干道通常交通负荷沉重,若错位交叉口位于主干道上,则可能造成通过该区间车辆较大的停车延误。若对主干道上的错位交叉口进行改造,如修建立交,则交叉口间距太短而使立交间的交织段长度不能满足车辆行驶的要求。因此,最大限度地利用现有的资源,实现错位交叉口合理的交通管理对于保障道路的交通畅通有着重要意义。

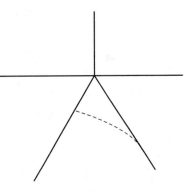

图 8-16　多枝交叉口的改善

错位交叉口上交通流的交叉和交织比较复杂,容易引起交通的混乱。要实现错位交叉口合理的交通管理,必须根据错位交叉口的地理位置、交通环境和交通流结构等进行综合治理。将错位交叉口改造成典型的十字交叉口,可以简化交通流。

如图 8-17 所示的错位交叉口,可以进行如下渠化改造:

交叉口南进口出口处加设中央分隔带,将原畸形十字交叉口改为 T 形交叉口;去除原交叉口西进口人行横道线,将原西进口停车线提前,在新西进口停车线前加画人行横道线,如图 8-18 所示。

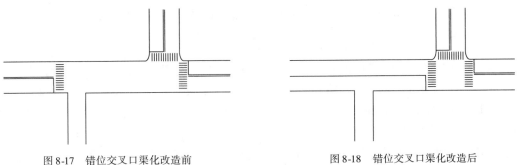

图 8-17　错位交叉口渠化改造前　　　　　　图 8-18　错位交叉口渠化改造后

8.3 路段交通运行管理

路段是指交叉口导向车道以外的道路,路段上的车道称为行车道。由于交叉口与路段为一个整体,因此,交叉口矛盾集中时可以利用路段条件协调解决,保持交叉口路段协调的高度统一。路段交通管理以路段交通运输效率最大为管理目标,以道路网络布局为基础,根据道路功能确定路段交通管理的方式。

8.3.1 车速管理

1) 限速及其依据

车速管理是指运用交通管制的手段,强制性地要求机动车按照规定的速度范围在道路上运行,以确保道路交通安全。对不符合设计技术标准的路段,必须严格采取限速措施以确保行车安全。

对于因受条件限制,实际通视距离不能满足最小视距要求的路段,应按实际通视距离验算该路段的限制车速。停车视距的计算参见式(8-2)。

式(8-2)的两项分别表示反应距离和制动停车距离。制动停车距离在路面湿润的情况下,取 $\Phi = 0.29 \sim 0.44$。进行道路限速设计时,应考虑潮湿路面上的实际车速,按设计车速的 85%~100%计算,参见表 8-7。

在水平路段上路面湿润时的自动停车距离与停车视距　　表 8-7

设计车速 (km/h)	行驶车速 (km/h)	Φ	反应距离 $S_1 = 0.694v$ (m)	制动停车距离 $S_2 = 0.00394v^2/\Phi$ (m)	S_s (m)	S_s^* (m)
120	102	0.29	70.7	141.3	217.0	210
100	85	0.30	58.9	94.8	158.7	160
80	68	0.31	47.1	5837	110.8	110
60	54	0.33	37.4	34.8	77.2	75
50	45	0.35	31.2	22.8	59.0	55
40	36	0.38	24.9	13.4	43.3	40
30	30	0.44	20.8	8.1	33.9	30
20	20	0.44	13.8	3.5	22.3	20

注:S_s^* 为日本《道路工程技术标准》规范值。

对于迎面驶来的车辆,采用图 8-8 中所列停车视距值的 2 倍,即会车视距 S_h 为:

$$S_h = 2S_s \tag{8-9}$$

在弯道、凸形竖曲线路段中间有严格实物分隔设施时,验算该路段停车视距;实际通视距离小于设计停车视距时,须按实际通视距离计算该路段应采取的限制车速;路段中间无严格的实物分隔设施时,应验算该路段会车视距;实际通视距离小于设计会车视距时,须按实际通视距离计算该路段应采取的限制车速。

在该设而未设或不便设超高的小弯道上,应按弯道的转弯半径验算可通过的安全行驶车

速作为通过该弯道的限制车速,即:

$$v' = \sqrt{127(\mu - i_o)R} \tag{8-10}$$

式中:v'——限制车速(km/h);
　　R——转弯半径(m);
　　μ——路面横向力系数;
　　i_o——路面横坡度。

另外,在住宅区内道路上,为保障住宅区内居民在路上行走时的安全、维护住宅区的环境安宁、限制过境车辆穿越住宅区道路,也可在住宅区道路上规定极低的限制车速。

2)限速措施

最高行驶车速的限制是指对各种机动车辆在无限速标志路段上行驶时的最高行驶车速的规定,它是由道路设计车速或实际地点车速的累计频率分布曲线上的 $v_{85\%}$ 值等因素确定的。一般以 $v_{85\%}$ 作为车速上限,$v_{15\%}$ 作为车速下限。

特殊情况下对行驶车速应有一定的限制。如在交通信号控制系统(线控、面控等)中的车辆要求以适应"绿波带"的"推荐车速"行驶;车辆运行中途发生故障(如喇叭、灯光、机体等损坏仍能行驶)时、天气条件恶劣(如遇到风、沙、雨、雪、雾天气,道路能见度在30m以内,或者道路结冰、有积雪等情况)时,依据交通规则进行现场限速管理。

控制行驶车速的方法一般有以下几种。

(1)法规控制

法规控制是指根据交通规则中的规定对车速加以限制,如通过交通信号、标志、标线对车速进行限速,道路上的最高限速和高速公路上的最低限速等都属于这类情形。

(2)心理控制

心理控制是指利用人的心理作用对车速加以控制。如在急转弯处路面上画有斑马线、横线;在下陡坡处画有色骨刺形条纹,使驾驶人产生快速不安全感及道路条件不良感,自觉地放慢驾驶速度;在接近有横向干扰的交叉,有意识地使道旁树木的树梢互相靠近,从心理上给驾驶人造成道路狭窄之感,从而促使驾驶人自动减速。

(3)工程控制

工程控制是指通过道路工程设施对车速进行强制减速的控制,如在住宅区道路或高速公路、快速道路的出口处设置颠簸路回、波状路面、齿状路面利分隔岛(设障碍物强迫车辆减速绕行)等。

8.3.2　行车道管理

1)单向交通管理

单向交通又称单行线,是指道路上的车辆只能按一个方向行驶的交通。

(1)单向交通的种类

单向交通分固定式单向交通、定时式单向交通、可逆性单向交通、车种性单向交通。

对道路上的车辆在全部周日内都实行单向交通称为固定式单向交通。常用于一般辅助性的道路上,如立体交叉桥上的匝道交通多是固定式单向交通。

对道路上的车辆在部分时间内实行单向交通称定时式单向交通。如城市道路交通在高峰时间内,规定道路上的车辆只能按重交通流方向(方向分布系数 $K_D > 2/3$ 的车流方向)单向行驶,而在非高峰时间内,则恢复双向运行。实行定时式单向交通时,应给非重交通流方向的车流安排可行路线,否则,会带来交通混乱。

可逆性单向交通是指道路上的车辆在一部分时间内按一个方向行驶,另一部分时间内按相反方向行驶的交通。这种可逆性单向交通常用于车流流向具有明显不均匀性的道路上。其实施时间可依据全天的车流量及方向分布系数确定,一般当 $K_D > 3/4$ 时,即可实行可逆性单向交通。同样,应注意给非重交通流方向的车流以可行路线。

车种性单向交通是指仅对某一类型的车辆实行单向交通,常应用于具有明显的方向性及对社会秩序、居民生活影响不大的车种,如货车。实行这类单向交通的同时,对公共汽车和自行车仍可维持双向通行,目的是充分利用现有道路的通行能力。

(2) 单向交通的优点

实施单向交通后,可以大大减少在交叉口的冲突点数和交织点数。机动车与机动车、机动车与非机动车之间的干扰明显减少,因此提高了交叉口的通行能力。由于单向交通减少了对向行车的可能冲突及减轻了快慢车之间的干扰,因此道路通行能力将会明显的提高。据资料表明,宽为 12m 的街道,在禁止路上停车的情况下,双向交通的通行能力为 2800 辆/h,单向交通的通行能力可达 3400 辆/h,提高了 20% 以上。单向交通能起到大量减少冲突点数的作用,行车安全性将会有明显的提高。单向交通所发生的事故多为尾撞事故,因此恶性事故率也将下降。实行单向交通,可消除对向来车的眩光影响,行人过街只需注意一个方向,事故率也会有所下降。实行单向交通可提高行车速度,缩短行程时间。

单向交通道路有利于实施各交叉口间交通信号的协调联动控制。单向交通有助于解决停车问题。窄路上若能允许路边停车,而将留下的道路改为单向交通,则能有效地解决窄路上停车困难及交通阻塞的问题。单向交通可充分利用狭窄的街巷,弱化主干道上的交通负荷,如在旧城道路的改建,能带来较大的经济效益。

(3) 单向交通的缺点

实施单向交通,增加了车辆绕道行驶的距离与附近道路上的交通量,给公共车辆乘客带来不便,增加步行距离;容易导致迷路,特别是对不熟悉情况的外地驾驶员;增加了为单向管制所需的道路公用设施。

(4) 单向交通的实施条件

具有相同起、终点的两条平行道路,它们之间的距离在 350~400m 以内。具有明显潮汐交通特性的街道,其宽度不足 3 车道的可实行可逆性单向车道。复杂的多枝交叉口,某些方向的交通另有出路的,才可将相应的进口道改为单向交通。

当各条平行的横向街道的间距不大,车行道狭窄又不能拓宽,而交通量很大造成严重交通阻塞时;当车行道的条数为奇数时;在复杂地形条件下或对向交通在陡坡上产生很大危险性时等情况下,实施单向交通能取得很好的效果。当现有的道路系统出现负荷过大,但尚未到达超负荷之前,就应根据条件考虑组织实施单向交通,设置易于识别的交通标志的单向交通系统。如单向交通与双向交通的过渡段,提前设置预告标志、反向照明及反光标志等。

2) 变向交通管理

变向交通是指在不同的时间内变换某些车道上的行车方向或行车种类的交通。变向交通又称"潮汐交通"。

(1) 变向交通的分类

变向交通分方向性变向交通与非方向性变向交通。

在不同时间内变换某些车道上的交通称为方向性变向交通。这类变向交通可使车流量方向分布不均匀现象得到缓和,从而提高道路的利用率。

在不同时间内变换某些车道上行车种类的交通称为非方向性变向交通;它可分为车辆与行人、机动车与非机动车之间相互变换使用的变向车道。这类变向交通对缓和各种类型的交通在时间分布上不均匀性的矛盾有较好的效果。例如,在早晨自行车高峰时间,变换机动车外侧车道为自行车道,到了机动车高峰时间,则变换非机动车道为机动车道。另外,在中心商业区变换车行道为人行道及设置定时步行街等。

(2) 变向交通的优缺点

变向交通的优点是合理使用道路,充分提高道路的利用率,从而提高了道路的通行能力,这对解决交通流方向和各种类型的交通在时间分布上不均匀性的矛盾都有较好的效果。然而变向交通增加了交通管制的工作量和相应的设施,且要求驾驶人有较好的素质,注意力集中,特别是在过渡地段。

(3) 方向性变向交通的实施条件

道路上机动车道数应为双向三车道以上;交通量方向分布系数 $K_D > 2/3$;主要交通方向在使用变向车道后,通行能力应得到满足;次要交通方向在去掉变向车道后,剩余的通行能力应能满足交通量的需求;在城市道路上使用时,应在信号控制交叉口进口道上相应地增加进口道的车道数。

(4) 非方向性变向交通的实施条件

自行车借用机动车道仅适用于一块板、两块板的道路,借用后机动车剩余车道的通行能力应能满足机动车交通量的需求;机动车借用自行车道后,剩余车道应能保证自行车通行的安全;行人借用车行道适用于中心商业区,除定时步行街外,要对机动车流进行分流疏导和控制。

(5) 变向交通的管制设施

对于方向性和非方向性变换车道中机动车和自行车道相互借用的情形,可采用变换车道标志和交通信号灯显示进行动态控制,使用锥形交通路标进行分隔。对于非方向性变换车道中行人借用车行道的情形,可采用报纸、电视、广播等宣传公告及轻质材料护栏等分隔设施。在高速公路上,除采用门式变换车道标志外,还可用液压式栏式缘石来分隔车道。在变换车道上应配备警力,有警车巡逻、清除、处罚违章者,以确保交通安全。

3) 专用车道管理

规划专用车道(或专用道路系统)是缓解城市交通问题的途径之一。专用车道包括公共车辆专用车道和自行车专用车道,详细参见 8.5 节。

采用公共车辆专用车道可提高公共车辆的运行效率和服务水平,达到减少城市小汽车交通量的目的,使整个城市的交通服务质量得到改善,带来较大的社会经济效益。例如开辟公共汽车专用车道、公共汽车专用街及公共汽车专用道路等。

根据自行车交通早高峰流量大的特点,将自行车和公共车流量大的路线、路段开辟成自行车和公共汽车专用线路段,定时将自行车与公共汽车及其他车辆分开,还可以开辟某些街巷作为自行车专用道。

4）禁行管理

为了调节道路上的交通流，将一部分交通流均分到其他负荷较低的道路，满足某些特殊的通行要求。根据道路条件和交通条件，实行对机动车和非机动车的某种限制通行的管理，称为禁行管理。禁行管理一般有以下几种。

（1）时段禁行

根据机动车和非机动车的不同高峰时段，如9:00～17:00禁止自行车进入被规定的主要车道。

（2）错日禁行

如某些主要街道规定某些车辆单日通行，某些车辆双日通行；或牌照号为单数的车辆规定单日通行，双数的双日通行。

（3）车种禁行

如禁止某几种车（载货车和各类拖拉机）进入城市道路和城市中心区（8.4.3节中有详细介绍）。

（4）转弯禁行

在交通拥挤的交叉口，禁止机动车和非机动车左（右）转弯，或专门禁止自行车左转。应注意在禁止左转弯交叉口的邻近交叉口必须允许左转弯，自行车可在支路上完成左转或变左转为右转。

（5）质量（高度、超速等）禁行

规定机动车和非机动车按规定的吨位（高度、速度）通行。

8.3.3 车辆掉头组织

1）路段隔离引发的交叉口掉头问题

车辆掉头的问题，主要是由于道路隔离引起的。由图8-19可以看出，原路段出车左转的车流，由于路中护栏隔离后不得不右转到下游交叉口掉头。在非饱和交通状态时，只需注意掉头安全即可。但是在饱和交通状态时，由于掉头车辆借助交叉口左转车道掉头，会占用左转车道，降低了交叉口的通行能力；也会增加交叉口的无效流量，使交叉口拥堵进一步恶化。同时，隔离护栏越长，掉头间距就越大，使本来不堵的交叉口，也变成了拥堵交叉口。这是由于掉头与隔离不匹配引发的交通拥堵问题。

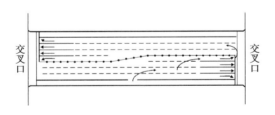

图8-19 路段隔离引起的车辆交叉口掉头问题

解决思路如下：

（1）路段引发的问题应在路段上解决，不应压到交叉口，"宜疏不宜堵，宜散不宜聚"。

（2）缩短中心隔离的长度，可以分散掉头压力，能缓解交叉口的拥堵。

（3）断开中心隔离带，并由此设置掉头车道，将掉头流量分成两截，减轻了单一掉头车道的交通压力，缓解交通拥堵。

(4) 拥堵问题不能转化成安全问题，一旦转化成安全问题，应从完善安全设施入手加以解决。可以设计护栏套袖式掉头车道，使行人无法通过该条掉头车道横穿道路。如若违章横穿，其绕行距离比走行人过街天桥还远，由此可以解决安全问题。

2) 路段掉头组织

对于隔离路段，一般交叉口内侧左转导向车道设置准许掉头标志，辅助标志为"左转灯亮和红灯时"。由于掉头标志有限制掉头和禁止掉头两种，在使用中容易引起误解。因此，提倡仅使用准许掉头标志，并用辅助标志说明其准许掉头的条件。对于未设准许掉头标志的交叉口、地点，法规准许掉头。对于禁止掉头的交叉口路段，一定要设置禁止掉头标志，用辅助标志说明禁止掉头时间和路段长度。交叉口和路段准许掉头或禁止掉头，除设置标志外，还应配上相应的标线，在路段准许掉头处中心线应改为虚线，禁止掉头处中心线应为黄实线。

在交叉口路段准许掉头处，除完善必要的标志标线外，如有条件应设置相应的掉头信号。特别是在路段掉头处，如果中心隔离带过窄，小于掉头半径(小型车为 6.5m，即须跨两条行车道)，则一定要设掉头让行标志标线或掉头信号，以明确掉头车辆无先行权，必须给正常行驶的车让行。掉头信号要受交叉口信号灯控制，给出允许路段掉头的时间后，路段掉头信号才能显示绿灯，以避免和对向直行车辆发生冲突。

在经过道路中心隔离后经常发生拥堵的交叉口，可以考虑利用路段掉头的方法来缓解交叉口的拥堵。

在交叉口一个信号周期中，总有一两个相位时交叉口各方向的出口轮流出现空闲，这就意味着出现空闲的出口下游路段将出现机动车流断流。利用这个路段机动车断流时间，可以安排路段上的行人过街和机动车掉头。这就要求交叉口路段的信号要协调控制。换言之，也就是用一台多相位信号机同时控制交叉口和路段上所有的信号灯，包括交叉口流向箭头信号灯、非机动车和行人信号灯、路段车辆掉头信号灯和行人过街信号灯。如果有路网信号协调控制系统，也可以把路段行人过街、车辆掉头等信号灯当成一个多相位信号控制交叉口，纳入系统协调控制。

对于路段掉头的信号控制，有在人行横道上游掉头和在人行横道下游掉头两种方式，在使用中各不相同。

(1) 人行横道上游掉头

路段人行横道的位置一般离交叉口不会太近，多在 150m 以外，特别是在两个交叉口的中间。因此，人行横道上游掉头的服务范围仅是交叉口间距的一半。换言之，人行横道上游掉头的方式仅是为人行横道上游路段出车左转服务，人行横道下游出车，仍须到交叉口掉头。

人行横道上游掉头的车辆不必经过人行横道，与行人过街无交叉冲突，信号协调比较简单。不利之处在于服务范围小，对上游交叉口的压力缓解作用有限，适宜用在人行横道上游出车相对集中的路段上。人行横道上游掉头的组织如图 8-20 ~ 图 8-22 所示。

(2) 人行横道下游掉头

如果交叉口交通压力较大，也可以采取人行横道下游掉头的方式。人行横道下游的掉头口可以开在导向车道段附近，视对向左转车流排队长度而定。

人行横道下游掉头的方式，服务范围超过交叉口间距的 2/3，能较好地缓解交叉口的交通压力。不足之处在于人行横道上游发生的掉头车辆须两次经过人行横道，加大了人行横道处的交通压力，与行人过街存在两次交叉冲突。宜用在交叉口交通压力较大且人行横道下游出车相对集中的路段上，见图 8-23。

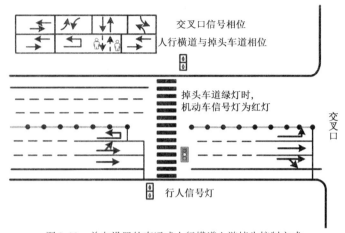

图 8-20 单向设置的直通式人行横道上游掉头控制方式

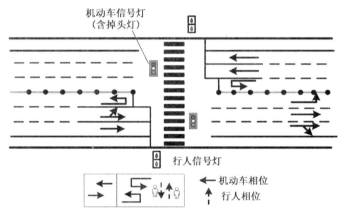

图 8-21 双向设置的直通式人行横道上游掉头控制方式

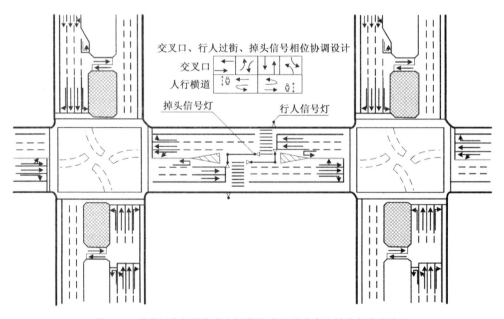

图 8-22 分段过街的错位式人行横道、行人安全岛和掉头车道的设置

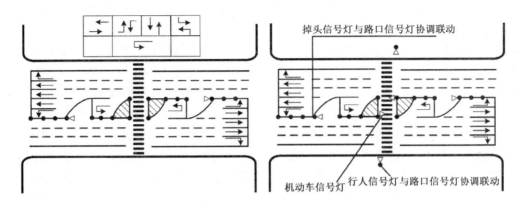

图 8-23 人行横道下游掉头交通组织方案

掉头组织可以缓解或转移交通堵点的压力,实质上是一种堵点减压分流的方式。可以在堵点的周围寻找适合分流的地点,通过车辆掉头组织把堵点的交通压力分流过去,即可达到缓解堵点拥堵的效果。当快速干道辅路形成饱和连续流时,往往影响主路出车造成拥堵。此时可考虑从堵点上游分流来缓解堵点压力,即利用掉头解决出主路车流的转向问题,可以取得明显效果。

8.3.4 路内停车管理

路内停车场是指在城市道路用地控制线(红线)内划定的供车辆停放的场地,可分为路上停车场和路边停车场两种形式。路上停车场指城市道路的两侧或一侧划出若干路面供车辆停放的场所。路边停车场指在城市道路的两边或一边的路缘外侧所布置的一些带状停车场。

路内停车管理的目的是使道路在"行车"和"存车"两方面能够得到最佳的使用效果。以下主要介绍与路内停车管理实施密切相关的三方面内容:路内停车场设置准则、路内停车管理地点的标志和路内停车管理的执行。

1) 路内停车场设置准则

在城市快速道路和主干道上禁止设置路内停车场。为避免造成道路交叉口的交通混乱,路内停车场的设置应尽可能地远离交叉口,交通量较大的道路上应避免停车左转出入,高峰时段内禁止左转;次干道与支路路宽在 10m 以上,道路交通高峰饱和度低于 0.8 时,允许设置路内停车,但必须以行车顺畅为原则,以该地区路外公共停车场及建筑物配建停车场泊位不足为前提。在设置有路外公共停车场设施的周围 200~300m 内,原则上禁止设立路内停车场,已经设置的应予以清除。

路内停车场的设置应因地制宜。在一些非机动车流量小的道路及近期新建、扩建的道路,交通量一般较小,道路利用率低,可研究开辟路内停车场;在交通管理规定机动车单向行驶的道路交通组织较为方便,可设置一定的停车泊位;在道路广场周围、城市高架道路、匝道下净空允许时,可设置规模适合的地面停车场。在城市步行街、公交专用道和自行车专用道等道路上,不得布设路内公共停车场。停车场布局应尽量小而分散,推荐每个停车场泊位量以不大于 30 个为宜;路内停车场的设置应以现状为基础,中心区内原则上不再增加新的路内停车场和停车泊位;停车场应以路上停车场为主要供应形式,不宜采用占用人行道空间的路内停车场形式。路内停车对道路交通的影响 V/C 值应控制在容许范围之内,即次干道 $V/C \leqslant 0.85$,支路

$V/C \leq 0.90$。当 V/C 值超过上述规定时,若仍要设置路内停车场,则应对其影响做进一步的分析后确定是否设置。

城市主、次干道及交通量较大的支路以及对居民生活影响较大的道路上,不宜设置路内停车泊位;当道路车行道宽度小于表 8-8 所示禁止停放的最小宽度时,不得在路内设置停车泊位;路内停车泊位主要设置在支路、交通负荷较小的次干道以及有隔离带的非机动车道上;路内停车泊位与交叉口的距离以不妨碍行车视距为设置原则,建议与相交的城市主、次干道缘石延长线的距离不小于 20m,与相交的支路缘石延长线的距离不小于 10m;单向交通出口方向,可根据具体情况适当缩短与交叉口的距离;路内停车泊位与有行车需求的巷弄出口之间,应留有不小于 2m 的安全距离。路内停车泊位的设置应给重要建筑物、停车库等出入口留出足够的空间;公交车站、消防栓、人行横道、停车标志、让路标志、信号灯等前后一定距离内不应设置路内停车泊位。

设置路内停车场与道路宽度关系表　　　　表 8-8

道路类别		道路车道宽度 B	停车状况
街道	双向道路	$B \geq 12m$	允许双侧停车
		$12m > B \geq 8m$	允许单侧停车
		$B < 8m$	禁止停车
	单行道路	$B > 9m$	允许双侧停车
		$9m > B \geq 6m$	允许单侧停车
		$B < 6m$	禁止停车
巷弄或断头路		$B \geq 9m$	允许双侧停车
		$9m > B \geq 6m$	允许单侧停车
		$B < 6m$	禁止停车

依据上述原则确定路内停车泊位设置范围;路内停车泊位设计与规划时应根据实际情况确定停车泊位的大小和数量,且必须控制在停车泊位设置范围之内;在一些符合条件的路段,可以根据道路的交通特征,以及当地的停车管理政策设置全天或分时段允许停放车辆的路内停车泊位;对社会开放的大型路外停车场服务半径范围内,设置的路内停车泊位必须与路外停车管理相协调,采取相应的路内停车管理措施;根据停车管理的需要,路内停车场的设置应保证一定的规模,具体规模应结合道路的实际情况而定,并满足上述停车泊位设置准则的要求。

2)路内停车管理地点的标志

对于路段,标明路边车道是否允许停、存车辆的办法有:①在路边设置允许路边停车标志,凡是设置了允许路边停车标志的地方均可以在该路边停车。②在侧石上加涂彩色油漆。例如白色表示只准许短时停车;绿色表示允许限时存车;黄色表示只许上下乘客或装卸货物的停车;红色表示不准任何停车,在有公共汽车停靠牌的地方,只准公共汽车停靠;蓝色表示只准残疾人停存车辆等。在限时存车地点可以设限时辅助标志或在侧石上写明限时规定。

一些道路要求实行禁止停车,如实行机非隔离或主辅路隔离的机动车道或主路;一些管理控制条件有特殊要求的道路,也需要实行禁止停车,如较窄的道路、人行横道和非机动车道、受交叉口信号绿波协调的道路、重点单位周边道路等。实行禁止停车的道路可以是双向禁停,也可以是单向禁停,因此应该用禁停标志标线来表示禁止停车的路侧。

除了禁停标线外,有几种标线也具有禁止停车的功能,即路缘线、机非隔离线、应急停车带等。只要是纵向的白实线,靠白实线一侧的道路边就应禁止停车。在进行禁止停车道路的交通组织时,这些具有禁停功能的标线要注意综合运用。

3)路内停车管理的执行

停车管理是道路管理中的重要内容之一,应由负责道路管理的公安机关交通管理部门执行,或委托社会公众团体执行。停车管理的执行一般可采用三种方法:①对临时停车应采用巡逻检查或分片、分路负责检查管理。②路边存车限制车辆的停泊时间,通常设置时间限制装置,由停车者自行启动,交通警察或执勤人员监督执行。③在路内停车管理中采用停车咪表作为技术设备,是已在世界范围内获得成功的管理经验。路内咪表停车场是指利用路内的停车场地,采用内置微处理系统等先进的自动化咪表装置进行停车收费与停车过路的停车场所。

8.4 区域交通运行管理

区域可以看成是一个放大了的节点,可以按照交叉口、路段交通运行管理的思路去进行区域交通运行管理。交叉口、路段交通运行管理的重点在于不同种类、不同流向交通流的冲突分离;而区域交通运行管理解决的是路网中一块局部范围的"心肌梗",重在实现路网交通负荷均分。

8.4.1 区域交通运行组织

1)区域交通运行组织思路

区域交通拥堵的形成原因复杂:拥堵点的范围扩散造成、区域超强度开发引起、路网分布组织不合理造成等。不同的路网结构,所形成的交通压力不同。合理的路网结构,可使路网中各节点交通压力比较均衡;不合理的路网结构,会使路网中某个节点、某个区域或某条道路产生压力集中,容易造成交通拥堵。

对于拥堵的区域,从交通流构成看,有内部生成流量、外部过境流量和到达流量,这是区域内的交通需求。从道路条件上看,有路网结构、通行能力和停车泊位,这是区域内的交通供给。路网结构不合理,会造成区域内交通压力分布不均;而交通供需矛盾倒置,又会造成区域内交通压力的升高。在拥堵区域内,一方面要调整交通组织,均衡内部交通压力的时空分布;另一方面通过交通需求控制,来缓解交通供给不足所造成的交通压力。在拥堵区域外,应重新整合交通流,把不会给拥堵区域带来正面效益或只能造成负面影响的交通流调度出拥堵区域时空范围以外,以减轻拥堵区域的交通压力。

区域交通运行组织的基本思路即对该类交通的区域内部禁限和区域外部分流,减少该类交通对区域造成交通压力。

2)区域交通组织优化手段

区域交通组织优化的目的是为了减少区域内的交通拥挤问题。对于某一区域内的交通拥堵情况,从理论上按交通拥挤的空间分布特点可以归纳为三种。

点——交通拥挤发生在一个独立的交叉口,只对与其相连接的路段产生影响,而未影响到与其相邻的交叉口。

线——由于交通流量的激增(如流量高峰期)或者由于局部交通堵塞未得到及时解决,而使得拥挤在相互关联的路段上蔓延,并且主要分布在一条城市主干道上。

面——交通拥挤分布于相互关联的路段,并且路段与路段之间的交叉口相互重合,从而构成区域性交通拥挤。

对于交叉口、路段拥堵情况,可以首先考虑在区域内采取交叉口、路段交通组织方法和区域交通组织方法,包括交叉口的放行方法、渠化及信号控制等;如果交叉口、路段交通组织手段不能解决交通拥堵,则应考虑采用区域交通组织的方法,如交叉口流向禁限、车种禁限、区域信号组织等。

对于交通供需倒置区域,即区域开发建设中城市容积率偏高、道路面积率偏低的区域,区域道路设施满足不了区域内生成的交通出行需求,其交通组织应采取外部分流减压,对内部关键节点进行适当的组织调整,包括对穿行的公交线路的调整等手段,并且调整区域内的信号配时,使压力均分,避免堵死。对于区域性的秩序混乱,虽有设施不完善和管理不到位的问题,但主要是由于交通组织不合理引发的,往往表现为冲突现象严重、流向分离不彻底。合理的区域交通组织,应该是路权明确、流向顺畅、流线轨迹无交叉冲突。对于道路安全条件不足的区域,道路规划、设计、建设时遗留的隐患,仅靠完善设施和加强管理无法根除,一旦道路投入使用,难以避免严重拥堵或交通事故的经常发生。因此,对于道路存在事故隐患,安全状况不能满足车辆行驶条件的,可以通过交通组织的方法,把易发生事故的高危车种分流,使道路能满足安全通行的需要。

在常规交通组织中,单行、禁限、流向引导、信号组织等都是区域交通组织中常用的手段,其核心是空间压力均分和时间压力均分。选用什么方法进行区域交通组织,应以交通工程理论做指导,充分认识区域交通特点和规律性,整合不同的交通组织方法来实现。

对于区域内的常发性交通拥堵,用区域交通组织措施是不能解决的,必须采取宏观交通组织方法或从更大范围内的区域出发解决。最常用的包括对车辆需求的管理、对旅行需求的管理,或通过几何改进以提高通行能力。对车辆需求的管理即在入口匝道和主线上控制交通,包括对某些车辆优先通行、设置可变速度标志和可变情报标志。对旅行需求的管理,即通过合用车、存车换乘、错开上下班时间、经济调控和改善公共交通服务来减少交通量。

8.4.2 交叉口流向禁限管理

交叉口流向禁限即交叉口禁止左转弯、禁止直行和禁止右转弯,是区域流向组织中的重要组成部分。一般交叉口禁止直行和禁止右转弯多与单行系统综合使用,交叉口禁止左转弯单独使用情况较多。

1)交叉口禁止左转弯的冲突情况

交叉口禁止左转弯的直接作用是可以提高对向直行车道的通行能力,当一个交叉口某一方向压力过大时,可以考虑在此方向的相对方向上禁止车辆左转弯,以减轻本方向直行车流的压力,减少交叉口内冲突点的个数,特别是交叉冲突点的个数。

2)交叉口禁左后带来的压力转移问题

交叉口禁左表面上是节点问题,但由于流向禁限会带来交通压力的转移,造成相关交叉口转弯流量增加而导致拥堵,实质上是个区域交通组织问题。因此,对流向禁限交叉口周边的几个交叉口的交通组织同时进行调整,使每个交叉口各流向上的通行能力与上游交叉口同流向通行能力接近,就能避免因交叉口采取流向禁限后造成新的拥堵。

3）减少流向禁限带来交通压力转移影响的交通组织方法

如果路网具备分流绕行条件,可利用远引交叉或立交平做的方式,解决因交叉口流向禁限后所带来的路网交通压力转移问题。远引交叉和立交平做是在交叉口各方向上交通压力不均衡的条件下,把交通压力从拥堵方向分解到非拥堵方向,使交叉口各方向上交通压力基本均衡,或保证主要方向上的交通畅通。

远引交叉即把交叉口内由于左转弯车流和对向直行车流之间存在的交叉冲突点通过左转弯车先直行再掉头右转或右转后再直行通过交叉口,完成交叉口左转弯,进而把交叉口内的交叉冲突引到路段上来解决的方式,如图 8-24 所示。远引交叉左转弯可以有效地减少交叉口内的交叉冲突点,提高交叉口的通行能力。由于路段的通行能力远远大于交叉口的通行能力,远引交叉有利于交叉口路段的负荷均分,但会对信号控制系统内交叉口间信号协调的绿波带形成影响,因此,远引交叉掉头地点应设置在信号系统内掉头地点或下游交叉口流量、流速检测地点的上游,以免影响信号控制系统的协调效果。

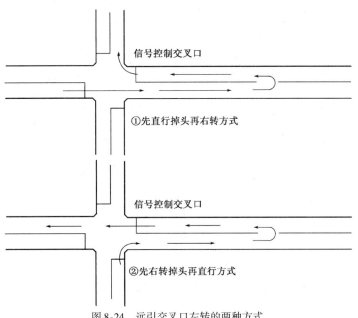

图 8-24 远引交叉口左转的两种方式

立交平做即利用禁左交叉口周边路网,按互通式立交的匝道方式进行交通组织,即直行通过交叉口后右转进入"匝道"(指交叉口周边能够连通相交道路的支路),再右转绕回原交叉口后从相交方向直行通过完成左转,如图 8-25 所示。

8.4.3 区域车种禁限管理

区域车种禁限的作用是使交通压力在时间上削峰填谷,路段车种禁限的作用是使交通流量在空间上控密补稀。

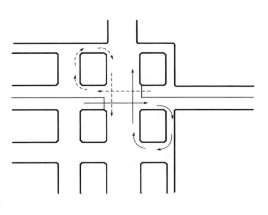

图 8-25 立交平做信号灯禁左交叉口左转弯流向

1）市区货车禁限

一般实行货车夜运，解决城市内部的货物运输问题。对于不同功能的城市区域，车种禁限程度不同。如历史风貌保护区，一般禁止各种机动车通行；对于办公区、商务商业区、旅游区、住宅区，一般白天禁止货车通行；对于市内的生产区，一般在主要道路上白天禁止货车通行。具体货车禁限的时间范围、空间范围、车种范围，视禁限区域具体情况而定。

外地过境货车禁限组织的关键在于提前预示禁限和绕行组织。应在禁限区域上游有分流条件的交叉口，提前进行禁限车种、时段的预示，并设置相应绕行引导标志，将受限车辆引入绕行线路。以市区为目的地的货车，原则上应进行夜运，避开市区流量高峰和行人非机动车出行的高峰时段。根据城市发展的需要和流量变化情况，对货车禁限的空间范围、时间范围、吨位范围及时进行调整。

2）市区客车禁限组织

按路网条件和服务对象确定准行车种。对于重点大街，可以设置成小汽车专用路，除小汽车、公交车、出租汽车外，其他车辆应禁行。对于商务区、商业区、大型医院周边，在交通紧张的时候应禁止大客车通行。对于旅游区、体育场馆和剧场等大型活动场所，原则上除禁止货车通行外，只在旅游黄金季节和大型活动时对车辆采取临时禁限措施。

按不同时段确定准行车种。各地根据市区特点来确定不同时段的禁限车种，原则上要满足不同时段出行对象主要出行方式的需求。另外，应考虑不同道路上不同的交通特点，来确定禁限对象。

车种禁限中的置换效应，对某一条道路实行禁限的目的，是要降低这条道路的交通压力。在禁限时，应参考相邻道路的交通压力和车种构成，统一考虑禁限措施，避免出现流量置换效应。要求两条相通的相邻道路，禁限车种尽可能趋于一致。

8.5 优先通行管理

8.5.1 优先通行管理内容

1）优先通行管理的概念

优先通行管理是指依据交通法规或采用交通工程技术措施对道路上的车辆与行人进行执法管理或交通管理，使其享有优先路权。某种交通方式优先通行则是指在同一时空环境中，按照交通法规或信号控制使该交通方式优先享用道路通行权。

2）优先通行管理的目的

优先通行管理是交通运行管理的重要内容，也是交通需求管理不可或缺的组成部分。其目的在于保障交通安全、提高城市交通运行效率和运行的可靠性，体现以人为本，保障城市交通的可持续发展。

3）优先通行管理的内容

公共交通车辆优先通行管理：如公交专用道、公交专用信号等，特殊情况下出租车也可与公交共用专用道，优先享用道路通行权。

自行车优先通行管理：如自行车专用信号、自行车专用道路、自行车横道等。

特种车辆优先通行管理：如警车、消防车、救护车、工程救险车执行紧急任务时，在确保安全的前提下，不受行驶路线、行驶方向、行驶速度和信号灯的限制，其他车辆和行人应当让行。

其他车辆优先通行管理：如干道与支路相交的无灯控交叉口，干道车行优先，交叉口设置左转弯待转区使左转车辆优先通行，合乘车（HOV）专用道或 HOV 与公交共用专用道以及高考期间接送考生车辆优先通行等。

行人优先通行管理：如行人专用信号、无灯控交叉口人行横道线上行人优先、绿灯条件下右转车避让行人等。

4）优先通行管理措施的分类

优先通行管理措施，具有法律意义且必须强制执行的管理措施，如无灯控交叉口人行横道线上行人优先，绿灯条件下右转车避让行人，警车、消防车、救护车、工程救险车的优先通行等。非法律意义的交通工程技术措施，按其实施时间的长短，有长期性的与临时性的，前者包括专用道、专用信号等，后者如高考期间接送考生车辆优先通行等。

8.5.2 公交优先通行管理

1）公交优先的内涵

公交优先是指大城市的市内客运交通以大容量、快速度的大公交系统为主，以其他交通工具为辅的交通方式。它是一种交通发展策略，依靠工程、管理措施以及相应政策、法规的支持，为市民提供快速、方便、经济、舒适、安全的出行环境。

从广义上理解，是指有利于公共交通发展的一切政策和措施，如应从城市规划、投资力度、税费政策、交通管理以及科技进步等诸多方面优先发展城市公共交通；从狭义上理解是指在交通控制管理范围内，公共交通工具在道路上优先通行的措施，指城市交通规划和管理中的公交专用车道或专用路。

2）公交车辆优先通行管理措施

公交优先道和公交信号优先是目前常使用的两种公交车辆优先通行措施，前者属于空间上优先，后者属于时间上优先。

（1）公交优先道

公交优先道是利用道路设施实行公交优先策略的方法，通常有公交专用道（图 8-26）、公交优先道、公交专用道路（图 8-27）、公交优先道路以及分时段优先（专用）车道等几种形式。

图 8-26　公交专用道

图 8-27　公交专用道路

公交专用道的设置，减少了公共汽车与社会车辆行驶的干扰，特别是公交车辆在站点停靠时变换车道，以及加减速对社会车辆正常行驶带来的影响，提高了道路运作的效率。公交专用道根据其布设位置的不同,分为路外侧、路中、路内侧三类,如图 8-28 ~ 图 8-30 所示。

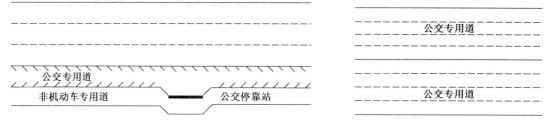

图 8-28 路外侧公交专用道   图 8-29 路中央公交专用道

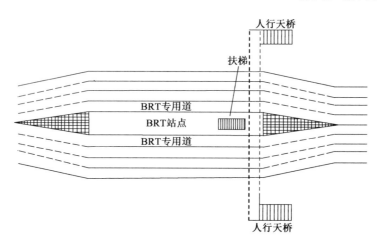

图 8-30 路内侧公交专用道

公交优先车道是指在道路上的某一车道用标线将该车道与其他车道分离(或在特定的时间段内)供公交车辆优先使用的车道,不具有排他性。在不影响公交车使用的情况下,允许其他车辆使用公交优先道。

公交专用进口道,即在交叉口的进口处划出一段车道供公交车等待信号灯专用。在交叉口渠化设计中,设置公交专用进口道,可以使公交车在交叉口的排队时间减少。在交叉口等待车道上没有公交车辆时,可允许其他车辆使用,以增加交叉口的通行能力。

(2) 公交信号优先

公交信号优先是指通过交通信号控制来给予公交车辆以优先通行权,目的是提高公交车的运行效率,降低公交车在交叉口的延误。公交的信号优先控制方法包括调整信号周期、增加公交车通行次数、使用公交车感应信号、使用公交车放行专用信号灯等,其中使用公交车感应信号是最常用的措施,具体是在信号交叉口设置双停车线配上预信号控制,改进主信号与预信号配时相互协调关系的不足。

8.5.3 自行车优先通行管理

1) 城市自行车交通基本特点

自行车是一种慢速交通工具,具有方便、灵活、短距离出行时耗小、自身的低能耗特性、自身的无污染特性等优点,其速度在 15km/h 左右,介于行人和机动车之间。

2）自行车优先通行管理措施

自行车专用路、自行车专用车道、自行车转弯优先、自行车停车线提前、自行车交叉口信号管理等是目前常使用的自行车优先通行措施。

(1) 自行车专用路

自行车专用路不允许机动车辆进入，专供自行车通行，可消除自行车与其他车辆的冲突，提高自行车的运行效率和安全性。适用于自行车交通量较大、道路宽度较窄、距离较短且附近有平行街道的情形。

(2) 自行车专用车道

根据隔离方式的不同，可分为实物分隔与画线分隔的自行车专用车道。实物分隔的自行车专用车道，即用绿化带或护栏与机动车道分开，不允许机动车辆进入。见于三块板和四块板道路。这种自行车道在路段上消除了自行车与其他车辆的冲突。画线分隔的自行车专用车道，多见于一块板和两块板道路。虽然较为经济，但由于自行车与机动车未完全分开，具有一定的安全隐患。

(3) 自行车转弯优先

自行车转弯优先，利用现有的路面开辟专门用于右转弯的自行车车道。在右转自行车流量较大，且交叉口用地条件许可时，应给右转自行车交通流划出专用通行区域或通行车道，以绿化岛、交通岛、隔离墩或地面标线等与其他自行车的行驶空间加以区分。对右转自行车的分隔分为有渠化岛时和无渠化岛时两种情况，如图 8-31 所示。

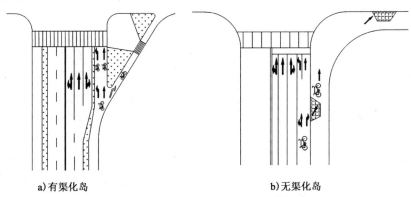

a) 有渠化岛　　　　　　　　　　b) 无渠化岛

图 8-31　有渠化岛时自行车专用道示意图

自行车左转弯专用车道，配合专用的左转相位，减少了左转弯自行车对直行机动车流的干扰，可提高通行能力。一般适用于左转弯自行车交通流较小，机动车设有左转专用相位的交叉口。

(4) 自行车停车线提前

根据自行车起动快、骑车人急于通过交叉口的特点，将交叉口机动车与自行车停车线分开画定并使其前后错位，即将自行车停车线画在前面，机动车停车线画在后面。红灯期间自行车在机动车前方待行；当绿灯亮时，自行车优先驶入交叉口，可避免自行车主流同机动车同时过街。

(5) 交叉口自行车优先控制

交叉口自行车优先控制是实现时间上机非分离，减少机非冲突的重要方式，设自行车专用信号相位与自行车信号早启控制是常用的优先控制方法。

8.5.4 特殊车辆优先通行管理

特殊车辆主要包括警车、消防车、救护车、道路养护车辆、洒水车等,由于这些车辆用途的特殊性,使得其在执行任务或作业时享有一定的优先通行权。特殊车辆优先通行管理主要依据《中华人民共和国道路交通安全法》第五十三、五十四条规定:

警车、消防车、救护车、工程救险车执行紧急任务时,可以使用警报器、标志灯具;在确保安全的前提下,不受行驶路线、行驶方向、行驶速度和信号灯的限制,其他车辆和行人应当让行。

警车、消防车、救护车、工程救险车非执行紧急任务时,不得使用警报器、标志灯具,不享有前款规定的道路优先通行权。

道路养护车辆、工程作业车进行作业时,在不影响过往车辆通行的前提下,其行驶路线和方向不受交通标志、标线限制,过往车辆和人员应当注意避让。

洒水车、清扫车等机动车应当按照安全标准作业;在不影响其他车辆通行的情况下,可以不受车辆分道行驶的限制,但是不得逆向行驶。

8.6 交通事件管理

8.6.1 交通事件管理内容

1) 交通事件的分类

道路上发生的交通事故、车辆故障抛锚、恶劣气候、集会、游行、重大会议、道路养护作业以及需要临时占用部分道路资源的运动项目等,这些会导致道路通行能力暂时性下降或交通需求非周期性异常的事件,都属于交通事件。根据交通事件的信息在事件发生前能否为交通管理部门和受影响人群所获知的特性,可以将交通事件分为突发性交通事件和计划性交通事件两类。

突发性交通事件指由于自然或人为的诱因,使得道路原有的正常运行功能减弱甚至丧失,从而对人们生命财产和社会生活造成一定影响的事先难以预料的事件,如治安案件、自然灾害、交通拥挤、堵塞以及交通事故等,它具有不可预测性。

计划性交通事件指人们事先具体规划的但对道路交通产生重大影响的事件,如大型集会和会展、体育竞赛、大型文娱活动、大型道路养护维修作业等。

2) 交通事件的特点

交通事件往往由某种特殊需求或特殊环境所引发,有别于道路上一般性的交通事件,具体表现为以下几点。

(1) 非常发性

对于突发性交通事件,事件发生的时间、地点以及频率往往是不确定的,而计划性交通事件的发生虽然事前是知道的,但出于其会引发超常的交通需求而常常需要进行大量的准备性工作,而且还要限制这类事件发生的频率。

(2) 需求超常性

交通事件主要通过影响道路的通行能力和影响交通需求来对现状交通产生影响,而且产生的交通需求往往较大。

（3）波及广泛性

交通事件往往涉及对象众多，影响范围很广。例如，一项养护维修工程，往往涉及施工单位、交通管理部门、道路使用者等多个对象，如果引发了交通事故，还会涉及医疗、急救等众多部门，而其影响范围也不仅仅包括养护维修的路段，一般还会影响到相关的平行道路和相交道路。

3）交通事件对道路交通的影响

交通事件的发生有可能会改变原有的交通条件，譬如在特定时间内产生大量的额外交通需求道路，或者引起通行能力降低，都将阻碍或限制道路网中原有交通流的正常运行。两类交通事件对道路交通的影响如表 8-9 所示。

交通事件对道路交通的影响 　　　表 8-9

事件类型		事件产生的影响	
		对交通需求的影响	对道路通行能力的影响
突发性交通事件	交通事故	导致背景交通量转移到其他平行道路上	造成部分道路或车道阻塞
	车辆故障抛锚	同上	同上
	短期临时养护作业	同上	需封闭部分道路或车道
	气候影响	导致交通需求降低	车速降低将影响道路通行能力
	灾害等紧急事件	如果需要疏散人群将产生额外的交通需求	部分路段不能通行
计划性交通事件	道路养护维修作业	导致其他平行道路上的交通需求增加	关闭部分路段或车道
	重大集会、比赛等	导致额外的交通需求	因为事件的需要而关闭部分道路

4）交通事件管理的内容

对交通事件进行交通管理是保证事件顺利进行，降低事件的负面影响，保证原有交通系统安全、高效、可靠运行的有效手段。交通事件管理，一方面应充分利用现有道路交通资源，现实中不可能由于某一事件而增设大量的临时性交通设施；另一方面应尽量降低交通事件带来的对交通和环境的负面影响。

交通事件的管理涉及快速道路控制、城市道路控制、交叉口控制、紧急事件处理、交通信息采集和发布、交通监控以及静态交通管理等诸方面。表 8-10 列举了部分管理措施和方法。

交通管理措施和方法举例 　　　表 8-10

交通管理内容	管理措施和方法举例
快速道路控制	匝道控制
城市道路控制	车道控制、道路管制、停车管理
交叉口控制	驶入和转向控制、交叉口协调
紧急事件处理	拥挤信息发布、使用便携式的警示灯
交通信息采集和发布	事件检测、实时交通信息发布
交通监控	闭路电视、线圈检测器
静态交通管理	停车收费

8.6.2 计划性交通事件管理

1）计划性交通事件的分类

(1) 计划性交通事件的影响因素

计划性交通事件的影响因素非常多,比较主要的影响因素包括:事件发生的时间段(白天或者晚上、周末或者工作日、一天或者多天、是否在旅游季节等);事件开始时间和持续时间;事件发生的区域类型(城市或者乡村);事件发生的场所;事件的影响范围;预计参与事件的人数;参与事件的方式(自由或者收费、凭票或者无票等);事件类别(运动会、音乐会、节日庆典、游行等)。

(2) 计划性交通事件的分类

计划性交通事件大致有两类:大型集散特性的活动(如体育场馆赛事、文娱活动等)、盛大集会等;道路建造和养护维修工程。

根据上述影响因素的不同,可以将计划性交通事件再细分为5类:有固定场所的经常性事件、持续性事件、需要使用街道的事件、区域性事件、乡村事件等。具体分类见表8-11。

计划性交通事件分类及特性　　　　表8-11

分　类	事件特性	事件类型
有固定场所的经常性事件	有明确的开始和结束时间,场所容量已知,平时也可以发生	体育馆赛事、音乐会等
持续性事件	一般要持续多天、参与时间不受限制,一般不需购票,场地容量一般未知,场所可能不固定	露天展览会和集会等
需要使用街道的事件	需要对部分街道进行临时管制,有明确的开始和结束时间,参与者人数未知,不收费,不需要购票,一般不提供专门的停车设施	游行、自行车赛事等
区域性事件	事件同时在几个地点发生,有明确的持续时间,容量不易知道	多样化
乡村事件	发生在乡村地区,可提供的道路容量有限,缺乏公共交通设施	多样化

2）计划性交通事件管理的目标

计划性交通事件开始前应优先安排事件参与者能及时到达事件发生地点,尽量避免会发生常发性拥挤的时间和地段;事件发生时应以影响最小为目的设置各种优先权限。具体要求:为参与事件的行人提供安全通道,最小化人车冲突,防止拥挤事故,保障交通安全;充分挖掘利用道路和交通系统资源,提高交通系统的运行效率,制定事故管理策略以响应与清除事故,实现效率最大化目标。

3）计划性交通事件管理的内容

计划性交通事件按事件发生流程进行。事件发生前,完成事件的交通可行性分析,包括交通出行预测、影响区域分析、停车需求预测、道路容量分析,制定合适的交通控制和管理计划。交通管理内容一般包括人流组织、车流组织、场所进出和停车组织、交通控制和管理措施、信息发布计划、交通监控措施、紧急事件管理计划等。如果条件允许,可以根据计划进行预演以完善计划,同时做好相关工作人员的培训和任务分配工作。事件进行时,完成交通控制管理计划的实施与修正,重点在于对交叉口、路段的交通管理组织以及相关数据资料的采集。事件发生后,评估交道控制和管理计划,对有关的数据资料进行整理提供参考。

不同类别的计划性交通事件,其交通管理需要特别考虑某些因素。

(1)大型集散特性的活动

如在固定场所内举办的体育赛事和音乐会,都有明确的开始与结束时间,场所的容量已知,一般需提前买票,举办的时间也比较灵活。这类事件的交通管理需要特别考虑以下方面:这类场所一般有专用的停车空间,内部有良好的通道,与外部交通相联系便利;周边一般有比较发达的公共交通系统;会产生人流、车流的到达和驶离高峰;由于场所的容量以及事件的开始和结束时间可以知道,因此可以比较精确地进行交通需求预测;可以借助以前在这一场所举办类似事件时的历史数据来提高预测的精度和增加计划的可行性;工作日举办活动时,要考虑到对通勤交通的潜在影响。

(2)盛大集会等活动

诸如节日庆典、重大展示会、重大集会等事件,一般要持续数天时间,参与者在活动期间可以很自由地参与事件,一般不需要提前买票或无须买票,活动场所的容量不定,可能在临时准备的场所里进行。这类事件的交通管理需要特别考虑的内容包括:事件的参与人数事先难以估算,并且受天气的影响很大;不同类型的集会,由于它们所引发的交通流的特性各不相同,它们的历史数据往往不能通用;场所的容量一般没有限制,参与人数主要受与场所相连接的道路交通条件制约;发生在中心城区的此类事件,如果参与人数比较多,就需要专门安排部分停车空间以满足事件的需要;此类事件一般都是露天式的,在制定计划时需要考虑到天气的影响,并制定相应的对策。考虑到事件的发生会对事件发生地附近的居民以及商家的产生影响,还需要在事前与附近的居民和商家进行沟通,并在制定计划时采取措施尽量减小事件对他们的负面影响。

(3)道路养护维修工程

由于在市政工程施工和道路养护维修时需要设置施工或养护维修作业区而封闭部分道路或部分车道,使道路网或道路原有的通行能力受到较大的影响,因此对于在施工或养护维修作业期间的交通管理要采用专门的措施和策略,以最大限度地减少养护维修作业对交通的影响,保证车辆和行人的通行和安全。这类事件的交通管理措施也应包括交通安全和交通效率两个方面,参见表 8-12。下面分别介绍道路施工期间与道路修复过程中的交通管制措施。

道路养护维修交通管理 表 8-12

阶 段	可采取的管理措施	说明和举例
前期准备	建立健全相关的法律法规	不仅需要制定工程技术方面的标准,也需要制定有关安全管理方面的标准
	安全教育	加强驾驶人和施工人员的安全教育
	制订交通管理方案	包括作业区内部和外部的交通控制管理方案并安排专人负责组织实施
施工期间	交通管理	速度控制、车流引导
	安全管理	保证安全设施以及施工设备工作正常
后期工作	数据处理	数据收集和处理,为以后类似的工作提供参考
其他	开展相关研究	新的施工技术、施工设备、安全设施的研发和应用

注:表中相关的交通管理措施很大程度上要通过布置作业区得以实现。

道路施工期间的交通管制一般包括：对于较大的工程，必须从规划设计到施工管理，从地上设施到地下设施等环节，满足交通管理方面的要求，确保道路交通的安全畅通。道路施工除需主管部门批准外，还必须报公安交通管理部门审查批准。主要道路上施工一般不应断绝交通，工程较大时可采取分段或分幅（半幅或三分之一幅）施工。确需整幅施工的，应辟出保证交通顺利通过的施工便线，减少车辆绕行距离。对于必须断绝交通施工的重点工程，需统筹调整区域交通流量，对周围道路系统可采取单行线或限制转弯交通等措施，提高路网的通行能力。合理组织和诱导车辆、行人，即要求施工现场必须设置安全设施，如信号灯、标志、路障等。施工作业场地要通过空间或时间分隔的方法，将社会车辆与施工作业车辆分离，尽可能采取将施工安排在夜间或其他交通低峰时间，以避免施工作业和社会车辆的干扰。严格控制工期，原则上既要求施工单位压缩工期，又要在可能的情况下，为加快施工进度创造较好的条件。道路施工完工后，公安交通管理部门要把好交通质量关，防止遗留不安全的隐患。

道路修复过程中的交通管制，其管制条件包括：受管制的车道最大长度的标准是 1~2km；受管制车道（从一条管制车道的末端至下一条管制椎形物的起始端）最小安全间隔长度不能小于 1.5~2.0km；道路队列同良好的可见度一样，必须考虑管制车道的起始位置；必须在管制断面的下流方向计划安排工作，然后逐渐进行，从而缩短管制断面；为了不因为建筑工作而导致交通阻塞，在设置管制时间时必须考虑小时交通量；如果由于建筑工作而发生的交通阻塞，尤其是旅游季节，后面车辆将被警告停放在路肩上，以预防由于后部交通阻塞而发生车尾碰撞。

维修工作的安全性和运行车辆的交通安全是交通管制的主要目标，主要交通管制分路肩交通管制、车道交通管制、移动车道交通管制与短时交通管制。路肩交通管制有两种方式：工作空间（包括车辆及交通信号机的放置）不能超越路肩宽度；使用橡胶椎形物的布置距涉入近车道的路肩外侧最大限度为 40cm，同时要采取车速限制。车道交通管制，对于外车道，其外车道工作区间包括路肩；通行道（最内侧车道）或中央带、相关工作者和设备所需空间不得超过中央带以及对向车道不受影响，但是一旦需要，对向车道的通行车辆要受到放置在中央带对向车道上的橡胶椎形物的警告注意；双车道管制（外车道），即对行车道断面的中间和外侧车道上的工作区间实施；中央带管制，即对中央带上的工作区间实施，通行道（包括中间车道）的内侧和外侧区域将受到管制。移动车道的交通管制，即维修工作进行过程中，交通信号车辆在工作车辆后运行，以护送着工作车辆。短时交通管制，即由于紧要建筑没有安装交通信号警告，需要采取的直接交通管制。

8.6.3 突发性交通事件管理

突发性交通事件包括交通事故、自然灾害（如地震、灾害天气）、生产事件（如有害气体泄漏、火灾、爆炸等）、恐怖袭击事件等，其发生具有不可预测性，通常会对道路交通状态与人民生命财产安全造成显著影响。

1）突发性交通事件管理的内容

气候影响和短期临时的养护施工这类突发事件会直接影响到交通流的车速和道路通行能力，间接影响则是指容易诱发拥挤和交通事故。对于此类突发事件，交通管理的重点在于要求有关部门通过各种手段向道路使用者提供良好的事件信息，以便于道路使用者特别是机动车驾驶人作出正确的判断和选择，避免拥挤和事故的发生；而在拥挤和事故发生后，就要求及时有效地处理事故现场,及时疏导交通。

交通事故和自然灾害等这类突发事件的后果都具有灾难性与综合性,往往涉及城市的医疗、急救、消防、环卫等多个部门,并将对人民生命财产与周边环境造成巨大损失。对于此类突发事件,交通管理的重点在于事件发生后的救援管理,即要求相关部门在事件发生后能采取及时有效的措施,尽快地处理事件。因为这类事件处理时间越长,事件所造成的损失就会越大。

对于不可预测的偶发性交通拥挤这类交通事故,可能造成很大影响,较难管理,特别是中断主要车道交通之类的事件,而车辆在路肩上抛锚的事件影响就不大。造成延误而降低通行能力的事件,对交通流有极大的破坏性,可采取一些有效的补救措施。要求消除或防止事件的起因,对驶向事件地点的交通需求加以管理,并尽可能快地使高速公路恢复到其正常的服务交通量。对此类问题的管理需要监视、事件鉴定、紧急服务和情报等相当广泛的系统。高速公路系统的监视采用检测和鉴定事件的方法来确定适当的行动,包括车辆检测系统、闭路电视、空中监视、紧急电话系统、民用无线电、警察巡逻和服务巡逻等。偶发事件紧急服务系统应建立管理计划针对具体情况提供适当和及时的响应,包括将车辆从高速公路系统转移。驾驶员情报系统向驾驶员通报道路情况,使其可以采取适当的行动,情报来源通常有标志和无线电通信。对各种高速公路的调查、控制功能以及偶发事件管理计划的应用取决于特定的设施、设备和通信设施的能力,以及管理人员的有效经营。

2)突发性交通事件救援处理的特点

突发性交通事件管理的重点在于及时发现与快速救援,其事件处理方案会很大程度影响到救援的效率;由于事件发生突然,后果扩散速度极快,救援方对它作出反应的时间有限,需要决策部门在短时间内作出正确的决定;在处理过程中,单个部门难以有效控制局面,需要多个部门很好地协调。

3)突发性交通事件管理的重点

针对突发性交通事件的特点,在获悉此类突发事件发生后,交通管理部门应重点做到快速响应,即应视事件的类型和程度,迅速地就突发事件现场进行调查并实施管理方案,如实行交通管制方案、急救援技术与装备、救援线路、上游流入交通的迂回诱导的控制管理方案、相关平面道路的紧急管理方案等。做到统一协同,由应急管理中心统一指挥、调度,协调有关部门控制局面,维护秩序,迅速妥善处理事件,以保持道路交道的安全畅通。

复习与思考习题

1. 交通运行管理的原则与方法有哪些?
2. 交通管理(TM)、交通系统管理(TSM)、交通需求管理(TDM)三者有何区别?
3. 交通系统管理(TSM)的特点及基本措施有哪些?
4. 交通冲突点有哪些类型?如何有效控制交通冲突点?
5. 平面交叉口交通管理的原则有哪些?
6. 全无控制交叉口的通行规则是什么?
7. 交叉口放行方法一般有哪几种?各种方法的适用条件是什么?

8. 控制行驶车速的方法有哪些？

9. 单向交通管理有几种类型？有何意义？组织单向交通的条件是什么？变向交通管理有几种类型？组织变向交通的条件是什么？

10. 在人行横道上游掉头和在人行横道下游掉头两种掉头组织方式的注意点有哪些？

11. 交叉口流向禁限一般有哪几类？

12. 优先通行管理内容有哪些？其中公交优先通行的具体内容是什么？

13. 交通事件分类及对交通的影响有哪些？

第9章
交通信号控制

9.1 道路交通信号控制基础

9.1.1 交通信号控制简介

在交通供给一定时,为使得交叉口等多股交通流交汇、冲突的设施能服务更多的交通需求,需保证道路交通流运行有序,这就需要对交通流的运行进行控制。交通信号控制主要指通过灯光、手势、可变信息标志等信号,使道路交通流按一定模式运行。在所有交通信号控制方式中,应用最为广泛的交通控制方式为信号灯,本章中介绍的交通控制主要指交通信号灯控制方式。

现代道路交通控制源于城市交通信号控制,目前也逐渐扩展到高速公路等领域。交通控制系统一般通过各种检测设备,反馈交通运行情况,采用控制理论和各种优化算法对数据进行处理,给出控制量,使控制对象按照希望的轨迹运动,从而达到控制的目的。交通控制的对象是交通流;反馈量一般是指速度、密度、占有率、流量、排队长度;控制量一般是指红灯、绿灯信号,主线限速标志,可变信息板以及车载通信系统等。交通控制的优化目标一般包括总行程时间最小、总服务量流量最大、总延误最小及流量与速度乘积最大、入口匝道平均等待时间最短等。

交通信号控制本质为将交叉口处车辆通行所需求的空间及时间资源按照一定的准则分配给车辆,使其能安全、有序、高效的通过交叉口。需要注意的是,虽然良好的交通信号控制方案能在一定范围内优化交通口的通行效率,但其并非能适用于所有情况,即交通控制的优化也存在"瓶颈"。当交叉口各进口道均以饱和交通流率通行时,无论如何调整信号配时方案,通行效率均不可能得到任何提升,此时为交通信号控制优化交通流运行效率的极限。评价交通信号的准则有很多,但基本原则为交叉口的时间和空间资源是否被充分利用。

道路交叉口存在复数冲突点、分流点及合流点,一直是交通事故及延误(车辆需让行或避让其他冲突车辆时)的主要发生点,也是交通工程师研究的重点之一。随着社会经济的发展,我国城市区域内信号控制交叉口的数目急剧增长,但在全国范围内无控交叉口仍然是交叉口管理形式的主体,尤其是农村区域等交通量较低且缺乏维护费用的交叉口。已有研究表明,信号控制可以显著降低交叉口处的事故率,也可降低拥堵状态下交叉口的延误,因此在交叉口事故率或交通流量达到一定标准后,建议在交叉口处安装信号控制装置。设置交通控制设备也需考虑财政因素。在美国,一个交叉口的设备及安装总费用可达10万美元。我国智能信号控制设备一般在3万~8万元人民币,配齐检测设备和灯柱等外围设备后,改造一个交叉口的总费用一般超过10万元人民币,因此将交叉口改为信号控制应通过慎重的评估。

设置交通信号控制设备会对交通流产生显著影响,因此交通信号控制交叉口的交通流分析较为复杂,本章的分析中做了若干假设,以使分析过程容易理解。

9.1.2 交通信号控制的设置依据

1)让行控制与交通信号控制

停车让路控制与减速让路控制是保证主要道路车辆行驶通畅的两种主路优先控制方式;交通信号控制则是保证所有道路车辆依次获得交叉口通行权的控制方式,主路车辆与次路车辆按分配的时间享有交叉口的通行权。

如果次要道路上的车辆较多,此时合理地将停车/减速让路控制设置为交通信号控制,便可以使得主要道路与次要道路上的车辆连续紧凑地通过交叉口,从而增大整个交叉口的通行能力,改善次要道路上的车辆通行情况,减少次要道路上车辆的停车与延误。如果次要道路上的车辆很少,此时不合理地将停车/减速让路控制设置为交通信号控制,则会因少量的次要道路车辆而给主要道路车辆增加许多不必要的红灯时间,从而大大增加主要道路上车辆的停车与延误,降低路口的利用率,甚至容易在交通量较低的交叉口上(或是交通量较低的时段内)诱发交通事故,这是因为当主要道路上遇红灯而停车的驾驶人在相当长的时间内并未看到次要道路上有车通行,就往往会引起故意或无意的闯红灯事件,从而诱发交通事故。

交通信号控制的主要功能是在道路车流相交叉处分配车辆通行权,使不同类型、不同方向的交通流有序高效地通过交叉路口,而并非是一种保障交通安全措施。当然,合理设置、正确设计的交通控制信号可兼有改善交通安全的效果,但这只是交通信号控制主要目标的一个副产品。

2)设置交通信号控制的理论依据

决定是否将停车/减速让路控制方式改变为交通信号控制方式,主要应考察交叉口的通行能力与延误两个因素;考察在停车/减速让路控制方式下交叉口次要道路的最大通行能力是否能够满足其实际交通量通行的需要;交叉口控制方式改变前后交叉口的平均延误时间的变化。

(1) 停车/减速让路控制交叉口的最大通行能力

根据车辆在停车/减速让路控制交叉口的通行规则,主要道路上的行驶车辆几乎不受次要道路上的行驶车辆的影响,而次要道路上的行驶车辆必须等到主要道路上的行驶车辆之间出现了足够大的可穿越空当时才能通过。因此,在停车/减速让路控制方式下,交叉口主要道路的最大通行能力近似于其饱和流量;而交叉口次要道路的最大通行能力则主要取决于其主要道路的交通量,即可以根据主要道路车流为次要道路车辆穿行提供的空当数来求出次要道路可以通行的最大车辆数。

如4.1.3节所示,假若交叉口主要道路行驶车辆的到达率服从泊松分布,则根据上述原理,可得到交叉口次要道路的最大通行能力 Q'_{max} 的计算公式:

$$Q'_{max} = \frac{q\mathrm{e}^{\frac{q\tau}{3600}}}{1 - \mathrm{e}^{\frac{qh}{3600}}} \tag{9-1}$$

式中:Q'_{max}——次要道路的最大通行能力(辆/h);

q——主要道路交通量(辆/h);

τ——次要道路可以穿过主路车流的临界空当时距,单位取 s,通常在 4.5~10s 之间;

h——次要道路车辆连续通行时的车头时距,单位取 s,通常取 2~3s。

利用式(9-1)可以推出,当主要道路交通量 q 增加时,次要道路最大通行能力 Q'_{max} 减少;当次要道路可以穿过主路车流的临界空当时距 τ 增加时,次要道路最大通行能力减小;当次要道路车辆连续通行时的车头时距 h 增加时,次要道路最大通行能力亦减少。这些变化都具有明确的物理意义,也与实际情况完全吻合。

当次要道路交通量接近这个最大可通过量时,次要道路交通将严重拥挤,次要道路车辆的延误将迅速增大,此时应考虑将停车/减速让路控制交叉口改造为信号控制交叉口。

(2) 交叉口的平均延误时间

停车让路控制与减速让路控制可以大大减少主要道路车辆的延误时间,但却可能导致次要道路车辆的延误时间很大;信号控制可以有效降低次要道路的车辆延误,但却必然造成一定的主要道路车辆延误。因此,需要通过对比交叉口控制方式改变前后平均延误时间的大小,来决定交叉口是否应该采用信号控制方式。

假设主、次道路交通流量之比固定为某一比值,则交叉口分别在停车/减速让路控制方式与信号控制方式下的交通流量—延误时间变化曲线可以用图9-1近似描述。图9-1中,曲线 A 表示在停车/减速让路控制方式下的交通流量与延误时间的变化关系,曲线 B 表示在信号控制方式下的交通流量与延误时间的变化关系。比较曲线 A、B 可以看出,当进入交叉口的总交通流量较小时,采用停车/减速让路控制方式对于减小交叉口的平均延误时间较为有利;当进入交叉口的总交通流量较大时,适宜采用信号控制方式来减小交叉口的平均延误时间。曲线 A 与曲线 B 的交织段则为控制方式的切换条件。

当采用不同类型的交通信号控制(例如定时控制、感应控制、智能控制)时,其交通流量—延误时间变化曲线将会有所变化,但它们与停车/减速让路控制方式下的交通流量—延误时间变化曲线之间的位置关系基本保持不变。

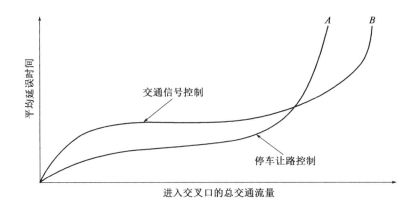

图 9-1 停车/减速让路控制方式与信号控制方式下的交通流量—延误时间变化曲线

3）设置交通信号控制的依据标准

设置交通信号控制虽有上述理论依据，但由于世界各国的交通条件与驾驶人心理存在一定的差异，各国需要在充分考虑各自的交通实际状况后，结合理论依据制定出各自的交通信号控制设置标准。我国于 2016 年颁布实施的国家标准《道路交通信号灯安装规范》（GB 14886—2016）对信号灯的安装作出的规定如下：

（1）当路口机动车高峰小时流量超过表 9-1 所列数值的交叉口应设置信号灯。

交叉口机动车高峰小时流量　　　　　　　　　表 9-1

主要道路单向车道数（条）	次要道路单向车道数（条）	主要道路双向高峰小时流量（pcu/h）	流量较大的次要道路单向高峰小时流量（pcu/h）
1	1	750	300
		900	230
		1200	140
1	≥2	750	400
		900	340
		1200	220
≥2	1	900	340
		1050	280
		1400	160
≥2	≥2	900	420
		1050	350
		1400	200

注：1. 主要道路指两条相交道路中流量较大的道路。
　　2. 次要道路指两条相交道路中流量较小的道路。
　　3. 车道数以路口 50m 以上的渠化段或路段数计。
　　4. 在无专用非机动车道的进口，应将该进口的非机动车流量折算成当量小汽车流量并统一考虑。
　　5. 在统计次要道路单向流量时应取每一个流量统计时段内两个进口的较大值累积。
　　6. pcu 指当量小汽车，在计算过程中应进行相应换算。

(2)交叉口任意连续 8h 的机动车平均小时流量超过表 9-2 所列数值时,应设置信号灯。

交叉口任意连续 8h 机动车小时流量　　　　　　　　　　表 9-2

主要道路单向车道数(条)	次要道路单向车道数(条)	主要道路双向高峰小时流量(pcu/h)	流量较大的次要道路单向高峰小时流量(pcu/h)
1	1	750	75
		500	150
1	≥2	750	100
		500	200
≥2	1	900	75
		600	150
≥2	≥2	900	100
		600	200

(3)根据交叉口的交通事故情况,达到以下条件之一的路口应设置信号灯。

①三年内平均每年发生 5 次以上交通事故,从事故原因分析通过设置信号灯可避免发生事故的路口。

②三年内平均每年发生一次以上死亡交通事故的路口。

(4)在交叉口不满足以上条件,但满足下述综合条件时,需设置信号灯。

①当上述三个条件中,有两个或两个以上条件达到 80% 时,交叉口应设置信号灯。

②对于畸形交叉口或多路交叉的交叉口,应进行合理交通渠化后设置信号灯。

③在不具备①条件的交叉口,但在交通信号控制系统协调控制范围内的,可设置信号灯。

(5)交叉口机动车信号灯设置条件为:

①非机动车驾驶人在路口距停车线 25m 范围内不能清晰视认用于指导机动车通行的信号灯的显示状态时,应设置非机动车信号灯。

②对于机动车单行线上的交叉口,在与机动车交通流相对的进口应设置非机动车信号灯。

③非机动车交通流与机动车交通流通行权冲突,可设置非机动车信号灯。

(6)路口人行横道信号灯设置条件为:

①在采用信号控制的交叉口,已施划人行横道标线的,应设置人行横道信号灯。

②行人与车辆交通流通行权冲突的交叉口,可设置人行横道信号灯。

多数发达国家也对本国交通信号设备的设置条件进行了规定,如美国的 *Manual on Uniform Traffic Control Devices*(MUTCD),德国的 *RiLSA-Richtlinien für Lichtsignalanlagen-Lichtzeichenanlagen für den Straßenverkehr* 和日本的『改訂交通信号の手引』等,感兴趣的读者可自行参阅,本书不再详细介绍。

9.1.3 交通信号控制的分类

1)系统架构的发展

随着科学技术的不断发展,交通信号控制技术也不断进步。从交通信号控制的系统架构来看,交通信号控制最早是由交通警察在交叉口处,根据道路交通的运行情况手动调整信号灯的配时;随着电机在交通控制系统中的应用,交通信号控制从手动转为应用机械自动控制,使信号灯固定地、周期性地显示一定方案,但交通工程师仍需到现场去观测交通流运行情况,并确定方案,再调整信号机的配时方案;随着电子技术、交通信息采集技术的发展和配时算法的出现,交通工程师可通过通信技术获取交叉口的实际交通状态,并从交通控制中心将配时方案下载到信号机,从而省去了在现场观测和手动调整信号机配时方案的过程;同时对于多个交通关联性较强的交叉口,交通工程师也可在交通控制中心应用相应算法优化交通信号配时,并应用交通仿真模型验证后再下载至各交叉口信号机,从而优化交通信号控制的效果;可以预见,在不久的将来,随着车辆运行和交通管控的高度自动化和智能化,道路交通信号控制也会呈现出高度自动化的态势,交通工程师只需完成监管及故障排除等工作。交通信号控制的系统架构的发展如图9-2所示。

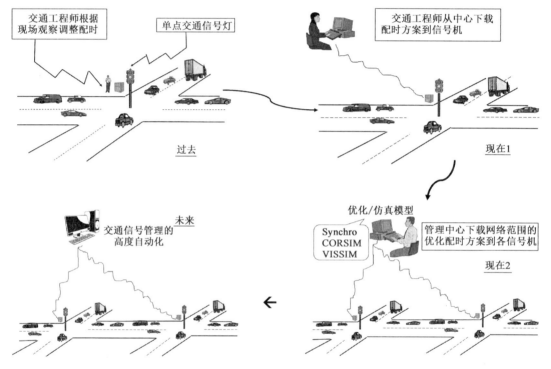

图9-2 交通信号控制系统架构的发展

2)按控制范围分类

(1)单个交叉口的交通控制

每个交叉口的交通控制信号只按照该交叉口的交通情况独立运行,不与其邻近交叉口的控制信号有任何联系的,称为单个交叉口交通控制,也称为单点信号控制,俗称"点控制"。这是交叉口交通信号控制的最基本形式。该控制方式适用于相邻信号机间距较远、线控效果不佳时;或者因各相位交通需求变动显著,其交叉口的周期长和绿信比的独立控制比线控更有效的情况。

(2)干道交叉口信号协调控制

把干道上若干连续交叉口的交通信号通过一定的方式联结起来,同时对各交叉口设计一种相互协调的配时方案,各交叉口的信号灯按此协调方案联合运行,使车辆通过这些交叉口时,不致经常遇上红灯,称为干道信号协调控制,也叫"绿波"信号控制,俗称"线控制"。

这种控制的原始思路是：希望使车辆通过第一个交叉口后，按一定的车速行驶，到达以后各交叉口时就不再遇上红灯。但实际上，由于各车在路上行驶时车速不一，并且随时有变化，交叉口又有左、右转弯车辆进出等因素的干扰，所以很难碰到一路都是绿灯的情况，但使沿路车辆少遇几次红灯，减少大量车辆的停车次数与延误则是能够做到的。

根据相邻交叉口间信号灯联结方法的不同，线控制可分为有电缆线控和无电缆线控。

①有电缆线控：由主控制机或计算机通过传输线路操纵各信号灯间的协调运行。

②无电缆线控：通过电源频率及控制机内的计时装置来操纵各信号灯按时协调运行。

(3) 区域交通信号控制系统

以某个区域中所有信号控制交叉口作为协调控制的对象，简称区域交通信号控制系统，俗称"面控制"。控制区内各受控交通信号都受中心控制室的集中控制。对范围较小的区域，可以整区集中控制；范围较大的区域，可以分区分级控制。分区的结果往往使面控制成为一个由几条线控制组成的分级集中控制系统，这时，可认为各线控制是面控制中的一个单元，有时分区成为一个点、线、面控制的综合性分级控制系统。

3）按控制方法分类

随着交通信号控制系统架构的不断发展，交通信号控制方法也不断地发展。在经过最早的手动控制、电机控制后，从20世纪70年代开始，交通信号控制逐渐转为电子晶体管控制，到现在转为单片机等含嵌入式系统的智能式交通控制机，从而可以实现多种功能。在此背景下，交通信号控制形式也从定时控制方式发展到了感应控制方式，以及现在的自适应控制方式。

(1) 定时控制

定时控制指交叉口信号控制机均按事先设定的配时方案运行，也称定周期控制。一天只用一个配时方案称为单段式定时控制；一天按不同时段交通量采用几个配时方案称为多段式定时控制。最基本的控制方式是单个交叉口的定时控制。线控制、面控制也都可用定时控制的方式，也叫静态线控系统、静态面控系统。

定时控制具有发展时间长，工作稳定可靠，便于协调相邻交叉口的交通信号，设施成本较低，安装、维护方便等优点，适用于车流量规律变化、车流量较大（甚至接近饱和状态）的情况，然而存在灵活性差、不适应于交通流迅速变化的缺点。目前定时控制是我国大多数城市应用最广泛的控制方式。

(2) 感应控制

感应控制是根据车辆检测器检测到的交叉口交通流状况，使交叉口各个方向的信号显示时间适应于交通需求的控制方式。感应控制的基本方式是单个交叉口的感应控制，简称单点感应控制。单点感应控制随检测器设置方式的不同，可分为半感应控制和全感应控制。

①半感应控制：只在交叉口部分进口道上设置检测器的感应控制，设置检测器的道路一般为次要道路。

②全感应控制：在交叉口全部进口道上都设置检测器的感应控制。

用感应控制方式的线控制、面控制也称为动态线控系统和动态面控系统。

感应控制对车辆随机到达的适应性较大，可使车辆在停车线前尽可能少地停车，从而达到保证交通畅通的效果。感应控制实时性较好、适应性较强，适用于车流量变化大而不规则、主次相位车流量相差较大、需要降低主路干扰的情况，然而存在协调性差、不易实现联机控制的缺点。例如，对于检测线圈埋设在次路的半感应控制，次路的车辆可能会影响到主路的绿波协调控制。感应控制在交通流量较低时具有较好的成效,但在我国交通量较大的交通情景下,尤其在高峰时刻,其一般失去了感应控制的灵活性,所以目前在我国应用存在一定局限性。经过40余年的发展,在美国等发达国家,感应控制已成为其最主要的交通控制方式。

(3) 自适应控制

自适应控制是把交通系统作为一个不确定系统,能够连续测量其状态,如车流量、停车次数、延误时间、排队长度等,逐渐了解和掌握对象,把它们与希望的动态特性进行比较,并利用差值以改变系统的可调参数或产生一个控制,从而保证不论环境如何变化,均可使控制效果达到最优或次最优的一种控制方式。

自适应控制是一种具有学习、抽象、推理、决策等功能,并能根据环境的变化作出恰当适应性反应的控制技术,其中基于某些控制规则的模糊控制,具有较强的实时性、鲁棒性和独立性,设计简单、实用,便于结合人的思维与经验,为交通信号控制提供了另一条切实可行的途径。但是,智能控制的控制策略较为复杂,需要配套相应的检测装置,在目前仅在部分特大城市中设置了相应的区域控制系统,应用范围较小。

9.2 交叉口及交通控制设备

9.2.1 信号控制交叉口的组成

交叉口是由两条或多条道路平面交叉形成的,为方便分析,进入交叉口的道路称为进口道(Intersection Approach),进口道的车道可划分为若干车道组(Lane Group),车道组划分的依据是其能允许车辆行进的方向(如左转、直行、右转、直右等),交叉口的布局及组成要素如图9-3所示。在图9-3所示的交叉口进口①中,正常的路段为双车道,为保证交叉口处驶向不同方向的车辆在等候红灯时能相互不冲突,在直行车道的左侧和右侧分别设置了专门针对左/右转车流的转向扩展车道(Left/Right Turn Bay),而在对面的进口③则仅设置了左转扩展车道,流量较小的右转车流则需和直行车流共享外侧的车道。因为扩展车道一般较短,所以其仅能在交叉口处存储有限的车辆数。在转向车辆需求较大时,其排队车辆可能会超出扩展车道,从而影响直行车道的车流。因此在设置扩展车道时,需对交叉口的排队进行分析,以避免排队溢出(Queue Spillover)造成的恶劣影响。类似地,也应对交叉口直行车流的排队进行分析,以避免直行车流排队过长,从而使得转向扩展车道无法进入的情况(Queue Spill-

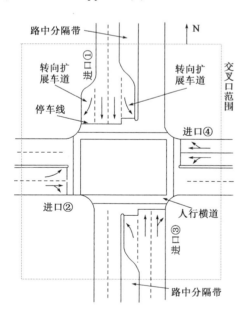

图9-3 交叉口的布局及组成要素

back)。进口②设置了一个专用左转车道(Exclusive Left Turn Lane)和一个直右车道(Shared Through/Right Turn Lane),该进口未设置扩展车道。类似地,进口④也未设置扩展车道,但设置了一个直左车道和一个直右车道。

如图 9-4 所示,车辆行进的方向称为流向(Movement),各类车的流向在交叉口处会发生分流(Diversion)、合流(Merge)或冲突(Conflict)等行为,对应流线的地点称为分流点、合流点和冲突点。交叉口中各流线相互交织冲突的区域称为冲突区域(Conflicting Zone),交通信号控制的最主要任务之一就是减少冲突区域内车流的相互冲突。根据冲突流线的类型不同,冲突点可分为机动车流线间的冲突点、机动车流线同非机动车流线的冲突点、机动车流线和行人流线的冲突点、非机动车流线间的冲突点、非机动车流线和行人流线的冲突点等几类。在进行交通信号配时的过程中,应尽量避免冲突点的出现,从而保障车流运行的安全和效率。

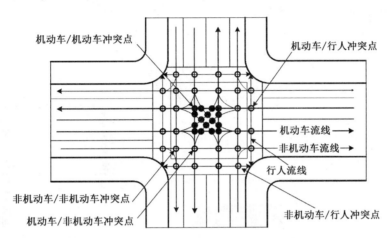

图 9-4　交叉口处的各类流线及相应冲突点

如图 9-5 所示,信号控制交叉口一般需要下述设备来完成交通信号控制的过程:1 个交通信号控制机(Traffic Signal Controller)、1 个安放交通信号机和附属设备的机柜(Cabinet)、若干机动车和行人的交通信号灯(Signal Display/Indication, or Signal Head)、在需要感应控制或自适应控制(详见 9.3 节)的交叉口还需安装若干检测器(Detector)。

图 9-5　典型交叉口的交通信号控制设备

9.2.2 交通信号控制设备

在信号控制交叉口,多种设备共同工作完成交通信号灯的显示任务。图 9-6 给出了单点信号控制交叉口中各种交通信号控制设备之间数据的输入和输出流程。如 9.2.1 节中所示,一个信号控制交叉口中至少应具备三类设备:交通检测设备(针对感应控制和自适应控制)、信号机柜设备和交通信号灯。检测器的主要任务是感知车辆及行人,并将它们在交叉口的方位信息传输到信号机柜中的设备中。信号机柜中的设备(主要是交通信号机)通过识别检测器的信息,根据检测器信息计算最优的信号配时方案,根据信号配时方案控制各个信号灯的亮灭。到达交叉口的车辆和行人遵循交通信号通过交叉口。

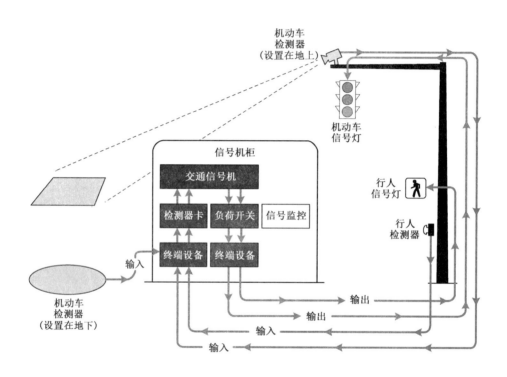

图 9-6 单点交通信号交叉口数据流程

交通检测器的类型有很多,根据设置的位置可分为设置在地面上的、设置在地下的及设置在路侧的;根据检测器的原理可分为基于视频的、基于磁频的和基于波频的;根据检测对象可分为检测机动车的、检测非机动车的和检测行人的;根据检测范围还可分为检测区域范围的及检测固定地点的等。近年来,随着 GPS、车联网和手机信令等移动数据的应用,其也可作为交通信号配时优化的输入,不过受上述数据的稳定性、准确性、时效性等的限制,一般不将其直接应用于配时方案的优化。

如图 9-7 所示,常见的交通检测器有磁感线圈检测器、视频检测器、地磁检测器、雷达检测器、微波检测器及红外检测器等。各种检测器均有其优点及缺陷,在实际使用时应根据信号配时优化的需要有针对性地选择交通检测器。磁感线圈因出现较早,原理简单,检测精度高,在欧美等发达国家应用较为广泛,是最普遍应用的车辆检测方式。在我国因为感应线圈较易被车辆压坏,且维修困难,很多城市选用了地磁或视频等检测方式作为车辆的检测方式。需要注意的是,在应用某种检测方式时必须考虑其可靠性,如果根据检测器输入的错误信息优化交通信号配时,会使交通流的运行更加恶化。检测器设置的形式和位置也会对交通信号控制的算法产生影响。如图9-8所示,线圈检测器可设置为检测车辆通过的小范围检测器和检测车辆存在的大范围检测器,检测器可设置在上游路段处(Setback/Advanced Detector),也可设置在停车线处(Stop Bar Detector)。根据线圈设置的位置不同,感应控制配时算法中的参数需要相应地进行调整,得出的参数值也有差异,具体参见9.4.3节。

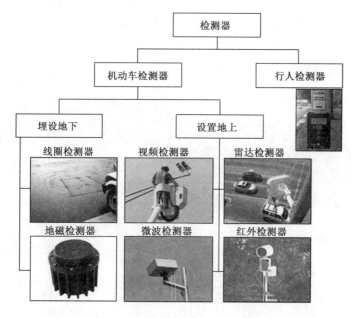

图9-7　常见的交通检测器

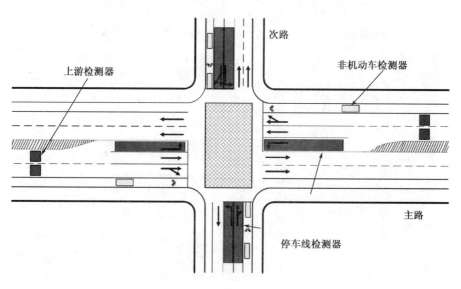

图9-8　线圈检测器基本设置方式

信号机柜是存放信号控制交叉口所有控制设备的场所。欧美国家对信号机柜内部的设备及布局均有相应规定,如图9-9和图9-10分别给出了美国332型和NEMA TS2型(NEMA为美国电气制造商协会的英文缩写,National Electrical Manufacturers Association)信号机柜内部的典型布局及所安装的交通控制设备。不同型号的机柜布局、内部操作和信息传输方式可能会存在差异,但其基本功能是一致的,且很多部件可以互换,新出的交通信号控制设备一般能兼容老的附属设备(但可能不能应用一些新的特性),这就最大限度地节省了更新交通控制设备的开支,值得我国借鉴。我国的交通信号机柜设置标准正在制定过程中,目前已存在《道路交通信号控制机》(GB 25280—2016)和《交通信号控制机与上位机间的数据通信协议》(GB/T 20999—2007,新版即将公布)等标准。但考虑到我国不同城市间,甚至同一城市内交通信号控制设备发展的差异较大,如部分用国产的单片机控制,而另外一些则采用可联网的智能信号机,统一国内交通信号机柜标准有较大难度。

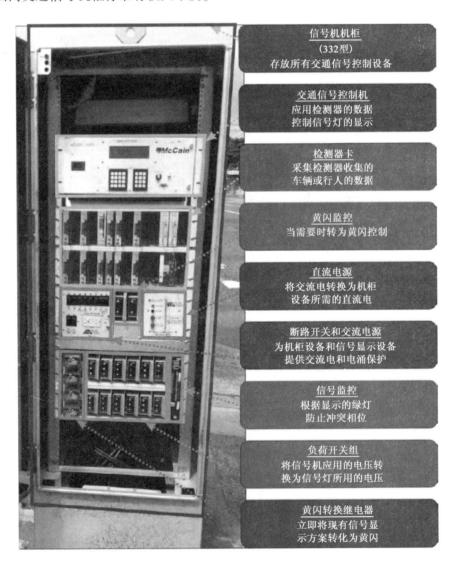

图9-9 美国332型机柜及附属设备

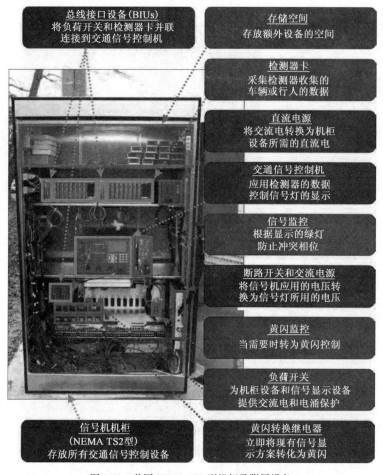

图 9-10　美国 NEMA-TS2 型机柜及附属设备

信号机柜附属设备的主要功能是收集检测器的信号,将其更变电压输送至交通信号机。交通信号机根据内置算法优化出信号配时方案,机柜将信号机输出的配时方案提升电压至信号灯应用的级别,并控制信号灯的显示。

信号机柜内最主要的设备是交通信号控制机,其主要作用是根据检测器收集的信息确定配时方案,并控制信号灯的显示。交通信号机最初是用电机驱动的,使信号机上的圆盘在一个信号周期过程转动一周,并利用安装在圆盘上的拨片控制信号灯电流的通断,从而实现对信号灯的控制。电机式的交通信号机如图 9-11 所示。随着电子技术的发展,具备微处理器的交通信号机逐渐成为主流,其内置程序大大丰富了交通信号机可实现的功能。为实现信号机和信号机柜信息的可互换性,交通工程师开发了一系列硬件标准,其中有代表性的有美国的 NEMA 标准、Caltrans 的 TEES 标准(170 标准和其升级版的 2070 标准)、ATC(Advanced Traffic Control)标准(合并了 NEMA 标准和 2070 标准)以及欧洲的标准。图 9-9 所示的机柜便符合 170 标准,而图 9-10 所示的机柜则符合 NEMA TS-2 标准,其对应的交通信号机也有一定差异,将符合 NEMA 标准的信号机安装到 170 型机柜中时,其也能控制信号灯,但某些特性则无法应用,反之亦然。我国目前并未建立对应的标准对此部分内容进行规定,部分信号机符合美国标准,部分信号机符合欧洲标准,部分信号机还应用了国有厂商的自定义标准,目前亟待出台统一的国家标准。

图 9-11 电机式交通信号控制机

交通信号灯是信号控制交叉口最常见的交通控制方式,其应用不同颜色及形状的灯光指示交叉口的车流通过交叉口。道路交通信号灯的设置与安装应确保信号灯能被机动车驾驶人、非机动车驾驶人和行人清晰地观察到。在 1968 年,联合国颁布了《道路交通和道路标志、信号协定》,对交通信号灯的意义进行了规定。我国的信号灯除遵循此协定外,信号灯本身需满足《道路交通信号灯》(GB 14887—2011)的相关技术规定和《道路交通信号灯设置与安装规范》(GB 14886—2016)中对信号灯设置的规定。我国的交通信号灯主要有机动车信号灯、方向指示信号灯、非机动车信号灯、人行横道信号灯等类型。在设置有方向指示信号灯的交叉口,方向指示信号灯所指挥的交通流与其他交通流的通行权不应冲突。

我国常用信号灯的形式可见图 9-12,信号灯可分为横向设置和纵向设置,机动车和机动车信号灯一般采用红黄绿三色灯设计。考虑到为使色盲人士也能阅读信号灯显示的信息,信号灯在横向设置时应符合左红、中黄、右绿的次序,在纵向设置时应符合上红、中黄、下绿的次序,不应设置单一信号灯显示复数颜色信号的情况,否则其显示的内容必须不同。我国机动车及非机动车信号灯的灯色转换符合红→绿→黄→红的次序,人行横道信号灯的灯色转换应符合红→绿→绿闪→红的次序,针对车辆的信号灯不设置绿闪或红闪(在欧洲有此类设计)等信号。

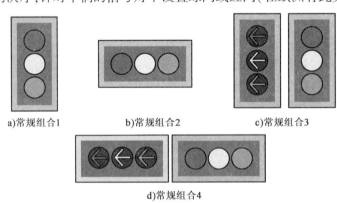

图 9-12 常规机动车信号灯的设计
注:灰色由深至浅,分别代表红灯,绿灯和黄灯。

信号灯安装基本原则如下:

(1)对应于路口某进口,可根据需要安装一个或多个信号灯组。

(2)信号灯可安装在出口左侧、出口上方、出口右侧、进口左侧、进口上方和进口右侧,若只安装一个信号灯组,应安装在出口处。

(3)至少有一个信号灯组的安装位置能确保,在该信号灯组所指示的车道上的驾驶人,能清晰观察到信号灯。若不能确保驾驶人在该范围内能清晰地观察到信号灯显示状态,则应设置相应的警告标志。在信号可能被其他方向误识时,需对信号灯增设遮光罩、遮拦等装置。

(4)悬臂式机动车灯杆的基础位置(尤其悬臂背后)应尽量远离电力浅沟、窨井等,同时与路灯杆、电杆、行道树等相协调。

(5)设置的信号灯和灯杆不应侵入道路通行净空限界范围。

9.3 交通信号控制参数分析

9.3.1 交通信号控制参数

1)时间参数

(1)信号周期时长

信号周期时长(Cycle Length)是指信号灯色按设定的相位顺序显示一周所需的时间,即各种灯色显示时间之总和,一般用 C 表示,其单位为 s。信号周期的名称来源于电机式交通控制机,一个信号周期时长等于信号机转子旋转一周的时间,这也是环(Ring)—栅(Barrier)式配时结构(在9.4节中详细介绍)名称的起源。信号周期是决定交通信号控制效果优劣的关键控制参数。倘若信号周期取得太短,则难以保证各方向的车辆顺利通过路口,导致车辆在路口频繁停车、路口的利用率下降;倘若信号周期取得太长,则会导致驾驶人等待时间过长,大大增加冲突方向车辆的延误时间。一般而言,对于交通量较小、相位数较小的小型路口,信号周期取值在 70s 左右;对于交通量较大、相位数较多的大型路口,信号周期取值则不宜超过 180s。

(2)绿信比

绿信比是指一个信号周期内某相位的有效绿灯时间与信号周期时长之比,一般用 λ 表示。

$$\lambda = \frac{t_{EG}}{C} \tag{9-2}$$

式中:t_{EG}——有效绿灯时间。

某信号相位的有效绿灯时间是指将一个信号周期内该信号相位能够利用的通行时间折算为理想利用时所对应的绿灯时长。有效绿灯时间与最大放行车流率(饱和流量)的乘积应等于通行时间内最多可以通过的车辆数。有效绿灯时间等于绿灯时间与黄灯时间之和减去部分损失时间,也等于绿灯时间与前损失时间之差再加上后补偿时间(后补偿时间等于黄灯时间减去后损失时间)。

$$t_{EG} = t_G + t_Y - t_L = t_G - t_{FL} + t_{BC} = t_G - t_{FL} + t_Y - t_{BL} \tag{9-3}$$

式中:t_G——绿灯时间;

t_Y——黄灯时间;

t_L——部分损失时间;

t_{FL}——前损失时间；

t_{BC}——后补偿时间；

t_{BL}——后损失时间。

其中，部分损失时间 t_L 是指由于交通安全及车流运行特性等原因，在相位可以通行的时间段内没有交通流运行或未被充分利用的时间。部分损失时间由前损失时间和后损失时间两部分组成。前损失时间是指绿灯初期，由于排队车辆需要起动加速、驶出率较低所造成的损失时间。在绿灯初期车流量由小变大，由零逐渐上升到最大放行车流率。后损失时间是指绿灯结束时，黄灯期间停车线后的部分车辆已不许越过停车线所造成的损失时间。后补偿时间是指绿灯结束时，黄灯初期已越过停车线的车辆可以继续通行所带来的补偿时间。后损失时间与后补偿时间之和等于黄灯时间，恰恰也正反映了黄灯的过渡性与"两面性"。在黄灯期间车流量由大变小，由最大放行车流率逐渐下降到零。

绿信比是进行信号配时设计最关键的时间参数，它对于疏解交通流、减少车辆在交叉口的等待时间与停车次数都起着举足轻重的作用。某一信号相位的绿信比越大，则越有利于该信号相位车辆的通行，但却不利于其他信号相位车辆的通行，这是因为所有信号相位的绿信比之和必须小于1。

(3) 最短绿灯时间

最短绿灯时间是指对各信号相位规定的最低绿灯时间限值，用 G_m 表示。规定最短绿灯时间主要是为了保证车辆行车安全。如果绿灯信号持续时间过短，停车线后面已经起动并正在加速的车辆会来不及制动或者使得驾驶人不得不在缺乏思想准备的情况下紧急制动，这都是相当危险的，很容易酿成交通事故。

在定时信号控制交叉口，需要根据历史交通量数据确定一个周期内可能到达的排队车辆数，从而决定最短绿灯时间的长短；在感应式信号控制交叉口，则需要根据停车线与车辆检测器之间可容纳的车辆数确定最短绿灯时间的长短。

(4) 绿灯间隔时间

绿灯间隔时间是指一个相位绿灯结束到下一相位绿灯开始的一段时间间隔，用 I 表示。设置绿灯间隔时间主要是为了确保已通过停车线驶入路口的车辆，均能在下一相位的首车到达冲突点之前安全通过冲突点，并驶出交叉口。绿灯间隔时间，即相位过渡时间，通常表现为黄灯时间或黄灯时间加上全红时间(All-red)。全红是指路口所有方向均显示红色信号灯，全红时间是为了保证相位切换时不同方向行驶车辆不发生冲突、清理交叉口内剩余车辆所用时间。全红时间的概念是针对整个交叉口而言的。对于一个特定的相位，其应称为红灯清空时间(Red-clearance)。

(5) 损失时间

损失时间是指由于交通安全及车流运行特性等原因，在整个相位时间段内没有交通流运行或未被充分利用的时间，用 l 表示。损失时间等于绿灯显示时间与绿灯间隔时间之和减去有效绿灯时间，等于绿灯间隔时间与后补偿时间之差加上前损失时间，也等于部分损失时间与全红时间之和。

$$l = t_G + I - t_{EG} = I - t_{BC} + t_{FL} = t_G + I - (t_G + t_Y - t_L) = t_L + t_R \tag{9-4}$$

式中：t_R——全红时间。

对于一个信号周期而言，总的损失时间是指所有关键车流在其信号相位中的损失时间之和,用 L 表示。而关键车流是指那些能够对整个交叉口的通行能力和信号配时设计起决定作用的车流,即在一个信号相位中交通需求量最大的那股车流。交叉口总的绿信比是指所有关键车流的绿信比之和,即所有关键车流的有效绿灯时间总和与信号周期之比值,可用式(9-5)表示。

$$\sum_{k=1}^{n} \lambda_k = \frac{C-L}{C} \tag{9-5}$$

利用图 9-13 可直观地反映以上各时间参数及其相互关系。

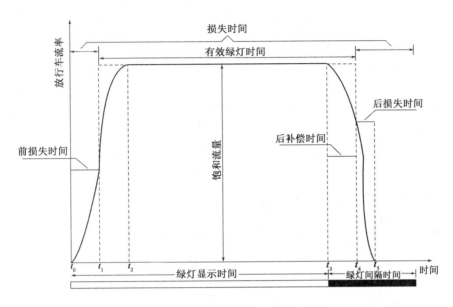

图 9-13 获得通行权的车流在其相位期间通过交叉口的流量图示

图 9-13 中,t_0 对应绿灯启亮时刻,t_2 对应放行车流率达到饱和流量的时刻,t_3 对应黄灯启亮时刻,t_5 对应红灯启亮时刻。在 t_0 至 t_2 时间段,即放行车流率未达到饱和流量期间,放行车流率曲线与时间轴围成的面积等于该时间段内通过交叉口的车辆数,可以等效于以饱和流量放行时在 t_1 至 t_2 时间段内通过交叉口的车辆数,即等于以 t_1 至 t_2 为底、以饱和流量为高所构成的虚线框的面积,因此图 9-13 中 t_0 至 t_1 的线段长为前损失时间。同理可以推知 t_3 至 t_4 的线段长为后补偿时间,t_4 至 t_5 的线段长为后损失时间。

2）交通流参数

(1)交通流量

交通流量是指单位时间内到达道路某一截面的车辆或行人数量,用 q 表示。到达交叉口的交通流量是指单位时间内到达停车线的车辆数,其主要取决于交叉口上游的驶入交通流量,以及车流在路段上行驶的离散特性。交通流量通常随时间随机变化,且变化规律比较复杂,既包括规律性的变化,也包括非规律性的变化。换言之,交通流量在不同的时间段内将围绕某一平均值上下波动。

(2)饱和流率

饱和流率是指单位时间内车辆通过交叉口停车线的最大流量,即排队车辆加速到正常行驶速度时,单位时间内通过停车线的稳定车流量,用 S 表示。饱和流量取决于道路条件、车流状况以及配时方案,但与配时信号的长短基本无关。具体而言,影响道路饱和流量大小的道路条件主要有车道的宽度、车道的坡度,影响道路饱和流量大小的车流状况主要有大车混入率、转弯车流的比率、车道的功能,影响道路饱和流量大小的配时方案因素主要是信号相位的设置情况。

(3)通行能力

通行能力是指在现有道路条件和交通管制下,车辆以能够接受的行车速度行驶时,单位时间内一条道路或道路某一截面所能通过的最大车辆数,用 Q 表示。其中,"现有道路条件"主要是指道路的饱和流量,"交通管制"主要是指交叉口的绿信比配置,而"能够接受的行车速度"指饱和流量情况下能接受的行车速度。通行能力与饱和流量、绿信比之间的关系可以利用式(9-6)表示。

$$Q = S \cdot \lambda = S \cdot \frac{t_{EG}}{C} \tag{9-6}$$

交叉口各方向入口道的通行能力是随其绿信比的变化而变化的,是一个可以调节的参量,具有十分重要的实际意义。加大交叉口某信号相位的绿信比也就是加大该信号相位所对应的放行车道的通行能力,使其在单位时间内能够通过更多数量的车辆。然而值得注意的是,某一信号相位绿信比的增加势必造成其他信号相位绿信比的下降,从而导致其他信号相位所对应的放行车道的通行能力相应下降。

(4)车道交通流量比

车道交通流量比是指道路的实际流量与饱和流量之比,用 y 表示。

$$y = \frac{q}{S} \tag{9-7}$$

车道交通流量比是一个几乎不随信号配时影响的交通参量,它在一定程度上反映了道路的拥挤状况,是进行信号配时设计的一个重要依据。

(5)临界车道组交通流量比

临界车道组交通流量比又称相位交通流量比,是指某信号相位中车道交通流量比的最大值,即关键车流的交通流量比。将信号周期内所有相位所对应的关键车流的交通流量比累加,即为交叉口的总交通流量比,用 Y 表示。交叉口的总交通流量比与临界车道组交通流量比是影响信号配时设计的两个重要因素,前者决定信号周期大小的选取,后者则决定各相位绿灯时间的合理分配。

(6)饱和度

饱和度是指实际流量与通行能力之比,用 x 表示。

$$x = \frac{q}{Q} = \frac{q}{S} \cdot \frac{C}{t_{EG}} = \frac{y}{\lambda} \tag{9-8}$$

从式(9-8)可以看出:①当道路具有足够的通行能力即 $Q>q$ 时,其饱和度 $x<1$;当道路不具有足够的通行能力即 $Q \leq q$ 时,其饱和度 $x \geq 1$。兼顾路口通行效率与绿灯时间利用率,通常在交叉口的实际设计工作中,为各条道路设置相应的可以接受的最大饱和度限值,又称为饱和度实用限值,用 x_p 表示。饱和度实用限值一般设置在 0.9 左右。实践表明,当饱和度保持在 0.8~0.9 之间时,交叉口的配时及设计经过恰当的优化后,可获得较好的运行条件;当交叉口的饱和度接近 1 时,交叉口的实际通行条件将迅速恶化。②加大交叉口某信号相位的绿信比也就是降低该信号相位所对应的放行车道的饱和度。当然,某一信号相位绿信比的增加势必造成其他信号相位绿信比的下降,从而导致其他信号相位所对应的放行车道的饱和度相应上

升。因此,研究整个交叉口的总饱和度很关键。

交叉口的总饱和度是指饱和程度最高的相位所达到的饱和度值,而并非各相位饱和度之和,用 X 表示。对于某一确定的信号周期,当调节各个信号相位的绿信比使得各股关键车流具有相等的饱和度时,交叉口的总饱和度将达到最小值,此时式(9-9)成立。

$$X = x_1 = \frac{y_1}{\lambda_1} = x_2 = \frac{y_2}{\lambda_2} = \cdots = x_n = \frac{y_n}{\lambda_n} = \frac{\sum_{k=1}^{n} y_k}{\sum_{k=1}^{n} \lambda_k} = \frac{Y}{\frac{C-L}{C}} \tag{9-9}$$

式中,$x_1,x_2,\cdots,x_n$ 分别表示各关键车流的饱和度。从交叉口总饱和度的定义可以推知,如果交叉口总的绿信比小于交叉口的总交通流量比,则说明该交叉口的总饱和度必将大于 1,不具备足够的通行能力。

3)性能指标参数

(1)延误时间

信号交叉口延误是反映车辆在信号交叉口受阻、行驶时间损失的评价指标。延误的影响因素众多,涉及交叉口几何设计与信号配时的各个方面,是一个能够综合反映交叉口的几何设计与信号配时优劣的评价指标。

延误是一个影响因素十分复杂的指标,理论计算所得结果很难精确符合实际情况,所以在具备观测实际延误数值的情况时,应采用现场观测的延误数值作为评价依据,特别是对原有交叉口评价分析或作改善效果的前后对比分析、有条件进行现场观测的时候。对设计交叉口的不同设计方案作比较分析、无法现场观测时,才用估算方法。

延误需对交叉口各进口道分别估算各车道的车均信控延误;进口道的车均延误是进口道中各车道延误的加权平均值;整个交叉口的车均延误是各进口道延误之加权平均值。

(2)停车次数

车辆的停车次数(停车率)是指车辆在通过交叉路口时受信号控制影响而停车的次数,即车辆在受阻情况下的停车程度,用 h 表示。值得注意的是,并非所有受阻车辆受到交叉路口信号阻滞时都会完全停顿下来,部分车辆可能在车速尚未降到 0 之前又加速至原正常行驶车速而驶离交叉口。因此,根据车辆在受阻情况下的停车可分为完全停车与不完全停车两种。

图 9-14 表示了三种不同的车辆受阻行驶情况。对于图 9-14a)情况,车辆的行驶速度降为 0 后,车辆经过一段时间的停止等待,再加速通过路口;对于图 9-14b)情况,车辆的行驶速度刚降为 0,又立即加速通过路口;对于图 9-14c)情况,车辆的行驶速度未降为 0,就又加速通过路口。我们把图 9-14a)、b)两种情况称为一次完全停车,把图 9-14c)情况称为一次不完全停车。

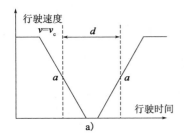
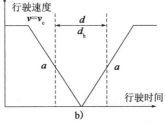
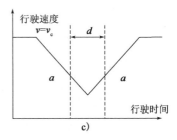

图 9-14 完全停车与不完全停车

交叉口总的停车次数是指所有通过交叉口的车辆的停车次数之和,用 H 表示;交叉口的平均停车次数则是指通过交叉口的车辆的停车次数平均值,用 h 表示。平均停车次数也是一个衡量信号控制效果好坏的重要性能指标。减少停车次数可以减少燃油消耗、减小车辆轮胎和机械磨损、减轻汽车尾气污染、降低驾驶人和乘客的不舒适程度,同时确保交叉口的行车安全。

值得注意的是,对于一辆车而言,其延误时间减小,则停车次数也越小;而对于一个交叉口而言,其总的延误时间越小,其总的停车次数未必越小。因此,交叉口的平均延误时间与交叉口的平均停车次数之间既存在一定的关联性,也存在一定的差异性,可以作为两个相对独立的性能指标来评价交通控制系统运行的优劣。

在交通信号控制所涉及的基本概念当中,通行能力、饱和度、延误时间和停车次数是反映车辆通过交叉口时动态特性和进行交叉口信号配时设计的 4 个基本参数。交通信号控制的目标就是要寻求较大的通行能力、较低的饱和度,从而使得通过交叉口的全部车辆总延误时间最短或停车次数最少。

9.3.2 交通信号控制的延误分析

由 3.5 节中的城市道路通行能力分析内容可知,评价城市道路通行能力的重要指标为延误。当能建立起信号配时参数与延误的关系时,可以道路总延误最小为优化目标进行信号配时的优化,因此信号控制交叉口处的延误估计是交通信号配时的基础。

1）稳定状态

图 9-15 为交叉口一个进口道的停车线累积到达交通量(交通需求)和驶离积累交通量随时间变化的简单示例。描述红灯时间驶离车辆的交通量累计曲线的交通流率(累积驶离交通量的斜率)为 0,所以曲线(折线)与横轴平行。累积到达曲线和累积驶离曲线在纵轴方向的差值为当前时刻的排队长度(单位:辆),累积到达曲线和累积驶离曲线横轴方向的差值为(如果没有超车)每辆车因等待红灯而产生的延误时间。绿灯信号开始后,等待信号的排队车辆开始以饱和交通流率 s(等于累积驶离曲线的斜率)向下游驶离交叉口。当绿灯信号时间内的到达曲线和驶离曲线相交后,两条曲线相互重叠。此时,到达的交通流率和驶离的交通流率相等,交通需求小于通行能力。如果当绿灯信号结束时,两条曲线仍未相交,即在绿灯信号结束时仍有滞留排队时,交通需求超过通行能力,此状态称为过饱和状态(交通堵塞)。与此相反

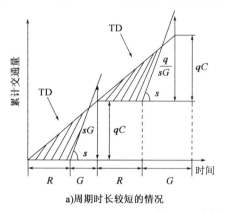
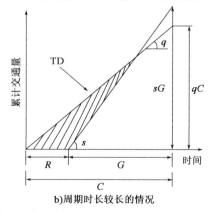

a) 周期时长较短的情况　　b) 周期时长较长的情况

图 9-15　未饱和状态下的总延误

的,交通需求小于通行能力的状态为非饱和状态。两条曲线所围成的面积为每辆车的延误时间之和,可称其为"总延误时间"。

假设某非饱和交叉口进口道的交通需求为 q,饱和交通流率为 s,周期时长为 C,有效绿灯时间为 G(绿信比 $g = G/C$),红灯相位时长为 R($= C - G$)。假设车辆到达的车头时距恒定(均匀到达),即满足如图 9-15 所示的关系。此时每周期对应的总延误时间 TD 为图 9-15 中画斜线的三角形面积,可用下述公式计算。

$$\text{TD} = \frac{sqR^2}{2(s-q)} = \frac{qR^2}{2(1-y)} \qquad (9\text{-}10)$$

式中:y——流量比,$y = q/s$。

因此,每辆驶入车辆的平均延误时间可通过下述公式计算。

$$\bar{d} = \frac{\text{TD}}{qC} = \frac{R^2}{2C(1-y)} = \frac{(1-g)^2}{2(1-y)}C \qquad (9\text{-}11)$$

由图 9-15 可知,在非饱和状态时,$qC \leqslant sG$,且通过对比图 9-15 的 a)和 b),在绿信比相同(G/C 为定值),但周期 C 扩大时,画斜线三角形面积也会相应地增大。此时,每周期总延误时间 TD 会同周期 C 扩大相同比例,每辆驶入车辆的平均延误时间 $\bar{d}$ 也会和 C 扩大相同的比例。

车辆的随机到达也会产生额外的延误,假定车辆到达服从泊松分布时,Webster 计算得出的每辆驶入车辆的平均延误时间可用式(9-12)表示。

$$\bar{d} = \frac{(1-g)^2}{2(1-y)}C + \frac{x^2}{2q(1-x)} \qquad (9\text{-}12)$$

式中:x——饱和度。

式(9-12)中的第一项与式(9-11)相同,式(9-12)的第二项表述了到达时间间隔受随机到达状态时的影响。式(9-11)和式(9-12)的关系如图 9-16 所示。由此可见,当周期时长变为 C_m 时,平均延误时间会变为无限大,因此实用的周期时长必须大于 C_m。此外,还存在使平均延误最小的周期时长 C_{opt}(推导过程参照 9.4.3 节),且其大于 C_m。

对多数交叉口来讲,均匀到达和泊松到达均不符合实际交通需求状况。在交叉口相互临近时,会存在一定程度的影响因素,使得交通流的到达产生复杂而不规则的变动,无法用固定的公式计算最小平均延误与周期时长的关系,此时可认为延误比应用泊松到达时更短。Webster 通过仿真手段,以添加修正项的方式对式(9-12)进行修正,最终得出如式(9-13)所示的信号控制交叉口延误估计公式。

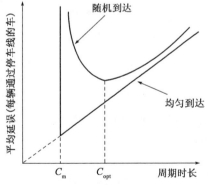

图 9-16 单点交叉口的平均延误时间与周期长度的理论关系

$$\bar{d} = \frac{(1-g)^2}{2(1-y)}C + \frac{x^2}{2q(1-x)} - 0.65\left(\frac{C}{q^2}\right)^{\frac{1}{3}}x^{(2+5g)} \qquad (9\text{-}13)$$

在 Webster 提出随机平均延误计算公式后[式(9-13)的第二项],Miller 和 Akçelik 也先后推导出类似的计算公式。其中,Akçelik 推导出的随机平均延误计算公式较为简洁,如式(9-14)~式(9-16)所示。从式(9-14)~式(9-16)可以看出,进口道饱和度同样是决定随机平均延误大小的最主要因素。随着饱和度的提升,随机平均延误时间将迅速增大。比较 Akçelik 延误公式和 Webster 延误公式的随机平均延误项,可发现得到的结果相差甚微,仅在 1s 左右。

$$d_r = \frac{N_s \cdot x}{q} \quad (9\text{-}14)$$

式中：d_r——随机平均延误时间；

N_s——进口道平均过剩滞留车辆数。

$$N_s = \begin{cases} \dfrac{1.5(x-x_0)}{1-x} & (x > x_0) \\ 0 & (x \leqslant x_0) \end{cases} \quad (9\text{-}15)$$

$$x_0 = 0.67 + \frac{S \cdot t_{EG}}{600} \quad (9\text{-}16)$$

2）过饱和状态

需要注意的是，不管 Webster 的延误公式还是 Akçelik 的延误公式中，均在分母中存在 $1-x$ 项，因此在饱和度接近于 1 时，其计算得到的延误值会迅速增加，这不符合实际观测情况，而对于饱和度大于或等于 1 的时候，应用上述公式则无法对延误值进行计算，这就需要专门针对饱和或过饱和状态的延误估计方法。20 世纪 60 年代开始提出的定数理论可用于估计过饱和状态的延误。其代表性的研究有 Adolf May 的《交通流理论》及他与 Hartmut Keller 的论文《定数排队模式》❶。此后，R. M. Kimber 等人也对定数排队理论进行了更为深入细致的研究。

在稳态理论中，虽然也考虑了在车辆到达随机波动的影响下，个别周期绿灯结束后会出现滞留车队的情况，但滞留车辆并非按照一种确定的增长率持续增长下去，而是经过一两个周期后会恢复原先无滞留车辆的平衡状态。所以稳态理论把这种个别信号周期绿灯结束后出现滞留车队的情况作为一种随机情况处理。定数理论则恰恰相反，它是把过饱和阻滞作为一种确定情况进行分析的，而不考虑车辆随机到达对受阻程度的影响。因此，定数理论的研究对象是，当交叉口进口道处于过饱和状态时，车道与交叉口延误与停车次数等参数的表达式，其基本假设如下：

（1）各进口道的车辆平均到达率在整个时间段内稳定不变。

（2）各进口道断面的通行能力在整个时间段内为常数。

（3）时间段起始点的初始排队长度为零。

（4）在整个时间段内，过饱和排队车辆长度随时间的增长而直线增加。

当交叉口处于过饱和状态且进口道的车辆到达率与通行能力为常数时，在一个信号周期内的到达车辆数（qC）将大于其可放行的车辆数（sG），每次绿灯结束后进口道的滞留排队车辆均会成线性增长。假设不计黄灯时间和前损失时间，进口道的车辆到达和驶离情况可简化为图 9-17 所示的情况。

图 9-17 中 A、C、E、G 对应红灯起始时刻，B、D、F 对应绿灯起始时刻，AH 的斜率为车辆到达率 q，BC、DE、FG 的斜率为进口道饱和流率 S，AC 的斜率为进口道通行能力 Q，因 AH 的斜率明显大于 AC 的斜率，表明该进口道处于过饱和状态。车辆到达累计曲线（$A \to H \to I \to J$）和车辆驶离累积曲线（$A \to B \to C \to D \to E \to F \to G$）围成的多边形称为延误多边形。该多边形中的水平线段代表相应到达车辆的延误，垂直线段代表对应时刻的停车线车辆排队长度，其中 HC、IE 和 JG 分别代表三个周期绿灯结束时交叉口处的滞留排队长度。交叉口的总延误时间等于延误多边形 $ABCDEFGJ$ 的面积。

---

❶ MAY A D, KELLER H E M. A deterministic queueing model[J]. Transportation Research, 1967, 1(2): 117-128.

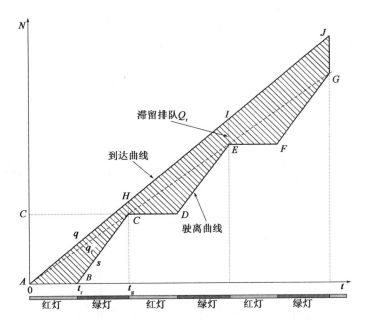

图 9-17 过饱和进口道车辆延误分析

过饱和状态对进口道性能指标参数的影响将一直持续到进口道滞留排队车辆消失时,而并非在饱和度小于1时就截止。因此,对过饱和状态交叉口延误等参数的分析应从初始排队长度为零并出现过饱和状态开始,一直持续到滞留排队完全消散。为方便公式推导,假设过饱和状态持续了 n_1 个周期后出现未饱和交通状态(饱和度为0),在经过 n_2 个周期后滞留排队正好消失,$(qC - QC)n_1 = QCn_2$。

在过饱和状态下,每个周期增长的滞留排队长度为 $qC - St_G$,而对于饱和度为0的状况,每个周期可消散的车辆数为 St_G。因此,在过饱和状态下第 i 个周期绿灯结束时的排队长度如式(9-17)所示,在进入未饱和状态后,第 j 个周期绿灯结束后剩余的排队车辆如式(9-18)所示。

$$N_i = i(qC - St_G) \tag{9-17}$$

$$M_j = n_1(qC - St_G) - jSt_G \tag{9-18}$$

在整个时间段 $(n_1 + n_2)C$ 内,平均过饱和滞留排队长度可由式(9-19)计算。

$$L_d = \frac{\sum_{i=1}^{n_1} N_i + \sum_{j=1}^{n_2} M_j}{n_1 + n_2} = \frac{(q-Q)n_1 C}{2} \tag{9-19}$$

在第 i 个过饱和周期,全部车辆延误时间之和可由式(9-20)计算。

$$\begin{aligned} D_i &= \frac{1}{2}(N_{i-1} - N_i + St_G) - \frac{1}{2}t_G t_G S \\ &= (i-1)(qC - St_G)C + \frac{1}{2}(qC^2 - St_G^2) \end{aligned} \tag{9-20}$$

在时间段 $n_1 C$ 内,车辆的总延误可由式(9-21)计算。

$$\sum_{i=1}^{n_q} D_i = \frac{1}{2} n_1 C [n_1 (qC - QC) + Qt_R] \tag{9-21}$$

在第 j 个饱和度为零的周期,全部车辆延误时间之和可由式(9-22)计算。

$$D_j = M_{j-1}C - \frac{1}{2} t_G t_G S = [n_1(qC - St_G)C - (j-1)St_G]C - \frac{1}{2} St_G^2 \tag{9-22}$$

在时间段 $n_2 C$ 内,车辆的总延误可由式(9-23)计算。

$$\sum_{j=1}^{n_2} D_j = \frac{1}{2} n_2 C [n_1 (qC - QC) + Qt_R] \tag{9-23}$$

由式(9-21)和式(9-23)可得在整个时间段 $(n_1 + n_2)C$ 内的车辆平均延误时间由式(9-24)计算。

$$d = \frac{\sum_{i=1}^{n_1} D_i + \sum_{j=1}^{n_2} D_j}{(n_1 + n_2)CQ} = \frac{t_R}{2} + \frac{L_d}{Q} \tag{9-24}$$

3) 近饱和状态

从稳态理论和定数理论的基本假设来看,它们各自有其局限性。稳态理论在低饱和的情况下($x < x_p$)是比较切合实际的,然而随着饱和度的增高,车辆随机到达情况对性能指标的影响显著增大,车辆到达和驶离的"稳态平衡"很难维持,根据稳态理论计算出来的结果与实际情况的偏差也就越来越大,尤其当饱和度接近于1时,稳态理论根本无法给出符合实际的计算结果。定数理论虽然对于过饱和状况下($x > x_Q$)能给出较为理想的计算结果,但在饱和度等于或略大1的情况下也不能计算出令人满意的结果,其原因也是车辆随机到达情况对性能指标的影响太大。因此,需要建立新的理论和计算方法分析交叉口进口道在近饱和状态($x_p \leq x \leq x_Q$)的性能指标。

当车辆到达率 q 逐渐增大时,饱和度 x 随之增加,此时进口道所对应的延误、停车次数、排队长度等性能指标也将随之逐渐增加。所以可在低饱和状态和过饱和状态中间的部分($x_p \leq x \leq x_Q$)寻找一条过渡曲线,将低饱和度段($x < x_p$)的曲线和过饱和段($x > x_Q$)的曲线有机地连接起来,从而描述近饱和状态性能指标随饱和度的变化趋势,该方法称为过渡函数曲线法。过渡函数曲线是以定数函数曲线作为渐近线的。过渡函数的建立不仅解决了近饱和状态车辆受阻滞程度的定量分析问题,也弥补了过饱和状态的定数理论所忽视的随机阻滞。

依照过渡函数计算出的广义性能指标 P(含延误、排队长度、停车次数等)均包括三部分:"基准阻滞"部分、"随机阻滞"部分与"过饱和阻滞"部分。由此,广义性能指标 P 可由式(9-25)表示。

$$P = P_u + P_r + P_d \tag{9-25}$$

式中:P_u——基准阻滞项,它表现为各指标函数的第一项,当饱和度 $x < 1$ 时,该项是关于饱和度的递增函数,当饱和度 $x > 1$ 时,该项为常数,并等于饱和度 $x = 1$ 时的值;

P_r——随机阻滞项,它表现为各指标未饱和函数中的第二项,而在 $x > 1$ 时未能体现,在建立过渡函数关系时应将该项补上;

P_d——过饱和阻滞项,主要为过饱和性能指标函数中的第二项。对过渡函数曲线和广义性能指标的分析如图9-18所示。

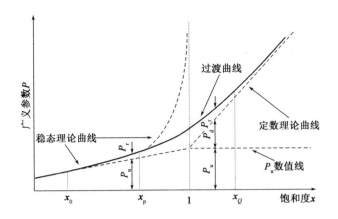

图 9-18　过渡函数曲线与广义性能指标分析

*9.3.3　平均停车次数分析

对信号控制交叉口平均停车次数的分析同样可分为未饱和状态、过饱和状态和近饱和状态三个状态。在未饱和状态下,停车次数可分为均衡相位平均停车次数和随机平均停车次数两部分。图 9-15 中所示延误三角形的高即为一个周期内有一次停车的车辆总数 H,其可由式(9-26)计算,所以其均衡相位平均停车次数 h_e 可由式(9-27)计算。由式(9-27)可知,当进口道交通流量 q 减少或饱和流量 S 增加,即进口道流量比 y 减少时,均衡相位平均停车次数 h_e 减少;当进口道方向的绿信比 λ 增加时,均衡相位平均停车次数 h_e 减少;信号周期 C 的大小与均衡相位平均停车次数 h_e 基本无关。

$$H = \frac{qt_R S}{S-q} = \frac{qC(1-\lambda)}{1-y} \tag{9-26}$$

$$h_e = \frac{H}{qC} = \frac{1-\lambda}{1-y} \tag{9-27}$$

车辆的随机到达可能会使交叉口在某个交叉口产生滞留排队的情况,这种暂时过饱和状况产生的停车次数称为随机停车次数 h_r,其近似计算公式如式(9-28)、式(9-29)所示。由式(9-28)可知,当进口道饱和度增大时,随机平均停车次数将迅速增大,特别是当饱和度接近于 1 时,随机平均停车次数将趋向于无穷大;当信号周期 C 增大时,随机平均停车次数减少。

$$h_r = 0.9 \times \frac{e^k}{2qC(1-x)} - 0.1 \times \frac{1-\lambda}{1-y} \tag{9-28}$$

$$k = \frac{-1.33\sqrt{Sq}(1-x)}{x} \tag{9-29}$$

综合均衡相位平均停车次数和随机平均停车次数,可得稳态理论基础上的进口道车辆平均停车次数 h 的计算公式。将一个信号周期内各进口道的总停车次数相加可得交叉口的总停车次数,再除以一个信号周期到达交叉口的车辆数即可获得平均停车次数。

$$h = h_e + h_r = 0.9 \times \left[\frac{1-\lambda}{1-y} + \frac{e^k}{2qC(1-x)}\right] \tag{9-30}$$

与延误的计算类似,根据稳态理论获得的平均停车次数在饱和度趋近于 1 时,得出的结果会趋向于无穷大,因此需对过饱和状态和近饱和状态的平均停车次数进行分析。

在过饱和状态时,会有部分车辆经历多次停车的情况。在进口道处于过饱和状态时,所有在本信号周期到达的车辆均需停车,其中滞留排队中的车辆还需要二次停车,因此过饱和状态时第 i 个周期的车辆总停车次数 H_i 可由式(9-31)计算,在时间段 n_1C 内总停车次数可由式(9-32)计算。

$$H_i = qC + i(qC - QC) \tag{9-31}$$

$$\sum_{i=1}^{n_1} H_i = n_1 qC + \frac{n_1}{2}(1 + n_1)(qC - QC) \tag{9-32}$$

第 j 个饱和度为零周期的车辆总停车次数 H_j 可由式(9-33)计算,在时间段 n_2C 内总停车次数可由式(9-34)计算。

$$H_j = n_1(qC - QC) - jQC \tag{9-33}$$

$$\sum_{j=1}^{n_2} H_j = n_1 n_2(qC - QC) - \frac{n_2}{2}(1 + n_2)QC \tag{9-34}$$

在整个 $(n_1 + n_2)C$ 时间段内车辆的平均停车次数 h 为:

$$h = \frac{\sum_{i=1}^{n_1} H_i + \sum_{j=1}^{n_2} H_j}{(n_1 + n_2)QC} = 1 + \frac{L_d}{QC} \tag{9-35}$$

在信号交叉口的车辆平均滞留长度 $\overline{L}_d$ 为:

$$\overline{L}_d = \frac{(St_G - qt_G)n_1 + St_G n_2}{n_1 + n_2} + L_d = Qt_R + L_d \tag{9-36}$$

综上所述,由于过饱和状态下滞留车辆不断积累,进口道的平均过饱和滞留车队长度、平均延误时间、平均停车次数及绿灯启亮平均滞留车队长度均随过饱和状态持续时间的增加而增加。而在低饱和状态,由于每个周期绿灯时间内均能将排队车辆情况,故平均延误、平均停车次数与绿灯启亮平均滞留车队长度均与研究时长无关。

在近饱和状态,平均停车次数也可借由过渡函数曲线法进行研究,本书不再进行推导。

9.4 单点信号控制

9.4.1 信号配时方法的发展

自20世纪50年代出现了交通信号配时方法以来,交通信号配时方法大致经历了4个发展阶段。如图9-19所示,第一阶段的交通信号控制为多时段定时配时。在建立根据观测交通信息计算信号配时参数的方法后,可根据历史流量特征将一日内交通特征分为若干时段,根据每一时段的统计交通特征计算信号配时参数,并将所获取的信号配时方案存储于信号机中,每到固定时间点后就切换信号配时方案。该方法无法实时反映交通流模式的变化,仅适用于交通模式较为固定的交叉口。第二阶段的交通信号控制为交通响应配时(Traffic Responsive Control)。该方法根据道路交通流的运行情况,预先制定了若干配时方案存储在交通信号机中,在检测到交通模式出现某种变化后,就调用响应的配时方案。但该方法出现时,交通检测技术并不是很发达,交通信号机处理信息的速度也跟不上,一般对某个突发事件的反应要

10～15min以后,而在配时方案执行时,所检测到的交通特征早已发生变化,因此该方法未能广泛应用,但其为交通配时方法的改进提供了思路。第三阶段的交通信号控制为反馈式自适应控制。反馈式自适应控制没有预设的配时方案,其将时间分为若干个时间步长(Time Step,如5min或15min),每个时间步长的配时方案均根据前一个或前几个时间步长的交通检测信息优化。由其原理可以知道,该方法的显著缺点是存在时滞性,当前的配时方案均根据之前的交通信息确定,无法反映实时的交通特征的变化。第四阶段的配时方法是应用短时交通流预测的方法,根据当前检测信息预测下一个时间步长的交通状态,并根据预测的结果进行配时优化。该方法基本能反映实时交通流变化的特性,但其精确度严重依赖短时交通流预测算法。随着交通检测数据的逐渐丰富、通信技术的不断增强和交通信号机数据处理能力的不断提升,目前交通信号配时方法的发展趋势是如何应用新出现的数据,更好地对未来交通流状态进行预测,并在信号配时方案中进行响应。对于自动驾驶车辆、车联网、交通大数据的应用是交通控制方向研究的热点,本书将在9.6节中对车联网环境下的交通控制思路进行简要介绍。

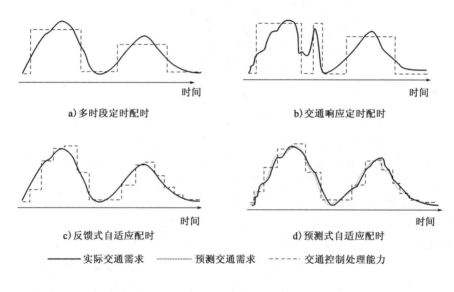

图9-19 交通信号配时方法的发展

9.4.2 相位设计

1) 流向与相位

如9.2.1节所示,流向(Movement)描述了出行者在交叉口内部的行进方向。在一个一般的四路信号控制交叉口有12个单向的机动车流向及4个双向的行人流向。为方便对流向进行定义,可采用如图9-20方框中所示的HCM型流向编号定义方式:奇数为左转,1和5一般为主路,偶数为直行,2和6一般为主路,右转采用相邻直行加10的方式。需要注意的是,一个流向可能会对应一个或多个车道,也有可能一个车道对应多个流向(例如直右车道等)。某一进口道中前进方向一致的若干车道可形成一个车道组(Lane Group),即车道组为对应同一个流向的车道组合。行人流向对应的编号一般为偶数,在直行机动车流向右侧的行人流向可与其采用同一编号加P(意味着Pedestrian)的方式定义。

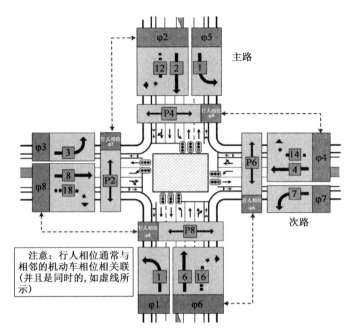

图 9-20　典型的 HCM 型流向及 NEMA 型相位编号定义方式

在空间上无法实现分离的地方（主要是在平面交叉口上），为了避免不同方向交通流之间的相互冲突，可以在时间上给各个方向交通流分配相应的通行权。对于一组互不冲突的交通流同时获得通行权所对应的信号显示状态，称其为信号相位，简称相位（Phase）。在交通信号控制中，相位的定义方式一般有两种：同一时段放行流向组合对应的信号显示称为一个相位，如图 9-21 所示，此种相位设计方式在欧洲应用较多；采用美国 NEMA 定义的环—栅式结构（Ring-and-Barrier Structure），如图 9-22 所示，一个相位对应一个流向（不包括右转）。因此在环—栅式结构的相位中，如果采用双环结构，一般只有 8 个机动车相位。此种方式为北美的标准规范，所有北美的交通信号机均采用此种相位定义方式。我国在早期的交通信号配时设计中，相位一般采用第一种定义方式，随着北美标准信号机的引入，也有很多信号机采用了环—栅式结构，因此目前我国同时采用了上述两种相位定义方式，建议将第一种相位称为相位阶段（Phase Stage），而第二种称为 NEMA 相位，以作区分。

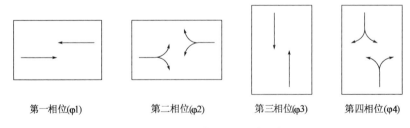

图 9-21　四相位信号控制方案示例

在第一种相位定义中，相位也可称为相位阶段，每当交通信号显示或通行权发生变化时，则开始一个新的相位阶段。信号相位阶段是根据交叉口通行权在一个周期内的更迭来划分的。通常一个交通信号控制方案在一个周期内有几个信号相位，则称该信号控制方案为几相位的信号控制。图 9-21 是一个采用四相位信号控制的控制方案。一个路口采用几相位的信号控制应由该路口的实际交通流状况决定,十字路口通常采用 2~4 个信号相位。如果相位数设计得太少,则不能有效地分配好路口通行权,路口容易出现交通混乱,交通安全性下降;如果相位数设计得太多,虽然路口的交通秩序与安全性得到了改善,但由于相位之间进行转换时都会损失一部分通行时间,过多的相位数会导致路口的通行能力下降,延长驾驶人在路口的等待时间。

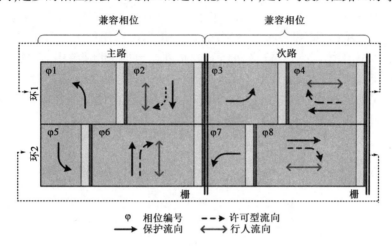

图 9-22 基本的环栅式相位设计示例

在 NEMA 定义的环—栅式结构中,环(Ring)指一系列冲突相位的组合。在双环结构中,允许不冲突的相位在同一时间放行(即和另外一个环中的不冲突相位同时显示)。环栅式结构中的栅(Barrier)指双环结构(Dual Ring)中两个环的相位必须同时结束的时间点,即栅一般分隔主次道路的相位,如图 9-22 中双竖线所在的位置。环栅式结构允许兼容相位(Compatible Phases)的时间灵活调整,从而实现根据检测器信息灵活地调整交通信号配时的功能。如图 9-22 所示,具体调整规则如下:

(1)在两个栅之间,环 1 的任何相位可同环 2 中的任何相位同时显示。例如图 9-22 中,相位 1、2、5、6 为兼容相位,因此相位 1 和相位 5 或相位 6 同时显示,相位 2 也可和相位 5 或相位 6 同时显示。图 9-22 所示的配时方案中,首先相位 1 和相位 5 同时显示,然后相位 1 和相位 6 同时显示,再后是相位 2 和相位 6 同时显示。类似地,相位 3 或相位 4 也可和相位 7 或相位 8 同时显示。

(2)每一个环中的任一个相位都可以省略掉或将本相位的未使用时间分配给同一个环中的下一个相位。例如图 9-22 中的相位 1 可将时间分配给相位 2,而相位 5 可将时间分配给相位 6,如果没有对应的交通需求,则相位 3 和 7 可同时被省略掉。

(3)每一个环中两个栅之间的相位顺序可以互换,例如图 9-22 中的相位 1 可以是直行相位,而相位 2 是对向左转。

(4)在某些特殊情况下,可省略掉一个环,仅显示一个环中的相位,也就是另一个环中的相位都显示红灯,一般在采用两相位控制时可应用此操作。

2)相序的设计

各相位的显示顺序称为相序。交叉口信号相位方案中的相序需要设计者以交叉口特征及其交通流运行状况为基础,在综合考虑交通流运行效率、交叉口交通安全以及交通参与者交通心理等因素后,进行精心细致地设计。对于相位阶段的相序设计,虽然不拘泥于某些定式,但可参照以下几条准则:①信号相位必须同进口道车道渠化(即车道功能划分)同时设计。例如,当进口道较宽、左转车辆较多、需设左转专用相位时,应当设置左转专用车道;当进口道较窄、无左转专用车道时,则不能设置左转专用相位。②有左转专用车道且平均每个信号周期内有 3 辆以上的左转车辆到达时,宜设置左转专用相位。③在同一信号相位中,各相关进口道左转车每周期平均到达量相近时,宜采用双向左转专用相位(对向左转车流一起放行),否则宜采用单向左转专用相位(对向左转车流分别放行)。④当信号相位中出现不均衡车流时,可以通过合理设置搭接车流(相当于设置交通信号的早断与延时,此时应用 NEMA 相位则更加灵活),最大限度地提高交叉口的运行效率。对于新建交叉口,在缺乏交通量数据的情况下,对车道功能划分应先采用试用方案,然后根据通车后实际各流向的交通流量调整车道划分及信号相位方案。常用的相位组合如图 9-23 所示。

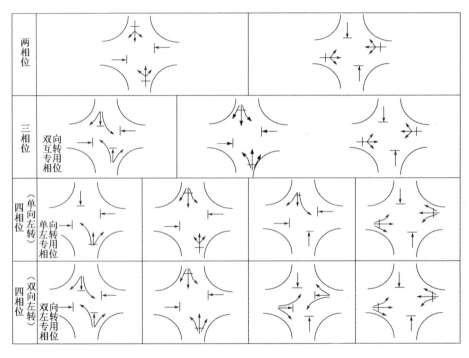

图 9-23 信号相位常用基本方案

根据对左转流向处理的不同,左转相位可分为保护型左转(Protected Left Turn)、许可型左转(Permitted Left Turn)和禁左(Prohibited Left Turn)等类型。采用保护型左转时左转车流不同任何其他流向的车流冲突。在左转相位为许可型左转时,左转车流需让行对向直行车流,即在直行车流间隙中通过。除上述左转处理中,还有两类较为特殊的左转处理,在 NEMA 相位中称为保护许可型左转(Protected-Permitted Left Turn),此类配时中左转车流先以保护型左转行驶一定时间,之后可以同时放行直行和左转车流,左转车流变为许可型左转,具体如图 9-23 中的四相位(双向左转)设计。另一种对左转的特殊处理称为分割相位(Split Phase)。此种相位设计中,各进口依次按左、直、右三个流向同时放行。此种相位设计适用于双向流向严重不均等或车道较少且需设置左转弯专用车道的情况。在交叉口需设计为保护型左转时,分割相位的通行效率要低于保护型左转。NEMA 型的分割相位设计如图 9-24 所示。

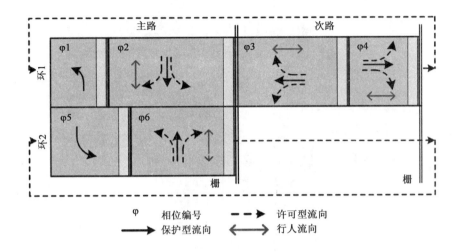

图 9-24 NEMA 双环型的分割相位示例

左转相位设计中另一个需要注意的要素为左转相位是提前于直行相位(Lead Left)还是滞后于直行相位(Lag Left)。因在双环结构中同时存在两个左转相位,而各环中相位的顺序可以调整,因此其用两个相位提前或滞后的形式来具体表示,如前—前(Lead-Lead)、后—后(Lag-Lag)或前—后(Lead-Lag)。在 NEMA 相位中最常用的形式是前—前左转,即双向左转均在直行前放行,其优点在于:①驾驶员可对左转箭头灯迅速做出反应;②在左转车流较大或未设置左转专用车道时,可避免左转排队车辆对直行车流的影响;③在 NEMA 结构中,其可将未使用的绿灯时间转给直行。后—后和前—后设计,一般仅用于相近交叉口协同控制(如菱形立交等)或保护—许可型左转控制时。我国在设置左转相位时很多城市采用了后—后的形式,这与我国大中城市中交叉口过大、交通量过大、直行车辆过多等因素有关。高峰时直行的排队一般会超过左转专用车道长度,此时直行车流会阻挡进入左转专用车道的车流,而在先放直行时,左转车流可在放行直行车流时进入交叉口内部的左转待行区(北美交叉口一般较小,不具备设置左转待行区的条件),后续到达车辆也可继续排队,从而使左转相位时放行效率更高。因此,在选择相位方案时,应充分考虑各地的实际道路、交通、驾驶员素质等情况,合理地设计相位相序方案。

NEMA 相位设计中还有种特殊的设计,叫叠加相位(Overlap),其提供了一种使一个或多个流向同其他一个或多个相位同时通行的途径。图 9-25 给出了叠加相位的示例,一般在使用叠加相位时,其相互叠加的相位应该不冲突。如图 9-25 中的母相位(Parent Phase)为东进口左转,叠加相位为南进口右转。应用叠加相位时应为该流向设置一个独立的负荷开关(Load Switch)。受某些老式信号机柜的限制,负荷开关的总数不够,只能在行人相位和叠加相位中选择,此时在不涉及流向冲突时,可将叠加相位直接接线到母相位上,虽然这不是真正意义上的叠加相位,但其实现了叠加相位的功能。应用叠加相位时需注意同其冲突的行人相位(主要是母相位为直行相位时的叠加相位)。叠加相位主要对应于使用环—栅控制结构的信号机及机柜。

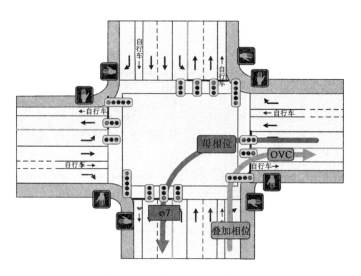

图 9-25 叠加相位和母相位示例

目前的交通信号控制中,单点交叉口的相序一旦确定就无法再进行更改。这一方面受到信号机功能的限制,另一方面也考虑了驾驶员的习惯问题。如果交叉口的相位和相序可以根据交通流量自适应调节,可采用如下方法。首先选择交叉口中交通流量最大的流向,将其作为第一个相位阶段中的一个流向,再从剩余所有和它不冲突的流向中选择流量最大的流向加入相位阶段一,重复至无流向可选为止;再从剩余流向中选择流量最大的流向作为相位阶段二,重复前述过程至所有流向均加入了信号配时方案中,再重复整个流程。该方法可应用动态规划的思想,根据实时交通信息优化相序方案,即下一个相位阶段的设置是由前一相位阶段和交通流状态决定的。在考虑全网交通状况及协同控制时,也可进一步对相位相序进行实时优化,具体可阅读相应文献❶。

9.4.3 定时信号控制

单个交叉口定时信号配时设计内容主要包括:确定多段式信号配时的时段划分、配时时段内的设计交通量、交叉口车道渠化与交通信号相位方案、信号周期时长、各相位信号绿信比,以及性能指标的计算与服务水平的评估。

交通控制信号配时的最终目的是得到优化的信号配时参数——交通信号相位及相序、信号周期时长、各相位信号绿信比等。交通信号控制方案既要保证能在实际应用中取得良好的效果,又要必须考虑各种实际条件的约束。在对交叉口进行定时信号配时设计时,存在两种设计思路:一种思路是,先对各项参数进行优化,再根据实际约束条件与服务水平要求进行校核,如果不符合约束条件与服务水平要求,则需要对配时参数甚至是交叉口车道渠化与交通信号相位方案进行相应的优化调整;另一种思路是,先列出各项实际约束条件,再结合这些约束条件进行各项参数的寻优。前一种思路得出的最终结果可能并非最优,但是计算方法简便;后一种思路得出的结果更加科学,但寻优过程较为复杂,适合于应用计算机软件进行计算。考虑到

---

❶ 例如:Li P, Mirchandani P, Zhou X. Solving simultaneous route guidance and traffic signal optimization problem using space-phase-time hypernetwork[J]. Transportation Research Part B: Methodological, 2015, 81(1):103-130.

只是对单交叉口定时信号配时设计原理进行阐述,因此下面以前一种思路为例,介绍定时信号控制方案的设计流程。

1) 定时信号配时设计流程

交叉口定时信号配时设计流程如图 9-26 所示。在信号配时设计过程中,需要不断地对设计方案进行论证,通过性能指标计算与实地交通调查,对信号控制方案进行修改和完善。

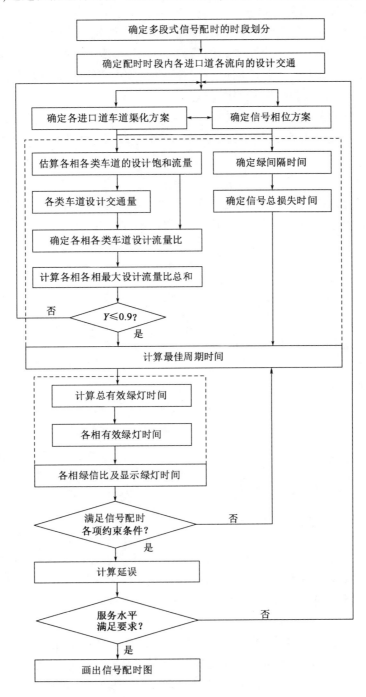

图 9-26　定时信号配时设计流程

例如,当总的相位交通流量比 Y 较大时,说明进口道车道数目太少,通行能力无法满足实际流量的需求,此时需要考虑增加进口道车道数目,并重新划分车道功能($y=\dfrac{q}{S}$,Y 较大说明 S 较小,难以满足实际流量的需求)。实际上,设计流程图 9-26 中对 $Y\leqslant0.9$ 的限制等效于对各向车流提出了饱和度 $x_i<0.9$ 的要求,读者可以尝试加以证明。

2）多段式信号配时的时段划分

经研究发现,绝大部分交叉口一天中的交通量按时间段规律变化。因此,为使信号配时能适应各个时段的不同交通量,提高交叉口的通行效率,各时段的信号配时方案应按所对应的设计交通量分别优化计算确定。时段划分可视实际情况分为:早高峰时段、午高峰时段、晚高峰时段、早低峰时段、午低峰时段、晚低峰时段等。

3）设计交通量的确定

各时段各进口道各流向的设计交通量需要分别计算确定,对于某一交叉口的第 i 时段第 j 进口道第 k 流向的车流,其设计交通量可以用 q_{dijk} 表示:

$$q_{dijk}=4\times q_{ijk15\min} \tag{9-37}$$

式中:$q_{ijk15\min}$——实测到的第 i 时段第 j 进口道第 k 流向车流的高峰小时中最高 15min 的流率。

当无高峰小时中最高 15min 的流率实测数据时,可按式(9-38)进行估算:

$$q_{dijk}=\dfrac{q_{ijk}}{(\text{PHF})_{ijk}} \tag{9-38}$$

式中:q_{ijk}——第 i 时段第 j 进口道第 k 流向车流的高峰小时交通量;

$(\text{PHF})_{ijk}$——折算系数,对于主要进口道可取 0.75,对于次要进口道可取 0.8。

4）车道渠化方案与信号相位方案的设计

参见前面章节。

5）信号周期时长的计算

信号交叉口的实际通行能力,以及车辆通过交叉口时受阻滞程度,都直接受配时方案影响。因此,改善配时设计方法,设法寻求一个最优配时方案便成了提高交叉口运行效率的关键。

信号配时的主要设计参数有信号周期时长与各相位的绿信比,此外对于实行干道协调控制和区域协调控制的多交叉口,相邻交叉口之间的相位差也是一个相当重要的控制参数。其中,信号周期时长的选取是配时方案设计的关键所在,它既决定了关键车流的判定,进而影响到各相位绿信比的分配,又是协调控制的指挥棒,对协调控制效果产生关键作用。在正常情况下,适当增大信号周期时长,可以提高整个交叉口的通行能力、降低车辆平均停车次数,但却会使车辆平均延误时间有所增加,因此信号周期时长的选取应建立在设计者的期望控制效果之上。下面针对几种不同的期望控制效果,介绍其相应的信号周期时长计算公式。

(1)最短信号周期时长

就满足交叉口通行能力要求而言,信号周期时长的选择有一个底线,即信号周期时长无论如何都不能低于这个限值,否则将不能满足通行能力的要求。将上述最低限值称为最短信号周期时长。在理想情况下,当交叉口的信号周期运行至最短信号周期时长时,一个周期内到达交叉口的车辆将恰好在一个周期内被放行完,既无滞留车辆,也无剩余绿灯时间。因此,最短

信号周期 C_m 应当恰好等于一个周期内全部关键车流总的绿灯损失时间加上对应到达车辆以各自进口道饱和流量放行通过交叉口所需时间之和，即：

$$C_m = L + \frac{q_1 \cdot C_m}{S_1} + \frac{q_2 \cdot C_m}{S_2} + \cdots + \frac{q_n \cdot C_m}{S_n} \quad (9\text{-}39)$$

式(9-39)经整理可得：

$$C_m = \frac{L}{1 - \sum_{i=1}^{n} \frac{q_i}{S_i}} = \frac{L}{1 - \sum_{i=1}^{n} y_i} = \frac{L}{1 - Y} \quad (9\text{-}40)$$

式中：L——全部关键车流总的绿灯损失时间；

Y——全部关键车流总的交通流量比。

（2）Webster 最优周期时长

如果采用最短信号周期时长作为交叉口信号控制周期，交叉口的饱和度将保持为1，随机平均延误时间将显著增加，控制效果很不理想；如果交叉口信号周期过长，均衡相位平均延误时间将会随之增长，控制效果也不尽如人意。故必存在一个最佳信号周期时长，使得关键车流平均延误时间达到最小。Webster 经过理论推导，得到了以交叉口关键车流平均延误时间最小为目标的最佳信号周期时长计算公式，因而将之命名为韦氏最佳信号周期时长。因 F V Webster 在英国道路交通研究所（Transport Road Research Laboratory，简称 TRRL）的报告❶中建立的此方法，所以此方法也称为 TRRL 法。

显然，韦氏最佳信号周期时长对应于交叉口处于未饱和交通状态，故由稳态理论可知，交叉口关键车流平均延误时间 d 可用式(9-41)表示：

$$d = \frac{\sum_{i=1}^{n}(d_i \cdot q_i \cdot C)}{\sum_{i=1}^{n}(q_i \cdot C)} = \frac{\sum_{i=1}^{n}\left\{\left[\frac{C \cdot (1-\lambda)^2}{2(1-y_i)} + \frac{x_i^2}{2q_i \cdot (1-x_i)}\right] \cdot q_i\right\}}{\sum_{i=1}^{n} q_i} \quad (9\text{-}41)$$

式中：d_i——第 i 股关键车流所对应的车辆平均延误时间；

q_i——第 i 股关键车流所对应的车辆到达率。

用交叉口关键车流平均延误时间 d 的计算公式对信号周期 C 求导，并令一阶导数 $\frac{\mathrm{d}d}{\mathrm{d}C}$ 等于0，便可得到韦氏最佳信号周期的理论计算公式。经过反复近似计算，得到韦氏最佳信号周期时长的简化公式为：

$$C_0 = \frac{1.5L + 5}{1 - Y} \quad (9\text{-}42)$$

注：获取韦氏最佳信号周期时长的详细推导公式及相关内容可扫描二维码获取相关阅读内容(9.A.1)。

（3）实用信号周期时长

实用信号周期 C_p 是保证所有车道饱和度均低于其饱和度实用限值 x_p 的信号周期时长，可以推导出：

---

❶ 详见 WEBSTER F V. Traffic signal settings[R]. London：Her Majesty's Stationery Office，1958.

$$C_p = \frac{L}{1 - \sum_{i=1}^{n} \lambda_{0i}} = \frac{L}{1 - U} \tag{9-43}$$

式中：λ_{0i}——满足第 i 股关键车流饱和度低于其饱和度实用限值 x_{pi} 时，第 i 股关键车流所要求的最小绿信比；

U——满足所有关键车流饱和度均低于其饱和度实用限值时，交叉口所要求的总的最小绿信比。

由式(9-43)可知，只要 $\sum_{i=1}^{n} \lambda_{0i}$ 小于 1，则总存在信号周期 $C(C \geq C_p)$ 和一组 λ_i，使得 $\lambda_i \geq \lambda_{0i}$，$x_i \leq x_{pi}$；倘若 $\sum_{i=1}^{n} \lambda_{0i}$ 大于或等于 1，则无论信号周期取为何值都无法使得所有车道饱和度均低于其饱和度实用限值 x_p。此外，最短信号周期 C_m 其实就是 $x_p = 1$ 时，实用信号周期 C_p 的一个特例而已。

（4）Akçelik 的周期时长（ARRB 法）

为解决 Webster 法无法处理饱和度接近于 1 和大于或等于 1 的情况，澳大利亚道路研究会（Australian Road Research Board，简称 ARRB）的 R Akçelik 对 Webster 法进行了修正，所以此方法也称为 ARRB 法。Akçelik 通过引入停车补偿系数，并将其与车辆延误结合在一起，并综合考虑了交叉口停车线前的排队长度和停车率等指标，从而优化信号周期时长，因此 ARRB 法可看作是对 Webster 的 TRRL 法的修正和补充。

Akçelik 假设在交叉口间的路段上，信号配时对车辆自由行驶的整个行程过程没有任何影响。当 x 越接近 1 时，Webster 延误公式计算处的延误越不准确，ARRB 法考虑了过饱和的情况，将式(9-13)改为：

$$d = \frac{C(1-\lambda)^2}{2(1-y)} + N_0 x \tag{9-44}$$

式中：N_0——滞留车辆数。

ARRB 法将停车次数和延误时间结合在一起，作为评价配时方案的综合指标 P，即：

$$P = D + kH \tag{9-45}$$

式中：P——综合运行指标；

D——延误；

k——停车补偿系数；

H——每小时完全停车次数。

考虑停车因素和油耗因素，得到最佳周期时长如式(9-46)所示。

$$C_a = \frac{(1.4+k)L + 6}{1 - Y} \tag{9-46}$$

式中：C_a——阿氏单点定周期交叉口最佳信号周期时长近似值；

L——交叉口总损失时间；

Y——交叉口关键相位流量比之和。

停车补偿系数 k 的参考值为：当要求油耗最低时，取 $k = 0.4$；当要求运营消费（包括机械磨损和轮胎磨损、延误、时间损失等）最小时，取 $k = 0.2$；当要求车辆延误时间最小时，取 $k = 0$。

（5）HCM 法

虽然北美地区目前交通信号控制多以感应控制为主（其周期时长为显示时间较长的环的持续时间之和，每个周期的时长可能均不相同），但仍有部分信号控制交叉口采用了定时控制,对此 HCM 建立了相应的周期估计算法。和前述以车辆延误最小为优化目标的周期时长求解方法不同,HCM 法是以均衡交叉口各关键车道的饱和度为优化目标的算法。

需要注意的是,美国最新的信号配时手册(*Signal Timing Manual*,2nd edition)中,在计算协调控制关键交叉口的周期时推荐了 Webster 的 TRRL 法,而针对过饱和状态,其提供了若干实际的处理方法。HCM 2016 中在推荐单点定时控制周期时依然沿用了下述方法。

当相位数和信号控制形式确定时,可用式(9-47)计算信号控制周期时长:

$$C_h = \frac{Lx_c}{x_c - Y} \tag{9-47}$$

式中:C_h——HCM 法给出单点定周期交叉口信号周期时长;

x_c——交叉口关键相位的饱和度。

HCM 法的适用条件为:要求选择合适的 x_c,并且当计算周期公式即式(9-47)的分母可能出现等于 0 的情况时,需要根据 $x_c = 1$ 得到的最小周期时长估算合适的信号周期。

从上述介绍的几种信号周期计算公式可知,在实际配时设计中,设计者需要根据所采用的控制对策和预期达到的控制目标确定相应的信号周期时长计算方法。然而,我国存在一种更普遍的做法:在阿氏最佳信号周期(相对较大)与实用信号周期(相对较小)之间,选择一个合适的中间值作为信号周期时长。

6)相位绿灯时间的计算

相位绿灯时间的分配通常是以平均车辆阻滞延误最小为原则,按照这一原则,要求各股关键车流的饱和度应大致相等,相位绿信比与相位交通流量比应大致成正比,即:

$$\frac{\lambda_j}{y_j} = \frac{\lambda_k}{y_k} \tag{9-48}$$

由式(9-48)进一步推导得:

$$t_{EGj} = \sum_{i=1}^{n} t_{EGi} \cdot \frac{y_j}{\sum_{i=1}^{n} y_i} = (C - L) \cdot \frac{y_j}{\sum_{i=1}^{n} y_i} \tag{9-49}$$

相位绿灯时间的分配也可以参照饱和度实用限值进行,此时相位绿信比将与满足该相位通行能力要求所必要的绿信比成比例,即:

$$\frac{\lambda_j}{\lambda_{0j}} = \frac{\lambda_k}{\lambda_{0k}} \tag{9-50}$$

式中:$\lambda_{0j} = \frac{y_j}{x_{pj}}$,$\lambda_{0k} = \frac{y_k}{x_{pk}}$。由式(9-50)进一步推导得:

$$t_{EGj} = \sum_{i=1}^{n} t_{EGi} \cdot \frac{\lambda_{0j}}{\sum_{i=1}^{n} \lambda_{0i}} = (C - L) \cdot \frac{\frac{y_j}{x_{pj}}}{\sum_{i=1}^{n} \frac{y_i}{x_{pi}}} \tag{9-51}$$

由式(9-3)可知,第 i 个相位的绿灯显示时间 t_{Gi}:

$$t_{Gi} = t_{EGi} - t_{Yi} + t_{Li} \tag{9-52}$$

9.4.4 感应信号控制

定时信号控制是根据交叉口历史的交通情况,预先设定信号周期和相位绿灯时间等参数。预先设定的参数在整个时间段内都是固定不变的,即定时信号控制的配时参数是不会随着实际交通情况的变化而发生改变。只有当实际交通状况与设计时采用的交通状况相符时,才能取得预期的控制效果。然而在现实中,此条件并不是常常发生,从而造成定时信号控制并不能适应实际交通的要求,其结果是车辆延误时间增大,或是造成某些相位绿灯放行时,其对应的放行车道较长时间内无车辆通过,而另一些相位红灯禁止通行时,却有大量车辆在排队等候的情况发生。

为使信号控制能够根据交叉口实际交通状况作出反应,出现了感应式信号控制。感应控制是根据车辆检测器检测到的路口车辆到达状况,使路口各个方向的信号显示时间适应于交通需求的控制方式,其工作原理如图9-27所示。感应控制对车辆随机到达的适应性较大,可使车辆在停车线前尽可能少地停车,从而达到交通畅通的效果。

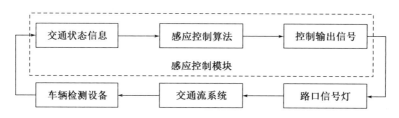

图9-27 感应式信号控制工作原理框图

感应信号控制是一个反馈控制过程。从理论上讲,这种控制应取得良好的控制效果。但是实践表明,如果主要道路和次要道路上的交通流量都很大,甚至接近饱和状态时,感应控制的控制效果还不如定时控制。

感应控制根据车辆检测方式可分为单个车辆检测控制与车队检测控制。单个车辆检测控制的基本工作原理是:绿灯启亮时,先给出一段最小绿灯时间,在这一段最小绿灯时间结束前,如果检测到有车辆到达,则相应延长一小段绿灯时间,如果其后又检测到有车辆到达,则再相应延长一小段绿灯时间,以此类推,直到当绿灯时间累计达到预定的最大绿灯时间或在绿灯时间内没有车辆到达时,才切换到下一信号相位。车队检测控制的基本工作原理是:检测交叉口存在的车队情况,即只有当一个预定长度的车队被检测到时,该进口道才启亮绿灯和延长绿灯时间。一旦车队消失,便切换到下一信号相位。当然,单个车辆检测控制与车队检测控制对于检测器埋设位置的要求也有所不同。

感应控制根据控制实施方式又可分为半感应控制和全感应控制。半感应控制是在路口部分入口处设置车辆检测器的感应控制方式,而全感应控制则是在路口全部入口处设置车辆检测器的感应控制方式。

1)半感应控制

半感应控制适用于主干道与次干道车流量相差较大,且次干道车流量波动明显的路口。半感应控制根据车辆检测器的埋设位置不同又可以分为次路检测半感应控制和主路检测半感应控制两种。

对于检测器埋设在次路上的次路检测半感应控制,次路通行的信号相位称为感应相,而主路通行的信号相位称为非感应相,次路通行的绿灯时间由次路上车辆的到达情况决定,其余绿灯时间将分配给主路通行。次路检测半感应控制实质上是次路优先,只要次路有车辆到达就会打断主路车流,因此其主要用于某些有特殊需要的地方,如消防队、医院等重要机关出入口处。此外,这种控制方式特别不利于次路上非机动车辆的通行,因为当次路机动车很少时,次路非机动车往往需要等待很长时间,等到有机动车到达时,才能随之通过交叉口。

对于检测器埋设在主路上的主路检测半感应控制,主路通行的信号相位称为感应相,而次路通行的信号相位称为非感应相,主路通行的绿灯时间由主路上车辆的到达情况决定,次路通行绿灯时间则固定不变。主路检测半感应控制可以避免主路车流被次路车辆打断,且有利于次路上非机动车辆的通行。

下面以次路检测半感应控制方法(图9-28)为例,说明其程序流程以及相关时间参数的确定方法。从图9-28可以看出,半感应控制的信号周期与相位绿灯时间并非固定不变,它们随

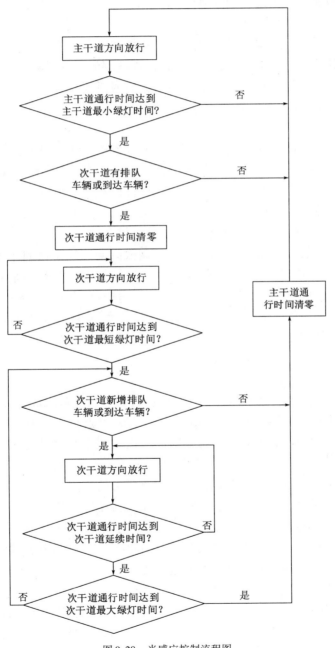

图9-28 半感应控制流程图

感应相(次干道)的车辆到达情况而变。在次路检测半感应控制中,需要确定的主次干道信号灯配时参数有:主干道最小绿灯时间、次干道最短绿灯时间、次干道单位延续绿灯时间和次干道最大绿灯时间。

(1) 主干道最小绿灯时间

主干道最小绿灯时间由交叉口的交通情况确定。如果次干道车流量较小,而主干道不是交通比较繁重的城市道路,则可选取较短的最小绿灯时间,如25~40s,有利于次干道车辆的通行;如果次干道车流量较大或主干道是交通比较繁重的城市道路,则应选取较长的最小绿灯时间,如40~75s,有利于主干道车辆的通行。

(2) 次干道最短绿灯时间

次干道最短绿灯时间与车辆检测器到停车线的距离和行人安全过街所需时间有关。这是因为,车辆检测器到停车线的距离决定了系统可以检测到的停放车辆数,而次干道最短绿灯时间要保证停在检测器与停车线之间的全部车辆经过加速起动后都能顺利通过交叉口,同时次干道最短绿灯时间还要保证换相时行人能安全过街。

(3) 次干道单位延续绿灯时间

次干道单位延续绿灯时间的设定也与车辆检测器到停车线的距离有关。如果车辆检测器与停车线之间的距离较大,则次干道单位延续绿灯时间取车辆从检测器行驶到停车线所需时间,此时可以根据两者距离与平均行驶车速求出,保证已经越过车辆检测器的车辆能顺利驶过停车线;如果车辆检测器与停车线之间的距离很小,则次干道单位延续绿灯时间取车队相邻车辆之间的空间时距,保证连续行驶的车辆能顺利驶过停车线。

次干道单位延续绿灯时间对于感应控制的控制效果起着决定性的作用。从理论上讲,次干道单位延续绿灯时间应尽可能短,刚刚够用就行,以降低绿灯损失时间,提高运行效率;但是从实际情况和交通安全角度考虑,次干道单位延续绿灯时间不宜设置太短。因为车辆的行驶速度存在一定差异,如果次干道单位延续绿灯时间设置太短,可能导致某些已经越过车辆检测器的车辆却无法穿过停车线,并不能保证取得良好的控制效果,甚至出现紧急制动的现象,存在交通安全隐患。

(4) 次干道最大绿灯时间

为了防止感应相(次干道)绿灯时间无限制延长,对于次干道绿灯时间的累计长度要有一定的限制,这就是次干道最大绿灯时间。由于次干道最大绿灯时间的最佳值受次干道单位延续绿灯时间影响较小,因此,次干道最大绿灯时间可以按照定时配时设计方法确定:先计算分配给次干道感应相的绿灯时间,再将这一时间乘以1.25~1.50的系数,所得时间即为次干道最大绿灯时间。针对次干道在不同时段具有不同交通量的特点,还可以为感应相设计与之相应的次干道最大绿灯时间,以满足不同时段次干道的交通需求,提高其交通安全。

对于主路检测半感应控制,需要确定主次干道信号灯的配时参数有:主干道最短绿灯时间、主干道单位延续绿灯时间、主干道最大绿灯时间和次干道绿灯时间。其程序流程以及相关时间参数的确定方法与次路检测半感应控制基本类似。

2) 全感应控制

全感应控制适用于相交道路优先等级相当、交通量相仿且变化较大的路口。全感应控制在交叉口各入口道上均安装了车辆检测器,各信号相对绿灯时间由车辆检测器实时测得的各入口道上的交通需求来确定。因此全感应控制没有非感应相,这是与半感应控制的主要区别。与半感应控制的感应相类似,全感应控制的每一信号相位均要设置初始绿灯时间、单位延续绿灯时间和最大绿灯时间,这些时间参数的确定方法与其在半感应控制中的确定方法类似。

影响单点交叉口控制的因素有很多,如天气、道路设计、交通流环境等,部分参数甚至会影响交通配时算法中的预设参数,在进行交通信号配时优化时应注意根据实际道路交通情况进行调整。交通控制中也还包括黄灯时间(Yellow Change Interval)、红灯清空时间(Red Clearance Interval)、行人相位时间等参数的设计。限于篇幅,本书未对所有设计给出介绍,读者可自行查阅相关文献。关于红灯清空时间,应注意其与全红时间(All-red Interval)的区别:红灯清空时间是针对某一个相位的,而全红时间是针对整个交叉口的,如在NEMA的双环结构中,如果两个环的相位同时结束,全红时间等于红灯清空时间,反之则两者不相等。

9.5 交通信号协调控制

城市交通中,由于交通流量大,使得各相邻交叉口往往相互关联、相互影响,因而只关注某个交叉口的交通控制很难解决城市主干道的交通问题。同时在城市道路网中,交叉口相距很近,如各交叉口分别设置单点信号控制,车辆经常遇到红灯,时停时开,行车不畅,也因而使环境污染加重。为使车辆减少在各个交叉口上的停车时间,交通工程师开始对交通关联度较高的交叉口进行协调控制。城市路网中的交通干道是城市交通运输的大动脉,它们常常要承受巨大的交通压力,因此最初的协调控制是针对交通干道的,其对应的交通信号协调控制系统称为干道交叉口交通信号协调控制系统(简称线控系统,也称绿波系统)。随着科学技术的逐渐发展,交通信号协调控制的范围不局限于一条干道,而是扩展到整个道路网络,其控制系统称为区域信号控制,也可简称为面控系统。

9.5.1 交通信号协调控制的基础知识

交通信号协调控制的三个最基本的参数为:公用周期时长、绿信比和相位差。公用周期时长与绿信比两个基本参数同单点信号控制中的确定方法稍有不同,下面主要介绍它们在交通信号协调控制中特别需要注意的地方。

(1) 公用周期时长

在交通信号协调控制系统中,为使各交叉口的交通信号取得协调,各交叉口的周期时长需相等。为此,必须先按单点定时信号配时方法,根据系统中各交叉口的渠化及交通流向、流量,计算出各交叉口所需周期时长,然后从中选出最大的周期时长作为这个协调控制系统的公用周期时长(Shared Cycle Length)。同时,称周期时长最大的这个交叉口为关键交叉口。在实际的控制系统中,存在一些交通量较小的交叉口,其实际需要周期时长接近于公用周期时长的一半,这时可以把这些交叉口的周期时长定为公用周期时长的一半,这样的交叉口叫作双周期交叉口。实施双周期交叉口是为了增加车队通过带宽度和减少延误时间(尤其是次要街道),但同时由于双周期交叉口的周期时长仅为公共周期时长的一半,车队常常在这样的交叉口被截断成两部分,可能破坏绿波效果。一般来说,当对某些交叉口实施双周期的线控方案优于其他方案时才做此选择。

(2) 绿信比

在协调控制系统中,各个信号的绿信比(Split)根据各交叉口各方向的交通流量比来确定,因此,各交叉口信号的绿信比不一定相同。但在线控系统设计时为增加绿波带宽度,要对绿信比进行调整。

(3) 相位差

相位差(Offset)又叫时差或绿时差,通常用 O 表示,相位差有绝对相位差和相对相位差之分。绝对相位差指各个交叉口主干道协调方向的信号绿灯(红灯)的起点或终点相对于某一个交叉口(一般为关键交叉口)主干道协调方向的信号绿灯(红灯)的起点或终点的时间之差,例如图9-29中的 O_C(相对于 A 交叉口,A 为基准交叉口)。相对相位差指相邻交叉口主干道协调方向信号绿灯(红灯)的起点或终点之间的时间之差。相对相位差等于两个交叉口绝对相位差之差,例如图9-29中的 O_{CB}(相对于 B 交叉口)。

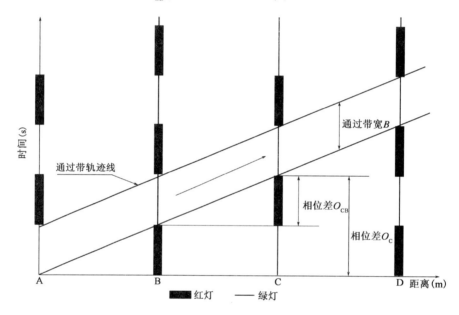

图9-29 线控系统时间—距离图

相位差是线控系统最重要的参数,它决定了系统运行的有效性。在线控系统中,常常使用绝对相位差的概念,即以一个主要路口的绿灯起始时间为基准,来确定其余路口的绿灯启亮时刻。线控系统配时方案通常用时间—距离图(亦称时距图、时空图)来描述,如图9-29所示。

图9-29中还给出了其他几个重要的概念:

①通过带。在时间—距离图上画两条平行的车辆行驶轨迹线,并尽可能使两根轨迹分别靠近各交叉口该信号绿灯时间的起点和终点,则两条轨迹线之间的空间称为通过带(或绿波带)。无论在哪个交叉口,只要车辆在通过带内的时刻到达,并以通过带速度行驶,就都可以顺利地通过各个交叉口。

②通过带速度。通过带速度即车辆行驶轨迹的余切,它表示沿交通干道可以顺利通过各交叉口的车辆的平均行驶速度。

③通过带宽度(Bandwidth)。上述两根平行轨迹纵坐标之差即为通过带宽度,它表示可供车辆使用以通过交叉口的时间。

9.5.2 干线协调控制

1）干道信号协调控制系统的控制方式

由于城市各交叉口之间距离不等和双向行驶等缘故,只有在一些特定的交通条件下,才有可能实现最理想的干道协调控制。在实际应用中有以下4种情况。

(1)单向干道协调控制

单向干道协调控制是指以单方向交通流为优化对象的线控方式。单向干道协调控制常用于单向交通、变向交通或两个方向交通量相差悬殊的道路,因其只需顾及单方向的交通信号协调,所以相位差很容易确定。相邻各交叉口间的相位差可按式(9-53)确定:

$$O = \mathrm{mod}\left(\frac{s}{v}, C\right) \tag{9-53}$$

式中:O——相邻交叉口的相位差(s);

s——相邻交叉口停车线间的距离(m);

v——线控系统中车辆可连续通行的车速(m/s);

C——信号交叉口周期时长(s)。

(2)双向干道协调控制

双向干道协调控制按控制方式可分为同步式干道协调控制、交互式干道协调控制和续进式干道协调控制。

在同步式干道协调控制中,连接在一个系统中的全部信号,在同一时刻对干道协调相位车流显示相同的灯色。当车辆在相邻交叉口间的行驶时间等于信号周期时长整数倍时,即相交叉口的间距符合式(9-54)时,这些交叉口正好可以组成同步式干道协调控制,车辆可连续地通过相邻交叉口。

$$s = nvC \tag{9-54}$$

式中:n——正整数。

当相邻交叉口间距相当短,而且沿干道方向的交通量远大于相交道路的交通量时,可把相邻的交叉口看成一个交叉口,绿灯启亮时刻也相同,组成一个同步式协调控制系统,改善干道的车辆通行;或当干道流量特别大,高峰小时交通量接近通行能力,下游交叉口红灯车辆排队有可能延长到上游交叉口时,将这些交叉口组成同步式协调系统,可避免多米诺现象的发生。当然,这种系统本身在使用条件上也有很大的局限性,而且由于前方信号显示均为绿灯,驾驶人常常加速赶绿灯信号,降低交通安全性。

交互式干道协调控制系统与上述系统恰好相反,即在交互式干道协调控制系统中,连接在一个系统中的相邻交叉口干道协调相位的信号灯在同一时刻显示相反的灯色。当车辆在相邻交叉口间的行驶时间等于信号周期时长一半的奇数倍时,即相邻交叉口的间距符合式(9-55)时,采用交互式干道协调控制。

$$s = \frac{mvC}{2} \tag{9-55}$$

式中:m——奇数。

续进式干道协调控制系统,根据道路上的要求车速与交叉口的间距,确定合适的相位差,用以协调干道各相邻交叉口绿灯的启亮时刻,使在上游交叉口绿灯启亮后驶出的车辆,以适当的车速行驶,可正好在下游交叉口绿灯期间到达,如此进入该控制系统的车辆可连续通过若干个交叉口。续进式干道协调控制可分为简单续进式干道协调控制系统和多方案续进式干道协调控制系统。简单续进式干道协调控制系统只使用一个公用周期时长和一套配时方案,使得沿干道行驶的车队可在各交叉口间以设计车速连续通行。该系统存在一些弊端,如在为干道信号系统确定配时方案时,往往会遇到交通流变化的问题,一个给定的配时方案只能适应特定的交通条件,当这些条件发生变化时,这个配时方案就不再适用。多方案续进式干道协调控制系统是简单续进式干道协调控制系统的改进系统,可对应不同的交通条件给出不同的协调方案,以适应交通流的变化。

2)选用线控系统的依据

对于线控信号系统,起初几乎认为只要把信号连接成一个系统,总是可以形成有效的续进系统的。经实践后才开始认识到并不是所有情况都能形成有效的线控系统,也因此认识到有必要研究识别影响控制系统效益的各种因素。具体应该考虑的主要因素有以下几点:

(1)车流的到达特性

在一个信号交叉口,车辆形成车队,脉冲式地达到,采用线控系统可以得到良好的效果。如果车辆的到达是均匀的,线控效果不会理想,就降低了对线控制的要求。产生车辆均匀到达的因素主要包括交叉口之间的距离太远,即使是成队的车流,也因其间距远而引起车辆离散,不成车队;在两个信号交叉口之间,有大量的交通从次要街道或路段中间的出入口(例如商业中心停车场、库等)转入干线;在有信号的交叉口处,有大量的转弯车辆从相交街道转入干线。

(2)信号交叉口之间的距离

在干线街道上,信号交叉口的间距可在 100~1000m 以上的范围内变化。信号交叉口之间距离越远,线控效果越差,一般不宜超过 600m。

(3)街道运行条件

单向交通运行有利于线控系统的实施及实施后的效果,因而对单向交通运行的干道应优先考虑采用线控系统。

(4)信号的分相

由于信号配时方案和信号相位有关,信号相位越多,对线控系统的通过带宽影响越大,因而受控制交叉口的类型也影响线控系统的选用。有些干线具有相当简单的两相位交叉口,有利于选用线控系统,而另一些干线要求多个左转弯相位,不利于选用线控系统。

(5)交通随时间的波动

车辆到达特性和交通量的大小,在每天的各个时段内有很大的变化。高峰期交通量大,容易形成车队,用线控系统会有较好的效果,但在非高峰期线控系统就不一定有好的效果。

3)干道信号协调控制的配时设计

干道协调控制系统配时方案通常用时间—距离图来描述,如图 9-29 所示,图中以时间(即信号配时)为纵坐标,干道上交叉口间距离为横坐标。

线控配时所需的数据包括干道资料、干线交通状况、干线交叉口的相位相序安排等。道路资料包括整个控制区范围内的路网结构的详细调查数据,含交叉口数目、交叉口之间的距离(通常计算上下游两条停车线间的距离)、车道划分及每条车道的宽度、路口渠化情况以及每条进口道的饱和流量等。干线交通状况包括各交叉口的每一进口方向车辆到达率、转弯车流的流量及流向、行人过街交通量、路段上车辆的行驶速度、车辆延误时间及交通量波动情况、干道上交通管理规则(限速、限制转弯、是否限制停车等)。

线控配时的步骤包括:计算线控系统的公用周期时长、计算线控系统中各交叉口的绿灯时间、计算相位差等,具体计算过程如下。

步骤1:计算线控系统的公用周期时长

分别根据干道交叉口的各自交通信息,利用单点配时方法确定各交叉口的周期时长,选其中最大者作为公用周期时长,即:

$$C_m = \max(C_1, C_2, \cdots, C_j, \cdots) \tag{9-56}$$

式中:C_m——线控系统公用周期时长;

C_j——线控系统中交叉口 j 的周期时长。

步骤2:计算线控系统中各交叉口的绿灯时间

干道协调控制下,计算绿信比时,关键交叉口绿信比的计算方法与单点优化绿信比的计算方法相同,非关键交叉口的算法不同,要根据关键交叉口进行调整,具体步骤如下:

(1)确定线控系统中协调相位的最小绿灯时间

协调相位即是协调方向的相位。各交叉口协调相位所必须保持的最小绿灯时间就是关键交叉口协调相位的绿灯显示时间,t_{EGm}为取整后所得:

$$t_{EGm} = (C_m - L_m) \cdot \frac{y_m}{Y_m} \tag{9-57}$$

式中:t_{EGm}——关键交叉口协调相位的最小绿灯时间;

C_m——公共周期时长;

L_m——关键交叉口总损失时间;

y_m——关键交叉口协调相位关键车流的流量比;

Y_m——关键交叉口各相位关键车流流量比之和。

(2)确定非关键交叉口非协调相位最小有效绿灯时间

非关键交叉口非协调相位交通饱和度在满足实用限值 x_p(一般取 $x_p = 0.9$)时,有等式 $C_m \cdot q_n = S_n \cdot t_{EGn} \cdot x_p$,则非关键交叉口非协调相位最小有效绿灯时间的实用值为:

$$t_{EGn} = \frac{C_m \cdot q_n}{S_n \cdot x_p} = \frac{C_m \cdot y_n}{x_p} \tag{9-58}$$

式中:t_{EGn}——非关键交叉口非协调相位中第 n 相的最小有效绿灯时间;

C_m——公用周期时长;

q_n——非关键交叉口非协调相位第 n 相中关键车流的流量;

S_n——非关键交叉口非协调相位第 n 相中关键车道的饱和流量;

x_p——非关键交叉口非协调相位的饱和度实用值;

y_n——非关键交叉口非协调相位第 n 相关键车流的流量比,$y_n = \frac{q_n}{S_n}$。

(3)确定非关键交叉口协调相位的有效绿灯时间

干道协调控制子区内的非关键交叉口,其周期时长采用子区的公用周期,协调相位的绿灯时间不应短于关键交叉口协调相位的绿灯时间。为满足这一要求,非协调相位的最小有效绿灯时间按式(9-58)确定以后,富余有效绿灯时间全部调剂给协调相位,以便形成最大绿波带。

非关键交叉口协调相位的有效绿灯时间可按式(9-59)计算得到：

$$t_{EG} = C_m - L - \sum_{n=1}^{k} t_{EGn} \tag{9-59}$$

式中：t_{EG}——非关键交叉口协调相位的有效绿灯时间；

C_m——线控系统公共周期时长；

L——非关键交叉口总损失时间；

t_{EGn}——非关键交叉口非协调相位第 n 相的最小有效绿灯时间；

k——非关键交叉口非协调相位的相位总数。

(4) 计算各交叉口各个相位的绿灯显示时间

通过以上三个步骤已经求出了各交叉口各个相位的有效绿灯时间，接着可以统一求出各相位的绿灯显示时间。

步骤3：计算相位差

相位差是进行干道协调控制的关键技术，它直接影响系统的控制效果，下一节将对其计算方法进行详细介绍。

线控制配时方案在实施之初，应当实地验证方案的效果。在实施之后，还应当定期到实地验证，即检测车辆平均延误、排队长度等交通评价指标。若发现效果不够理想，应根据实际情况重新调整控制方案

4）干道信号协调控制相位差基本计算方法

总结以往的线控系统，相位差优化通常采用的两种设计思路是：①最大绿波带法；②最小延误法。其中，以最大绿波带为目标的相位差优化方法主要有图解法和数解法。

图解法是确定线控系统相位差的一种传统方法，其基本思路是：通过几何作图的方法，利用反映车流运动的时间—距离图，初步建立交互式或同步式协调系统。然后再对通过带速度和周期时长进行反复调整，从而确定相位差，最终获得一条理想的绿波带，即通过带。具体求解过程如图9-30所示。

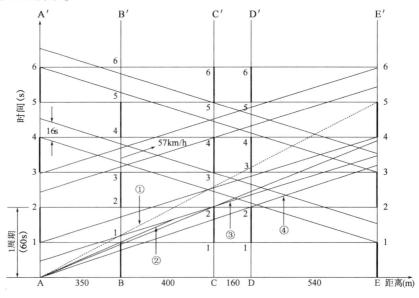

图9-30 相位差优化图解法示例

数解法是确定线控系统相位差的另一种方法,它通过寻找使得系统中各实际信号位置距理想信号位置的最大挪移量最小来获得最优相位差控制方案。基本计算思路是相位差应等于两交叉口间的距离同指定带速的比值,再优化双向带宽。

5) 影响干道信号协调控制效果的因素

干道协调控制应该考虑的主要因素有以下几点:

(1) 车队离散现象对干道协调控制效果的影响

车队离散性主要反映为车流在运动过程中其头部和尾部之间的距离逐渐加大,以致整个车流通过下游停车线所需的时间会加长。如果考虑这种离散影响,在干道协调控制设计时,绿波带宽不应取作常数,而是一种扩散状的变宽绿波带(图9-31)。带宽应根据首车和末车的速度来确定。但是,如果下游交叉口的绿灯时间都按照扩散的绿波带设计,则最下游交叉口的绿灯时间就会长得无法接受,这是一种对离散性不加约束的控制方式,在实际工作中往往是不可取的。因为沿主路方向设置过长的绿灯意味着使支路获得的绿灯时间相应地压缩到很短。这样,一方面主路方向绿灯时间利用率很低,而另一方面,支路上饱和度却变得很高,车辆受阻延误时间大大增加。只有在某些特殊路段,且下游交叉口支路上车流量不大的情况下,经过全面的利弊权衡,才可以考虑采用变宽绿波带,而且这种变宽绿波一般不应贯穿全部控制路线。在大多数情况下可采用对离散约束的控制方法,即采用等宽绿波,车流在一个路段上产生离散经过信号约束,不再继续扩展到下一个路段。这样,位于车流首部或尾部的部分车辆会在每一个路口有一定的延误。从行车安全角度来说,以推迟绿灯开始时间,阻挡车速过快的车辆为宜。这样做还可能起到一种调节车流离散程度的作用,因为开快车的车辆受到红灯连续阻滞后,驾驶人会意识到应当适当降低速度才有可能不再受阻。

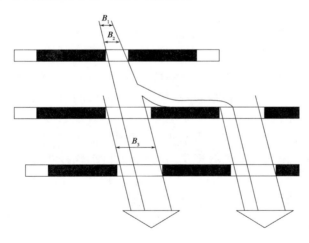

图9-31 扩散绿波带图

(2) 公交协调控制对干道协调控制效果的影响

在干道协调控制中,公共汽车也是必须要考虑的。如果沿控制路线有公共汽车行驶,并计划在信号控制方案中对公共汽车行驶给予一定的优先权,就可以设计考虑公共汽车行驶特点的绿波配时方案。

公共汽车有别于其他机动车辆的行驶特点,主要有两点:一是车速较低;二是沿途要停靠站上下乘客。如果不照顾公共汽车行驶特点,按照所有车辆的平均速度设计绿波,则会使公共汽车受到红灯信号阻滞的概率大大高于一般车辆,而且受阻延误时间也会大大超过其他车辆。从运输经济角度来说,这种控制策略显然不可取。

为了设计便于公共汽车行驶的绿波方案,必须调查搜集一个信号周期内到达停车线的公共汽车平均数、在每一区间路段上公共汽车平均行驶时间、公共汽车停车站设置情况(在每一区间路段有几次停车)和在每一个停车站公共汽车平均停车时间等基本资料。

根据以上各项调查资料,在时间—距离图上,不难绘出公共汽车的行驶过程线,然后便可据此选用一个初始的绿波方案。初始绿波方案,虽然能够比较理想地满足公共汽车受阻滞最少的要求,但很可能会过分地增加其他车辆受阻延误时间。为了检验方案的可行性,应该把其他车流在初始绿波方案控制下的行驶过程也绘在同一张时间—距离图上,并计算出它们在沿线各个交叉口受阻平均延误时间总和。利用某种目标函数,可以对比初始方案的经济效益做出估价。若认为是经济的,便可不再对此方案进行调整。否则,应当调整绿波方案,并重复上述步骤,直到得出满意的方案为止。

(3)转弯车流对干道协调控制效果影响

沿控制路线的各交叉口,可能会有部分车辆转弯而离开主路,转到支路上去。同样,沿途也可能有若干车流从支路上转弯汇入主路车流中。这样沿控制路线车流量就不是一个恒定的数值,绿波带宽度也就不应该是一个不变的定值。绿波带宽度只要与每一区间段上的实际流量(把转弯驶入与驶出的流量考虑在内)相适应即可。需要说明的是,从支路上驶入主路的车流和主路上原有的车流,它们在流量—时间图上可能有一个时距差。因此到达下游停车线的时间会不一致。在安排下游交叉口的绿灯亮灭时间时,应该充分考虑到这一点。但这并不等于在任何情况下都要照顾支路上驶入的车流,要看具体情况而定,即支路上车流量大小,与主路车流的时距差大小等。

(4)影响干道协调控制效果的其他因素

①交叉口间距对干道协调控制效果影响

当两个或多个交叉口相连时,为了使车辆在干线上更加有效地运行,尽可能地减少延误,一般对这些交叉口的绿灯时间进行协调。通常信号交叉口的间距可在 100~1000m 的范围内变化。信号交叉口间的距离越远,线控效果越差,一般不宜超过 600m。当交叉口间距满足上述要求时,在干线上行驶的车辆易于形成车队,车辆到达交叉口较为集中。相反,干线上行驶的车辆不易于形成车队,出现车队离散现象,到达交叉口车辆较为离散,就不利于进行干道协调控制。

②车队平均行驶速度对干道协调控制效果的影响

车速是干道协调控制中的关键因素,如果在设计时车速取的不合适,实际控制效果肯定不会很好,甚至导致设计完全失败。

车辆在路段上行驶时,就每辆车辆来说,行驶速度是有差别的,但就整个车流来说,其平均车速的波动范围则是有限的。这里的车速不是车辆通过某一点的瞬时速度的平均值,而是在一个区段(通常是从上游停车线到下游停车线)内全行程速度的平均值。

在不同的道路上,车速分布规律可能是不相同的,应该根据实际观测的数据,再经统计分析,以确定车流空间速度的实际分布曲线。在设计配时方案时,沿整条控制路线,不一定始终采用同一个设计车速,而应该根据每一路段具体情况分别选用合适的车速,尤其是在全线各段交通情况差异很大时更应如此。

③交叉口相位、相序设计对干道协调控制效果影响

由于信号配时方案和信号相位有关,信号相位越多,对线控系统的通过带宽影响越大,因而受控交叉口的类型也影响线控系统的选用。有些干线具有相当简单的两相位交叉口,有利于选用线控系统,而另一些干线由于多个交叉口设有左转专用相位,则不利于选用线控系统。

④交通量随时间的波动

车辆到达特性和交通量的大小,在每天的各个时段内有很大的变化。高峰期交通量大,容易形成车队,用线控系统会有较好的效果,但在非高峰期线控系统就不一定有好的效果。

9.5.3 区域信号协调控制

1) 区域信号控制概念及分类

对区域信号控制的概念分狭义和广义两种理解。狭义上的区域信号控制,是将关联性较强的若干个交叉口统一起来,进行相互协调的信号控制方式,即所谓的区域信号协调控制;广义上的区域信号控制,是指在一个指挥控制中心的管理下,监控区域内的全部交叉口,是对单个孤立交叉口、干道多个交叉口和关联性较强的交叉口群进行综合性地信号控制。

在城市交通指挥控制中心,设计者必须从区域信号控制的广义概念出发,构建整个区域信号控制系统。建立这样的区域信号控制系统,首先,能有效实现区域的整体监视和控制,能将任何地点发生的交通问题和设备故障在较短的时间内检测出来,并从整个路网上实时收集所需的各种交通状态数据;其次,可根据区域内各交叉口的实际情况,因地制宜地为它们选取最合适的控制方式;再次,能方便实现交叉口所采用的信号控制方式的转变,能有效适应城市信号控制未来发展的需要。

区域交通信号控制系统按其控制策略的不同,可分为定时式脱机控制系统和自适应式联机控制系统。定时式脱机控制系统将利用交通流历史及现状统计数据,进行脱机优化处理,得出多时段的最优信号配时方案,存入控制器或控制计算机内,对整个区域交通实施多时段的定时控制。这种控制系统具有简单可靠、效益投资比高的优点,但不能及时响应交通流的随机变化,特别是当交通量数据过时、控制方案老化后,控制效果将明显下降,此时需要消耗大量的人力重新做交通调查,以制订新的优化配时方案。自适应式联机控制系统是一种能够适应交通量变化的"动态响应控制系统"。这种控制系统通过在控制区域交通网中设置检测器,实时采集交通数据,再利用配时优化算法,实现区域整体的实时最优控制。它具有能较好地适应交通流随机变化、控制效益高的优点,但其结构复杂、投资较大、对设备可靠性要求较高。然而,自适应式联机控制系统在应用中的实际效果有时并不如定时式脱机控制系统,造成这种局面的主要原因是目前的自适应式联机控制系统不能做到完全实时、迅速地对交通变化做出反应,优化算法的收敛时间过长,交通量的波动性与优化算法计算时延可能致使实际控制效果很不理想。

区域交通信号控制系统按其控制方式的不同,可分为方案选择式控制系统和方案生成式控制系统。方案选择式控制系统通常需要根据几种典型的交通流运行状况,事先求解出相应的最佳配时方案,并将其储存在计算机内,待到系统实际运行时再根据实时采集到的交通数据,选取最适用的控制参数,实施交通控制。这种控制系统具有设计简单、实时性强的优点。方案生成式控制系统则根据实时采集到的交通流数据,利用交通仿真模型与优化算法,实时计

算出最佳信号控制参数,形成配时控制方案,实施交通控制。这种控制系统具有优化程度高、控制精度高的优点。

区域交通信号控制系统按其控制结构的不同,可分为集中式控制系统和分层式控制系统。集中式控制系统是利用一台中、小型计算机或多台微机连接区域内所有交叉口的路口信号控制机,在一个控制中心直接对区域内所有交叉口进行集中信号控制,其结构如图 9-32 所示。这种控制系统的控制原理与控制结构较为简单,具有操作方便、研制和维护相对容易的优点,但同时由于大量数据的集中处理及整个系统的集中控制,需要庞大的通信传输系统和巨大的存储容量,因此系统存在实时性差、投资与维护费用高的缺点。当需要控制的交叉口数目很多,并分散在一个很大的区域内时,设计采用集中式控制系统必须特别谨慎。分层式控制系统通常将整个控制系统分成上层控制与下层控制,其结构如图 9-33 所示。上层控制主要接受来自下层控制的决策信息,并对这些决策信息进行整体协调分析,从全系统战略目标考虑修改下层控制的决策;下层控制则根据修改后的决策方案,再做必要的调整。上层控制主要执行全系统协调优化的战略控制任务,下层控制则主要执行个别交叉口合理配时的战术控制任务。分层式控制结构一般又分为递阶式控制结构与分布式控制结构两种。递阶式控制结构的最大特点是同一级控制单元间的信息交换必须通过上一级控制单元进行,其控制结构呈树形结构;分布式控制结构的最大特点是每一级控制单元除了可与其上一级控制单元进行信息交换之外,也可与同一级其他控制单元进行信息交换,其控制结构呈网状结构。分层式控制系统的控制方法和执行能力比较灵活,能实现降级控制功能,并具有实时性强、可靠性高、传输与维护费用低的优点,但也存在控制程序与通信协议复杂、所需设备多、现场设备的维护烦琐的不利因素。

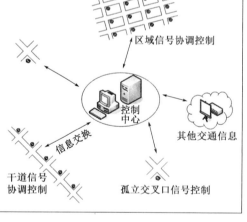

图 9-32　集中式控制结构图

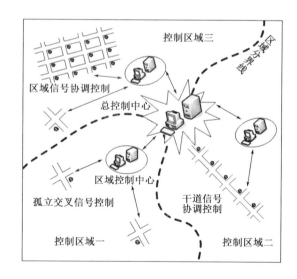

图 9-33　分层式控制结构图

2) 定时式脱机操作系统

1966 年英国 TRRL 提出了脱机优化网络信号配时的一套程序,即 TRANSYT(TRAffic Network StudY Tool,交通网络研究工具),是一种脱机操作的定时控制系统,主要由仿真模型及优化计算两部分组成,其基本原理如图 9-34 所示。

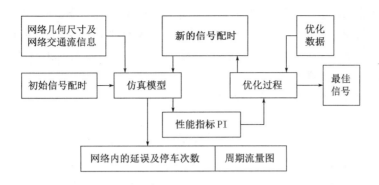

图 9-34 TRANSYT 基本原理图

TRANSYT 仿真模型可对不同的控制方案下的车流运行参数（延误时间、停车率、燃油消耗量等）作出可靠的估算。系统首先将网络的几何尺寸、交通信息及初始交通信号控制参数送入系统的仿真部分，然后通过仿真得出系统的性能指标，即 PI（Performance Index）值作为优化控制参数的目标函数。

TRANSYT 将仿真得到的性能指标 PI 送入优化程序，作为优化的目标函数；以网络内的总行车油耗或总延误时间及停车次数的加权和作为性能指标；用"爬山法"优化，产生优于初始配时的新控制参数，然后把新的信号控制参数再送入仿真部分，反复迭代，最后取得 PI 值达到最小的系统最佳信号控制参数。TRANSYT 优化过程的主要环节包括：相位差的优化、绿信比的优化、控制子区的划分及信号周期时间的选择四部分。

3）感应式联机操作系统

由于定时式脱机操作系统有不能适应交通随机变化的缺点，随着计算机自动控制技术的发展，产生了交通信号网络的自适应控制系统。英国、澳大利亚、日本、美国等国家作了大量的研究和实践，用不同的方式建立了各有特色的自适应控制系统。归纳起来就是方案选择式系统与方案形成式系统两类。方案选择式的系统以澳大利亚 SCATS 系统（Sydney Coordinated Adaptive Traffic System）为代表，而方案形成式的系统以英国的 SCOOT 系统（Split Cycle Offset Optimisation Technique）为代表。下文对 SCOOT 系统、SCATS 系统和美国的 OPAC 系统及 RHODES 系统进行简要介绍。

SCOOT 系统是一种对交通信号网实行实协调控制的自适应控制系统。由英国 TRRL 于 1973 年开始研究开发，1979 年正式投入使用。SCOOT 是在 TRANSYT 的基础上发展起来的，其模型及优化原理均与 TRANSYT 相仿。不同的是 SCOOT 是方案形成式控制系统，通过安装于各交叉口每条进口道上游的车辆检测所采集的车辆到达信息，联机处理，形成控制方案，连续地实时调整绿信比、周期长及相位差三个控制参数，使之同变化的交通状况相适应。SCOOT 优化采用小步长渐近寻优方法，无须过大的计算量。此外，对交通网上可能出现的交通拥挤和阻塞情况，SCOOT 有专门的监视和应付措施。它不仅可以随时监视系统各组成部分的工作状态，对故障发出自动报警，而且可以随时向操作人员提供每一个交叉口正在执行的信号配时方案的细节情况，每一周期的车辆排队情况（包括排队队尾的实际位置）以及车流到达图式等信息，同时也可以在输出终端设备上自动显示这些信息。

SCOOT 系统对每个车道除一般布设的停车线检测器外，还需在车道上游设置检测器。上游布设的检测器一般设置在每个车道上游交叉口的进口道处。如图 9-35 所示，上游检测器能提供到达交通流在上游交叉口出口处的交通状态至 SCOOT 系统,SCOOT 系统通过相关模型检测下游交叉口可能的排队长度。SCOOT 系统利用上游交叉口停车线的交通量和"线上饱和占有率"来估计交叉口的饱和程度。道路的"线上饱和占有率"是"由 SCOOT 系统估算的能通过交叉口停车线的排队车辆的比例"。

SCOOT 系统中的饱和比可用式(9-60)计算。

$$SAT = \frac{q}{STOC \cdot g} \qquad (9-60)$$

式中:SAT——系统饱和比;
g——绿灯时间;
q——综合表示了交通流量和占有率;
STOC——排队车辆通过停车线的最大流出率。

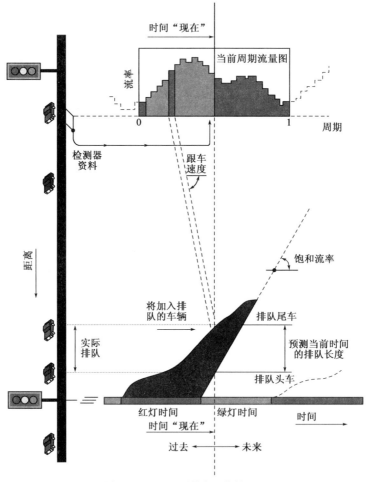

图 9-35　SCOOT 系统交通控制原理

q 和 STOC 的单位分别为 LPU(Link Profile Unit)和 LPUs/s。LPU 是一个 SCOOT 系统定义的中间变量单位,一个车辆大致等于 17LPUs,饱和流率为 2000 车/h 可换算成 10LPUs/s 的 SCOOT 的饱和占有率(STOC)。过饱和状态可由大于 100% 的高饱和度来识别。

SCATS 控制系统是一种实时方案选择式自适应控制系统,由澳大利亚开发。20 世纪 70 年代开始研究,20 世纪 80 年代初投入使用。

SCATS 的控制结构为分层式三级控制,由中央监控中心、地区控制中心和信号控制机构成。在地区控制中心对信号控制机实行控制时,通常将每 1~10 个信号控制机组合为一个"子系统',若干子系统组合为一个相对独立的系统。系统之间基本上互不相干,而系统内部各子系统之间,存在一定的协调关系。随着交通状况的实时变化,子系统既可以合并,也可以重新分开。三项基本控制参数的选择,都以子系统为计算单位。

中央监控中心除了对整个控制系统运行状况及各项设备工作状态作集中监视外,还有专门用于系统数据库管理的计算机对所有各地区控制中心的各项数据以及每一台信号控制机的运行参数作动态储存(不断更新的动态数据库形式)。交通工程师不仅可以利用这些数据作系统开发工作,而且全部开发与设计工作都可以在该机上完成脱机工作。

SCATS 在实行对若干子系统的整体协调控制的同时,也允许每个交叉口"各自为政"地实行车辆感应控制;前者称为"战略控制",后者称为"战术控制"。战略控制和战术控制的有机结合,大大提高了系统本身的控制效率。SCATS 正是用了设置在停车线附近的车辆检测装置,才能有效、灵活。因此,SCATS 实际上是一种用感应控制对配时方案作局部调整的方案选择系统。

和 SCOOT 系统不同,SCATS 系统主要利用停车线检测器作为数据来源,且不存储上游交叉口数据。和 SCOOT 系统相比,SCATS 系统主要针对短时交通变化被动的做出控制方案的调整,但不具备主动预测的能力。SCATS 系统利用饱和度(Degree of Saturation,简称 DS)来评价交通控制系统的饱和状态,其中饱和度指的是使用的绿灯时间和全部有效绿灯时间之比。SCATS 系统的饱和度可由式(9-61)计算而得。

$$\mathrm{DS} = \frac{\mathrm{NF}[g-(T-t \cdot n)]}{g+r} = \frac{\mathrm{NF}[g']}{g+r} \tag{9-61}$$

式中:DS——系统饱和度;
  n——检测车辆数;
  NF——偏差系数(权重系数);
  g——绿灯时间;
  T——未使用绿灯时间;
  t——每辆车的损失时间;
  r——每个相位未使用的绿灯时间;
  g'——有效使用的绿灯时间。

图 9-36 给出了 SCATS 系统估算饱和度的实例。每个信号周期的饱和度变化由图中的若干垂直线表示,当垂线超过水平线时,可认为本相位处于过饱和状态。SCATS 系统可以根据实时交通状态改变信号控制的周期长度。如图 9-36 右下角所示,对应各个相位的过饱和状态,交叉口信号控制周期有了显著的增长。

OPAC 系统(Optimized Policies for Adaptive Control)应用滚动优化策略来优化信号配时,其通过上游线圈检测数据预测到达交通流率和排队长度来调节信号的配时。如图 9-37 所示,基于布设在各个进口上游的感应线圈,预测每个相位对应的交通流参数。预测的交通流参数文件分为两个部分,文件头为上游检测器检测到的交通量,文件的后半部分为应用简单的移动平均模型预测的交叉口进口流量。

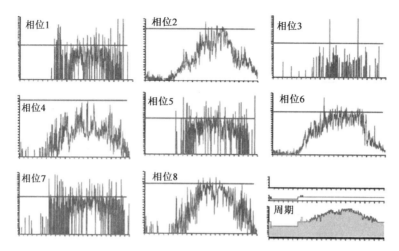

图9-36 SCATS自适应交通信号控制系统估计饱和度

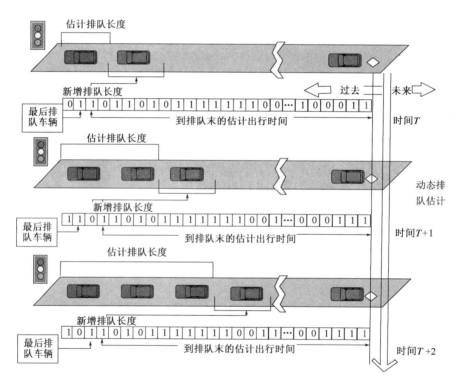

图9-37 OPAC自适应交通信号控制系统的交通流参数预测

OPAC系统采用了简单的输入—输出法来预测交叉口的排队信息,即交叉口的排队长度等于初始排队长的总和加上每个时间段到达车辆与离驶车辆的差值。OPAC系统预测结果的精确度高度依赖于上游检测器所布设的位置,不同的位置会提供不同精度的到达交通流信息。实践表明将检测器放置于交叉口上游10~15s出行时间的位置时,系统能在车辆到达交叉口前根据交通流信息做出反应,可增加交通信息预测的精确性。OPAC系统不能处理过饱和的交通状态,当交叉口产生排队溢流状况时,排队车辆长时间停止在上游检测器上,不能向系统反馈有效的交通到达信息。

RHODES自适应交通信号控制系统(Real-time Hierarchical Optimized Distributed Effective System)应用每个进口道上游检测器的输出信息、交通状态和上游交叉口下个周期的信号配时方案来预测下游交叉口的到达率。QUEUE算法被用来计算下游交叉口信号配时方案所需要的输入变量。在RHODES系统中,应用输入—输出模型来检测每个信号相位下的排队长度。即如式(9-62)所示,信号周期t_1的排队长度$q(t_1)$等于信号周期t_0的滞留排队长度$q(t_0)$加上预测到达的交通量所产生的排队$a(t_0,t_1)$,再减去估计离驶车辆会长生的排队$d(t_0,t_1)$,其中排队消散率预先确定。

$$q(t_1) = q(t_0) + a(t_1,t_0) - d(t_1,t_0) \tag{9-62}$$

为确保误差不至于从实际检测数据向预测结果蔓延,RHODES系统基于停车线检测器信息识别了某些特定排队长度为零的时间段作为基准值。RHODES系统在估计交叉口排队时,可根据交通管理者从一天中交通量变化的趋势协调排队消散过程中的饱和流率,而在计算时将上游检测器的位置进行调整。在高峰小时交叉口处于过饱和状态估计排队时,交通运行时间就可通过调整检测器位置而根据实际交通流状况进行调整,从而模拟出拥堵状态下车辆运行速度慢的情况。RHODES系统也可定义某个进口延误的权重,调节一天中各个时段的权重,从而更好地根据实际道路交通情况优化交通信号配时。通过对某个已知交通量大的相位采用更多绿灯时间的方法,来克服过饱和状态下排队估计算法的缺陷。

虽然以上特性能改善自适应控制算法在过饱和状态下的运行效率,但RHODES系统和其他基于模型的自适应系统一样,均推荐在交叉口上游道路的进口处(上游交叉口的出口)布设额外的检测器,从而可以更好地估计整个路段的排队情况。额外布设的检测器会增加整个系统的开销。

*9.6 车路协同环境下的交通信号控制

车路协同系统是基于无线通信、传感探测等技术进行车路信息获取,通过车车、车路信息交互和共享,并实现车辆和基础设施之间、车辆与车辆之间的智能协同与配合,达到优化利用系统资源、提高道路交通安全、缓解交通拥堵的目标。

车路协同系统的研究最早起源于提升交通安全的需求。因道路交通事故多为超速、追尾及偏离车道等原因造成,如能在车辆行驶过程中两车车间距小于一定阈值、超速、偏离车道等情况进行实时警告,可大幅降低交通事故的发生。因此可通过车—车间的通信来实现上述目的,从而有效提升行车安全,更进一步预防事故发生,大大降低由人为疏失所造成的行车事故。由此研发出了前方碰撞预警系统(Forward Collision Warning System,简称FCWS)、协同式车间碰撞警示系统、车道偏离警示系统(Lane Departure Warning System,简称LDWS)等系统,研究表明"前方碰撞预警系统"可达到保持车距的目的,能减少80%因超速引发的事故;"协同式车间碰撞警示系统"可降低城市行车中的38%及高速公路的75%后端碰撞事故;"车道偏离警示系统"则可避免16%~20%因为偏离车道所导致的交通事故。上述系统的信息对于道路交通管理及控制也意义巨大,随着通信技术的发展,车载系统的信息逐渐演变成车与外部的联结(Vehicle to X,简称V2X),透过使用车用环境无线存取技术(Wireless Advanced Vehicle Electrification,简称WAVE)/专用短距通信(Dedicated Short Range Communications,简称DSRC)技术,或基于移动通信网络的 LIE-V2X 技术,延伸出车与车(Vehicle to Vehicle,简称 V2V)、车与设施(Vehicle to Infrastructure,简称 V2I)、车与人(Vehicle to Pedestrian,简称 V2P),同时提升了行车安全、效能与残障辅助(Handicap Assistance),可运用无线宽频多样性应用服务。其中,有代表性的研究有:美国的车辆基础设施一体化项目(Vehicle Infrastructure Integration,简称 VII)及后续的智能驾驶(IntelliDrive)、欧盟的车路协同系统(Cooperative Vehicle-Infrastructure System,简称 CVIS)、日本的车辆信息通信系统(Vehicle Information and Communication System,简称 VICS)及我国的智能车路协同系统(Intelligent Vehicle Infrastructure Cooperative Systems,简称 IVICS)等。

如图 9-38 所示,车路协同环境下的交通信号控制主要有以下几个组成部分:①路网及几何 GIS 信息,可由图中的点代表的 GPS 坐标点表示;②接收无线信息的路侧单元(road side unit,简称 RSU);③采集车辆运行信息的传感器和负责传输上述信息的车载单元(on broad unit,简称 OBU);④能处理路侧单元信息的智能交通信号机;⑤路侧单元间的有线信息传输网络和车载单元与路侧单元之间的无线传输网络。车路协同的关键技术有无线数据传输技术及实时数据处理技术等,其中无线传输技术是该系统的核心。应用于车路协同系统的无线传输技术总体可分为两类:应用 4G 或 5G 等移动数据技术或短程自组织网络技术。目前实际应用的技术多为第二类。第二类技术主要以基于 IEEE 802.11p 协议(网络底层同无线局域网类似,但若干层及协议针对车联网特性进行了调整)的专用短距通信技术为主。目前其规范主要包括美国的 NTCIP(National Transportation Communications for Intelligent Transportation System Protocol)的 1202、1211,电气工程师协会的 IEEE 802.11p、IEEE 1609 和 SAE(Society of Automotive Engineers)的 J2735 以及 ISO TC204 等。基于移动通信网络的车联网技术(LTE-V2X)

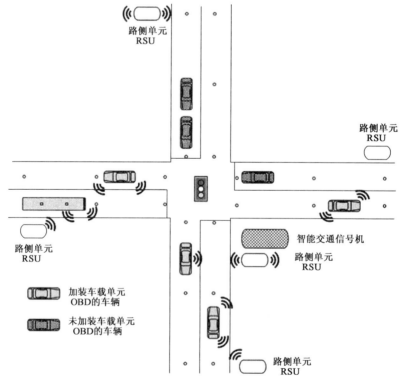

图 9-38 车路协同环境下的信号控制交叉口示意

出现较晚,但发展非常迅速。我国目前已将其确定为构建国内车联网的首选技术。LTE-V2X 针对车辆应用定义了两种通信方式:集中式(LTE-V-Cell)和分布式(LTE-V-Direct)。集中式也称蜂窝式,需要基站作为控制中心,集中定义车辆与路侧通信单元及基站设备的通信方式。分布式也称直通式,无须基站作为支撑,也被表示为 LTE-Direct(LTE-D)及 LTE D2D(Device-to-Device),分布定义车辆间的通信方式。

因目前的车路协同系统还多处在试验和局部测试阶段,未能使所有车辆均能互通互联,所以交通信号控制仅能结合已有装载车载单元的车辆信息进行优化。目前在交通信号控制方面的典型应用为交通信号优先控制。现如图 9-38 所示的信号控制交叉口说明车路协同环境下紧急救援车辆交通优先控制的过程。

步骤0:与智能交通信号机相连的路侧单元每秒钟为单位向周边广播地图及相关 GPS 信息。

步骤1:携带车载单元的紧急救援车辆到达交叉口,向信号机的路侧单元发出请求及自身车辆位置及速度信息。

步骤2:路侧单元收到请求后,结合当前交通信号显示状态及紧急救援车辆的请求信息,评估方案的调整方法。

步骤3:如果此时在冲突方向还有其他装载车载单元的紧急救援车辆到达交叉口并发出请求,路侧单元会结合各车辆的位置及到达时间更新交通信号配时的调整方案。

步骤4:各携带车载单元的紧急救援车辆会相互通信,通报彼此所在位置,并对另一辆车辆的驾驶员给出预警。

步骤5:路侧单元评估交通信号完毕,给出各方向的优先级,并将信号配时的变更方案发送至智能信号机,同时将各车辆的行驶建议返回至各个车辆。

步骤6:交通信号机根据路侧单元的变更方案显示相应的交通信号,各车辆通过交叉口。

步骤7:交通信号机切换回正常信号配时方案。

除交通优先控制外,车路协同环境下的交通控制还可通过路网中车辆/车队的位置及车流信息等优化协调控制的交通配时参数,对到达交叉口的车辆进行诱导,防止其闯红灯等应用。车路协同环境下的交通信号控制仍是当前研究的热点,读者可根据车路协同环境下的信息和交通控制原理思考新的交通控制方法。

除车路协同系统外,自动驾驶汽车(Autonomous Car)也是近期研究的热点。相比于传统车辆,自动驾驶车辆能提供更多的车辆及道路交通信息,同时也具备车辆互联互通的功能。如果路网中的多数或全部车辆均为自动驾驶汽车,其一般会以车队(Platoon)的形式驾驶,此时交叉口的交通信号控制将具备更多新特性。可以展望,在车辆全部为中央联网的自动驾驶汽车时,道路可能无须设置信号灯,但车辆会运行的更加高效、安全而有序。

复习与思考习题

1. 确定交通信号装置的依据是什么?装置信号灯后要考虑哪些因素?
2. 信号控制的主要类型有哪些?有哪些基本时间参数?如何确定这些参数?
3. 何为绿波交通?绿波设计有哪些要素?适用于什么条件?

4. SCOOT、SCATS、TRANSYT 系统参数优化原理有何不同?

5. 简述高速公路交通控制的主要措施。

6. 某市区有一十字交叉口,主次干道均为双车道 6m 宽(两个方面都是单车道),主干道双向高峰小时交通量为 723 辆/h,次干道流量大的一车道高峰小时交通量为 189 辆/h,主干道上高峰小时行人横穿人数为 174 人/h(单向),无安全岛,交叉口处平均每年发生碰撞事故 6 起,试问:

① 应采取哪种交通控制为宜?

② 若主干道单向高峰小时交通量为 450 辆/h,且在主、次干道高峰小时交通量中均有 8% 的左转车、5% 的货车及 5% 的公共汽车,采用二相信号机,试计算高峰期的周期长度、绿灯时间和行人过街绿灯时间。

7. 某一路口为规则的十字形交叉口,各向进口道均为三车道,采用如图 9-39 所示的四相位信号控制。各进口道交通量和饱和流量列于表 9-3,绿灯间隔时间为 5s,黄灯时间为 3s,启动损失为 3s,试采用最小信号周期计算信号配时。

各进口道交通量和饱和流量　　　　表 9-3

进口道	东			西			南			北		
	左	直	右	左	直	右	左	直	右	左	直	右
车道数	1	2	1	1	2	1	1	2	1	1	2	1
饱和流量	1764	1764	1617	1764	1764	1617	1764	1764	1617	1764	1764	1617
交通量	339	848	368	277	784	123	197	693	507	325	629	357

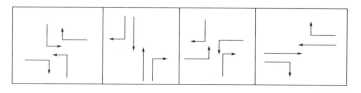

图 9-39　题 7 图

8. 某干道上有相邻五个交叉口 A、B、C、D、E,实测各相邻交叉口间车辆平均行驶时间为 $T_1=100s$、$T_2=176s$、$T_3=232s$、$T_4=93s$(图 9-40)。考虑实施绿波控制,系统周期长度为 120s,以 A 为系统参照交叉口,计算交叉口 B、C、D、E 的绝对相位差值。

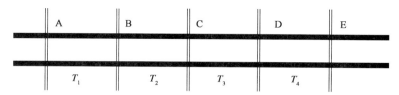

图 9-40　题 8 图

第10章 道路交通安全

保障道路交通安全是交通工程的一大重要目标。根据世界卫生组织统计,全世界每年因交通事故受伤人数约为 5400 万,死亡人数约为 140 万,其中约 68000 人为五岁以下的儿童[1]。除交通事故带来的直接损失外,其还会对道路交通流的正常运行带来极大的影响,造成更多的间接损失,因此对道路交通安全的分析和预防刻不容缓。本章主要针对道路交通流,介绍交通事故的定义、分类与特点,交通事故的调查与处理,交通事故分析,交通安全评价及交通事故的预防等内容。

10.1 概 述

10.1.1 交通事故现状

18 世纪汽车诞生后,因汽车与其他交通方式不协调而产生交通安全问题。随着科学技术的发展,汽车的性能不断提升,运行速度进一步加快,与汽车相关的事故多较为严重,其逐渐成

---

[1] 数据来源:Global Burden of Disease Study 2013, Collaborators. "Global, regional, and national incidence, prevalence, and years lived with disability for 301 acute and chronic diseases and injuries in 188 countries, 1990-2013: a systematic analysis for the Global Burden of Disease Study 2013". Lancet. 386(9995):743-800.

为交通事故的主体。随着电动自行车、摩托车的应用,其与汽车在道路上的冲突加剧,也使得道路交通安全形势较之前愈发严重。部分国家交通事故死伤情况统计见表10-1。

部分国家交通事故死伤情况统计 表10-1

国 家	事 故 数	负伤者数	死 者 数	年 份
法国	56812	25966	3268	2013
德国	2406685	392912	3540	2013
英国	138660	183670	1827	2013
意大利	181227	257421	3753	2013
瑞典	14815	20522	272	2013
美国	5687000	2313000	34064	2013
日本	629033	781492	5971	2013

在全世界范围内,交通事故是一个严重的问题。据世界卫生组织统计,在一些发达的国家中,全国总死亡人数中有4%死于车祸,而15~24岁的男青年死亡人数中有50%死于道路交通事故。目前世界上发达国家的事故致死率呈现逐年降低的趋势,而低收入国家的事故致死率在不断升高。中等收入国家的事故致死率最高,约为每十万人死亡20人,约52%的车辆发生在80%的道路上。非洲的十万人死亡率最高,为每十万人死亡24.1人,欧洲的十万人死亡率最低,为每十万人死亡10.3人。如表10-2及表10-3所示,经过多年的努力,我国的交通安全情况有了很大的改善。

我国2007~2016年道路交通事故统计❶ 表10-2

年份	2007	2008	2009	2010	2011	2012	2013	2014	2015	2016
事故数	327209	265204	238351	219521	210812	204196	198394	196812	187781	212846
死亡人数	81649	73484	67759	65225	62387	59997	58539	58523	58022	63093
受伤人数	380442	304919	275125	254075	237421	224327	213724	211882	199880	226430
直接经济损失(万元)	119878	100972	91437	92634	107873	117490	103897	107543	103692	120760
十万人死亡率(人)	6.2	5.6	5.1	4.9	4.6	4.4	4.3	4.3	4.2	4.6
万车死亡率(人)	5.1	4.3	3.6	3.2	2.8	2.6	2.3	2.2	2.1	2.2

2013年部分国家交通事故死亡统计❷ 表10-3

国家	全年死亡人数	十万乘客死亡人数	十万车死亡人数	十亿车公里死亡人数
美国	34064	10.6	12.9	7.1
法国	3268	5.1	7.6	5.8
英国	1827	2.9	5.1	3.6

---

❶ 数据来源:国家统计局。

❷ 数据来源:WHO报告,因WHO报告中未采用国家统计局的数据,而是自行估计了死亡数,所以本表同时也给出了国家统计局的数据,供读者参照。中国的数据中前一个数据为WHO的估计值,后一个为国家统计局数据。WHO报告为:Deaths on the roads:Based on the WHO Global Status Report on Road Safety 2015. Geneva, Switzerland: World Health Organisation(WHO),2015.

续上表

国家	全年死亡人数	十万乘客死亡人数	十万车死亡人数	十亿车公里死亡人数
芬兰	258	4.8	4.4	4.8
澳大利亚	1252	5.4	7.3	5.2
德国	3540	4.3	6.8	4.9
日本	5971	4.7	6.5	8
韩国	5382	10.4	23.2	18.2
土耳其	6687	8.9	37.3	n/a
中国	261367/58539	18.8/4.3	104.5/23.4	n/a

交通事故的危害性不仅反映在伤亡人数上,在经济上造成的损失也是巨大的,在许多国家因交通事故造成的损失超过了全国总收入的1%,其中法国达到了1.7%,美国达到了5%。交通事故的涉及面广,负面影响大,且具有突发性和强社会性的特点,已经成为重大的社会性问题。

10.1.2 交通事故的定义与分类

1）交通事故的定义

目前国内外对交通事故尚未有统一的定义。美国国家安全委员会对交通事故的定义为:交通事故是在道路上所发生的意料不到的有害的或危险的事件。这些有害的或危险的事件妨碍着交通行为的完成,其原因常常是由于不安全的行动、不安全的因素或者二者的结合所造成的。日本对交通事故的定义为:由于车辆在交通中所引起的人的死伤或物的损坏,在道路交通中称为交通事故。

《中华人民共和国道路交通安全法》对交通事故的定义为:交通事故是指车辆在道路上因过错或者意外造成的人身伤亡或者财产损失的事件。

交通事故的定义存在六项要素,即车辆、在道路上、在运动中、发生事态、发生事态的原因是人为的和有后果的。

需区分违章和交通事故的关系。违章是当事人有违反《中华人民共和国道路交通安全法》或其他道路交通管理法规、规章的行为,这是依法追究其肇事责任、以责论处、予以处罚的必要条件。没有违章行为而出现损害后果的事故不属于交通事故;有违章行为,但违章与损害后果无因果关系的也不属于交通事故。

(1) 车辆

包括机动车与非机动车。行人自己在走路过程中发生意外,造成伤亡不属交通事故。

(2) 在道路上

指在公用的道路上。厂区、校园、庭园内的道路不算,同时应以事态发生时所在的位置,而不是事态发生后车辆所在的位置来判断是否在道路上,如车辆驶出路外翻车应认为在道路上。

(3) 在运动中

即定义中的行驶或停放过程。停放过程应理解为交通单元的停车过程,而交通单元处于静止状态停放时所发生的事故(如停车后装卸货物时发生的伤亡事故)不属于交通事故。

(4) 发生事态

即发生碰撞、碾压、刮擦、翻车、坠车、爆炸、失火等其中一种现象。若没有发生上述事态,而是行人或旅客因其他原因(如疾病)造成死亡的不属于交通事故。

(5) 造成事态的原因是人为的

过失是当事人因疏忽大意没有预见到应该预见的后果或已经预见而轻率地相信可以避免,以致发生损害后果,即造成事态的原因是人为的,而不是因为人力无法抗拒的自然原因,如地震、台风、山崩、泥石流、雪崩等造成的事故,行人自杀或利用交通工具进行其他犯罪,以及精神病患者在发作期间行为不能自控而发生的事故,均不属于交通事故。

(6) 有后果

交通事故必定有损害后果,即人、畜伤亡或车、物损坏,这是构成交通事故的本质特征。因当事人违章行为造成了损害后果,才算交通事故;如果只有违章而没有损害后果则不能算作交通事故。

如表 10-4 所示,各国对死亡、重伤、轻伤等定义存在不同看法,对交通事故死亡、轻伤和重伤的规定相差极大。日本规定 30 天以内治愈者为轻伤,30 天以上为重伤;美国规定扭伤、擦伤不需治疗的为轻伤,对需住院治疗或骨折、脑震荡、内伤等,虽不住院亦作重伤。2014 年我国颁布的《人体损伤程度鉴定标准》规定:使人肢体残废、毁人容貌、丧失听觉、丧失视觉、丧失其他器官功能或者其他对于人身健康有重大伤害的损伤为重伤,包括重伤一级和重伤二级;使人肢体或者容貌损害,听觉、视觉或者其他器官功能部分障碍或者其他对于人身健康有中度伤害的损伤为轻伤,包括轻伤一级和轻伤二级;各种致伤因素所致的原发性损伤,造成组织器官结构轻微损害或者轻微功能障碍为轻微伤。

部分国家对交通事故中死亡时间的规定　　　　　　　　表 10-4

国　　家	规 定 时 间	国　　家	规 定 时 间
葡萄牙	即刻	意大利	7 天
西班牙	1 天	中国	7 天
日本	1 天	苏联	7 天
匈牙利	2 天	英国	30 天
波兰	2 天	加拿大	1 年
澳大利亚	3 天	美国	1 年
法国	6 天		

2) 交通事故的分类

我国根据事故后果的严重性质的大小分为四类,当然随着交通事故的发展,其分类可能有所变化。根据人身伤亡或者财产损失的程度或数额,交通事故可分为轻微事故、一般事故、重大事故和特大事故。

轻微事故是指一次造成轻伤 1~2 人,或者财产损失机动车事故不足 1000 元,非机动车事故不足 200 元的事故。

一般事故是指一次造成重伤 1~2 人,或者轻伤 3 人以上,或者财产损失不足 3 万元的事故。

重大事故是指一次造成死亡 1~2 人,或者轻伤 3 人以上 10 人以下,或者财产损失 3 万元以上不足 6 万元的事故。

特大事故是指一次造成死亡 3 人以上,或者重伤 11 人以上,或者死亡 1 人,同时重伤 8 人以上,或者死亡2人,同时重伤5人以上,或者财产损失6万元以上的事故。

3)严重性计算

交通事故中死亡、受伤和财产损失的严重程度是不相等的,对不同地区不同的死、伤、财产损失的统计量很难进行统一比较,故实际分析时,一般以财产损失为参考标准,对一个死亡或受伤人员所造成的损失换算为相当的经济损失费用数,然后将死亡、受伤统一换算成财产损失,这样不同类型、不同性质的各类交通事故可以统一换算成经济损失费用。

10.1.3 交通事故的特点

交通事故具有随机性、突发性、频发性、社会性及不可逆性的特点。

(1)随机性

交通工具本身是一个系统,当它在交通系统中运行时则牵涉到一个更大的系统。在交通系统这样的动态系统中,某个失误就可能引起一系列其他失误,从而引发危及整个系统的大事故,而这些失误绝大多数是随机的。

道路交通事故往往是多种因素共同作用或互相引发的结果,其中有许多因素本身就是随机的(如气候因素),而多种因素凑在一起或互相引发则具有更大的随机性,因此道路交通事故的发生必定带有极大随机性。

(2)突发性

道路交通事故的发生通常并没有任何先兆,即具有突发性。驾驶员从感知到危险至交通事故发生这段时间极为短暂,往往短于驾驶员的反应时间与采取相应措施所需的时间之和,或者即使事故发生前驾驶员有足够的反应时间,但由于驾驶员反应不正确、不准确而造成操作错误或不适宜,也会导致交通事故。

(3)频发性

由于汽车工业的高速发展,车辆急剧增加,交通量增大,造成车辆与道路比例的严重失调,加之交通管理不善等原因,造成道路交通事故频繁,伤亡人数增多,道路交通事故已成为世界性的一大公害。许多国家因道路交通事故造成的经济损失约为其国民生产总值的1%。

(4)社会性

道路交通是随着社会和经济的发展而发展的客观社会现象,是人们客观需要的一种社会活动,这种活动是人们日常生活和工作必不可少的。在目前现代化的城市中,由于大生产带来的社会分工越来越细,人际间的协作和交往也越来越密切,使人们在道路上的活动日趋频繁,成为一种社会的客观需求。

道路交通事故是伴随着道路交通的发展而产生的一种现象,无论何时,只要人参与交通,就存在涉及交通事故的危险性。道路交通随着社会的发展不断地进行演变,从步行到马车到今天的汽车,以至形成今天的规模。这个过程不仅表明人们对道路交通的追求意识和发展意识,也证明了道路交通事故是随着社会和经济的发展而发展的客观存在的社会现象,即道路交通事故具有社会性。

(5)不可逆性

道路交通事故的不可逆性是指其不可重现性。事故是人、车和路组成的系统内部发展的产物,与该系统的变量有关,并受一些外部因素的影响。尽管事故是人类行为的结果,但却不是人类行为的期望结果。

从行为学的观点看,社会上没有哪种行为与事故发生时的行为相类似,无论如何研究事故发生的机理和防治措施,也不能预测何时何地何人发生何种事故。因此,道路交通事故是不可重现的,其过程是不可逆的。

10.1.4 交通事故的发展趋势

随着科学技术的进步,人们对交通事故发生原因、影响的主要机制有了进一步认识,对事故的预测、预防及保护措施更加完善,因此,从全世界来看,尤其是发达国家的交通事故率已逐渐下降。而我国仍持续处于经济迅速发展的阶段,交通量不断增加、交通法规也在不断地完善与优化,加上部分交通参与者交通法律意识淡薄,交通事故还远未达到已完全可控的阶段,道路拥挤,车速偏低,运行不畅,特大事故时有发生,统计资料表明目前还有上升的趋势。因此,必须认真组织研究交通事故成因规律及机理,采取工程、法规、教育、管理等有效措施,预防交通事故的发生。

10.2 交通事故的调查与处理

交通事故调查分为事故现场勘查和事后调查,是为事故快速准确处理而进行的勘查、询问、讯问、检验和鉴定等一系列工作;交通事故处理是指公安机关交通管理部门依法对发生的交通事故勘查现场、收集证据、认定交通事故、处罚责任人、对损害赔偿进行调解的过程。

10.2.1 事故现场的定义与分类

发生道路交通事故的地点及其有关范围的空间场所,称为交通事故现场。如果现场内的车辆、人畜、物体等均保持事故刚结束的原始位置和状态,称为原始现场。因自然原因(风、雨等)或人为原因(抢救伤者或肇事人有意破坏、逃逸等)使原始位置或状态发生改变的现场称为变动现场。原始现场能最直接、最全面的提供有关事故的资料和证据,对事故现场调查有重要的意义。

1)事故现场的定义及构成

(1)事故现场的定义

交通事故现场是指发生事故的有关车辆、人员、牲畜及其他事物、痕迹、物证所共同占有的空间和时间。事故参与者加上特定的空间和时间,形成特定的交通事故现场。交通事故现场的客观存在,是分析事故过程的依据和判断事故原因的基础。

(2)事故现场的构成

任何交通事故现场,必须具备时间、地点、人、车、物五个要素。时间和空间是构成交通事故现场必不可少的要素,是交通事故现场存在的前提,没有时间、空间要素就构不成交通事故现场。肇事行为必须通过一定的人,即车辆驾驶人员、行人等的具体活动才能实现,而人的活动又必然与一定的人、车、物发生联系,造成人、车、物损害的后果。这就形成了人、车、物之间的因果关系。事故当事人的活动及其相互之间的关系和不同的损害后果表现为千变万化的交通事故现场。这些与交通事故相关联的时间、地点、人、车、物及其相互关系的总和即为现场构成。勘查人员的任务,就在于充分揭示构成事故现场的各种要素,详细研究它们各自的特点及其相互之间的关系,做出正确的判断,为事故处理工作打下坚实的基础。

2）事故现场分类

事故现场在事故发生时产生,根据其完整和真实程度可分为原始现场、变动现场、伪造现场、逃逸现场和恢复现场五类。

(1) 原始现场

没有遭到任何改变和破坏的现场叫作原始现场。在原始现场里,事发地点的车辆、人员、牲畜和一切与事故有关的物品、痕迹等均保持着事故发生时的原始状态。原始现场由于保留了与事故过程对应的各种变化形态,能真实地反映出事故的发生、发展和结局,是分析事故原因和过程的最有力依据。

(2) 变动现场

变动现场又称移动现场,是指在事故发生后到现场勘查前这段时间里,由于自然的和非故意的人为原因,使现场的原始状态全部或部分地发生变动。通常引起现场变动的原因如下:

①抢救伤员或排险。有时为及时抢救伤员或排险,不得不变动现场的车辆或有关物体的痕迹。

②保护不力。事故发生后由于未及时赶到或封闭现场,有关痕迹被过往车辆和行人碾踏,致使痕迹模糊或消失。

③自然破坏。由于雨、雪、风、日晒等自然因素使无遮盖的现场痕迹被冲刷、覆盖、遗失、挥发等。

④特殊情况。特殊车辆,如消防、警备、救险等有特殊任务的车辆在发生事故后,允许驶离现场;有时,为了避免交通阻塞,在主要路段,经允许可移动车辆或有关物件。

⑤其他原因。如车辆发生事故后,当事人没有察觉,车辆无意间脱离了现场。

(3) 伪造现场

伪造现场指事故发生后,当事人为了毁灭证据、逃避罪责或为了嫁祸于人,有意加以改变或布置的现场。

(4) 逃逸现场

逃逸现场是指肇事者在明知发生交通事故的情况下,为了要逃避责任,驾车逃逸而导致变动的现场。由于两者性质完全不同,应严格区分故意逃逸现场行为与未知肇事驶离现场行为。根据有关法律规定,对肇事后故意逃逸者(其性质与伪造现场相同),要从重处罚。

(5) 恢复现场

恢复现场是指依据有关证据材料重新布置的现场。进行现场恢复主要原因如下:

①从实际事故现场撤出后,为满足事故分析或复查案件的需要,根据原现场勘查记录,重新布置形成的现场。

②在事故现场正常变动后,为确认事故真实情况,根据目击者和当事人的描述,恢复其原有形态。

10.2.2 现场调查的内容

交通事故调查是为了明确事故发生的原因、过程和后果,为事故的快速准确处理而进行的勘查、询问、讯问、检验和鉴定等一系列工作。按照调查的先后顺序可分为事故现场勘查和事后调查。事故调查的主要内容如下。

(1)事故相关人员调查:包括事故当事人的年龄、性别、家庭、工作、驾驶证、驾龄、心理生理状况等。

(2)事故相关车辆调查:包括车辆的类型、出厂日期、荷载、实载、车辆的技术参数、车身上的碰撞点位置、车身破损变形(损毁变形位置、尺寸、形状等)。

(3)事故发生道路调查:包括道路的线形、几何尺寸、路面(沥青、水泥、土、砂石等材料状况,雨雪等湿滑状况)。

(4)事故发生环境调查:包括天气(风、雨、雪、雾、阴、晴等对视线的影响)、交通流(周围车辆的流量、速度、密度、车头时距、车头间距)、现场周围建筑、交通管理和控制方式等。

(5)事故现场痕迹调查:路面痕迹(拖印、凿印、挫印、划痕)、散落物位置、人车损伤痕迹等。

(6)事故发生过程调查:主要对车辆和行人在整个事故过程中的运动状态进行调查,包括速度大小、速度方向、加速度及在路面上的行驶轨迹、路面碰撞点等。

(7)事故发生原因调查:包括主观原因(人的违法行为或故意行为)和客观原因(道路原因、车辆原因、自然原因等)调查。

(8)事故后果调查:包括人员伤亡和财产损失调查。

(9)其他调查:除了上述调查内容之外,还有事故发生时间、地点(道路或交叉口名称)、当地民俗以及事故目击者、证人等的调查。

10.2.3 现场勘查内容及程序

1)现场勘查的含义及内容

现场勘查是指交通事故勘查人员用科学的方法和现代技术手段对事故现场进行实地勘验和调查,并将得到的结果完整、准确地记录下来。

现场勘查的目的主要是采集与事故相关的物证,为事故的责任认定搜集证据;其次是查明事故的起因;此外,通过现场勘查,可以获取第一手事故调查资料,为今后事故分析、车辆设计及交通工程的技术研究提供数据基础。

现场勘查包括以下五个方面的内容:

(1)时间调查

调查与事故有关的时间,如事故发生时间、相关车辆的出车时间、中途停车或收车时间、连续行驶时间等。与事故相关的时间参数是分析事故过程的一个重要参数。

(2)空间调查

调查现场内与事故有关的车辆、散落物、被撞物体等遗留痕迹的状态,用来确定车辆运动速度、行车路线及接触点等,为事故分析奠定基础。

(3)生理心理调查

调查当事人的身心状态,如健康状况、情绪、心理状态、疲劳、饮酒及服用的药物等情况。

(4)后果调查

调查人员伤亡情况,查明致伤和致死的部位及原因,记录车辆损坏和物资财产损失情况。

(5)车辆与周围环境调查

调查可能对事故产生的影响的车辆的技术状况、道路及其附属设施的状态、气候、天气条件等。

2）现场勘查工作注意事项

现场勘查工作必须对以下各点做好明确清楚的勘查测绘、现场拍照和摄影。

（1）车与车（或车人、撞物）开始相互接触的接触点，接触痕迹的部位、高低、深浅，是摩擦还是撞击，并注意在接触部位上是否有血迹、头发、布丝等物证。

（2）车辆停放位置、方向，人体躺卧的位置、形状，车与人之间的距离，车、人与道路两侧的距离。

（3）车与车（或人、物）从开始接触到停车的总距离，测量该距离应从开始接触到停车后的车前部最突出部位计算。

（4）测量汽车的制动痕迹时，应区别其重制动印与轻制动印，并注意每只轮胎的制动痕迹是否相同。

（5）测量车辆的高度、长度、宽度以及轴距和前后轮距等，测量轮距和轴距应先把汽车的前轮调正，测量轮距应以轮胎面之中心线为基准，若后轮是双轮时，应测量其外侧之轮胎中心线。

（6）与现场有关的道路、交通设施以及影响视线的障碍物等的鉴定，包括路面状况，路基、桥涵的质量，道路的坡度、弯道、超高和视距等。

（7）车辆检查，其主要内容包括：转向、制动、挡位、轮胎、灯光、后视镜、刮水器等，及其乘员和装载情况。

（8）若事故中有人员当时死亡的，要对碰撞、碾压、刮擦、挤打部位、伤情、致伤致死原因等写出鉴定材料，并应摄影。

（9）其他与当时情况有关的天气、地物地形等现场草图绘成后，应让肇事人或其单位负责人在草图上签字。

（10）对事故频发地点，应将收集到的事故资料按其发生路段绘在道路平面图与纵断面图上，在交叉口可绘制交叉口事故类型图。

3）现场勘查程序

现场勘查程序主要有：第一时间赶赴事故现场、采取应急措施、保护现场、现场勘查、确认并监护当事人、询问当事人和事故见证人、现场复核、处理现场遗留物及恢复交通，具体程序见图10-1。

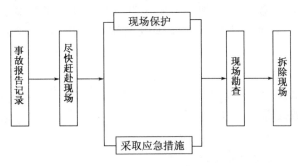

图 10-1　现场勘查程序

10.2.4　交通事故报告

交通事故统计报告是书面文字记录，汇总交通事故的情况，各项数据应具有客观性、系统性、全面性和科学性。

交通事故报告的范围为：凡违反道路交通规则造成的人员伤亡、牲畜伤亡、车辆财物损失均应列入统计报告范围，具体要求如下：

(1) 统计报告的项目与标准必须真实、准确并具有严密的统一性，范围、项目、指标、表示期限等内容均应按国家统一规定表格进行填写。

(2) 统计报表要数据准确、反映真实、全面并逐级上报。

(3) 交通事故的一般统计报告制度是向上级报送统计表，分为月报、季报和年报三种。

在编写某一重大交通事故报告时，其具体内容应包括事故车辆、驾驶人、道路状况在内的事故基本情况、事故发生经过及应急处置情况、事故原因和性质、对事故有关责任人员及责任单位的处理情况及建议、事故防范和整改措施。

10.3 交通事故分析

交通事故的分析研究包括对单个事故的成因分析和对大量交通事故的综合分析。前者是对典型交事故或对众多事故中取样作全面的成因分析，探求主观和客观原因、直接因素与间接因素。后者则从大量的交通事故中总结出共性的普遍规律，为制定防止和减少交通事故的对策与措施提供依据和基础资料，同时研究和比较采取政策的有效程度、道路安全设施和投资效率等。前者为微观分析，后者为宏观分析。本节主要介绍宏观分析的内容和方法。

10.3.1 交通事故分析的主要方法

分析交通事故的主要方法有统计分析法、分类分析法、排列图法、因果分析图法、统计分析表法、坐标图法和圆图法等。

(1) 统计分析法

该法是依靠能够客观反映事实的数据资料，例如，通过交通事故次数、死亡、损失、原因、地点、时间、道路、驾驶员、骑自行车人、行人等数据资料来客观地反映事实，据此科学地推理、判断，从而将包含在数据中的规律性揭示出来；它分三个步骤，即统计、调查和整理、统计分析和统计判断。交通事故分析中应用的是统计分析方法，应尽可能地用总体分析，而不是取样分析。

(2) 分类分析法

分类法既是加工数据的一种重要方法，也是分析交通事故原因的一种基本方法，目的是通过分类把性质不同的数据以及错综复杂的交通事故的原因划分清楚，给出一个明确、直观、规律性的概念。

分析交通事故常用的数据分类法有：

①按时间区分；②按当事人区分；③按事故车辆区分；④按道路区分；⑤按事故原因区分；⑥按事故现象区分；⑦按人体受害部位区分；⑧按死亡情况区分；⑨按车辆所属系统区分。

(3) 排列图法

排列图法即巴雷特图法，是找出事故主要原因的一种有效方法。

(4) 因果分析图法

因果分析图也称特性因素图或树枝图,它给人以直观的概念,逻辑性强,因果关系明确,但它是定性分析,而没有定量分析,用此法分析交通事故的具体案例尤为适用。

(5) 统计分析表法

统计分析表法,即利用统计调查表来进行数据整理和粗略原因分析,也是交通安全管理工作中常用的分析方法,如交通事故月报表。

(6) 坐标图法

在坐标纸上画出坐标图来分析交通事故情况,通常用于对交通事故数量的分析,坐标图如图 10-2 所示。

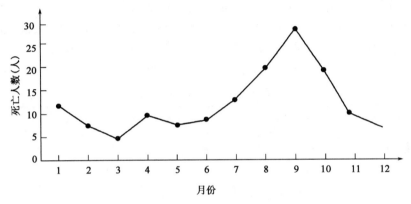

图 10-2 各月死亡人数统计示例

(7) 圆图法

将要分析项目的事故致因按比例画在一个圆内,即应用饼图进行分析。此图可直观地获取各个因素所占的比例。该法可以分析交通事故的原因、类别、道路、时间、人员等,如图 10-3 所示。

(8) 交通事故分析图

用事故状况符号和道路状况符号,将实际发生的事故填写在地图上就是事故分析图,如图 10-4 所示。

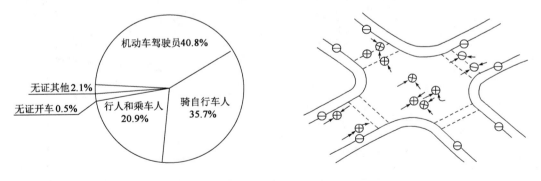

图 10-3 1990 年上海市道路交通死亡事故主要肇事者构成比例

图 10-4 交叉口事故分析

10.3.2 交通事故成因分析

交通事故的成因分析可分为直接原因和间接原因,亦可分为人、车、路与环境等因素。

1）人的因素的分析

90%以上交通事故的发生都或多或少含有人的因素，因此人是事故分析的主要对象。不同性别、年龄、体质的驾驶员，其生理、心理、感知、分析、判断和反应均不完全相同。而感知迟钝、判断不准、操作失误在事故中占绝大多数，其中感知错误所占的比重最大，这多半是由于驾驶员身体、生理、精神和情绪等状态以及年龄、经验等内在原因所致。

判断错误主要是对过街行人，如儿童或老人行动的方向速度判断失误以及看错了前方的道路线形，误判了对方的行动等所造成的，如驾驶员判断的车头间隔往往比实际的间隔小。

2）车的因素分析

在大量事故统计资料中，由于车辆的各种故障而造成的交通事故虽不太多，但从预防考虑仍是一个重要因素，如转向系统、制动性、轮胎的技术性能均有影响。

不同性质或行业的车辆，不同动力性能的车辆造成的交通事故亦不同，表10-5为不同行业车辆的交通事故分布情况。从表10-5中可以看出，社会车辆的交通事故多，主要由于企事业单位车辆零星分散、管理不善所致，一般专业运输车辆事故率较小。

不同行业车辆的交通事故分布　　表10-5

事故类型	社会车辆		公共汽车		专业车辆		拖拉机		军车	
	次数	占比(%)	次数	占比(%)	次数	占比(%)	次数	占比(%)	次数	占比(%)
事故	113	49.1	32	13.9	37	16.1	27	11.7	21	9.1
死	24	47.1	7	13.7	7	13.7	10	19.6	3	5.9
伤	75	40.5	37	20.0	28	15.1	18	9.7	27	14.6

根据1930～1950年世界上部分典型国家交通量和交通事故的统计数据，分析其交通事故率，可得到每十万人的年均死亡人数 D/P 与每千人汽车保有量 N/P 间的量化关系为 $D/P = 0.0003 \times (N/P)^{1/3}$，如图10-5所示。

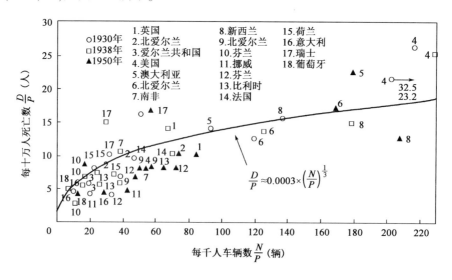

图10-5　每十万人事故死亡人数与平均每千人汽车保有量的关系

此外，在城市中由机动车与自行车等造成的交通事故亦有一定的规律性。表10-6为南京市自行车、机动车等交通事故的比例。从表10-6中可见，自行车占交通事故比重很大，需认真研究其预防措施。

南京市不同交通方式的交通事故   表10-6

事故类型	机动车		自行车		轻摩托车		其他车辆		行人	
	次数	占比(%)	次数	占比(%)	次数	占比(%)	次数	占比(%)	次数	占比(%)
事故	230	36.9	293	47.0	11	1.8	26	4.1	64	10.2
死	51	49.5	37	35.9	3	2.9	2	1.0	1.0	9.7
伤	185	34.8	261	49.2	8	1.5	25	4.7	52	9.8

3）道路与交通环境的因素分析

（1）道路的种类与规格

交通事故发生状况也因道路的种类、规格而变化。图10-6表明美国道路种类与交通量及事故次数关系的统计结果。由图可知，事故次数随着日平均交通量的增加而增加，而郊区高速公路上的事故比一般高速道路增加比例大。此外，交通事故次数与车道数也有关系，6车道道路比4车道道路事故增加比例小。

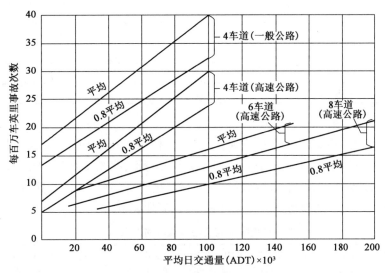

图10-6 车道数变化时的交通事故次数变化（美国）

日本道路种类与道路规格相对应，图10-7表示各种道路上的死亡事故次数的变化。由图可知，在一般国道上死亡事故次数较多。从1987年前后开始增加的情况看，一般国道、市镇乡村道的增加程度逐渐增大。

（2）道路线形对交通事故的影响

道路几何线形要素构成是否合理，线形组合是否协调，对交通事故有较大的影响。

①曲线半径

有10%~12%的道路交通事故发生在平曲线上，并且在半径愈小的曲线路段上，发生的交通事故愈多，即曲率愈大，事故率愈大，曲率在10%以上的事故率急增。表10-7是英国的格蓝维尔（Glanville）在白金汉（Buckinghamshire）调查的结果。

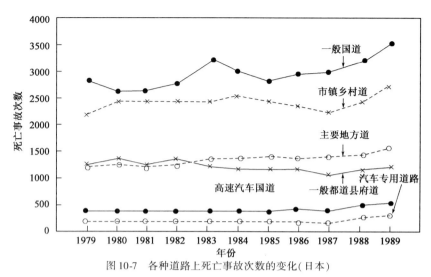

图 10-7 各种道路上死亡事故次数的变化(日本)

曲率与交通事故的关系　　　　　　　　　　　　　　　　　　　表 10-7

曲　率　（%）	交通事故率（次/百万车英里）
0～1.9	2.6
2～3.9	3.0
4～5.9	3.5
6～9.9	3.8
10～14.9	13.6
15 以上	14.9

②曲线的频率

曲线出现频率对道路交通事故的影响,只有在半径小于600m时才显示出来。在路上较频繁地设置曲线会相应地减少道路交通事故,对于大半径弯道,曲线设置频率的相对影响很小。如表10-8所示,随着道路弯度增加,事故数量迅速下降;相反,在1km内曲线数增加,曲线半径减小不可避免地会导致以死亡数为特征的事故严重性增高,如表10-9所示。

曲线频率与交通事故率的关系　　　　　　　　　　　　　　　　表 10-8

曲线半径(m)	1km 内的曲线数	百万车公里的事故数(次)	曲线半径(m)	1km 内的曲线数	百万车公里的事故数(次)	曲线半径(m)	1km 内的曲线数	百万车公里的事故数(次)
>580	0.3	1.6	290～580	0.3	3.06	<175	0.3	8.2
	0.6～1	1.87		0.6～1	2.62		0.6～1	3.7
	2.5～3	1.5		2.5～3	1.6		2.5～3	2.2

英国曲线频率与交通事故严重性的关系　　　　　　　　　　　　表 10-9

平均转角(°/km)	百万车公里的死亡数			
	曲线半径大于1500m 的曲线	曲线半径(m)		
		600～1500	300～600	<300
0～25	0.75	0.75	0.63	5.38
25～50	0.56	0.56	0.56	0.93

续上表

平均转角 (°/km)	百万车公里的死亡数			
	曲线半径大于 1500m 的曲线	曲线半径(m)		
		600~1500	300~600	<300
50~75	0.44	0.31	0.56	1.00
>75	0.25	0.31	0.63	0.75

③转角

在平曲线路段上,转角对事故数量的影响要比曲线半径的影响大,当平曲线的转角不超过20°时道路就不会超过"清晰视距矩形"的范围。所谓"清晰视距矩形",即离驾驶员50cm处(风窗玻璃处),尺寸为10cm×6cm的范围,转角越大则事故率越高。原苏联塞留可夫对白俄罗斯半径为100~5000m道路,确定转角与百万车公里路交通事故数的关系,如表10-10所示。

转角与交通事故率　　　　　　　　　　　　　　　　表10-10

转角(°)	8	8~20	20~30	>30
交通事故率(次/百万车公里)	1.44	1.56	1.64	2

④陡坡

从表10-11可知德国高速公路统计资料可以看出,随坡度加大,竖曲线半径变小,事故率增加。图10-8和图10-9为日本统计资料得到的纵坡与事故率的关系。

坡度与交通事故率　　　　　　　　　　　　　　　　表10-11

坡度(%)	交通事故率(次/百万车英里)
0~1.99	46.5
2~3.99	67.2
4~5.99	190.0
6~8.00	210.5

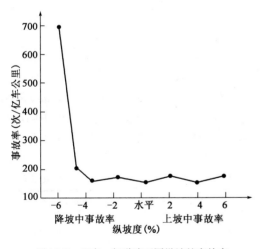

图10-8　日本一般道路不同纵坡的事故率

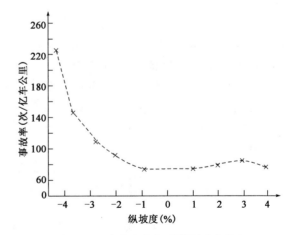

图10-9　日本高速道路不同纵坡的事故率

⑤线形组合

交通安全的可靠性不仅与平曲线形、纵坡有关,而且与线形组合是否协调有密切关系,即使线形标准均符合规范,但组合不当亦会导致事故增加。

a. 大纵坡与平曲线重合时,道路行车事故大大增加(表10-12)。

弯道与坡道重合产生的交通事故率　　　　　表10-12

坡度(%)	沿下列半径的曲线行驶,每百万车公里上发生的交通事故数(次)				
	>10000m	3000~4000m	2000~3000m	1000~2000m	400~1000m
0~1.99	0.28	0.42	0.40	0.50	0.73
2~3.99	0.20	0.25	0.20	0.70	1.06
4~5.99	1.05	1.03	1.50	1.85	1.92
6~8.00	1.32	1.65	1.70	2.00	2.33

b. 一个大平曲线上有几个变坡点,或一个竖曲线内有几个平曲线时,会使视线不平衡,驾驶员易发生判断错误。

c. 短直线介于两同向曲线之间形成断背曲线,使驾驶员产生错觉,误看成反向曲线,发生操作错误,造成事故。

d. 凸形线顶部以及凹形竖曲线底部设小半径平曲线起点,前者使驾驶员失去引导,后者使驾驶员产生视觉误差,引起事故。

e. 凹形竖曲线过短易发生视觉错误,引起驾驶员对上坡估计过陡,造成碰车、翻车。

f. 凸形竖曲线顶部或凹形竖曲线底部设反向平曲线拐点,也容易造成事故。

⑥视距

视距对交通事故影响很大,如表10-13所示,视距不良路段事故率明显增加,这在小半径弯道视距不良地段,小半径凸形竖曲线视距不良地段,交叉口与铁路平交处以及超车视距不足路段尤为明显。

双车道道路上视距与交通事故率　　　　　表10-13

视距(m)	交通事故率(次/百万车公里)
<240	1.49
240~450	1.18
450~750	0.93
>750	0.68

(3)车道宽度对交通事故的影响

一些调查研究表明,车道宽度加宽事故减少。科布(Cope)针对240mile(约386km)的两车道道路从18ft(约5.5m)扩展到22ft(约6.7m)的情况展开跟踪调查,分析结果如图10-14所示,该项研究表明:道路扩宽后在交通量较少的地点能减少21.5%的事故率,在交通量大的地点可减少46.6%的事故率。

由于路面度扩宽而减少肇事的比率　　　　　表10-14

扩宽前的交通事故率(次/百万车英里)	减少比率(%)	扩宽前的交通量(辆/d)
<1.5	21.5	2170
1.5~1.9	25.2	2284
2.0~2.4	34.4	2700
>2.4	46.6	3006

路肩加固或拓宽后事故率会减少,但当路肩宽度大于2.5m以上时,对道路交通事故的影响就不明显了。

日本的车道宽度与交通事故发生次数状况见表10-15。由该表可知,随着道路宽度的增加,每公里事故发生次数增加,特别在相当于干线道路的13.0m以上宽度的道路上,事故发生的可能性较高。除此之外,交通事故也与道路性质相关,也因路肩、中央分隔带、路面状况而异。

道路宽度、昼夜间交通事故次数　　　　　表10-15

道路宽度(m)	昼	构成率(%)	夜	构成率(%)	合计	构成率(%)	每公里交通事故发生次数
<3.5	20733	4.7	4342	2.1	25075	3.9	0.1
>3.5	78881	18.0	21958	10.7	100839	15.7	0.1
>5.5	217775	49.8	103347	50.2	32122	49.9	1.8
>9.0	60766	13.9	36285	17.6	97051	15.1	1.8
>13.0	45120	10.3	32165	15.2	76385	11.9	5.5
>19.5	10632	2.4	7762	3.8	18394	2.9	7.0
其他道路	3227	0.7	1004	0.5	4231	0.7	—
合计	437134	100.0	205963	100.0	643097	100.0	—

注:1. 道路宽度在人行道与车道分开时为车道宽度。
　　2. 对高速汽车国道、汽车专用道路等上下行车道由中央分隔带、隧道等分离时道路宽度为单向车道宽度。

如表10-16所示,设置中央分隔带可以防止两对向车流相撞,减少交通事故。

设中央分隔带对交通事故的影响　　　　　表10-16

交通量 (辆/d)	四车道上每百万车公里的事故数(次)								
	无分隔带			有分隔带			有分隔带与人口检查站		
	1	2	3	1	2	3	1	2	3
<5000	1.94	1.0	5.6	0.31	3.1	—		4.0	—
5000~10000	1.31	1.37	7.3	0.62	1.5	4.0	—		2.1
10000~15000	1.31	2.19	6.9	0.89	2.12	5.3	—		1.4
>15000	3.9	2.55	4.1	—	2.74	5.1	—		1.5

注:第1栏内为万德日利斯(荷兰)的资料;第2栏内为拉法(英国)的资料;第3栏内为别尔沃利德(美国)的资料。

(4) 道路交叉口与交通事故率的关系

对道路交叉口交通事故有强烈影响的五个因素依次为交通量、有无信号机、冲突点数、交叉口长度、车行道宽度。

交叉口交通事故率同交叉的冲突点数量相关,冲突点多则事故多,交叉口冲突点可由式(10-1)计算:

$$C = n^2(n-1)(n-2)/6 \tag{10-1}$$

式中:C——交叉口冲突点数目;

n——交叉口汇集的道路条数。

麦克唐纳(McDonald)和维布(Web)调查了美国加利福尼州具有150个分隔道路交叉口的肇事情况,其结果表明:交叉路的交通比主线更对交通事故有影响;相互交叉的两条路总交通量与交通事故并没有任何相关关系,交叉道路中交通量小的那条反而比大的那条事故多,此外麦克唐纳提议用式(10-2)求交叉口的事故次数：
$$N = 0.000783 V_d^{0.455} \cdot V_c^{0.253} \tag{10-2}$$
式中：N——一年间交叉口交通事故次数；
V_d——主线的年平均交通量；
V_c——交叉道路年平均日交通量。

关于无控交叉口，维布提出下列关系。

城市部分，车速接近40km/h的情况下：
$$N = 0.030 X^{0.55} Y^{0.55} \tag{10-3}$$

郊区部分，车速接近64~72km/h的情况下：
$$N = 0.030 X^{0.45} Y^{0.36} \tag{10-4}$$

乡村部分，车速接近64~72km/h的情况下：
$$N = 0.030 X^{0.5} Y^{0.29} \tag{10-5}$$

式中：N——一年间交叉口交通事故次数；

X——主线日交通量的$\frac{1}{100}$；

Y——交叉道路口交通量的$\frac{1}{100}$。

坦纳(Tanner)调查英国232个乡村部分三路交叉口的肇事情况，提出下列关系式：
$$A_1 = 4.5 \times 10^{-3} Q_1^{0.56} \cdot Q_2^{0.62} \tag{10-6}$$
$$A_2 = 7.5 \times 10^{-3} Q_1^{0.36} \cdot Q_2^{0.88} \tag{10-7}$$

式中：Q_1、A_1——从T形交叉路在主线右转弯车(规定左通行，以下同)和从主线向T形交叉路左转弯的车，它们的平均日交通量和一年间的交通事故数；

Q_2、A_2——从T形交叉路在主线左转弯的车和从主线向T形交叉路右转弯的车，它们的平均日交通量和一年间的交通事故数；

Q——主线的平均日交通量。

由上可见，交叉口肇事率和交叉路交通量与主线交通量的平方根成比例。

日本东京市的调查料表明，距交叉口愈近则事故率愈高。距交叉口不同距离的事故发生率列于表10-17。从表中数字可知，距交叉口的距离超过20m事故即显著下降。

距交叉口不同距离的交通事故率　　　　表10-17

距离(m)	路口内	0~10	10~20	20~30	30~50	>50
事故发生率(%)	42.8	26.8	16.9	5.2	5.5	2.8

(5)路面状态与交通事故的关系

路面强度、稳定性、平整度以及路面病害与交通事故有关，主要是路面光滑易发生交通事故。在美国宾夕法尼亚州的交通事故调查中发现，路面湿润、降雪、结冰时事故率分别为路面干燥时的2倍、5倍和8倍；英国格拉斯科市对路面粗糙化处理前后的事故率统计表明，粗糙化后大大提高了安全率,见表 10-18。

不同路面状况交通事故率的关系 表 10-18

粗化前后	路面干燥	路面滑溜	路面不湿面滑溜	路面积雪结冰	合计
粗糙化前	21	44	15	2	82
粗糙化后	18	5	4	0	27

表 10-19 表示了英国的统计结果。路面打滑问题,主要是由于路面的冻结、湿润等原因造成,但干燥路面上,也有因打滑肇事的情况。此外,打滑事故的 2/3 是因车辆原因造成的。

路面状况与打滑的关系 表 10-19

车 种	干 燥		湿 润		降雪、冻结		合 计	
自行车	打滑	全体	打滑	全体	打滑	全体	打滑	全体
摩托车	516	24175	301	7736	79	299	896	32210
小客车	6198	46161	5048	18100	707	1078	11953	65339
公共汽车	288	9522	278	3066	78	212	644	12800
1.5t 以下货车	1191	12900	1253	7471	270	540	2714	20911
1.5t 以上货车	1111	8072	1217	5694	163	431	2491	14197

从表 10-20 可知路面状态和照明对交通事故的影响。从表中可以看出,道路湿润和黑暗程度与重大事故数增加有密切的关系;因降雪和冻结造成的事故在总事故件数中的比例不太大。

路面状态与照明对交通事故的影响 表 10-20

地 区		明(阳光)				暗(夜间)			
		干燥	湿润	降雪、冻结	雾	干燥	湿润	降雪、冻结	雾
标准地区	死亡	1385	162	1	9	955	261	9	9
	重伤	24891	3285	89	104	11692	3393	91	123
	轻伤	92869	13998	342	429	29871	9697	312	403
非标准地区	死亡	1150	173	5	14	797	163	4	23
	重伤	9924	1620	88	169	5015	1124	56	171
	轻伤	21004	3979	205	388	8381	2411	168	317

(6)交通状况对事故率的影响

①交通量

交通量与交通量事故率的关系受车行道宽度、路肩宽度、视距以及交通环境影响较大,从而难以孤立地分析两者的关系。一般地,在交通量小时,车辆行驶主要取决于道路条件和车辆本身性能,交通事故发生与这两者相关;随着交通量增大,交通条件占主流地位,由于车辆相互影响导致交通事故率。研究表明交通量、车流速度与交通事故的关系如图 10-10 所示。

一般常用微观分析方法按路段进行逐一比较,找出交通量与交通事故起数的相互关系,单数车道由式(10-8)决定：
$$U = aN^b \tag{10-8}$$
式中：a、b——回归系数；
N——路段日平均交通量；
U——一年间事故次数。

式(10-8)是假定路段日平均交通量与事故率呈非线性关系，并用指数函数定义的，在复数车道的场合，又把式(10-8)扩展为如下形式：
$$U = aN_1^{b_1} N_2^{b_2} \tag{10-9}$$
式中：a、b_1、b_2——回归系数；
N_1、N_2——一年平均日交通量；
U——一年间事故次数。

如式(10-9)所示，交通量与交通事故关系的表示方法有多种，图10-11 为其中一例。

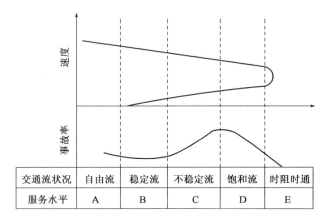

图10-10　交通量、车速和交通事故的关系

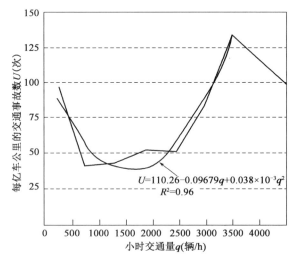

图10-11　小时交通量交通事故发生率
注：折线为原始观测数据，曲线为拟合数据。

②行车速度

研究表明,交通事故的多少与道路上各种车辆行驶速度的离散程度成正比,即车辆太快或太慢均易肇事,而顺应交通流的一般速度则是安全的。

另外,限制车速能使事故率有所降低,1973年中东石油禁运,美国车速由110km/h下降到80km/h,1974年和1975年交通事故死亡人数分别比1973年下降16.4%和17.4%。

③混合交通与事故

在超车、快慢车多的路段以及机动车与非机动车混合行驶时,因各车辆间时速相差太大,均易发生事故。表10-21为交通流中载重车混合率与交通事故率的统计资料。它表明当混合率达20%时交通事故迅速增加。我国城市中机动车与自行车肇事件数约占总事故的30%,而主要是由于混合行驶、斜向冲突、交叉、正面冲突所致。

载重汽车混合率和交通事故率 表10-21

小轿车与摩托车辆数	载重汽车辆数	载重汽车混合率(%)	每亿车公里交通事故率(次)
7318	1117	13.0	43
3390	630	14.0	47
4537	1144	20.5	72
2945	780	21.0	97
2065	600	22.6	142
703	225	24.3	118
875	325	27.0	145
3660	1450	28.5	184
2340	1105	32.5	195
4415	3420	44.5	260

(7)交通事故与信息特征

在复杂的高速车流中,驾驶员通过视觉、听觉、触觉等感官,从不断变化的交通环境中,获得各种信息,常见的有:突显信息(即行人或自行车突然闯到车前);潜伏信息(即具有隐蔽性的信息、未被发现的有故障的正在行驶的车辆、超高不足的弯道等);微弱信息(即不易于接受的信息,如黄昏难以看清的障碍物,往往容易发生犹豫、疏忽甚至错觉);先兆信息(即信息出现以前所具有的某种预兆,如酒后开车、超速行驶均为事故征兆)。

不同特征的信息使驾驶员产生不同的感受,产生不同的心理反应,引起不同的安全感,这些均与交通事故有很大关系,信息的安全感高于实际的安全程度则易发生事故,信息的安全感低于实际的安全感则比较安全。

(8)时段

表10-22为英国的统计结果。可以看出每一时段交通事故的发生情况。一般夜间死亡事故发生数比白天多,平日交通事故发生数比节假日多。

时段各交通方式的事故 表10-22

时段	步行		自行车		摩托车		汽车	
	工作日	周末	工作日	周末	工作日	周末	工作日	周末
0:00~7:00	108	205	73	31	223	200	967	1310

续上表

时 段	步 行		自 行 车		摩 托 车		汽 车	
	工作日	周末	工作日	周末	工作日	周末	工作日	周末
7:00~9:00	2460	79	2051	113	3416	218	4862	813
9:00~12:00	2046	677	904	375	1470	698	4152	1896
12:00~14:00	2990	1186	1252	558	2529	1189	4529	2623
14:00~17:00	4482	1236	1956	595	2912	1364	5668	3178
17:00~19:00	4128	900	2589	446	4052	1167	6133	2768
19:00~22:00	1926	629	1014	238	2536	882	4799	2336
22:00~0:00	1562	843	377	112	2166	897	5925	3142

10.4 交通安全评价

10.4.1 交通安全评价指标体系

交通安全可用交通安全度来表征。道路交通安全度是指某一国家、地区、路线、路段或平面交叉路口交通的安全程度，是交通事故发生情况是否严重的客观反映。它在一定程度上表现交通安全设施与交通管理的水平。综合各种统计指标，通过特定的方法计算交通安全指标进行评价。

交通安全度评价需要在定性描述的基础上，要以具体的指标进行量化。根据评价指标的功能分析和交通因素的系统分析，道路交通安全综合评价指标体系应包括三类指标：事故总量指标，也称事故绝对指标；事故率指标，通常称为相对指标；管理水平指标。三类指标是一个相互联系的整体，是进行事故宏观分析和宏观管理的依据。其中，总量指标虽然是比较粗略的指标，但它是一切其他指标的数据基础。事故率指标是比较通用的指标，管理水平指标则是从管理角度进行深入分析的工具。综合评价指标体系的结构如图10-12所示。

道路交通安全评价指标体系需综合考虑人、车、路和环境诸方面因素的作用和影响，对道路交通安全状况做出全面和准确的评价，为安全决策和事故控制提供可靠的依据，以利于道路交通安全水平的提高，进而达到为国民经济建设服务的目标。

道路交通安全评价指标体系应具有两种功能：该指标体系应能使管理部门认识辖区内交通事故的总体规模和危害程度；管理部门可以根据指标判断辖区内交通事故的发展趋势，本辖区与相关区域之间管理水平上的差距，激励管理部门寻求改善管理水平的途径。

道路交通安全综合评价的主要指标如下。

1）绝对指标

交通安全度评价绝对指标有四项，即事故次数、死亡人数、受伤人数、直接经济损失。这四项指标是安全评价的基础资料，它们可用于同一地区或同一城市交通安全状况的考核与分析，也可用于同一地区或同一城市不同时期交通安全状况的比较，若比较世界各国发生交通事故死亡人数，需将死亡时间进行标准化，换算成世界标准的交通事故死亡人数，通常以30天为标准，然后附加一个交通事故死亡人数的修正因子。这四项指标无法对事故量、事故后果和发生事故的可能性做出全面的评价,缺乏系统性。

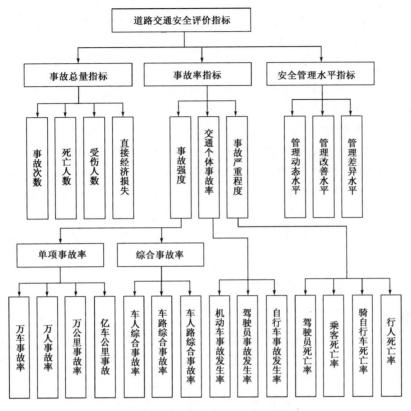

图 10-12 道路交通安全综合评价指标

2）相对指标

除这四项绝对指标外,根据交通安全度评价方法不同,可采用适当的相对指标来评价道路交通安全状况。

(1) 万车交通事故死亡率

万车交通事故死亡率是指一定时期内交通事故死亡人数与机动车保有量的比值,是反映交通事故死亡人数的相对指标,侧重于评价机动车数量对交通事故死亡人数的影响。

(2) 万人交通事故死亡率

万人交通事故死亡率是指一定时期内交通事故死亡人数与人口数量的比值,也是反映交通事故死亡人数的相对指标,侧重于评价人口数量对交通事故死亡人数的影响。但若用于不同的地区或国家,因交通环境相差较大,其可比性较差。

(3) 交通事故致死率

交通事故致死率是一定时期内交通事故死亡人数与交通事故伤亡总人数的比值,它可以综合反映车辆性能、安全防护设施、道路状况、救护水平等因素的影响,是衡量交通管理现代化及交通工具先进性的一个重要指标。

(4) 亿车公里事故指标

亿车公里事故指标包括亿车公里事故率、亿车公里受伤率、亿车公里死亡率,侧重于评价交通量和路段长度对交通事故的影响,这是一组评价指标,可综合反映交通工具的先进性、道路状况及交通管理的现代化水平,也是国外评价交通安全的常用指标之一。

(5)综合事故率

综合事故率是万车死亡率和万人死亡率的几何平均值(或亿车公里死亡率的几何平均值),它同时考虑了这两个参数对交通安全的影响。

(6)交叉口事故率

按百万或万车流入交通量,计算交叉口的交通事故率,即以汽车进入交叉口的流量为基数,除以交通事故数,就是交通事故率。

(7)交通事故预测指标

交通事故预测指亡人数或事故次数的预计值。将此预计值与当年实际值进行比较,可以对安标一般是对交通事故死亡人数或事故次数进行的预测。它是根据历史资料统计分析得出回归方程,然后将所求年度的参数带入,进而求出此年度交通事故死全状况的改善程度进行评价。在这些回归方程中,最著名的是英国的斯密德(R. J. Smeed)模型、特里波罗斯模型、奥尔加模型和北海道模型等,这些回归方程考虑的影响因素各不相同,往往对同一地区具有较高准确性。

10.4.2 交通安全度评价方法

1)评价方法分类

目前国内外交通安全度评价方法,可以从两种不同的角度进行分类。

一种是按评价的对象分类,可分为宏观评价、微观评价与事前评价。宏观评价主要是研究较大范围的问题,往往是以国家或省、市为对象;微观评价法主要是研究局部的具体问题,如一条或一段道路、一个交叉口等;事前评价主要是根据已有信息条件评价目前国家或省、市或者一条或一段道路、一个交叉口的交通安全状况。

另一种是按评价的目的分类,一类用于评价道路交通安全水平,另一类用于评价道路交通安全管理水平。

国内外现行的评价方法如图 10-13 所示。

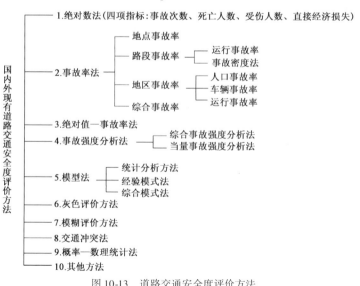

图 10-13 道路交通安全度评价方法

2）宏观评价方法

（1）绝对数法

用事故次数、死亡人数、受伤人数及直接经济损失四项绝对指标评价安全度，是目前我国用得最普遍的方法。该方法比较简单直观，但由于不涉及影响交通事故发生的主要因素，而不能揭示交通安全的实质。

（2）事故率法

作为交通安全度的宏观评价方法，常用的有三种事故率法：人口事故率、车辆事故率和运行事故率。其中，人口事故率法和车辆事故率法能够反映交通安全的不同侧面，运行事故率法较为科学，但目前交通运营量难以及时掌握，一般采用估算值。

①人口事故率

$$R_p = (F/P) \times 10^5 \qquad (10\text{-}10)$$

式中：R_p——道路交通事故十万人口死亡率（人/十万人口）；
F——道路交通事故死亡人数；
P——统计区域的常住人口数。

②车辆事故率

$$R_v = (F/V) \times 10^4 \qquad (10\text{-}11)$$

式中：R_v——道路交通事故万车死亡率（人/万车）；
V——统计区域机动车保有量（辆）。

③运行事故率

$$R_t = (F/T) \times 10^8 \qquad (10\text{-}12)$$

式中：R_t——道路交通事故亿车公里死亡率（人/亿车公里）；
T——统计区域内总运行车公里数。

（3）模型法

现行模型法有两类，一类是统计分析模型，利用多元回归法建模，另一类是经验法建模。前者国外用得多，后者国内用得多。

①统计分析模型

a. 斯密德（R. J. Smeed）模型

$$D = 0.0003 \sqrt[3]{NP^2} \qquad (10\text{-}13)$$

式中：D——交通事故死亡人数；
N——机动车登记数；
P——人口数。

b. 意大利特里波罗斯多元回归模型

$$y = 58.770 + 30.322x_1 + 4.278x_2 - 0.107x_3 - 0.776x_4 - 2.87x_5 + 0.147x_6 \qquad (10\text{-}14)$$

式中：y——人口事故率（死亡人数/十万人）；
x_1——交通工具机动化程度（km/km²）；
x_2——平均每平方公里道路长度；
x_3——居住在大城市中的人口比例（%）；
x_4——19岁以下青少年所占人口比例（%）；

x_5——65 岁以上的老年人口比例(%);

x_6——小客车与出租汽车在车辆中所占的比例(%)。

②经验法模型

经验法常用的安全度评价模式:

$$R = \frac{D_d}{365 \times K_1 \times 10^3} \quad (10\text{-}15)$$

式中:$D_d = D_1 + a_1 D_2 + a_2 D_3 + a_3 D_4$;

D_1——交通事故直接死亡人数;

D_2——交通事故轻伤人数;

D_3——交通事故重伤人数;

D_4——交通事故直接经济损失(万元);

K_1——经换算后的辖区道路长度内车辆运行公里数;

a_1、a_2、a_3——轻伤人、重伤人、经济损失与死亡的当量系数。

(4)事故强度法

①综合事故强度分析法

$$K = \frac{M \times 10^4}{\sqrt{RCL}} \quad (10\text{-}16)$$

式中:K——死亡强度指标,K 越小,安全度越高;

M——当量死亡人数,M = 死亡人数 + 0.33 × 重伤人数 + 0.10 × 轻伤人数 + 2 × 直接经济损失(万元);

C——当量汽车数,C = 汽车 + 0.4 × 摩托车和三轮车 + 0.3 × 自行车 + 0.2 × 畜力车;

R——人口数,$R = 0.7P$(P 为人口总数);

L——不同道路条件下的修正系数,见表 10-23。

不同道路条件下的修正系数 L　　　　表 10-23

公路等级	里程(km)				
	<50	50~500	500~2000	2000~10000	10000
一级	0.8	0.9	1.0	1.1	1.2
二级	0.9	1.0	1.1	1.2	1.3
三级	1.0	1.1	1.2	1.3	1.4
四级	0.9	1.0	1.1	1.2	1.3
等外	0.8	0.9	1.0	1.1	1.2

②当量事故强度

当量综合死亡率指标结构为:

$$K_d = 10^3 \times \frac{D_d}{\sqrt[3]{P \cdot N_d \cdot L}} \quad (10\text{-}17)$$

式中:K_d——当量综合死亡率;

D_d——当量死亡人数;

N_d——当量车辆数;

P——人口数;

L——公路里程(km)。

K_d 采用了当量值,且考虑的因素全面,基本概括了人、车、路对交通事故的影响。但当量死亡人数、当量车辆数、道路里程的标准化问题尚需研究。

(5)概率数理统计法

$$Z = \frac{Y - \tilde{Y}}{\sqrt{\bar{Y}}} \tag{10-18}$$

式中:Y——事故的数目;

$\tilde{Y}$——事故理论允许值;

$\bar{Y}$——事故发生次数的估计值;

正常事故数:$-1.96 \leq Z \leq 1.96$;异常事故数:$Z < -1.96$ 或 $Z > 1.96$。Z 值越小越安全。

(6)四项指标相对数法

四项指标相对数法是把不同类型道路交通事故的四项指标的绝对数占总数的百分比作为一个相对指标,利用此相对指标可深入地认识各种道路类型交通事故的对比情况,判断各种道路类型交通事故发生的比例,计算公式为:

$$\eta = \frac{A_i}{\sum A_i} \times 100\% \tag{10-19}$$

式中:η——指标的相对数;

A_i——不同道路类型的交通事故各项指标的绝对数;

$\sum A_i$——各种道路类型的交通事故各项指标总数。

应用四项指标相对数法可以从总体上对各种类型道路的交通事故情况进行分析,确定不同类型道路的交通事故分布比例。

3)微观评价方法

将交通安全微观评价分为路段评价与交叉口评价两方面介绍。

(1)路段评价

①绝对数—事故率法

绝对数—事故率是将绝对数法和事故率法结合起来评价交通安全度的方法。以事故绝对数为横坐标,以每公里事故率为纵坐标,按事故绝对数和事故率的一定值,将绝对数—事故率分析图划出不同的危险级别区,Ⅰ区、Ⅱ区、Ⅲ区分别代表不同的危险级别,Ⅰ区为最危险区,亦即是道路交通事故数和事故率均为最高的事故多发道路类型,据此,可以直观地判断不同路段的安全度。见图10-14。

②交通事故率法

路段交通事故率指标,以每亿车公里交通事故次数表示。即:

$$AH = \frac{N}{Q \cdot L} \times 10^8 \tag{10-20}$$

式中:AH——事故率(次/亿车公里);

Q——路段年交通量,$Q = 365 \times AADT$,其中 AADT 为年平均日交通量;

L——路段长度(km);

N——路段内发生的交通事故次数。

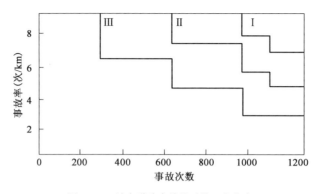

图 10-14 城市道路事故绝对数—事故率

交通事故率表征了某一路段发生交通事故的危险程度。它与交通参与者遵章行驶的状态有关,与交通流量紧密相连,故而是值得推荐的较为科学的路段安全评价指标。

(2)路口评价

①交通事故率法

交叉口事故率是评价路口安全的综合指标。交叉口事故率用每百万台车发生交通事故的次数表示,即:

$$A_1 = \frac{N}{M} \times 10^7 \qquad (10\text{-}21)$$

式中:A_1——交叉口事故率(次/百万辆车);

N——交叉口范围内发生的事故次数;

M——通过交叉口的车辆数。

②速度比辅助法

速度比以通过交叉路口的机动车行驶速度与相应路段上的区间车速的比值表示,即:

$$R_1 = \frac{v_1}{v_H} \qquad (10\text{-}22)$$

式中:R_1——速度比;

v_1——路口速度(km/h);

v_H——区间车速(km/h)。

一般在交叉路口冲突点多,行车干扰大,车速低,甚至往往造成行车阻滞。因此,速度比能够表征交叉口的行车秩序和交通管理状况。速度比是一项综合指标,而且是一个无量纲的值,它与交通事故率法结合使用,使之更具有可比性。

③冲突点法

该法用于分析交叉口车流潜在的冲突点多少,进行微观的安全度估计。

10.5 交通事故预防

交通事故涉及道路使用者、车辆、道路环境。全世界交通事故的原因,有85%~90%的原因属于驾驶员,有5%左右的原因属于车辆,有10%左右的原因属于道路环境。为了减少事故出现次数,减轻事故的后果,提高交通安全性,应从法规、教育、工程、管理等方面出发,研究防止交通事故发生的对策和具体的措施。

10.5.1 健全交通法制

道路交通法规在法律体系上属于国家行政法,是国家行政管理法规的组成部分,是根据宪法有关规定由国家或地方权力机关依立法程序制定的在管理道路交通方面的单行法规。它包括:车辆及驾驶员的管理、行人的管理、道路的占据和管理、交通违章的处罚、交通事故的处理、全民交通安全宣传教育等具体规定。

交通法规具有强制性、规范性、社会性和综合性的特点,其作用是建立、巩固和发展有利我国人民的政治、经济、文化生活及与国际交往的道路交通秩序,保障人们的交通安全与畅通。

交通法规在我国是指交通法则和道路交通管理条例。我国1988年3月9日国务院颁发了《中华人民共和国道路交通管理条例》,这是中华人民共和国成立以来第一部全国统一的交通法规。1991年9月22日国务院发布了《道路交通事故处理办法》,并于1992年1月1日起实施。在2003年10月28日,我国颁布了《中华人民共和国道路交通安全法》,这是第一部关于道路交通安全的法律,也是我国交通安全方面最权威的法律,该法于2007年与2011年两次修订。在《中华人民共和国道路交通安全法》颁布后,《中华人民共和国道路交通管理条例》和《道路交通事故处理办法》废止。《中华人民共和国道路交通安全法》在实用过程中可结合《中华人民共和国道路交通安全法交通安全法实施条例》使用。我国道路交通安全法的主要内容包括:总则、车辆和驾驶人、道路通行条件、道路通行规定、交通事故处理、执法监督、法律责任及其他规定等内容。在国际上交通法规包括:以交通安全系统为主的交通安全法;以道路管理为主的道路法;以停车场管理为主的停车法;以车辆检验与管理为主的车辆轮胎法;以交通运输为主的道路运输法等。交通法规是交通参与者的行动指南,它体现了国家和地区的交通政策。

10.5.2 加强交通安全教育

交通安全教育包括学校教育与社会教育两种。1920~1925年,美国在中小学试行了交通安全教育。试验证明,受过交通安全教育的中小学生事故率明显下降。继之对驾驶员和成年人进行交通安全教育。日本自1961年开始,开展全国性交通安全活动,每年春秋两季各举行一次。我国常采用交通安全宣传、交通安全月、举办驾驶员学习班、交通民警到小学讲课等方式进行交通安全教育。为了收到良好的效果,应注意针对性、科普性,并要有专门的机构负责交通安全教育工作。

(1)对机动车驾驶员的教育

在对交通事故的统计分析中看出,驾驶员违章造成的事故,占事故总数80%以上。所以提高驾驶员的交通道德水平、思想和技术素质,对预防交通事故有非常重要的意义。对驾驶员的教育,主要是政治思想教育和安全教育。

政治思想教育,主要是不断提高驾驶员对安全行车、保护人民生命财产安全的认识;认识到交通道德水平、礼貌行车、保护交通弱者是建立社会主义精神文明的一部分;树立安全质量第一的思想,增强遵章守法、安全行车的自觉性。

安全教育主要是学习交通规则对保证交通安全、畅通的意义和作用。学习安全行车常识,交流安全行车经验,分析事故的原因和隐患,逐步掌握安全行车规律,取得安全行车的主动权;

学习技术业务,熟悉车辆构造性能,会维修,会排除故障,驾驶员操作准确、熟练、对复杂的交通状况应变能力强,判断正确,措施得当,保证行车安全。

(2)对非机动车骑行者的教育

我国城镇的非机动车的保有量很大,对交通安全的影响也很大。骑车人虽然是交通弱者,但是在实际交通中常有横冲直撞者,所以对非机动车骑行者的安全教育是很重要的一方面。

对非机动车骑行者的教育,主要是解决违章行驶的问题,即走机动车道、与机动车抢道、截头猛拐、违章载物等,也就是要求骑车人遵守交通规则中非机动车应遵守的规定。同时,使他们认识到违章的危险性,增强他们遵章行驶的自觉性,提高交通法规观念。

(3)加强道路交通安全管理

道路交通管理需要解决的问题牵涉到社会的诸多方面,其成效受国家经济活动、交通运输及人们的安全意识等条件影响,不能只凭短期效益做出评价,要长短结合,着重从长远考虑,必须从上至下提高对交通管理任务重要性的认识,牢固树立长远观念,狠抓基础建设,综合治理,严格管理,最大限度地预防和减少交通事故。

加强道路交通安全管理除严格执法,提升管理水平外,也需改善道路基础设施,缓解当前的交通矛盾。在有条件的地区,实行人车的时间和空间的分离,设立标志、标线与信号管制等配套实施系统,给交通参与者提供安全、通畅、舒适的交通环境。

10.5.3 加强交通安全设施建设

(1)设置分隔带

它由分隔带和导向带组成,隔开上行、下行慢快车,车辆与行人等,分隔带可做成一定宽度的带状构造物,略高于两侧的车行道。若道路宽度不足时宜用栅栏分隔。车行道的导向带位于分隔带与车行道间,诱导驾驶员视线,且可作为侧向余宽。

(2)设置交通岛

为控制车辆行驶位置和保护行人安全,于车道之间,在行人过街横道设安全岛,用分车岛把两股车流分开,用导流岛将车流导向一定的行进路线。

(3)设置行人横道

在车流与人流均较多的路口,为确保安全,需要从时间上将两者分开,这就必须设置人行横道,给行人以优先通行权。从空间上分开时可设过街天桥、地道。

(4)设置防眩设施

在汽车专用路侧或中央分隔带上,设置防眩设施,主要有防眩网、防眩栅、防眩板。

(5)设置道路标志

道路标志设置可以保障交通秩序,提高交通效率和减少交通事故,可使驾驶员熟悉路况,对可能发生危险的地段提醒注意,使驾驶员及早采取措施,避免事故发生。

交通标志是交通管理的重要手段,是静态交通控制,道路标志有:指路标志、警告标志、禁令标志、指示标志。指路标志是表示省、市、自治区、县等行政区划分的分界,指出前方的地名或其他名胜古迹等的位置和距离,预告和指示高速公路或一级公路中途出入口,沿途服务设施以及必要的导向等;指示标志是指示车辆、行人行进或停止的标志;警告标志是警告驾驶人员注意公路急弯、陡坡、交叉道口以及影响行车安全的地点标志;禁令标志是禁止或限制车辆、行人通行的标志。

(6)施划路面标线

在铺砌完了的路面上,必要处必须画上标线。标线和道路标志同样是为整理交通流并进行诱导限制的设施。路面标记有:行车道中心线、车道境界线、车道外侧线、导流标线、交叉路口附近标线等,具体可参考图10-15。此外,在交通安全方面,又有竖面标记,其一部分或全部设置在道路外侧。竖面标记主要在需要车辆变更前进方向的构造物、在道路外使路侧空间变小和当车辆驶出路外时有冲撞危险的构造物前面表示,具体可参考图10-16。

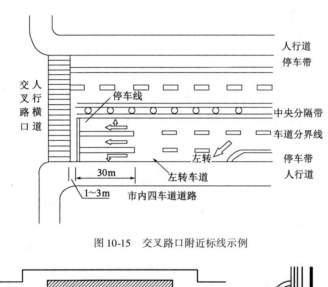

图 10-15 交叉路口附近标线示例

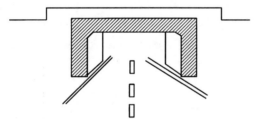 

图 10-16 竖面标记示例

(7)设置交通信号

随交通量增大,多数平面交叉口必须用信号指挥交通,即用信号灯来控制,可以大大减少交叉口事故。一般有定周期式信号机和交通感应式信号机以及从面上控制各交叉口的红绿灯亮灭时间,最大限度地提高交叉口通行能力以及减少交通事故的联动信号系统。

(8)设置变向车道

在早晚高峰小时车流流向有明显变化的次要路段,可按时间规定往复变向,将若干条车道在一定时间内的专供某一方向行驶,以提高道路通行能力,减少拥挤,提高安全性。

(9)实行单向交通

实行单向交通可以减少交叉口的冲突点,减少交通事故,提高区间车速和通行能力。

(10)建立交通信息系统

交通信息也称交通情报,公安与管理部门为保证行驶于汽车专用道或城市主干道上车辆的安全、迅速,应及时向驾驶员报道道路交通阻塞情况、天气情况、前面道路施工或临时的交通管制的情况,以使驾驶员及时改变对策。

(11) 设置视线诱导标志

公路线形、路面宽度变化处等,应设置反光性视线诱导标志,交通量大的国道上在照明不充分的情况下,应在路口侧或中央分隔带每隔 50m 设白色或黄色直径为 70～100mm 圆形反光标,其支柱高为 90～120mm。

10.5.4 交通事故预警

1) 不良道路条件预警

不良道路条件预警系统包括预警指标体系的构建、预警界限的确定和预警结果的输出三个步骤:

(1) 预警指标体系构建

指标体系的构建除了选择合适的指标外,还需要确定各个指标对综合预警指数的影响程度,即确定指标的权重。由于各个指标的量纲不同,因而要根据其权重对指标进行标准化,形成一套规范的预警指标体系。

(2) 预警界限确定

预警系统能够发挥作用的一项关键工作就是指标预警界限的确定,即阈值的确定。预警界限确定是否合适,对于准确地监测各项预警指标的变动情况,从而对道路交通安全发展状况和趋势做出正确的判断影响很大。

(3) 预警结果输出

不良道路条件预警系统最后一项工作就是预警结果的输出。预警系统建立的目的就是在警情出现时发出警报,而警报的发出正是借助预警结果的输出来实现的。预警系统运行效果的评价直接由预警结果的输出来体现,若预警结果的输出不能满足决策者的需要,不但会影响决策的制定,甚至会导致决策失误。

2) 不良交通环境预警

对高速公路的环境气象进行监测,开展高速公路的灾害性天气预警和预报,为高速公路的运营管理提供科学信息,是我国高速公路发展到一定阶段提出的必然要求,也是世界各国研究、开发智能交通系统不可缺少的一个重要组成部分。

(1) 高速公路气象监测预警服务系统建设的主要内容

首先,高速公路气象监测系统和信息发布系统的建设,应在气象部门提出的建设规划指导下,由交通主管部门统一协调,落实经费,交通运营部门具体负责实施建设,其所有权归交通部门所有。其次,高速公路气象服务产品加工系统的研究和建设,由气象部门负责具体实施,其经费由交通部门和气象部门共同落实解决,其所有权归气象部门所有。整个系统建设完善后,由高速公路监测系统监测到的有关实时气象数据,通过通信系统,及时传递到高速公路气象服务中心;由气象服务中心经过加工处理,同时传递到高速公路交通有关管理和运营部门,通过交通部门的决策后,再将有关决策管理信息通过相关发布系统对外发布。其主要建设内容如下:

①高速公路气象监测系统的建设

高速公路气象服务监测系统按照不漏测天气,运行维护方便的原则,针对每条高速公路各自的地理环境,通过现场勘测和地区历史资料分析,提出设置合理间距的监测站。每个监测站设自动气象站一套,用以观测任意时次的气压、气温、风向、风速、空气湿度、降水等常规气象要素,并增设能见度(主要用于雾的观测)和路面状态监测仪(主要用于路面积水、结冰和路面温度的观测)。

②高速公路气象服务通信系统

可灵活采用目前较成熟的多种通信方式(有线、无线)解决观测站、气象服务中心、用户服务终端的数据通信问题。

(2)预测预警服务、决策管理和信息发布系统

①高速公路气象服务产品加工系统

结合卫星遥感图像、多普勒雷达和已建高速公路气象观测系统等所提供的观测资料,制作出更加适合当地高速公路气象服务的气象预报产品。研制新的高速公路气象预报制作方法和业务流程,针对不同的天气现象,进行定时、定点、定量的预警和预报。主要产品初步设计如下:

a. 各路段天气实况显示。显示要素为能见度、降水性质及强度、风向、风速、路面温度、气温、路面摩擦系数、行车建议等。

b. 未来12h各路段三小时内天气状况预测。预测要素为能见度、降水、风向风速、路面温度、气温及路面摩擦系数,同时给出行车建议。

c. 全省所有高速公路24~48h天气预测,预测要素为能见度、降水、风向风速、路面温度及气温,并给出行车建议。

d. 建立高速公路气象观测数据库。保存历史资料,提供友好的查询界面。

②高速公路气象服务产品发布系统

a. 在各自动观测站点沿高速公路左右两侧各设一电子显示屏,分别显示其下游1~2站的实时观测实况、1~3h天气、能见度、路面温度等预报,当下游有浓雾、降水、路面高温等危险天气出现时或未来2~3h下游路段有可能出现影响正常行驶的天气现象时,可发出特别提示。

b. 在交通、公安等有关高速公路管理部门设立显示终端,随时显示所有的服务产品,以便管理部门能及时了解各高速公路路段的天气实况和预警预报,为高速公路安全运行提供决策依据。

复习与思考习题

1. 为什么要重视交通事故的分析研究?交通事故发生的原因是什么?应取什么措施来降低事故发生率?
2. 交通事故调查的目的是什么?要调查哪些内容?调查中应注意哪些问题?
3. 在交通事故原因分析中要考虑哪些因素?这些因素具体表现在哪些方面?
4. 衡量交通事故的指标有哪些?各有什么优缺点?
5. 分析交通事故的方法有哪些?
6. 交通安全措施有哪几种?对我国目前的交通状况,你认为在道路工程、设施、管理、安全措施等方面应采取哪些必要措施?
7. 常用事故多发地点的判定方法有哪些?

第11章 交通与环境

现有交通系统在给人们的工作、生活带来极大便利的同时,也带来了不可避免的环境问题——资源破坏或环境污染。目前我国交通环境主要存在三点问题:大气污染、噪声污染及振动污染。在交通发展过程中,应将生态保护意识贯穿到各个环节,建立绿色发展长效机制,因此应在交通系统的规划建设中,正确理解各种交通方式的建设效果和环境影响程度,因地制宜选择交通方式和建设位置,科学决策项目的设计、建设方案及环境保护方案。本章主要介绍道路交通产生的大气、噪声、振动等污染的危害与控制,以及道路交通污染控制与可持续发展之间的基本关系。

11.1 概 述

11.1.1 道路交通的发展与环境影响

1)环境及道路交通环境

环境指影响人类社会生存和发展的各种天然的和经过人工改造的自然因素的总体,包括大气、水、海洋、土地、矿藏、森林、草原、野生动物、自然古迹、人文遗迹、自然保护区、风景名胜区、城市和乡村等❶。道路具有可穿越一切环境要素的特点,故其环境客体涵盖上述法规定义的所有

---

❶ 源自《中华人民共和国环境保护法》。

要素。因此,可将道路交通环境定义为与道路交通活动相关的影响人类生存和发展的各种天然的和经过人工改造的自然因素的总和,泛指借助道路进行主体交通运输活动的客观条件。

环境是人类赖以生存和发展的物质条件的整体,包括自然环境和社会环境。环境与发展是当今世界普遍关注的重大问题。人类经过漫长的奋斗历程,特别是从产业革命以来,在改造自然和发展经济方面做出了巨大的成就。但与此同时,由于工业化过程中的处置失当,尤其是不合理地利用自然资源,造成了全球性的环境污染和生态破坏,对人类的生存和发展构成了现实威胁。保护生态环境,实现可持续发展,成为全世界紧迫而艰巨的任务。

自从汽车诞生以来,以汽车为主要运输工具的道路交通给人类带来了莫大的效益和便利,促进了社会经济的发展,提高了人们的生活、生产水平。但事物的发生和发展总是一分为二的,道路交通在给人类社会发展带来巨大正面影响的同时,也带来了负面影响,即道路交通引起了严重的环境污染。

目前,道路交通的环境影响主要划分为两大类。

(1) 对社会环境的影响

主要包括:社会的结合力;服务设施的可利用性;人口迁移和重新安置;就业、收入及商业活动;居住条件;地区发展和经济增长;资源的利用等。

(2) 对自然环境的影响

主要包括:环境设计、美学和公路的历史价值;陆地生态系统;水中生态系统;大气质量;噪声,振动等。

道路交通的发展,通常表现为有利的社会影响和不利的环境影响。

2) 我国道路交通环境的现状

(1) 公路交通环境的现状

我国20世纪80年代以前的公路建设是以普及为主,为交通闭塞地区修建了大量的低等级公路。当时限于投资,且交通量不大,大多没有采取环境保护措施,边坡裸露,缺乏排水系统和防护工程,对生态环境造成不同程度的破坏,致使有些公路存在着塌方滑坡、水土流失等病害。特别是当时人们均要求公路穿过城镇,所以交通噪声和汽车尾气排放污染着这些城镇的大气和声环境,只是当时交通量不大,矛盾也不突出。

20世纪80年代后,我国公路建设以提升质量为主,并开始对环境影响的研究、评价和保护工作。目前,在新建高等级公路及大型改扩建公路时基本上都考虑了对环境的保护。例如,在生态环境较为薄弱的青藏高原建设高等级公路时,专门设置了研究课题对生态及环境的保护方面进行研究。根据行车试验证明,新建高速公路运行顺畅,在同等交通负荷下比一般二级公路可减少一氧化碳(CO)排放量47%,碳氢化合物(HC)排放量48%,氮氧化物(NO_x)排放量35%,说明高速公路比普通公路可以大大减少大气污染量,从而证明兴建高速公路的环境正面效益十分显著。另一方面,对原有已建成的公路,有的已形成新的生态平衡,有的尚未形成。对尚未形成生态平衡的,要求通过养护,绿化栽植,恢复植被,治理各种病害等逐步解决。在有些路段上,还由于沿线街道化严重,而使汽车排放的废气和总悬浮微粒存在着超标现象。

(2) 城市道路交通环境的现状

城市道路交通对环境的影响,主要表现在对大气环境、声环境及社会环境等方面。目前,由于城市道路交通量的剧增,对大气环境的污染相当严重。据北京市统计,70%以上的街道两侧的一氧化碳(CO)浓度和氮氧化物(NO_x)浓度都常年超过国家标准。甚至在北京市二环、三环等平均车速较高的路段上，NO_x 常年超标。在城市中心地区的交叉路口上，CO 浓度值更是常年超标数倍。我国其他一些主要大城市也是如此。随着近年来公众对大气环境关注度的不断提升，对机动车排放的标准日益提升。国家的机动车排放标准对一氧化碳（CO）、总碳氢化合物（THC）、氮氧化物（NO_x）和颗粒物（PM）等污染物排放限值不断提升，空气质量的监测也趋于常态化。从机动车排放角度对空气污染的防治也应从多角度出发，严格控制其污染源，具体措施包括：严格限制排放超标的汽车行驶，对老旧车辆提前报废，提高车用油类的品质，净化尾气，加强城市道路的规划，加强交通管理，控制重点保护地区的车流量等。

声污染同样是各大城市中普遍存在的社会公害之一，其污染程度与该城市道路网的密度、车流量、车型构成以及路面质量等因素密切相关。以北京市为例，2015～2017 年的噪声监测结果（等效分贝）分别为 69.3dB(A)、69.3dB(A)、69.2dB(A)，基本稳定在 70dB，稍低于国家标准❶。但夜间道路交通噪声的污染程度要大于昼间，特别是在夏季，大、重型车普遍在夜间才允许通过市区，居民多开窗休息，其噪声干扰比冬季要严重得多。

11.1.2 道路交通污染的种类与危害

道路交通污染主要指公路和城市道路在建设过程中和建成后形成的带状构造物及汽车运行的排放和噪声等对周围环境产生的不利影响。主要包括以下几个方面：

（1）生态环境方面

由于道路的建设，导致沿线水文地质和天然植被的破坏，使自然生态环境失去原有的平衡，加剧水土流失，造成塌方滑坡等；破坏珍稀动、植物的生活和生存条件，使其繁衍生息受到影响；由于汽车运行的排放和垃圾对农业土壤和农作物的污染；对水资源的污染四个方面。对生态环境其他方面的影响，我国目前尚缺少研究。

（2）大气环境方面

主要是由于汽车运行所产生的悬浮微粒（Total Suspended Particulate，简称 TSP）、一氧化碳（CO）、氮氧化物（NO_x）、碳氢化合物（HC）、铅尘（Pb）及柴油车排放中的二氧化硫（SO_2）等。

（3）声环境方面

道路交通对声环境的影响主要表现为机动车加速、机件运转及车体颠簸等造成的噪声和振动、喇叭声、制动声和轮胎与路面的摩擦声等。另外，在道路建设施工中，各种施工机械产生的噪声和振动，虽然只是在施工期间的影响，但这种声污染同样是各大城市中普遍存在的一种重要的环境污染。

（4）社会环境方面

道路交通对环境的正面影响主要是社会环境影响，但另一方面对社会环境也带来一些负面影响，如征地拆迁、行政区划的改变，人们生活、生产通道的割断和改变，照明及历史文物的保护等。

上述道路交通对环境的负面影响，均直接或间接地造成国家资源、财产的损失及人民生命、健康的损害。如自然生态平衡的破坏，将加剧或产生道路沿线地区的自然灾害，不仅使道路本身形成病害，影响其使用价值，也使沿线人们的生活和生存受到危害。汽车的排放物，使沿线农业土壤和农作物的铅含量倍增，蒙尘使农作物减产。对水资源的污染，使水质恶化，影响工农业用水和人们的饮用水。尤其是对在排放物浓度大的地区和空间中长期工作的人员危

---

❶ 数据来源：北京市环境保护监测中心。网址：http://www.bjmemc.com.cn/voicequa_list.action。

害更大,如在缺乏排放控制的汽车驾驶室中,污染物的浓度常超过人体所能承受的大气环境质量标准,导致驾驶员因慢性中毒而危害其身体健康,甚至引起交通事故。在城市道路的交叉路口处,因沿相交的两条道路上,汽车的各种排放物的浓度从路中央向两侧呈指数下降,正常情况下,要到两侧150m左右处,才达到本底平均值,交叉口的排放物浓度相对较高。在高等级公路的收费站口,由于汽车的停车、起动,其排放污染的积累也相当严重,影响收费人员的身体健康。另外,在城市街道两侧的商店、住户及行人,也会因污染浓度超标而受到影响。

环境保护指防止自然界和人类对环境的破坏,而这种破坏是与工业、农业、交通运输等活动分不开的。由上述的道路交通污染的种类与危害说明,在破坏环境的各种因素中,道路交通占有不可忽视的地位。因此,研究解决道路交通污染问题的方法与措施是相当重要的,特别是在当前人们对道路交通的需求与日俱增的时候。同时这也是交通工程学的重要课题之一,是保证可持续发展的重要手段之一。

11.2 大气污染

11.2.1 大气污染物的形成及其危害

1)大气的结构和组成

地球的最外层被一层总质量约为 3.9×10^{15} t 的混合气体包围着,它只占地球总质量的百万分之一。大气质量在垂直方向的分布是极不均匀的,由于受地心引力的作用,大气的质量主要集中在下部,50%的质量集中在离地面5km以内,75%集中在10km以内,90%集中在30km以内的范围内。高度100km以上,空气的质量仅是整个大气圈质量的百万分之一。如图11-1所示,根据大气在垂直方向上温度、化学成分、荷电等物理性质的差异,同时考虑到大气垂直运动状况,可将大气圈分为5层,分别是:对流层、平流层、中间层、热成层和逸散层。

在对流层中,因受地表的影响不同,又可分为两层。在 1~2km 以下,因受地表机械、热力强烈使用的影响,通称为摩擦层或边界层,亦称低层大气,排入大气的污染物绝大部分活动在此层。在 1~2km 以上,受地表的影响变小,称为自由大气层,主要天气过程如雨、雪、雹的形成均出现在此层。对流层和人类的关系最为密切。

大气是一种气体混合物,其中除含有各种气体元素及化合物外,还有水滴、冰晶、尘埃和花粉等杂质。大气中除去水汽和杂质的空气称为干洁空气。表11-1列出了对流层清洁空气的气体组成。由表11-1可知,地球表面大气主要由氧、氮和几种惰性气体组成,它们占空气总量的99.9%以上。除二氧化碳和臭氧外,其他组成在对流层的大气中是稳定的,甚至在平流层以致中间层,即

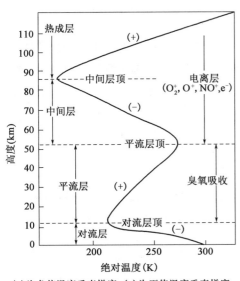

(-)为负值温度垂直梯度,(+)为正值温度垂直梯度

图 11-1 大气圈的层状况

约在 90km 这段大气层里,这些气体组分的含量几乎可认为是不变的。

大 气 气 体 组 成　　　　　　表 11-1

大气的组成	大气中的平均浓度		循　　环
	%	×10^{-6}	
N_2	78.09	780840	生物和微生物
O_2	20.94	209460	生物和微生物
Ar	0.93	9340	无
CO_2	0.033	330	生物过程和人类活动
Ne	—	18	无
He	—	5.2	无
Kr	—	1.0	无
Xe	—	0.08	无
H_2	—	0.5	生物活动和化学过程
CH_4	—	1.5	生物活动和化学过程
CO	—	0.1	生物活动和化学过程
N_2O	—	0.25	生物活动和化学过程
O_3	—	0.01~0.1	化学过程

大气的可变成分主要是指大气中的二氧化碳和水蒸气等,这些气体的含量由于受地区、季节、气象,以及人们生活和生产活动等因素的影响而有所变化。在通常情况下,水蒸气的含量为 0~4%,二氧化碳的含量为 0.033%。

2)大气污染物的发生

大气污染是指大气中一些物质的含量达到有害的程度,以致破坏人和生态系统的正常生存和发展,对人体、生态和材料造成危害的现象。

大气污染物由人为源或天然源进入大气(输入),并参与了大气的循环过程,经过一定的滞留时间后,又通过大气中的化学反应、生物活动和物理沉降等过程从大气中去除(输出)。如果它们输出大气的速率小于输入大气的速率,就会在大气中相对地积聚,造成大气中某种物质浓度的升高。当浓度升高到一定程度时,就会直接或间接地对人体、生物或材料等造成急、慢性危害。一般地说,由于自然环境所具有的物理、化学和生物作用过程(自然的净化作用),使天然源造成的大气污染,经过一定时间后会得到恢复,所以说,大气污染主要是指人类活动造成的。

造成大气污染的物质,主要是由于人类活动的结果,如工业的发展、城市人口的增加、交通运输等活动使大气加入了各种各样的有害气体和烟尘,造成了大气污染。

(1)大气污染物质的来源可分成天然污染源和人为污染源。

天然污染源指自然界中某些自然现象向环境排放有害物质或造成有害影响的场所,是大气污染物的一个很重要的来源。大气污染物的天然源主要有五方面。

①火山喷发:排放出 SO_2、H_2S、CO_2、CO、HF 及火山灰等颗粒物。
②森林火灾:排放出 CO、CO_2、SO_2、NO_2、HC 等。
③自然尘:风沙、土壤尘等。
④森林植物释放:主要为萜烯类碳氢化合物。

⑤海浪飞沫:颗粒物主要为硫酸盐与亚硫酸盐。

(2)大气的人为污染源可概括为四方面。

①燃料燃烧:燃料(煤、石油、天然气等)的燃烧过程是向大气输送污染物的重要发生源。

②工业生产过程排放:工业生产过程中排放到大气中的污染物种类多,数量大,是城市或工业区大气的主要污染源。

③交通运输过程排放:现代化交通运输工具如汽车、飞机、船舶等排放的尾气是造成大气污染的主要来源。内燃机燃烧排放的废气中含有一氧化碳、氮氧化物、碳氢化合物、含氧有机化合物、硫氧化物和铅的化合物等多种有害物质。由于交通工具数量庞大,来往频繁,故排放污染物的量也非常可观。

④农业活动排放:农药及化肥的使用,对提高农业产量起着重大的使用,但也给环境带来了不利影响,致使施用农药和化肥的农业活动成为大气的重要污染源。

此外,为便于分析污染物在大气中的运动,按照污染源性状特点可分为固定式污染源和移动式污染源。固定式污染源是指污染物从固定地点排出,如各种工业生产及家庭炉灶排放源排出的污染物,其位置是固定不变的;流动源是指各种交通工具如汽车、轮船、飞机等是在运行中排放废气,向周围大气环境散出的各种有害物质。

3)主要大气污染物

(1)气溶胶状态污染物

在大气污染中,气溶胶系指固体粒子、液体粒子或它们在气体介质中的悬浮体,其直径为 $0.002 \sim 100 \mu m$。将大气中粒径小于 $100\mu m$ 的颗粒称为总悬浮物颗粒,其中粒径小于 $10\mu m$ 的称为 PM_{10},即可吸入颗粒,粒径小于 $2.5\mu m$ 的称为 $PM_{2.5}$,粒径小于 $1\mu m$ 的称为 PM_1。TSP 和 PM_{10} 在粒径上存在着包含关系,即 PM_{10} 为 TSP 的一部分。研究发现机动车排放的 PM_{10}、$PM_{2.5}$ 及 PM_1 的分布有所差异,但总体趋势类似❶,如立交出口各项指标的浓度均高于入口处,但具体比例有所差异。

气溶胶粒子按其来源及其物理形态的不同,又可分天然气溶胶、人为气溶胶,以及烟、雾、尘等。它们的物理特征和成因等如表 11-2 所示。

气溶胶形态及其主要形成特性 表 11-2

形态	分散质	粒径(μm)	形成特征	主要效应
轻雾	水滴	>40	雾化、冷凝过程	净化空气
浓雾	液滴	<10	雾化、蒸发、凝结和凝聚	降低能见度、影响健康
粉尘	固体粒子	>1	机械粉碎、扬尘、煤燃烧	能形成水核
烟尘(气)	固、液微粒	0.01~1	蒸发、凝聚、升华等过程,一旦形成很难再分解	影响能见度
烟	固体微粒	<1	升华、冷凝、燃烧过程	降低能见度、影响健康
烟雾	液滴和固体微粒	<1	冷凝过程、化学过程	降低能见度、影响健康
烟炱	固体微粒	-0.5	燃烧过程、升华过程、冷凝过程	影响健康
霾	液滴、固体微粒	<1	凝聚过程、化学反应	温度小时有吸水性

---

❶ 具体参见论文:Qiu Z, Xu X, Liu W, et al. Investigation into pedestrian exposure to traffic PM around grade separations: a case study in Xi'an, China[J]. Air Quality Atmosphere & Health, 2018:1-13.

(2) 硫氧化合物

硫氧化物(SO)主要是指二氧化硫(SO_2)和三氧化硫(SO_3)。二氧化硫是无色、有刺激性气味的气体,其本身毒性不大。但是SO_2在大气中,尤其在污染大气中易被氧化形成SO_3,再与水分子结合生成硫酸分子,形成硫酸气溶胶,并同时发生化学反应生成硫酸盐。硫酸和硫酸盐可形成硫酸烟雾和酸性降水,造成较大的危害。SO_2之所以被作为重要的大气污染物,原因就在于它参与了硫酸烟雾和酸雨的形成。

(3) 氮氧化物

氮氧化物(NO_x)种类很多,它是NO、NO_2、N_2O、NO_3、N_2O_4、N_2O_5等氮的氧化物的总称。造成大气污染的NO_x主要是指NO和NO_2。大气中NO_x的人为源主要是燃料的燃烧。

燃烧源可分为流动燃烧源和固定燃烧源。城市大气中的NO_x一般70%来自汽车等流动源的排放,30%来自固定源的排放。燃烧产生的NO_x主要是NO,只有很少一部分被氧化为NO_2。

(4) 碳氧化物

碳氧化物在大气中主要包括一氧化碳和二氧化碳。二氧化碳是大气中的正常组分,一氧化碳则是大气中很普遍的排放量极大的污染物。燃料的燃烧过程是城市大气中CO的主要来源,其中80%是由汽车排出来的,家庭炉灶、工业燃煤锅炉、煤气加工等工业过程也排放大量的CO。

(5) 碳氢化合物(HC)

大气中的碳氢化合物通常是指$C_1 \sim C_8$可挥发的所有碳氢化合物,又称烃类。它是形成光化学烟雾的前体物。

(6) 光化学烟雾

光化学烟雾是一种二次污染物,由二氧化氮(NO_2)在强烈的太阳紫外线照射下发生分解产生一氧化氮(NO)和氧原子(O),氧原子迅速同空气中的氧(O_2)反应产生臭氧(O_3),臭氧再与碳氢化合物发生一系列反应产生过氧乙酰硝酸酯、醛类和其他多种复杂化合物,形成蓝色的烟雾叫光化学烟雾,美国的洛杉矶、英国的伦敦、日本东京、加拿大、意大利和墨西哥等国家的许多大都市先后发生过光化学烟雾的污染事件,光化学烟雾对人的危害主要是刺激人的眼睛,引起红眼病,严重时全身疼痛,并可产生麻痹、肺水肿,对植物也能造成严重的损害,还会腐蚀衣物,降低空气的通风度等。

4) 大气污染类型

大气污染按照污染物的性质可划分为两类。

(1) 还原型(煤炭型)

常发生在以使用煤炭和石油为燃料的地区。主要污染物是SO_2、CO和颗粒物,在低温、高湿度的阴天,风速很小,并伴有逆温存在的情况下,一次性污染物在低空聚积,生成还原性烟雾,如"伦敦烟雾"事件发生时的大气污染类型,所以人们也称之为伦敦烟雾型。

(2) 氧化型(汽车尾气型)

这种类型大多发生在以使用石油为燃料的地区,污染物的主要来源是汽车尾气排放、燃油锅炉以及石油化工生产。主要的一次性污染物是一氧化碳、氮氧化物和碳氢化合物。这些大气污染物在阳光照射下能引起光化学反应,并生成二次性污染物——臭氧、醛、酮类、过氧乙酰硝酸酯等物质。由于它们具有强氧化性质,对人眼睛等黏膜能引起强烈刺激,如洛杉矶的光化学烟雾就属这种类型。

5）道路交通产生的大气污染物及其主要影响因素

在道路交通的建设和营运中，所产生的主要大气污染物如下。

(1) 总悬浮微粒(TSP)

它是指直径在 $100\mu m$ 以下微粒。对 $10\mu m$ 以下颗粒，又称之为"可吸收颗粒物"(Inhalable Particles,简称 IP)。在道路的建设期，由于对原地面的开挖式回填以及筑路材料的拌和、运输等工程行为，均会产生大量的 TSP，使空气环境受到污染。尤其是在半干旱、干旱季节施工时，TSP 对沿线环境空气的污染，就显得更加突出。在道路竣工投入营运期，由于高等级道路的路面均系沥青混凝土或水泥混凝土面层，TSP 会显著降低，此时它对环境空气的污染一般不会超过国家标准规定的浓度限制。

(2) 氮氧化物、一氧化碳、二氧化硫以及光化学氧化剂(O_3)等

它是指在汽车运行当中排放的污染物以及在环境空气中经转化的污染物。这些污染物质在环境空气中超过国家标准规定的限值浓度时，对自然生态和人群健康以及城市、乡村中的动植物等会产生一定的危害作用。

表 11-3 为比利时政府研究得到的不同运输方式产生的污染排放量。

比利时不同运输方式的排放量 表 11-3

运输方式		排放量[单位:客运为 g/(人·km)，货运为 g/(t·km)]				
		CO	CO_2	NO_x	C_xH_y	SO_2
客运	常规铁路	0.008	48.7	0.120	0.003	0.209
	高速铁路	0.005	28.9	0.071	0.002	0.124
	轿车	1.038	126.4	1.367	0.168	0.084
	飞机	0.266	210.0	0.588	0.198	0.078
货运	有效载重大于 10t 的货车	2.10	—	1.85	0.92	—
	铁路	0.6	—	0.40	0.02	—
	水路	0.20	—	0.58	0.08	—

从表 11-3 中数据可见，汽车运输排放的污染物较其他方式高得多。因此，汽车运输的污染是一个不可忽视的因素。我国正处于一个汽车拥有量日益增多、发展迅速的时期，应尽快加以重视，着手治理。

汽车排放污染物的成分与数量，同汽车的运行状态、速度、燃料种类、发动机类型、驾驶技术有关。

污染物的排放量与车速密切有关，一氧化碳、碳氢化合物均随车速增高而减少，而氮氧化合物则随车速提高而稍有增长(总的看来高速污染量减少)。表 11-4 为汽车不同速度时排放污染物的成分。

不同车速时汽车所排放的污染物(单位:g/km) 表 11-4

污染物	车速(km/h)					
	16	32	48	64	80	97
CO	59.55	30.11	21.26	17.15	14.34	12.47
HC	7.08	4.63	3.63	2.98	2.50	2.27
NO_2	3.16	3.55	3.90	4.39	4.81	5.16
总计	69.79	38.29	28.79	24.52	21.65	19.90

由于道路交通状况不同,汽车经常以不同运行状态行驶。在不同行车状况时,其污染物的排放量不同,表 11-5 所示为三种主要污染物的数量,怠速时一氧化碳排出量最多,减速次之,恒速最低;碳氢化合物则减速量最多,恒速最低。在城市条件下,由于交叉口信号灯的控制与交通拥挤,汽车速度要不断变化,经常出现加速与减速等不同运行情况,因此其排污量与废气成分也是不断变化的。

汽油与柴油排污种类　　　　　　表 11-5

燃料级别	运行状况	污染物类型及含量		
		CO(%)	HC($\times 10^{-6}$)	NO_2($\times 10^{-6}$)
汽油	怠速	4.0~10.0	300~2000	50~1000
	加速(0~40km/h)	0.7~5.0	300~600	1000~4000
	恒速(40km/h)	0.5~4.0	200~400	1000~3000
	减速(40~0km/h)	1.5~4.5	1000~3000	5~50
柴油	怠速	0	300~500	50~70
	加速(0~40km/h)	0.0~0.1	200	200~1000
	恒速(40km/h)	0	90~150	200~1000
	减速(40~0km/h)	0	300~400	30~55

汽车排放污染物的数量同道路纵坡有关,坡度大耗油量大,因而排放污染物的数量也就大。据有关部门测定,国产车在 40km/h 时,不同坡段上 CO 的排放量同平坡时排放量的比值列于表 11-6。由表 11-6 可知坡度为 3% 时增加 1.7 倍,坡度为 3.5% 时增加 2.1 倍。

车速为 40km/h 时 CO 排放量同坡度的关系　　　　表 11-6

坡　　度	$i=0$	$i=+3\%$	$i=+3.5\%$	$i=+4.5\%$
排放量增大数倍	1.0	2.7	3.1	3.7

一般城市愈大、人口密度愈高、交通量愈多,则污染排放物也愈多。如交叉口处的污染排放量常多于路段,城市中心区常多于边缘区,商业交通区亦常多于一般居民区。

6) 大气污染物的扩散

污染物进入大气后,对大气造成污染的严重程度,除与污染物的数量(源强)有关外,还与污染物在大气运动中的运动状况有关。如果污染物在大气中被扩散稀释,空气就会逐渐恢复原来的清洁状态;反之,如果污染物在近地面大气层中被聚积起来,就会造成环境污染,聚积的浓度越高,污染就越严重。

影响污染物运动的环境因素,主要有气象、地形和地物等。

影响污染物在大气中运动的气象因素,包括风、湍流和大气稳定度、逆温等。风主要是指空气的水平运动,地表污染物的浓度一般与风速呈反相关,即风速大时污染物浓度低,但风速太大时,大气中飘浮的污染物会发生下泻作用,使近地面的污染浓度增加。湍流是指风向、风速经常变化的不规则旋涡状的空气运动,污染物在大气中扩散主要受近地面大气层中湍流所左右,湍流的强弱,决定于风速大小、地形起伏状况和近地面大气的热状况。大气稳定度是指空气层在垂直方向的相对稳定程度,空气在受到扰动时,会产生向上或向下的运动,如果受扰动时移动距离较少,扰动结束后又有回复到原来位置的趋势,则此气层是稳定的,反之为不稳定。一般情况下,气温随高度的增加而递减。但在特定的条件下,气温随高度增加而不变或增加。一般将气温随高度增加而增加的气层称为逆温层。根据对大气稳定度的分析,当发生等温或逆温时,大气是稳定的,所以逆温层的存在,大大阻碍了气流的垂直运动,所以也将逆温层称为阻挡层。若逆温层存在于空中某高度,由于上升的污染气流不能穿过逆温层而积聚在它的下面,则会造成严重的大气污染现象。事实表明,有许多大气污染事件多发生在有逆温及静风的气象条件下。

地形直接影响到空气的运动和温度,因此也直接影响到大气污染的程度,污染物在运行中,如果碰到丘陵和山地,在迎风面会发生下沉作用,使其附近地区受到污染,如丘陵不太高,污染物越过时,又会以背风面发生下滑,产生涡流,使该地区受到严重污染,图11-2即表明地面起伏与污染物运动的这种关系。在山区,污染物运行受山风和谷风的影响,白天风沿谷地向上吹(谷风),晚上风由山上往下吹(山风),因此污染物经常在谷地和坡地上回旋,特别是在背风坡上,气流做螺旋运动,污染物最容易聚积,浓度特别高,夜间由于谷底平静,冷空气下沉,暖空气上升,易出现逆温,使污染物难于扩散,以致烟雾弥漫,日出后经久不散。

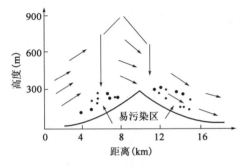

图11-2 丘陵地区污染物漂流运动示意

由于城市温度经常比农村高(特别是夜间),气压比乡村低,所以可以形成一种从周围农村吹向城市市区的特殊的局地风,称为城市热岛环流或城市风。这种风在市区汇合就会产生上升气流。因此,若城市周围有较多产生污染物的工厂,就会使污染物在夜间向市中心输送,造成严重污染,特别是夜间城市上空有逆温层存在时。

图11-3为山谷风的环流图示。

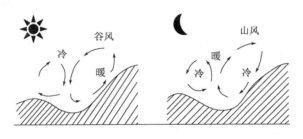

图11-3 山谷风环流

7)道路交通大气污染物的危害

汽车排出的污染物对人体有多方面的影响,主要表现为呼吸道疾病与生理机能障碍,或眼鼻黏膜组织病变,严重者会因急性污染中毒导致心脏病恶化而死亡。

(1)呼吸道疾病

近百年来,世界各大城市呼吸道疾病日益增多,很重要的一个原因就是大气污染,图11-4明显地表明了呼吸道疾病死亡率与粉尘含量之间的关系。

国外出现过光化学烟雾事件(如英国伦敦烟雾事件、美国洛杉矶光化学烟雾事件等),其中大量的受害者均系患呼吸道疾病,闻名的日本东京、横滨哮喘,更是直接由硫酸烟雾和光化烟雾为主的第二代污染物引起的。

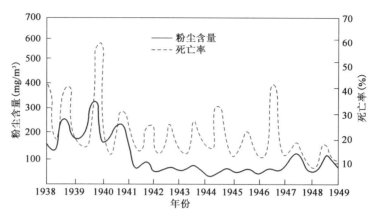

图 11-4　呼吸道疾病死亡率与粉尘含量

（2）致癌

汽车废气中，粉尘附着的苯并芘（Benzoapyrene，简称 BaP）是氧化氮和碳氢化和物相互作用生成的硝基化合物，具有放射性物质（PD_{210}），而 PD_{210} 是致癌的。目前苯并芘的含量是我国大气常规监测中的一项内容。

据有关资料介绍，英国和美国城市癌病死亡率比乡村高 1.26～2.23 倍；日本大阪市 1964～1967 年中，污染区的肺癌发病率比非污染区高 2.3 倍，烟雾期间死亡率比非烟雾期间高 20%。根据美国的调查，呼吸器官癌、肠胃癌、动脉硬化和心肌梗死四大疾病的死亡率与工厂和汽车拥有率成正相关。

（3）对心血管系统的影响

污染物中的一氧化碳、硫化合物、铅化合物对心血管系统有不良影响，一氧化碳侵入人体可吸取血液里的氧，浓度低时会使人眩晕、头痛、精神呆滞、心律异常；浓度高时可能诱发其他疾病造成死亡。

世界上出现烟雾的事件证明，硫酸烟雾和光化学烟雾对心脏均有严重影响。例如 1952 年 12 月伦敦烟雾事件中，患心脏病者为平时的 3 倍；在发生事件的一周内，因支气管炎死亡 704 人，为前一周的 9.3 倍；冠心病死亡 218 人，为前一周的 2.4 倍；心脏衰竭死亡 244 人，为前一周的 2.8 倍。

（4）对消化系统的影响

污染物对消化系统的影响，以损害肝脏最为突出，常见的症状是肝肿大、肝区不适、头晕、乏力、记忆力衰退和睡眠障碍等神经衰弱症。

一氧化碳、二硫化碳等影响神经系统的污染物称为亲神经性毒物，它们常使人头晕、头痛、乏力、食欲不振等。

许多污染物还会引起坏死性肾炎、阻塞性肾炎等泌尿系统的疾病，光化学作用产生的第二代污染物对眼睛有强烈的刺激，能引起眼底病变，导致视神经萎缩、视野缩小及晶体炎等。

与其他污染源所产生的污染物一样，汽车排出的污染物对植物、牲畜和各种物品（金属制品、油漆涂料等）也有各种损害或腐蚀作用。

荷兰政府的研究表明，每年道路交通产生的大气污染物造成的经济损失占当年 GDP 的 0.4%～0.7%。

11.2.2 大气污染的监测

为消除日趋严重的大气污染,除抓紧对大气污染源治理,尽量减少以致消除某些大气污染物的排放之外,还应通过其他一系列措施做好对大气质量的管理工作,包括制订和贯彻执行环境保护方针政策,通过立法手段建立健全环境保护法规,加强环境保护管理等。制订大气环境标准是执行环境保护法规,实施大气环境管理的科学依据和手段。

2016 年 1 月 1 日开始实施的《环境空气质量标准》(GB 3095—2012)列入了二氧化硫、二氧化氮、一氧化碳、臭氧(O_3)、PM_{10}、$PM_{2.5}$ 六种污染物基本项目及总悬浮颗粒物、氮氧化物、铅、苯并芘四种污染物其他项目,各项污染物的浓度限制见表 11-7。

环境空气质量标准(GB 3095—2012) 表 11-7

污染物名称	平均时间	浓度限值 一级标准	浓度限值 二级标准	浓度单位
二氧化硫 SO_2	年平均	20	60	$\mu g/m^3$
	24h 平均	50	150	
	1h 平均	150	500	
二氧化氮 NO_2	年平均	40	40	
	24h 平均	80	80	
	1h 平均	200	200	
一氧化碳 CO	24h 平均	4	4	mg/m^3
	1h 平均	10	10	
臭氧 O_3	日最大 8h 平均	100	160	
	1h 平均	160	200	
颗粒物(粒径小于或等于 10μm)	年平均	40	70	
	24h 平均	50	150	
颗粒物(粒径小于或等于 2.5μm)	年平均	15	35	
	24h 平均	35	75	
总悬浮颗粒物 TSP	年平均	80	200	$\mu g/m^3$
	24h 平均	120	300	
氮氧化物 NO_x	年平均	50	50	
	24h 平均	100	100	
	1h 平均	250	250	
铅 Pb	年平均	0.5	0.5	
	季平均	1	1	
苯并[a]芘 BaP	年平均	0.001	0.001	
	24h 平均	0.0025	0.0025	

注:1. "1h 平均"为任何 1h 污染物的算数平均值;"24h 平均"为一个自然日 24h 平均浓度的算数平均值,也称日平均;季平均和年平均均指日历季或日历年的各日平均浓度的算数平均值。

2. 环境空气功能区分为二类:一类区为自然保护区、风景名胜区和其他需要特殊保护的区域;二类区域为居住区、商业交通居民混合区、文化区、工业区和农村地区。一类区适用一级浓度限值,二类区适用二级浓度限值。

11.2.3 机动车尾气排放模型

机动车尾气排放量化模型按照污染物的计算原理可以分为基于行驶周期类模型和行驶工况类模型;按照污染物的计算方法可以分为数学关系模型和物理关系模型。

基于行驶周期类模型主要是对大量测试结果进行统计回归得到的经验模型,通常为数学模型,以平均速度为表征参数,更适用于宏观和中观机动车尾气排放分析。基于行驶工况类模型更多地考虑了机动车的实际运行情况,既可是数学模型,也可为物理模型,引入机动车比功率(Vehicle Specific Power,简称 VSP)作为表征参数。描述机动车排放的数学模型主要是建立在大量测试结果的基础上进行回归分析和代用参数来建立污染物和参数之间的关系。物理模型主要是建立机动车发动机的污染物和机动车发动机瞬时状态之间的关系。具体的模型分类和代表模型如图 11-5 所示。

图 11-5　机动车尾气排放量化模型分类

1) 基于行驶周期的尾气排放模型

行驶周期通常用于测试机动车尾气排放,代表了指定段内车速随时间变化的历程。它的主要参数有平均速度、平均加速度等,应与所在区域的交通状况尽可能接近,尽可能真实地代表一个城市或地区的机动车行驶状况。

目前,世界上以美国体系、欧洲体系以及日本体系为主,同时这三种体系对应了三种行驶周期。本节主要介绍美国行驶周期,欧洲和日本的行驶周期与美国行驶周期理论上相类似。

世界上最早的行驶周期是美国加利福尼亚州在 1966 年制定的行驶周期。之后美国联邦政府又发展了行驶周期 FTP-72(Federal Test Procedure)、FTP-75 行驶周期来代替加利福尼亚行驶周期。FTP-75 行驶周期主要特征参数如表 11-8 所示。

FTP-75 行驶周期的主要特征参数　　　　　　表 11-8

主要参数	参数内容	主要参数	参数内容
总行驶里程	17.77(km)	总运行时间	1874(s)
平均速度	34.11(km/h)	最大行驶速度	91.25(km/h)
平均运行速度	34.13(km/h)	怠速比例	34.9(%)

FTP-75 行驶周期主要包括冷态过渡阶段、热稳定阶段以及热起动阶段三个阶段。基于此,尾气测试分为相应的三个工况阶段来进行:冷态过渡工况、稳定工况以及热起动工况。其中冷态过渡工况和热起动工况中的曲线相同。将三个试验工况的排放物和背景空气分别取样分析,采用不同加权系数来计算。

由于实际道路中行驶周期的不确定性和复杂性,且实验室条件较差,因此 FTP 行驶周期不能覆盖所有实际运行情况。在这种情况下,美国环保署(Environmental Protection Agency,

简称 EPA）又开发了 SFTP-US06（US06 Supplemental Federal Test Procedure）和 SFTP-SC03（SC03 Supplemental Federal Test Procedure）行驶周期。它更全面地考虑了运行中的各种状况，能够更加准确地反映实际运行，是美国环保署推荐采用的行驶周期。

基于行驶周期的代表尾气模型为 MOBILE 模型。美国环保署在联邦 FTP 对不同机动车排放水平测试工况结果的基础上，考虑天气因素、道路条件、车队组成以及运行状况等方面的因素，于 1978 年开发了一种机动车尾气排放因子的 MOBILE 模型。MOBILE 可以用于计算客车、摩托车、轻型—重型卡车的 HC、NO_x、CO 等污染物的排放量。MOBILE 是建立在数万辆机动车的排放检测数据上的。它对排放的计算受到一些因素的影响，比如机动车排放标准的改变，机动车保有量和活动的改变及当地条件的变化，比如温度、湿度以及油品质量。MOBILE 既可估算尾气排放，也可估算蒸发排放。它以排放因子的形式输出，即每辆车每小时的排放因子 g/h 或者每辆车每英里排放因子 g/mile。

MOBILE 系列模型是最早的机动车尾气排放量化模型，在不断的更新下，也是应用最广泛的模型。但是，MOBILE 模型也存在操作性差、本地性差、基于固定工况等缺点。MOBILE 模型在我国澳门、上海、深圳等地也有应用。

MOBILE 模型的计算思路为：在基本排放因子的基础上，根据实际条件对标准工况下的对应因子进行修正，得到修正后的实际排放因子。其中，基本排放因子是在基本排放因子会随着行驶里程的增加线性劣化，以及同年或同技术的机动车排放水平相似的两个假设下，根据美国环保署实测数据的长期统计和分析得到的，具体如式（11-1）所示。

$$BEF = ZML + DR \times M \tag{11-1}$$

式中：BEF——基本排放因子（g/km）；
　　ZML——零公里排放因子（g/km）；
　　DR——排放因子劣化率（g/km^2）；
　　M——实际行驶里程（万 km）。

在基本排放因子的基础上，考虑环境因素、燃油状况等方面的影响，对基本排放因子进行修正得到实际排放因子 EF，具体如式（11-2）所示。

$$EF_v = (BEF + B_r - B_{IM}) \times C_T \times C_R \times C_S \times C_O \times C_A \tag{11-2}$$

式中：EF_v——v 类车型的综合排放因子（g/km）；
　　B_r——因为损坏造成的排放增加（g/km）；
　　B_{IM}——I/M 制度带来的排放减少（g/km）；
　　C_T——温度修正系数；
　　C_R——燃油饱和蒸气压修正系数；
　　C_S——速度修正系数；
　　C_O——运行状况修正系数；
　　C_A——空调、湿度等的综合修正系数。

2）基于行驶工况的尾气排放模型

机动车比功率指单位质量机动车的瞬时功率，是发动机为了克服滚动摩擦阻力和空气阻力，增加机动车动能和势能所需要输出的总功率。单位为 kW/t 或者 W/kg。定义如式（11-3）所示。

$$\text{VSP} = \frac{\dfrac{\mathrm{d}(\text{KE/PE})}{\mathrm{d}t} + F_{\text{rolling}} \times v + F_{\text{airresistance}} \times v}{m} \tag{11-3}$$

式中：$\mathrm{d}(\text{KE/PE})/\mathrm{d}t$——机动车动能/势能变化所需功率；

　　　KE——机动车动能；

　　　PE——机动车势能；

　　　F_{rolling}——车轮阻力；

　　　$F_{\text{airresistance}}$——空气阻力；

　　　v——机动车行驶速度(m/s)；

　　　m——机动车总质量(kg)。

在目前机动车运行的模型化参数中，VSP变量是最接近实际机动车运行情况的。它可以全面的描述机动车实际行驶中的功率输出，同时也将燃油消耗考虑在内。另外，VSP变量可以使用机动车行驶容易获得的外部参数来进行计算，因此这种衡量变量在机动车尾气排放量化模型中大量的被使用。在目前较成熟的机动车尾气排放量化模型中，IVE和MOVES都使用了VSP变量。

MOVES(Motor Vehicle Emission Simulator)为美国环保署从2001年开始研发新一代的综合机动车尾气排放模型，目前已经全面的替代了MOBILE系列模型，其最新版本为MOVES2014a。

MOVES模型生成块(Generators)是将输入的数据做一个整合，转化为更加详细的数据用于计算块(Calculator)。MOVES模型生成块的核心主要包括三个部分，分别是总体行驶特征生成块(Total Activity Generator，简称TAG)，排放源bin分布生成块(Source Bin Distribution Generator，简称SBDG)以及运行工况分布生成块(Operating Mode Distribution Generators，简称OMDG)。

在总体行驶特征生成块中，MOVES中默认的基础数据是1999年美国的机动车保有量和行驶里程数据。总体行驶特征生成块的目的就是将观测到的数据分配到模型中的车队数据和行驶数据，包括直接根据增长率法计算，以及将排放因子转化为排放总量。

排放源bin分布生成块是把排放源按照唯一的参数组合对应到排放源bin，会因为参数的不同取值而对应不同的排放源bin。这部分数据可以在创建MOVES模型运行规范时设定。

工况生成块的目的是将运行工况(起动、怠速、加速等)分布在bin模块上算出每个bin对应的运行工况的比例。其中，运行工况是用VSP变量和速度变量同时表征的。有研究表明，相比较速度、加速度，VSP变量更能准确反映机动车行驶工况与排放物之间的关系。

排放计算块是把生成块中的数据进行计算，得到排放因子或排放总量。在MOVES中，每个排放源bin和运行工况唯一对应的基础排放率是不同的，同时也会根据一些调整因子进行调整。

在MOVES模型的运行之初，首先需要对运行规范进行确定。在这些影响因素确定的情况下，MOVES模型通常通过以下几个方面来进行计算。

(1)在总体行驶特征生成块中，可计算出机动车的总行驶特征参数信息，即基于不同的排放过程，对应不同的机动车行驶特征信息。

(2)在排放源 bin 分布生成块和工况分布生成块中,可将上一步得到的不同机动车行驶特征信息对应在排放源和行使工况区间上。不同的排放过程对应不同的排放源和行驶工况区间。

(3)在排放计算块中计算排放速率。根据上一步得到的排放源和行驶工况区间得到基础的排放速率,通过温度、燃油等额外因素的影响,进行修正和计算。

$$EmissionRate_{UseType,bin} = EmissionRate_{(basic)UseType,bin} \times Adjust \quad (11-4)$$

式中:$EmissionRate_{(basic)UseType,bin}$——基础排放率;
$EmissionRate_{UseType,bin}$——排放速率;
$Adjust$——调整因子;
bin——排放源和行驶工况区间;
$UseType$——排放过程。

(4)将上一步计算的排放源和行驶工况区间对应在总体特征模块中,得到各个排放源和行驶工况的排放,并将其相加。

$$TotalEmissions_{UseType} = TotalActivity \times \sum_{n=1}^{Numberofbin} Emission_{UseType,bin} \times BinDistribution_{UseType,bin} \quad (11-5)$$

式中:$TotalEmissions$——排放总量;
$TotalActivity$——总体行驶特征;
$BinDistribution$——基于排放源和行驶工况区间的 bin 分布。

MOVES 模型最大的特点在于集中了 National(宏观)、County(中观)以及 Project(微观)三个层次的模拟。MOVES 模型包含的默认数据库中包含了全美国机动车排放的数据信息,所以模型既可以计算整个美国的排放,也可以计算某个区域或者交通走廊的排放。National(宏观)主要是用来模拟国家层面的机动车尾气排放,County(中观)主要是用来模拟州、县或者某个自定义区域的机动车尾气排放,Project(微观)主要是用来模拟交通走廊、交叉口或者停车场层面的机动车尾气排放。但是,由于使用数据的范围、计算方法的不同,造成了在三个模拟层面有不同的模拟特点。此外,MOVES 模型还包括非道路源区域的排放计算,美国环保署计划将来把飞机和船舶的排放测算也包括在内。在计算原理上 MOVES 结合了平均速度和 VSP 变量,减少了模型预测误差。MOVES 模型的缺点主要体现在基础数据和运行工况相对固化。

与其他机动车尾气量化模型相比,MOVES 的优点在于以下三点:

(1)加入针对特定交通走廊等微观层面的机动车尾气排放,以前的模型主要集中于对宏观和中观的粗略模拟,MOVES 软件首次将微观层面的尾气排放加入模型中。

(2)MOVES 首次将道路区域机动车排放与非道路区域的排放结合在一起,是第一个既可以估算路网机动车排放,又可以估算非路网上,如停车的机动车排放。

(3)MOVES 将 VSP 变量和平均速度变量都引入到模型的计算中去。

11.2.4 道路交通大气污染的控制方法

防止大气污染是改善自然环境特别是城市环境,保护人民健康的重要工作。在国外,经过几十年的治理,目前已有明显的改善,除个别城市外,基本解除了城市上空烟雾弥漫的局面。但近年来光化学烟雾则有所发展,美、日、德等国光化学烟雾的关键性污染——氮的氧化物仍有增加的趋势,其主要原因在于产生 NO_2 的主要污染源是单独活动的汽车,它排出的废气量大而分散,无法集中处理。由此可见,防治汽车废气对道路周围环境的污染,是环境保护的一项十分重要的迫切的任务,各国正把大气污染治理的中心转向光化学烟雾的控制,其措施如下:

1) 制定严格的排放标准和环境法

20 世纪 60~70 年代,许多国家开始在刑法中列入"公害罪法",对违反环境保护法、排放大量污染物、危及人类生命健康者绳之以法。

这些国家还相应制订了容许污染的标准,例如美国规定:CO 的质量分数每小时不超过 35×10^{-6},光化学氧化物的质量分数每小时不超过 0.12×10^{-6}。

为了统一评价大气的环境质量、保护环境,我国人民代表大会颁布了《中华人民共和国环境保护法》和《环境空气质量标准》(GB 3095—2012),对空气污染物的浓度限值分两个级别予以规定(表 11-7)。

这个标准是检查大气环境质量的依据,也是检查交通排放物是否造成污染、是否进行控制的标准。

在车辆营运过程中,要做好对车辆排放性能的监督和管理。我国出台了《机动车污染防治技术政策》,同时不断更新燃油标准和机动车排放标准,从而对其产品更好地进行监督,达不到国家有关排放标准的不得出厂;公安、交通管理部门在年检和抽检中,对排放超标的车辆按有关规定处罚;汽车维修部门应将排放污染纳入维修质量考核内容,经维修的车辆必须达到有关标准;强化对进口车辆的管理,排气污染达不到国家标准的不得进口。

2) 建立空气质量监测系统

在需要控制的道路和地区安装空气监测装置,记录 1h 内的污染浓度,亦可根据长期监测结果制成图表,直接查用。

道路空气监测系统可以与交通自动控制系统联系起来,作为交通自动控制的一个组成部分,道路空气监测站所得空气质量情报可及时传至中央控制室,当空气污染浓度超过规定标准时,控制室可调整交通流,控制车速或采取其他措施予以解决。

实际上,道路空气监测系统又是环境综合监测系统的一个组成部分,所以它又可与综合监测系统联系起来,为综合系统提供道路环境的空气质量情报,接受综合系统的指令。

3) 控制汽车排污量,发展无公害汽车

世界各工业发达国家对汽车的尾气排放,早已经过多年的研究,已有很大改进。其排放控制技术措施的发展过程是和汽车排放法规的变化过程紧密相关的,总结世界上机动车排放标准的严化过程大体可分为:以未经排放治理的汽油车排放为基础,使机动车排放总量下降 40%、60%、80% 和 95% 以上等几个阶段,最终淘汰燃油汽车。例如印度、挪威、法国、英国、德国等国家已经宣布将逐渐淘汰燃油车,以更加清洁的电动或混合动力汽车取代。挪威设定的最后期限是 2025 年,印度和德国是 2030 年,英国和法国都是 2040 年。奥地利、丹麦、爱尔兰、日本、荷兰、葡萄牙、韩国和西班牙等国家和美国的若干州对纯电动汽车或混合动力汽车等制定了销售目标。我国目前也开始研究淘汰燃油车的时间表,并对新能源汽车和电动汽车给予了较大力度的支持。国内大多数城市的公交、出租等公共运输车辆已经使用了天然气等清洁能源,同时电动大巴车、电动汽车也开始大量被居民使用。

4) 加强道路养护中的环保对策

要按照道路标准化美化工程的要求,科学合理地实行草、花类与灌木、乔木相结合的立体绿化,达到恢复植被,保护边坡,减少水土流失,减轻交通噪声和汽车废气的污染,美化环境,改善景观的综合环境效益。

对低等级公路和有条件的城市道路,应及时洒水,降低扬尘对大气环境中总悬浮微粒的含量。

5) 加强交通管理

加强城市交通管理,保护良好的交通秩序,减少交通拥挤阻塞和各种干扰,使汽车以均匀速度行驶,既可减少排放的污染物质,又可节约能源,提高道路的通行能力。

11.3 噪声污染

11.3.1 交通噪声的产生机理及其危害

1) 声波与噪声的基本概念

声波是在具在弹性的媒质中传播的一种机械波,来源于发声体的振动,声波传入人耳时,使耳鼓膜发生振动,刺激听神经而产生感觉,波动频率高于20000Hz(超声波)和低于20Hz(次声波)的波不能引起声感,介于两者之间的声波才能听到,故称为可听声。

从声音对人耳作用的角度,无论是自然界的音响,还是人为的声音,可大致分为乐音与噪声两类,乐音听起来悠扬悦耳,余音袅袅,动人心弦;噪声频率混杂,呆板凌乱,使人心烦意乱。

为了解噪声的影响,先介绍几个有关的声学概念。

(1) 响度

响度也叫音量,是听觉所估计的声音轻响程度,取决于声强、频率和波形,其计算单位为方(phon)。响度以1000Hz纯音为基准,对听觉正常的人进行大量比较试听后确定的。它的定义是以频率为1000Hz的纯音的声压级为其响度级。40dB 的1000Hz 纯音响度为1方。

(2) 声强与贝尔

声强即声音的强度,单位时间内通过空间某一点与指定方向相垂直的单位面积的声能,称为该点指定方向上的声强,单位为 I。

贝尔是声学上用来计量功的比值单位,工程上常以它的十分之一作为计量单位,称为分贝(decibel),简记作 dB。

(3) 声压及声压标准

声波通过媒质时所产生的压力强度,称为声压,其大小随时间变化,常用的计量单位为 N/m^2。

交通工程中用以衡量声压大小的标准有 SPL、LP、dB(A)以及 L_x 等几种。

SPL 是声压水平(Sound Pressure Level)的缩写,是两倍量测声压 P_1 与基准声压 P_0 的比值,即:

$$\text{SPL} = 2\lg\frac{P_1}{P_0}(\text{Bel}) = 20\lg\frac{P_1}{P_0}(\text{dB}) \tag{11-6}$$

基准声压 P_0 一般为 20μPa,故:

$$SPL = 20 \lg \frac{P_1}{20} (\text{dB}) \tag{11-7}$$

20μPa 是可闻度的极限,即可听性的最低界限,称为闻阈,其对应的声压标准 SPL = 0dB。使人感到不愉快的极限,称为不快阈,其对应的声压标准 SPL = 94dB。

人耳的感觉特性,从可听域的 20μPa 的声压到痛域的 20Pa,两者相差 100 万倍,而用声压级来表示则变化为 0 ~ 120dB 的范围。一般微风轻轻吹拂树叶时的声音约为 14dB,在房间中高声谈话(相距 1m)的声音约 70dB,交响乐队演奏声约 84dB(5m 远处),飞机强力发动机的声音(5m 远处)约 140dB。一般人耳对声音强弱的分辨能力约为 0.5dB。

dB(A)即分贝,人耳对于高频声音,特别是对于 1000 ~ 5000Hz 的声音比较敏感,而对低频声音,特别是对 100Hz 以下的可听声不敏感,且频率越低越不敏感。即声压级相同的声音由于频率不同所产生的主观感觉不一样。为了使声音的客观量度和人耳听觉主观感受近似取得一致,根据音域的不同,可将噪声分为 A、B、C、D 四级,交通工程中多用 A 级,故以 dB(A)表示,dB(A)级声压标准近似于人对低音的灵敏度,dB(A)是广泛用于噪声控制方面衡量噪声大小的噪声测量,并用配有"A"计数网络所测出的声级。

L_x 是声音压的统计标准,如果每小时有 1% 的时间声音超出此标准,则为 L_1 级;如果有 10% 的时间超出,则为 L_{10} 级,亦称峰值;如果 50% 的时间超出,则为 L_{50},相当于噪声的平均值。L_{90} 为噪声的本底噪声级,L_{10} 被广泛用于交通工程中。

(4) 平均 A 声级 L_{eq}(亦称等效声级)

L_{eq} 是反映被测时间区段内(T)的噪声能量的平均值,常用公式表达:

$$L_{eq} = 10 \lg \left(\sum \frac{t_i \times 10^{(L_i/10)}}{T} \right) \quad (\text{dB}) \tag{11-8}$$

式中:L_i——时间 t_i 所量测到的声级;

T——测量的总时间,$T = \sum t_i$。

如果连续测量,则有:

$$L_{eq} = 10 \lg \left(\frac{1}{x} \int_0^T 10^{(t/10)} dt \right) \tag{11-9}$$

(5) 声压与距离的关系

实践证明,距声源的距离越远,声压愈低。当距离增加一倍时,声压减少 6dB。

2) 噪声来源

按噪声的来源不同,噪声可分为工业噪声、交通噪声和生活噪声。工业噪声来自噪声大的大型工厂、混杂于住宅区的小工厂、建筑工地的施工机械等;交通噪声来自行驶在道路上的各种车辆,轨道上奔驰的火车,飞机的起飞、降落,轮船的汽笛声等;生活噪声包括文娱场所的锣鼓乐器声、露天悬挂的扬声器和人的喧闹声等,本节主要研究在道路上行驶各种车辆所产生的噪声,简称为交通噪声。

交通噪声主要来源于行驶车辆发动机产生的声音、排气管产生的声音、车辆各零部件产生的声音以及车胎与路面摩擦产生的声音等,道路交通噪声是一种典型的随机非稳噪声,交通噪声与车辆自身的性能、负荷、车型、车速、交通量的大小、道路的纵坡、路面的类型以及路面的平整度等均有密切的关系,并在传播过程中衰减。一般大城市较小城市噪声大,市中心较边缘为大,交叉口由于车辆的加速、减速、按喇叭,其噪声要比一般路段为大,甚至相差达 10dB(A)以上。需要注意的是车辆的噪声也存在有益的方面。如国外要求可静音行驶的电动汽车在行驶过程中,尤其是加速过程中必须产生一定的声响,从而提示周边的行人有车辆通过,以保证交通运行的安全。

3) 噪声的危害

噪声广泛地影响着人们的各种活动。比如,妨碍交谈、影响睡眠和休息,干扰工作,使听力受到损害,甚至引起神经系统、心血管系统、消化系统等方面的疾病。所以噪声是影响面最广的一种环境污染,它的危害主要表现在下面几个方面:

(1) 听力机构损伤

近年来,关于噪声对听觉影响的研究有了很大进展。大量的调查和研究证明,强噪声会造成耳聋。根据国际标准化组织的规定,暴露在强噪声下,对500Hz、1000Hz和2000Hz三个频率的平均听力损失超过25dB(A),称为噪声性耳聋。在这种情况下,正常交谈时句子的可懂度下降13%,而句子加单音节词的混合可懂度降低38%。换句话说,即听力发生了障碍。

在不同噪声级下长期工作,耳聋发病率的统计结果见表11-9。从表11-9中可以看出,只有噪声级在80dB(A)以下,才能保证长期工作不致耳聋;在90dB(A)条件下,只能保护80%的人不会耳聋;即使是85dB(A),还会有10%的人可能产生噪声性耳聋。

工作40年后噪声性耳聋发病率　　　　　　　　　　表11-9

噪声级[dB(A)]	发病率(%)	
	国际统计(ISO)	美国统计
80	0	0
85	10	8
90	21	18
95	29	28
100	41	40

(2) 对睡眠的干扰

睡眠对人是极为重要的,它能够使人的新陈代谢得到调节,使人的大脑得到休息,从而消除体力和脑力疲劳,所以保证睡眠是关系到人体健康的重要因素。噪声会影响人的睡眠质量和数量。老年人和病人对噪声干扰较敏感,当睡眠受到噪声干扰后,工作效率和健康都会受到影响。研究结果表明,连续噪声可以加快熟睡到轻睡的回转,使人多梦,熟睡的时间缩短;突然的噪声可使人惊醒。一般来说,40dB(A)的连续噪声可使10%的人睡眠受到影响,70dB(A)可影响50%的人的睡眠;而突发的噪声在40dB(A)时可使10%的人惊醒,到60dB(A)时,可使70%的人惊醒。

(3) 对人体的生理影响

许多调查和统计资料说明,大量的心脏病的发展和恶化与噪声有着密切的关系。实验结果表明,噪声会引起人体紧张的反应,使肾上腺素增加,从而引起心率改变和血压升高。一些工业噪声调查的结果指出,在高噪声条件下工作的钢铁工人和机械车间工人比安静条件下工作的工人的循环系统的发病率要高。对小学生的调查还发现,经常暴露于飞机噪声下的儿童比安静环境下的儿童血压要高。目前不少人认为,工业生产噪声和交通噪声的升高,是造成心脏病的重要原因之一。

噪声还会引起消化系统方面的疾病。早在20世纪30年代,就有人注意到,长期暴露在噪声环境中的工人,其消化功能有明显的改变。一些研究指出,某些吵闹的工业行业里,溃疡症的发病率比安静环境高5倍。通过人和动物的实验都表明,在高到80dB(A)的噪声环境中,肠蠕动要减少37%,随之而来的是胀气和肠胃不舒适的感觉,当噪声停止时,肠蠕动由于过量的补偿,其节奏大大加快,幅度也增大,结果会引起消化不良。长时间的消化不良往往造成溃疡症。

在神经系统方面,神经衰弱症候群是最明显的。噪声能引起失眠、疲劳、头晕、头痛、记忆力衰退。

此外,强噪声会刺激内耳腔的前庭,使人眩晕、恶心、呕吐,如晕船一般。超过140dB(A)的噪声甚至会引起眼球振动,视觉模糊,呼吸、脉搏、血压都发生波动,全身血管收缩,使供血减少,甚至说话能力都受到影响。

(4)心理影响

噪声引起的心理影响主要是烦恼。引起烦恼首先是由于对交谈和休息的干扰。例如一个人正站在放水的水龙头旁,其背景噪声大约是74dB(A)。当另一个人离开他6m远时,即使放大嗓音,通话也很困难。如果两人相距1.5m,环境噪声如超过66dB(A),就很难保证正常的交谈。由于噪声容易使人疲劳,因此往往会影响精力集中和工作效率,尤其是对一些不是重复性的劳动,影响更为明显。

此外,由于噪声的掩蔽效应,往往使人不易察觉一些危险信号,从而容易造成工伤事故。美国根据不同工种工人医疗和事故报告的研究发现,吵闹的工厂区域比安静工厂区域出的事故要高得多。

11.3.2 交通噪声及其传播

1)道路交通噪声的特点

道路交通噪声是一种随机变化的噪声,除了与车辆本身声功率级有关外,与道路结构和交通状态有很大关系。公路上车流连续,速度快而且重车比较多,因此噪声也比较大,相应的计算方法也比较简单。城市道路车流不连续,受到交叉口等影响,速度相对比较慢,周围建筑物较多,计算比较复杂。高架道路车流连续,重车较少,速度快,声源点位置较高,影响范围比较大。高架道路使得通行能力大大提高,避免了平面交叉,减少了车辆鸣号、制动、起动的频率,在同样交通量的情况下,交通噪声应该是降低的。但车速提高,而且声源点高架后使受影响的范围扩大,在地面道路上修筑了桥梁,使得地面道路的交通噪声多次反射,增加了对周围环境的影响。如果以桥面为基准的话,在桥面以上的高架道路的交通噪声分布应该和一般道路的噪声分布是相似的,对桥面以下的影响比较小,带来交通噪声的最主要的因素是重车。

2)交通噪声的传播

声在大气中传播将产生反射、衍射、折射等现象,并在传播过程中引起衰减。这一衰减通常包括声能随距离的扩散(衰减)和传播过程中产生的附加衰减两个方面。总的衰减值应是两者之总和。

(1)声能随距离的衰减

最简单的情况是假设以声源为中心的球面对称地向各方向辐射声能[即无指向性,见图11-6a)],它的声强I与声功率W间的关系,即:

$$I = \frac{W}{4\pi r^2} \quad (11\text{-}10)$$

当声源放置在刚性地面上时,声音只能向半空间辐射,如图 11-6b)所示,设接收点与声源距离为 r,则半径为 r 的半球面之面积为 $2\pi r^2$,由此得半空间接收点声强:

$$I = \frac{W}{2\pi r^2} \quad (11\text{-}11)$$

可见,声强随着离开声源中心距离的增加,按平方反比的规律减小。

若用声压级来表示,可得在 r 处的声压:

$$L_p = L_w - 20\lg r - 11 \quad (\text{全空间}) \quad (11\text{-}12)$$

$$L_p = L_w - 20\lg r - 8 \quad (\text{半空间}) \quad (11\text{-}13)$$

(2)声传播过程中的附加衰减

产生附加衰减的因素一般指:大气的声吸收;树林引起的声音散射和吸收;屏障和建筑物产生的声反射;风和大气温度引起的声折射;雾、雨、雪的声吸收;不同地面覆盖物(如草地等)的吸收等。

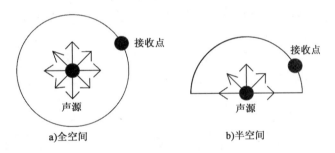

图 11-6 球面对称辐射声源

实际计算声波在大气中的衰减时,可参照表 11-10 所列出的数值。

声在空气中的衰减值(单位:10^{-2}dB/m)　　　　表 11-10

频率(Hz)	温度(℃)	相对湿度(%)			
		30	50	70	90
500	-10	0.56	0.32	0.22	0.18
	0	0.28	0.19	0.17	0.16
	10	0.22	0.18	0.16	0.15
	20	0.21	0.18	0.16	0.14
1000	-10	1.53	1.07	0.75	0.57
	0	0.96	0.55	0.42	0.38
	10	0.59	0.45	0.40	0.36
	20	0.51	0.42	0.38	0.34
2000	-10	2.61	3.07	2.55	1.95
	0	3.23	1.89	1.32	1.03
	10	1.96	1.17	0.97	0.89
	20	1.29	1.04	0.82	0.84

续上表

频率(Hz)	温度(℃)	相对湿度(%)			
		30	50	70	90
4000	-10	3.36	5.53	6.28	6.05
	0	7.70	6.34	4.45	3.43
	10	6.58	3.85	2.76	2.28
	20	4.12	2.65	2.31	2.14
5940	-10	4.11	6.60	8.82	9.48
	0	10.54	11.34	8.90	6.84
	10	12.71	7.73	4.47	4.30
	20	8.27	4.67	3.97	3.63

注：此表是国际标准化组织(ISO R507)推荐的空气中不同温度和湿度的声波衰减值。

(3) 声波的衍射现象

声波在传播过程中遇到障碍物时，能够绕过障碍物的边缘前进，并引起声波传播方向的改变，称为声波的衍射或绕射。在声屏障的降噪特性中就要考虑声波的绕射问题。声波的绕射与障碍物或孔洞的大小有关，当声波波长远大于障碍物尺寸时，只有在离障碍物很近时才有声影区，甚至没有声影区，大部分声绕过了障碍物。当声波波长远小于障碍物尺寸时，大部分声波被反射回来，在障碍物后面将有较大而明显的声影区，如图11-7所示。

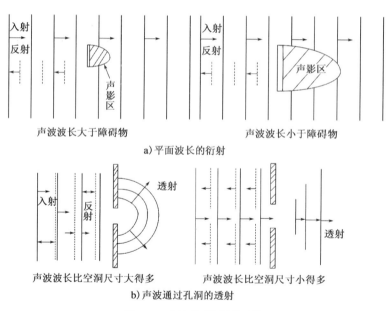

图11-7 声波通过孔洞的透射

11.3.3 交通噪声的控制

为减少道路噪声的污染，可采取下列措施：

1) 制订切实可行的环境噪声法令条例

制订切实可行的环境噪声法令条例，并使之得到实施，是保护环境免遭声公害影响的重要措施,国外已有较成熟的经验,我国目前基本上已经建立了上述管理法规体系,如《中华人民共和国环境保护法》《中华人民共和国城市环境噪声控制法》《声环境质量标准》(GB 3096—2008)等。

制订环境噪声标准,也是一项有关政策性的工作,它涉及技术经济等各方面的问题。

表11-11为我国机动车辆允许噪声标准,既作为车辆产品的噪声标准,又作为城市机动车辆噪声管理检查的依据,由我国的规范《汽车加速行驶车外噪声限制及测量方法》(GB 1495—2002)确定,其为汽车在加速行驶时,其车外最大噪声不应超过的限值。

我国机动车辆允许噪声标准[单位:dB(A)]　　　　　　　　　表11-11

汽车分类	噪声限制	
	第一阶段	第二阶段
M_1	77	74
M_2(GVM≤3.50t),或N_1(GVM≤3.50t):		
GVM<2t	78	76
2t<GVM≤3.5t	79	77
M_2(3.5t≤GVM≤5t),或M_3(GVM>5t):		
P<150kW	82	80
P≥150kW	85	83
N_2(3.5t≤GVM≤12t),或N_3(GVM>12t):		
P<75kW	83	81
75kW≤P<150kW	86	83
P≥150kW	88	84

注:1. 第一阶段指2002年10月1日~2004年12月30日期间生产的汽车;第二阶段指2005年1月1日以后生产的汽车。

2. M类车辆为至少有四个车轮的载客机动车辆;或有三个车轮,且厂定最大总质量超过1t的载客机动车辆。其中,M_1指除驾驶员座位外,乘客座位不超过八个的载客车辆;M_2指除驾驶员座位外,乘客座位超过八个,且厂定最大总质量不超过5t的载客车辆;M_3指除驾驶员座位外,乘客座位超过八个,且厂定最大总质量不超过5t的载客车辆。N类车辆为至少有四个车轮的载货机动车辆;或有三个车轮,且厂定最大总质量超过1t的载货机动车辆。其中,N_1指厂定最大总质量不超过3.5t的载货车辆;N_2指厂定最大总质量超过3.5t,但不超过12t的载货车辆;N_3指厂定最大总质量超过12t的载货车辆。

3. GVM为最大总质量,P为发动机额定功率。

表11-12是2008年颁布的《声环境质量标准》(GB 3096—2008),表11-13是国际环境噪声标准,应严格贯彻执行。

《声环境质量标准》(GB 3096—2008)[单位:dB(A)]　　　　　　表11-12

声环境功能区类别	昼间	夜间
0类	50	40
1类	55	45
2类	60	50
3类	65	55

续上表

声环境功能区类别		昼　间	夜　间
4 类	4a 类	70	55
	4b 类	70	60

注:0 类声环境功能区:指康复疗养区等特别需要的区域。
　　1 类声环境功能区:指以居民住宅、医疗卫生、文化教育、科研设计、行政办公为主要功能,需要保持安静的区域。
　　2 类声环境功能区:指以商业金融、集市贸易为主要功能,或者居住、商业、工业混杂,需要维护住宅安静的区域。
　　3 类声环境功能区:指以工业生产、仓储物流为主要功能,需要防止工业噪声对周围环境生产严重影响的区域。
　　4 类声环境功能区:指交通干线两侧一定距离之内,需要防止交通噪声对周围环境生产严重影响的区域,包括 4a 和 4b 两种类型。4a 为高速公路、一级公路、二级公路、城市快速路、城市主干、城市次干道、城市轨道交通(地面段)、内河航道两侧区域;4b 类为铁路干线两侧区域。

国际标准组织制定的环境噪声标准　　　　　　　　　　表 11-13

性　　　质	标准 $L_{ep}[dB(A)]$
寝室	20～50
生活室	30～60
办公室	25～60
工厂	70～75

目前城市噪声污染最严重的是农用拖拉机、各地自行装配的柴油小翻斗车和摩托车及建筑噪声。为减少车辆噪声,有关部门应定期检验其行车时之噪声状况,不合格者应限制其通行。

2)合理的城市规划与道路建设

合理的城市规划,对于未来的城市噪声控制具有十分重要的战略意义。为了控制噪声,城市规划时应考虑如下几个方面:

(1)城市人口的控制

城市噪声源与人们的活动有关,国内外的研究表明,城市噪声随着人口密度的增长而增加。城市人口的过度集中使环境噪声日益严重,如交通噪声中以机动车和鸣号声为主,人口密度愈高,显然车辆也愈集中,街道上人流愈多,汽车鸣号声愈频繁。城市噪声与人口密度之间的关系,根据美国对 14 个城市的调研得出:

$$L_{dn} = 10\lg\rho + 26 \tag{11-14}$$

式中:L_{dn}——昼夜等效声级 dB(A);

ρ——人口密度(人/km²)。

我国城市环境噪声与人口密度的关系基本上与此类似,只是式中常数项对不同的城市有所差异,人口密度加倍,L_{dn} 提高 3dB(A)。因此严格控制城市人口很重要。为降低市中心区的人口密度,许多国家采取发展卫星城的措施,收到一定的成效。

(2)划分功能区域

在规划中尽量避免疗养区、医院、宾馆和居民住宅区与工商业区、交通干道等吵闹区混合。比如国外有的大城市,将主要工厂都集中于机场附近,远离居民区。因为工厂噪声一般都比环境背景噪声高,因此飞机噪声对它的干扰就小。现有旧城市由于缺乏合理的规划和没有考虑城市噪声污染这一因素,因此大部分地区很难严格地划分功能区,致使住宅区环境噪声较高,难以控制。

在规划中应避免主要干道,如高速公路、高架道路等穿越市中心住宅区,交通干道与住宅(尤其高层建筑)应有足够的距离,一般不应小于30m,并在其间种植林带,使噪声在传播途中得到一定的衰减。

(3)合理利用土地

根据不同使用目的和建筑物的噪声允许标准来选择建筑物的场所和位置,从而确定哪些地带适于建学校,哪些地带适于建医院、住宅或旅馆。为此,在设计前,应先进行噪声环境的预测,并了解今后的发展趋向是否符合该建筑物的环境噪声标准。对于兴建噪声较大的工矿企业,还应进行相应的预测评价,估计它们对周围环境的影响以及应该采取的减噪措施。我国城市区域环境噪声标准是土地使用规划的重要依据。

(4)合理的建筑布局

要考虑采取环境噪声影响最小的建筑布局。如对一小区域的建筑物布局,除考虑声源位置的布局外,还应充分利用地形或已有建筑物的隔声屏障的效应,使噪声得以降低。这样的布局,使噪声污染形成之前就解决了矛盾,不但效果理想,而且又是最经济的一种办法。

在进行道路网规划时,应重视不同功能道路的区位选择,噪声污染严重的车辆宜辟专用车道,以便集中采取隔离措施。

对于噪声敏感地区和医院、学校等宜采用路堑式道路,以减少噪声(有关资料证明,路堑的噪声比平地要低几分贝),见图11-8。

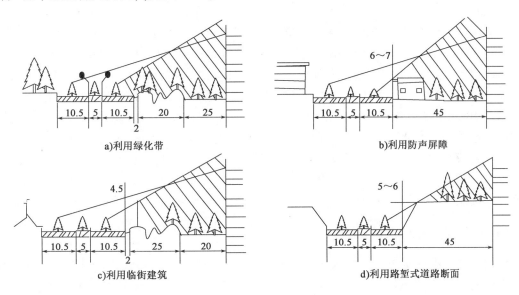

图11-8 四种典型的噪声屏障(尺寸单位:m)

3)绿化

城市绿化,利用森林的散射、吸声作用以及地面吸声,也是达到降低噪声目的的一种办法。一般来说,城市街道上经常遇到的观赏遮阴绿林,并不形成密实的绿林实体,降噪效果不大,只有采用种植灌木丛或者多层林带才能构成绿林实体。大多数绿化实体的衰减量平均每米衰减0.15~0.17dB。如松林(树冠)全频带噪声级降低量平均值为0.15dB/m,冷杉(树冠)为0.18dB/m,茂密的阔叶林为0.12~0.17dB/m,浓密的绿篱为0.25~0.35dB/m,草地为0.07~

0.10dB/m。林带设计中,除考虑树木种类外,还需考虑它的结构,如不同高度和密度树冠的组合、地面高度的变化、整片树林还是分段等因素。目前许多国家对绿化降噪都比较重视,因为在市区到处竖屏障,难以使人接受,而绿化却不然。

从现实考虑,利用浓密的绿篱将快、慢车道和人行道分离,将有一定的效果。据国内的研究资料,常见的松柏、侧柏绿篱,配以乔灌木和草皮的混合结构,有一定的减噪效果。在高层建筑群的街道两旁种树,由于吸声作用可以减少混响声,也能使噪声有所改善。

11.4 振动污染

11.4.1 振动的产生

当汽车行驶于凹凸不平或有较深车辙的路面上,汽车产生上下、左右或前后颠簸、摇晃,这种不断变换方向的冲击力量作用于车体的各部,作用于车上的乘客,作用于路面,路面又将这巨大的外力传给路基,路基土壤又传给道路两侧房屋设施,于是沿线一带就产生不同程度的振动。这就是一列火车、一队汽车从路旁驶过或桥上通过时,人们明显地感到震动或摇晃的原因,尤其是夜深人静时就感受倍增。当振动超过某种限度就会对人的心理和生理上产生某种有害的影响。

据有关文献记载,关于振动公害的预防,日本早就有文件规定。1963年东京都、1965年大阪、1967年爱知府都先后发布过规定。1971年7月日本环境厅开始研究振动限制法。国际标准化组织对于人体振动评价提出了 ISO 2631 号文件。1974 年日本环境厅又大量调查了全国的振动公害,按振源划分,由工厂产生振动的占53%,工地产生振动的占24%,道路交通产生振动占10%,新干线换路产生的振动占7%。而近年来由于重型车辆超重型车辆及拖挂列车的迅速增长,发动机功率增大,交通量激增,汽车在运行中产生的振动越来越大,不仅对周围环境产生影响,对生活产生影响,破坏安静的气氛,使道路两旁房屋门窗振动、墙面发裂,还由于汽车引起的振动在时间上不分昼夜、连续发生,给沿线居民的身体健康产生不利影响,使人感到疲劳烦躁、焦虑不安,对此在高等级道路设计中不可不予以考虑。

11.4.2 振动对人体的作用

根据国际标准化组织对人体振动的研究,振动对人体的作用方式有三种情况:①振动时作用于人体的主表面或基本部分;②振动只是通过支撑面传递给人(如站立或坐在汽车上);③振动作用在人的某一部分或器官(振动的手柄或头枕)。道路交通中的振动主要为第二种,即当人乘车时站立或坐在车中以及在路旁建筑物中,还由于受振的部位、频率、强度、方向和振动持续时间等的不同,其感受反应亦不同,人体感受振动的范围一般在 0.1~500Hz,受害的主要振动领域为 1~90Hz。从人体受害程度划分又可分为:①降低人的舒适性(使人产生不快);②降低人的工作效率(增加人的疲劳);③降低人的健康素质。

《城市区域环境振动测量方法》(GB 10071—88)规定,人体全身振动的感受与振动加速度的对数值大体成正比,故振动大小可以振动加速度与基准振动加速度之比的以 10 为底的对数乘以 20,记为 VAL,单位为分贝(dB),其定义为:

$$\text{VAL} = 20\lg\frac{A}{A_0} \tag{11-15}$$

式中：A——振动加速度的有效数值(m/s^2)；

A_0——基准振动加速度(10^{-6}m/s^2)。

国际上 A_0 采用 10^{-6}m/s^2，当垂直振动时，振动频率为 $4 \sim 8\text{Hz}$，一般认为人感受出的最小振动加速度为 10^{-2}m/s^2。所以有：

$$\text{VAL} = 20\lg\frac{10^{-2}}{10^{-5}} = 60(\text{dB}) \tag{11-16}$$

由于人体对振动的感受极其复杂，影响因素众多，且很多参数难以量测和取得定量指标，所以我国目前未制订出全国性的统一标准，国际标准 ISO 2631—1987E 仅就 $1 \sim 80\text{Hz}$ 频率范围做出了规定。《城市区域环境振动测量方法》(GB 10071—88)(表 11-14)对不同地带昼间、夜间允许振动的临界值做出了规定，其中稳态振动系指观测时段内振级变化不大的环境振动，冲击振动为具有突发性振级变化的环境振动，无规振动为未来任何时刻不能预先确定振级的环境振动。

城市区域环境振动测量方法(GB 10070—88)[单位:dB(A)]　　　　表 11-14

适用地带范围	昼间铅锤向 Z 振动	夜间铅锤向 Z 振动	
特殊住宅区	65	65	本标准适用于连续发生的稳态振动、冲击振动和无规振动，每日几次冲击振动，最大值昼间不许超标 10dB，夜间不许超标 3dB
居民、文教区	70	67	
混合区、商业中心	75	72	
工业集中区	75	72	
交通干线道路两侧	75	72	
铁路干线两侧	8	80	

注：地带范围含义参见表 11-12 的注释。

11.4.3　防护措施

(1)道路规划设计时要尽量预防。根据类似情况发生振动的实测资料，预估规划道路可能发生振动的场所、范围和严重程度，在规划设计时采取减轻或防止振动的措施。

(2)对振源的措施。交通产生振动的源是汽车，尽可能使汽车本身具有弹性或安装减振设施以减低行驶中的波动，从而使传给道路的波动变小。路面凹凸与沿路地基的振动有很大关系，故提高道路质量，严格规定道路的平整度并加强检测，及时整平路面修补裂缝可以减小振动。其次对车种、车速、质量和交通量的限制亦能影响振动。根据国外经验对损坏的水泥混凝土路面采用沥青罩面能大大减小振动，一般可减少 $15 \sim 25\text{Hz}$。

(3)加强交通管理，使汽车匀速流畅的通行，并及时排除故障或交通事故所造成的拥挤阻塞。

(4)加宽两侧用地，使两旁的房屋远离道路，或车道两旁布置绿化或设置缓冲地带，依靠土壤吸收振动能以减轻振动的传递，因此有许多国家将道路用地订得很宽，将两旁居民建筑限制在很远的地方，以免受车辆振动的影响。

11.5　道路交通污染控制与可持续发展

11.5.1　可持续发展的含义

人类社会的发展,一方面迅速提高了人们的生活水平与工作效率,另一方面也加剧了人类与生态环境发展之间的相互冲突,人们急切地感到,人类的生存与发展正受到威胁,源于当代科技迅猛发展所造成的各种环境、社会、人口、经济和资源等问题,迫切需要人们自觉地改变传统观念,探索出一条适合人类社会、经济、环境和资源和谐共存、协调发展的新道路。

挪威前首相布伦特兰夫人在《我们共同的未来》报告中,系统地阐述了人类面临的一系列重大的经济、社会和环境问题,提出了可持续发展概念,并在1992年联合国环境与发展大会上取得共识,其定义是:"可持续发展是既满足当代人的需要,又不对后代人满足其自身需求的能力构成危害的发展"。它包括两层含义:一是优先考虑当代人,尤其是世界上贫穷人的基本需求;二是在生态环境可以支持的前提下,满足人类眼前和将来的需要。可见,它有两个基本要点:一是强调人类追求生产成果的权利应当是和坚持与自然相和谐方式的统一,而不应是凭借着手中的技术和投资,采取耗竭资源、破坏生态和污染环境的方式来追求这种发展权利的实现;二是强调当代人在创造今世发展与消费的同时,应承认并努力做到使自己的机会与后代人的机会相平等,不能允许当代人一味地、片面地和自私地为了追求今世的发展与消费,从而剥夺后代人本应享有的同等发展和消费的机会。可持续发展以自然资源为基础。同环境承载能力相协调,它承认自然环境的价值,它以提高生活质量为目标,同社会进步相适应。

交通运输同人口、社会、经济、环境和资源都有着密切的关系,交通运输的发展,一方面促进了经济迅速地向前发展,提高了人们的生活水平;另一方面,交通运输业的发展也引起了诸如环境噪声污染、交通事故以及交通拥挤等一系列复杂的经济、社会问题,鉴于交通运输业所带来的这些问题,也由于可持续发展思想的科学性和现代性,它被逐渐应用到交通运输领域。

可持续运输的基本内容有:①经济与财务可持续性,是指运输必须保证能够支撑不断改善的物质生活水平,即提供较经济的运输并使之满足不断变化的需求。②环境与生态可持续性,是指运输不仅要满足物品流动性增加的需要,而且要最大限度地改善整个生活质量;减少人的生命和健康损失是保持环境可持续性的最重要的内容,推行节约技术、搞好土地的规划利用、对拥挤和污染建立有效的措施都是极为重要的战略选择。③社会可持续性,指运输产生的利益就在社会的所有成员间公平分享,可持续运输是指在发展中不仅要考虑运输本身的经济效果,更为重要的是要充分考虑运输的外部正效用与负效用,不仅要考虑运输对当代(或近期)整个社会经济系统资源配置的影响,而且要考虑到对动态资源合理配置的影响。

我国一直将可持续发展作为的一项基本发展战略,也是科学发展观的核心内容。1992年我国开始编制的《中国21世纪议程——中国21世纪人口、环境与发展白皮书》中首次把可持续发展战略纳入我国经济和社会发展的长远规划。1997年中共十五大把可持续发展战略确定为我国"现代化建设中必须实施"的战略。2002年中共十六大又提出把"可持续发展能力不断增强"作为全面建设小康社会的目标之一。2012年我国发布了《中华人民共和国可持续发展国家报告》。可持续发展是以保护自然资源环境为基础,以激励经济发展为条件,以改善和提高人类生活质量为目标的发展理论和战略。

11.5.2 我国交通污染治理的发展趋势

从整体而言,我国的环境状况面临着严峻的形势。2009年,空气质量监测公报显示,全国612个城市中仅有26个城市达到一级标准,占4.2%,达到二级标准的城市479个,达到三级标准的99个,另外还有8个城市劣于三级标准,这表明全国范围内仍有部分城市空气污染严重;监测的334个城市中,67.1%的城市道路交通声环境质量为好,27.5%的城市较好,4.2%的城市为轻度污染,0.9%的城市为中度污染,0.3%的城市为重度污染。

迅速发展的交通运输业是破坏生存环境的主要"杀手"之一,在城市中表现得尤为突出。

近年来,随着各大城市中心城区功能置换和工厂的搬迁,城市固定污染源造成的污染逐年减轻,而由于机动车拥有量逐年增加,机动车辆的噪声和废气已经成为城市环境污染的主要来源,同时交通拥挤、阻塞引起的低速行驶使机动车的尾气排污量更加严重。目前我国城市大气污染物主要有悬浮颗粒物、SO_2、NO_x、CO等气体,城市交通是这些污染的主要排放源。我国城市目前的机动车密度虽然较低,即使北京、上海等机动化程度较高的城市的汽车密度也远远低于世界上的一些发达城市,但由于车型、燃料、维护不善等原因,使单车尾气和噪声污染高于国外汽车,加上电气化普及率较低等因素,使得我国城市交通污染在整个城市污染排放中的分担率相当的高(表11-15)。

中美城市机动车污染分担率比较 表11-15

国　　家	城市机动车污染分担率(%)				
	CO_2	NO_x	SO_2	CO	HC
中国	33	56	15	55	30
美国	45	70	—	80	35

城市交通引起的噪声污染也相当严重。根据2008年对全国主要城市的交通噪声监测,上海、杭州、深圳、合肥等城市的道路交通噪声平均值超过70dB(A),其他大部分城市交通噪声也都高69dB(A)。在城市噪声污染源中,交通噪声的污染分担率为30%。

城市交通对环境影响的另一个重要方面就是城市生态环境。城市生态环境是城市生存和持续发展的前提和基础,持续发展是目标。由于城市人口密度高,生物多样性差,对外界环境的依赖性强,使得城市生态环境相对薄弱,形成倒金字塔形的生态结构。而城市交通设施的建设造成的地域隔断、城市交通发展对土地资源的占用、交通环境污染对生态环境的破坏等一系列因素使得城市有效绿地面积下降、城郊耕地减少、城市可用水源下降、生态保护区被分割和破坏,从而使人们的生存环境质量下降,城市灾害发生频度上升,严重影响了城市的可持续发展。

可持续发展的关键,是保护好环境,随着我国城市社会经济的快速发展,机动车拥有量急剧上升,汽车交通需求量迅速增加,城市交通环境污染问题变得日益突出,已经严重影响了人们的工作和生活质量,使城市可持续发展面临严峻的考验,如何控制和减少交通污染,保护好人类赖以生存的环境,是城市可持续发展的重要研究内容之一。

城市交通污染主要包括机动车尾气和噪声污染,机动车尾气中包含大量的铅、碳氧化物、氮氧化物和各种烟尘,这些排放物对人体有很大的危害作用,需要加以控制。我国的机动车数量近年来增长迅速,因此对机动车污染进行有效的控制,需要根据技术、经济和社会承受能力制定可行的方案,应采取费用最少的方法来控制机动车尾气的排放,这是一个复杂的系统工程,可以从以下三个方面研究:

(1) 车辆技术与燃油替代

不同车种、不同动力源和不同排放系统,车辆所产生的交通污染是大不相同的,改进车辆技术,采用无污染的动力能源,是减少城市交通污染的根本措施,欧美的一些发达国家利用其技术优势,研制成功以电力和双动力源(蓄电池加柴油等)为能源的新型汽车;或者使用改良型柴油、天然气、液化石油气等清洁代用燃料来达到减低排放物的污染程度。从长远来看,为了促进城市环境的可持续发展,发展电动汽车是未来的发展方向。

(2) 车辆检测和维护

良好的检测和维护计划能够发现未能达到检测标准的车辆,令其维修以达到降低污染排放的目的,并通过节省修车费用鼓励车辆拥有者妥善维护车辆,根据经验,这一计划能减少机动车碳氧化物和碳氢化物排放量的25%,氮氧化物排放量的10%。

(3) 城市交通环境分析

城市交通环境分析的任务是根据城市现存的环境问题,明确需要加以重点控制的能源和污染物对象,由交通环境容量导出重点控制对象在规划期内的最大允许值,参照交通排放因子或交通能耗性以及最大允许负荷的计算模型,确定交通环境容量指标控制下的城市交通环境承载力,建立起合理的交通环境评价指标体系。

11.5.3 可持续发展的道路交通系统

改革开放以来,由于城市经济的迅猛发展及城市化进程的加快,城市交通需求量急剧上升,为了适应城市经济发展的需要,城市建设部门投入了大量的资金进行城市交通系统的规划、建设,经过20年的建设,我国大多数城市都基本上建成了初具规模的城市道路网及相应的交通配套设施。但是,由于传统的城市交通规划方法是单一的面向交通的规划,没有考虑交通发展对资源的要求及对环境的影响,因此,我国大多数城市的交通建设过程不符合可持续发展战略,交通拥挤问题仍然存在,资源得不到充分利用,环境质量日趋恶化,城市交通仍然是影响城市经济发展及人民生活水平提高的制约因素。主要表现在以下方面:

(1) 城市交通发展政策不合理,道路路面优先通行权不明确,导致城市交通结构极不合理,造成了道路交通的严重阻塞。

根据对国内多个大中城市的居民出行调查资料分析,虽然目前国内城市客运交通结构相比十年前有了较大改善,如西安市2015年全出行方式中,公共交通方式出行占30%左右,自行车交通占15%,其他非公交机动车交通占30%,步行占25%左右,但道路利用率最高的公共交通还未能得到充分发挥,导致了整个城市交通系统的运输效率低下,造成城市交通拥挤。

(2) 城市交通系统的资源消耗严重,由于对不可再生资源过度依赖,资源供给的非均衡利用的矛盾已日趋突出。

城市交通系统所消耗的不可再生资源主要有两大类:城市用地及能源。

西方发达国家的城市交通用地比例很高,一般城市都在30%左右,有些城市高达40%~

50%。我国目前的交通用地比例不高,一般小于15%,《城市道路交通规划设计规范》(GB 50220—95)规定的城市道路用地比例为10%~20%。随着我国汽车工业的发展、城市机动车拥有量的快速增长,我国的城市交通用地比例还会逐年提高。

交通运输中的能源消耗与总能源的比例也是非常高的。在加拿大,交通运输系统消耗总燃油的66%,其中,绝大部分为汽车运输所消耗;在美国,交通燃油能耗为总燃油能耗的60%,其中73%为汽车交通所消耗,这些车用燃油是不可再生的能源。我国目前的交通能耗与总能耗的比例还不是很高,燃油消耗中交通所占比例一般在30%左右。

随着道路交通机动车化水平的不断提高,交通系统的资源消耗比重会逐年增加,加上我国人多地少、能源后备不足等特点,资源供给的非均衡利用的矛盾已日趋突出,交通系统对土地、石油等不可再生资源的过度依赖,会严重影响未来城市经济的发展。

(3)城市环境质量日趋恶化,严重影响城市居民的身体健康,而道路交通噪声、汽车排放的尾气是主要的环境污染源。

交通系统产生的环境污染包括大气污染、噪声污染以及振动、电磁波干扰等,其中交通系统产生的大气污染及噪声污染是影响城市环境质量的主要污染源。

交通系统产生的大气污染物包括一氧化碳(CO)、氮氧化物(NO_x)、非甲烷碳氢雾等。其中,CO、NO_x、HC是主要的大气污染物。即使在环境较好的西方发达国家,交通污染也是相当严重的,全欧洲由道路交通产生的CO、NO_x分别占总排放量的80%、60%左右,其中,伦敦市机动车产生的NO_x占总排放量的74%,烟尘(主要是CO)占94%。在美国,交通对大气环境的污染更加严重,多次发生光化学烟雾事件及酸雨事件,美国官方也宣称"汽车是最大的污染源"。

在我国,汽车拥有量急剧上升,现已仅次于美国,居世界第二,汽车尾气对大气的污染程度与发达国家面临着同样紧张的局面,如北京市机动车产生的污染物排放量占污染物总排放量的比例分别为CO占60%,HC占86.8%,NO_x占54.7%,如果机动车拥有量继续增加而没有采取有效的措施,汽车尾气对大气污染的程度还将加剧。

道路交通产生的噪声污染在城市声污染中所占比例也是相当高的。在发达国家,道路交通产生的噪声强度一般都占总噪声强度的80%以上。在我国,由于大多数城市处于城市开发及经济发展阶段,施工噪声及工业噪声占有一定的比重,但交通噪声仍占主导地位,一般占总噪声强度的50%,多数大城市的主要道路噪声均超过了65dB,有些城市的道路噪声超标率达90%以上。以上分析可见,我国道路交通对环境影响的相对程度已经接近(有些指标已经超过)了西方发达国家的道路交通对环境影响的相对程度,而我国城市环境质量的绝对状况远低于西方发达国家。

我国城市化进程的加快使得城市交通问题日趋突出,城市可持续发展的一个关键问题就是城市交通的可持续发展,用牺牲环境及资源来解决交通问题是城市交通建设的一大误区。建立一个以解决交通拥挤、改善环境质量、优化资源利用为目标的城市交通可持续发展模式及其保障体系,对我国的城市发展以及城市经济发展有着重大的意义。

立足中国国情,放眼国际前沿,通过对新时期中国交通领域发展趋势分析以及新理论、新方法、新技术的研究,提出适合中国国情的可持续发展的道路交通系统模式,重点解决以下问题:

(1)制订可持续发展的道路交通发展战略,引导城市交通结构向符合可持续发展的合理模式转变,对解决我国新时期的道路交通问题有重大意义。

(2)通过对交通与资源消耗相关关系的研究,制订能够优化利用不可再生资源的道路交通系统合理模式,是实施可持续发展战略的当务之急。

(3)通过对道路交通与环境质量相关关系的研究,制订符合可持续发展的道路交通发展改善与管理办法,引导交通结构向低环境污染的合理模式转移,对我国新时期的环境保护有重大意义。

复习与思考习题

1. 道路交通环境与环境保护的含义是什么?
2. 道路交通产生的大气污染主要有哪些?如何控制道路交通大气污染?
3. 交通噪声的主要来源、危害及防治措施有哪些?
4. 交通振动对人体产生的危害是什么?如何防治有哪些?
5. 何为可持续发展?可持续发展的道路交通系统在我国有何重大意义?

第12章 交通系统仿真基础

交通运行仿真是一门在数字计算机上进行交通实验的先进技术。交通运行仿真技术在交通规划与设计、交通评价与决策、交通控制与管理、交通方案优化与比选等方面有着十分广阔的应用前景。本章主要对交通仿真技术的基本方法和步骤、微观交通仿真常用模型进行介绍。

12.1 交通系统仿真简介

12.1.1 交通系统仿真的作用和优点

交通仿真是交通分析的有效手段之一,通过对交通系统的仿真研究,可以得到交通流状态变量随时间与空间的变化分布规律及其与交通控制变量间的关系,从而实现对现有系统或未来系统的交通运行状况进行再现或预先把握,对复杂的交通现象进行解释、分析、找出问题的症结,最终对所研究的交通系统进行优化。不同的应用领域对交通分析工具有不同的需求。如制定道路几何设计方案及交通管理控制方案时往往需要有更为细致、准确的交通分析工具以提供更好的决策支持手段。

与传统的交通分析技术相比,交通仿真技术的优点在于:

(1)模型机制的灵活性和柔软性。仿真模型对系统内各基本要素的变化规律及相互作用关系的描述与系统的实际运行过程紧密对应,有利于形成灵活性和柔软性较强的模型机制;交通仿真分析注重的是对系统运行全过程的描述,而要做到这一点首先必须在模型机制上与实际系统运作机制吻合。

(2)模型描述的准确性和灵活性。微观仿真模型以交通系统最基本的要素如单个的车辆、车道、信号灯等为建模单元,因而能准确、灵活地反映各种道路和交通条件的影响。另外,微观仿真模型虽然形式一般较为简单,但却是对实际行为的直接描述,因而更能反映客观实际。宏观交通仿真也能对各类交通规划方案进行测试,从而能更直观、有效地对各类规划方案进行评价。

(3)交通分析的开放性。借助于计算机技术,通过良好的用户输入输出界面,模型的运算结果可方便地与用户交互,增强了模型应用的实用性和方便性。仿真结果动画演示的直观性使得即使是非专业人员也很容易理解。

(4)强大的路网动态交通状态描述功能。时间扫描技术为路网的动态交通状态描述提供了强有力的支持。交通仿真技术可有效地体现交通流的随机因素,按设想要求实现交通状况的重现,从而大大降低了现场试验要求,现已成为分析各种交通参数和优化交通控制等研究的有力工具。它可以应用于道路通行能力、交通事故、交通管理控制等方面的研究,尤其在交叉口信号控制和交通事故与交通拥挤机理分析方面特别具有研究价值。

12.1.2 交通系统仿真特点

与一般的系统仿真方法相比,交通系统仿真在仿真对象、仿真建模、仿真编程、仿真实验和仿真结果方面具有一定特点,上述特点具体如下。

1)仿真对象

交通运行仿真的对象是道路交通系统。由交通工程学的基本原理可以看出,道路交通系统是一个随机的、动态的、复杂的、开放的系统,涉及人、车、路及环境等诸多方面。

首先,交通的产生是由人们的出行愿望决定的。就某一个体而言,其出行目的、交通方式的选择、出行路线的选择可能有规律可循,但就由无数个体组成的群体行为也就是道路上的交通流来说,则表现出极强的随机性。

其次,交通的运行是一个动态过程,每时每刻都在随着时间和空间的变化而变化,并且这种变化又是随机的。以高速公路上的车流为例,同一时刻不同地点或同一地点不同时刻的车辆运行状态都是不相同的,若有偶然发生的交通事故或车辆故障出现,则连续车流又变成了非连续车流。

再有,影响道路交通状况的因素众多,这些因素之间的关系又十分复杂。以信号灯控制的交叉路口为例,影响车辆延误的内部因素至少有信号灯周期长、绿信比、交通量、通行能力、交通组成、转向车比例、非机动车和行人等,要精确地描述这些因素之间的关系几乎是不可能的。如果再要考虑驾驶员的特征,则问题变得更加复杂。

最后,道路交通系统还受许多外部因素的影响,如天气情况、环境条件、临时交通管制等,具有很强的开放性,并且系统的边界很难限定。

2)仿真建模

由于交通系统仿真的对象具有上述特征,使得构建仿真模型的工作变得十分困难。常用的仿真模型往往建立在大量严格的边界条件约束下,对系统进行线性或近似处理,因此对道路交通系统只能做符合条件而不是符合实际的描述,这显然是无法满足要求的。在这种情况下,可通过从不同的层次来对交通系统建模,在宏观角度,可忽略部分微观交通运行特性,但对整个路网或大部分网络进行描述;或者从微观角度,以道路交通系统中相对独立的实体或行为作为建模对象,来描述局部路网各交通实体的行为及相互作用情况。虽然各类仿真面向的对象及过程有所差异,但基本遵循如图 12-1 所示的基本结构。

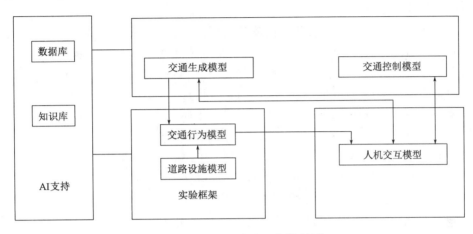

图 12-1　交通系统仿真基本模型结构

交通生成模型向仿真系统提供入口处车辆到达输入,如车辆类型、车头时距等符合用户给定的随机分布。

道路设施模型以道路为对象,用以描述道路的几何特性和物理特征。

交通行为模型是交通运行仿真中最重要的动态模型,由车辆行驶模型和驾驶行为模型两部分组成,用以描述车辆的物理位置、车辆之间的相互关系、驾驶员特性、车辆运行状态等。目前比较成熟的也是应用最广泛的是车辆跟驰模型。

人机交互模型为使用者提供控制仿真运行的界面和系统输出界面。

交通控制模型指的是仿真系统可变交通控制器,在仿真过程中可以通过人机交互模型连接交通控制模型实现对道路交通的控制。

由此可以看出,交通运行仿真的实体可以是真实物体,如道路和车辆;也可以是意义明确的数据集合体,如交通规划等。实体对象分为静态和动态两类,静态对象如道路和交通规划等,在一次仿真运行开始后,对象参数不再发生变化;动态对象如汽车和控制信号,在系统中受到其他因素的影响和制约,随时发生变化。在不同的初始状态和随机的用户输入条件下,各实体模型相互制约和作用的集合构成系统行为。

3）仿真结果

任何系统仿真研究的目的都是通过仿真实验结果来推断被仿真的真实系统或假想系统的状态,而仿真模型的质量对于推断结论的正确与否起着决定性的作用。由于交通系统自身的复杂性,使得仿真建模时的抽象或简化尺度很难把握,如果处理不当,则会造成仿真模型的"失真"。这一问题通常有两种解决办法,其一是仿真实验开始前对模型进行标定;其二是仿真实验完成后对模型进行有效性检验,而后者尤其重要,也尤其困难。因此,对于仿真实验结果应采取审慎的态度对待,通常情况下,要根据所讨论问题的具体情况,与其他定性的或定量的分析方法相结合,推断出被仿真的真实系统或未来系统的状态。

12.1.3 微观仿真与宏观仿真

1）基本概念

交通运行仿真,根据仿真对象和仿真目的的不同,分为微观仿真和宏观仿真。微观仿真以微观模型为基础,而宏观仿真则以宏观模型为基础。另外,还有一类更大尺度的宏观仿真,如基于四阶段模型的区域交通规划仿真。

微观仿真通过考察单个驾驶员和车辆及其相互作用特征来描述系统的状态,而宏观仿真则是通过考察交通流特征,即车队的"平均"行为来描述系统的状态。微观仿真和宏观仿真都可用来研究交通流的特征,如交通流量、交通密度、平均车速等。除此之外,微观仿真还可以用来研究每辆车的运动状态,这是宏观仿真所不能办到的。

与微观仿真相比,宏观仿真所需的计算机存贮空间和计算时间较少,仿真结果易于理解等优点。然而,也具有局部路段交通状态动态变化得不到清晰描述、车辆随机性影响无法考虑、计算不出各个车辆的交通参数等缺点。为了克服上述缺点,近年来,越来越多的研究者在宏观仿真中引进了微观仿真模型,因而出现了混合交通仿真模型。

一般来说,各种类型的交通运行仿真适用的情况为:

(1)微观仿真通常适用于动态交通现象,如交通被动分析、可接受空当分析、交织影响分析等,这些分析通常是在非稳定交通状态下进行的,使用宏观仿真不可能或很难获得结果。

(2)当交通流中的人—车单元是系统的主要考察对象时,就需要进行非常详细的微观仿真。例如对不同交通规则影响效果的估计或某一地点交通控制方案的设计等。

(3)对瓶颈路段进行研究时,如果交通量变化非常大,或交通组成中大型车的比例较高,需要进行非常详细的微观仿真。

(4)对交叉口交通状况的研究,宏观仿真和微观仿真都适用。基于排队理论的宏观仿真适用于信号灯前排队长度的研究,而微观仿真更适合于研究信号设置对车辆油耗和交通噪声的影响。

(5)宏观仿真通常更适用于道路网交通状态的研究,也可以加入微观的仿真子模型去跟踪显示各个车辆以及它们在网络中的运行情况。

2）微观仿真模型的基本要素

微观交通运行仿真模型通常由以下基本要素组成。

(1)道路条件

道路条件通常包括道路几何参数、路面状况、交通标志和标线、交通信号等。根据仿真目的的不同,在仿真过程中,道路条件可以是一成不变的,如研究不同交通流量或交通组成的状况;也可以是不断变化的,如进行道路方案的优化和比选。

(2)车辆到达

对于每一辆到达系统入口处的车辆,模型必须产生一个到达时间。根据仿真目的的需要,还应产生一些其他的描述车辆特征的参量,如车辆类型等,必要时,还应包括出行目的地。

到达时间根据每一个入口处的车辆到达间隔分布计算出来。当入口为多车道时,还必须在其他的描述车辆特征的参量中给出车道选择。

某些情况下,系统入口处产生的参量仅仅是一个初始值,它们在仿真过程中,将根据道路几何参数或交通条件的变化而改变。

(3) 车辆特征

驾驶员的行为受到交通规则和车辆动力性能的限制。描述车辆动力性能的最重要参数为最高车速及给定车速下的加减速能力,当然,这些参数受车辆特征、道路条件和天气状况的影响。车辆特征通常用发动机功率、车辆容量及空气动力学特性来描述。车辆类型分布在仿真模型中一般采用经验分布。道路条件通过道路几何参数和路面状况来描述。

在微观仿真中,车辆的最高速度将限制车辆的期望速度,而车辆加减速能力参数则用于计算驾驶员决定的执行效果。在仿真模型中,还要对加减速能力充分发挥(如紧急制动或超车)的情况和未充分发挥(如减速停车或干道上逐渐加速)的情况加以区分。

(4) 期望车速

车辆在道路上的运动主要受车辆期望速度的影响,当交通密度较高时,则主要受慢速行驶车辆的车速影响。

实际的期望车速是在低交通量的直线路段上观测出来的,随着交通量的增加,车流中自由行驶车辆的数量将会减少,期望车速的观测将变得越来越困难。在构造微观仿真模型时,通常假设期望车速与交通量无关,其分布服从正态分布,据此对小型车和大型车分别建立期望车速分布模型,近年来,则更多地以经验分布代替正态分布。在实际应用时,必须对上述关于期望车速的假设分地点、分车道进行认真的检验。

(5) 车辆间的相互作用

在构造微观仿真模型时,要对两种不同类型的人—车单元运动加以区分。一种是运动只受车辆、道路条件和外部因素如天气状况或速度限制等的影响;另外一种是除上述影响因素外,还要受其他人—车单元的影响。

在车辆跟驰模型中,通过一个"感知界限"参量来区分两种类型的人—车单元运动,这一参量也被用于确定什么时候驾驶员将加速或减速,以便与前车保持适当的距离。

构造相互作用模型时,必须对"感知界限"进行观测,并分别计算出两种不同运动类型的加速度和减速度,此外,还要对每一种道路形式分别进行模型的标定。

(6) 车道转换和超车

驾驶员对于来自其他车辆的干扰一般通过调整自己的车速来体现,当条件允许时,转换车道或超车。

对于描述车道转换和超车的参数很难进行观测,这是因为需要同时记录下许多变量,因此,目前这方面的研究成果较少。定性分析表明,当驾驶员离开慢速车道进入超车道时,所能接受的临界空当比由超车道转入慢速车道时要小得多。

对于单向行驶道路的车道转换和超车,目前的仿真模型多用"感知界限"或可接受空当出现的概率或两者结合来描述;对于双向行驶的道路,则要考虑必要的超车距离和对向交通流中产生的空当,有时还要加上视距条件和用于描述驾驶员冒险程度的参数。

3) 宏观仿真模型的基本要素

宏观仿真模型与微观仿真模型的区别主要表现在如下两个基本要素上。

(1) 车辆到达

与微观仿真模型一样,在宏观仿真模型中,对于每一辆进入系统入口处的车辆,都要产生一个到达时间,以及相应的特征参量。所不同的是,由于宏观仿真通常都是用于道路网的交通状态研究,车辆特征参量往往要包括每辆车的出行目的和行驶路线。每辆车的出行目的可以从随时间变化的OD矩阵中获得,行驶路线则可以通过最短路径法计算出来。

(2) 相互影响模型

传统的宏观仿真模型应用速度—流量一般关系式来描述车辆在系统中的运动。当道路网系统能够划分为具有相同特征的几个子系统时,也可以将道路几何特征、速度限制和天气状况等因素引入宏观仿真模型。

12.1.4 交通运行仿真步骤

交通运行仿真的对象是含有多种随机成分和各种逻辑关系的复杂的交通系统,因此,它本身就是一个复杂的系统工程。它包括问题分析、模型建立、数据采集、程序编制、仿真运行、输出结果处理等过程,必须按一定的程序和步骤进行。

图12-2给出了一般的交通运行仿真流程图,其中包括11个基本步骤,对此将在下面分别进行讨论。当然,由于所论问题的不同,研究者思维方式的差异,这11个基本步骤也不是一成不变的。

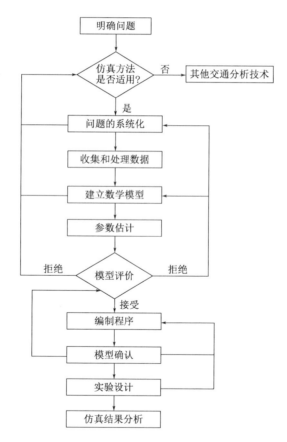

图12-2 交通运行仿真流程图

第一步:明确问题

交通运行仿真的第一个步骤是对拟要研究的问题进行详细的了解和描述,明确研究目的,划定系统的范围和边界,以便对各种交通分析技术的适应性作出判断。举例来说,此时要回答

下列问题:
(1) 希望得到什么样的输出结果?什么样的输入将对输出结果产生影响?
(2) 所论问题的空间界限和时间界限是什么?
(3) 是否存在着重要的随机因素?
(4) 是否涉及排队现象?是否存在着相互影响的排队过程?
(5) 交通条件是否随时间变化?
(6) 车辆到达或离去是否服从经典的数学分布?

第二步:确定仿真方法的适用性

这一步工作的核心是确定在各种交通系统分析技术中,系统仿真对于所论问题是最适宜的方法。应当回答的问题有:
(1) 如果不用仿真方法,所论问题如何解决?
(2) 为什么仿真方法可以较好地解决所论的问题?
(3) 是否有仿真研究所需的足够的时间和物质支持?
(4) 所论问题是否真的可以解决?

第三步:问题的系统化

一旦确定系统仿真对于所论问题是最好的解决方法,就要着手构造一个仿真模型的第一级流程图,其中包括输入、处理、输出三个组成部分。特别要对输入和输出进行详尽的说明,以便下一步的数据收集和处理。一般说来,输入数据包括交通设施设计参数、交通需求方式、运行规则、控制类型、环境条件等。而输出数据则依赖于所论问题的类型,通常包括行程时间、延误、排队长度、停车次数、交通事故、燃油消耗、尾气污染、交通噪声等。

第四步:数据的收集和处理

这一步工作的主要内容是根据输入和输出要求收集和处理所需的数据。为此,应当制定观测计划,确保满足最小样本量要求,以便于模型进行标定和有效性检验。接下来是对所收集的数据进行处理,使之符合仿真模型的需要。数据处理通常包括计算均值和方差、确定分布形式和相互关系、进行回归分析和单位转换等。

第五步:建立数学模型

建立数学模型是系统仿真中最关键的一步,也是最费时间的一项工作。通常采用自上而下循序渐进的方法进行。以前面提到的第一级流程图出发,将注意力放在连接输入和输出的处理过程上,建立第二级流程图,确定构成处理过程的主要模块及其相互关系,每一模块的输入和输出。然后,建立第三级流程图,对每一个模块的功能进行详细的描述。

第六步:参数估计

模型中的参数有两种基本类型,即确定型和随机型。确定型参数可以是常数,也可以根据系统状态的不同,对应于一组常数中的某个值,或者按某种回归规律在一定范围内连续变化的值。对于随机型参数,除给出它的均值和方差外,还要指出其分布形式。

第七步:模型评价

这一步工作的首要任务是对所建模型的各种可能情况进行手工计算,以确定流程中是否出现中断或回路、检验数据输入的适应性和取值范围、检验最终的和中间的输出结果的合理性。其次,还需要做出一些判断,如是否有必要增加、删除或改变一些变量,是否有必要修正一些确定型或随机型参数,是否有必要对模型的结构进行修改等。如果仅仅是需要修正某些变量或参数,则相对来说要简单,而一旦模型本身被拒绝,则需要返回前面的第三或第五个步骤,有时甚至返回第二个步骤,以至于可能放弃系统仿真方法。

第八步:编制程序

一旦所建的模型被接受,便可着手编制计算机程序。编程工作量的大小和难度取决于前面建立的流程图的质量。如果流程图考虑得很周到,模块设计很详细,则编程仅仅是简单劳动。这步工作中最重要的一点是对编程语言和计算机设备的选择。应考虑的因素有:开发人员对各种编程语言包括通用高级语言和专用仿真语言的熟悉程度、计算机编辑器的能力、模型的特征与仿真语言的相容性、仿真程序的可扩展性等。如果所编制的程序将推广应用,例如作为商业软件出售,则要考虑留出修改和扩充的余地,同时还要加入必要的注释。

第九步:模型确认

模型确认包括三项内容,即模型校核、模型标定和有效性检验,三者关系见图12-3。

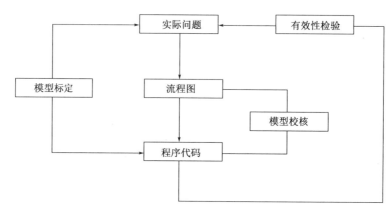

图12-3 模型校核、标定和有效性检验三者之间的关系

(1)模型校核与程序调试相比,更加详尽也更加费力。其目的是确认程序代码所执行的正是流程图所规定的任务,此时的工作内容并不涉及拟研究的实际问题。

(2)模型标定是以现场观测数据作为输入,检验输出结果是否与实际的观测结果相吻合,检验的重点为输入变量。例如,输入随机分布参数,检验输出的分布形式是否与观测结果一致,如果不一致,则需进行调整,直至与实际情况相吻合为止。需要指出的是,模型标定时只使用一部分观测数据,必须留下一些观测数据用于有效性检验。模型标定的难度取决于现场观测的质量、计算模型的综合能力和所论问题的复杂程度。

(3)有效性检验是将其余未使用的现场观测数据输入仿真程序,并将计算结果与相应的观测结果进行比较。这时,不能再对模型参数进行调整,输出结果与实际观测之间的差异表明了整个仿真程序在所检验条件下的误差。如果这一误差可以接受,说明仿真程序是可用的,否则就要重新进行标定和有效性检验。

第十步:实验设计

一旦仿真程序通过了有效性检验,便可用来进行仿真实验,在此之前,实验设计是不可忽视的一个步骤。所谓实验设计,指的是制定一个详细的实验方案,通常包括如下内容:

(1)选择控制变量。

(2)确定每个控制变量的限制条件或边界条件。

(3)确定每个控制变量的步长。

(4) 确定控制变量的层次结构,可考虑先改变初级控制变量,而保持次级变量为常数。

(5) 如何通过仿真程序中的循环语句自动改变初级控制变量的取值。

(6) 如何通过仿真程序中的搜索子程序自动确定最佳条件。

实验设计的难度取决于仿真程序的规模和灵活性以及所论问题的复杂性和状态变化程度。在实验设计时对于随机变量要给予充分的注意,每个随机变量都要经历多次反复实验,为此,首先应当确定重复实验的次数;其次,每个随机变量都应由独立的随机数发生器产生自己的随机数序列;另外,在选择随机数的初始值时要采用灵活多变的方法,以保证其随机性。

第十一步:仿真结果分析

这一步骤包括三项工作内容,即仿真运行、结果分析和形成文档。

仿真运行过程应当有详细的记录,一般说来,仿真程序自身应当对输出结果加以辨识标记,以便于对其进行分析。

在仿真结果分析时,有可能发现仿真程序中的缺陷,这时应当对其进行修改完善。根据需要,可能还要借助辅助程序输出图形,对仿真结果进行统计检验,或生成文本文件。

应当对文档工作给予充分的重视。一个完善的仿真软件,应当具备齐全的文档,包括用户使用手册和技术文档。用户使用手册是为除开发者以外的其他使用人员准备的。而技术文档应包括所有变量的定义、三级流程图、输出和输入的例题等,必要时还应包括程序清单。

以上介绍了开发交通运行仿真程序的一般步骤,当然这十一个步骤并不是一成不变的,根据开发者风格的不同,问题的复杂程度和软件应用范围的大小,可能会增加或减少一些步骤,要根据情况灵活掌握。

12.1.5 交通仿真系统的应用

交通仿真技术作为一种交通分析工具,已经渗透到交通工程领域的方方面面,其应用领域主要包括:

在交通工程理论研究中的应用。目前,仿真软件在交通工程理论研究中的应用主要集中在交通流理论方面。随着计算机技术的迅猛发展,以计算机为辅助工具,利用其可重复性、可延续性模拟交通运行状况,进行交通运行特性和通行能力研究,已成为交通流理论研究的一个发展方向。在通行能力研究方面,国内外都已有利用仿真模型进行通行能力研究的实例。如美国 HCS(Highway Capacity Software)软件系统由美国交通运输研究委员会研制开发,与美国《道路通行能力手册》配套使用。该软件由交叉口、干道、公路网等模块组成。数据输入包括交通设施几何参数(车道数和车道宽度等)及交通和道路条件(交通流量、自由流速度、地形条件、道路等级、横向干扰、重车混入率等);输出结果为各种交通设施通行能力及其相应服务水平和相关图表。HCS 系统软件为美国道路运输与交通工程设计、规划与控制提供了良好的服务,发挥了巨大的效用。

在道路几何设计方案评价分析中的应用。制订道路几何设计方案时往往需要考虑几何线形的透视效果。以往,这些工作通过一些设计中必须遵循的平纵线形组合原则及部分绘制立体透视图来完成。由于人为的差错和透视图绘制的精确性等原因,在道路竣工后,往往会存在一些不尽如人意之处。现在,仿真软件提供了一个 3D 平台,可以供设计者在计算机中观看、检查所设计道路的实际效果,甚至可仿真实际驾驶时的驾驶员反应特性,可及时发现设计方案的缺陷和局限性,并进行修改或调整。这样,在设计中可以及时发现和避免一些线形设计上的问题。

在交通管理系统设计方案评价分析中的应用。交通管理控制方案的制订往往需要有更为细致、准确的交通分析工具以提供更好的决策支持手段,而实际工作中由于缺乏这样的工具不得不照搬在宏观规划层次(如路网规划方案评价)中采用的聚集程度较高的交通状态分析工具。最新的交通仿真软件提供了一个将道路和交通设计有机结合在一起的灵活的试验平台,可以直观地提供各种交通设计的实施效果,并可以计算方案实施中的各种交通流参数。如德国的VISSIM仿真软件,该软件可以提供诸如延误、行程车速、地点车速、流量、密度等一系列可用于定量评价交通设计效果的指标。

在道路交通安全分析中的应用。在完成道路几何设计和交通组织设计后,利用仿真软件提供的直观的图形界面,设计者可以通过运行仿真软件来检查道路各个部分上的交通隐患,尤其是在信号设计中,可以直观地通过查看是否有车辆在通过交叉口时发生冲突,以此来评价信号配时方案是否保证了交叉口的通行安全。在交通安全与事故分析中,仿真模型可"再现"交通事故发生的全过程,是分析事故成因、制定交通安全保障措施的有力工具。

在交通新技术和新设想测试中的应用。正如土木学科中的力学试验设备一样,交通仿真软件提供了一个有效的、直观的仿真试验平台,各种新的交通技术和设想都可以在这个平台上进行试验;而以往这种新技术、新方法需通过费用高昂的真实试验来验证,而且由于实地观测和采集数据的困难,有时并不能全面地考察和评价这些新技术的优缺点。

12.2 交通运行仿真常用模型

交通运行仿真常用模型主要分为两大类:微观仿真模型和宏观仿真模型。本书已经对交通系统的微观/宏观模型及交通规划模型进行了系统的介绍,因此,本节主要对重要交通流模型在仿真中的应用,以及构成交通仿真系统的其他重要模型进行介绍。其中,道路设施模型、交通生成模型、车辆跟驰模型、换道模型以及事件反应模型都是微观仿真模型,宏观仿真模型主要包括第4章介绍的城市交通流特性模型、城市交通网络模型和二流模型。

12.2.1 道路设施模型

在交通运行仿真的诸多模型中,道路设施模型是最重要的静态模型。所谓静态模型,是指在一次仿真运行开始后,对象参数不再发生变化。道路设施模型主要用来描述道路的几何特征、车道划分、隔离带以及路肩的宽度、路面类型、固定交通标志的位置等。同时,对于微观交通仿真,道路模型不仅仅是简单的几何图形的记录和表现,更重要的还应起到交通仿真载体的作用,通过有效的数据组织,道路模型必须主动和高效地体现其对动态实体(即车辆)运行的约束作用,提高仿真运行效率。在辅助计算机程序的帮助下,道路设施模型的建立十分简单、直观、灵活,加之其与车辆模型是分离的,因而为重复仿真和对比仿真提供了很大的灵活性。

1)道路设施模型的功能

道路设施模型在一次仿真开始后不再发生变化,是服务于动态模型的静态模型;而车辆模型通常通过创建不同参数的类(Class)和实例(Instance)建立起来,进入仿真系统并一直驶出系统,是多实例动态模型。道路设施模型描述了仿真研究的地理空间参照系,在整个仿真过程中起载体和容器作用,具有如下功能:

(1) 定义被仿真道路系统的空间参照系(如经纬度、投影变换后的 x、y、z 坐标),划定系统边界约束。

(2) 记录和存储仿真系统所需的各种算法模型(如车辆到达模型、信号灯控制模型、车辆跟驰模型、车辆冲突模型等),是仿真系统中所有模型存在和协作推进的容器。

(3) 存储、记录诸如交叉口、控制器、检测器等各种动、静态计算参数的状态信息和统计信息等。

(4) 根据道路几何线形、控制器作用范围、路口冲突规则等定义车辆运行轨迹等逻辑模型和逻辑规则,协调各种算法模型、动态模型以及动态模型实例间的逻辑操作,提高系统仿真效率,实现车辆运动动画表现。

(5) 作为整个仿真运行的程序指令、信息、控制(编程)载体,是各种开放性编程控件、外部函数、仿真算法的调度器。

在仿真程序中,车辆模型是车辆类创建的不同参数的实例,正是在这样一个特定的道路设施模型空间中,在受到道路本身和控制器等作用且相互作用、相互影响的同时,最后驶离系统。交通运行仿真道路设施模型建立的优劣,将直接影响整个仿真系统的运行效率。

2) 道路设施模型的建立

道路设施模型的建立应紧密围绕整个仿真问题和具体的仿真方法进行。道路设施的几何参数通常来自道路平面、横断面、纵断面设计;道路设施对车辆的约束可根据交通组织设计建立模型。

为了真实地描述实际的道路条件,在道路设施模型中应包括尽可能多且尽可能详细的参数。然而,一些道路设施参数的输入不可避免地要采用人工方式,为了方便仿真程序使用者,又希望输入参数尽可能少而简。在确定道路设施参数的数量和数据格式时,应正确处理好这一对矛盾。对于需要人工输入的参数,应当遵循少而简的原则。所谓少,指的是人工输入的数据量应尽可能少,凡是能依靠计算机程序产生的数据一律不作为输入数据对待,而交由计算机程序提供,这将为道路几何设计的更改提供方便,这一点在以方案比选为目的的仿真实验中是非常重要的。尽管这样做可能会增加程序的编制工作量,但是程序的编制是一次性的工作,而程序的使用是多次的,每使用一次,就需要进行一次输入。所谓简,指的是人工输入的数据格式应尽可能简单,以便于非程序编制者使用。为此,可以采取以下方法。

(1) 简化为二维问题

道路设施的输入可以采用道路俯视图按平面问题对待。这样对于道路宽度、车道宽度、隔离带、平曲线等参数不会产生误差;对于竖曲线则可以通过输入起始点的位置,而将纵坡坡度作为辅助参数来解决;对于交通标志则只需要输入其位置,而将标志类型作为辅助参数;道路超高通常不予考虑。

对于立交桥等空间分离的交叉口或交通设施,可通过定义平面图层、隔离路径等方式建立相应模型。

(2) 采用地理空间坐标

建立相对坐标系。通常可采用地理空间坐标平面投影来描述道路设施模型,它比绝对坐标使数据输入更加简单,也可为今后装备有全球定位系统(GPS)的车辆运行验证坐标系及坐标变换提供方便。

(3)采用成熟图形信息平台建立道路设施模型

由于交通仿真对环境的要求比较高,应选用成熟的图形信息平台实现道路设施模型。例如,采用成熟的地理信息系统(GIS)平台 ArcGIS。

地理信息系统是关于空间信息记录和描述的计算机系统,具有很强的图形计算功能,特别是一些大型地理信息系统平台拥有完善的数据结构模型,保证了高效图形计算和信息存储调用、数据分析以及矢量图形、点阵图标快速显示,除具有图形计算、信息分析和表现等功能外,还具有二次开发的开放性编程接口。因此,完全可借助地理信息系统平台建立起高效的道路设施模型,实现对道路交通的仿真。

12.2.2 交通生成模型

交通生成模型是交通运行仿真的最基本模型,主要解决交通流的输入问题。在现实的交通流中,车辆的到达是随机的、离散的,对于这样一个系统进行仿真研究,首先要解决如何得到符合一定概率分布的随机变量,这正是本小节讨论的重点。由于随机变量的产生通常依赖于[0,1]区间上均匀分布的随机数,因此,本节也要对常用的随机数产生方法进行介绍。交通流的统计分布原理请参见第3章。

1)随机数的产生

利用数字机本身的数字计算功能来产生伪随机数的方法既不需要占用很多内存,又能重复产生,它是目前较为广泛采用的方法。能重复产生出完整一致的随机数列至少可带来两个好处,首先,能使计算机程序的调试更加方便;其次,在不同的仿真运行中重复使用相同的随机数列,可以比较仿真输出的精度。当前应用的大多数随机数发生器都是各种线性同余发生器,其根据下面的递推公式产生 $0 \sim m-1$ 的整数序列 $X_1, X_2, \cdots$。

$$X_{i+1} = (aX_i + c)(\bmod\ m) \tag{12-1}$$

即:

$$X_{i+1} = aX_i - \mathrm{int}\left(\frac{aX_i + c}{m}\right) \times m \tag{12-2}$$

其中,int 表示取整;初始值 X_0 称为种子;a 为常数;c 为增量;m 为模。对 a、c、m 及 X_0 的选取强烈影响随机数的统计性质和周期长度。

在式(12-1)中,当 $c \neq 0$ 时,称为混合同余法;当 $c = 0$ 时,称为乘同余法。乘同余法在混合同余法产生前已研究得比较彻底。并且由于近年来对混合同余法所期望的性能改善没有获得明显的进展,因此今天所用的大多数线性同余发生器都采用乘同余法。

此时,式(12-2)变为:

$$X_{i+1} = aX_i - \mathrm{int}\left(\frac{aX_i}{m}\right) \times m \tag{12-3}$$

对二进制计算机,可以按照以下规则选择 a 和 m:

取 $m = 2^j$,j 是某个整数,一般 m 选择在机器所能表示的数的范围内;同时,还要考虑用式(12-1)计算得到的伪随机数序列的周期为 $m/4$,它应大于试验的持续期。a 一般取与 $a \approx 2^{p/2}$ 最接近而又满足 $a = 8K \pm 3$ 的那个数,其中 K 为任意整数,p 为机器字长度。

2)随机变量的产生

产生随机变量的方法很多,按其原理主要有如下几种类型。

(1) 反变换法

假设在区间[0,1]中的均匀随机数列 $X_1, X_2, \cdots$ 已经存在,其概率密度函数 $f(x)$ 和分布函数 $F(x)$ 为:

$$f(x) = \begin{cases} 1, 0 \leq x \leq 1 \\ 0, \text{其他} \end{cases} \tag{12-4}$$

$$F(x) = \begin{cases} 0, x < 0 \\ x, 0 \leq x \leq 1 \\ 1, x > 1 \end{cases} \tag{12-5}$$

为了获得各种不同分布的随机变量 $\{Y_i\}(i=1,2,\cdots)$,要求对 $\{X_i\}$ 进行整形。

首先介绍一个定理:如果 $\{X_i\}$ 是一个在[0,1]区间均匀分布的随机变量,它的概率分布为 $F_1(x)$,今要求 $\{Y_i\}$ 的分布函数为 $F_2(y)$,则只要取 $x = F_2(y)$,即 $y = F_2^{-1}(x)$(反函数)即可。

上述定理可以用反证法加以证明。

假定 $x = F_2(y)$ 是在[0,1]区间取值且单调递增的连续函数,则 x 是[0,1]区间的随机变量。

当 $x < 0$ 时,$F_1(x) = 0$;

而 $x > 1$ 时,$F_1(x) = 1$;

当 $0 \leq x \leq 1$ 时,$F_1(x_i) = P\{X < x_i\} = P\{F_2(y) < x_i\}$。

若令 F_2^{-1} 为 F_2 的反函数,则有:

$$F_1(x_i) = P\{Y < F_2^{-1}(x_i)\}$$

假定 $x = F_2(y)$,得 $x_i = F_2(y_i)$,故有:

$$F_2^{-1}(x_i) = y_i$$

则:

$$F_1(x_i) = P\{Y < y_i\} = F_2(y_i) = x_i$$

这表明 $\{X_i\}$ 确实为[0,1]区间均匀分布的随机数,定理由此得到证明。

利用反变换法很容易就能从均匀分布的随机数得到其他所需分布的随机变量,但要求所需分布的反函数能用解析式表达。

(2) 组合法

反变换法是最直观的方法,但却不一定在任何情况下都是最有效的方法。

当一个分布函数可以表示成若干个其他分布函数之和,而这些分布函数较原来的分布函数更易于取样时,则宜采用组合法。

设随机变量 x 的分布函数 $F(x)$ 可写成式(12-6)的形式:

$$F(x) = \sum_{j=1}^{\infty} p_j F_j(x) \tag{12-6}$$

其中,$p_j > 0$,且 $\sum_{j=0}^{\infty} p_j = 1$,$F_j(x)$ 是其他类型的分布函数;或者随机变量 x 的密度函数 $f(x)$ 可写成下式的形式:

$$f(x) = \sum_{j=1}^{\infty} p_j f_j(x) \tag{12-7}$$

其中,p_j 的定义与前面相同,$f_j(x)$ 是其他类型的密度函数,与它相应的分布函数为 $F_j(x)$,则组合法产生随机变量的步骤如下。

步骤1:产生一个随机整数 J,满足:
$$P\{J=j\} = p_j \quad (j=1,2,\cdots)$$
步骤2:产生具有分布函数 $F_j(x)$ 的随机变量 x_j。
步骤3:令 $x = x_j$。

显然,其中第一步是确定采用哪一种分布函数来取样,这可采用反变换来实现;在确定了分布函数后,第二步以该分布函数产生随机变量,如果该分布易于取样,则也易于得到所要求的随机变量。具体方法可采用前面介绍的反变换法或者后文介绍的其他方法。

(3)卷积法

对于一些重要的分布,所需随机变量 Y 可以表示为独立的相同分布的其他随机变量之和,它比直接产生 Y 更为方便。

现假设具有独立均匀分布的随机变量 $X_1, X_2, \cdots, X_m$ 则对于固定的 m 和 $X_1, X_2, \cdots, X_m$ 与 Y 有相同的分布,写为:

$$Y = X_1 + X_2 + \cdots + X_m$$

该法称为卷积法。这里 Y 的分布称为 X_i 的 m 阶卷积。

若 Y 是具有均值 β 的 m 阶厄尔兰随机变量,则可写成 $Y = X_1 + X_2 + \cdots + X_m$,这里 X_i 是独立的且具有相同指数分布的随机变量,每一个 X_i 有参数 β/m。于是,为了产生 Y,可首先产生 $X_1, X_2, \cdots, X_m$ 作为具有参数 β/m 的独立的且具有相同指数分布的变量,然后置 $Y = X_1 + X_2 + \cdots + X_m$。如果指数随机变量由反变换法产生,则效率还可提高,因 $X_i = (-\beta/m)\ln U_i$,这里 $U_1, U_2, \cdots, U_m$ 是独立且具有相同分布 $U(0,1)$ 的随机变量,于是有:

$$Y = \sum_{i=1}^{m} X_i = \sum_{i=1}^{m} -\frac{\beta}{m}\ln U_i = -\frac{\beta}{m}\ln\left(\prod_{i=1}^{m} U_i\right) \tag{12-8}$$

因此,仅需计算一次对数(而不是 m 次对数)。上式算法可归结如下:
①产生 $U_1, U_2, \cdots, U_m$ 作为独立相同分布 $U(0,1)$。
②置 $Y = -\frac{\beta}{m}\ln\left(\prod_{i=1}^{m} U_i\right)$,然后返回。

(4)接受—拒绝法

上面介绍的三种方法有一个共同的特点,即直接面向分布函数,因而称为直接法,它以反变换法为基础。

当反变换法难于使用时,接受—拒绝法则是主要方法之一,下面先介绍这种方法的基本思路。

设随机变量 x 的密度函数为 $f(x)$,$f(x)$ 的最大值为 C,x 的取值范围为 $[0,1]$。

若存在两个独立的 $[0,1]$ 区间内均匀分布的随机变量 u_1、u_2,则 Cu_1 是在 $[0,C]$ 区间内均匀分布的随机变量,若以 u_2 求 $f(u_2)$ 的值,若满足:

$$Cu_1 \leqslant f(u_2) \tag{12-9}$$

概率为:

$$P\{Cu_1 \leqslant f(u_2)\} = \int_0^1 dx \int_0^{f(x)} \frac{dy}{1 \times C} = \frac{1}{C} \tag{12-10}$$

接受—拒绝法的做法是:若(12-9)式成立,则接受 u_2 为所需要的随机变量 x,即 $x = u_2$,否

则拒绝 u_2。

对一般情形,接受—拒绝法则是根据 $f(x)$ 的特征规定一个函数:$t(x)$(前面实际上是一个常数 C),对 $t(x)$ 的要求为:$t(x) \geqslant f(x)$、$\int_{-\infty}^{\infty} t(x)\mathrm{d}x = C < \infty$ 及易于从 $t(x)$ 进行反变换。

令 $r(x) = \frac{1}{C}t(x)$,则:

$$\int_{-\infty}^{\infty} r(x)\mathrm{d}x = \int_{-\infty}^{\infty} \frac{1}{C}t(x)\mathrm{d}x = 1$$

从而可将 $r(x)$ 看作是一个密度函数,并用 $r(x)$ 代替 $f(x)$ 取样,以得到所需要的随机变量。

由于 $r(x)$ 并不是实际要求的 $f(x)$,这就产生接受与拒绝的问题,一般算法为:

步骤 1:产生 $u_1 \sim U(0,1)$。
步骤 2:由 $r(x)$ 独立地产生随机变量 u_2。
步骤 3:检验如下不等式:

$$u_1 \leqslant \frac{f(u_2)}{t(u_2)} \tag{12-11}$$

若不等式成立,则令 $x = u_2$,否则返回第一步。

3)正态分布随机变量的产生

首先注意到,给定 $X \sim N(0,1)$,并且能通过 $X' = \mu + \sigma X'$ 得到 $X' \sim N(\mu, \sigma^2)$,因此可将注意力仅放在产生标准正态随机变量 $N(0,1)$ 上。

(1)近似法

一个著名的得到正态分布随机变量的方法是用 12 个 $U(0,1)$ 随机变量之和减去 6,即:

$$x = \sum_{i=1}^{12} u_i - 6 \tag{12-12}$$

这一方法是建立在中心极限定律的基础上的。

$$\mu_x = E(x) = 0$$

$$\sigma^2 = E\left[\sum_{i=1}^{12}(u_i - 0.5)^2\right] = \sum_{i=1}^{12} E[(u_i - 0.5)^2] = 1$$

若增大求和数目,可以提高近似的精度,但效率降低。取:

$$x = \sum_{i=1}^{n} x_i - \frac{n}{2}$$

其均值为零,但方差为 $\frac{n}{12}$(因每个 u_i 的方差为 $\frac{1}{12}$)。为了得到标准正态变量,应使:

$$x = \sqrt{12n}\left(\frac{1}{n}\sum_{i=1}^{n} u_i - \frac{1}{2}\right) \tag{12-13}$$

(2)直接变换法

正态分布随机变量的产生不能采用反变换法,这是因为它的反函数不能解析表达出来。可采用下面更精确有效的方法。

标准正态分布的概率密度为:

$$f(x) = \frac{1}{\sqrt{2\pi}} e^{-\frac{1}{2}x^2}$$

两个独立的正态分布变量 x_1 和 x_2 的联合概率密度为：

$$f(x_1,x_2) = \frac{1}{\sqrt{2\pi}} e^{-\frac{1}{2}(x_1^2+x_2^2)}$$

利用下述变换 $x_1 = \cos\varphi, x_2 = \sin\varphi$，可得 r, φ 在 $rdrd\varphi$ 二维区域内的概率分布，表示为：

$$\begin{aligned}
f(r,\varphi)\mathrm{d}r\mathrm{d}\varphi &= \frac{1}{2\pi} e^{-\frac{1}{2}r^2} r\mathrm{d}r\mathrm{d}\varphi \\
&= \left[e^{-\frac{1}{2}r^2}\mathrm{d}\left(\frac{1}{2}r^2\right)\right]\left(\frac{1}{2\pi}\mathrm{d}\varphi\right) \\
&= -\mathrm{d}(e^{-\frac{1}{2}r^2}) \cdot \mathrm{d}\left(\frac{\varphi}{2\pi}\right) \\
&= -\mathrm{d}\left[F_1\left(\frac{1}{2}r^2\right)\right] \cdot \mathrm{d}[F_2(\varphi)]
\end{aligned}$$

可知 $\frac{1}{2}r^2$ 和 φ 分别为指数分布和均匀分布的独立随机变量。设 R_1 和 R_2 为两个独立的、在 $[0,1]$ 上均匀分布的随机变量，则按照前面介绍的定理，令 $R_1 = e^{-\frac{1}{2}r^2}, R_2 = \frac{1}{2\pi}\varphi$，计算得：

$$\begin{cases} x_1 = \sqrt{(-2\ln R_1)} \cdot \cos 2\pi R_2 \\ x_2 = \sqrt{(-2\ln R_1)} \cdot \sin 2\pi R_2 \end{cases} \tag{12-14}$$

x_1, x_2 即为所求的两个独立的正态分布随机变量 $N(0,1)$。

4）泊松分布随机变量的产生

离散随机变量 X 为可数的有限数目的随机变量，其可能值列为 $x_1, x_2, \cdots$，则 X 的概率分布函数为：

$$p(x_i) = P(X = x_i) \quad (i = 1, 2, \cdots)$$

它必须满足 $p(x_i) \geq 0, \forall i$ 和 $\sum_{i=1}^{\infty} p(x_i) = 1$。

泊松分布适合描述许多随机过程，且在数学上非常简单，其概率质量函数为：

$$p(x) = \begin{cases} \dfrac{e^{-a}a^x}{x!}, & x = 0, 1, \cdots \\ 0, & \text{其他} \end{cases} \tag{12-15}$$

式中，$a > 0$。泊松分布的一个重要特性是均值和方差都等于 a，即 $E(X) = \mathrm{Var}(X) = a$。其累积分布函数为：

$$F(x) = \sum_{i=0}^{x} \frac{e^{-a}a^i}{i!} \tag{12-16}$$

在排队系统中，通常假定顾客到达分布服从泊松分布，其概率分布函数为：

$$p(n) = P(N = n) = \frac{e^{-a}a^n}{n!} \quad (n = 0, 1, \cdots) \tag{12-17}$$

式中：N——单位时间内顾客到达的个数。

若相继顾客到达间隔时间 $t_1, t_2, \cdots$ 服从具有参数 a 的负指数分布，满足：

$$A_0(t) = e^{-at}$$

于是在离散泊松分布和连续的负指数分布之间存在关系：

$$N = n \tag{12-18}$$

当且仅当：

$$t_1 + t_2 + \cdots + t_n \leqslant t_1 + \cdots + t_n + t_{n+1} \tag{12-19}$$

上述不等式左边为 n 个顾客到达的总间隔时间，右边为 $n+1$ 个顾客到达的总间隔时间，那么，第 $n+1$ 个顾客是在 1 个单位时间后到达，第 n 个顾客是在 1 个单位时间前到达，这样，一个单位时间正好到达 n 个顾客。

由式(12-19)能产生泊松分布随机变量，即不断产生负指数到达间隔时间，将它们加起来，如果 $n+1$ 个到达间隔时间之和大于 1，则置 $N=n$。为了使产生的效率更高，令 $t_i = (-1/a)\ln U_i$，代入式(12-19)，然后同乘以 $-a$，这时不等号应反向，并利用对数运算性质，得：

$$\ln \prod_{i=1}^{n} U_i \geqslant -a > \ln \prod_{i=1}^{n+1} U_i$$

进一步可得：

$$\prod_{i=1}^{n} U_i \leqslant \mathrm{e}^{-a} > \prod_{i=1}^{n+1} U_i \tag{12-20}$$

此式和式(12-19)是等价的。

综上所述，产生泊松分布随机变量 N 的方法可由下列步骤组成：

步骤 1：置 $n=0, p=1$。

步骤 2：产生一个随机变量数 U_{n+1}，并用 $p \cdot U_{n+1}$ 替换 p。

步骤 3：若 $p < \mathrm{e}^{-a}$，则接受 $N=n$；否则拒绝，并令 n 增 1，然后返回步骤 2。

12.2.3 事件反应模型

事件反应模型反映各种各样特定的交通现象。由于实际交通现象以及不同的仿真需求决定了事件反应模型描述内容的多样性。下文将介绍城市道路交通中的一些常见现象的事件反应模型建立方法。

1）事件反应模型中的情形划分

实际情况中，由于道路和交通条件的不同，车辆所处的运行环境千差万别，应用少数几个模型来描述众多微观层面的交通现象是不现实的。因此，往往需要对众多的可能发生的情形进行合理的划分，然后再对各种情形下的交通现象建立相应的描述模型。一种情形表示的车辆所处的道路、交通环境的一种特征状况，情形的划分应能清楚地反映车辆所处的具有代表性的某种环境状况。而情形的组合应能全面地反映实际情况中车辆所可能遇到的各种情况。应该指出的是，情形划分虽然没有具体的模型形式，但却是车辆行驶行为模型的重要组成部分。

在情形划分的基础上，对每一种情形下车辆的行驶行为的描述由具体的数学模型来完成。由于情形划分的细化，各情形下的车辆行驶行为描述模型形式一般并不复杂，但往往表现为实际情况的直接反映，与实际的交通现象有着很好的对应。

2）信号灯交叉口事件反应模型建模

车辆在交叉口进口道上的行驶过程非常复杂，前方路口的信号灯色、前方是否有停车排队队列、前方车辆的行驶状态、交叉口其他进口道冲突车流的情况、交叉口的各种限制条件等诸多因素都会对车辆的行驶行为产生直接的影响。为了准确地描述车辆在多种因素约束下的行驶行为，就要先对车辆在进口道上行驶时可能遇到的各种情况作一个合理的情形划分。根据进口道上是否有停车排队车辆首先可划分为两种情形：进口道上有停车排队车辆的情形和进口道上无停车排队车辆的情形。

(1) 进口道上有停车排队车辆的情形。

交叉口进口道上车辆的行驶除受前方车辆的行驶状态、与前方车辆的相对位置关系的影响外,还受交叉口进口道上的限速标志、信号灯色、交叉口其他进口道冲突流向上车辆的行驶状态的约束。对这些因素的综合分析非常复杂,因此需作进一步的情形划分,以使车辆在不同情况下所受的约束情况清晰明了。

考虑到实际情况中车辆在进口道的不同位置上所受到的约束情况的差异,将交叉口进口道划分成不同的区域,图 12-4 是具体的区域划分情况。图中将进口道交叉口影响范围分为近停车线区域及远停车线区域,NSP(Near to Stopline Point) 为近、远停车线区域的临界点,IBP(Intersection Boundary Point) 为交叉口影响范围的临界点。近停车线区域是指进口道上距停车线 20~30m 的区域,在该区域内行驶的车辆具有如下特点:满足交叉口的限速条件,即车辆在进入近停车线区域之前已完成减速至交叉口限制车速的操作;交叉口其他进口道上与当前车辆流向相冲突的车辆会对当前车的行驶行为产生约束。在近停车线之外,即远停车线区域的车辆则可以认为不受其他进口道的车流的影响。

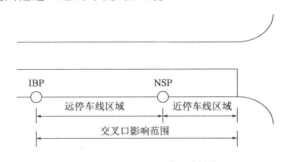

图 12-4 交叉口进口道区域划分

根据图 12-4 的区域划分,可将进口道上排队队列中的车辆按所处区域以及在队列中的不同次序分为三种类型。三种不同类型车辆所受到的行驶行为约束各不相同。具体的分类情况如图 12-5 所示。图中:a 类表示排队队列的头车,位于近停车线区域,其行驶行为受信号灯色及其他进口道冲突车辆的约束;b 类表示近停车线区域内除队列头车之外的其他车辆,其行驶行为受信号灯色、其他进口道冲突车辆及本队列中前方车辆的约束;c 类表示远停车线区域内的车辆,其行驶行为受队列中前方车辆及交叉口限速的约束。

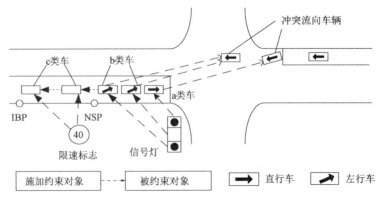

图 12-5 交叉口范围内车辆的影响关系

通过上述车辆类型的划分初步达到了把车辆在不同情形下所受到的约束情况分析清楚的目的。进一步的情形划分则要分析各种约束条件对上述三种类型车辆的不同作用方式，或者说组合方式。在各种约束条件中，首先应该考虑车辆的行车状态，其中包括所考察的当前车辆的行车状态，以及对当前车辆产生影响的其他车辆（如正前方车辆、冲突流向车辆）的行车状态。因此，有必要对排队队列中车辆的各种可能的行驶状态进行划分。具体划分情况如下：

①停车状态(ST)，这是排队队列中车辆最开始的状态。②低速溜车状态(SM)，车辆以较低的车速溜行，这种行驶状态一般在车辆等待机会通过某一特定点时，车辆前方存在一定的无阻碍行驶空间的情况下出现。一旦道路空间已不足以供车辆继续溜行时，如果车辆仍未获得通过某特定点的机会时，车辆将由低速溜车状态迅速转为停车状态。③加速驶离状态(SU)，车辆从停车或低速状态以较快的加速度加速至较高的车速。在排队队列的扩散过程中，如果完全掌握了前方的情况，而且确信前方不会发生阻碍车辆加速行为的情况时，车辆将以这种状态加速通过停车线。④谨慎加速跟随状态(DSU)，与加速起动状态不同，由于对前方的情况并未完全掌握，车辆在加速过程中必须同时考虑在前方出现不允许车辆继续加速时能够安全地降低车速，因而在加速过程中会采用相对较低的加速值。⑤减速停车状态(DS)，排队队列中的车辆在起动以后由于再一次失去通行权而准备再次停车。

在三种不同类型的车辆中，b类车所受到的约束条件最多，各约束条件对当前车辆施加影响的组合方式也最多。因此，着重介绍b类车的各种约束条件情形划分。属于b类车的当前车辆在决定其驾驶行为时将考虑当前车辆本身的行车状态、前方车辆的行车状态、交叉口冲突车辆的行车状态、信号灯色情况等综合因素来确定其下一步的行驶行为。首先将两个最重要的约束条件——当前车辆状态与前车状态进行各种可能的情形划分，详见表12-1。表12-1的最后一列给出了当前车辆在不同行车状态的情形下，综合考虑其他约束而确定的在下一时刻的各种可能行车状态。限于篇幅，仅以当前车辆为停车状态时对下一时刻行驶行为的确定过程为例予以说明，具体分析过程如图12-6所示。从图中可以看出，情形分析的过程实际上就是模拟驾驶员在各种不同情况下的逻辑分析过程。因此，情形划分的合理性往往是事件反应模型真实反映各种交通现象的关键。经过图12-6所示的情形划分之后，车辆在下一时刻的行驶行为可归纳为继续停车、低速溜车、谨慎加速跟随和加速驶离4种类形，相应的模型描述是较为简单的。

当前车辆状态与前车状态的情形划分 表12-1

当前时刻当前车辆的状态	当前时刻前车的状态					下一时刻当前车辆的各种可能状态
	ST	SM	SU	DSU	DS	
ST	+	+	+	+	+	ST,SM,DSU,SU
SM	+	+	+	+	+	SM,SU,DS
SU	-	-	+	-	-	SU
DSU	+	+	+	+	+	SU,DSU,DS
DS	+	-	+	-	+	ST,DS,SU

注："+"表示可能发生的情形，"-"表示不可能发生的情形。

（2）进口道上无停车排队车辆的情形与进口道上存在停车排队的情形相比，对进口道上无停车排队情形下车辆行驶行为的描述则相对简单。根据信号灯色为绿色、红色以及黄色三种情形，对车辆行驶行为分别予以描述。信号灯色为红灯时情形最为简单，头车或者以溜车方式慢慢停车,或者以一般的减速停车方式停车。其余车辆则在跟车模型约束下行驶,当然还要受到交叉口的限速约束。信号灯色为绿灯时情况稍复杂,因为行驶在近停车区域的车辆要受到其他进口道相冲突车辆的约束。如果在冲突分析中失去通行权,尽管车辆本身流向的信号灯色为绿灯,当前车辆仍要以减速停车方式准备在停车线前停车。在远停车线区域的车辆则在跟车模型约束和交叉口限速约束下行驶。信号灯色为黄色时,如果头车不可能在剩余黄灯时间内加速通过停车线则与信号灯色为红灯时的处理方式一样如果头车能在剩余黄灯时间内加速通过停车线,且在与其他进口道相冲突车辆的冲突分析中占有通行权,则头车可加速通过停车线而其余车辆仍按红灯的情况处理。

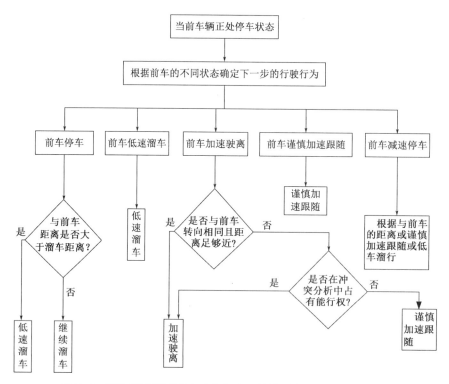

图 12-6　当前车处于停车状态时确定下一时刻行驶行为的情形分析过程

3) 公交车停靠站事件反应模型建模

根据公交车辆在离站台之前不同距离范围内不同的行驶特性,将公交站台前的区域依次划分为停车载客区域(LA)、停靠站区域(AA)、准备停靠站区域(PAA)以及非站台影响区域(NIA)。停车载客区域(LA):公交车辆如果在该区域停车则可开始载客过程,也就是说公交车在此区域之前停车,则不能开始载客过程。该区域的范围可根据实际情况中驾驶员的习惯以及交通规则的执行情况而定。停靠站区域(AA):在该区域内的公交车已经开始停靠站过程,即公交车在受到跟车模型约束的同时还要受到在公交站台前能安全停车的约束。在该区域内,车辆如果行驶在内侧车道,则必须将车辆置为期望变换至外侧车道的强制性车道变换状态。停靠站区域一般可取距离停车线 100m 左右的范围。准备停靠站区域(PAA):在该区域行驶的公交车应该尽量避免与停靠站行为相矛盾的操作,比如已经行驶在外侧车道的公交车不应该变换操作至内侧车道。准备停靠站区域一般可取停靠站区域上游 30~50m 的距离范围。非站台影响区域(NIA):此时公交车的行驶行为不会受到站台的影响。

图 12-7 表示的是公交站台前的区域划分以及公交车在各区域内的行驶特征。图中公交车 1 正在停车载客区域内上下客;公交车 2 和公交车 3 都在进行减速靠站过程,但公交车 3 同时还在寻找外侧车道的空当以便换至外侧车道;公交车 4 考虑到即将开始停靠站过程,因此并不准备借道超越前面的慢车;公交车 5 还未考虑停靠站行为正在向相反的方向变换车道。经过上述情形划分,对公交车辆在公交停靠站范围内所可能遇到的各种情况都有详细的界定,相应的具体行驶行为的描述已明显简化。

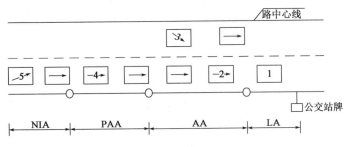

图 12-7　公交站台前的区域划分以及公交车在各区域内的行驶特征

12.2.4　交通仿真模型的实现

交通仿真的目标为获取特定条件下的道路交通状态。宏观的交通规划软件主要通过"四阶段"法的计算实现,而微观交通流在应用三角模型处理均质交通流时是可求解解析解的,在无法求解解析解时,便需应用微观交通仿真的方法,其实现则主要有两种类型:①以车辆为对象,通过应用特定的规则计算每辆车的行驶状态,再将所有车辆的状态进行汇总,得到道路总体状态,如 VISSIM 软件;②以道路为对象,应用循环迭代的方法计算各路段交通运行状况的数值解。因较该方法容易实现,也适用于交通基本图不是三角模型(计算简便,可求出解析解),且道路交通流为非均质(Heterogeneous Flow)的情况,本节对第②中建模方法进行简要介绍。

为以道路为对象进行交通仿真,基本思路是将道路划分成若干的小段,称为元胞(Cell),假设每个元胞长度为 dx,时间则以 dt 为单位逐渐增长,此时可将道路在时空状态分为元胞 i 在时间步长 j 的状态,对道路的划分如图 12-8 所示。对于任意在时间步长 j 的元胞 i,其道路的平均密度为 k_{ij},而其边界条件为 $q_{i-\frac{1}{2}}$ 和 $q_{i+\frac{1}{2}}$。欲获取各时间步长下各路段的交通状态,仅需获取初始状态的交通状态及当前时段交通状态与前一时段的交通状态之间的关系即可。

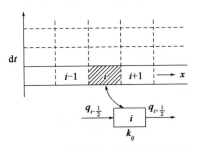

图 12-8　对道路及时间的离散化划分

根据图 12-8 所示的各元胞的交通状态及边界条件,应用交通密度的定义可知,时间步长 $j+1$ 时的交通密度应该为时间步长 j 的交通密度加下一时间步长元胞 i 内的交通量变化量,即:

$$k_{i,j+1} = k_{i,j} + \frac{\mathrm{d}t}{\mathrm{d}x}(q_{i-\frac{1}{2},j} - q_{i+\frac{1}{2},j}) \tag{12-21}$$

边界条件 $q_{i-\frac{1}{2}}$ 和 $q_{i+\frac{1}{2}}$ 可由式(12-22)计算。

$$\begin{cases} q_{i-\frac{1}{2},j} = \min\{D_{i-1,j}, S_{i,j}\} \\ q_{i+\frac{1}{2},j} = \min\{D_{i,j}, S_{i+1,j}\} \end{cases} \tag{12-22}$$

如图 12-9 所示,考虑到元胞内可容纳的车辆情况,中间变量 D_{ij} 和 S_{ij} 可由式(12-23)及式(12-24)计算。

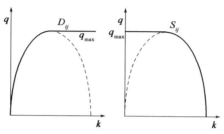

图 12-9 边界条件的计算

$$D_{ij} = \begin{cases} q_{i,j} & (k_{ij} \leq k_c) \\ q_{\max} & (k_{ij} \geq k_c) \end{cases} \tag{12-23}$$

$$S_{ij} = \begin{cases} q_{\max} & (k_{ij} \leq k_c) \\ q_{i,j} & (k_{ij} \geq k_c) \end{cases} \tag{12-24}$$

此时,只要能获取整个研究时间和空间范围内的边界条件 $\{D_{0,j}, S_{I+1,j}\}$,即可逐个元胞逐个时间段的计算获取整个研究时空范围内交通运行状况。

12.3 交通仿真软件简介

到目前为止,国内外已经推出了几百种交通仿真软件,比较流行的也不下几十种。本节简单介绍几种已经商业化的常用交通仿真软件,包括交通规划软件 TransCAD、VISUM、CUBE 和 EMME;微观交通仿真软件 PARAMICS、AIMSUN、VISSIM、TSIS、TransModeler;交通信号配时优化软件 Synchro;事故分析软件 PC Crash。

12.3.1 交通规划仿真软件

(1) TransCAD

美国 Caliper 公司开发的宏观交通系统仿真软件 TRANSCAD 软件把地理信息技术和交通规划技术较好地结合在一起,可以方便地对各类交通运输及相关数据进行存储、提取、分析和可视化。其具有功能强大的地理信息系统、扩展数据模型、提供显示和处理交通数据的基本工具、汇集了极其丰富的交通分析过程和大量的交通、地理、人口统计数,可以生成宏、嵌入、服务器应用及其他用户程序。

(2) VISUM

VISUM 是德国 PTV 公司推出的交通分析、交通预测以及基于地理信息系统(GIS)的数据管理软件。VISUM 在交通规划过程中考虑了所有交通参与者以及他们之间的互动,在出行生成方面应用了基于出行的交通需求预测理论。VISUM 可建立交通网和交通需求模型,分析未来的交通流量,规划提供公共交通及开发复杂的交通战略和解决方案。VISUM 和 VISSIM 之间有良好的数据继承性,其建好的路网可直接导入 VISSIM 软件中。VISUM 目前的最新版本为 VISUM 17。

(3) CUBE

CUBE 是美国 Citilabs 公司出版的交通规划软件。美国 Citilabs 公司创立于 2001 年,是由美国的 UAG 公司与英国 MVA 公司的软件部门结合而成。Cube 是 Citilabs 公司在其自 20 世纪 80 年代起即在世界各地受到广泛使用的 MINUTP、TRANPLAN、TP+ 与 TRIPS 的研发基础上,全新研发的包含智能化用户应用、开放的组件式结构的系列宏观交通规划及微观仿真软件。Cube 将宏观交通规划、中观交通分配与微观仿真工具完美地整合并结合了货运规划与土地利用模型,在交通规划与土地利用关系方面建模较为优秀。

(4) EMME

EMME 是一个较为全面的出行需求预测系统,面向城市、区域和国家的交通规划。EMME 提供特有的灵活开放的建模思路,允许用户自由利用现有技术或创造新方法以满足当地需要。目前的最新版本 EMME 4.3。EMME 软件在第三版时才开始加入图形界面,之前的用户体验较差,但交通分配环节效果较好。EMME 核心模块由 4 部分组成:私人交通、公共交通、需求模型、分析自动化。

12.3.2 微观仿真软件

(1) PARAMICS

PARAMICS(PARAllel MICroscopic Simulator)是英国 Quadstone 公司的产品。它从 1992 年开始开发。PARAMICS 软件包有强大的功能模块群,包括建模器(Modeller)、处理器(Processor)、分析器(Analyser)、编程器(Programmer)等九大模块,不同的功能模块有效地集成在一起,更加强了软件的实用性和效率。该软件适用于各种交通网络的仿真需要:如单个交叉路口、拥挤的高速公路以及整个城市交通系统。Paramics 为适合各种用户的需要提供了广泛的功能,包括:全面支持模拟路网的各种要素,清晰地表现路网的几何形状,如交通设施,如信号灯、标志牌、检测器等。

PARAMICS 在仿真 ITS 基础设施和拥挤的道路网中有突出的表现。PARAMICS 可在 ITS 和 UTC 的支持下,对大范围路网进行动态路径规划,更能仿真交通信号、匝道控制、与可变速度标志相连的探测器、VMS 和 CMS、车内信息显示装置、车内信息咨询、路径诱导等。并且用户可以通过 API 函数定义特殊的控制策略。2017 年 12 月的最新版本为 PARAMICS 19。

(2) AIMSUN

AIMSUN 是第一个将宏观、中观、微观模型集成于单个软件的交通建模系统,目前也集成了行人仿真软件 LEGION,是一套完整的交通分析软件,可用来进行交通规划、动态交通分配、微观交通仿真、交通需求及相关数据分析。它为静态建模和动态建模提供了一个完整的平台。AIMSUN 的宏观、中观及微观三个模型间能更好地互通,从一级到另一级重新使用路径分配。新的探测器定位模块可以检查出现存的检测定位器是否正在获取足够的交通信息,包括数据的确认和矩阵的调整。根据信息决定如何放置检测器来增加覆盖范围。当使用共同的概念(需求、公交计划、输出地址等)时,对于所有三个模型(宏观、中观和微观),方案和试验的管理都是统一的。用户可以新建对应宏观的静态方案或者对应中观和微观中的动态方案。AIMSUN 目前的最新版本为 2017 年 4 月发布的 Aimsun Next 8.2。

(3) TransModeler

TransModeler 是美国 Caliper 公司为城市交通规划和仿真开发的多功能交通仿真软件包。该软件可以模拟从高速公路到市中心区路网道口在内的各类道路交通网络，可以详细逼真地分析大范围多种出行方式的交通流。TransModeler 可以用动画的形式把交通流的状况、信号灯的运作以及网络的综合性能直观地表现出来，一目了然地显示复杂交通系统的行为和因果关系。TransModeler 最大的优点在于其 GIS 功能，且 TransModeler 可很好地与 TransCAD 相结合，但在描述个体车辆行为方面有待提升。

(4) TSIS

TSIS(Traffic Software Integrated System) 是一个大型的集成化的交通仿真工具箱，目前的最新的版本是 TSIS 6.3。TSIS 适用于信号控制的城市道路、高速公路，或者由信号系统与高速公路所组成的更复杂的路网系统。与其他仿真软件相比，它能够模拟各种交通条件下的诸多细节问题。TSIS 主要包括以下功能：

土地使用与交通影响研究、高速公路与城市道路的立体交叉、信号配时以及协调控制、无信号交叉口、高速公路交织区的车道控制、公共汽车站点与行驶路线、合乘、匝道控制、事故检测与事故管理、排队、收费站以及货车超重、交通分配、对其他仿真软件的校验、原始数据的收集、对公众的演示等。

TSIS 主要由 CORSIM(CORridor microsopic SIMulation)、Tshell、TRAFVU、TRAFED 等几个部分构成：

CORSIM 是一个综合的微观交通仿真工具，可以应用于城市道路、高速公路以及路网。由美国联邦公路署(FHWA)开发，综合了两个微观仿真软件，即用于城市道路的 NETSIM 和用于高速公路的 FRESIM。因此，CORSIM 既能仿真城市道路又能仿真高速公路的交通流。CORSIM 的目标是交通系统管理的开发和评价。CORSIM 能够真实再现动态交通的随机行为，有先进的跟驰模型和车道转换模型，以 1s 为间隔模拟车辆的运动。它提供了很多指标来量化路网的性能，并且提供了动画显示以便用户观察仿真结果。1997 年，FHWA 发行了一个加强版，大大加强了对高速公路、干线道路、交叉口、各种车型(小汽车、公交车、货车)、控制策略的模拟。

Tshell 为 TSIS 提供了图形用户界面环境。Tshell 的友好界面能够使用户很方便地设定和使用 TSIS 的工具，从而有效地管理交通分析项目。

TRAFVU 是一个用户友好的 CORSIM 输出处理器，它能够显示路网、仿真进行中的交通状况、信号灯、公共汽车站点、公交行驶路线、停车场等，它通过不同的图例在路网显示窗口表示不同的交通元素。

TRAFED 是一个图形化的输入编辑器，它通过 CORSIM 来校验输入的数据。TRAFED 可以通过图形用户界面产生道路网模型，并且支持 CORSIM 微观交通仿真器。用户通过 TRAFED 可以比较方便地建立被模拟的路网。在使用 TRAFED 的时候，使用者可以将精力集中在对数据的分析和决策上，而不会将时间浪费在学习怎样使用这种交通仿真工具上。

(5) VISSIM

VISSIM 是德国 PTV 公司的产品，它是一个离散的、随机的、以 1/10s 为时间步长的微观仿真软件。车辆的纵向运动采用了心理—生理跟驰模型；横向运动(车道变换)采用了基于规则(Rule-based)的算法。不同驾驶员行为的模拟分为保守型和冒险型。VISSIM 提供了图形化界面，用 2D 和 3D 动画向用户直观显示车辆运动，运用动态交通分配进行路径选择。VISSIM 能够模拟城市道路和郊区公路的交通状况,特别适合于模拟各种城市交通控制系统。在最新的 VISSIM 10 中,其在对动态 OD 校正、车辆微观行为仿真、行人特性仿真、交通事件仿真等方面有了较大的改善,使其仿真更适合各类城市交通流。

12.3.3 其他仿真软件

(1) 事故仿真软件

奥地利交通事故再现软件 PC-CRASH 事故分析的过程主要是根据事故现场的采集、记录、调查与分析,将事故涉案车辆由碰撞后的终止位置反推回碰撞过程,再反推回碰撞前的运行状态,来分析事故原因,然后根据有关法律规定进行责任认定。最新版本为 PC-CRASH 11。

(2) 交通信号配时优化软件

Synchro 交通信号协调及配时设计软件是美国 Trafficware 公司根据美国交通部标准 HCM 规范研发的,该标准中的参数是根据汽车性能、驾驶员的行为习惯、交通法规等设定的,计算得出的某些结果(如延误时间、服务水平、废气排放等),作为方案比较的相对参数,具有重要参考价值的,信号配时也非常合理。因为 Synchro 的配时方案是基于 HCM 的,所以在美国的部分州允许直接在信号机应用 Synchro 优化得出的配时方案,其仿真应用的是本公司出版的 SimTraffic 软件,最新的版本为 Synchro 10。

其他的交通信号配时软件还有美国德克萨斯州交通研究中心出版的 PASSER-V、德国 Schlothauer & Wauer GmbH 公司出版的 Lisa+ 等。

(3) 通行能力计算软件

HCS 是美国推出的计算道路通行能力的软件,其最新的 HCS 7.4 版基于美国最新的《道路通行能力手册》,可对信号控制交叉口、城市道路、环岛、公路设施、基本路段、交叉区、分合流区、多车道高速公路、四路停车交叉口等交通设施的通行能力进行计算。

复习与思考习题

1. 简述系统仿真的概念及交通运行仿真研究的目的。
2. 交通运行仿真具有哪些特点?
3. 从基本概念、特点、适用性和基本要素几个方面比较微观仿真模型和宏观仿真模型。
4. 交通运行仿真最关键的步骤是什么?简述该步骤的主要内容。
5. 如何优化道路设施模型中的参数输入?
6. 换车道行为主要分为哪两种?建模时有何主要区别?
7. 建立事件反应模型时,为什么要进行情形划分?具体有哪些划分要求?
8. 常用的交通规划仿真软件有哪些?各自的优点是什么?
9. 常用的微观仿真软件有哪些?各自的优点是什么?

参 考 文 献

[1] 王炜,过秀成.交通工程学[M].2版.南京:东南大学出版社,2011.
[2] 徐吉谦,陈学武.交通工程总论[M].4版.北京:人民交通出版社股份有限公司,2015.
[3] 任福田.交通工程学[M].3版.北京:人民交通出版社股份有限公司,2017.
[4] 过秀成.道路交通运行分析基础[M].南京:东南大学出版社,2010.
[5] 杨晓光,白玉,马万经,等.交通设计[M].北京:人民交通出版社,2010.
[6] ROESS R P,PRASSAS E S,MCSHANE W R. Traffic Engineering[M].4th ed. Upper Saddle River:Pearson Education,Inc.,2011.
[7] Institute of Transportation Engineers. Traffic Engineering Handbook[M].7th ed. New York:Wiley,2016.
[8] Fred Mannering,Scott Washburn. Principles of Highway Engineering and Traffic Analysis[M]. New York:Wiley,2013.
[9] Nicholas Garber,Lester Hoel. Traffic and Highway Engineering[M].5th ed. New York,Cengage Learning. 2015.
[10] 北村隆一.交通工学[M].东京:オーム社,2008.
[11] 李作敏.交通工程学[M].3版.北京:人民交通出版社,2017.
[12] Transportation Research Broad. Highway Capacity Manual 6[M]. Washington D. C.:Transportation Research Board,2016.
[13] 王殿海.交通系统分析[M].北京:人民交通出版社,2007.
[14] 王炜,陆建.道路交通工程系统分析方法[M].2版.北京:人民交通出版社,2011.
[15] Nathan Gartner,Carroll J Messer,Ajay K Rathi,et al. Traffic Flow Theory Monographs[M]. 3rd ed. Washington D. C.:Transportation Research Board,2001.
[16] Carlos F Daganzo. Fundamentals of Transportation and Traffic Operations[M]. Oxford:Pergamon Press,1997.
[17] Adolf D May. Traffic flow fundamentals[M]. Prentice Hall,1990.
[18] Juan de Dios Ortúzar,Luis Willumsen. Modelling Transport[M].4th ed. New York:Wiley,2011.
[19] 马超群,王建军,王卫杰.交通调查与分析[M].北京:人民交通出版社股份有限公司,2016.
[20] 王炜,陈学武.交通规划[M].2版.北京:人民交通出版社股份有限公司,2017.
[21] 邵春福.交通规划原理[M].2版.北京:中国铁道出版社,2014.
[22] Institute of Transportation Engineers. Transportation Planning Handbook[M].4th ed. New York:Wiley,2016.
[23] Michael Meyer,Eric Miller. Urban Transportation Planning[M].2nd ed. New York:McGraw-Hill,2004.
[24] Sheffi,Yosef. Urban Transportation Networks[M]. Englewood Cliffs,NJ:Prentice-Hall,1985.
[25] Wayne Winston. Operations Research:Applications and Algorithms[M]. New York:Duxbury Press,2003.

[26] Frederic Hiller, Gerald Lieberman, Bodhlbrata Nag, et al. Introduction to operations Research [M]. 10th ed. New York: McGraw Hall, 2014.

[27] Hamdy Taha. Operations Research: An Introduction [M]. 10th ed. New York: Pearson, 2016.

[28] 《运筹学》教材编写组. 运筹学 [M]. 4 版. 北京: 清华大学出版社, 2013.

[29] 许金良. 道路勘测设计 [M]. 4 版. 北京: 人民交通出版社股份有限公司, 2016.

[30] American Association of State Highway and Transportation Officials. A Policy on Geometric Design of Highways and Streets [M]. 6th ed. Washington D. C.: Amer Assn of State Hwy, 2011.

[31] 王炜, 杨新苗, 陈学武. 城市公共交通系统规划方法与管理技术 [M]. 北京: 科学出版社, 2002.

[32] Avishai Ceder. Public Transit Planning and Operation: Modeling, Practice and Behavior [M]. 2nd ed. New York: CRC Press, 2015.

[33] 交通工学研究会. 改訂交通信号の手引 [M]. 东京: 丸善出版株式会社, 2006.

[34] 吴兵, 李晔. 交通管理与控制 [M]. 5 版. 北京: 人民交通出版社股份有限公司, 2015.

[35] 徐建闽. 交通管理与控制 [M]. 北京: 人民交通出版社, 2007.

[36] 陈峻, 徐良杰, 朱顺应, 等. 交通管理与控制 [M]. 2 版. 北京: 人民交通出版社股份有限公司, 2017.

[37] 于泉. 交通信号控制基础 [M]. 北京: 冶金工业出版社, 2011.

[38] Urbanik, Thomas, Alison Tanaka, Bailey Lozner, et al. Signal Timing Manual [M]. 2nd ed. Washington D. C.: Transportation Research Board, 2015.

[39] U. S. Department of Transportaton, Federal Highway Administration. Manual on Uniform Traffic Control Devices for Streets and Highways 2009 Edition with 2012 Revisions [M]. New York: Datamotion Publishing LLC, 2013.

[40] 裴玉龙. 道路交通安全 [M]. 北京: 人民交通出版社, 2007.

[41] 过秀成. 道路交通安全学 [M]. 2 版. 南京: 东南大学出版社, 2011.

[42] American Association of State Highway and Transportation Officials. Highway Safety Manual [M]. Washington D. C.: AASHTO, 2010.

[43] 任其亮, 刘博航. 交通仿真 [M]. 北京: 人民交通出版社, 2013.